ସାହିତ୍ୟ ଏକାଡେମୀ ପୁରସ୍କାର ପ୍ରାପ୍ତ ଆତ୍ମଜୀବନୀ

ଅର୍ଦ୍ଧଶତାବ୍ଦୀର ଓଡ଼ିଶା ଓ ତହିଁରେ ମୋ ସ୍ଥାନ

ସାହିତ୍ୟ ଏକାଡେମୀ ପୁରସ୍କାର ପ୍ରାପ୍ତ ଆତ୍ମଜୀବନୀ

ଅର୍ଦ୍ଧଶତାବ୍ଦୀର ଓଡ଼ିଶା ଓ ତହିଁରେ ମୋ ସ୍ଥାନ

ପଣ୍ଡିତ ଗୋଦାବରୀଶ ମିଶ୍ର

ବ୍ଲାକ୍ ଇଗଲ୍ ବୁକ୍ସ
ଭୁବନେଶ୍ୱର, ଓଡ଼ିଶା

BLACK EAGLE BOOKS
Dublin, USA

ଅର୍ଦ୍ଧଶତାବ୍ଦୀର ଓଡ଼ିଶା ଓ ତହିଁରେ ମୋ ସ୍ଥାନ / ପଣ୍ଡିତ ଗୋଦାବରୀଶ ମିଶ୍ର
ବ୍ଲାକ୍ ଈଗଲ୍ ବୁକ୍ସ : ଭୁବନେଶ୍ୱର, ଓଡ଼ିଶା • ଡବ୍ଲିନ୍, ଯୁକ୍ତରାଷ୍ଟ୍ର ଆମେରିକା

BLACK EAGLE BOOKS
USA address:
7464 Wisdom Lane
Dublin, OH 43016

India address:
E/312, Trident Galaxy, Kalinga Nagar,
Bhubaneswar-751003, Odisha, India

E-mail: info@blackeaglebooks.org
Website: www.blackeaglebooks.org

First International Edition Published by
BLACK EAGLE BOOKS, 2023

ARDHA SATABDIRA ODISHA O TAHINRE MO STHANA
by **Pandit Godabarish Mishra**

Copyright © **Pandit Godabarish Mishra's Family**

All rights reserved. No part of this publication may be reproduced, stored in a retrieval system, or transmitted, in any form or by any means, electronic, mechanical, photocopying, recording or otherwise without the prior permission of the publisher.

Cover & Interior Design: Ezy's Publication

ISBN- 978-1-64560-412-9 (Paperback)

Printed in the United States of America

ଦୁଇ-ଚାରି-କଥା

ଆତ୍ମଚରିତର ଭୂମିକା, ମୁଖବନ୍ଧ, ଉପୋଦ୍‌ଘାତ କିମ୍ବା ଅବତରଣିକା ଲେଖି ସାଡ଼ମ୍ବର ପରିପାଟୀ ଦେଖାଇବା ନିମିତ୍ତ ଏତଦ୍ଦ୍ୱାରା ପ୍ରୟାସ କରୁନାହିଁ। ସଙ୍କଳକ ଭାବରେ ମୁଁ ମୋର ସୀମା ଓ ଶକ୍ତି ବୁଝି, ଯେତିକି ନ କଲେ ସଙ୍କଳନରେ ତ୍ରୁଟି ରହିଯିବ, ସୁତରାଂ କର୍ତ୍ତବ୍ୟରେ ଗ୍ଲାନି ଘଟିବ, ସେତିକି ମାତ୍ର ସ୍ତୋକୋକ୍ତି କରି ଓହରିଯିବି।

ଆତ୍ମଚରିତ ସ୍ୱୀୟ ରଚୟିତାଙ୍କର ମୃତ୍ୟୁ ପରେ ଯେତେ କ୍ଷେତ୍ରରେ ପ୍ରକାଶଲାଭ କରିଛି, ଏହା ସେ ମଧ୍ୟରେ ଅନ୍ୟତମ। ରଚୟିତା ଜୀବିତ ଥିଲେ, ନିଜେ ଯାହା ସବୁ ଲେଖିଛନ୍ତି, ସେଥିର ଦାୟିତ୍ୱ ବହନ କରିଥାନ୍ତେ। ନିଜ ମତାମତର ପ୍ରବୀଣ ସାକ୍ଷୀରୂପେ ନିର୍ବଚନ ଦେବା ତାଙ୍କ ପକ୍ଷରେ ନିତାନ୍ତ ସହଜସାଧ୍ୟ ହୋଇଥାନ୍ତା; କିନ୍ତୁ ଦୁର୍ବିପାକବଶରୁ ସେ ଦାୟିତ୍ୱ ମୋ ଉପରେ ପଡ଼ିଛି।

ପୂଜ୍ୟପାଦ ସ୍ୱର୍ଗତ ପଣ୍ଡିତଜୀ, ଲିଖିତ ସମଗ୍ର ଚରିତକୁ ତୁଣ୍ଡେ ତୁଣ୍ଡେ ଡାକିଯାଇଥିଲେ ଓ ତାହା ଲେଖିଥିଲେ ବାଣପୁର ହାଇସ୍କୁଲର ଶିକ୍ଷକ ଶ୍ରୀ ଜଗନ୍ନାଥ ମହାପାତ୍ର। ଏହି ଲିଖିତ ପାଣ୍ଡୁଲିପିର ଚାରିଭାଗରୁ ତିନିଭାଗ, ସାମାନ୍ୟ କିଛି ପରିବର୍ତ୍ତନ କରି, ପଣ୍ଡିତଜୀ ପୁଣି ନିଜ ହାତରେ ଲେଖିଯାଇଛନ୍ତି। ବାକିତକ ଶ୍ରୀଯୁକ୍ତ ମହାପାତ୍ରଙ୍କ ହାତଲେଖାରେ ଅଛି। ପାଣ୍ଡୁଲିପିକୁ ଅକ୍ଷୁଣ୍ଣ ଓ ଅବ୍ୟାହତ ରଖି ଏହି ମୁଦ୍ରଣ କରାଯାଇଛି।

ଆତ୍ମଚରିତକୁ ଦୁଇଭାଗରେ ବିଭକ୍ତ କରିବା ପୂଜ୍ୟପାଦ ପଣ୍ଡିତଜୀଙ୍କର ଅଭିପ୍ରେତ ଥିଲା। ନିଜର ଜନ୍ମଠାରୁ ସ୍ୱତନ୍ତ୍ର ଓଡ଼ିଶା ପ୍ରଦେଶ ଗଠନ, ଅର୍ଥାତ୍ ୧୯୩୬ ମସିହାର ଆରମ୍ଭକାଳ ପର୍ଯ୍ୟନ୍ତ, ପ୍ରାୟ ପଚାଶ ବର୍ଷର ବିଷୟ-ବସ୍ତୁ ପ୍ରଥମ ଭାଗରେ ରହିବା କଥା ଏବଂ ଜୀବନର ପଚାଶ ବର୍ଷର ପରବର୍ତ୍ତୀ ବିଷୟ-ବସ୍ତୁ ଦ୍ୱିତୀୟ ଭାଗରେ ଆଲୋଚ୍ୟ। ସେ ଯେ ସୂଚୀପତ୍ର କରିଛନ୍ତି, ସେଥିରେ ପ୍ରଥମ ଭାଗର ପଞ୍ଚଚାଳିଶ

ପରିଚ୍ଛେଦରୁ ଚଉତିରିଶଟି ମାତ୍ର ଲେଖିଛନ୍ତି; ବାକିତକ ଅଲେଖା ରହିଯାଇଛି। ଦ୍ୱିତୀୟ ଭାଗର ସୂଚୀ ଆୟୋଜନ କରି, ସେ ନିଜେ ଲିପିବଦ୍ଧ କରିଥିଲେ ମଧ୍ୟ କିଛି ହେଲେ ବିଷୟ ଲେଖିଯାଇପାରିନାହାନ୍ତି।

ଆତ୍ମଚରିତ ଲେଖିବା ସ୍ଥିର କରି ଲେଖା ସେ ୧୯୫୧ ମସିହାର ପୂଜା ସମୟରେ ଆରମ୍ଭ କଲେ। ଏକାବନ-ବାଉନ ସନ୍ଧିରେ ନିର୍ବାଚନ ଯୁଦ୍ଧ ଚାଲିଲା। ଏହି ନିର୍ବାଚନରେ ସେ ବାଣପୁର-କୃଷ୍ଣପ୍ରସାଦ ନିର୍ବାଚନମଣ୍ଡଳୀରୁ ନିର୍ବାଚିତ ହୋଇଥିଲେ। ନିର୍ବାଚନରେ ଓ ନିର୍ବାଚନୋତ୍ତର କାଳରେ ନାନା ଜଞ୍ଜାଳରେ ରହି ସମ୍ଭବତଃ ଏହା ପୂର୍ଣ୍ଣ କରିବା ପାଇଁ ସମୟ ପାଇପାରିଲେ ନାହିଁ। ଚଉତିରିଶଟି ପରିଚ୍ଛେଦ ତୁଣ୍ଡେ ତୁଣ୍ଡେ ଡାକିଯାଇଥିଲେ ମଧ୍ୟ ସବୁତକର ଥରେ ପୁନରାବୃତ୍ତିପୂର୍ବକ ପରିବର୍ତ୍ତନ କିମ୍ବା ପରିବର୍ଦ୍ଧନ କରିପାରିନାହାନ୍ତି।

ବିଧାନସଭାର ସଦସ୍ୟ ରହି ପରବର୍ତ୍ତୀ ସମୟ ଦେଶର ନାନା ସମସ୍ୟା ଘେନି ଜଞ୍ଜାଳରେ କଟିବାରେ ଲାଗିଲା। ସେହି ସମୟରେ ଆତ୍ମଚରିତର ପାଣ୍ଡୁଲିପି ଉପରେ ଥରେ ମାତ୍ର ଆଖି ପକେଇଦେବା ଲାଗି ସୁବିଧା ହୁଏତ ଘଟି ପାରି ନ ଥିବ। ଛପନ ମସିହାର ଆରମ୍ଭରେ ସୀମାସମସ୍ୟା ଘେନି କାରାବରଣ କଲେ ଓ କାରାଗାରରୁ ଜ୍ୱରରୋଗ ଘେନି ଫେରିଲେ। ପରବର୍ତ୍ତୀ କେତେମାସ ଜ୍ୱରରେ କଟିବାରେ ଲାଗିଲା। ୧୯୫୬ ମସିହା ଜୁଲାଇ ୨୬ ତାରିଖ ଦିନ ଅପରିକଳ୍ପନୀୟ ଭାବରେ ତାଙ୍କୁ ହଠାତ୍ ବିଦାୟ ନେଇ ଯିବାକୁ ପଡ଼ିଲା ଏ ମର୍ତ୍ତ୍ୟପୁରରୁ ଅମରଧାମକୁ। ସୁତରାଂ ଆତ୍ମଚରିତ, ତାଙ୍କ କଳ୍ପିତ ଆଉ କେତେ କାର୍ଯ୍ୟ ପରି, ଅପୂର୍ଣ୍ଣ ଅବସ୍ଥାରେ ରହିଗଲା। ଏହା ୧୯୫୧ରେ ଲେଖାଯାଇଥିବାରୁ, ସମସାମୟିକ ଘଟନାକୁ ଲକ୍ଷ୍ୟ କରି କେତେକ ସ୍ଥଳରେ ଲେଖା ରହିଛି। ପାଠକ ଯଥାଭାବରେ ତାହା ହୃଦ୍‌ବୋଧ କରିବା ଆଶା କରାଯାଏ।

ସ୍ୱର୍ଗତ ପିତୃଦେବ ଆତ୍ମଚରିତ ଲେଖିଛନ୍ତି ଓ ତାହା ଅସଂପୂର୍ଣ୍ଣ ରହିଛି ବୋଲି ଓଡ଼ିଶାର ଯେ କେତେଜଣ ବିଶିଷ୍ଟ ବ୍ୟକ୍ତି ଜାଣିଛନ୍ତି, ସେମାନଙ୍କ ମଧ୍ୟରୁ କେତେକ ଆତ୍ମଚରିତର ଅପୂର୍ଣ୍ଣାଂଶକୁ ଜୀବନୀ ଆକାରରେ ଲେଖି ପୂର୍ଣ୍ଣତା ଦେବା ନିମିତ୍ତ ମୋତେ ସାକ୍ଷାତରେ କହିଛନ୍ତି, ଚିଠି ଲେଖିଛନ୍ତି ମଧ୍ୟ। ମହାକବି ବାଣ ସୁପ୍ରଥିତ 'କାଦମ୍ବରୀ' ଗଦ୍ୟକାବ୍ୟ ଲେଖୁ ଲେଖୁ, କିୟଦଂଶ ବାକି ରହିଥିବା ଅବସ୍ଥାରେ ମରିଯିବା ପରେ, ବାଣଙ୍କର ପୁତ୍ର ତାହା ପୂରଣ କରିଥିଲେ। ଏହି ରୀତିରେ କେତେ ସ୍ୱନାମଧନ୍ୟ ଗ୍ରନ୍ଥ ପୂର୍ତ୍ତିଲାଭ କରିଥିବା ଲିଖିତ ହୋଇ ରହିଛି। ଯେଉଁମାନେ ମୋତେ କହିଛନ୍ତି, କିମ୍ବା ଲେଖିଛନ୍ତି, ସେହିମାନେ ଏହି ଧାରଣାର ବଶବର୍ତ୍ତୀ ହୋଇଥିବେ।

କିନ୍ତୁ ଜୀବନଚରିତର ଅଲିଖିତାଂଶକୁ ଜୀବନୀ ଭାବରେ ଲେଖି, ଆତ୍ମଚରିତର ଲିଖିତାଂଶ ସହିତ ସଂଲଗ୍ନ ଓ ପ୍ରକାଶ କରି, ସ୍ୱର୍ଗତ ପୁରୁଷଙ୍କର ପୌରୁଷପୂର୍ଣ୍ଣ ପୂର୍ଣ୍ଣାଙ୍ଗଜୀବନଚରିତ ପାଠକମାନଙ୍କୁ ଦେବା ପାଇଁ- ଲିଖିତାଂଶର ସମୀକ୍ଷା ପରେ- ମୋର ଯୋଗ୍ୟତାର ଅଭାବ ରହିଥିବା ଧାରଣା ସ୍ୱତଃସ୍ଫୂର୍ତ୍ତ ହୋଇଛି। ଓଡ଼ିଶା ପ୍ରଦେଶ, ଓଡ଼ିଆ ଜନତା ଏବଂ ଓଡ଼ିଆ ଭାଷା ସହିତ ଅଙ୍ଗାଙ୍ଗୀ ଭାବରେ ସେ ନିଜକୁ ବହୁପ୍ରକାରରେ ବିଜଡ଼ିତ କରିଥିଲେ। ତାଙ୍କ ଅଙ୍ଗଜ ହୋଇ ସୁଦ୍ଧା, ତାଙ୍କ ଲେଖା ସହିତ ମିଶାଇବା ନିମିତ୍ତ, ପ୍ରୟାସରୂପକ ଔଦ୍ଧତ୍ୟକୁ ହୃଦୟରେ ସ୍ୱପ୍ନରେ ମଧ୍ୟ ତିଳେମାତ୍ର ସ୍ଥାନ ଦେବା ପାଇଁ ସାହସ ମୋର ନାହିଁ।

ଆତ୍ମଚରିତୀ ନିଜ ଚରିତକୁ ନିଜେ ଲେଖିଲେ ଯେପରି ଲେଖନ୍ତେ, ଅନ୍ୟ କେହି କେତେ କୁଶଳ ହେଲେ ସୁଦ୍ଧା ସେହିପରି ପାରିବେ ବୋଲି ମନେହେଉନାହିଁ। ସୁତରାଂ ବିଷୟରେ, ଭାବରେ, ଭାଷାରେ, ଶୈଳୀ ଓ ପରିପାଟୀରେ ଅମେଳ ନିଶ୍ଚୟ ରହିବ। ଜୀବନଚରିତର ଯେତିକି ଅଂଶ ଆତ୍ମଚରିତରୂପେ ଲିଖିତ ହୋଇଛି, ତାହା ବାଦ୍ ଦେଇ କିମ୍ବା ତହିଁରୁ ବିଷୟବସ୍ତୁ ଆହରଣ କରି ପୂର୍ଣ୍ଣ-ଜୀବନୀ କୌଣସି ବିଜ୍ଞ ବ୍ୟକ୍ତି ଲେଖିପାରନ୍ତି। ଆତ୍ମଚରିତୀଙ୍କର ସହକର୍ମୀମାନଙ୍କ ମଧ୍ୟରୁ କେହି ଏ ଦିଗରେ ବ୍ରତୀ ହେଲେ ଆନନ୍ଦର ବିଷୟ ହେବ।

ଦୁଇଭାଗର ସୂଚୀ ମୁଦ୍ରିତ କରାଯାଇଛି। ସେଥିରୁ ସ୍ୱର୍ଗତ ପଣ୍ଡିତଜୀଙ୍କର ଆଶୟ ପ୍ରାଜ୍ଞ ପାଠକ ଅନୁମାନ କରିପାରନ୍ତି। ସେ ଯେ ଭଙ୍ଗୀରେ ଆତ୍ମଚରିତକୁ ରୂପ ଦେବାକୁ ଯାଇଛନ୍ତି, ସେଥିରେ ସୂଚୀରୁ ବିଷୟ ଆହରଣ କରିବା ସହଜସାଧ୍ୟ ନୋହିପାରେ; ମାତ୍ର ଅତଳ ସ୍ପର୍ଶ କରିପାରିବା ମହୀୟସୀଶକ୍ତି ପ୍ରଜ୍ଞାର ରହିଛି। ଅନୁମିତ୍ସୁ ପାଠକଙ୍କର ପ୍ରଜ୍ଞା ପ୍ରତିହତ ହେବ ନାହିଁ ଆଶା।

ଆତ୍ମଚରିତର ଭାଷା, ଭାବ, ପରିପାଟୀ ଓ ପରିବେଶ ସମ୍ପର୍କରେ ମୋର ସ୍ୱମତ ପ୍ରକାଶ କରିବା ଦୁର୍ବିନୟ; ସୁତରାଂ ଅସମୀଚୀନ ମନେହେଉଛି। କଥାରେ ଅଛି- 'ଶୁଆମୂଲ ଶୁଆ ଗାଏ।' ଅତଏବ ଆତ୍ମଚରିତ ନିଜେ ହିଁ ନିଜର ମାନ।

ମୁଦ୍ରଣ କିମ୍ବା ସଂକଳନରେ ପ୍ରମାଦ ଥିଲେ ଦୋଷୀ ମୁଁ। ସେଥିପାଇଁ ସାନୁନୟ କ୍ଷମା ପ୍ରାର୍ଥନା କରୁଛି ଏବଂ ନିର୍ଦ୍ଦେଶିତ ହେଲେ ପରିମାର୍ଜନା ନିମିତ୍ତ ତତ୍ପର ରହିଛି।

ବାଣପୁର
ତା ୫ । ୫ । ୧୯୫୮

ବିନୀତ
ଶ୍ରୀ ରଘୁନାଥ ମିଶ୍ର

ସୂଚୀ

ପ୍ରଥମ ଭାଗ

କ'ଣ ଲେଖିବି ?	୧୧
ତୁଳସୀ ନା ବିଛୁଆତି ?	୧୮
'କେଉଟୀ'	୨୫
ଅଧଶହ ବର୍ଷ ତଳେ	୩୧
ବାମନର ହାତ ଓ ଆକାଶର ଚନ୍ଦ୍ର	୩୭
ସେବ ଓ ଏବ	୪୪
ଗୋଡ଼ କିପରି ଖସେ ?	୫୩
ପରିବର୍ତ୍ତନ	୬୦
ଶଶୀଦା	୬୭
୧୯୦୫-୧୯୦୬	୭୪
ପୁରୀରୁ ରାଜଧାନୀକୁ	୮୧
୧୯୦୭-୧୯୦୮	୮୮
କଣ କେତେବେଳେ ଯୁଟେ	୯୬
ଛାତ୍ରାବାସ ଜୀବନ	୧୦୩
ବି. ଏ. ଉପାଧିଟା କଣ ?	୧୧୦
କୁସଂସ୍କାର	୧୧୬
ସୁନା ନା ଗୋବର ?	୧୨୧
ଜୀବନର ଗତି	୧୨୫
'୯ ନମ୍ବର ଘର'	୧୩୪
ମୋର ଏମ୍.ଏ. ପଢ଼ା	୧୪୨
ଏମ୍.ଏ. ପାସ୍ ପରେ	୧୪୫
୧୯୧୩ ମସିହା	୧୪୯
ସାଧନା	୧୫୪
ବନବିଦ୍ୟାଳୟ	୧୫୮
ସତ୍ୟବାଦୀ ସ୍କୁଲର ମଧ୍ୟାହ୍ନ	୧୬୧
କିଏ କଣ ?	୧୬୫
ଅସ୍ତ ପଥେ	୧୬୯

ସତ୍ୟବାଦୀ ଜୀବନରେ ସନ୍ଧ୍ୟା	୧୭୩
ନୂତନ କର୍ମକ୍ଷେତ୍ର	୧୭୯
ଅସହଯୋଗ	୧୮୪
ଅନୁରୋଧ ଓ ବକ୍ତୃତା	୧୮୯
ସିଂହଭୂମର ଜାଗରଣ	୧୯୫
ପୁନର୍ମୂଷିକ	୨୦୩
ଅସହଯୋଗରୁ ସହଯୋଗ	୨୧୦

ଲେଖକଙ୍କ ପ୍ରସ୍ତୁତ ସୂଚୀ କ୍ରମ ଯାହା ଅଲିଖିତ ରହିଗଲା

୩୫। ଭେଳା ବୁଡ଼ିଲା, ୩୬। ପୁଣି ଲଣ୍ଡାବେଲର ତଳ, ୩୭। ଅନ୍ଧାରକୁ ଟେକା, ୩୮। ଖୋରଧାର ବନ୍ଦୋବସ୍ତ, ୩୯। ମଠଧନ କୋଠର, ୪୦। କର୍ଣ୍ଣଧାରହୀନ ତରୀ, ୪୧। ମନୁଷ୍ୟ ନା ଜଙ୍ଗଲ, ୪୨। ନୂଆ ଶିକ୍ଷାକ୍ଷେତ୍ର, ୪୩। ଓଡ଼ିଶା ପ୍ରଦେଶ କଳ୍ପନା, ୪୪। ପଥରବୃଷ୍ଟି, ୪୫। ଓଡ଼ିଶା ଓ ଧଳାକାଗଜ।

ଦ୍ୱିତୀୟ ଭାଗ

୧। ପ୍ରଦେଶର ପ୍ରଥମ ବର୍ଷ, ୨। ଲୋକପ୍ରତିନିଧି, ୩। ଟଣାଓଟରା, ୪। ଅସ୍ଥାୟୀ ସରକାର, ୫। ଅସ୍ଥାୟୀ ଅସ୍ଥାୟୀ, ୬। କର୍ମକର୍ତ୍ତା ନିର୍ବାଚନ, ୭। ବ୍ୟବସ୍ଥା ପରିଷଦ, ୮। କର୍ମପନ୍ଥା, ୯। ସମୀକ୍ଷଣ, ୧୦। ୧୯୩୯ ମସିହା, ୧୧। ପବନର ଗତି, ୧୨। ୧୯୪୧ ଜନଗଣନା, ୧୩। କଂଗ୍ରେସର ନୂତନ ପନ୍ଥା, ୧୪। ମୋର ପରାଜୟ ?, ୧୫। କାଳିଗାଈର ଭିନ୍ନେ ଗୋଠ, ୧୬। ଛକାପଞ୍ଝା, ୧୭। ଓଡ଼ିଶା ଉପକୂଳ, ୧୮। ଅଗଷ୍ଟ ଆନ୍ଦୋଳନ, ୧୯। ତେଲ ତେଲ, ପାଣି ପାଣି, ୨୦। ଦେଶସାରା ହାହାକାର, ୨୧। ବାଘ ମିରିଗ, ୨୨। ଶିବତାଣ୍ଡବ, ୨୩। ସୁଅତଳେ, ୨୪। ପ୍ରଥମ ବିଜୟ, ୨୫। ଜାପାନର ପତନ, ୨୬। ଦେଶକୁ ସ୍ୱାଧୀନ କଲା କିଏ ?, ୨୭। ବିଶ୍ୱବିଦ୍ୟାଳୟ, ୨୮। ଓଡ଼ିଶା ଓ ଶିକ୍ଷା, ୨୯। ଭଣ୍ଡାରି ମୁଣ୍ଡରେ ଅଠା, ୩୦। ସିମିଳା ସମ୍ମିଳନୀ, ୩୧। ନବରତ୍ନ, ୩୨। ୧୯୪୭ ମସିହା, ୩୩। ସାହିତ୍ୟ ଜରିଆରେ ଜନଜାଗରଣ, ୩୪। ଦରିଆପାରି ପୁଅକୁ ମାଆ ଖୋଜେ, ୩୫। ପୁଣି ଗୋଠଛଡ଼ା, ୩୬। ଓଡ଼ିଆଜାତି ଦିନେ ବୁଝିବ, ୩୭। କର୍ମହିଁ ଜୀବନ, ୩୮। ରାଷ୍ଟ୍ର ଓ ରାଜନୀତି, ୩୯। ୧୯୫୦-୧୯୫୧, ୪୦। ନୂତନ ପ୍ରେରଣା।

କ'ଣ ଲେଖିବି ?

ବନ୍ଧୁମାନେ ମୋତେ ଗୋଟାଏ ଆତ୍ମଜୀବନୀ ଲେଖିବାକୁ ବହୁକାଳ ହେଲା ଅନୁରୋଧ କରିଆସୁଛନ୍ତି। ଜଣେ ଯୁବକ ବନ୍ଧୁ ୧୯୩୧ ମସିହାରେ ମଧ୍ୟ କାଗଜ କଲମ ଧରି ଆସି ଲେଖିବା ନିମନ୍ତେ ପ୍ରସ୍ତୁତ ହୋଇ ବସିଲେ। ମୁଁ ଟାଳଟୁଳ କରି ସେଥିରୁ କୌଣସି ପ୍ରକାରେ ନିଷ୍କୃତି ପାଇଲି। ତାଙ୍କର ଧାରଣା ଯେ, ଘଟଣାବଳୀ ସହିତ ମୁଁ ଯେପରି ଗୋଟାଏ ଅନନ୍ତ ଯୁଦ୍ଧ ଚଳାଇ ଜୀବନ-ମାର୍ଗରେ ଗତି କରିଛି, ସେ ଆଉ କାହାଠାରେ ସେପରି ଦେଖିନାହାନ୍ତି। ମାନବଜାତିର ବିଶାଳ ଇତିହାସରେ ସେ ଯୁଦ୍ଧର କାହାଣୀ ଯେତେ ସାମାନ୍ୟ ହେଉ ପଛକେ, ତାହା ଲିପିବଦ୍ଧ ହୋଇ ରହିବା ତାଙ୍କର ଇଚ୍ଛା। ସେ ଅନୁଭୂତିରୁ ଜାଣନ୍ତି ଯେ, ସେହି ଯୁଦ୍ଧର ଅନେକ ବୃତ୍ତାନ୍ତ ନିଜେ ଯୁଦ୍ଧ କରିଥିବା ଲୋକ ଛଡ଼ା ଅନ୍ୟ କାହାକୁ ଜଣା ନାହିଁ। ଅବଶ୍ୟ ସେ ନିଜେ କିଛି କିଛି ଜାଣନ୍ତି; କିନ୍ତୁ ଲେଖନୀ ଚାଳନାରେ ତାଙ୍କର ବିଶେଷ ପଟୁତା ନଥିଲା।

ସେ ଘଟଣାର ଚଉଦ ବର୍ଷ ପରେ, ୧୯୪୫ ମସିହାରେ, ଆଉ ଜଣେ ବନ୍ଧୁ ସେହିପରି କାଗଜ କଲମ ଧରି ବସିଲେ ଓ ପୂର୍ବର ବନ୍ଧୁଙ୍କ ଅପେକ୍ଷା ବେଶି କୃତକାର୍ଯ୍ୟ ମଧ୍ୟ ହେଲେ। ସେତେବେଳେ ମୁଁ ନିକମା ବସିଥାଏ। ସୁତରାଂ ସେ ମୋତେ ଧରି ଦେଢ଼ଶହ ପୃଷ୍ଠା ଉପରେ ଲେଖାଇନେଲେ। କିନ୍ତୁ ମୁଁ ତ ସେତେ ସିଦ୍ଧହସ୍ତ ଧୁରନ୍ଧର ଲେଖକ ନୁହେଁ, ଲେଖାର ଧରଣ ତାଙ୍କ ମନକୁ ପାଇଲା ନାହିଁ। ତହୁଁ ସେ ତାହା ନିଜର କେତେକ ସହକର୍ମୀଙ୍କୁ ନେଇ ଦେଖାଇଲେ। ସେମାନେ ସମସ୍ତେ ତାହା ପଢ଼ି ମତ ଦେଲେ ଯେ, ଆତ୍ମଜୀବନୀ ଲେଖିବା ଶକ୍ତି ମୋର ନାହିଁ। ତାଙ୍କର ଧାରଣା ହେଲା ଯେ, ମୁଁ କେତେକ କଥା ଲେଖାଯାଇଛି ଯାହା କି ଉଲ୍ଲେଖଯୋଗ୍ୟ ନୁହେଁ ଏବଂ ସେହିପରି କେତେକ ପ୍ରକାଶ ପାଇବା ଭଳି ବିଷୟ ଛାଡ଼ିଦିଆଯାଇଛି। ସୁତରାଂ ଲେଖକ-ବନ୍ଧୁ ଲେଖିବାରେ ଆଉ ଆଗ୍ରହ ଦେଖାଇଲେ ନାହିଁ। ଲେଖାଟା ସେହିଠାରେ

ହିଁ ବନ୍ଦରହିଗଲା। ତଥାପି ଆତ୍ମଜୀବନୀଟାଏ ଲେଖିବାଲାଗି ଅନୁରୋଧ ମୁଁ ଆହୁରି ପାଉଛି।

ଆତ୍ମଜୀବନୀ ଲେଖିବାର ଦାୟିତ୍ୱ ବଡ଼ ବେଶି। ସେ ଦାୟିତ୍ୱ ଅପର ବ୍ୟକ୍ତିଙ୍କ ଜୀବନୀ ଲେଖିବା ଲେଖକଙ୍କର ନାହିଁ। ଅପର ବ୍ୟକ୍ତିଙ୍କ ଜୀବନର ନାନା ଘଟଣା ଲେଖକ ନିଜର ବା ପାଠକଙ୍କ ରୁଚି ଅନୁସାରେ ବାଦ୍ ଦେଇପାରନ୍ତି। ମୋର ମନେହୁଏ, ଅନେକ ଜୀବନୀରେ ଏହିପରି ଅଳ୍ପାଧିକ ଘଟଣା ବାଦ୍ ପଡ଼ିଥିବ। ତାର ଦାୟିତ୍ୱ ଜୀବନୀର ନାୟକଙ୍କ ଉପରକୁ ଯାଏନାହିଁ। ନାୟକ ନିଜେ ନିଜର ଜୀବନୀ ଲେଖିବାକୁ ବସିଥିଲେ, ସେସବୁ ବୋଧହୁଏ ବାଦ୍ ଦେଇ ନଥାନ୍ତେ। ମହାତ୍ମା ଗାନ୍ଧିଙ୍କ ଆତ୍ମଜୀବନୀରେ ଏପରି କେତେକ ବିଷୟ ଅଛି, ଯାହା କି ସେ ନିଜେ ନ ଲେଖିଥିଲେ, କୌଣସି ଜୀବନୀ-ଲେଖକ ହୁଏତ ଏକାବେଳକେ ଜାଣିପାରିନଥାନ୍ତେ, କିମ୍ବା ଜାଣିଲେ ସୁଦ୍ଧା, ଲେଖିବାକୁ ଇଚ୍ଛା ବା ସାହସ କରନ୍ତେ ନାହିଁ; ଅଥଚ ତାହା ହୁଏତ ଉତ୍କୃଷ୍ଟ ଉପାଦେୟ ସୁପାଠ୍ୟ ଜୀବନୀରୂପେ ବିବେଚିତ ହୁଅନ୍ତା। କିନ୍ତୁ ମହାତ୍ମା ଗାନ୍ଧି ନିଜ ଆତ୍ମଜୀବନୀରେ ସେସବୁ ଲିପିବଦ୍ଧ କରି ନଥିଲେ ସେ ଆତ୍ମଜୀବନୀ ଅପୂର୍ଣ୍ଣ ରହନ୍ତା, ଏପରି କି କାହା କାହା ଦୃଷ୍ଟିରେ ହୁଏତ ଅପାଠ୍ୟ ହୋଇପଡ଼ନ୍ତା।

ତା'ପରେ ପୁଣି, ସମସ୍ତଙ୍କ ଆତ୍ମଜୀବନୀ ମହାତ୍ମା ଗାନ୍ଧିଙ୍କ ଆତ୍ମଜୀବନୀ ପରି ଉପାଦେୟ ହୋଇ ନପାରେ। ଆତ୍ମଜୀବନୀର ବିଷୟ ବିଶେଷ ମୂଲ୍ୟବାନ୍ ନ ହେବା ସ୍ଥଳେ, ଅପର ଲେଖକଙ୍କ ଦ୍ୱାରା ଲିଖିତ ଜୀବନୀର ତା ଉପରେ ଗୋଟାଏ ସୁବିଧା ରହିଛି। ସେ ସୁବିଧାଟା ହେଉଛି ଲେଖାର ପରିପାଟୀ। କାବ୍ୟ ବା ଉପନ୍ୟାସ ଭଳି କାଳ୍ପନିକ ଲେଖାରେ ନାୟକର ତ ପ୍ରକୃତ ମହତ୍ତ୍ୱ କିଛି ନଥାଏ, ସେ ଲେଖାର ମୂଲ୍ୟ ଜନ୍ମେ ଲେଖିବା ପରିପାଟୀରୁ। ଜୀବନୀ ଲେଖିବାରେ ମଧ୍ୟ ପରିପାଟୀ ଦେଖାଇବାର ସୁଯୋଗ ମିଳିଥାଏ। ଅନେକ ବଡ଼ ବଡ଼ ଜୀବନୀରେ ବେଶ୍ ଲେଖା-ପରିପାଟୀ ରହିଛି। ସେଥିପାଇଁ ସାହିତ୍ୟଭଣ୍ଡାରରେ ତାକୁ ବିଶିଷ୍ଟ ସ୍ଥାନ ମିଳିଛି। ଆତ୍ମଜୀବନୀ ଲେଖକ ଏ ସୁବିଧାରୁ ବହୁପରିମାଣରେ ବଞ୍ଚିତ। ସୁତରାଂ ଆତ୍ମଜୀବନୀର ବିଷୟବସ୍ତୁ ନିଜେ ଖୁବ୍ ମୂଲ୍ୟବାନ୍ ଓ ମର୍ମସ୍ପର୍ଶୀ ନ ହେଲେ ଅପାଠ୍ୟ ହୋଇପଡ଼େ। ଅନେକ ବ୍ୟକ୍ତି ଅଛନ୍ତି, ଯେଉଁମାନଙ୍କ ଜୀବନର ଘଟଣାବଳୀ ବିନା ପରିପାଟୀରେ ସୁଦ୍ଧା, କେବଳ ବର୍ଣ୍ଣନା କରିଗଲେ, ଉପନ୍ୟାସରୁ ବଳିଯିବ, କିନ୍ତୁ ସେପରି ବ୍ୟକ୍ତିଙ୍କ ସଂଖ୍ୟା ଅତି ଅଳ୍ପ। ସେମାନେ ଗୁଣ ଓ ଚରିତ୍ରରେ ଯେ ଆଦର୍ଶସ୍ଥାନୀୟ ମହାପୁରୁଷ ହେବା ଦରକାର, ତାହା ନୁହେଁ। ଆମ ଓଡ଼ିଶାର କୁଖ୍ୟାତ ଚୋର ବିହାରୀ ନାୟକ ଜୀବନର ଘଟଣାବଳୀ ଯେବେ ଲେଖିଦିଆଯାଏ, ତାକୁ ପଢ଼ିଲେ କାହାର ରୋମାଞ୍ଚ ନହେବ? ବୋଧହୁଏ ସ୍ୱର୍ଗତ

କୁଳବୃଦ୍ଧ ମଧୁସୂଦନ ବା ଉତ୍କଳମଣି ଗୋପବନ୍ଧୁଙ୍କ ଜୀବନର ଘଟଣାବଳୀକି ତାହା ବହୁତ ଟପିଯିବ।

ତାହାହେଲେ ମୁଁ ଲେଖିବି କଣ ? ମୋ ଜୀବନରେ ରୋମାଞ୍ଚକର ଘଟଣା ନାହିଁ। ମୋ ଲେଖାରେ ପରିପାଟୀ ଖୁବ୍ ବେଶି ନ ଥିଲେ ମଧ୍ୟ, ସାମାନ୍ୟ ମାତ୍ର ଯେ ନାହିଁ, ତା ତ ନୁହେଁ; କିନ୍ତୁ ତା ବଳରେ ଲେଖିବସିଲେ, ମୁଁ ଉପନ୍ୟାସ ସିନା ଲେଖିବି, ଆତ୍ମଜୀବନୀ ଲେଖିବି ନାହିଁ। ସୁତରାଂ ପରିପାଟୀ ଛାଡ଼ି ମୋତେ କେବଳ ମୋର ସାଧାରଣ ଦୁଃଖୀ ଜୀବନର ଘଟଣାବଳୀ ବର୍ଣ୍ଣନା କରିଯିବାକୁ ହେବ। ଆଉ କେହି ମୋ ଜୀବନୀ ଲେଖିଲେ ସେ ସବୁ ଘଟଣାରୁ ଅନେକ ପାଛୁଡ଼ି ବାହାରକରିଦିଅନ୍ତେ। ସେଥିରେ ହୁଏତ କେତେକ ଅପ୍ରକାଶ୍ୟ ବିଷୟ ଲୁଚିଥାନ୍ତା। ଧାନ କୁଟି ଚଷୁକୁ ପାଛୁଡ଼ି ପକାଇଦେଲା ପରେ ଚାଉଳ ରହିଯାଏ; କିନ୍ତୁ ଅଗାଡ଼ିମିଶା ଧାନରୁ ଚାଉଳ ବାହାରେ କମ୍, ଚଷୁହିଁ ବେଶି ବାହାରେ। ଅତଏବ ଏ ଲେଖାରେ ମୋର ଚଷୁ ପାଛୁଡ଼ି ପକାଇଦେବାର ବାଟ ନାହିଁ; କାରଣ ସେପରି କଲେ ସବୁ ହୁଏତ ଉଡ଼ିଯିବ। ମାତ୍ର ପୂରା ଅଗାଡ଼ି ପାଲଟି ନ ଥିବା ମଲା ଧାନରୁ ଖଇଚଡ଼ା ବାହାରେ। ତାହା ଦରିଦ୍ରର ଖାଦ୍ୟ। ମୋ ଭଳି ଅନେକ ଦୀନ ଦରିଦ୍ର ଲୋକ, ସମାଜର ନିମ୍ନସ୍ତରରେ ଅହରହ ଜୀବନ ସଂଗ୍ରାମରେ ଲାଗିଛନ୍ତି। ସେହିମାନଙ୍କ ପକ୍ଷେ ଏ ଲେଖାରୁ ହୁଏତ ଉପାଦାନ ମିଳିବ – ବିଭବଶାଳୀ ଓ ସୁବିଧାଭୋଗୀଙ୍କ ପାଇଁ ଏହା ନୁହେଁ।

ମୋର ଜାତକ ନାହିଁ। ଅଠର ବର୍ଷ ବୟସ ବେଳେ ମୁଁ ତାହା ଚିରି ଫିଙ୍ଗି ଦେଇଥିଲି। ସୁତରାଂ ମୋ ବୟସ ମୁଁ ଠିକ୍ ଜାଣେନା। ପ୍ରବେଶିକା ପରୀକ୍ଷାବେଳେ ବୟସ ଲୋଡ଼ା ହେଲା, ମୋ ମନକୁ ମନ ହିସାବ କରି ଊଣେଇଶ ବର୍ଷ ଲେଖାଇଲି। ଉଚ୍ଚ ପ୍ରାଥମିକ ପରୀକ୍ଷା ଖୋର୍ଦ୍ଧାରେ ଦେଲାବେଳେ ଥରେ ବୟସ ଲେଖାଯାଇଥିଲା। ଖୋର୍ଦ୍ଧା ଉଚ୍ଚ ବିଦ୍ୟାଳୟର ପ୍ରଧାନଶିକ୍ଷକ ମାଧବଚନ୍ଦ୍ର ମିଶ୍ର ସେହି ପରୀକ୍ଷାର ତତ୍ତ୍ୱାବଧାୟକ ଥିଲେ। ସେହି ସମୟରେ ବୋଧହୁଏ ପରୀକ୍ଷାର ତତ୍ତ୍ୱାବଧାୟକମାନେ ପରୀକ୍ଷାର୍ଥୀଙ୍କ ବୟସ ସ୍ଥିର କରିବେ ବୋଲି ଶିକ୍ଷା ବିଭାଗର ବିଧାନ ଥିଲା। ମୋ ବୟସ ପଚାରିବାରେ ମୁଁ କହିଲି, "ବାର ବର୍ଷ"; ମାତ୍ର ତତ୍ତ୍ୱାବଧାୟକ ତାହା ସଂଶୋଧନ କରି ସଙ୍ଗେ ସଙ୍ଗେ କହିଲେ, "ନା ଦଶ।" ଦଶହିଁ ଲେଖାହେଲା। ମୁଁ ଆପତ୍ତି କରିଥିଲେ ସେ ହୁଏତ ଯୁଦ୍ଧଭୂମିର ଡାକ୍ତରଙ୍କ ପରି କହିଥାନ୍ତେ, "ତୋ ବାପ କ'ଣ ତତ୍ତ୍ୱାବଧାୟକଙ୍କଠାରୁ ବେଶି ଜାଣେ ?" ଥରେ ଯୁଦ୍ଧଭୂମିରେ ଜଣେ ଜୀଅନ୍ତା ସୈନିକ ମୁଣ୍ଡରେ ଡାକ୍ତର ତରତରରେ 'ମଡ଼ା' ଛାପ ମାରିଦେଇ ଗଲେ। ମେହେନ୍ତର ଶବ ପୋଡ଼ିବାକୁ ଆସି ତାକୁ ଭିଡ଼ିଲା। ସେତେବେଳେ ସୈନିକଟି କହିଲା, "ମୁଁ ଜୀଇଛି ପରା, ମୋତେ

ଭିଡୁଛୁ ?" ମେହେନ୍ତର ଉତ୍ତର ଦେଲା, "ଭାଇ, ତୁ କଣ ଡାକ୍ତରଙ୍କଠାରୁ ଅଧିକ ଜାଣୁ ?" ପ୍ରବେଶିକା ପରୀକ୍ଷା ବେଳକୁ ମୁଁ ସେତେବେଳର ବୟସକୁ ବାର ଥର ହିସାବ କରି ଆଣିଲି। ସେ ହିସାବ ଅନୁସାରେ ମୋର ଜନ୍ମ ପଡୁଛି ୧୮୮୬ ମସିହାରେ। ୧୯୩୬ ମସିହାରେ ସ୍ୱତନ୍ତ୍ର ଓଡ଼ିଶା ପ୍ରଦେଶ ଗଠିତ ହେଲା। ୧୮୮୬ରୁ ୧୯୩୬ ମସିହା ପର୍ଯ୍ୟନ୍ତ ପଚାଶ ବର୍ଷ, ଅର୍ଥାତ୍ ଅର୍ଦ୍ଧଶତାବ୍ଦୀର ଘଟଣାମାନଙ୍କରୁ ଯାହା ମୋର ମନେଅଛି, ତାହାହିଁ ଏ ଲେଖାରେ ଲିପିବଦ୍ଧ କରିବି। ସେହି ପଚାଶ ବର୍ଷ ମୋର ଦେଶସେବା ଓ ଜନସେବା ନିମନ୍ତେ ନିଜ ଜୀବନ ଗଢ଼ିବାର କାଳ। ୧୯୩୬ ମସିହାର ପର ଘଟଣାମାନ ମୁଁ ପରେ ସ୍ୱତନ୍ତ୍ର ଭାବରେ ଲେଖିବି ଭାବିଛି।

ସତ୍ୟବାଦୀ ଜାତୀୟ ବିଦ୍ୟାଳୟରେ କାର୍ଯ୍ୟ କରିବାକୁ ଯିବାର କେତେ ମାସ ପରେ, ୧୯୧୪ ମସିହାରେ ମୋତେ ପୁଣି ଫୌଜଦାରୀ ଅଦାଲତରେ ଯାଇ ସରକାର ପକ୍ଷରୁ ବିଦ୍ୟାଳୟର ଏକ ଚୋରି ମକଦ୍ଦମାରେ ସାକ୍ଷ୍ୟ ଦେବାକୁ ପଡ଼ିଲା। ଇଜ୍‌ଲାସର ଚପରାଶି ମୋତେ ହଲପ ଦେଲେ। ସେ କହିଲେ, "କହ, ନିୟମ କରି କହୁଛି।" ମୁଁ ଆବୃତ୍ତି କଲି, "ନିୟମ କରି କହୁଛି।" ତା'ପରେ ସେ କହିଲେ, "ଯାହା କହିବି ସତ କହିବି।" ମୁଁ ଆବୃତ୍ତି କଲି, "ଯାହା କହିବି ସତ କହିବି।" ସେ ପୁଣି କହିଲେ, "କହ, କିଛି ମିଛ କହିବି ନାହିଁ, କିଛି ଲୁଚାଇବି ନାହିଁ।" ମୁଁ ସେହିପରି ଆବୃତ୍ତି କଲି "କିଛି ମିଛ କହିବି ନାହିଁ" - ମାତ୍ର ସେତିକିରେ ରହିଗଲି। ସେ ବିଚାରିଥିବେ ଯେ ମୁଁ ସବୁ ମନେ ରଖିପାରିଲି ନାହିଁ। ସୁତରାଂ ପୁନରାୟ କହିଲେ, "କହ, କିଛି ଲୁଚାଇବି ନାହିଁ।" ମୁଁ ସେତକ ଆବୃତ୍ତି କରିବାକୁ ନାରାଜ ହେଲି। ତା'ର କାରଣ ହେଲା, ମୁଁ ଯେତେ ବିଷୟ ଜାଣେ, ସେ ସବୁ ତ କଦାପି କହିବି ନାହିଁ; ଅତଏବ ଏପରି ଗୋଟାଏ ଶପଥ କରିବି କିପରି ? ବିଚାରପତିଙ୍କ ସହିତ ଯୁକ୍ତିତର୍କ ଲାଗିଲା। ମୁଁ ଶପଥର ସେହି ଶେଷ ବାକ୍ୟାଂଶଟି ଆବୃତ୍ତି କଲି ନାହିଁ; ମାତ୍ର ମୁଁ କଲି ବୋଲି ସେ ଧରିନେଇ, ମୋଠାରୁ ସାକ୍ଷ୍ୟ ଗ୍ରହଣ କଲେ।

ଅଦାଲତରେ ସତ୍ୟ କହିବା ଓ କିଛି ନ ଲୁଚାଇବା ଉଭୟ କାର୍ଯ୍ୟ ସେଥିରେ ହୋଇଗଲା। ମୁଁ ପିତାଙ୍କ ମୁହଁରୁ ଅତି ପିଲାଦିନୁ ଶୁଣିଥିଲି, "ନ ମିଥ୍ୟା ପାତକଂ ପରମ୍।" ପାଠ୍ୟ ପୁସ୍ତକମାନଙ୍କରେ ସତ୍ୟ କହିବା ଲାଗି ମଧ୍ୟ ବହୁତ ପଢ଼ିଛି। ତା ସତ୍ତ୍ୱେ ମୁଁ ବେଳେବେଳେ ମିଛ କହୁଥିଲି। ସତ ପରିବର୍ତ୍ତେ ମିଛଟା ମୋ ପାଟିରୁ ବାହାରିପଡୁଥିଲା। ସେଥିପାଇଁ ମୁଁ ପିତାଙ୍କଠାରୁ ଗାଳି ଓ କେବେ କେବେ ମାଡ଼ ମଧ୍ୟ ଖାଉଥିଲି। ସତର ବର୍ଷ ବୟସ ପର୍ଯ୍ୟନ୍ତ ମିଛ କହିବା ଅଭ୍ୟାସ ଚାଲିବା ପରେ ବାଧା ପାଇବାକୁ ଆରମ୍ଭ କଲା। ତା'ପରେ ସତ ଓ ମିଛ ମଧ୍ୟରେ ମୁଁ କିଛି କାଳ ପ୍ରାଣରେ ଦ୍ୱନ୍ଦ୍ୱ ଅନୁଭବ କରିଛି।

ତା ଶଶୀଦାଙ୍କର ମୋ ଜୀବନ ଉପରେ ପ୍ରଭାବ ପଡ଼ିବାର ଫଳ। ଶଶୀଦାଙ୍କ କଥା ମୋତେ ପରେ ବିସ୍ତୃତ ଭାବରେ କହିବାକୁ ପଡ଼ିବ। ମୋର କଟକର କଲେଜରେ ପଢ଼ିବାବେଳେ ସେ ସମୟର ଯୁବକ ନେତା ଗୋପବନ୍ଧୁ ବାବୁ ଅନେକ କଲେଜ ଛାତ୍ରଙ୍କୁ ଧରି ଥରେ ଧବଳେଶ୍ୱର ଗଲେ। ସତ୍ୟ, କ୍ଷମା, ଦୟା, ମିତବ୍ୟୟିତା ଆଦି କେତେଗୁଡ଼ିଏ ଗୁଣ ସେ ବାଛିଥିଲେ ଏବଂ ସେଥିରୁ ଏକ ବା ଏକାଧିକ ଜୀବନରେ ପାଳନ କରିବାପାଇଁ ଶପଥ କରିବାକୁ ଛାତ୍ରମାନଙ୍କୁ କହିଲେ। ମାସିକ ଦଶ ଟଙ୍କା ବୃତ୍ତିରେ କଲେଜ ପଢ଼ାର ଯାବତୀୟ ବ୍ୟୟ ଓ ତେଣେ ଗ୍ରାମରେ ଘରଖର୍ଚ୍ଚ ଚଳାଉଥିବା ବେଳେ ମୋର 'ମିତବ୍ୟୟିତା' ଅଭ୍ୟାସ କରିବାର ଅବକାଶ ନ ଥିଲା। ଦୟା ନିମନ୍ତେ ବୋଧହୁଏ କ୍ଷେତ୍ର ନଥିଲା। ମୁଁ 'ସତ୍ୟ' ଶପଥ ଗ୍ରହଣ କଲି। କେତେକ ବିଶେଷ ଘଟଣା ଓ ରାଜନୈତିକ କଥାବାର୍ତ୍ତା ଛାଡ଼ିଦେଲେ, ସେହିଦିନଠାରୁ ମୁଁ ପ୍ରାୟ ସତ କହୁଛି।

ସେହି କାରଣରୁ ଅଦାଲତ ସାକ୍ଷ୍ୟରେ ସତ କହିବାକୁ ଶପଥ କରିବାରେ ମୋର ଆପତ୍ତି ନଥିଲା, କିନ୍ତୁ କିଛି ନ ଲୁଚାଇବା ଏକାବେଳକେ ଭିନ୍ନ। ଏ ଲେଖାରେ ମଧ ମୁଁ ଯାହା ଲେଖିବି ସତ ଲେଖିବାକୁ ବାଧ୍ୟ, ମାତ୍ର ଜୀବନର ସବୁ କଥା ତ ଲେଖିବାକୁ ବାଧ୍ୟ ନୁହେଁ! କେତେକ ନିତାନ୍ତ ବ୍ୟକ୍ତିଗତ ବିଷୟ ମୁଁ ଜାଣି ଜାଣି ଛାଡ଼ିଯିବି। ମୁଁ ଠିକ୍ ଆତ୍ମଜୀବନୀ ଲେଖିବାକୁ ଯାଉନାହିଁ ଯେ, ସେସବୁ ଯେତେ ଅପ୍ରକାଶ୍ୟ ହେଲେ ସୁଦ୍ଧା ପ୍ରକାଶ କରିବି। ପ୍ରକାଶ କଲେ ମୋ ଜୀବନର ପଶୁବୃତ୍ତି ଓ ହୀନପ୍ରକୃତି ଜଣାଯାଇପାରେ; ମାତ୍ର କାହାରି କିଛି ଲାଭ ହେବାର ସମ୍ଭାବନା ନାହିଁ। କିନ୍ତୁ ସାଧାରଣ ଜୀବନରେ, ଲୋକସେବକ ଭାବରେ ମୋର ଯେତେ ପ୍ରକାର ସ୍ଖଳନ, ଦୈନ୍ୟଦୁର୍ଗତି, ଅଧୋଗତି, ଅବନତି ଘଟିଛି, ସେଥିରୁ ମୁଁ କୌଣସି ଉଲ୍ଲେଖଯୋଗ୍ୟ ବିଷୟ ବାଦ୍ ଦେବିନାହିଁ। ଜୀବନରେ ଅସାଧୁତା କେତେ ତ ଘଟିଛି; ମାତ୍ର ଏପରି ଏକ ଲେଖା ଲେଖିବାକୁ ସ୍ୱତଃପ୍ରବୃତ୍ତ ହୋଇ ବସି, ଅସାଧୁତା ସବୁ ଲୁଚାଇ ରଖିବାର କଥା ନୁହେଁ; ତାଠାରୁ ନୀରବତା ଭଲ। ହୁଏତ ଆଉ ବେଶି କାଳ ବଞ୍ଚିଲେ, ବର୍ତ୍ତମାନ କିଛି ଲୁଚାଇ ରଖି ପରେ ଶୁଦ୍ଧିପତ୍ର ପ୍ରକାଶ କରିବାକୁ ପଡ଼ିପାରେ। ମୁଁ ଦେଖିଛି କେତେକଙ୍କର ଧାରଣା ହୁଏ ଯେ, ମୁଁ ଜଣେ କପଟୀ ଲୋକ ଓ ପେଟରେ କଥା ଖୁବ୍ ଲୁଚାଇ ରଖିପାରେ। କିନ୍ତୁ ଯେଉଁମାନେ ମତେ ଅନ୍ତରଙ୍ଗ ଭାବରେ ଜାଣନ୍ତି, ସେମାନେ ଏଥିରେ ଏକମତ ହେବେ ନାହିଁ।

ମୁଁ ଯାହା ଲେଖିବି ତାକୁ ପଢ଼ି ଯେ କେହି ଆନନ୍ଦ ବା ଦୁଃଖ ଅନୁଭବ କରିବେ, ସେଥିପାଇଁ ଲେଖିବି ନାହିଁ; ମନୁଷ୍ୟ କିପରି ନିଜ ଦୁର୍ବଳତାର ଦାସ, ତାହା ଦେଖାଇବାକୁ

ଲେଖିବି ମାତ୍ର। ଏଥିରେ ଏପରି କେତେ କଥାର ଉଲ୍ଲେଖ ରହିବ, ଯାହା କି କୌଣସି କୌଣସି ବନ୍ଧୁଙ୍କ ଆଗେ ପ୍ରକାଶ କରିବାବେଳେ ମୋ ମୁଣ୍ଡ ନଇଁପଡ଼ିଛି, ଛାତି ଫାଟିଗଲା ପରି ଲାଗିଛି; ତଥାପି ମୁଁ ଅନୁତାପ ବେଳେ ତାହା ନ ଲୁଚାଇ କହିଛି। ମୋ ପିତା କହୁଥିଲେ, "ପାପଂ କୃତ୍ୱା ପ୍ରକାଶୟେତ୍।" ତାଙ୍କ ଜୀବଦ୍ଦଶାରେ ଶୁଣିବାବେଳେ ତାହା ମୋତେ ଛୁଇଁ ନଥିଲା; କିନ୍ତୁ ତାଙ୍କର ମୃତ୍ୟୁ ପରେ କାଟୁ କରୁଛି। ମୋର ସାଧାରଣ ତଥା ବ୍ୟକ୍ତିଗତ ଜୀବନରେ ଏପରି କୌଣସି ଗୋପନୀୟ ଘଟଣା ନାହିଁ, ଯାହା କି ଅଳ୍ପ କେତେଜଣ ହିତକାମୀ ବନ୍ଧୁଙ୍କୁ ମୁଁ ପ୍ରାୟ ଖୋଲି ନକହିଛି। ପରେ ସେମାନଙ୍କ ମଧ୍ୟରୁ ଜଣେଅଧେ ମୋର ତୀବ୍ର ନିନ୍ଦୁକ ପାଲଟିଯାଇଛନ୍ତି ଓ ସେ କଥାମାନ ଅନ୍ୟ ଲୋକଙ୍କୁ କହିଛନ୍ତି। ସେଥିରେ ଆପତ୍ତି କରିବାର କିଛି ନାହିଁ। ମୁଁ ଏ ଲେଖା ଲେଖିବାକୁ ବସିବାବେଳେ ଅନୁଭବ କରୁଛି ଯେ, ଯେଉଁ ବନ୍ଧୁମାନେ ବାରମ୍ବାର ଅନୁରୋଧ କରି ଏହା ଲେଖାଉଛନ୍ତି, ବିଶ୍ୱଅଦାଲତ ଆଗରେ ସେମାନେ ମୋତେ ସାକ୍ଷ୍ୟ ଦେବାକୁ ନେଇ ଠିଆକରିଛନ୍ତି ଏବଂ ସେଠାରେ ମୁଁ କହୁଛି, "ନିୟମ କରି କହୁଛି, ଯାହା କହିବି ସବୁ ସତ କହିବି, କିଛି ମିଛ କହିବି ନାହିଁ ଓ ନିତାନ୍ତ ବ୍ୟକ୍ତିଗତ ବିଷୟ ବ୍ୟତୀତ କିଛି ଲୁଚାଇବି ନାହିଁ ମଧ୍ୟ।"

ପୁଣି ମୁଁ କିଛି ନିଜର ଆତ୍ମଜୀବନୀ ଲେଖିବାକୁ ଯାଉନାହିଁ ଯେ, ବ୍ୟକ୍ତିଗତ ବିଷୟ ଉଲ୍ଲେଖ କରିବାକୁ ବାଧ ହେବି। ବାକି ସବୁ ତ ଲେଖିବି, ତେବେ ସେଥିରେ ମଧ ଯେଉଁଠାରେ ନାମ ପ୍ରକାଶ କରିବା ଫଳରେ ଅନ୍ୟ କାହାରି ଅସୁବିଧା ହେବ ବୋଲି ଭାବିବି, ନାମ ପ୍ରକାଶ କରିବି ନାହିଁ। ବାକି ଯେଉଁମାନଙ୍କ ନାମ ପ୍ରକାଶ କରିବାକୁ ପଡ଼ିବ ବା ଯେଉଁମାନଙ୍କ କଥା ଉଲ୍ଲେଖ ନ କଲେ ବିଷୟ ଅପୂର୍ଣ୍ଣ ଅଥବା ଅସଙ୍ଗତ ହେବ, ସେମାନେ ତା ଲାଗି ମୋତେ କ୍ଷମା କରିବେ ଆଶା କରୁଛି। ମୁଁ ଏପରି କୌଣସି କଥା ଲେଖିବି ନାହିଁ, ଯାହା କି ମୁଁ ନିଜେ ଠିକ୍ ବୋଲି ନ ଜାଣେ ବା ବିଶ୍ୱାସ ନ କରେ, ଯାହା ଆଉ କେତେକ ବ୍ୟକ୍ତି ନ ଜାଣନ୍ତି କିମ୍ବା କାଗଜପତ୍ରରେ ଲିଖିତ ଆକାରରେ ନାହିଁ। ସରକାରୀ କାଗଜପତ୍ରରେ ମଧ ଅନେକ ବିଷୟ ରହିଛି। 'ଅର୍ଦ୍ଧଶତାବ୍ଦୀର ଓଡ଼ିଶା' ଲେଖିବାବେଳେ ଅସତ୍ୟ ଲେଖିବା ଯେପରି ଅନ୍ୟାୟ ହେବ, ସତ୍ୟର ଗୋପନ ସେହିପରି ଅସଙ୍ଗତ ବିବେଚିତ ହୋଇପାରେ: ସେଥିରେ ଲିଖିତ ବିଷୟ ମଧ୍ୟ ଅବୋଧ ହୋଇଯିବାର ସମ୍ଭାବନା ଅଛି। ମୁଁ ଆତ୍ମଜୀବନୀ ଲେଖିଥିଲେ ମୋ ନିଜ ବ୍ୟକ୍ତିଗତ କଥାଗୁଡ଼ାକ ପ୍ରକାଶ କରିବାର ଦାୟିତ୍ୱ ଯେତିକି ବଢ଼ନ୍ତା, ଅନ୍ୟ କାହାରି ବ୍ୟକ୍ତିଗତ କଥା ଦୂରେ ଥାଉ, ସାଧାରଣ ବିଷୟମାନ ସୁଦ୍ଧା ପ୍ରକାଶ ନ କରିବା ନିମନ୍ତେ ସେତିକି ଅବକାଶ ମିଳନ୍ତା; ମାତ୍ର ମୋ ନିଜ ଜୀବନଟାକୁ ମୁଁ ଗୋଟାଏ

ଆତ୍ମଜୀବନୀର ଉପଯୁକ୍ତ ମଣୁନାହିଁ। ମୋର ଜଣାଶୁଣା କେତେକ ବ୍ୟକ୍ତିଙ୍କ ଏବର ଆତ୍ମଜୀବନୀ ପଢ଼ି ମୁଁ ମନେକରୁଛି ଯେ, ଆତ୍ମଜୀବନୀ ଲେଖିବାକୁ ଯିବା କାହାରି ପକ୍ଷେ ସମୀଚୀନ ନୁହେଁ। ତା ଯୋଗେ ଜୀବନୀ-ଲେଖକ ଓ ଇତିହାସ ନିମନ୍ତେ ଉପାଦାନ ସଂଗ୍ରହ କରିବା ଅନୁସନ୍ଧିତ୍ସୁମାନେ ଭ୍ରମରେ ପଡ଼ିଯିବେ। ମାତ୍ର ଏହା ମୋର ମତ ନୁହେଁ। ଅଧ୍ୟାପକ କେ.ଟି. ସାହା ଭାରତରେ ଜଣେ ଜଣାଶୁଣା ଲୋକ। 'କିଏ କଣ' ତ ଏତେ ବାହାରୁଛି। ବହୁ ଲୋକ ପଚିଶ ପଚାଶ ଲେଖାଏଁ ଟଙ୍କା ଦେଇ ସେଥିରେ ନିଜ ନିଜ କଥା ଲେଖାଉଛନ୍ତି; କିନ୍ତୁ ଅଧ୍ୟାପକ ସାହାଙ୍କ ନାମର ଉଲ୍ଲେଖ ସେଥିରେ ନାହିଁ। ସେ କହନ୍ତି, "ମୁଁ ଜୀବନୀ ଲେଖାର ସପକ୍ଷରେ, ମାତ୍ର ଆତ୍ମଜୀବନୀକୁ ମୁଁ ଘୃଣା କରେ।" କେହି କାରଣ ପଚାରିବସିଲେ, ସେ ହସି ହସି ଉତ୍ତର ଦିଅନ୍ତି, "ଜୀବନୀଗୁଡ଼ାକରେ ବହୁତ ମିଛ ସତ ପାଇବ, ମାତ୍ର ଆତ୍ମଜୀବନୀରେ ମିଥ୍ୟାର ମାତ୍ରା ଆହୁରି ବେଶି।" ଏହା ତାଙ୍କ ମତ ହୋଇ ପାରେ; କିନ୍ତୁ ସଂପୂର୍ଣ୍ଣ ରୂପେ ମନର କଥା ନୁହେଁ। ଜଗତର ପ୍ରଗତି କଳାର ବିକାଶ ଉପରେ ନିର୍ଭର କରେ। କଳାର ଆଧାର କବିତା ଓ ସ୍ଥାପତ୍ୟ, କବି କିମ୍ବା ସ୍ଥପତି ନୁହଁନ୍ତି। କବି ଓ ସ୍ଥପତି ଉଭୟେ ମରଣଶୀଳ, କାଳର କରାଳ କବଳରେ ପଡ଼ି ବିଲୟଭଜନ୍ତି; ଜୀବନ୍ତ ରହେ କେବଳ ତାଙ୍କର କବିତା ଓ ସ୍ଥାପତ୍ୟ। ତାହାହିଁ ଇତିହାସରେ ଯୁଗାନ୍ତର ସୃଷ୍ଟି କରେ। ଭାରତର ବେଦ ଅପୌରୁଷେୟ ଏବଂ ସେହି ଭାବରେହିଁ ମାନବଜୀବନକୁ ପ୍ରଭାବିତ କରୁଛି। ରଚକଙ୍କ ନାମ ସହିତ ତାକୁ ସଂଯୁକ୍ତ କରି ରଖିଥିଲେ ହୁଏତ ତାର ପ୍ରଭାବ ହ୍ରାସ ପାଇଥାନ୍ତା। ନିଶାର ନିନ୍ଦା ଯଥାର୍ଥରେ କରିପାରେ କେବଳ ନିଶାଖୋର ଲୋକ, କାରଣ ସେ ଭୁକ୍ତଭୋଗୀ; କିନ୍ତୁ ନିନ୍ଦା ତା ମୁଖରେ ବାଣୀ ରୂପରେ ବାହାରିଲେ, କାହାରି ଜୀବନକୁ ଆଶାନୁରୂପ ଭାବେ ପ୍ରଭାବିତ କରିପାରିବ ନାହିଁ। ବିଂଶଶତାବ୍ଦୀର ମନୀଷୀ 'ଜର୍ଜ ବର୍ଣ୍ଣାଡ଼ଶ' ମାନବ ଜାତିକୁ ବହୁ ନୂତନ ଚିନ୍ତା ଦେଇଯାଇଛନ୍ତି; କିନ୍ତୁ ମଲାବେଳେ ସେ କହିଗଲେ, "ମୁଁ ଯେତେ ଶୀଘ୍ର ଲୋକଙ୍କ ମନରୁ ପାସୋରିଯାଏ ସେତିକି ମଙ୍ଗଳ।" ପ୍ରକୃତରେ ଲୋକେ ତାଙ୍କ ନାମ ଯେତିକି ପାସୋରିଦେବେ, ତାଙ୍କ ଲେଖନୀରୁ ବାହାରିଥିବା ସମ୍ପଦମାନ ସେତିକି ଅପୌରୁଷେୟ ରୂପେ ପୃଥିବୀର ବାୟୁମଣ୍ଡଳରେ ଉଡ଼ିବୁଲିବ।

■

ତୁଳସୀ ନା ବିଛୁଆତି ?

୧୮୮୪ ବା ୧୮୮୫ ମସିହାରେ ଯେଉଁ 'ଗୋଦାବରୀ-ସ୍ନାନ ଯୋଗ' ପଡ଼ିଥିଲା, ତାରି ଅନୁସାରେ ମୋ ନାମ ହେଲା 'ଗୋଦାବରୀ'। ପରେ ସ୍ୱର୍ଗତ ରାଏବାହାଦୁର ଋଷିପ୍ରାଣ ଭକ୍ତକବି ମଧୁସୂଦନ ରାଓ ସେ ବାଳିକା ନାମ ବଦଳାଇ ବାଳକୋଚିତ କଲେ। ସେ ସମୟରେ ଶିକ୍ଷାବିଭାଗର ପରିଦର୍ଶନ କର୍ମଚାରୀମାନେ ବୁଲି ବୁଲି ବିଦ୍ୟାଳୟମାନ ପରିଦର୍ଶନ କରୁଥିଲେ। ସେମାନେ ଗସ୍ତରେ ବାହାରି କେନ୍ଦ୍ରସ୍ଥଳ ଦେଖି ରହୁଥିଲେ। ବିଦ୍ୟାଳୟ ସବୁ ପରିଦର୍ଶିତ ହେବା ନିମନ୍ତେ ସେହି ସ୍ଥଳକୁ ଆସୁଥିଲେ। ଆଜିକାଲି ବୋଧହୁଏ ସେପରି ଆଉ ଚଳୁନାହିଁ। ତାହା କେବେ ବନ୍ଦ ହେଲା ମୁଁ ଜାଣେନା। ତେବେ, ବିଦ୍ୟାଳୟକୁ ପରିଦର୍ଶନ କରିବାକୁ ନ ଯାଇ, କୌଣସି କେନ୍ଦ୍ରସ୍ଥଳକୁ ଡକାଇ ଆଣି ତାର ପରିଦର୍ଶନ କାର୍ଯ୍ୟ ସାରିଥିବା ଅଭିଯୋଗରେ ୧୯୦୮ ମସିହାରେ ଜଣେ ପରିଦର୍ଶନ କର୍ମଚାରୀ ଦଣ୍ଡିତ ହୋଇଥିଲେ। ଏପରି ଦୋଷ ଲାଗି ଦଣ୍ଡବିଧାନ କରୁଥିବା ହାକିମମାନେ ବର୍ଷା ଋତୁରେ ପଲ୍ଲୀ ଗ୍ରାମମାନଙ୍କୁ ଯିବାର ଅସୁବିଧା ଅନୁଭବ କରୁଥିଲେ ହୁଏତ ସହଜରେ ଦଣ୍ଡ ଦିଅନ୍ତେ ନାହିଁ।

ସେହିପରି ଏକ କେନ୍ଦ୍ରସ୍ଥଳରେ ଅତି ପିଲାବୟସରେ ଭକ୍ତକବିଙ୍କ ସହିତ ମୋର ସାକ୍ଷାତ। ତାଙ୍କ ନିର୍ଦ୍ଦେଶରେ, ମୁହୂର୍ତ୍ତକରେ, ନାମରେ ମୁଁ ବାଳିକାରୁ ବାଳକ ଅବଶ୍ୟ ପାଲଟିଗଲି, କିନ୍ତୁ ସେ ଅନୁସାରେ ମୋ ଗୁଣ କିଛି ବଦଳି ନଥିବ। ମୁଁ ଭାରି ଭୟାଳୁ ଥିଲି। ଅନ୍ଧାରରେ ଅନ୍ୟ ଜଣକ ଦେହକୁ ଦେହ ନ ଲଗାଇ ବସିଲେ ମୋତେ ଡର ମାଡୁଥିଲା। ସେଇଥିପାଇଁ ଘଟଣାବିଶେଷରେ ମୋତେ ଅସୁବିଧାରେ ପଡ଼ିବାକୁ ହୋଇଛି। ଅନ୍ଧାରରେ ସବୁଆଡ଼େ ମୋ ଆଖିକୁ କେବଳ ଭୂତ ଦିଶୁଥିଲେ। ଏବେ ବୁଢ଼ା ବୟସରେ ସୁଦ୍ଧା ଶ୍ମଶାନବାଟେ ରାତିରେ ମୁଁ ଏକା ଯିବାବେଳେ ଚେଷ୍ଟା ପ୍ରୟୋଗ କରି ଛାତି ଦମ୍ଭ କରିଥାଏ; ସେପରି ବାଟ ଯଥାସମ୍ଭବ ଏଡ଼ିବାକୁ ଚେଷ୍ଟାକରେ।

ନାମବାଚକ ଶବ୍ଦର ଲିଙ୍ଗରେ ପରିବର୍ତ୍ତନ ଅନୁସାରେ ସେହି ନାମଧାରୀ ବ୍ୟକ୍ତିଙ୍କ ସ୍ୱଭାବରେ ବୋଧହୁଏ ବିଶେଷ ପରିବର୍ତ୍ତନ ଘଟୁନଥିବ। ଅନେକ ପୁରୁଷ ନାମ ଡାକରେ ସ୍ତ୍ରୀଲିଙ୍ଗ ରୂପ ଧରିଛି। ତାର ଉଦାହରଣ ଲକ୍ଷ୍ମୀକାନ୍ତ, ରମାବଲ୍ଲଭ, ନାଗରୀମୋହନ, ଗୌରୀକୁମାର, ରତିକାନ୍ତ ପ୍ରଭୃତି। ସେଥିରେ ଡାକନାମ କେବଳ ଶ୍ରୁତିମଧୁର ହେବା ଛଡ଼ା ବୋଧହୁଏ ଆଉ କୌଣସି ଫଳ ଫଳେ ନାହିଁ। ସୁତରାଂ ନାମରେ 'ତାଲବ୍ୟ' 'ଶ'ଟାଏ ଯୋଡ଼ାହେବା ଯୋଗେ ମୋର କୌଣସି ଲାଭ ହୋଇନଥିଲା। କେବଳ ନାମଟା ଲେଖିବାରେ କାଗଜ ଓ କାଳି ବେଶି ସରୁଛି ଏବଂ ଉଚ୍ଚାରଣ କଲାବେଳେ ପାଟିକୁ ଅଧିକ ପରିଶ୍ରମ ପଡୁଛି। ତା'ପରେ ପୁଣି, ଏବେ ଆମ ଓଡ଼ିଶାରେ, ବିଶେଷରେ ଗଞ୍ଜାମ ଜିଲ୍ଲାରେ କୋଡ଼ି କୋଡ଼ି ତାଲବ୍ୟ 'ଶ' ଯୋଡ଼ା ଗୋଦାବରୀଶ ବାହାରିଲେଣି।

ସଂଜ୍ଞାରେ ଅବଶ୍ୟ ଅନେକ ପରିବର୍ତ୍ତନ ଘଟୁଛି। ଜଣେ ଜେନାଙ୍କ ପୁଅର ସଂଜ୍ଞା ହେଲା 'ନରେନ୍ଦ୍ର ସିଂହ'। ସେହିପରି ନରେନ୍ଦ୍ର ସିଂହଙ୍କ ପୁଅ ବେଳକୁ ପୁଣି ସଂଜ୍ଞା ଆହୁରି ଲମ୍ବି ହୋଇଗଲା 'ବୀରବର ଚମ୍ପତିରାଏ ଅରିଦମନ ଗୁମାନସିଂହ'। ପରଶୁରାମ ବାବୁ 'ମହାନ୍ତି' ସଂଜ୍ଞାରେ ମାଇନର ପାଶ୍ କଲେ; ପ୍ରବେଶିକା ବେଳକୁ ପରୀକ୍ଷାରେ ପାଶ୍ କଲେ ପରଶୁରାମ ପଟ୍ଟନାୟକ'; ଆଇ.ଏ.ବେଳକୁ ନାମ ହେଲା ପଟ୍ଟନାୟକ ପରଶୁରାମ ସାମନ୍ତ ବର୍ମା, ବି.ଏ. ବେଳକୁ ପରୀକ୍ଷା ଦିଆଗଲା 'ପରଶୁରାମ ସାମନ୍ତ ବର୍ମା' ନାମରେ; ବି.ଟି. ପରୀକ୍ଷାବେଳକୁ ରହିଲା 'ପରଶୁରାମ ବର୍ମା'। ପରଶୁରାମ ବାବୁ ମୋର ବହୁକାଳର ଅନ୍ତରଙ୍ଗ ସଙ୍ଗୀ। ନାମରେ ଏତେ ବଦଳାବଦଳି ଭିତରେ ମୋ ପ୍ରତି ତାଙ୍କ ସ୍ନେହର ମୁଁ ତିଳେମାତ୍ର ପରିବର୍ତ୍ତନ ଅନୁଭବ କରିନାହିଁ। ଆଉ ଜଣେ ସଙ୍ଗୀ ଦାଶରଥି ଷଡ଼ଙ୍ଗୀ ଉତ୍ତର- ଜୀବନରେ ହେଲେ 'ଦାଶରଥି ବାହିନୀପତି ଶର୍ମା'। କେତେ ମଧୁ ପାତ୍ର ନାମ ମଝିରେ 'ସୂଦନ ମହା' ଯୋଡ଼ି ସମାଜରେ ପ୍ରତିଷ୍ଠା ଲାଭ କରୁଛନ୍ତି। ମନୁଷ୍ୟ ଯେପରି ଭଲ ଘର, ଭଲ ଲୁଗାପଟା ଲୋଡ଼େ, ଉଚ୍ଚାଭିଳାଷୀ ବ୍ୟକ୍ତିମାନେ ସେହିପରି ଆତ୍ମପ୍ରକାଶ ନିମନ୍ତେ ନାମ ଖୋଜନ୍ତି। ନିଜେ ଭକ୍ତକବି ମଧୁସୂଦନଙ୍କର 'ସିଂହ' ସଂଜ୍ଞା 'ରାଓ'ରେ ପରିଣତ ହୋଇଥିଲା। କୌଳିକ ନାମରେ କେତେବେଳେ ଏକ ପୁରୁଷରେ, କେତେବେଳେ ବା ପୁରୁଷକୁ ପୁରୁଷ ପରିବର୍ତ୍ତନ ଘଟିଥାଏ। 'ଗୋବିନ୍ଦବଲ୍ଲଭ ଦାସ' ସ୍ୱନାମଧନ୍ୟ 'ମଧୁସୂଦନ ଦାସ'ରେ ପରିଣତ ହେଲା ପରି, ବ୍ୟକ୍ତିଗତ ନାମରେ ପରିବର୍ତ୍ତନ ପ୍ରାୟ ଘଟେ। ମୋର ଯେ ଆଂଶିକ ଘଟିଲା, ତା ଯୋଗେ ନାମଟା ଅବଶ୍ୟ ଟିକିଏ ବଢ଼ିଗଲା; ମାତ୍ର ଗୁଣ ଦୋଷ ତା ଅନୁସାରେ ନିଜକୁ ଗଢ଼ିବାକୁ ଚେଷ୍ଟା କଲେ ନାହିଁ। ଓଡ଼ିଶା ଇତିହାସରେ

'ଗୋଦାବରୀଶ' ନାମର ଅସ୍ତିତ୍ୱ ଥିବା କଥା ସେତେବେଳେ ଭକ୍ତକବିଙ୍କ ମନକୁ ଯାଇଥିଲେ ମୋ ଜୀବନଟାଯାକ ଅନ୍ୟମାନଙ୍କୁ ନିଜ ନାମର ଅର୍ଥ ବୁଝାଇବାକୁ ପଡ଼ିନଥାନ୍ତା; ନଟବର, ବାନାମ୍ବର, ଦିଗମ୍ବର ପରି ତାହା ଶ୍ରୋତାଙ୍କ କାନ ବାଟେ ସହଜରେ ଖସିଥାନ୍ତା।

ମୋର ଆଉ ଗୋଟିଏ ଦୋଷ ହେଲା, ମୁଁ ବଡ଼ ଲାଜକୁଳା। ଏବେ ଚଉଷଠି ବର୍ଷରେ, ଦୀର୍ଘ ଜୀବନର କ୍ରୂର ଘାତ-ପ୍ରତିଘାତରେ ତାହା ଯେତେ କମିଛି, ଏକାବେଳକେ କଟିବାକୁ ହୁଏତ ଛଅଶହ ଚାଳିଶ ବର୍ଷ ଲାଗିବ। ସେ ଦୋଷ ନିମନ୍ତେ ମୋତେ ଅନେକ କ୍ଷେତ୍ରରେ ନାନା ଭୌତିକ ସୁବିଧାରୁ ବଞ୍ଚିତ ହେବାକୁ ପଡ଼ିଛି। ପେଟରେ ଭୋକ ଥିଲେ ମୁଁ ଯେପରି ମୁହଁ ଫିଟାଇ କହିପାରେ ନାହିଁ, ମାନବସୁଲଭ ଉଚ୍ଚ ଅଭିଳାଷମାନ ମଧ୍ୟ ମୁଁ ପ୍ରକାଶ କରିବାରେ ଅକ୍ଷମ ହୁଏ; ଅଥଚ ଭିତରେ ପୋଷିରଖି ବାଟ ଛାଡ଼େନାହିଁ। ସୁତରାଂ ମୁଁ ବେଳେ ବେଳେ ନିଆଁ ପରି ହୁ ହୁ ନ ଜଳି, ଧୂଆଁ ପରି କୁହୁଳେ ମାତ୍ର। ଫଳରେ, ବନ୍ଧୁମାନଙ୍କ ନିକଟରେ ମୁଁ ନିତାନ୍ତ କୃପାପାତ୍ର ବିବେଚିତ ହେଉଥିବି; କିନ୍ତୁ ମୋ କୁହୁଳିବା ସମୟର ଦୀର୍ଘତା ବେଶି ନୁହେଁ- ବନ୍ଧୁମାନେ ତାହା ମଧ୍ୟ ଲକ୍ଷ୍ୟ କରୁଥିବେ।

ମୁଁ ତ ଗଜା ହେଲି, ପତ୍ର ମେଲି ଉଧାଇଲି; କିନ୍ତୁ ଦୋଷଗୁଡ଼ାକ ପେଟରେ ରଖି, ଭାବୀ ଜୀବନରେ ବାସିବି କି ଗନ୍ଧୁ କରିବି, ଧରିହେଲା ନାହିଁ। ମୋ ପିତାଙ୍କ ଗୋସେଇଁବାପା ରଘୁନାଥ ମିଶ୍ର ଜଣେ ଖ୍ୟାତନାମା ପଣ୍ଡିତ ଥିଲେ। ରଘୁନାଥ ମିଶ୍ରଙ୍କ ଅଣଗୋସେଇଁ ବାପା ଜଗନ୍ନାଥ ମିଶ୍ରେ ମଧ୍ୟ କୁଆଡ଼େ ଜଣେ ଜଣାଶୁଣା ପଣ୍ଡିତ। ସୁତରାଂ, ଠିକ୍ ହେଉ ବା ଭୁଲ୍ ହେଉ, ମୋ ପିତାଙ୍କର ଧାରଣା ଜନ୍ମିଥିଲା ଯେ, ତାଙ୍କ ବଂଶରୁ ପୁଣି ଜଣେ ପଣ୍ଡିତ ବାହାରିବା ପାଳି ମୋ ଦେହକେ ପଡ଼ିବ। ତାହା ପଡ଼ିଲା ମଧ୍ୟ ଏବଂ ତାଙ୍କ କଳ୍ପନାକୁ ଯାଇନଥିବା ଭାବରେ ପଡ଼ିଲା। ମୁଁ କାଳକ୍ରମେ 'ପଣ୍ଡିତ ଗୋଦାବରୀଶ ମିଶ୍ର' ନାମରେ ପରିଚିତ ହେଲି। ଉପାଧିଟା ଯେବେ, ଯେପରି, ଯେଉଁ କାରଣରୁ ଆସୁ, ଦେଖୁଛି ତା ସହିତ ମୋ ସଂପର୍କ ନିତାନ୍ତ ଅଚ୍ଛେଦ୍ୟ ହୋଇପଡ଼ିଛି। ମୁଁ ତାକୁ କୁଣ୍ଢାଇ ଧରିବାକୁ ବ୍ୟାକୁଳ। ପାଣ୍ଡିତ୍ୟ ପେଟରେ ଥିଲେ ହୁଏତ ବ୍ୟାକୁଳତା ଆସନ୍ତା ନାହିଁ। କେତେକ କାଳିଆ ପିଲାଙ୍କୁ ବାପା ମା ଆଦରରେ 'ପୂର୍ଣ୍ଣଚନ୍ଦ୍ର', 'ପୂର୍ଣ୍ଣିମା' ଆଦି ନାମ ଦେଇଥାନ୍ତି। ସେହି ପୂର୍ଣ୍ଣଚନ୍ଦ୍ର ଓ ପୂର୍ଣ୍ଣିମାମାନେ ଦର୍ପଣରେ ମୁହଁ ଦେଖିଲେ, କଳା ଶ୍ରୀମୁଖକୁ ହୁଏତ ଫିକା ନପକାଇ ରହିପାରୁନଥିବେ। ଆଉ ବଡ଼ ବଡ଼ ପଣ୍ଡିତଙ୍କ କଥା ଦୂରେ ଥାଉ, ମୋର ବହୁ କାଳର ସଙ୍ଗୀ ପଣ୍ଡିତ ନୀଳକଣ୍ଠଙ୍କ ପାଣ୍ଡିତ୍ୟ ଦେଖି ମୁଁ ଯେ କେତେ ଥର ମୁହଁ ଫିକା ପକାଇଛି ତାର କଳନା ନାହିଁ।

'ପଣ୍ଡିତ' ଶବ୍ଦ ପଣ୍ଡିତ ନେହେରୁଙ୍କ ନାମର ଅଂଶ ହୋଇଥିଲେ ସୁଦ୍ଧା ସେ ଶବ୍ଦଟି ତାଙ୍କ ନାମରୁ ହୁଏତ ତାଙ୍କ ଇଚ୍ଛା ବିରୁଦ୍ଧରେ କଟିଯାଇଛି। 'ପଣ୍ଡିତ' ଶବ୍ଦ ମୋର ପରେ ଯୋଡ଼ା ଉପାଧି ମାତ୍ର। ତଥାପି ମୁଁ ସେ ଉପାଧି ଛାଡ଼ିବାକୁ ନିତାନ୍ତ ନାରାଜ ଥିଲା ପରି ଜଣାଯାଉଛି। ଏହା ବୋଧହୁଏ ଗୋଟାଏ ବଡ଼ଲୋକସୁଲଭ ଗୁଣ। ଥରେ ଜଣେ ରାଜା ସାହେବ 'ଅମୁକ ମିଶ୍ର'ଙ୍କ ନିକଟକୁ ତାଙ୍କର ଜଣେ ବନ୍ଧୁ 'ବାବୁ ଅମୁକ ମିଶ୍ର' ଉଲାଖରେ ଚିଠି ଲେଖିଥିଲେ। ରାଏସାହେବ ମିଶ୍ର ତାହା ଆଉ କାହା ଚିଠି ହୋଇଥିବ କହି ନରଖି ଫେରସ୍ତ ଦେଲେ। କଟକର ଓକିଲ ବିଚିତ୍ରାନନ୍ଦ ଦାସଙ୍କୁ 'ସ୍ୱାମୀ ବିଚିତ୍ରାନନ୍ଦ' ନ କହିଲେ ସେ କ୍ଷୁଣ୍ଣ ହୁଅନ୍ତି। ଅନେକ ସହରୀ ବାବୁଭାୟା ମଫସଲୀ ଲୋକଙ୍କଠାରୁ 'ଆପଣ' ପରିବର୍ତ୍ତେ 'ତୁମେ' ସର୍ବନାମ ବ୍ୟବହାରରେ ବିରକ୍ତି ଦେଖାନ୍ତି। ଏସବୁରୁ ମନେହେବ ମହାତ୍ମା ଗାନ୍ଧିଙ୍କୁ 'ଗାନ୍ଧିଜୀ' ବୋଲି କହିଲେ ତାଙ୍କ କାନକୁ ଅଡୁଆ ଲାଗିଥିବ। ଉପାଧି ତ ଏକ ଭୂଷଣ। ଖାଣ୍ଟି ସୁନା ଅଳଙ୍କାର ପିନ୍ଧି ନ ପାରିବା ଗରିବ ଲୋକଙ୍କ ନିମନ୍ତେ ନକଲି ଗହଣା ବଜାରର ସୃଷ୍ଟି। ଆମ ଦେଶରେ ଇଂରେଜ ସରକାର ନିଜ ପକ୍ଷକୁ ଟାଣିବା ଲାଗି ଲୋକ ଦେଖି ସାନ ବଡ଼ ଉପାଧି ଛାପ ମାରିଦେଉଥିଲେ। ଏବେ ମଧ୍ୟ ସ୍ୱାଧୀନ ଭାରତର ଶାସନ ଗାଦିରେ ବସିଥିବା ଜନନାୟକମାନେ ବିଶ୍ୱବିଦ୍ୟାଳୟର ମାଗଣା ଛାପ ନେବାକୁ ଧାଇଁବା ଦେଖାଯାଉଛି।

ମୋ ପିତା ବଡ଼ ପଣ୍ଡିତ ନଥିଲେ; କିନ୍ତୁ ଆମ ନିଜ ଅଞ୍ଚଳ ଛଡ଼ା ଦୂର ସ୍ଥାନମାନଙ୍କରେ ସୁଦ୍ଧା ତାଙ୍କର ଖାତିର ଥିଲା। ସେ ଗୃହୀ ହୋଇ ସନ୍ନ୍ୟାସୀ ପରି ରହୁଥିଲେ। ନିତି ଯାହା ଉପାର୍ଜନ କରୁଥିଲେ ସେହି ଦିନଟା ସେଥିରେ ଚଳୁଥିଲେ, ପରଦିନ ସକାଶେ ସଞ୍ଚୁ ନଥିଲେ। ତାଙ୍କ ମୁଣ୍ଡବାଳ ଜଟା, ଦାନ୍ତ ହାଡ଼ ପରି ଦିଶୁଥିଲା, ଦେହରେ ତେଲହାତ ବାଜୁ ନଥିଲା। ତାଙ୍କ ପରିଧେୟ ଥିଲା ଖଣ୍ଡିଏ ଛୋଟିଆ ଗେରୁଆ ଲୁଗା। ଇତର ଲୋକଙ୍କ ମଧ୍ୟରେ ତାଙ୍କର ଡାକନାମ ଥିଲା 'ଜଟିଆ ବାବା'। ସେ ବଗଳାମୁଖୀ ମନ୍ତ୍ରରେ ଝାଡ଼ି ଜର ବସନ୍ତ ଆଦି ରୋଗ ଭଲକରୁଥିଲେ। ମୋ ଗୋସାଇଁ ମା ଲୁଣ ମନ୍ତୁରିଦେଲେ ପେଟବଥା ରୋଗୀ ଉପକାର ପାଉଥିଲେ। ମୁଁ ଯେ ଯୌବନରେ ମେସ୍‌ମରିଜିମ୍ ଶିଖି ରୋଗ ଚିକିତ୍ସା କରୁଥିଲି, ପୂର୍ବ ଦୁଇ ପୁରୁଷ ପ୍ରଭାବ ବଳରେ ତାହା ସମ୍ଭବପର ହୋଇଥିବ ପରା!

ଆମ ଆର୍ଥିକ ଅବସ୍ଥା ଭଲନଥିଲା। ଘରେ ଦିନେ ଦିନେ ଚୁଲି ଲାଗେ ନାହିଁ। ପଡ଼ୋଶୀମାନଙ୍କ ଘରେ ରନ୍ଧାବଢ଼ା ହେଉଥିବାର ଦେଖି, ଖୁବ୍ ପିଲାଦିନେ ମୁଁ ବୋଉକୁ ଆସି ପଚାରେ, "ବୋଉ, ଆମର ଚୁଲି କାହିଁକି ଲଗାଉ ନାହୁଁ?" ବୋଉ

କେଉଁ ଦିନ କି ଉତ୍ତର ଦିଏ- ଅତି ପିଲାଦିନେ ମୁଁ ତାହା ବିଶ୍ୱାସ କରୁଥିଲି। ସେପରି ଦିନମାନଙ୍କରେ ବେଳେବେଳେ ଘରେ ଟିକିଏ ପାଟିତୁଣ୍ଡ ଶୁଣାଯାଏ। ଥିଲା ଲୋକଙ୍କ ଘରେ ପାଟି ଭିତରେ ଉପରକୁ ତଳକୁ ଯେଉଁ ପ୍ରବାହ ଚାଲିଥାଏ, ସେଥିରେ ହୁଏତ ଜଠରର କାହାଣୀ ଜିଭକୁ ଆସେ ନାହିଁ। ନଥିଲା ଘରେ ଜଠରାଗ୍ନି ପେଟରୁ ବାହାରି ଜଳିବା ପାଇଁ ଘର ତମାମ୍ ବୁଲି ଉପାଦାନ ଖୋଜି ଦରାଣ୍ଡୁଥିବ ପରା!

ସାମାଜିକ ମାନସମ୍ଭ୍ରମ ପ୍ରାୟ ଆର୍ଥିକ ସଙ୍ଗତିକୁ ଅନୁସରଣ କରେ। ଆମ ଘରେ ତା'ର ବ୍ୟତିକ୍ରମ ଘଟିବାର ମୁଁ ଦେଖିଛି। କିନ୍ତୁ ଅନେକେ ମୋତେ ପିତାଙ୍କ ଯୋଗ୍ୟ ପୁଅ ମଣୁଥିଲେ। ମୁଁ ଅନେକ ଘଟଣାରେ ବୁଦ୍ଧିର ଅଭାବ ଦେଖାଉଥିଲି। ଥରେ ମୋ ସାଙ୍ଗ ବିଶ୍ୱନାଥ ଗୋଟିଏ ଆମ୍ବଗଛରେ ଚଢ଼ି ଆମ୍ବ ଛିଣ୍ଡାଇ ତଳେ ପକାଇଲା। ମୁଁ ତଳେ ରହି ଗୋଟାଇ ଅଣ୍ଟିରେ ଧରିବାରେ ଲାଗିଲି। ଜଗାଳି ଆସି ମୋତେ କିଛି ନ କହି ବିଶ୍ୱନାଥକୁ ବକିଲା। ବିଶ୍ୱନାଥ ଗଛ ଉପରୁ କହିଲା, "ଦେଖ, ମୁହଁ ସମ୍ଭାଳି କଥା କହ। ମୋ ହାତରେ ଆମ୍ବଫାମ୍ବ କିଛି ଦେଖିଛ?" ସେ ମୁହୂର୍ତ୍ତର କର୍ତ୍ତବ୍ୟ କେଉଁ ପିଲା ନ ଜାଣିବ? ମାତ୍ର ମୁଁ କହିଲି, "ବିଶି, ତୋ ଆମ୍ବ ତୁ ନେ।" ତା'ପରେ ଯାହା ଘଟିଲା, ସେଥିପାଇଁ ବିଶ୍ୱନାଥ ଅବଶ୍ୟ ମୋ ସଙ୍ଗେ ପ୍ରସ୍ତେ ଧୁମ୍ ଉଡ଼ାଇଦେଲା; କିନ୍ତୁ ପରେ ସେହି କଥା କହି ଅନେକ ଥର କୌତୁକରେ ମୋତେ ଚିଡ଼ାଇଛି। ବହୁବର୍ଷ ଉତ୍ତାରେ, ମୁଁ ଉତ୍କଳ ପ୍ରାଦେଶିକ କଂଗ୍ରେସ କମିଟିର ସମ୍ପାଦକ ଥିବା ସମୟରେ, ବେଜେଲେଗେଟ୍ ହତ୍ୟା ପରେ, ଲୋକଙ୍କ ଅବସ୍ଥା ଦେଖିବାପାଇଁ ଜୋର୍‌ରେ ମୋଟର ଚଳାଇ ଚାଲିଛି; ଗୋରୁ ହଳେ ସଡ଼କରେ ଛାଡ଼ିଦେଇ ଅଡ଼ାଇ ନେଉଥିବା ଲୋକଟି ନିଜେ ଗୋଟିଏ ପାଖକୁ ଆଡ଼େଇ ହୋଇଗଲା। ମୋଟରଚାଳକ ରାଗି ଏଣୁତେଣୁ କଣ କହିଲା। ମୁଁ ମୋଟରରୁ ଡେଇଁପଡ଼ି ଲୋକଟିକୁ ଯାଇ କୁଣ୍ଢାଇପକାଇଲି। ସେ ବ୍ୟତିବ୍ୟସ୍ତ ହୋଇ କହିଲା, "ମୋତେ ଛାଡ଼, ମତେ ଛାଡ଼, ମୁଁ ନଥିଲି।" ମୁଁ ଛାଡ଼ିଦେଇ ପଚାରିଲି, "ବିଶ୍ୱନାଥ ଚିହ୍ନିପାରୁନାହଁ?" ସେ ଆସ୍ତେ ଆସ୍ତେ ପ୍ରକୃତିସ୍ଥ ହୋଇ କେତେକ ସମୟ ମୋ ମୁହଁକୁ ଦୋ ଦୋ ଚିହ୍ନା ହେଲାପରି ଚାହିଁରହିଲା। ମୁଁ ପୁଣି ପଚାରିଲି, "ପିଲାଦିନର ଆମ୍ବ ଚୋରି ମନେପଡୁଚି?" ସେ ହସିଦେଇ କହିଲା, "କଣ ଗୋଦାବରୀଶବାବୁ? ସେ ଚେହେରା ତ ନାହିଁ; ମୁଁ ସ୍ୱରରୁ ଠଉରେଇଲି ସିନା।" ବିଶ୍ୱନାଥ ଓ ମୁଁ ସାଥୀ ହୋଇ ଚାଲିଲୁ। ମୋ ଲୋକ ତାଙ୍କ ଗୋରୁ ଅଡ଼ାଇ ପଛରେ ଆଣିଲା। ସେତେବେଳେ ସରକାର ପକ୍ଷରୁ ରଣପୁର ରାଜ୍ୟସାରା ଭାରି ଉପଦ୍ରବ ଚାଲିଥାଏ। ବିଶ୍ୱନାଥଙ୍କ ଘର ରଣପୁରରେ; ସେ ଆମ ଗ୍ରାମରେ ମାମୁଘରେ ରହି ପିଲାଦିନେ ବିଦ୍ୟାଳୟରେ ପଢୁଥିଲେ।

ମୋର ବୁଦ୍ଧି ନଥିବାର ପରିଚୟ ଦେବା ଭଳି ପିଲାଦିନିଆ ଘଟଣା ଅନେକ। ସଂସାରକ୍ଷେତ୍ରରେ ପଶିବା ପରେ ମଧ୍ୟ ମୁଁ ସଂସାରୀ ବୁଦ୍ଧିରେ ପଛରେ ପଡ଼ିଗଲି। ବନ୍ଧୁମାନେ କହନ୍ତି ଯେ, ଲୋକଙ୍କୁ ବିଶ୍ୱାସ କରିଯିବା ମୋର ଗୋଟିଏ ପ୍ରକାଣ୍ଡ ଦୋଷ; କିନ୍ତୁ ସେହି ବନ୍ଧୁମାନଙ୍କ ମଧ୍ୟରୁ କେହି କେହି ଆଖିରୁ ଲୁହ ଗଡ଼ାଇ ମୋତେ ପ୍ରଭାବିତ କରିବାକୁ ଚେଷ୍ଟା କରିଛନ୍ତି। ଦୁଃଖରେ ପଡ଼ିଥିବା ଲୋକର କାନ୍ଦ ଦେଖିଲେ ମୁଁ ନିଜେ ଲୁହ ରୋଧିପାରେ ନାହିଁ। କାହାଠାରୁ ମୁଁ ଯେବେ କୌଣସି କଥା ଶୁଣେ, ସେ କଥା ମିଥ୍ୟା, ଏହି ମୂଳ ଭିତ୍ତିରୁ ଆରମ୍ଭ କରି ତା ସହିତ କାରବାର କରେ କ୍ୱଚିତ୍। ସେଥିପାଇଁ ମୁଁ କାର୍ଯ୍ୟକ୍ଷେତ୍ରରେ ଅପମାନ ଯେପରି ପାଇଛି, କ୍ଷତି ମଧ୍ୟ ସେହିପରି ସହିଛି। ମୁଁ ମୋଟାମୋଟି ଜଣେ ମଫସଲିଆ ଲୋକ। ବଡ଼ ବଡ଼ ଘଟଣାରେ, ପ୍ରତିଯୋଗିତା ବେଳେ, ସହରର ବୁଦ୍ଧିଆ ଅଥଚ ପ୍ରକୃତ ଯୋଗ୍ୟତାରେ ବୋଧହୁଏ ମୋଠାରୁ ନ୍ୟୂନ ଲୋକଙ୍କ ପାଖେ ମୋତେ କେତେଥର ପରାଜୟ ମିଳିଛି। ସେସବୁ ପରେ ମନେପକାଇଲେ, ମୋର ଦୁଃଖ ଅପେକ୍ଷା ହସ ବେଶି ଆସେ। ମୋ ପରାଜୟରେ ସହାୟତା କରିସାରି କେହି କେହି ମୋ ପାଖେ ଅନୁତାପ କରିଛନ୍ତି। ମୁଁ ଦେଖିଛି, ସଂସାରଟାରେ ମନୁଷ୍ୟ ବୁଦ୍ଧିର ଗୋଟାଏ ପ୍ରକାଣ୍ଡ ଛକାପଞ୍ଝା ଖେଳ ଚାଲିଛି। ସିଧା ଆଙ୍ଗୁଠିରେ ଘିଅ ବାହାରେ ନାହିଁ ବୋଲି ଯେ ପ୍ରବାଦ ଅଛି, ଘଡ଼ିରୁ ଘିଅ କାଢ଼ିବା ଲୋକେ ତାର ସତ୍ୟତା ଯେତିକି ବୁଝନ୍ତି, ସଂସାରକ୍ଷେତ୍ରରେ ଘାତପ୍ରତିଘାତ ସହି ଚଳିବା ବ୍ୟକ୍ତିମାନେ ମଧ୍ୟ ସେତିକି ବା ତା' ଠାରୁ ଅଧିକ ଅନୁଭବ କରୁଥିବେ।

ଏହିସବୁ ଭିତରେ ମୁଁ ସେବାର ଜୀବନ ଗଢ଼ିବାକୁ ଚେଷ୍ଟା କରିଛି। ଯେତେବେଳେ ଯାହା ମୋ ବିବେକକୁ ଠିକ୍ ବୋଲି ଦିଶିଛି, ମୁଁ ତହିଁରୁ ଆଗୁଳେ ଟଳିନାହିଁ ବୋଲି ସାହସରେ କହିପାରେ। ଅବଶ୍ୟ ସାଧାରଣ କାର୍ଯ୍ୟକ୍ଷେତ୍ରରେ କୌଣସି ଦଳ ଭିତରେ ଥିବାବେଳେ ଦଳର ସମୂହ ସୁବିଧା ଲାଗି କେତେକ ଘଟଣାରେ ମୋତେ ଆଖି ବୁଜିଦେବାକୁ ହୋଇଛି। ସେପରି ନକଲେ ରାଜନୀତି ହୁଏନାହିଁ। ସେଥିପାଇଁ ଆଗରେ ଯୁଧିଷ୍ଠିରଙ୍କର ଅଶ୍ୱତ୍‌ଥମା ମୃତ୍ୟୁ ସମ୍ବାଦ ପ୍ରକାଶ କରିବା ଦୃଷ୍ଟାନ୍ତ ରହିଛି। ସେହିପରି ବିଂଶ ଶତାବ୍ଦୀର କୌଣସି କୌଣସି ସତ୍ୟବ୍ରତ ବିଶିଷ୍ଟ ବ୍ୟକ୍ତିବିଶେଷଙ୍କ ସଂପର୍କରେ ନାନା ଘଟଣା ଉଲ୍ଲେଖ କରାଯାଇପାରେ। ସମୂହ ହିତ ନିମନ୍ତେ ଯେଉଁ ମିଥ୍ୟା ବା ଅନ୍ୟାୟର ଆଶ୍ରୟ ନିଆଯାଏ, ତାର ନାମ ରାଜନୀତିକ ଭାଷାରେ ମିଥ୍ୟା ବା ଅନ୍ୟାୟ ନୁହେଁ, ତାହା ଚାଣକ୍ୟ ନୀତି। ଦେଶ ଓ ଜାତିର ସେବା କରିବାକୁ ବାହାରି ମୁଁ ଅନୁରୋଧ ବା ଉପରୋଧ କିମ୍ବା ବ୍ୟକ୍ତିଗତ ଲାଭ ନିମନ୍ତେ କର୍ତ୍ତବ୍ୟରୁ ଟଳିଛି କମ୍। ଯେଉଁ ଘଟଣାରେ ଟଳିଛି, ତାହା ଯଥା ସ୍ଥାନରେ ଲେଖିବି।

ମୋର ଏ ପ୍ରକୃତି ଅନେକ ବନ୍ଧୁ ଜାଣନ୍ତି । ଧରାଧରି କରି ମୋ ଦ୍ୱାରା ଅଯଥା ସୁବିଧା କରାଇନେବାକୁ ବାହାରନ୍ତି କମ୍ । ୧୯୪୮ ମସିହାରେ ଜଣେ ଅଧ୍ୟାପକ କୌଣସି ବିଶ୍ୱବିଦ୍ୟାଳୟ ଉପାଧି ପାଇଁ ପ୍ରବନ୍ଧ ଲେଖିଥିଲେ । ତାହା ପରୀକ୍ଷା କରିବାକୁ ତିନିଜଣଙ୍କ ମଧ୍ୟରେ ଜଣେ ଭାବରେ ମୋ ନାମ ଥିଲା । ମାତ୍ର ଚେଷ୍ଟାକରି ମୋତେ ରଖାଗଲା ନାହିଁ । ସେହି ଅଧ୍ୟାପକ ପୁଣି ୧୯୪୯ ମସିହାରେ ସରକାରୀ ପାହ୍ୟାରେ ଉଚ୍ଚ ପଦ ନିମନ୍ତେ ପ୍ରାର୍ଥୀ ହେଲେ । ତାଙ୍କ ପ୍ରାର୍ଥିତ୍ୱ ପବ୍ଲିକ୍ ସର୍ଭିସ୍ କମିସନ୍‌ରେ ପରୀକ୍ଷିତ ହେବା ସ୍ଥିର ହେଲା । ଶିକ୍ଷାବିଭାଗ ଡିରେକ୍ଟର ସେଥିପାଇଁ ସେହି କମିସନ୍‌ରେ ବସିବାକୁ ମୋତେ ଅନୁରୋଧ କଲେ । ସରକାରଙ୍କ ସହ ମୋର ମତଭେଦ ସତ୍ତ୍ୱେ କର୍ତ୍ତବ୍ୟ ଅନୁରୋଧରେ ମୁଁ ସ୍ୱୀକୃତି ଜଣାଇଲି । ସେଥିପାଇଁ ଦିନ ଧାର୍ଯ୍ୟ ହେଲା । ମାତ୍ର ଅଧ୍ୟାପକଙ୍କ ମନରେ ସନ୍ଦେହ ହେଲା ଯେ ମୋତେ ଧରାଧରି କରି ସେ କାର୍ଯ୍ୟ ଉଦ୍ଧାର କରାଇପାରିବେ ନାହିଁ । ସୁତରାଂ ଶିକ୍ଷାବିଭାଗ ମନ୍ତ୍ରୀଙ୍କଠାରୁ କୌଣସି ବଡ଼ କର୍ତ୍ତୃପକ୍ଷଙ୍କୁ ଧରି, ମୋତେ କଟାଇ, ଆଉ ଜଣକୁ ନିଆଇନେଲେ । ସଂସାରକ୍ଷେତ୍ରରେ ଏହାହିଁ ହେଉଛି ମୋର ଭାଗ୍ୟ । ଏ ଭାଗ୍ୟ ମୋତେ କେତେଥର ଯେ ଖାଲରେ ପକାଇଛି, ମୁଁ ଜାଣେ ।

■

'କେଉଟୀ'

ମୁଁ ଭଲ ପଢ଼ାପଢ଼ି କରୁନଥିଲି। ସୁତରାଂ ନିଜେ ଶିକ୍ଷକଙ୍କ ଅପେକ୍ଷା ତାଙ୍କ ବେତ ସହିତ ମୋର ଅଧିକ ସଂପର୍କ ରହୁଥିଲା। ପିଲାଦିନେ ମୁଁ ଗ୍ରାମ ଅବଧାନଙ୍କ ହାତରୁ ଖୁବ୍ ମାଡ଼ ଖାଇଛି, ଏପରିକି ମୋଠାରୁ ଆହୁରି ଖରାପ ପଢୁଥିବା ପିଲାଙ୍କ ତୁଳନାରେ ବହୁତ ବେଶି ମାଡ଼ ମଧ୍ୟ ଖାଇଛି। ସେତେବେଳେ ସେମାନଙ୍କ ପ୍ରତି ତାଙ୍କ ପକ୍ଷପାତିତାର କାରଣ ବୁଝି ନପାରିଲେ ସୁଦ୍ଧା ମୁଁ ତାଙ୍କ ଉପରେ ମନରେ ଆକ୍ରୋଶ କେବେ ପୋଷି ରଖିନାହିଁ। ପରେ ଅବଧାନଙ୍କ ବିପକ୍ଷରେ ଏକ ନିର୍ଦ୍ଦିଷ୍ଟ ଧରଣର ଅଭିଯୋଗ ଅନେକ ଘଟଣାରେ ମୋ କାନକୁ ଆସିଛି। ଜିଲ୍ଲାବୋର୍ଡ ସଭ୍ୟଭାବରେ ସେଥିରୁ କେତେକରି ତଦନ୍ତ ଭାର ମୋ ଉପରେ ପଡ଼ିଛି ମଧ୍ୟ। ପରେ କୌଣସି କୌଣସି ବଡ଼ଦରର ଶିକ୍ଷକଙ୍କ ସମ୍ବନ୍ଧେ ମୋର ବ୍ୟକ୍ତିଗତ ମତ ସଂପୂର୍ଣ୍ଣ ଭିନ୍ନ ରକମର ହୋଇଥିଲେ ସୁଦ୍ଧା, ମୋ ନିଜ ଅବଧାନଙ୍କ ବିଷୟରେ ମୋର ପିଲାଦିନର ଅନୁଭୂତି ଯୋଗେ ସେସବୁ ଅଭିଯୋଗ ଅମୂଳକ ବୋଲି ଧରି ମୁଁ ତଦନ୍ତ ଆରମ୍ଭ କରେ। ମୋ ଅବଧାନ ପାଠଶାଳାରେ ମୋତେ ମାରନ୍ତି; କିନ୍ତୁ ନଦୀରେ ପାଣି ବେଶି ଥିଲେ ମୋତେ କାନ୍ଧରେ ବସାଇ ପାରିକରାଇଦିଅନ୍ତି। ଖରାଦିନେ ଦି'ପହରେ ବାଟର ତାତିଲା ବାଲିରେ ମୁଁ ତାଙ୍କ ପିଠିରେ ଲାଉ ହୋଇ ପାରିହୁଏ।

ସେସବୁ ପ୍ରାୟ ପଞ୍ଚାବନ ବର୍ଷ ତଳର କଥା। ଏବେ ୧୯୪୨ ମସିହା ଜାନୁୟାରି ମାସରେ ମୁଁ ପ୍ରାୟ ଦଶହଜାର ଲୋକଙ୍କର ପଟୁଆରରେ ବାଣପୁର ଦାଣ୍ଡରେ ଯାଉଥିଲି। ବାଟରେ ମସ୍‌ଜିଦ୍ ପାଖେ ହଠାତ୍ ବାଜା ଓ କୋଳାହଳ ବନ୍ଦ ହୋଇଗଲା। ସେତେବେଳେ ଜନତା ଭିତରୁ ଖଣ୍ଡେ ଦୂରରୁ ମୋ କାନରେ ଆସି ପଡ଼ିଲା, "ମୁଇଁ ପିଲାଟିବେଳେ କେତେ ମାଡ଼ ଗାଳି ଦେଇ ଗଢ଼ିଥିଲି।" ମୁଁ ମୋଟର ଉପରୁ ଉହୁଙ୍କି ଚାହିଁ ଦେଖିଲି, ମୋର ସେହି ପିଲାଦିନର ଅବଧାନ ଗିରିଧାରୀ

ମହାନ୍ତି ଆଙ୍ଗୁଠି ଦେଖାଇ ଚାହିଁଛନ୍ତି। ମୁଁ ତାଙ୍କୁ ହାତଯୋଡ଼ି ନମସ୍କାର କଲେ ତାଙ୍କର ଆପତ୍ତି ହୁଏ। ସେଦିନ ମୁଁ ଦୂରରୁ ମୋ ଆଖିର ଛଳଛଳ ଚାହାଣିରେ ନମସ୍କାର ଜଣାଇଲି। ସେ ମଧ୍ୟ ତାଙ୍କ ଆନନ୍ଦବିସ୍ଫାରିତ ନେତ୍ରରେ ଆଶୀର୍ବାଦ ଜ୍ଞାପନ କରିଥିଲେ। ତାଙ୍କ ପରି ବ୍ୟକ୍ତିଙ୍କ ଆଶୀର୍ବାଦର ମୂଲ୍ୟ ଅସୀମ ହେବ ନିଶ୍ଚୟ- ବେତନ ସିନା ମାସିକ ପାଞ୍ଚ ଟଙ୍କା !

କିନ୍ତୁ ମୁଁ ଯେ ତାଙ୍କର ଜଣେ ଅଯୋଗ୍ୟ ଛାତ୍ର, ସେ ବା ମୁଁ କେହି ଅସ୍ୱୀକାର କରିପାରିବୁ ନାହିଁ। ମୁଁ ବହି ଧରି ବସି ପଢ଼ିପାରୁ ନଥିଲି, କେବଳ ଶିକ୍ଷକଙ୍କ ମୁହଁରୁ ଯାହା ଶୁଣୁଥିଲି, ମନେରଖୁଥିଲି। ଶ୍ରୁତି, ସ୍ମୃତି ଯୁଗରେ ଗୁରୁଆଶ୍ରମରେ ମୁଁ ଜଣେ ଆରୁଣି ନୋହିପାରିଲେ ସୁଦ୍ଧା, ବର୍ଣ୍ଣାଶୁଦ୍ଧି ନିମନ୍ତେ ମାଡ଼ ତ ଖାଇନଥାନ୍ତି। ମୋ ଉଦାରତା ଗୁଣ କେହି ହୃଦୟଙ୍ଗମ କଲେ ନାହିଁ। ବର୍ଣ୍ଣମାଳାର ତିନିଟାଯାକ 'ସ' ଓ ଦୁଇଟା 'ଇ' ବିଷୟରେ ମୋର ଭେଦାଭେଦ ଜ୍ଞାନ ନଥିଲା। ଏବେ ମଧ୍ୟ ବର୍ଣ୍ଣାଶୁଦ୍ଧି ଏଡ଼ି ଲେଖିବା ନିମନ୍ତେ ମୁଁ ଖଣ୍ଡିଏ ଅଭିଧାନ ପାଖରେ ଧରିଛି। ଅନେକେ ମୋତେ ଲିପି-ସଂସ୍କାରର ପକ୍ଷପାତୀ ବୋଲି ଜାଣନ୍ତି। ତା ମୂଳରେ ମୋ ନିଜର ଏହି ଦୁର୍ବଳତା ରହିଥିବ। ତେବେ ଉତ୍ତର ଜୀବନରେ ପଣ୍ଡିତ ନୀଳକଣ୍ଠଙ୍କ ପରି ବ୍ୟାକରଣ ରଚୟିତା, ନିଷ୍ଠାପର ସାହିତ୍ୟିକ ସୁପଣ୍ଡିତଙ୍କ ସାହଚର୍ଯ୍ୟ ଏ ବିଷୟରେ ଯେ ମୁଁ କିପରି ଲାଭକଲି ତାହା ଆଶ୍ଚର୍ଯ୍ୟ କଥା। ସେଥିରୁହିଁ ମୋର ମନେହୁଏ, ବର୍ଣ୍ଣାଶୁଦ୍ଧି ଗୋଟାଏ ଦୋଷ ନୁହେଁ, ଉଦାରତାର ଚିହ୍ନ ମାତ୍ର। ଓଡ଼ିଆ ସାହିତ୍ୟରେ ବିଶ୍ୱବିଦ୍ୟାଳୟ ଏମ୍.ଏ. ପରୀକ୍ଷା ଦେଇଥିବା ଉତ୍ତର ଖାତାରେ ମୁଁ କେତେ 'ଶୁନ୍ଦର' 'ଭାସା' 'ଶହସା' 'ତିର' 'ପ୍ରୀୟ' 'ପୀତା'- ପ୍ରଭୃତିଙ୍କ ଆବିର୍ଭାବ ଦେଖିଛି। ଥରେ ସରକାରଙ୍କଦ୍ୱାରା ନିର୍ବାଚିତ ପାଠ୍ୟପୁସ୍ତକ ସଂଘର ଜଣେ ବିଶିଷ୍ଟ ସ୍ୱନାମଧନ୍ୟ କଂଗ୍ରେସୀ ସଦସ୍ୟ କୌଣସି ଲବ୍ଧପ୍ରତିଷ୍ଠ ଲେଖକଙ୍କର ଖଣ୍ଡିଏ ପାଠ୍ୟପୁସ୍ତକ ନାମଞ୍ଜୁର କରିବା ପାଇଁ କରଣୀ ଅକ୍ଷରରେ ଲେଖି ଯେଉଁ କାରଣ ଦର୍ଶାଇଥିଲେ, ସେଥିରେ ଲେଖାଥିଲା- "ଲେଖା ପ୍ରଣାଳୀରେ ସରସତ୍ତାର ବିଶେଷ ଅଭାବ। ବର୍ନାସୁଧୀ ମଧ୍ୟ ଅନେକ ଅଛି।"

ସରକାରଙ୍କ ଶିକ୍ଷାବିଭାଗଟା ମୋ ପକ୍ଷେ ଦାଶରଥି ମହାପାତ୍ର ସରବରାକାରଙ୍କ ପରି। ମହାପାତ୍ରଙ୍କ ଇଲାକା ମଧ୍ୟରେ ରଘୁ ଜେନା ଜଣେ ଗରିବ ପ୍ରଜାର ପିଲା। ନିଜ ପୁଅ ଦାମୋଦର ସାବାଳକ ହୋଇ ସରବରାକାରି ବୁଝିଲା। କିପରି କୌଶଳରେ ଖଜଣା ଆଦାୟ କରିବ, ତାହା ଶିଖିବା ନିମନ୍ତେ ସେ ରଘୁକୁ ତା ପାଖେ ରଖାଇଥାନ୍ତି। ଦାମୋଦର ପ୍ରତିଦିନ ତାକୁ ବିଧା, ଖୁନ୍ଦା, ଚାପୁଡ଼ା ଦେଇ ଭାବୀ ସରବରାକାରର ହାତ ସଡ଼ କରେ। ଅସୁଲ ସମୟରେ ମହାପାତ୍ରେ ରଘୁକୁ ଏକାଥରକେ ଦଶଟି ଟଙ୍କା

ଦେଇଦିଅନ୍ତି। ମୁଁ ବିଦ୍ୟାଳୟରେ ଗାଳି ମାଡ଼ ତ ଖାଉଥିଲି; କିନ୍ତୁ ପଢ଼ା ଶେଷରେ ନିମ୍ନ ପ୍ରାଥମିକ ପରୀକ୍ଷାରେ ମାସିକ ତିନି ଟଙ୍କା ବୃତ୍ତି ପାଇଲି। ମୋର ମନେହେଉଛି, ଅର୍ଥବିଜ୍ଞାନର 'ଯୋଗାଣ ଓ ବେଉନ୍ତ' ନିୟମ ଅନୁସାରେ ନୋହିଲେ ସୁଦ୍ଧା, ଅନ୍ୟାନ୍ୟ ପଣ୍ୟ ଦ୍ରବ୍ୟ ପରି ବଜାରରେ ମାଡ଼ର ନିଶ୍ଚୟ ଗୋଟାଏ ମୂଲ୍ୟ ଥିବ; ତା ମୋ ପରୀକ୍ଷା ଫଳରୁ ଜଣାଗଲା। ନିମ୍ନ ପ୍ରାଥମିକରୁ ଆରମ୍ଭ କରି ଏମ୍.ଏ. ଓ ଓକିଲାତିର ପ୍ରଥମ ଭାଗ, ବି.ଟି. ଆଦି ପରୀକ୍ଷା ବାବଦ ସାର୍ଟିଫିକେଟ୍ ଲୋକେ ପାଟକନାରେ ଗୁଡ଼ାଇ ସିନ୍ଦୁକରେ ରଖନ୍ତି; କିନ୍ତୁ ମୋର ଖଣ୍ଡେ ନାହିଁ, ସବୁ ନିଆଁରେ ପକାଇ ପୋଡ଼ିଦେଇଛି। ପେଟରେ ବିଦ୍ୟା, ଲକ୍ଷ୍ମୀ ସରସ୍ୱତୀ ତ ଦୁଇ ଭଉଣୀ, ବୋଧହୁଏ ସେହି ଅନୁପାତରେ ରହିଯାଇଥିବ।

ପ୍ରବେଶିକା ପରୀକ୍ଷା ପୂର୍ବରୁ ମୁଁ କେଉଁ ବର୍ଷ କେଉଁ ପରୀକ୍ଷା ଦେଇଥିଲି, ମନେନାହିଁ। ଉଚ୍ଚ ପ୍ରାଥମିକ ପରୀକ୍ଷାରେ ମୁଁ ପୁରୀ ଜିଲ୍ଲାରେ ପ୍ରଥମ ସ୍ଥାନ ପାଇଥିଲି। ତାହା ନିତାନ୍ତ ଆକସ୍ମିକ ହୋଇଥିବ। ସେ ପରୀକ୍ଷାରେ ମୁଁ କି ଧରଣର ଉତ୍ତର ଲେଖିଲି, ସମଗ୍ର ଭାତହାଣ୍ଡିରୁ ଗୋଟିଏ ଚିପିଲେ ଜଣାଯିବ। କେତେକ ଶବ୍ଦର ବିପରୀତ ଲିଙ୍ଗ ପଚରାଯାଇଥିଲା। 'କେଉଟ' ପାଖେ ମୁଁ ଲେଖିଲି 'କେଉଟୀ'। ସେତେବେଳକୁ ମୋର ବୟସ କେତେ କେଜାଣି, ତେବେ ଦେଢ଼ ବର୍ଷ ପୂର୍ବରୁ ବିବାହ ହୋଇସାରିଥିଲି। ମୋ 'କେଉଟୀ' ସହପାଠୀମାନଙ୍କ ମୁହଁରେ 'ହାଡ଼ି ବାଇଦ କୋଶେ, ତୁଣ୍ଡ ବାଇଦ ସହସ୍ର କୋଶ' ନିୟମରେ ଖୁବ୍ ପ୍ରଚାର ପାଇଲା। ତାହା କେତେଦୂର ପ୍ରଚାର ପାଇଥିଲା ତା'ର ପ୍ରମାଣ ପାଇଲି ପ୍ରାୟ ସାତ ବର୍ଷ ପରେ। ସେତେବେଳେ ଦୂର୍ବାକ୍ଷତ ଦିବସର ମଧୁଶଯ୍ୟାରେ ଗୋଟିଏ କୋମଳ କଣ୍ଠ ମୋତେ ପଚାରିଲା, "ଆଜି କେଉଟୀ ଆସିଥିନା, ଦେଖିଚ ?" ମୋ ହୃତ୍‌ପଣ୍ଡର ଗତି କ୍ଷଣକ ପାଇଁ ସତେ ଅବା ବନ୍ଦହୋଇଗଲା। କିନ୍ତୁ ପରେ ମୁଁ ହୃଦୟଙ୍ଗମ କଲି ଯେ, ନିରକ୍ଷରା ପଲ୍ଲୀ ଯୁବତୀଙ୍କ ପକ୍ଷେ ପ୍ରଥମ ପ୍ରେମାଳାପର ତାହା ଏକ ସୁଗମ ମାର୍ଗ। ନୋହିଲେ, କଳହର ଆଶ୍ରୟ ନେବାକୁ ହୁଏତ ପଡ଼ିଥାନ୍ତା !

ସେ ସମୟରେ 'ନିମ୍ନପ୍ରାଥମିକ' ପରୀକ୍ଷା ପୂରାପୂରି ଓ 'ଉଚ୍ଚପ୍ରାଥମିକ' ପରୀକ୍ଷା ଆଂଶିତ ମୌଖିକ ହେଉଥିଲା। ମଧ୍ୟପରୀକ୍ଷା ବେଳକୁ ପ୍ରଶ୍ନୋତ୍ତର ଉଭୟ ଲିଖିତ ଆକାର ଧଇଲା। 'ମଧ୍ୟ-ଓଡ଼ିଆ' ପରୀକ୍ଷାରେ ମୁଁ ଦ୍ୱିତୀୟ ଶ୍ରେଣୀରେ ସ୍ଥାନ ପାଇଲି। ସମଗ୍ର ଓଡ଼ିଶାରେ ପ୍ରଥମ ଶ୍ରେଣୀରେ ପ୍ରଥମ ସ୍ଥାନ ଅଧିକାର କଲେ ଗୋବିନ୍ଦ ନନ୍ଦ। ଗୋବିନ୍ଦ ନନ୍ଦ ସେ ସମୟରୁ ମୋର ଉପାସ୍ୟ ହୋଇଗଲେ। ମୁଁ ତାଙ୍କୁ ସିନା ଆଖିରେ ଦେଖିଲି ନାହିଁ, ତାଙ୍କ ନାମ ସଦା ଜପିବାକୁ ଲାଗିଲି। 'ନନ୍ଦ' ବାଦ୍‌ଦେଇ କେବଳ 'ଗୋବିନ୍ଦ' ଜପିଥିଲେ ମୁଁ ହୁଏତ ଆଜି ଜଣେ ପରମ ବୈଷ୍ଣବ ହୋଇଥାନ୍ତି। ପୁରୀ ଜିଲ୍ଲା ସ୍କୁଲରେ

ତାଙ୍କ ସହିତ ଭେଟ ହେବ ବୋଲି ମୋର ଆଶା ଥିଲା; କିନ୍ତୁ ପ୍ରବେଶିକା ପଢ଼ିବାକୁ ସେ ସେଠାକୁ ଗଲେ ନାହିଁ।

ବିଫଳ ବାସନା ଗଛ ପରି ଦିନକୁ ଦିନ ବଢ଼େନାହିଁ, ଜଳନ୍ତା ନିଆଁପରି ହୃଦୟରୁ କ୍ରମଶଃ ଲିଭି ଲିଭି ଆସେ। ୧୯୦୦ ମସିହାର ଅତୃପ୍ତ ବାସନା ୧୯୦୬ ପର୍ଯ୍ୟନ୍ତ ଯଦି ଜିଇରହିଥିଲା, ଥିଲା ଫଲ୍‌ଗୁନଦୀର ପାଣି ସଦୃଶ ବାଲିତଳେ- ମହାନଦୀର ଶ୍ରାବଣ ମାସ ସ୍ରୋତ ଭଳି ନିଶ୍ଚୟ କୂଳ ଲଘି ବନ୍ଧବାଡ଼ ଭାଙ୍ଗି ବହୁନଥିଲା। ଆଜିକାଲି ସବ୍‌ଡିଭିଜନ୍‌ରେ ଥିବା ଉଚ୍ଚବିଦ୍ୟାଳୟମାନଙ୍କରେ ପ୍ରବେଶିକା ପରୀକ୍ଷାକେନ୍ଦ୍ର ହେଲାଣି; କିନ୍ତୁ ସେତେବେଳେ ଛବିଶ ଗଡ଼ଜାତ ରାଜ୍ୟ ସମେତ ସାରା ଓଡ଼ିଶାର ପ୍ରବେଶିକା ପରୀକ୍ଷା ନିମନ୍ତେ ଏକ ମାତ୍ର କେନ୍ଦ୍ର ଥାଏ କଟକର ରେଭେନ୍‌ସା କଲେଜରେ। ସେ ସମୟର ପରିସ୍ଥିତି ଏବକୁ କେତେ ବଦଳିଗଲାଣି ! ସେତେବେଳେ ସମଗ୍ର ଓଡ଼ିଶାରେ ଆଜିକାଲି ପରି ପାଞ୍ଚଶହରୁ ଅଧିକ ମାଇନର ସ୍କୁଲ ନ ଥାଏ। ବୋଧହୁଏ ପ୍ରତି ସବ୍‌ଡିଭିଜନରେ ଗୋଟିଏ ମାତ୍ର ମାଇନର ସ୍କୁଲ ଥିବ, ବାକି ପ୍ରତ୍ୟେକ ରେଭିନିଉ ଥାନାରେ ଗୋଟିଏ ମଧ୍ୟ ଓଡ଼ିଆ ବିଦ୍ୟାଳୟ ଥାଏ। ସେଥିରୁ ଉତ୍ତୀର୍ଣ୍ଣ ହୋଇଗଲେ, ଉଚ୍ଚ ବିଦ୍ୟାଳୟରେ ପଢ଼ି ପ୍ରବେଶିକା ପରୀକ୍ଷା ଦେବାର ବ୍ୟବସ୍ଥା ଥାଏ। ସେତେବେଳେ 'ଉତ୍କଳ ଦୀପିକା' ଏକମାତ୍ର ଓଡ଼ିଆ ସମ୍ବାଦପତ୍ର, ତାହା ପୁଣି ସାପ୍ତାହିକ। ତାର ପ୍ରଚାର ଆଉ କେଉଁଠାରେ କିପରି ଥିବ କେଜାଣି, ଆମ ବାଣପୁର ଥାନା ଭିତରକୁ ଖଣ୍ଡିଏ ମାତ୍ର ଯାଉଥିଲା। ଏବେ 'ଦୈନିକ ସମାଜ' ପ୍ରାୟ ଶହେଖଣ୍ଡ ଓ ସରକାରୀ 'ପ୍ରଜାତନ୍ତ୍ର' ଆଠଖଣ୍ଡ ସେହି ସ୍ଥାନରେ ପ୍ରତ୍ୟହ କଟୁଛି।

ମୁଁ ୧୯୦୬ ମସିହାରେ ପ୍ରବେଶିକ ପରୀକ୍ଷା ଦେବା ନିମନ୍ତେ ପୁରୀରୁ କଟକ ଆସି ଏକ ବସାରେ ରହିଲି। ମୁଁ ଯେଉଁ କୋଠରିରେ ରହିଲି ସେଥିରେ ଆଉ ଜଣେ ପରୀକ୍ଷାର୍ଥୀ ମୋ ପୂର୍ବରୁ ରହିଥିଲେ। ସେ ମୋ ନାମ ପଚାରି, ଉତ୍ତର ପାଇ, 'ଗୋଦାବରୀଶ' କାହିଁକି 'କୁଆଖାଇଶ' କାହିଁକି ନହେଲା କହି, ପ୍ରଥମେ ପ୍ରସ୍ତେ ଠୋ-ଠୋ ହସିଦେଇଗଲେ। ମୋ କଳିଜା ପାଣିଫାଟିଗଲା। ଏବେ ମଧ୍ୟ ବୋଧହୁଏ ମଫସଲୀ ପିଲାଙ୍କୁ ସହରୀ ପିଲାମାନେ ପ୍ରଥମ ଦେଖାରେ ସେହିପରି ରୀତିରେ ଚମକାଉଥିବେ। ମୁଁ ଯେ ଥରେ ଦବିଗଲି ସେଥିରେ ତାଙ୍କ ସଙ୍ଗେ ସ୍ୱଚ୍ଛନ୍ଦ ଭାବରେ ଆଉ ସେଦିନ କଥାବାର୍ତ୍ତା କରିପାରିଲି ନାହିଁ।

ପରିଦିନ ସକାଳୁ ସେ ପ୍ରାତଃକୃତ୍ୟ କରିବାକୁ ଚାଲିଗଲେ। ମୁଁ ତାଙ୍କ ବହି ଫିଟାଇ ଦେଖିଲି, ନାମ ଲେଖାଅଛି 'ଗୋବିନ୍ଦ ନନ୍ଦ'। ମୁଁ ଚମକିପଡ଼ି ପାଞ୍ଚ ହାତ ପଛକୁ ଘୁଞ୍ଚିଯାଇ କାନ୍ଥରେ ଧକ୍‌କା ଖାଇଲି। ଫଲ୍‌ଗୁର ବାଲିତଳ ପାଣି, ପମ୍ପରୁ ବାହାରିଲା

ପରି ପିଚ୍‌କି ଉପରକୁ ଉଚ୍ଛୁଳିଉଠିଲା। ଗୋବିନ୍ଦ ଯଥାସମୟରେ ଫେରିଲେ। କିନ୍ତୁ ମୋର ଛ'ବର୍ଷର ମନଗଢ଼ା ସୌଧ ଏକାବେଳକେ ଚୂର୍ଣ୍ଣ ହୋଇଗଲା। ପରୀକ୍ଷାରେ ସମଗ୍ର ଓଡ଼ିଶାରେ ଶୀର୍ଷସ୍ଥାନ ଲାଭ କରିଥିବା ଯୁବକଙ୍କର ଯେଉଁ ମୂର୍ତ୍ତି ମୁଁ ଦୀର୍ଘ ଛଅ ବର୍ଷ ଧରି କଳ୍ପନାରେ ଗଢ଼ିଥିଲି; ତାହା ବର୍ଣ୍ଣରେ ଗୋରା, ଆକୃତିରେ ବିଶାଳ, ମୁହଁଟି ସୁନ୍ଦର, ହାତ ଦିଓଟି କୋମଳ, ଆଖି ଯୋଡ଼ିକ ଉଜ୍ଜ୍ୱଳ, ନାକଟି ଲମ୍ବା; କିନ୍ତୁ ଆଖି ଆଗରେ ଦେଖିଲି ଜଣେ ଗେଡ଼ା, ସିଠୁଆ, ସାବନା, ହାଡୁଆ, ବେଢଙ୍ଗିଆ ଅସୁନ୍ଦର ବୁଢ଼ାଆଶିଆ ଲୋକ। ତାଙ୍କ ନାକ ଚେପ୍‌ଟା, ଆଖିଯୋଡ଼ିକ ବିବର୍ଣ୍ଣ ହୋଇ ସତେ ଅବା ନିଜକୁ ଲୁଚାଇବା ନିମନ୍ତେ ଭୂଲତା ତଳେ ଯାଇ ବହୁ ଦୂରରେ ଆଶ୍ରୟ ନେଇଥିଲେ।

ଦୁର୍ଗା, ଶ୍ରୀକୃଷ୍ଣ, ରାଧା, ଲକ୍ଷ୍ମୀ ଆଦି ଦେବଦେବୀଙ୍କର ନିଜର ମୂର୍ତ୍ତି ଅଛି କିମ୍ବା କେବେ ଥିଲା କି ନା ସନ୍ଦେହ। ବର୍ତ୍ତମାନ ତାଙ୍କର ଯେଉଁ ସବୁ ଧାତୁ ବା ପଥର ମୂର୍ତ୍ତି ଦେଖାଯାଉଛି, ତାହା ଶିଳ୍ପୀଙ୍କ କପୋଳକଳ୍ପିତ ମାତ୍ର। ସବୁ ବେଶ୍ ସୁନ୍ଦର କମନୀୟ ମୂର୍ତ୍ତି। ସେତିକି କୁତ୍ସିତ ଅସୁନ୍ଦର ମୂର୍ତ୍ତି ଅସୁରଙ୍କର। ଅସୁରଙ୍କ ପ୍ରତି ଘୃଣା ଓ ଦେବତାଙ୍କ ପ୍ରତି ଭକ୍ତି ଜନ୍ମାଇବା ଉଦ୍ଦେଶ୍ୟରେ ମୂର୍ତ୍ତିସବୁ ବୋଧହୁଏ ସେ ଅନୁଯାୟୀ ତିଆରି ହୋଇଛି। 'ଭକ୍ତି' ପ୍ରାଣର ଯେତେ ଉଚ୍ଚ ଉନ୍ନତ ଅଭିବ୍ୟକ୍ତି ହେଉ ନା କାହିଁକି, ଅନୁରାଗରୁ ଜାତ। ସେଥିପାଇଁ ଉଚ୍ଚକୋଟୀର ଭକ୍ତମାନେ ନିଜଠାରେ ନାରୀତ୍ୱ ଆରୋପ କରି ଭଗବାନଙ୍କୁ ପ୍ରେମିକ ଆକାରରେ ପୂଜା କରନ୍ତି। ଅନୁରାଗର ଉନ୍ନତ ସ୍ୱର୍ଗୀୟ ସ୍ୱରୂପ ହେଉଛି ଭକ୍ତି; ତାହା ନୀଚ ସ୍ତରକୁ ଓହ୍ଲାଇଗଲେ ଭୌତିକ ଆକାରରେ 'ରତି' ରୂପରେ ପ୍ରକାଶ ପାଏ। ସୁତରାଂ ମନୁଷ୍ୟ ନିଜର ଆରାଧ୍ୟଙ୍କୁ ସୁନ୍ଦର ରୂପରେ କଳ୍ପନା କରିଛି। ଅସୁନ୍ଦର ସହିତ ପ୍ରୀତି ଯେ ନ ଘଟେ ନୁହେଁ; କିନ୍ତୁ ଉପାସକ ଆଖିରେ ତାହା ସୁନ୍ଦର ନ ହେଲେ ପ୍ରୀତି ଅସମ୍ଭବ। ଅବଶ୍ୟ ଶୌର୍ଯ୍ୟ ଓ ବୈରାଗ୍ୟର ପୂଜା ମଧ୍ୟ ହୁଏ।

ଗୋବିନ୍ଦ ନନ୍ଦଙ୍କଠାରେ ଏସବୁରୁ ମୁଁ କିଛି ନ ପାଇଲେ ସୁଦ୍ଧା କ୍ରମେ ତାଙ୍କ ସହିତ ମୋର ଘନିଷ୍ଠତା ଉପୁଜିଲା; କିନ୍ତୁ ହୃଦୟର ମିଳନ ବୋଧହୁଏ ସେତେ ହେଲାନାହିଁ। ଦୁହେଁ ପରସ୍ପରକୁ 'ଆପଣ' ବୋଲି କୁହାକୁହି ହେବା ଶେଷ ପର୍ଯ୍ୟନ୍ତ ରହିଗଲା। ସେ ମଧ୍ୟ ଦରିଦ୍ର ଘରର ପିଲା; କିନ୍ତୁ ତାଙ୍କ ମୋ ମଧ୍ୟରେ ଗୋଟାଏ ବଡ଼ ପାର୍ଥକ୍ୟ ଥିଲା। ମୁଁ ଜୀବନରେ ଉନ୍ନତି ସୋପାନର ତଳ ପାହାଚକୁ ମୁଣ୍ଡ ପୋତି ଚାହୁଁଥିଲି, ସେ ମୁଣ୍ଡ ଟେକି ଚାହୁଁଥିଲେ ଶିଖକୁ। ତାଙ୍କ ଆତ୍ମୀୟ ମାଧବଚନ୍ଦ୍ର ମିଶ୍ର ଖୋରଧା ଉଚ୍ଚ ବିଦ୍ୟାଳୟର ପ୍ରଧାନ ଶିକ୍ଷକ ପଦ ଛାଡ଼ି ସବ୍‌ଡେପୁଟି ହୋଇଥିଲେ। ପରେ ଅସହଯୋଗ ଆନ୍ଦୋଳନ ବେଳେ କଂଗ୍ରେସ କର୍ମୀଙ୍କ ମଧ୍ୟରେ ତାଙ୍କ ଡାକନାମ

ହେଲା 'ମାଧିଆନନା'। ସେ ହେଲେ ଗୋବିନ୍ଦଙ୍କ ଆଦର୍ଶ। ସୁତରାଂ ଗୋବିନ୍ଦ ଅକ୍ଳାନ୍ତ ପରିଶ୍ରମ କରୁଥିଲେ। ଖାଇବା, ବସିବା ଓ ଗପିବା ବେଳେ ଆମେ ଦୁହେଁ ବନ୍ଧୁ; କିନ୍ତୁ ବହି ଧରି ପଢ଼ିବସିଲେ ସେ ରୋହି ମାଛ ପରି ତଳକୁ ବୁଡ଼ିଯାନ୍ତି, ମୁଁ ମୀନ ସଦୃଶ ଉପରେ ଭାସୁଥାଏ। ହୁଏତ ଅତିରିକ୍ତ ପରିଶ୍ରମ ଯୋଗେ ତାଙ୍କ ସ୍ୱାସ୍ଥ୍ୟ କ୍ରମେ ଖରାପ ହୋଇ ଆସିଲା। ସେତେବେଳେ ଏଫ୍.ଏ. ବୋଲାଯାଉଥିବା ଆଇ.ଏ. ପରୀକ୍ଷାରେ ତାଙ୍କ ସ୍ଥାନ ମୋ ତଳକୁ ମଧ୍ୟ ଚାଲିଗଲା। ତାଙ୍କୁ ସେ କଥାଟା ଖୁବ୍ ବାଧିଥିବ। ସେ ବି.ଏ. ଶ୍ରେଣୀରେ ଆସି ନାମ ଅବଶ୍ୟ ଲେଖାଇଲେ; କିନ୍ତୁ କେତେକ ସପ୍ତାହ ମଧ୍ୟରେ ରାଜଯକ୍ଷ୍ମା ରୋଗରେ ଆକ୍ରାନ୍ତ ହୋଇ ଇହଧାମ ଛାଡ଼ି ଚାଲିଗଲେ। ରଖିଯାଇଛନ୍ତି କେବଳ ମୋ ପ୍ରାଣରେ ଗୋଟିଏ ଛୋଟିଆ ଦୀର୍ଘନିଶ୍ୱାସ, ଯାହା ଘଟଣା ବିଶେଷରେ ବେଳେବେଳେ ଉଙ୍କିମାରି ପଡ଼ିଯାଏ।

ତାଙ୍କ ସହିତ ମୋର ବନ୍ଧୁତା ମଧ୍ୟ ପରୀକ୍ଷା ଫଳ ଯୋଗେ। ପରୀକ୍ଷା ଦେଇ ମୁଁ ଫଳକୁ ଅପେକ୍ଷା କରି ଘରେ ବସିଥିଲି; ଦିନେ ଶୁଣିଲି ଯେ ତାହା 'ଉତ୍କଳ ଦୀପିକା'ରେ ବାହାରିଯାଇଛି। ଆମ ସେ ଅଞ୍ଚଳରେ କେବଳ ଖଜୁରିଆ ଗ୍ରାମରେ ଜଣେ ସେ ପତ୍ରିକା ନେଉଥିଲେ। ସେତେବେଳେ ଖଜୁରିଆ ଏବର ଖଜୁରିଆ ନଥିଲା। ତାର ସେ ସମୃଦ୍ଧି ଆଉ ନାହିଁ। ତାହା ଆମ ଘରକୁ ପ୍ରାୟ ଆଠ ମାଇଲ ବାଟ। ମୁଁ ସକାଳେ ଘରୁ ବାହାରି, ସେଠାରେ ବାସ୍ତକା ରହି, ପରଦିନ, ଆଉ ଉପରକୁ ପଢ଼ିବା ଆଶା ଚୂର୍ଣ୍ଣକରି, ସୂର୍ଯ୍ୟଦେବତା ବସନ୍ତ ଆକାଶର ମଝିକି ରଥ ଚଳାଇ ଆସି ପହଞ୍ଚିବା ସମୟରେ, ଫିକା ମୁହଁକୁ ରଙ୍ଗ ପକାଇ ଘରେ ଆସି ଲଥ୍ କରି ବସିପଡ଼ିଲି। ସେ ଦିନଟା ନନା, ବୋଉ, ବୁଢ଼ୀମା ସମସ୍ତଙ୍କର ଗୋଟାଏ ଶୋକର ଦିନ। ଓପରଓଳିକୁ ମୋର ପିଣ୍ଡାରେ ବସି ସଂସ୍କୃତ ପଢ଼ିବା ସ୍ଥିର ହୋଇଗଲା।

■

ଅଧଶହ ବର୍ଷ ତଳେ

ବାଣପୁରକୁ କେହି କେହି ବ୍ୟଙ୍ଗରେ 'ବଣପୁର' କହିଥାନ୍ତି। ବଣପୁର ନାମ ଯେ ଆକ୍ଷରିକ ଅର୍ଥରେ ଭୁଲ୍ ହେବ, ତାହା ନୁହେଁ। ସରକାରଙ୍କ ଜଙ୍ଗଲ ବିଭାଗକୁ ବାଣପୁର ଅନେକ ଅଂଶରେ ପୋଷି ରଖିଛି। ବାଲେଶ୍ୱର, କଟକ, ପୁରୀ, ଗଞ୍ଜାମ, ଓଡ଼ିଶାର ଏହି ଚାରି ଉପକୂଳବର୍ତ୍ତୀ ଜିଲ୍ଲାର ସବୁ ଜଙ୍ଗଲ ପ୍ରାୟ ପୁରୀ ଜିଲ୍ଲାରେ ରହିଛି। ପୁରୀ ଜିଲ୍ଲାର ଜଙ୍ଗଲ ସମଗ୍ର ଜିଲ୍ଲାରେ ବ୍ୟାପି ନ ରହି ଅଛି କେବଳ ଖୋରଧା ସବ୍‌ଡିଭିଜନ୍‌ରେ; ପୁଣି ଖୋରଧା ମଧ୍ୟରେ ବାଣପୁର ମାଳ ହେଉଛି ଉତ୍କୃଷ୍ଟ ଜଙ୍ଗଲ। ତାହା ଚାରିଆଡ଼କୁ ବହୁତ ଶାଳ ଓ ଶାଗୁଆନ କାଠ ଯୋଗାଏ। ଏବେ ମଧ୍ୟ ବାଣପୁର ମାଳରେ ପ୍ରତିବର୍ଷ ମହାବଳ ବାଘଖିଆରେ ମନୁଷ୍ୟ ମରୁଛନ୍ତି। କଲରାପତ୍ରିଆ ବାଘ ଗ୍ରାମମାନଙ୍କୁ ଆସି, ଏପରିକି ଘରେ ପଶି ଛେଳି, ବାଛୁରି, କୁକୁର ଟାଣିନେଉଛନ୍ତି। ୧୯୨୧ ବା ୧୯୨୨ ମସିହାରେ ଦିନବେଳେ ବାଘ ଆସି ମାଇନର ସ୍କୁଲର ପ୍ରଧାନଶିକ୍ଷକ ବିଶ୍ୱନାଥ ଶତପଥୀଙ୍କୁ ଆକ୍ରମଣ କରିଥିଲା। ମୋ ପିଲାଦିନେ ଭାଲୁ ଘରେ ପଶି ଭାତହାଣ୍ଡିରେ ହାତ ପୂରାଇ ପଖାଳ ଛାଣି ଖାଇଯାଉଥିଲେ। ଓଡ଼ିଶା ବଙ୍ଗ ପ୍ରଦେଶରେ ରହିଲା ଓ ପରେ ବିହାର ପ୍ରଦେଶ ଅଙ୍ଗୀଭୂତ ହେଲା। ସୁତରାଂ ୧୯୩୬ ମସିହା ପର୍ଯ୍ୟନ୍ତ ବାଣପୁର ପ୍ରଦେଶର ଗୋଟିଏ ପ୍ରାନ୍ତରେ, ଏକାବେଳକେ ସୀମାରେଖା ପାଖେ ବହୁକାଳ ପଡ଼ିରହିଲା।

ମୁଁ ଯେଉଁ ବର୍ଷ ମଧ୍ୟ-ଓଡ଼ିଆ ପରୀକ୍ଷାରେ ଉତ୍ତୀର୍ଣ୍ଣ ହେଲି, ସେହି ବର୍ଷ ବାଣପୁର ମଧ୍ୟ-ଓଡ଼ିଆ ବିଦ୍ୟାଳୟରେ ଇଂରେଜୀ ପଢ଼ା ଆରମ୍ଭ ହେଲା। ଜଣେ ଇଂରେଜୀ ଶିକ୍ଷକ ମାସିକ ପନ୍ଦର ଟଙ୍କା ବେତନରେ ପ୍ରଧାନଶିକ୍ଷକ ହୋଇ ଆସିଲେ। ମଧ୍ୟବିଦ୍ୟାଳୟ ପ୍ରଧାନ ପଣ୍ଡିତଙ୍କ ବେତନ ହାର ଥିଲା ବାର ଟଙ୍କା। ସେହି ବେତନରେ ସେମାନେ ଭଲ ଚଳୁଥିଲେ। କଟକୀ ସେରରେ ଚାଉଳ ସେର ଭାଉ ପଡୁଥିଲା ତିନି ପଇସା, ଦୁଧ

ସେରକୁ ଅଣାଏ, ମାଛ ସେର ପାଞ୍ଚ ପଇସା। ପ୍ରଧାନ ପଣ୍ଡିତ ଜିଲ୍ଲା ବୋର୍ଡରୁ ବେତନ ପାଉଥିଲେ। ପ୍ରଧାନଶିକ୍ଷକଙ୍କ ବେତନ ଚାନ୍ଦାରେ ଉଠୁଥିଲା। କ୍ରମେ ଚାନ୍ଦା ଆଦାୟ ହେଲାନାହିଁ; ଉତ୍ସାହର କୁଟାନିଆଁ ହୁ-ହୁ ଜଳି ଲିଭିଗଲା। ମଧ୍ୟ-ଇଂରେଜୀ ବିଦ୍ୟାଳୟର ପ୍ରଭାତ ମଧ୍ୟାହ୍ନ ଆଦି ଦିବସର ବିଭିନ୍ନ ସମୟ ନ ଦେଖି ପ୍ରଦୋଷରେ ପରିଣତ ହେଲା। ବର୍ତ୍ତମାନ ବାଣପୁରରେ ଯେଉଁ ମଧ୍ୟ-ଇଂରେଜୀ ବିଦ୍ୟାଳୟ ଅଛି, ତାର ପ୍ରାରମ୍ଭ ୧୯୧୫ ମସିହାରେ। ସେତେବେଳେ ଶିକ୍ଷକ ନିର୍ବାଚନଭାର ପୁରୀ ଜିଲ୍ଲା ବୋର୍ଡ ପକ୍ଷରୁ ମୋ ଉପରେ ପଡ଼ିଲା। ଭୁବନେଶ୍ୱରର ବର୍ତ୍ତମାନ ନିଷ୍ଠାପର, ନିରଳସ କର୍ମୀ ପଣ୍ଡିତ ରଘୁନାଥ ମହାପାତ୍ର ପ୍ରଧାନ ଶିକ୍ଷକ ପଦରେ ରହିଲେ।

ମୋ ପିତାଙ୍କ ଇଚ୍ଛା ଥିଲା ଯେ, ମୁଁ ଇଂରେଜୀ ପଢ଼ି ଓକିଲ ହୋଇ ପୁରୀରେ ଓକିଲାତି କରିବି। ସେ ସମୟରେ ହରିହର ମିଶ୍ର ପୁରୀରେ ଏକମାତ୍ର ଓଡ଼ିଆ ଓକିଲ। ସେ ମୋ ପିତାଙ୍କର ଲେଖାଯୋଖା ଭାଇ। ପରେ ମୁଁ ବୁଝିଲି ଯେ, ସେ ଭାଇ ସଂପର୍କରେ ଲେଖା ଅପେକ୍ଷା ଯୋଖା ଭାଗଟା ଅଧିକ। ସେ ମୋ ପିତାଙ୍କ ବୋଉର ଭାଇଙ୍କ ଶଳାର ମାମୁଁପୁଅ ଭାଇର ପିଉସୀ ଝିଅ ଭଉଣୀର ପୁଅ। ସେ ବୋଧହୁଏ କୌଣସି ପ୍ରକାର ଓକିଲାତି ପରୀକ୍ଷାରେ ଉତ୍ତୀର୍ଣ୍ଣ ହୋଇନଥିଲେ। ସେ କାଳର ଓକିଲମାନଙ୍କୁ କୌତୁକରେ 'ତୁ ହେଲୁ ଓକିଲ' କୁହାଯାଉଥିଲା। ଓଡ଼ିଆ ଜାଣିନଥିବା ବିଦେଶୀ ହାକିମମାନେ କୁହାଳିଆ ଲୋକ ଦେଖି ତାଙ୍କୁ କହୁଥିଲେ 'ତୁ ହେଲୁ ଓକିଲ'। ତାଙ୍କରି ମୁଣ୍ଡରେ ଓକିଲ ଛାପ ମାରିଦିଆଯାଉଥିଲା। ସେମାନେ ମାତୃଭାଷା ଓଡ଼ିଆ ଛଡ଼ା ଦରଖଣ୍ଡିଆ ବଙ୍ଗଳା ମଧ୍ୟ କହିପାରୁଥିଲେ। ସେ ସମୟରେ ଡେପୁଟି, ମୁନ୍‌ସିଫ୍ ଆଦି ସବୁ ହାକିମହୁକୁମା ଥିଲେ ବଙ୍ଗାଳୀ। ଓଡ଼ିଆମାନେ ଧର୍ମ ଓ ନିଜର ମାନ ଜଗି ସରକାରୀ ଚାକିରିବାକିରିରେ ପଶି ନଥିଲେ। ଫଳରେ ଊନବିଂଶ ଶତାବ୍ଦୀ ଧରାପୃଷ୍ଠରୁ ବିଦାୟ ନେଇ, ବିଂଶ ଶତାବ୍ଦୀ ହାତେ କ୍ଷମତା ସମର୍ପି ଗଲାବେଳେ, ସମଗ୍ର ଓଡ଼ିଶାର ଓଡ଼ିଆ ଡେପୁଟି, ମୁନ୍‌ସଫ୍ ଆଦି ହାକିମଙ୍କ ସଂଖ୍ୟା ଗଣି ବୁଝାଇବାରେ ଦୁଇଟା ଆଙ୍ଗୁଠିର ପଗ ପୂରା ଲାଗୁ ନଥିଲା।

ପାଠପଢୁଆ ଲୋକଙ୍କର ବଙ୍ଗଳା ଛଡ଼ା ଗତ୍ୟନ୍ତର ନଥିଲା। କି କଚେରି, କି ବିଦ୍ୟାଳୟ, କି ଡାକ୍ତରଖାନା ସବୁଠାରେ ଉପରୁ ତଳ ପର୍ଯ୍ୟନ୍ତ ପ୍ରାୟ ବଙ୍ଗାଳୀ ରହୁଥିଲେ। ଓଡ଼ିଆ ଯାହା ଥିଲେ, ଅଧକଟରାଏ ପାଚନରେ ଟୋପାଏ ମହୁ ପରଖ ପରି ମାତ୍ର। କିନ୍ତୁ ବଙ୍ଗାଳୀଯାକ ଦଶମୂଳ ପାଚନ ପରି ପିତା ଏବଂ ଓଡ଼ିଆତକ ମହୁ ଭଳିଆ ମଧୁର ଯେ ଥିଲେ, ତା ନୁହେଁ। ଅତି ଅଳ୍ପସଂଖ୍ୟକ ଓଡ଼ିଆ ହାକିମଙ୍କ ଭିତରେ ସୁଦ୍ଧା ଏପରି ଜଣେ ଜଣେ ରହିଥିଲେ, ଯେଉଁମାନେ କି ପାଚନ ମଧ୍ୟରେ ଶତମୂଳ, ସହସ୍ରମୂଳ

ନାମକୁ ଅର୍ହ ଏବଂ ସ୍ୱାଦରେ ପିତାମହ ଓ ପ୍ରପିତାମହ ପଦବାଚ୍ୟ। ମୁଁ ପୁରୀରେ ପଢ଼ିବାବେଳେ ଏପରି ଜଣଅଧଙ୍କ କଥା ଶୁଣିଲି। ମୁଷ୍ଟିମେୟ ଓଡ଼ିଆଙ୍କୁ ଛାଡ଼ିଦେଲେ, ଉପରେ ଜଣେ ଜଣେ ଗୋରା ଓ ତାଙ୍କ ତଳକୁ କେବଳ ବଙ୍ଗାଳୀ ସର୍ବତ୍ର ଗାଦିମାଡ଼ି ରହିଥିଲେ। ସେ ପରିସ୍ଥିତିରେ ଓଡ଼ିଶାରୁ ଓଡ଼ିଆ ଭାଷା ଲୋପ କରି ବଙ୍ଗଳା ଭାଷା ଚଳାଇବା ଦିଗରେ ଚେଷ୍ଟା କରିବା କେହି କାହିଁକି ବିଚିତ୍ର ମଣନ୍ତେ ?

ମୁଁ ପୁରୀରେ ପଢ଼ିବାକୁ ଯିବା ପୂର୍ବରୁ ପିତାଙ୍କ ସଙ୍ଗେ ଦୁଇଥର ସେଠାକୁ ଯାଇଥିଲି। ପ୍ରଥମ ଥର ଯିବାବେଳକୁ ରେଳରାସ୍ତା ଦକ୍ଷିଣ ଆଡୁ ମୋଟେ ବାଲୁଗାଁ ପର୍ଯ୍ୟନ୍ତ ପଡ଼ିଆଟି ଆଗକୁ ତିଆରି ହେଉଥାଏ। ସୁତରାଂ ସେତେବେଳେ ଡଙ୍ଗାରେ ଚିଲିକା ପାରିହୋଇ ଯିବାକୁ ପଡୁଥାଏ। ନୂଆ ରେଳରାସ୍ତାରେ ପଡ଼ିବା ନିମନ୍ତେ ଗୋଡ଼ି ପଥର ଆଦି ଯେଉଁ ଖୋଲା ମାଲ-ଡବାରେ ବୁହାହୁଏ, ସେଥିରେ ବସି ମାଇଲିଏ ଦୁଇ ମାଇଲ ଯିବାର ମଜା ପାଇଁ ପ୍ରତିଦିନ ଶହ ଶହ ଲୋକ ବାଲୁଗାଁରେ ରୁଣ୍ଡ ହୁଅନ୍ତି। ପଇସାଏ ବା ଦୁଇ ପଇସା ଦେଇ ଖୋଲା ଡବାରେ ଯାଆନ୍ତି ଓ ଫେରିଲାବେଳକୁ ଚାଲି ଚାଲି ଆସନ୍ତି। ଯେଉଁମାନଙ୍କ ଭାଗ୍ୟରେ ତାହା ଜୁଟେ, ସେମାନେ ଗ୍ରାମରେ ଲୋକଙ୍କୁ ଆଠ ଦଶ ଦିନ ପର୍ଯ୍ୟନ୍ତ ନିଜ ନିଜ ଅନୁଭୂତି ଶୁଣାଇବାରେ ବ୍ୟସ୍ତ ରହନ୍ତି।

ରେଳରାସ୍ତା ତିଆରି ହେବା ସମୟରେ କେତେକଙ୍କର ଆମୋଦ ଯେପରି ହୋଇଛି, ପ୍ରମାଦ ମଧ୍ୟ ସେହିପରି ଘଟିଛି। ଅନେକଙ୍କ ଧାନଜମି ଉପରେ, ବିନା କ୍ଷତିପୂରଣରେ, ଜବରଦଖଲରେ ରାସ୍ତା ପକାଇଦିଆଗଲା। କେହି କେହି ସେଥିରେ ସର୍ବସ୍ୱାନ୍ତ ହୋଇ ମୁଣ୍ଡରେ ହାତ ଦେଇ ବସିଲେ। କାଗଜପତ୍ରରେ ହୁଏତ କ୍ଷତିପୂରଣ ମଞ୍ଜୁର ହୋଇଥବ, ମାତ୍ର କ୍ଷତିଗ୍ରସ୍ତ ହେଉଥିବା ଲୋକଙ୍କ ହାତକୁ ଆସୁ ନଥିଲା; ବରଂ ରାସ୍ତା ତିଆରି କରିବାରେ ନିଯୁକ୍ତ ଥିବା କର୍ମଚାରୀଙ୍କୁ ଅଣ୍ଟାଗୁଞ୍ଜା ମିଳୁଥିଲା। ସେତେବେଳେ ଚାରିଆଡ଼ ଅନ୍ଧାର। ପ୍ରତିବାଦ ନିମନ୍ତେ କାହାରି ଛାତିରେ ବଳ ନଥିଲା। ସରକାରୀ କର୍ମଚାରୀମାନେ ସବୁ ଜାଣି ଆଖି ବୁଜି ରହୁଥିଲେ। ଗରିବ ଲୋକଙ୍କର ମା-ବାପ ନଥିଲେ। ରେଳରାସ୍ତା ଆଜି ଗୋଟାଏ ସାଧାରଣ ଜିନିଷ, ମାତ୍ର ତା ପଛରେ ବହୁତ କରୁଣ କାହାଣୀ ଲୁଚି ରହିଛି। ସେତେବେଳେ ତାହା ଗୀତରେ ଗାଇବାକୁ ଜଣେ କବି ସୁଦ୍ଧା ବାହାରିଲେନାହିଁ।

ବଡ଼ ବଡ଼ ଘଟଣା ଘଟିବାବେଳେ ବିଭ୍ରାଟମାନ ଦେଖାଯାଇଥାଏ। ସେଥିରେ ଗରିବ ଯେତେ ଭୋଗନ୍ତି, ଧନୀ ମଧ୍ୟ ସେତିକି ଭୁଲନ୍ତି। ରେଳରାସ୍ତା ପଡ଼ିବାର ଅନେକ ଦିନ ପରେ, ୧୯୨୫ ମସିହାରେ ପାରିକୁଦ ରାଜାଙ୍କ ଉଆସରେ ହୋମ, ଯଜ୍ଞ, ପୂଜାମନ୍ତ୍ର, ବ୍ରାହ୍ମଣଭୋଜନ ଆଦି ଚାଲିଲା। ତାର କାରଣ, ପଶ୍ଚିମ ଦିଗରେ କେତେ

ଦିନ ଧରି କାଳିଜାଈ ପାହାଡ଼ପଟେ, ରାତି ଅଧ ସମୟରେ ଏକ ପ୍ରକାଣ୍ଡ ଆଲୋକ ବାହାରି କିଛି ସମୟ ପରେ ଅଦୃଶ୍ୟ ହୋଇଯାଏ। କାଳିଜାଈ ଦେବୀ ରୁଷ୍ଟ ହୋଇଛନ୍ତି ବୋଲି ଧାରଣା ଜନ୍ମିଲା। ତାଙ୍କରି ତୃପ୍ତି ନିମନ୍ତେ ହୋମ ଯଜ୍ଞ ଆଦିର ଅନୁଷ୍ଠାନ। ସେ ସବୁ ହୁଏତ ଆହୁରି ଚାଲିଥାନ୍ତା, ମାତ୍ର ଏକ ତୁମୁଳ ହସ ବୃଷ୍ଟି ପରେ ବନ୍ଦହୋଇଗଲା। ଖବର ମିଳିଲା ଯେ, ଦକ୍ଷିଣରୁ ଆସୁଥିବା ମାନ୍ଦ୍ରାଜ ଡାକଗାଡ଼ିରେ ନୂଆ ହୋଇ ଯେଉଁ ପ୍ରକାଣ୍ଡ ଆଲୁଅ ଖଞ୍ଜାଯାଇଛି, ତାହାହିଁ ଦୂରକୁ ସେପରି ଦିଶୁଛି।

ମୋର ଦ୍ୱିତୀୟ ଥର ପୁରୀ ଯିବା ସମୟକୁ ରେଳରାସ୍ତା ଖୋରଧା ରୋଡ଼ ପର୍ଯ୍ୟନ୍ତ ପଡ଼ିଯାଇଥିଲା; ମାତ୍ର ଖୋରଧାରୋଡ଼ରୁ ପୁରୀ ରାସ୍ତାର ତିଆରି ସରିନଥିଲା; ସୁତରାଂ କାଇପଦର ରୋଡ଼ରେ ଓହ୍ଲାଇ ମୋତେ ଚାଲି ଚାଲି ଯିବାକୁ ହୋଇଥିଲା। ଉଭୟ ଥର ଓକିଲ ହରି ମିଶ୍ରଙ୍କୁ ଦେଖି ତାଙ୍କରି ଆଦର୍ଶ ମୋ ଆଖରେ ଢଳଢଳ ନାଚିଲା; କିନ୍ତୁ ମୋ କଳ୍ପନାର ସେ ନୃତ୍ୟ ଭାଙ୍ଗିଦେଲା ମୋର ମଧ୍ୟ-ଓଡ଼ିଆ ପରୀକ୍ଷା ଫଳ। ସରକାରୀ ବୃତ୍ତି ପାଇଥଲେ ସିନା ମୁଁ ଉପରକୁ ପଢ଼ିଥାନ୍ତି! କଥାରେ ଅଛି- 'ଭଗ୍ନାକୃଷିର୍ଭାଗବତା ଭବନ୍ତି'। ପିତା ମୋତେ ସଂସ୍କୃତ ପଢ଼ାଇବାକୁ ସ୍ଥିରକଲେ। ସେ ଭଗବତୀଙ୍କ ପାଖେ ପ୍ରତିଦିନ ଚଣ୍ଡୀ ଗୁଣନ୍ତି। ଥରେ ସେ ଚଣ୍ଡୀ ଗୁଣିସାରି ଅଧରାତିକୁ ଘରକୁ ଫେରୁଥିଲେ। ସାଳିଆ ନଦୀ ବଢ଼ି ଦୁଇକୂଳ ଧରି ଚାଲିଥିଲା। ନଦୀକୂଳ ଅନ୍ଧକାରରେ ସେ ଗୋଟାଏ ବଡ଼ ଜିନିଷ ଝୁଣ୍ଟିଲେ ଏବଂ ତାକୁ କାଠଗଡ଼ ମଣି ତା ଉପରେ ଭରାଦେଇ ପାଣିରେ ପଶିଲେ। କାଠଗଡ଼ ନଦୀ ମଧ୍ୟରେ ତାଙ୍କ ବାଟ ଛାଡ଼ି ନିଜ ବାଟ ଧରିଲା। ତହୁଁ ସେ ବୁଝିଲେ ଯେ, ତାହା ଗୋଟାଏ କୁମ୍ଭୀର। କୁମ୍ଭୀର ବିଦାୟ ନେଲାବେଳେ ଅଭ୍ୟସ୍ତ ରୀତିରେ ଥରେ ଖଗଟା ବୁଲାଇଦେଲା। ସେଥିରେ ଚଣ୍ଡୀପୋଥି ଓ ପୂଜାସଜ ସହିତ ତାଙ୍କ ମୁଣ୍ଡର ଠେକୋଟି ଚାଲିଗଲା; ମାତ୍ର ସେ ନିଜେ ବର୍ତ୍ତିଗଲେ।

ଏପ୍ରକାର ଅନୁଭୂତି ତାଙ୍କ ଜୀବନରେ ଅନେକ। ସେ ଜଣେ ବେପରବାୟ ଲୋକ। ଘରଦ୍ୱାର କରି, ପିଲା କୁଟୁମ୍ବ ଧରି ଅବଶ୍ୟ ରହିଥିଲେ; କିନ୍ତୁ କାହିଁରେ ଜଡ଼ିତ ହୋଇପଡ଼ି ନଥିଲେ- କବିଭାଷାରେ କହିଲେ, ପଦ୍ମପତ୍ରରେ ପାଣି ଟୋପା ପରି ଢଳଢଳ ହେଉଥିଲେ ମାତ୍ର। ସେ ମୋତେ ଚଣ୍ଡୀପୂଜା, ଗଙ୍ଗାଷ୍ଟକ ପ୍ରଭୃତି ଶିଖାଇଲେ। ଏବେ ପ୍ରାୟ ପଚାଶ ବର୍ଷ ପରେ ମୋର ସେ ସବୁ ଦରକାର ନୋହୁଥିଲେ ସୁଦ୍ଧା ପୂରା ପାସୋରି ଯାଇନାହିଁ। ବେଳେବେଳେ ନିତାନ୍ତ ନିଭୃତରେ ମୁଁ ତାହା ଆବୃତ୍ତି କରିଥାଏ। ହଠାତ୍ କେହି ଆସି ପହଞ୍ଚିଗଲେ ପଚାରନ୍ତି, 'ଆପଣ କଣ କାନ୍ଦୁଥିଲେ?' ଅତୀତର ସ୍ମୃତି ମଧୁର ହେଉ ବା ତିକ୍ତ ହେଉ, ମନୁଷ୍ୟକୁ କନ୍ଦାଇବାର ଶକ୍ତି ତାର ଅଛି। ସେଥିରୁହିଁ

ସେ ଆନନ୍ଦ ଲାଭ କରେ। ପାଶ୍ଚାତ୍ୟ କବି ଯଥାର୍ଥ କହିଥିଲେ, "ଆମର ଅତୀତ ଦୁଃଖାବଳୀର ବର୍ଣ୍ଣନା ଯେଉଁ ଗୀତରେ ଅଛି, ତାହାହିଁ ଆମ ପକ୍ଷେ ସୁମଧୁର କବିତା।" ଏପରି କବିତାର ଉପାଦାନ ମୋ ନିଜ ଜୀବନରେ ବହୁତ ରହିଛି। ମୋର ମନେହୁଏ, କବିବର ରାଧାନାଥ ମୋର ପ୍ରତିରୂପ ନିଜକୁ କଳ୍ପନା କରି ଲେଖିଥିଲେ-

"ଛାର ଭାଗ୍ୟ ମୋର ପିହିତ ପାଷାଣେ,
ମୋ ଜୀବନ ଗଢ଼ା ଅନ୍ୟ ଉପାଦାନେ।
ଚିର ହାହାମୟ ଏ ଛାର ଜୀବନ,
ଚିର ଦିନ ଦୁଃଖ ପ୍ରହାରେ ଜର୍ଜର
ପଟ୍ଟଶିଷ୍ୟ ମୁହିଁ ଦୁଃଖ-ଗୁରୁଙ୍କର।"

ଏବେ ଯାହାହେଉ, ସେତେବେଳେ ଚଣ୍ଡୀପୂଜା ଆଦିରେ ମୁଁ ତୃପ୍ତି ପାଇପାରୁନଥିଲି। ମୋର ପ୍ରକୃତି ହୁଏତ ଭିନ୍ନ ଉପାଦାନରେ ଗଢ଼ା ହୋଇଥିଲା। ପିତାଙ୍କ ଅନୁପସ୍ଥିତିରେ ଘରର ଠାକୁର ପୂଜା ଭାର ମୋ ଉପରେ ପଡ଼େ। ମୁଁ ମନ୍ତ୍ର ଆବୃତ୍ତି କରି ପୂଜା ବଢ଼ାଇବା ପରିବର୍ତ୍ତେ ଠାକୁରଙ୍କୁ ଖଟୁଲିରୁ ଉଠାଇଆଣି ଭାତରେ ତାଙ୍କ ମୁହଁ ମାଡ଼ିଦିଏ। ମୋ ପିତା ଅକସ୍ମାତ୍ ସେ କଥା ଶୁଣିଲେ କାନରେ ହାତଦିଅନ୍ତି ଓ ଠାକୁରଙ୍କୁ ପଞ୍ଚାମୃତରେ ସ୍ନାନ କରାନ୍ତି; ଅଥଚ ମୋତେ ସେପରି ଗାଳି ଭର୍ତ୍ସନା କରନ୍ତି ନାହିଁ ମୁଁ ଜଣେ ସୁବ୍ରାହ୍ମଣ ହେବି, ଏହି ଆଶାରେ ସେ ମୋର ବ୍ରତ ଉପନୟନ ସାତବର୍ଷ ବୟସରେ ବିଶେଷ ଉତ୍ସାହରେ କରାଇଥିଲେ। ଅଥଚ ମୁଁ ସନ୍ଧ୍ୟା ଆହ୍ନିକ କରେ ନାହିଁ, ବିନା ପାଣିରେ ପରିସ୍ରା କରେ, ପଇତା ଛିଣ୍ଡାଇଦେଇ ତାହା ଲୁଚାଇରଖି ଖାଏ ପିଏ। ସେ ଶୁଣି ନୀରବ ରହନ୍ତି। ସୁତରାଂ ମୋ ମନକୁ ଯାଏ, 'କୁପୁତ୍ରୋ ଜାୟତେ, କ୍ୱଚିଦପି କୁତାତୋ ନ ଭବତି।' ଗ୍ରାମର ଅନେକେ ମୋତେ 'କଳାପାହାଡ଼' ନାମ ଦେଇଥାନ୍ତି।

କିନ୍ତୁ ଦିନେ ସନ୍ଧ୍ୟାରେ ପିତା ମୋତେ ଖୁବ୍ ପିଟିଲେ। ମୁଁ ବୁଲିଯାଇଥିଲି, ଖାଇବା ସମୟ ଗଡ଼ାଇ ଘରକୁ ଫେରିଲି। ସେ ମୋର ବିଳମ୍ବର କାରଣ ପଚାରିବାରେ ମୁଁ କହିଲି, "ଅମୁକ ଲୋକ ମତେ ତାଙ୍କ ଖଳାବାଡ଼ିକି ଡାକିନେଇଥିଲା।" ହେକଥା ଶୁଣୁଶୁଣୁ ସେ ରାଗିଗଲେ। ସେଦିନ ତାଙ୍କ ରାଗିବାର ଓ ମୋତେ ମାରିବାର ଯଥେଷ୍ଟ କାରଣ ଥିଲା। ମୋତେ ମାରିସାରି ସେ ନିଜେ କାନ୍ଦିଲେ। ମୁଁ ମୋ ଦୋଷ ମାନିଚାଲି ଓ ଯାହା ଯାହା ଘଟିଥିଲା କହିଗଲି। ସେଦିନର ଘଟଣାରେ ମୋ ମନରେ ଗୋଟାଏ ବଡ଼ ଗାର କାଟିହୋଇଗଲା। କାଳସ୍ରୋତରେ ଗାରଟି ଅବଶ୍ୟ କ୍ଷୀଣହୋଇଆସିଛି, କିନ୍ତୁ ଖୋଜିବସିଲେ ଏବେ ମଧ୍ୟ ଯେ ନ ଦିଶୁଛି ତା ନୁହେଁ। ଶାସନ ନିତ୍ୟନୈମିତ୍ତିକ ହୋଇଯିବା ପରିବର୍ତ୍ତେ ସମୟବିଶେଷରେ ପ୍ରଯୁକ୍ତ ହେଲେ ଶାସିତ ପକ୍ଷେ ଅଧିକ

ଫଳଦାୟକ ହେଉଥିବ। ପିତାଙ୍କ ମୃତ୍ୟୁ ପର୍ଯ୍ୟନ୍ତ ମୁଁ ନିଜ ଗ୍ରାମରେ ସନ୍ଧ୍ୟା ପରେ ଆଉ କେବେ ଘରୁ ବାହାରକୁ ଯାଇନାହିଁ।

ତାଙ୍କ କାର୍ଯ୍ୟକଳାପ ମୋତେ ବରାବର ପରସ୍ପରବିରୋଧୀ ବୋଧହେଉଥିଲା। ସେ ତ ଖୁବ୍ ନିଷ୍ଠାପର ଥିଲେ, ଦିନରେ ତିନିଥର ସ୍ନାନ କରୁଥିଲେ। ଖାଇବାବେଳେ ଅକସ୍ମାତ୍ କୌଣସି ଶୂଦ୍ରର ଡାକ ଶୁଣିଲେ ନ ଖାଇ ଉଠିଯାଉଥିଲେ। ସମାଲୋଚକଙ୍କ ଆଖିରେ ତାଙ୍କୁ 'ଖପରାଡ଼ିଆଁ' ଶ୍ରେଣୀରେ ଭୁକ୍ତ କରାଯାନ୍ତା; କିନ୍ତୁ ପ୍ରତିଦିନ ଜଣେ ବୁଢ଼ା ବାଉରି ଆସି ତାଙ୍କ ପାଖେ ପିଣ୍ଡା ଉପରେ ବସେ। ସେ ତାକୁ ପୁରାଣର ବୃତ୍ତାନ୍ତମାନ କାହାଣୀ ଆକାରରେ କହନ୍ତି। ଦିନେ ଦିନେ ମୁଁ ଦେଖିଛି, ବାଉରି ଶୁଣୁ ଶୁଣୁ ଭାବରେ ବିହ୍ୱଳ ହୋଇଯାଏ ଓ ବାଷ୍ପାକୁଳିତ ସ୍ୱରରେ କହେ, "ଆହା, କି ଅମୃତ କି!" କେବଳ ତାରି ଡାକ ଶୁଣିଲେ ସେ ଅଧାଖିଆ ହୋଇ ଉଠିଯାନ୍ତିନାହିଁ। ଖାଇବାବେଳେ ସେ ବରାବର କଥା ନ କହି ଠାରନ୍ତି; କିନ୍ତୁ ତା ଡାକ ଶୁଣିଲେ ଉଚ୍ଚ ସ୍ୱରରେ ଗୋଟାଏ 'ହୁଁ' କରନ୍ତି।

ଆମ ଘରେ ଆମେ ତ ଭାରି ଅଭାବରେ ଥାଉ; କିନ୍ତୁ ଦିନେ ଦିନେ ସେ ହଠାତ୍ ଲୋକଙ୍କୁ ଖାଇବାକୁ ଲୋଡ଼ିଆଣନ୍ତି। ଦରିଦ୍ର ପ୍ରବାସୀ ଗ୍ରାମକୁ ଆସିଲେ ଆମରି ଘରେ ଖାଏ। ସେଥିରେ ଦିନେ ଦିନେ ଆମ ଘର ଲୋକଙ୍କୁ ପୂରା ବା ଅଧା ଉପବାସରେ କଟାଇବାକୁ ହୁଏ। ଘରେ ଦୁଧ ଦୁହାଁହେଲେ ପିଏ ମୁଁ। ଭାତ ଖାଉ ପିତା ଓ ମୁଁ ଦୁହେଁ, ବାକି ବୋଉ ଓ ବୁଢ଼ୀମା ପେଯ ଏବଂ ମାଣ୍ଡିଆ ଯାଉରେ କ୍ଷୁଧା ନିବାରଣ କରନ୍ତି; କେବଳ ପର୍ବପର୍ବାଣିରେ ଅନ୍ନବ୍ୟଞ୍ଜନ ସହିତ ତାଙ୍କ ପାଟିର ସଂଯୋଗ ଘଟେ। ଦରିଦ୍ର ଘରେ ଚାକରବାକର ତ ରହନ୍ତି ନାହିଁ; ଘରର କାମଦାମ କୁଟୁମ୍ବ ମଧ୍ୟରେ ଯେପରି ବଣ୍ଟାବଣ୍ଟି ହୋଇ ଚଳେ, ଖାଇଲାବେଳକୁ ସେହିପରି କିଏ କଣ ଖାଇବେ ଆପେ ଆପେ ସ୍ଥିର ହୋଇଯାଏ। ତା ଭିତରେ ଯେ ମୌଳିକ ସଂସ୍କୃତି କିପରି ରହେ, ବୁଝିବା ଏକ ଦୁରୂହ ବ୍ୟାପାର।

■

ବାମନର ହାତ ଓ ଆକାଶର ଚନ୍ଦ୍ର

ବାମନର ଚନ୍ଦ୍ରକୁ ହାତ ବଢ଼ାଇବା ଚେଷ୍ଟା ନିତାନ୍ତ ହାସ୍ୟାସ୍ପଦ। କିନ୍ତୁ ଚନ୍ଦ୍ରକୁ ହାତ ବଢ଼ାଇବା ବିଷୟରେ, କେବଳ ବାମନ କାହିଁକି, ପୃଥିବୀର ସବୁଠାରୁ ଡେଙ୍ଗା ଲୋକ ସଂପର୍କରେ ସୁଦ୍ଧା ଏକଥା କୁହାଯାଇପାରିବ। ତଥାପି ପୃଥିବୀର ଇତିହାସରୁ ଦେଖାଯାଏ, କେତେକ ବାମନ, ଅସଂଖ୍ୟ ଡେଙ୍ଗା ଲୋକଙ୍କୁ ଟପି, ଚନ୍ଦ୍ରକୁ ହାତ ବଢ଼ାଇ ଅଙ୍କାଧିକ କୃତକାର୍ଯ୍ୟ ହୋଇଛନ୍ତି। ବିଲାତରେ କୌଣସି ପିଲା, ଅର୍ଥାଭାବ ଯୋଗେ ଚା ନପାଇପାରି, ଗରମପାଣି ପିଇ ଶୀତ ନିବାରଣ କରୁଥିଲା; ପରେ ସେ ପ୍ରଧାନମନ୍ତ୍ରୀ ହେଲା। ଆମେରିକା ଯୁକ୍ତରାଜ୍ୟର ଗୋଟିଏ ଗରିବ ପିଲା ଘରେ ଆଲୁଅ ଜାଳିବାକୁ ପଇସା ନପାଇବାରୁ ସଡ଼କ ଆଲୁଅରେ ବସି ପାଠପଢୁଥିଲା; ସେ ଦିନେ ଯୁକ୍ତରାଜ୍ୟର ସଭାପତି ଆସନରେ ବସିଲା। ସେହି ଯୁକ୍ତରାଜ୍ୟର ଜଣେ ସଭାପତିଙ୍କ ଉନ୍ନତି ଘଟିଥିଲା ପତ୍ରକୁଡ଼ିଆରୁ ରାଜପ୍ରାସାଦକୁ। ବଙ୍ଗ ପ୍ରଦେଶକୁ ଜଣେ ଗୋରା ଲାଟ ଆସିଥିଲେ, ଯେ କି ଦିନେ କୁଲି ବ୍ୟବସାୟରେ ଜୀବିକା ଉପାର୍ଜନ କରୁଥିଲେ। ପ୍ରଥମ ମହାସମରର ବିରାଟ ମନ୍ଥନ ମଧ୍ୟରୁ ଜେକୋସ୍ଲୋଭାକିଆ ରାଜ୍ୟ ପ୍ରତିଷ୍ଠା କରିଥିଲେ ଯେଉଁ ସାମରିକ ବ୍ୟକ୍ତି, ସେ ଜଣେ ସାମାନ୍ୟ କଚୁଆନର ପୁଅ। ଇତାଲୀର ସେ ଦିନର ଭାଗ୍ୟବିଧାତା ମୁସୋଲିନ୍ ସେହିପରି ଦରିଦ୍ର କମାରଘରେ ଜନ୍ମ ହୋଇଥିଲେ। ପୃଥିବୀବିଖ୍ୟାତ ହିଟ୍‌ଲର ଇଟାଭାଟିରେ କାମ କରି ପିଲାଦିନେ ପେଟ ପୋଷୁଥିଲେ। ରୁଷିଆର କର୍ଣ୍ଣଧାର ଷ୍ଟାଲିନ୍ ମୋଚିପିଲା। ଆମ ଭାରତରେ ମଧ୍ୟ ଈଶ୍ୱରଚନ୍ଦ୍ର ବିଦ୍ୟାସାଗରଙ୍କର ଜନ୍ମ ସାମାନ୍ୟ ପୂଜାରୀଘରେ।

ଏମାନେ ଯେ ବାମନ ହୋଇ ଜନ୍ମଲଭିଥିଲେ ତାହା କିଏ ଅସ୍ୱୀକାର କରିବ? କୋଟି କୋଟି ବାମନ ପୃଥିବୀକୁ ଆସି ବନର ମାଳତୀ ପରି ବନରେ ଫୁଟି ଝଡୁଛନ୍ତି-

ତାଙ୍କ କଥା କେହି ଜାଣୁନାହାନ୍ତି। କିନ୍ତୁ ସେମାନଙ୍କ ଭିତରୁ ଯେ ଚନ୍ଦ୍ରକୁ ହାତ ବଢ଼ାଇ ଧରିପାରୁଛି, ସେ ବଡ଼ ହେଉଛି ଓ ଉଚ୍ଚତାରେ ଲକ୍ଷ ଲକ୍ଷ ଡେଙ୍ଗା ଲୋକଙ୍କୁ ଟପିଯାଉଛି। କୋଟି କୋଟି ବାମନ ଆକାଶରେ ଉଜ୍ଜ୍ୱଳ ଚନ୍ଦ୍ରମଣ୍ଡଳକୁ ଦେଖି ଲୋଭ ସମ୍ବରଣ କରି ନ ପାରି ହାତ ବଢ଼ାଉଛନ୍ତି, ମାତ୍ର ଧରି ନପାରି ହାସ୍ୟାସ୍ପଦ ହେଉଛନ୍ତି। ଆମ ମଧ-ଓଡ଼ିଆ ବିଦ୍ୟାଳୟର ଦ୍ୱିତୀୟଶିକ୍ଷକ ମାଧବ ମିଶ୍ର ଥରେ ମତେ କହିଲେ, "ଏଣ୍ଟ୍ରାନ୍‌ସ ଖଣ୍ଡକ ପାସ୍ କରିଗଲେ ମଣିଷରେ ଗଣା ହୁଅନ୍ତୁ। ମାତ୍ର ତୋ ପକ୍ଷରେ ଏ ତ ବାମନ ହୋଇ ଚନ୍ଦ୍ରକୁ ହାତ ବଢ଼ାଇବା ନ୍ୟାୟ- କଣ ପଡ଼ିଛି ? ବହିପତ୍ର କିଣିବୁ, ଖୋରାକ ଧରିବୁ, ପ୍ରବାସରେ ଯାଇ ରହିବୁ - ସବୁ କରିପାରିଲେ ସିନା ହବ। ଏ ଷାଠିଏ ପଉଟି ଘିଅ ହବ ନା ରାଧା ନାଚିବେ ?"

ବର୍ତ୍ତମାନ ମାଟ୍ରିକ୍ୟୁଲେସନ ପରୀକ୍ଷାର ନାମ ସେ ସମୟରେ ଏଣ୍ଟ୍ରାନ୍‌ସ ଥିଲା। ମୋ ପୂର୍ବରୁ ବାଣପୁରର ଷାଠିଏ ହଜାର ଲୋକଙ୍କ ମଧ୍ୟରୁ କେବଳ ଜଣେ ଏଣ୍ଟ୍ରାନ୍‌ସ ପାସ୍ କରିଥିଲେ। ଏଣ୍ଟ୍ରାନ୍ ପାଶ୍ କଲେ ଯେ ମନୁଷ୍ୟରେ ଗଣାହୁଅନ୍ତି, ତାଙ୍କୁ ଦେଖି ଜଣାଯାଉଥିଲା। ତାଙ୍କ ଦ୍ୱାରେ ଶହ ଶହ ଲୋକ ରୁଣ୍ଡ ହୁଅନ୍ତି; ଦଶପଚାଶ ସରବରାକାର ତାଙ୍କ ପାଖେ ଯାଇ ଜୁଟନ୍ତି; ତାଙ୍କ ମୁହଁରୁ ପଦେ କଥା ଶୁଣିବାକୁ ଲୋକେ ଚାହିଁରହିଥାନ୍ତି। ସେ ଖୋରଧା କଚେରିରେ କିରାନି କାମରେ ରହିଥିଲେ। ତାଙ୍କ ପଛକୁ ମୁଁ ମଧ୍ୟ ଆଉ ଜଣେ ବାହାରିବି ବୋଲି ମୋର ପୁରୀରେ ପଢ଼ିବାବେଳୁ ଅନେକେ ଧରିନେଲେ। ସେଥିପାଇଁ ମୁଁ ଛୁଟିରେ ଘରକୁ ଗଲେ ବରାବର ଶୁଣେ, "ଟିକିଏ ଦୟାରଖିଥିବଟି।"

କିନ୍ତୁ ଦୟା ରଖିବା ଅବସ୍ଥାକୁ ଯିବା ପୂର୍ବରୁ ମୋତେ ପ୍ରଥମେ ଚନ୍ଦ୍ରକୁ ହାତ ବଢ଼ାଇବାକୁ ପଡ଼ିଲା; ଅଥଚ ମୁଁ ଦେଖିଲି ଯେ ମୋ ହାତ ପାଉନାହିଁ। ସୁତରାଂ ମାସ ମାସ ଧରି ନୈରାଶ୍ୟ ବହ୍ନିରେ ମୋତେ ଜଳିବାକୁ ହେଲା। ଶେଷରେ ଅତି ଆକସ୍ମିକ ଭାବରେ ଦିନେ ଆକାଶ କୟାଁ ଓ ଚିଲିକା ମାଛର ସଂଯୋଗ ଘଟିଲା, ମୁଁ ପୁରୀରେ ନାମ ଲେଖାଇବାକୁ ଗଲି। ମୁଁ ନିତି ଅସ୍ଥାୟୀ ମାଇନର ସ୍କୁଲରେ ଯାଇ ବସେ। ଦିନେ ଖୋରଧାର ତହସିଲଦାର ସ୍କୁଲ ପରିଦର୍ଶନରେ ଗଲେ। ମୁଁ ଉଚ୍ଚ ବିଦ୍ୟାଳୟକୁ ପଢ଼ିବାକୁ ନ ଯାଇ ସେଠାରେ କାହିଁକି ଘୁଷୁରୁଛି, ସେ ପଚାରିଲେ। ଶିକ୍ଷକଙ୍କଠାରୁ ଉତ୍ତର ପାଇବା ପରେ ସେ ଟିକିଏ ଭାବି କହିଲେ, "ଆଚ୍ଛା, ମୁଁ ତାର ବ୍ୟବସ୍ଥା କରିବି।" ଯଥାସମୟରେ ସେ ଗୋଟାଏ ବ୍ୟବସ୍ଥା କଲେ ମଧ୍ୟ। ରାମକୃଷ୍ଣ ବୋଷଙ୍କ ନିକଟକୁ ପୁରୀକୁ ମୋ ହାତରେ ଖଣ୍ଡିଏ ଚିଠି ଦେଲେ। ରାମକୃଷ୍ଣ ବୋଷ କଟକର ସେ ଯୁଗର ଖ୍ୟାତନାମା ଓକିଲ ହରିବଲ୍ଲଭ ବୋଷଙ୍କ ପୁତୁରା। ସେ 'ଶଶିନିକେତନ'ରେ ରହୁଥିଲେ।

ଦରିଦ୍ର କୁଟୀରର ବଡ଼ ନିଧି ହେଉଛି ପିଲା। ବୟସରେ ମୋଠାରୁ ଦଶବର୍ଷ

ସାନ ମୋର ଗୋଟିଏ ଭଉଣୀ ଥିଲା। ସମାଜରେ ପୁଅ ଓ ଝିଅ ଉଭୟଙ୍କର ଆବଶ୍ୟକତା ସମାନ ହେଲେ ସୁଦ୍ଧା ପୁଅମାନେ ଝିଅଙ୍କ ତୁଳନାରେ ଅଧିକ ଆଦର ପାଆନ୍ତି। ବର୍ତ୍ତମାନ ନାରୀଜାତି ନିଜ ଦାବି ପ୍ରତିଷ୍ଠିତ କରିବାକୁ ବସୁଛି। ତାର ଫଳାଫଳ ଯଥାସମୟରେ ଜଣାଯିବ; କିନ୍ତୁ ବିଧାତା ନାରୀମୁଣ୍ଡରେ ଯେଉଁ କଠୋର କର୍ତ୍ତବ୍ୟ ଲଦିଛି, ତାକୁ ବହନ କରି ସେ ଯେ ଖୁବ୍ ଉଚ୍ଚକୁ ଉଠିପାରିବ, ସେ ବାଟ ଏବେ ପ୍ରାଞ୍ଜଳ ଦିଶିନାହିଁ। ସେହି କର୍ତ୍ତବ୍ୟପାଳନହିଁ ନାରୀ ପକ୍ଷେ ଗର୍ବର ହେତୁ; ତାହାରି ଯୋଗେ ନାରୀର ମହତ୍ତ୍ୱ ଏତେ ବଢ଼ିଛି। ନାରୀଜାତିର ମହୀୟସୀ ପ୍ରତିନିଧିରୂପେ ଦୁର୍ଗା, ଲକ୍ଷ୍ମୀ, ସରସ୍ୱତୀ ପୂଜା ପାଉଛନ୍ତି; ଶକ୍ତି ସୃଷ୍ଟି ସର୍ଜନା କରୁଛି। ପରିବାର ମଧ୍ୟରେ ଜୀବିକା ଅର୍ଜନ ଭାର ପଡ଼ିଛି ପୁରୁଷ କାନ୍ଧରେ। ଗ୍ରୀନ୍‌ଲାଣ୍ଡ, ସୁଇଜରଲାଣ୍ଡ ପ୍ରଭୃତି କେତେକ ସ୍ଥାନରେ ନାରୀମାନେ ପୁରୁଷଙ୍କୁ ଘରେ ରଖାଇ ନିଜେ ବାହାରର ସକଳ କାର୍ଯ୍ୟ ନିର୍ବାହ କରନ୍ତି, ଏପରିକି ଜୀବିକା ଅର୍ଜନ କରି ମଧ୍ୟ ଆଣନ୍ତି, ପୁରୁଷମାନେ ଘରଧନ୍ଦା ବୁଝନ୍ତି, ସନ୍ତାନର ଲାଳନପାଳନ ଭାର ମୁଣ୍ଡାନ୍ତି। ବର୍ମା ଦେଶର ନାରୀ ପୁରୁଷ ଅପେକ୍ଷା ପ୍ରବଳ। ତଥାପି ମାନବସମାଜରେ ସଚରାଚର କୁଟୁମ୍ବ ପୋଷିବା କାମ ପୁରୁଷର, ନାରୀର ନୁହେଁ। ସେହି କାରଣରୁ ବିବାହିତ ପୁଅର ନାମ ଭର୍ତ୍ତା ଓ ବିବାହିତା ଝିଅ ହେଉଛି ଭାର୍ଯ୍ୟା।

କେବଳ ସେତିକି ନୁହେଁ, ହିନ୍ଦୁ ସମାଜରେ ପୁଅ ପିଣ୍ଡ ଦେବାକୁ ଅର୍ହ ବିବେଚିତ ହେଉଥବା ଯୋଗେ ଝିଅଠାରୁ ତାର ଆଦର ଅଧିକ ହୋଇପାରେ। କିନ୍ତୁ ପ୍ରାୟ ସବୁ ସମାଜରେ ଝିଅ ଅଳ୍ପାଧିକ ପରିମାଣରେ ଏକ ସମସ୍ୟା। ବେଶି ଝିଅ ଜନ୍ମ ହେଲେ କେହି କେହି ତାକୁ ଅଭିଶାପ ମଣନ୍ତି। କାରଣ, ଉପଯୁକ୍ତ ପାତ୍ର ସହିତ ବିବାହ କରାଇବା କ୍ୱଚିତ୍ ସମ୍ଭବପର ହୁଏ। ପୁଅମାନଙ୍କୁ ଅବିବାହିତ ଅବସ୍ଥାରେ ଯେତେ ବୟସ ପର୍ଯ୍ୟନ୍ତ ରଖିହୁଏ, ଝିଅମାନଙ୍କୁ ରଖି ହୁଏନାହିଁ। ନାରୀର ସତୀତ୍ୱ ଉପରେ ସମାଜ ତୀବ୍ର ଦୃଷ୍ଟି ଦେଇଥାଏ। ଝିଅର ଆଚରଣ ଯୋଗେ ଅନେକ ବାପ-ମା ସମାଜରେ ଲାଞ୍ଛନା ଭୋଗିବାର ଦେଖାଯାଏ। ପୁଅର ଯେଉଁ ଦୋଷ ପୌରୁଷ ବିବେଚିତ ହୁଏ, ଝିଅ ପକ୍ଷେ ତାହା ମାରାତ୍ମକ ସ୍ଖଳନ। ଝିଅକୁ ଘରେ ନରଖି ବିବାହ କରାଇଦେବା ନିମନ୍ତେ ବାପ-ମା ଯେ ବ୍ୟାକୁଳ ହୁଅନ୍ତି, ବରପାତ୍ରମାନେ ସେଥିରୁ ଲାଭ ଉଠାଇବାକୁ ବସନ୍ତି। ତହିଁରୁ କନ୍ୟା-ଶୁଳ୍କର ଉତ୍ପତ୍ତି। ପିତା କନ୍ୟା-ଶୁଳ୍କ ଦେବାକୁ ଅକ୍ଷମ ଥିବାର ଦେଖି କେତେ କନ୍ୟା ଆତ୍ମହତ୍ୟା ନ କରନ୍ତି ! ଆଜିକାଲି ଝିଅମାନେ ଅବିବାହିତା ରହିବାକୁ ଇଚ୍ଛା କରୁଥିବାର ଦେଖାଯାଉଛି। ବିବାହର ବୟସ ଆଇନରେ ବଢ଼ାଇ ଦିଆଯାଉଥିବା ଯୋଗେ ତାହା ସମ୍ଭବପର ହେଉଛି। ପୁରୁଷ ସହିତ ନାରୀର ସଂପର୍କ ନିୟନ୍ତ୍ରଣ କରିବା ଗୋଟାଏ ବଡ଼ ସାମାଜିକ ସମସ୍ୟା। ପାରିବାରିକ ଜୀବନ ଯଥାର୍ଥ ଆଦର୍ଶ କି ନା,

ବର୍ତ୍ତମାନ କ୍ରମେ ସନ୍ଦେହର ବିଷୟ ହୋଇପଡ଼ିଛି। ପୁରୁଷଙ୍କ ପରି ନାରୀମାନେ ରାଜନୀତି କ୍ଷେତ୍ରରେ ବଡ଼ ବଡ଼ ପୀଠରେ ବସିବାକୁ ଆରମ୍ଭ କଲେଣି। ତଥାପି ଝିଅ ଅପେକ୍ଷା ପୁଅର ଆଦର ରହିଛି।

ଘରେ କୋଳକୁ ଝିଅଟି ରହୁଥିଲେ ମଧ୍ୟ ମୋ ପୁରୀ ଯିବା ଦିନ ବୋଉ ବହୁତ କାନ୍ଦିଲା। ମୋ ବୁଢ଼ୀମା ଅନ୍ଧୁଣୀ। ନାତୁଣୀ ତାଙ୍କ ପକ୍ଷେ ଅନ୍ଧର ଲଉଡ଼ି ଥିଲା, ମୁଁ ନ ଥିଲି। ତଥାପି ସେ ମୋତେ କୁଣ୍ଢାଇଧରି ଆଖି ଝରଝର ଲୁହ ଗଡ଼ାଇଲେ। ବହୁ ବନ୍ଧନ ଗୋଟି ଗୋଟି ଛିଣ୍ଡାଇ, ଲେଉଟଚକୁଳି ଖାଇ, ମୁଁ ପିତାଙ୍କ ସଙ୍ଗେ ଘରୁ ଗୋଡ଼ କାଢ଼ିଲି। ଏଥର ପୁରୀ ପର୍ଯ୍ୟନ୍ତ ରେଳରେ ଗଲି। ରାମକୃଷ୍ଣ ବୋଷ ଚିଠି ପଢ଼ି ମୋ ହାତେ ପାଞ୍ଚଟି ଟଙ୍କା ଦେଇ କହିଲେ, "ଏତିକି ନିଅ, ଆଉ ଆସିବ ନାହିଁ।" ସେ ଜଣେ ଧର୍ମଭୀରୁ ଲୋକ। ବି.ଏ. ପାସ୍ କରି ଅର୍ଥ ଉପାର୍ଜନ ପନ୍ଥା ଛାଡ଼ି ଜଗନ୍ନାଥ ଧାମ ଆଶ୍ରୟ କରିଥାନ୍ତି। ସେ ବେକରେ ବଡ଼ ବଡ଼ ତୁଳସୀକଣ୍ଠିମାଳ ପିନ୍ଧିଥିଲେ, ଆମିଷ ଖାଉ ନଥିଲେ, କୀର୍ତ୍ତନରେ କାଳ କଟାଉଥିଲେ। ସେତେବେଳକୁ ତାଙ୍କର ସମ୍ଭବତଃ ୩୨।୩୩ ବର୍ଷ ବୟସ। ଯୌବନର ମଧ୍ୟାହ୍ନରେ ଏତେ ସଂଯମରେ ରହିବା ଲୋକ ବିରଳ। ଦିନେ ପୁରୀ ରାଜା ମୁକୁନ୍ଦଦେବ ଉଆରେଣ୍ଟରେ ଧରାହୋଇ ସୁଆରିରେ ବସି କଚେରିକୁ ଯାଉଥିଲେ। ସେ ଦୃଶ୍ୟ ଦେଖିବା ସକାଶେ ବାଟଯାକ ଲୋକାରଣ୍ୟ ହୋଇଥିଲା। ଶୁଆରି 'ଶଶିନିକେତନ' ଆଗରେ ଯିବାବେଳେ ରାମକୃଷ୍ଣବାବୁ ଧାଇଁଆସି ସଡ଼କର ଲାଲ ଧୂଳି ଉପରେ ଲମ୍ବ ହୋଇ ଶୋଇ ଦଣ୍ଡପ୍ରଣାମ କରି ଗଲେ।

ମୁଁ ପୁରୀ ଜିଲ୍ଲା ସ୍କୁଲରେ ପଞ୍ଚମ ଶ୍ରେଣୀରେ ନାମ ଲେଖାଇଲି। ସେହି ଶ୍ରେଣୀର ନାମ ଆଜିକାଲି 'ସପ୍ତମ' ହୋଇଛି। ବର୍ତ୍ତମାନ ଉଚ୍ଚବିଦ୍ୟାଳୟର ଶ୍ରେଣୀସବୁ ନିଶୁଣିରେ ଚଢ଼ିବା କ୍ରମରେ ତଳୁ ଉପରକୁ ଗଣାଯାଉଛି; ସେ ସମୟରେ ଉପରୁ ତଳ ଆଡ଼କୁ ଗଣାଯାଉଥିଲା। ମୁଁ ବିଦ୍ୟାଳୟରେ ପ୍ରବେଶ କଲି ଦୁର୍ଗାପୂଜା ଛୁଟିର କିଛିଦିନ ପୂର୍ବରୁ। ସେ ବର୍ଷର ବାକି କେତେ ମାସ ଓ ଚତୁର୍ଥ ଶ୍ରେଣୀର ପୂରା ବର୍ଷକ ପିତାଙ୍କୁ ଜମି ବିକି ମୋ ପଢ଼ାଖର୍ଚ୍ଚ ଚଳାଇବାକୁ ପଡ଼ିଲା। ରାମକୃଷ୍ଣ ବୋଷଙ୍କ ପାଖକୁ ଆଉ ଥରେ ଯିବାକୁ ମୋର ସାହସ ତ ନଥିଲା, ଇଚ୍ଛା ମଧ୍ୟ ହେଲା ନାହିଁ। ମୁଁ ପ୍ରଥମେ ତାଙ୍କ ପାଖକୁ ଯେଉଁ ଦିନ ଯାଇଥିଲି, ତାଙ୍କ ଘରୁ ଜଣେ ବାବୁ ବାହାରି ମୋତେ କହିଲେ, "କଣ, ରୋଷାଇବାସ କର? ଆମର ପୂଜାରୀ ଅଛି।" ଯେତେ ଦରିଦ୍ର ହେଲେ ସୁଦ୍ଧା, ମୁଁ ବାପା-ମାଆଙ୍କର ଗେହ୍ଲା ପୁଅ; ସେତେବେଳେ ପୂଜାରୀ ଆଖ୍ୟା ପାଇବାକୁ ପ୍ରସ୍ତୁତ ନଥିଲି। କିନ୍ତୁ ପରେ, ବାପ ମାଙ୍କ ମୃତ୍ୟୁ ଉତ୍ତାରେ, କଲେଜରେ ପଢ଼ିବାବେଳେ ମୋତେ ଅନେକ କାଳ ପ୍ରାୟ ପୂଜାରୀ ଭାବରେ ପଢ଼ାଖର୍ଚ୍ଚ ଉଠାଇବାକୁ ହେଲା।

ରାମକୃଷ୍ଣ ବାବୁଙ୍କ ଘରେ ମୋତେ ଯେ ପୂଜାରୀ ମନେକଲେ, ତାହା ମୋତେ ଯେତେ ବିସୁଖ ଲାଗୁ, ତା ପାଇଁ କାରଣ ଥିଲା । ଆଜିକାଲି, ନିତାନ୍ତ ମଫସଲ ଛଡ଼ , କୌଣସିଠାରେ ପୁରୁଷପିଲାଙ୍କ ମୁଣ୍ଡରେ ପେଣ୍ଡାବାଳ ଦେଖାଯାଏ ନାହିଁ । ସେ ସମୟରେ ପଲ୍ଲୀର ପୁରୁଷମାନେ, ଆବାଳ-ବୃଦ୍ଧ ପ୍ରାୟ ସମସ୍ତେ ପେଣ୍ଡାବାଳ ରଖୁଥିଲେ; କେବଳ ସହରରେ ପିଲାଙ୍କ ମଧ୍ୟରେ ତାର ପ୍ରଚଳନ ନଥିଲା । ମୋ ମୁଣ୍ଡରେ ପେଣ୍ଡାଏ ବାଳ ତ ଥିଲା, ତା ଛଡ଼ା ଦୁଇ କାନରେ ଦୁଇପଟ ଢୋଲା ପେଟୁଆ ନୋଳି ମଧ୍ୟ ଝୁଲୁଥିଲା । ତାହା ଦେଖି ଅନେକେ ମୋତେ 'ନାଟୁଆ ପିଲା' ବୋଲି ଚିଡ଼ାଉଥିଲେ । ପୂଜାରୀ ହେବା ତ ତାହାଠାରୁ ସ୍ପୃହଣୀୟ ! ବର୍ତ୍ତମାନ ବୁଝୁଛି, ପୂଜାରୀ ଡାକରେ ମୋର ବିଚଳିତ ହେବାର କାରଣ ନଥିଲା । ଅନେକ ବର୍ଷ ପରେ, ମୁଁ ବିହାର-ଓଡ଼ିଶା ବ୍ୟବସ୍ଥା ପରିଷଦର ସଦସ୍ୟ ଥିଲାବେଳେ କଲିକତାର ଜଣେ ବାରିଷ୍ଟର-ବନ୍ଧୁଙ୍କ ଘରେ ଅତିଥି ହୋଇଥିଲି । ତାଙ୍କର ପାଞ୍ଚବର୍ଷର ପୁଅ ଗାଧୋଇ ଫେରିବାବେଳେ ମୋତେ ଦେଖି ପଚାରିଲା, "ତୁମେ କଣ ରୋଷେୟା ପୂଜାରୀ ?" ବାଇଶ ବର୍ଷ ତଳର ବିସ୍ମୃତ ଅନୁଭୂତି ସଙ୍ଗେ ସଙ୍ଗେ ଚାଉଁକିନି ମୋ ମନରେ ଆସି ପଡ଼ିଗଲା । ପିଲାଟିକୁ ଗୋଟାଏ ନାସ୍ତି ଉତ୍ତର ନ ଦେବା ନିମନ୍ତେ ମୁଁ ହସି ହସି 'ହଁ' ଭରିଲି । ମାତ୍ର ସେ ସେତିକିରେ ସନ୍ତୁଷ୍ଟ ନ ହୋଇ ପୁଣି ପଚାରିଲା, "ପୂଜାରୀ ତ, ତେବେ ଏତେ ଗୋରା କାହିଁକି ?" ମୋ ବୁଦ୍ଧିକୁ ଆଉ ଉତ୍ତର ଦିଶିଲା ନାହିଁ ।

ପିତାଙ୍କ ପୈତୃକ ଜମି ବିକ୍ରି ଉପରେ ନିର୍ଭର କରି ମୁଁ ପଢ଼ିଲି; କିନ୍ତୁ ତାଙ୍କର ଜମି ବେଶି ନ ଥିଲା । ଏକରକ ଉପରେ ବିକ୍ରି ସରିଲା ପରେ ଆଉ ବାକି ରହିଲା ପ୍ରାୟ ଦେଢ଼ଏକର । ଏବେ ସବୁ ଜିନିଷ ପରି ଜମିବାଡ଼ି ଦାମ୍ ବଢ଼ିଛି । ସେତେବେଳେ ଏକରରୁ ବେଶି ଜମି ବିକ୍ରିରୁ ମିଳିଲା ପ୍ରାୟ ଷାଠିଏ ଟଙ୍କା । ସୁତରାଂ ମୋତେ ଖର୍ଚ୍ଚ କମାଇ ଚଳିବାକୁ ପଡ଼ିଲା । ସେତେବେଳେ ମୁଁ ଅନେକ ଦିନ ପଇସା ଅଭାବରେ ଉପବାସ ରହିଛି । ଛାତ୍ରାବାସର କୋଠରୋଷେଇ ପାଣ୍ଠିକୁ ଟଙ୍କା ନିର୍ଦ୍ଦିଷ୍ଟ ଦିନ ନ ଦେଲେ ଚାଉଳ ପଡ଼ିବା ବନ୍ଦହୋଇଯାଏ । ମୋ ପାଇଁ ଚାଉଳ ପଡ଼ିବା ବନ୍ଦ ହେବା ଆଦେଶ ମିଳିବା ପୂର୍ବରୁ ମୁଁ ଅବସ୍ଥା ବୁଝି ଅନ୍ୟତ୍ର ଖାଇବି ବୋଲି କହି ଚାଲିଯାଏ । ସେପରି ଘଟଣାରେ ଯେଉଁଠାରେ ଖାଏ ତାହା ସମୁଦ୍ରକୂଳ, ଯାହା ଖାଏ ତାହା ପବନ । ଥରେ ଏହିପରି ପବନ ଖାଇ ପୂରା ଦୁଇଦିନ ରହିଗଲି । ମାସିକ ଚାରି ଟଙ୍କାରେ ମୋର ଯାବତୀୟ ଖର୍ଚ୍ଚ ଚଳୁଥିଲା । କେବଳ ଖାଇବା ଖର୍ଚ୍ଚ ମାସକୁ ହାରାହାରି ତିନି ଟଙ୍କା ଚାରି ଅଣା ପଡୁଥିଲା । ମୋତେ ସ୍କୁଲରେ ବେତନ ଦେବାକୁ ପଡୁନଥିଲା । ଚାଉଳ ଟଙ୍କାରେ ମିଳୁଥିଲା କଟକୀ ୧୬-୧୭ ସେର ।

ମୁଁ ବଡ଼ଦାଣ୍ଡକୁ ବା ବଡ଼ଦେଉଳକୁ ବେଶି ଯାଏ ନାହିଁ। ସୁସଜ୍ଜିତ ହୋଇ ରହିଥିବା ଗୁଡ଼ିଆ ଦୋକାନ ଦେଖିଲେ ମୋ ପାଟି ଟାକୁ-ଟାକୁ ହୁଏ; ଅଥଚ ଅଣ୍ଟାରେ ପଇସା ନ ଥାଏ। ଥରେ ଗୋଟିଏ ପଇସା ଧରି ସିଂହଦ୍ୱାର ପାଖେ ଥିବା ଗୁଡ଼ିଆ ଦୋକାନକୁ ଯାଇ, କୌଣସି ଏକ ଜିନିଷ ଦେଖାଇ ପଇସାଟି ବଢ଼ାଇଦେଲି। ଦୋକାନୀ ମୋ ହାତରେ ସେଥିରୁ ଗୋଟିଏ ପକାଇଦେଇ ଅନ୍ୟ ଗ୍ରାହକଙ୍କ ଆଡ଼କୁ ମୁହଁ ବୁଲାଇବାକୁ ବସିବାବେଳେ ମୁଁ ପଚାରିଲି, "ମିଠା ଲାଗିବ ତ!" ଦୋକାନୀ ରାମ-କୃଷ୍ଣ କିଛି ନ କହି ଟିକିଏ କଟମଟ କରି ଚାହିଁଲା। ମୁଁ ଭୟରେ ହାତ ଘୁଞ୍ଚାଇ ଆଣୁ ଆଣୁ ଏକ କରେଇରେ କରଚୁଲି ବୁଡ଼ାଇ, ସେହି ଜିନିଷ ଉପରେ ଚାରି ଛ'ଟୋପା ମହୁପରି ଅଠାଳିଆ ଜିନିଷ ପକାଇଦେଲା। କେତେ ଦିନ ପରେ ମୁଁ ବୁଝିଛି ଯେ, ମୋ କିଣା ଜିନିଷର ନାମ 'ପୁରି' ଓ ଦୋକାନୀ ଅନୁଗ୍ରହରେ ଦେଇଥିବା ପଦାର୍ଥ ରସଗୋଲାର ଗୋଲାଂଶ ଯହିଁରେ ଭାସେ ସେହି ରସ।

ପନ୍ଦର ମାସ ପର୍ଯ୍ୟନ୍ତ ମୁଁ କଷ୍ଟେମଷ୍ଟେ କଟାଇଲି। ଆମ ଗ୍ରାମ ପାଖର ଦୀନବନ୍ଧୁ ନରେନ୍ଦ୍ର ସିଂହ ସେ ବର୍ଷ ପ୍ରବେଶିକା ପରୀକ୍ଷାକୁ ଯିବା ନିମନ୍ତେ ପ୍ରସ୍ତୁତ ହେଉଥିଲେ। ସେ ମୋତେ ଦୟାପରବଶ ହୋଇ କହିଲେ, "ତୁମେ ଉପର ଶ୍ରେଣୀକୁ ଉଠିବ, ମୁଁ ମାସିକ କୋଡ଼ିଏ ଟଙ୍କା ବୃତ୍ତି ପାଇ କଟକରେ ଯାଇ ପଢ଼ିବି। ମୋର ମାସକୁ ପନ୍ଦର ଖର୍ଚ୍ଚ ଗଲେ, ବାକି ପାଞ୍ଚଟଙ୍କା ତୁମର; ଚିନ୍ତା କାହିଁକି କରୁଛ?" ସେତେବେଳେ ପ୍ରବେଶିକା ପରୀକ୍ଷା ଫଳ ଉପରେ ସମଗ୍ର ବଙ୍ଗ, ବିହାର ଓ ଓଡ଼ିଶାରେ ପ୍ରଥମ ଦଶଜଣ ପରୀକ୍ଷାର୍ଥୀ ମାସିକ କୋଡ଼ିଏ ଟଙ୍କା ଲେଖାଏଁ ବୃତ୍ତି ପାଉଥିଲେ। ସେଥିରୁ ପାଞ୍ଚଟଙ୍କା ପାଇବା ଆଶା ମୋର ବୃଥା ହୋଇଗଲା। ନରେନ୍ଦ୍ର ସିଂହ ଚାରିବର୍ଷ ଫେଲ୍ ହୋଇ ମୋ ସହିତ ୧୯୦୬ ମସିହାରେ ପ୍ରବେଶିକା ପାସ୍ କଲେ। ମୁଁ ପାସ୍ କଲି ଦ୍ୱିତୀୟ ଶ୍ରେଣୀରେ, ସେ କଲେ ତୃତୀୟ ଶ୍ରେଣୀରେ।

ମୁଁ ସମସ୍ତ ଦୁଃଖକଷ୍ଟ ସହି ଅଭାବ ଅନଟନ ମଧ୍ୟରେ ମାଟି କାମୁଡ଼ି ପଡ଼ିରହିଲି; କାରଣ ମୁଁ ବାମନ ହେଲେ ସୁଦ୍ଧା ଚନ୍ଦ୍ରକୁ ହାତ ବଢ଼ାଇଥିଲି। ଚନ୍ଦ୍ର ଆଖିକି ଦାଉ ଦାଉ ଦିଶୁଥିଲା; କିନ୍ତୁ ତାହା ଯେ କେତେ ଦୂରରେ ଥିଲା, ମୁଁ ବୁଝିବି କିପରି? କେତେ ଶିଶୁ ମା' କାଖରେ ବସି ଆକାଶକୁ ଚାହିଁ ଚନ୍ଦ୍ରକୁ ହାତ ବଢ଼ାନ୍ତି। କେତେ ମା' ପିଲାଙ୍କୁ ସାନ୍ତ୍ୱନା ଦେବା ନିମନ୍ତେ କହନ୍ତି -

"ଆ, ଜହ୍ନ ମାମୁଁ ସରଗ ଶଶୀ,
ମୋ କାହ୍ନୁ ହାତରେ ପଡ଼ରେ ଖସି।"

ସେହି ଗୀତ ପଦକ ମୋ କାନରେ ବରାବର ପଡୁଥାଏ। ଶିଶୁଗୀତ ଏକ ମୃଗତୃଷ୍ଣା କହିଲେ ଚଳେ। ହଜାରକେ ନଅଶହ ଅନେଶତ ତା ପଛରେ ଧାଇଁ ଧାଇଁ ନିରାଶ ହୁଅନ୍ତି; ଜଣେ ଅବା କଦାଚିତ୍‌ ତାକୁ ଛୁଇଁପାରେ। କିନ୍ତୁ ଦଉଡ଼ ପ୍ରତିଯୋଗିତାରେ ଧାଇଁଲା ପରି, ତା ପଛରେ ନ ଧାଏଁ କିଏ ? ମୁଁ ବାଦ୍‌ ଗଲି ନାହିଁ, ନଅଶହ ଅନେଶତଙ୍କ ଭିତରେ ଜଣେ ହୋଇ ଧାଇଁବାରେ ଲାଗିଲି।

■

ସେବ ଓ ଏବ

ଚାରା ଗଛକୁ ଏକ ସ୍ଥାନରୁ ଉପାଡ଼ି ନେଇ ଅନ୍ୟତ୍ର ରୋଇଲେ କେତେକର ଚେର ଶୀଘ୍ର ଲାଗିଯାଏ, ମାତ୍ର ଆଉ କେତେକର ଡେରିରେ ଲାଗେ। ପୁରୀରେ ମୋ ଛାତ୍ରଜୀବନର ଚେର ଡେରିରେ ଲାଗିଲା; କିନ୍ତୁ ଲାଗିବା ପରେ ଖୁବ୍ ଦୃଢ଼ଭାବରେ ଲାଗିଗଲା। ମୁଁ ମୁଣ୍ଡର ବାଳ ପେଣ୍ଡା କାଟିପକାଇଲି ଓ ନୋଳି କାଢ଼ିଦେଲି। ତା'ପରେ ପୂଜା ଛୁଟିରେ ଯେତେବେଳେ ଗ୍ରାମକୁ ଗଲି ସେଠାରେ ମୋତେ ସବୁ ଲୋକ ଅବଶ୍ୟ ହଠାତ୍ ଭଲରୂପେ ଚିହ୍ନିପାରିଲେନାହିଁ, କିନ୍ତୁ ଛୁଟି ଶେଷରେ ପୁରୀକୁ ଫେରି ମୁଁ ଛାତ୍ରମାନଙ୍କ ମେଳରେ କ୍ରମଶଃ ମିଶିଯାଇପାରିଲି। ପୁରୀର ଘରଦ୍ୱାର, ବାଟଘାଟ ଆଉ କିଛି ଅଚିହ୍ନା ବୋଧହେଲା ନାହିଁ। ବିଚ୍ଛେଦହିଁ ସ୍ନେହକୁ ଗାଢ଼ କରେ। ଛୁଟି ପୂର୍ବରୁ ମୋର ରୋଷାଇ ପାଳି ଦିନ ମୁଁ ପ୍ରସ୍ତେ ଖୁବ୍ ଘାଣ୍ଟି ହୋଇଯାଉଥିଲି। ମୋ ହାତରେ ଭାତ ପୋଡ଼ିଯାଉଥିଲା, ଡାଲି ଅସିଝା ରହୁଥିଲା, ତରକାରି ଲୁଣିଆ ହେଉଥିଲା। ସେଥିପାଇଁ ମୋତେ ଗାଳି ଧିକ୍କାର ସହିବାକୁ ପଡୁଥିଲା।

ରୋଷାଇ ପାଳି ସର୍ବଦା ପଡ଼େ ନାହିଁ, କେବଳ ରୋଷେୟା ଅନୁପସ୍ଥିତ ହେବା ସମୟରେ ପଡ଼ିଥାଏ। ଛୁଟି ପରେ ମୋ ପାଳି ଦିନ ଆଉ ଜଣେ ଅଧେ ଆସି ମୋତେ ସାହାଯ୍ୟ କରିବାକୁ ଜୁଟନ୍ତି। ସେମାନଙ୍କ ମଧ୍ୟରୁ ଜଣେ ପରେ ପୁଲିସ ଦାରୋଗା ହେଲେ ଓ ବାଲେଶ୍ୱର ଜିଲ୍ଲାର କୌଣସିଠାରେ ଗୋଟିଏ ଖୁଣି ମକଦ୍ଦମାରେ ଅତ୍ୟଧିକ କୃତିତ୍ୱ ଦେଖାଇ ପୁରସ୍କାର ପାଇଲେ। ମୋତେ ସାହାଯ୍ୟ କରିବାକୁ ବାହାରନ୍ତି ସବୁଠାରୁ ବେଶି ସେ; ମାତ୍ର ତାଙ୍କ ସାହାଯ୍ୟ ମୋତେ ଶୀଘ୍ର ପ୍ରତ୍ୟାଖ୍ୟାନ କରିବାକୁ ହେଲା। ସେ ମନରେ ଦୁରଭିସନ୍ଧି ପୋଷଣକରି ନିଜ ପଢ଼ାପଢ଼ି ପଛକୁ ପକାଇ ମୋ ପାଖକୁ ଆସୁଥିଲେ। ଏକେ ମୁଁ ତାହା ପସନ୍ଦ କରୁ ନଥିଲି, ତା'ପରେ ପୁଣି ତାଙ୍କ ଆସିବା ଯୋଗେ ପିଲାଙ୍କ ଭିତରେ ଭୁଟ୍‌ଭାଟ୍ ଚାଲିବାର ଦେଖାଗଲା। କ୍ରମେ ରୋଷେଇଘରେ

ମୋର କାହାରି ସାହାଯ୍ୟ ମଧ୍ୟ ଲୋଡ଼ା ହେଲା ନାହିଁ, ମୁଁ ଛାତ୍ରାବାସରେ ରନ୍ଧନ ବିଜ୍ଞାନରେ ପାରଦର୍ଶିତା ଲାଭକରିଥିଲି ।

ଛାତ୍ରାବାସମାନଙ୍କରେ ଏକ କୋଠରିରେ ଜଣେ, ତିନିଜଣ ବା ଅଧିକ ଛାତ୍ର ରହିପାରନ୍ତି, କେବଳ ଦୁଇଜଣ ଏକତ୍ର ରହିବା ନିୟମରେ ମନାଥାଏ । ଆମେ ଚାରିଜଣ ଛାତ୍ର ଗୋଟିଏ କୋଠରିରେ ଥିଲୁ । ସେହି ଚାରିଜଣରୁ ଜଣେ ବଡ଼ଚାଟ । ତାଙ୍କୁ ବଡ଼ଚାଟ ପଦରେ କେହି ନିଯୁକ୍ତ କରିଥିଲେ କି ନା କେଜାଣି, ଆମେ ବାକି ତିନିଜଣ ତାଙ୍କୁ ମାନି ଚଳୁଥିଲୁ । ବଡ଼ଚାଟ ହେବା ଗୁଣ ତାଙ୍କର ଥିଲା । ଏକେ ସେ ଭଲ ପଢୁଥିଲେ, ତାଙ୍କ ଶ୍ରେଣୀରେ ପ୍ରଥମ ହେଉଥିଲେ, ତାପରେ ପୁଣି ଆମ ତିନିଜଣଙ୍କ ତୁଳନାରେ ସେ ଧନୀ ଘରର ପିଲା । ତୃତୀୟରେ ସେ ଯୁକ୍ତିତର୍କରେ ବେଶ୍ ପଟୁ । ଏସବୁ କାରଣରୁ କିମ୍ବା ଅନ୍ୟ କୌଣସି କାରଣ ଯୋଗେ ସେ କ୍ଷମତା ଯେପରି ବ୍ୟବହାର କରୁଥିଲେ, ଦାୟିତ୍ୱ ମଧ୍ୟ ସେହିପରି ମୁଣ୍ଡାଉଥିଲେ । ରାତିରେ ସମୁଦ୍ରପବନରେ ଝାଉଁବଣରୁ ସାନ୍ ସନ୍ ଶବ୍ଦ ଆସେ । ସେଥିରେ ମୋତେ ଡରମାଡ଼େ ଓ ନିଦ ଥରେ ଭାଙ୍ଗିଗଲେ ଆଉ ଲାଗେ ନାହିଁ । ସେପରି ସମୟରେ ସେ ମୋତେ କୁହନ୍ତି, “ମୁଁ ଚାହିଁଛି, ତୁମେ ଡର ନାହିଁ, ଶୋଇପଡ଼ ।” ମୁଁ ତାଙ୍କ ତଳ ଶ୍ରେଣୀରେ ପଢୁଥିବାରୁ ସେତେବେଳେ ତାଙ୍କ ସହିତ ମୋର ଘନିଷ୍ଠତା ଜନ୍ମି ନଥିଲା । ପରେ ମୁଁ ତାଙ୍କଠାରେ ଶ୍ରଦ୍ଧା, ସ୍ନେହ ବହୁତ ଅର୍ପିଛି । ଏପରିକି, ମୋ ଜୀବନକାହାଣୀର କେତେକ ଅଧ୍ୟାୟ ତାଙ୍କର ଓ ତାଙ୍କ ଜୀବନକାହାଣୀର କେତେ ଅଧ୍ୟାୟ ମୋର ବୋଲି କୁହାଯାଇପାରେ । ପରସ୍ପରର ବିରୋଧୀ ସ୍ୱଭାବ ଧରି ଦୁଇଜଣ ତେତେ ଅନ୍ତରଙ୍ଗ ବନ୍ଧୁହେବା ଯେପରି ଅସମ୍ଭବ, ଦୁଇ ଅନ୍ତରଙ୍ଗ ବନ୍ଧୁଙ୍କର ବିରୋଧ ଘଟିବା ମଧ୍ୟ ସେହିପରି ବିଚିତ୍ର ।

ଉଚ୍ଚ ବିଦ୍ୟାଳୟ ଶ୍ରେଣୀମାନଙ୍କର ନୂଆ ନାମ ବ୍ୟବହାର କଲେ ଭଲ ବୁଝାଯିବ । ଅଷ୍ଟମ ଶ୍ରେଣୀର ଷାଣ୍ମାସିକ ପରୀକ୍ଷାରେ ମୁଁ ଦ୍ୱିତୀୟ ସ୍ଥାନ ଲାଭ କଲି । ସୁତରାଂ ପ୍ରଥମ ପାଞ୍ଚଜଣ ପିଲାଙ୍କର ଯେଉଁ ଭୋଜି ହେଲା ସେଥିରେ ମୋତେ ନିଆଗଲା । ସେଦିନ ମୁଁ ଜୀବନରେ, ମୋ ଅଜଣାରେ, ପଣା ଲୋଭରେ ପ୍ରଥମେ ଘୋଟା ଭାଙ୍ଗ ପିଇ ଅଚେତନ ହୋଇ ପଡ଼ିଗଲି । ପୁରୀରେ ଘୋଟା ଭାଙ୍ଗର ପ୍ରଚଳନ ଅଧିକ । କଂଗ୍ରେସ ସରକାରଙ୍କର ନିଶା ନିବାରଣ ନୀତି ସତ୍ତ୍ୱେ ଏବେ ଜଣେ ମନ୍ତ୍ରୀଙ୍କ ବିଷୟରେ ପ୍ରଚାର ହୁଏ ଯେ, ଘୋଟା ଭାଙ୍ଗ ପିଅନ୍ତି । ଭାରତର ପ୍ରଧାନମନ୍ତ୍ରୀ ମାନ୍ୟବର ପଣ୍ଡିତ ନେହୁରୁଙ୍କୁ ଓଡ଼ିଶା ବ୍ୟବସ୍ଥା ପରିଷଦର ସଦସ୍ୟମାନେ ଥରେ ଭୁବନେଶ୍ୱରରେ ଯେଉଁ ବିରାଟ ଭୋଜି ଦେଇଥିଲେ, ସେଥିରେ ଭାଙ୍ଗର ବ୍ୟବହାର ହୋଇଥିବା କଥା ଶୁଣାଯାଏ । କେତେକ ଦିଗରୁ ଦେଖିଲେ ଘୋଟା ଭାଙ୍ଗ ସ୍ପୃହଣୀୟ । ତାର ପ୍ରଚଳନ ଯେଉଁଠାରେ ବେଶି,

ସେଠାରେ ତା ବଡ଼ଭାଇ ମଦର ପ୍ରବେଶ ସେତେ ସହଜ ନୁହେଁ। ଅବଶ୍ୟ କେତେକ କ୍ଷେତ୍ରରେ ଉଭୟ ଭାଇ ମନୁଷ୍ୟଗୋଷ୍ଠୀକୁ ଅଧା ଅଧା କିମ୍ବା ଜ୍ୟେଷ୍ଠାଂଶ କନିଷ୍ଠାଂଶରେ ନଅପଣ ସାତପଣ ବା ଚଉଦପଣ ଦୁଇପଣ ବାଣ୍ଟି ନେବାର ମଧ୍ୟ ଦେଖାଯାଏ।

ଭାଙ୍ଗ ମରହଟୀ କାଳର ପେୟ, ମଦ ଆଧୁନିକ ପ୍ରଗତିଶୀଳ ଯୁଗର। ରାଜପୁରୁଷ ଓ ହାକିମହୁକୁମାମାନଙ୍କର ବଡ଼ ବଡ଼ ଖାନାରେ ଭାଙ୍ଗର ପ୍ରବେଶ ନିଷିଦ୍ଧ, ସେଠାରେ ରାଜତ୍ୱ ମଦର। ବିଦେଶମାନଙ୍କୁ ଉଚ୍ଚ ପାହ୍ୟାରେ ଯାଇଥିବା ସ୍ୱାଧୀନ ଭାରତ ସରକାରଙ୍କ ପ୍ରତିନିଧିବର୍ଗ ନିଜେ ମଦ୍ୟ ପାନ କରିବା ଛଡ଼ା, ଭାରତ ରାଷ୍ଟ୍ର ପକ୍ଷରୁ ଦିଆଯାଉଥିବା ଭୋଜିରେ ସୁଦ୍ଧା ମଦ୍ୟ ପରଷୁଛନ୍ତି ବୋଲି ପ୍ରତିବାଦରେ ଇସ୍ତଫା ଦେଇଥିବା ସଭାପତି ଆଚାର୍ଯ୍ୟ କୃପାଳିନୀ ଆକ୍ଷେପ କରି ଲେଖିଥିଲେ। ତାଙ୍କର ସେ ଲେଖା ୧-୧୦-୧୯୪୮ ତାରିଖ 'ସମାଜ'ରେ ବାହାରିଥିଲା। ବର୍ତ୍ତମାନ ଭାରତର ବିଶିଷ୍ଟ ରାଜନୀତିକ କର୍ଣ୍ଣଧାର ନିଜେ କହିଛନ୍ତି ଯେ, ସେ ଭାରତରେ ଥିବାବେଳେ ମଦ ଛୁଅନ୍ତି ନାହିଁ, ଅଥଚ ବିଦେଶକୁ ଗଲେ ଆବଶ୍ୟକ ହେଲେ ମଦ୍ୟ ପାନ କରନ୍ତି। ଭାରତବର୍ଷ ଭିତରେ ସୁଦ୍ଧା କଂଗ୍ରେସ ଶାସନଚକ୍ର ମଧ୍ୟରେ ରହିଥିବା କୌଣସି କୌଣସି ମନ୍ତ୍ରୀ ଓ ଅନ୍ୟାନ୍ୟ ଉଚ୍ଚ ପାହ୍ୟାର ଅଧିନାୟକ ମଦ୍ୟ ସେବନ କରିଥାନ୍ତି।

ନିଶା ନିବାରଣ ନୀତି ୧୯୨୧ ମସିହାରୁ କଂଗ୍ରେସ ଗ୍ରହଣ କରିଆସିଛି। ସେହି ନୀତିର ଅନୁସରଣରେ ବର୍ତ୍ତମାନ କଂଗ୍ରେସ ରାଜତ୍ୱରେ ପ୍ରାଦେଶିକ ସରକାରମାନେ ନିଶାର ପ୍ରଚଳନ ଆଇନବଳରେ କେତେକ ସ୍ଥାନ ବନ୍ଦକରିଛନ୍ତି। ମାନ୍ଦ୍ରାଜ ପ୍ରଦେଶରେ ନିଶା ବିରୋଧ ଆଇନ ଖୁବ୍ କଡ଼ା ହୋଇଛି; କିନ୍ତୁ ସେଠାରେ ମଦଠାରୁ ଆହୁରି ମାରାତ୍ମକ ନିଶା 'କୋକେନ'ର ପ୍ରଚଳନ ବଢ଼ିଛି। ପୂର୍ବ-ପଞ୍ଜାବରେ ସରକାରଙ୍କ ନିଶା ନିବାରଣ ବିଭାଗ କର୍ମଚାରୀମାନେ ଜବତ କରିଥିବା ବେଆଇନ ମଦସବୁ ନିଜେ ପିଇଗଲେ ବୋଲି ସର୍ଦ୍ଦାର ଭୋପତ୍ ସିଂ ଶାସନ ବିଧାୟକ ସଭାରେ ୧୯୪୯ ମସିହା ଡିସେମ୍ବର ମାସରେ କ୍ଷୋଭରେ ପ୍ରକାଶ କରିଥିଲେ। ସେହି କର୍ମଚାରୀମାନଙ୍କୁ କୈଫିୟତ୍ ମଗାଗଲା। ସେମାନେ ଉତ୍ତର ଦେଲେ, "ଏତେ ଉତ୍କୃଷ୍ଟ ପଦାର୍ଥ କଣ ଛାଡ଼ିହୁଏ?" 'ଲଣ୍ଡନ ଟାଇମ୍ସ' ପତ୍ରିକାରେ ୧୯୪୯ ମସିହା ଅଗଷ୍ଟ ୨୯ ତାରିଖ ସନ୍ଧ୍ୟାରେ ବାହାରିଥିଲା ଯେ, ଆମେରିକା-ଯୁକ୍ତରାଷ୍ଟ୍ରରେ ଶ୍ରୀମତୀ ବିଜୟଲକ୍ଷ୍ମୀ ପଣ୍ଡିତଙ୍କୁ ବିଶ୍ୱ-ଅର୍ଥଭଣ୍ଡାରର ସଭାପତି ଆଦରରେ ସେହି ସୁରା ପିଆଇଥିଲେ। ସେହି ୧୯୪୯ ମସିହା ସେପ୍ଟେମ୍ବର ମାସ ୪ ତାରିଖରେ ଇଲଷ୍ଟ୍ରେଟେଡ୍ ଉଇକ୍ଲିରେ ତାଙ୍କ କନ୍ୟା ଶ୍ରୀମତୀ ରିତା ପଣ୍ଡିତଙ୍କର ଏକ ଚିତ୍ର ବାହାରିଥିଲା। ସେଥିରେ ସେ ହାତରେ ସୁରାପାତ୍ର ଧରିଛନ୍ତି। ବୋଧହୁଏ ଏସବୁ ଦେଖି ଆମର ପ୍ରଥମ ଭାରତୀୟ ବଡ଼ଲାଟ ଚକ୍ରବର୍ତ୍ତୀ

ରାଜଗୋପାଳଚାରୀ ଏକ ଭାଷଣରେ କହିଲେ, "ଯେଉଁସବୁ ସ୍ଥଳରେ ମଦ୍ୟ ନିମନ୍ତେ ନୀତି ଅନୁମୋଦିତ ନଥିଲା, ସେଠାରେ ତାର ବ୍ୟବହାର ଚଳାଇବା ଓ ନିଜେ ମଦ୍ୟପାନରେ ରତ ହେବାର ଚେଷ୍ଟା ଆମ ଶାସକଗୋଷ୍ଠୀ ଓ କର୍ମଚାରୀମାନଙ୍କ ମଧ୍ୟରେ ଦେଖାଯାଉଛି।"

ନିଶା ହିସାବରେ ଭାଙ୍ଗ ଓ ଅଫିମ ଅପେକ୍ଷା ମଦର ସ୍ଥାନ ବୋଧହୁଏ ଖୁବ୍ ଉଚ୍ଚରେ। ମୋର ସେ ବିଷୟରେ ବ୍ୟକ୍ତିଗତ ଅଭିଜ୍ଞତା ନାହିଁ। ମୁଁ ଭାଙ୍ଗ ଏକାଧିକ ଥର ଖାଇଛି, ଔଷଧରେ ମିଶିଥିବା ଅଫିମ ସେବନ କରିଛି; ମାତ୍ର ମଦ କେବେ ଚାଖି ନାହିଁ। ୧୯୪୪ ମସିହାରେ ଥରେ ମୋର ପାଖକେ ଓଡ଼ିଶାର ଲାଟ, ଆଉ ପାଖକେ ତାଙ୍କ ପତ୍ନୀ ବସି ଏକ ଭୋଜିରେ ମଦ୍ୟପାନ କଲେ। ସେଥିରେ ମୋ ମୁଣ୍ଡ ବୁଲାଇ ହୋଇଗଲା। ତା' ପୂର୍ବରୁ ପାଟଣାରେ ବିହାର-ଓଡ଼ିଶା ବ୍ୟବସ୍ଥା ପରିଷଦର ସଭାପତି ଏକ ଭୋଜିରେ ଗିଲାସେ ମଦ ଆଣି, ଅମୃତ ବୋଲି କହି ପିଇବାକୁ ମୋତେ ଯାଚୁ ଯାଚୁ ଭିଡ଼ାଭିଡ଼ିରେ ସେଥିରୁ କିଛି ମୋ ଉପରେ ଢାଳିହୋଇଗଲା। ସେଦିନ ମଧ୍ୟ ମୋ ମୁଣ୍ଡ ବୁଲାଇହୋଇଯାଇଥିଲା। ୧୯୪୫ ମସିହାରେ କଟକରେ ରୋଟାରୀ କ୍ଲବ୍ ଗଢ଼ାହେଲା। ମୋର ଧାରଣା ଥିଲା ଯେ, ରୋଟାରୀ କ୍ଲବ୍ ଉଚ୍ଚକୋଟୀର ଶିକ୍ଷିତ ସଜ୍ଜନମାନଙ୍କ ଅନୁଷ୍ଠାନ ହୋଇଥିବା ସ୍ଥଳେ ସେଥିରେ ସୁରାର ପ୍ରଚଳନ ନଥିବ। କିନ୍ତୁ ତାହା ମୋ ଅଜ୍ଞତାର ଚିହ୍ନ ମାତ୍ର। କଟକ ରୋଟାରୀରେ ପ୍ରଥମେ କେତେ ମାସ ମଦ ପଶିଲା ନାହିଁ ଅବଶ୍ୟ, ମାତ୍ର ଯାହା ସଦର ଦରଜା ବାଟେ ନ ପଶିଲା, ତାହା ଚୋରା ଦ୍ୱାର ଖୋଜିଲା। ରୋଟାରୀ କ୍ଲବ୍‌ରେ ଭୋଜି ଓ ବକ୍ତୃତା ଏକ ସଙ୍ଗେ ହୁଏ। ମଦ କ୍ରମେ ପାଖ କୋଠରିରେ ଆସି ରହିଲା। ଯେଉଁମାନେ ସେ ଅମୃତ ଚାଖିବାକୁ ଇଚ୍ଛାକଲେ, ସେଠାକୁ ଯାଇ ଚାଖି ଆସିଲେ।

ଏହିପରି କେତେ ଥର ଚାଲିଲା। ମଦକୁ ଯେଉଁମାନେ ପାଣି ବା ପଣା ପରି ନିର୍ଜୀବ ମଣନ୍ତି, ଦେଖିଲି ସେମାନେ ଭ୍ରାନ୍ତ। ଅଙ୍ଗୁଳି ପ୍ରବେଶାତ୍ ବାହୁ ପ୍ରବେଶ ରୀତିରେ ସେହି ଅମର ପେୟ ଦିନେ ହଠାତ୍ ପାଖ କୋଠରିରୁ ଚାଲିଆସି ଖୋଦ୍ ଭୋଜି ଟେବୁଲ ଉପରେ ରହିଲା; କିନ୍ତୁ ତାର ପୂଜାବିଧାନ ପୂର୍ଣ୍ଣମାତ୍ରାରେ ହୋଇପାରିଲା ନାହିଁ। ମୋ ପାଖକୁ ବସିଥିବା ସରକାରୀ ଯୁବକ ହାକିମମାନେ ମୋ ପରି ଜଣେ ବୃଦ୍ଧର ଖାତିରରେ ସଂଯମ ଅବଲମ୍ବନ କରି ବସିଲେ। କ୍ରମେ ମୋ ପାଖଟା ପାତଳ ପଡ଼ିଆସିଲା। କ୍ଲବ୍‌ର ମାସକୁ ଦୁଇଟା ବୈଠକ୍ ହୁଏ, ଗୋଟିକରେ ରାତ୍ରି ଭୋଜନ ଓ ଅନ୍ୟଟିରେ ସନ୍ଧ୍ୟା ଚା'ର ବ୍ୟବସ୍ଥା ଥାଏ। ମଦର ସ୍ଥାନ ସନ୍ଧ୍ୟା ଚା'ରେ ନୁହେଁ, ରାତିର ଭୂରିଭୋଜନରେ। ମୁଁ ରାତିଭୋଜି ଛାଡ଼ି କେବଳ ସନ୍ଧ୍ୟାର ଚା' ଖିଆକୁ ଗଲି।

ସେତେବେଳକୁ ୧୯୪୬ ମସିହା ବ୍ୟବସ୍ଥା ପରିଷଦ ନିର୍ବାଚନ ସରିଥାଏ, ମନ୍ତ୍ରିମଣ୍ଡଳ ଗଢ଼ାହୋଇନଥାଏ, ଦଳପତି ନିଯୁକ୍ତ ହୋଇଥାଏ ମାତ୍ର। ନିର୍ବାଚନ ପରେ ହରେକୃଷ୍ଣ ମହତାବ, ନିତ୍ୟାନନ୍ଦ କାନୁନ୍‌ଗୋ ପ୍ରଭୃତି ରୋଟାରୀ କ୍ଲବ୍‌ରେ ନୂଆ ଯୋଗଦେଇଥାନ୍ତି। ସେତେବେଳେ କ୍ଲବ୍‌ର ଚା'ଖିଆ ପାଳିଟା ରହିବ ନା ଦୁଇଥରଯାକ ରାତି ଭୋଜି ହେବ, ସେ ବିଷୟରେ ମତ ନିଆଗଲା। ଭାବୀ ମନ୍ତ୍ରୀମାନେ ରାତିଭୋଜି ସପକ୍ଷରେ ଭୋଟ ଦେଲେ। ରାତିଭୋଜି ଆଡ଼କୁ ଭୋଟ ହେଲା ସତର, ସନ୍ଧ୍ୟା ଚା' ପାଞ୍ଚଟି ଭୋଟ ପାଇ ପରାସ୍ତ ହେଲା। ମୁଁ ବୁଝିଲି ଯେ, ସେ ଭୋଟ ନୂଆ କଂଗ୍ରେସ ମନ୍ତ୍ରିମଣ୍ଡଳ ଓ ପୁରୁଣା ମିଳିତ ମନ୍ତ୍ରିମଣ୍ଡଳ ମଧ୍ୟରେ ଭୋଟ ହୋଇଗଲା। ସୁତରାଂ ମୁଁ ରୋଟାରୀ କ୍ଲବ୍‌ରୁ ଇସ୍ତଫା ଦେଇଦେଲି।

ରୋଟାରୀ କ୍ଲବ୍ କେବଳ ଯେ କଟକରେ ଅଛି ତାହା ନୁହେଁ, ମିଳିତ ଜାତିସଂଘ ପରି ତାହା ଏକ ଆନ୍ତର୍ଜାତିକ ଅନୁଷ୍ଠାନ; ପୃଥିବୀର ସବୁ ଦେଶରେ ସବୁ ଜାତି ମଧ୍ୟରେ ରହିଛି। ବଡ଼ ବଡ଼ ସହରର ମୁଖ୍ୟ ବ୍ୟକ୍ତିମାନଙ୍କର ପରସ୍ପର ସହିତ ଭାବ ଆଦାନପ୍ରଦାନ ନିମନ୍ତେ ସେହି କ୍ଲବ୍ ହେଉଛି ପୀଠ। ସଂସ୍କୃତିର ପ୍ରେରଣାରେ ଦେଶ ଓ ଜାତିକୁ ଯଥାର୍ଥ ମାର୍ଗରେ ଚଳାଇବା ସେହି ପୀଠର ଉଦ୍ଦେଶ୍ୟ। ସେବା କ୍ଲବ୍‌ର ସଦସ୍ୟମାନଙ୍କର ମୂଳମନ୍ତ୍ର। ବୁଝିବାକୁ ଗଲେ, ରୋଟାରୀ କ୍ଲବ୍ ସମଗ୍ର ପୃଥିବୀରେ ଗୋଟିଏ, ମାତ୍ର ତାର ଶାଖାମାନ ସର୍ବତ୍ର ରହିଛି। ବର୍ଷକୁ ବର୍ଷ ନୂଆ ନୂଆ ଶାଖା ଗଢ଼ାହେଉଛି। ୧୯୪୩ ମସିହାରେ ଭାରତରେ ତେପନ ଗୋଟି ଶାଖା କ୍ଲବ୍ ଥିଲା। ରୋଟାରୀ କ୍ଲବ୍‌ମାନଙ୍କ ପରିଚାଳନା ନିମନ୍ତେ ଭାରତକୁ ଚାରିଗୋଟି ଅଞ୍ଚଳରେ ବିଭକ୍ତ କରାଯାଇଛି। ପ୍ରତ୍ୟେକ ଅଞ୍ଚଳର ଶାଖା କ୍ଲବ୍‌ଗୁଡ଼ିକ ଆଞ୍ଚଳିକ ରୋଟାରୀ ଲାଟଙ୍କ ଦ୍ୱାରା ଶାସିତ ଓ ପରିଚାଳିତ ହୁଏ। କ୍ଲବ୍‌ରେ ଖିଆପିଆ, ହସକୌତୁକ, ଯୁକ୍ତିତର୍କ ଓ ବକ୍ତୃତା, ଆଲୋଚନା ଆଦି କରାଯାଏ। ବୈଠକମାନଙ୍କରେ ରାତ୍ରିଭୋଜନ ପରେ ଉତ୍ସାହ ସମୟସମୟରେ ଖୁବ୍ ତୀବ୍ର ହୋଇଉଠେ। ଆମରି କଟକ କ୍ଲବ୍‌ରେ ଜଣେ ଉଚ୍ଚକୋଟୀର ସଦସ୍ୟ ଥରେ ଆଉ ଜଣେ ସଦସ୍ୟାଙ୍କୁ 'ପ୍ରାଣପ୍ରିୟା' ବୋଲି ସମ୍ବୋଧନ କରିପକାଇଲେ। ବୋଧହୁଏ ପୁରୁଷ ଓ ନାରୀ ଉଭୟଙ୍କର ରୋଟାରୀ କ୍ଲବ୍ ସଦସ୍ୟତାରେ ସମାନ ଦାବି।

ସମାଜର ନେତୃସ୍ଥାନୀୟ ବ୍ୟକ୍ତିମାନେ ଦିବସସାରା ମୁଣ୍ଡ ଖଟାଇ ଦେଶ ଓ ଜାତିର ସେବା କରିସାରିବା ପରେ ସନ୍ଧ୍ୟାକୁ ଟିକିଏ ଆମୋଦପ୍ରମୋଦ ଲୋଡ଼ିବା ସ୍ୱାଭାବିକ ମଣୁଥିବେ। ପାଶ୍ଚାତ୍ୟ ଦେଶମାନଙ୍କରେ ଜନନାୟକମାନେ ରାତ୍ରି ଭୋଜନ ସଙ୍ଗେ ଜଣେ ପୁରୁଷ ସହିତ ଜଣେ ନାରୀ ଧରାଧରି ହୋଇ ନୃତ୍ୟ କରନ୍ତି। ଆମ ହିନ୍ଦୁ ଶାସ୍ତ୍ରରେ ଦେବତାମାନଙ୍କ ମଧ୍ୟରେ ସୁଦ୍ଧା 'ତାଣ୍ଡବ ନୃତ୍ୟ'ର ବିଧାନ ଥିଲା। ନିଶା ଓ

ନୃତ୍ୟ ପରସ୍ପର ସହିତ ଅଚ୍ଛେଦ୍ୟ ଭାବରେ ଛନ୍ଦାଛନ୍ଦି। ଆମ ଦେଶରେ ଆଦିବାସୀମାନେ ପୁରୁଷ ଓ ନାରୀ ମିଶି ନୃତ୍ୟରେ ରତ ହୁଅନ୍ତି। ସେଥିରୁ ବୁଝାଯାଉଛି ଯେ, ନୃତ୍ୟ ଯେପରି ମାନବ ସମାଜର ସବୁ ସ୍ତରରେ ରହିଛି, ନିଶାର ପ୍ରଚଳନ ମଧ୍ୟ ସେହିପରି ସକଳ ସ୍ତରକୁ ବ୍ୟାପିଛି। ଏପରି ସ୍ଥଳେ ନିଶାନିବାରଣ ଯେ କେତେଦୂର ସମ୍ଭବପର ତାହା ବିଚାରର ବିଷୟ। ଆମ ମହତାବଙ୍କ ସହିତ ମୋର ବହୁ କାଳର କାରବାର ପରେ ମନରେ ଧାରଣା ଜନ୍ମିଥିଲା ଯେ, ସେ ସ୍ପଷ୍ଟବାଦୀ ନୁହନ୍ତି; କିନ୍ତୁ ୧୯୫୦ ମସିହା ଜୁନ୍ ମାସରେ ଭାରତ ସରକାରଙ୍କ ମନ୍ତ୍ରୀ ଭାବରେ ସେ ବମ୍ବେଇ ସହରରେ ଯେଉଁ ପ୍ରଥମ ଭାଷଣ ଦେଲେ, ତାପରେ ତାଙ୍କ ବିଷୟରେ ମୁଁ ମତାମତ ବଦଳାଇବାକୁ ବାଧ୍ୟ ହୋଇଛି।

ମହତାବ୍ ସେ ଭାଷଣରେ କହିଲେ ଯେ, 'କଂଗ୍ରେସର ନିଶା ନିବାରଣ ନୀତିରେ ତାଙ୍କର ଆସ୍ଥା ନାହିଁ।' ବମ୍ବେଇ ସହର କଂଗ୍ରେସ ସରକାରଙ୍କ ନିଶା ନିବାରଣରେ ଗୋଟାଏ ପ୍ରସିଦ୍ଧ ସ୍ଥଳୀ। ସେପରି ସ୍ଥଳରେ ଏପ୍ରକାର ମତ ବ୍ୟକ୍ତ କରିବା ସହଜ କଥା ନୁହେଁ। କିନ୍ତୁ ଚାରିଆଡ଼ର ଗତି ଦେଖି ଏ ମତ ବ୍ୟକ୍ତ ନକରିବା କପଟତା ବା ଶଠତା ହୁଅନ୍ତା। ମାତ୍ର ତାଙ୍କ ସପକ୍ଷରେ ପ୍ରବଳ ଯୁକ୍ତି ରହିଛି। ଆମେରିକା ଯୁକ୍ତରାଷ୍ଟ୍ରରେ ମଧ୍ୟ ସରକାରଙ୍କ ଆଇନ୍‌ବଳରେ ନିଶା ନିବାରଣ କରାଯାଇଥିଲା। ତାର ଫଳାଫଳ ତଦନ୍ତ କରି 'କିନ୍‌ସି କମିସନ୍' ଯେଉଁ ରିପୋର୍ଟ ଦେଇଥିଲେ, ସେଥିରେ ସ୍ପଷ୍ଟରେ ଲେଖାଥିଲା ନିଶା ନିବାରଣ ଯୁଗରେ ସମଗ୍ର ଜାତିର ଯେ କି ଭୟାବହ ଅନୁଭୂତି ଘଟିଥିଲା, ତାହା ପ୍ରାୟ ସମସ୍ତଙ୍କର ମନେପଡୁଥିବ। ଆମ ଜାତିର ଇଚ୍ଛାକୁ ଦବାଇ ଓ ଜାତୀୟ ଜୀବନ ପ୍ରଥାରେ କୁଠାରାଘାତ କରି, ଆମ ଇତିହାସର ସେହି ବିଷାଦମୟ ଯୁଗରେ ବ୍ୟବସ୍ଥା ପରିଷଦର ସଦସ୍ୟମାନେ ଆଇନ୍‌ବଳରେ ଆମ ଲୋକଙ୍କୁ ଗୋଟାଏ ନୂଆ ମାର୍ଗରେ ଚଳାଇବାକୁ ଚେଷ୍ଟା କଲେ। ଏ ଚେଷ୍ଟାରୁ ଘୋର କୁପରିଣାମ ଜନ୍ମିଲା। ନିଶା ନିବାରଣ ନୀତି ବିପକ୍ଷରେ ଲୋକେ ଯେ ଆଇନ୍ ଭଙ୍ଗ କରିବାକୁ ଆରମ୍ଭ କଲେ, ତାହା କ୍ରମେ ସମାଜର ଅନ୍ୟ ବ୍ୟବସ୍ଥାମାନଙ୍କ ଆଡ଼କୁ ବ୍ୟାପିଲା। ଆଇନ୍ ଭଙ୍ଗ କରିବା କେବଳ ଯେ ସର୍ବସାଧାରଣ ହୋଇପଡ଼ିଲା ତା ନୁହେଁ, ଆଇନ୍‌ଭଙ୍ଗକାରୀମାନେ ସମାଜରେ ସମ୍ମାନ ଲାଭକଲେ।

ମୁଁ ନିଶା ପାଖରୁ ଦୂରରେ ରହି ନିଜର ଭଲ କରିଛି କି ଅସାର କରିଛି, ତା ବିଚାରର ବିଷୟ। ଆଜି ବିଚାରପତି ବସାଇ ତାର ବିଚାର କରାଇଲେ, ତଳ ଅଦାଲତରେ ମୁଁ ଖଲାସ ପାଇଗଲେ ବି ହୁଏତ ଉପର ଅଦାଲତର ପୁନର୍ବିଚାରରେ ଦଣ୍ଡ ଭୋଗିବି – ଆମ ସର୍ବୋଚ୍ଚ ଅଦାଲତର କୌଣସି କୌଣସି ବିଚାରପତିଙ୍କୁ ଦେଖିବା

ପରେ ମୋର ଏ ଧାରଣା ଜନ୍ମିଛି। ଜୀବନର ଉନ୍ନତିରେ ଦୁଇଟି ଜିନିଷ ସହାୟକ ହେଉଥିବାର ମୁଁ ଦେଖୁଛି- ଗୋଟିଏ ନିଶା ସ୍ପର୍ଶ ନ କରିବା ପ୍ରତିଜ୍ଞାତାର ଅଭାବ, ଅପରଟି ଅଗ୍ରଗାମିନୀ ସହଧର୍ମିଣୀ। ସହଧର୍ମିଣୀଙ୍କୁ ଅଗ୍ରଗାମିନୀ କରିବା ଯୌବନର କାର୍ଯ୍ୟ। ଯୌବନରେ ସେଥିରେ ଅବହେଳା ଦେଖାଇ ବୁଢ଼ା ବୟସକୁ 'ସସ୍ତ୍ରୀକ ଧର୍ମ ଆଚରଣ' କରିବାକୁ ଯାଇ ବର୍ତ୍ତମାନ କେହି କେହି ଲାଞ୍ଛିତ ହେଉଥିବାର ଦେଖାଯାଉଛି। ସମାଜର ଉଦୀୟମାନ ସଂପ୍ରଦାୟ ବୁଝି ବିଚାରି ଯୁବା ବୟସରୁ ଏ ଦିଗରେ କର୍ତ୍ତବ୍ୟ ନିର୍ଦ୍ଧାରଣ କଲେ ପରେ ଅନୁତାପ କିମ୍ବା ଲାଞ୍ଛନା ଭୋଗିବାକୁ ପଡ଼ିବ ନାହିଁ। ନିଶା ସ୍ପର୍ଶ ନ କରିବା ପ୍ରତିଜ୍ଞା ବିଷୟରେ ସିଦ୍ଧାନ୍ତ ହୋଇସାରିଥିଲା ପରି ଜଣାଯାଉଛି। ରାଜଧାନୀ କଟକରେ ଗତ ପାଞ୍ଚବର୍ଷ ମଧ୍ୟରେ ତିନିଗୋଟି ବିଦେଶୀ ସୁରାପାନାଳୟ ସ୍ଥାପିତ ହୋଇଛି; ପ୍ରଦେଶର ଅବକାରୀ ବିଭାଗର ଆୟ ଗତ ପାଞ୍ଚବର୍ଷରେ ବତିଶ ଲକ୍ଷ ଟଙ୍କାରୁ ଦେଢ଼ କୋଟିକୁ ଉଠିଛି।

ଏ ଆୟବୃଦ୍ଧି ନିମନ୍ତେ ବିହିତ ବ୍ୟବସ୍ଥାର ଯେ ସୂତ୍ରପାତ ହୋଇଥିବ ୬-୧୦-୧୯୫୦ ତାରିଖ 'ସମାଜ' ଲେଖାରୁ ଅନୁମିତ ହୁଏ। ସେ ଲେଖାଟି ହେଉଛି- "ଖବର ମିଳେ, ସ୍ଥାନୀୟ (ପୁରୀ) ବି.ଏନ୍.ଆର୍. ହୋଟେଲରେ ମଦ ବିକ୍ରି ପୂର୍ବପରି ପୁଣି ଆରମ୍ଭ କରିବାକୁ ଅନୁମତି କୁଆଡ଼େ ମିଳିଛି। ଛ'ମାସ ତଳେ ବଙ୍ଗଳାରୁ (କଂଗ୍ରେସ) ଅର୍ଥମନ୍ତ୍ରୀ ଶ୍ରୀ ଏନ୍.ଆର୍. ସରକାରଙ୍କ ସୁପାରିସକ୍ରମେ ଉକ୍ତ ହୋଟେଲ ପକ୍ଷରୁ ମଦ ଆଣିବା ଦିଗରେ ଉଦ୍ୟମ କରାଯାଇଥିଲା। ମାତ୍ର ପୁରୀରେ (ପ୍ରାଦେଶିକ ସରକାରଙ୍କ ଆଇନ ବଳରେ) ସଂପୂର୍ଣ୍ଣଭାବେ ନିଶା ନିବାରଣ କରାଯାଇଥିବାରୁ x x x x ପୁଣି ଏପରି ଅନୁମତି ଦେବା କେତେଦୂର ଠିକ୍, ସରକାର ବିଚାର କରିବା ଉଚିତ।"

ଆଇନବଳରେ ନିଶା ନିବାରଣ କରିଥିବା କଂଗ୍ରେସ ଶାସନରେ କେବଳ ଯେ ଓଡ଼ିଶାରେ ନିଶାଖିଆ ବଢ଼ିଛି ତା ନୁହେଁ, ମଧ୍ୟପ୍ରଦେଶରେ ନିଶା ନିବାରଣ ଆଶାନୁରୂପ କୃତକାର୍ଯ୍ୟ ନୋହିବାରୁ ୧୯୫୧ ମସିହା ଜାନୁୟାରୀ ମାସରେ ସେଠାରେ ଗୋଟିଏ ତଦନ୍ତ କମିଟି ନିଯୁକ୍ତ ହୋଇ ସାକ୍ଷ୍ୟ ପ୍ରମାଣ ଆଦି ସଂଗ୍ରହ କରିବସିଲେ। ସେହି କମିଟି ଆଗରେ ଛ'ଜଣ ଧୋବା କହିଲେ, "ନିଶା ନିବାରଣ ଆଇନ ରହୁ ବା ନ ରହୁ, ଆମେ ମଦ ଖାଉଛୁ, ଆଉ ବରାବର ଖାଇଚାଲିବୁ।" ଅଧିକାଂଶ ସାକ୍ଷୀ ନିଶା ନିବାରଣ ବିପକ୍ଷରେ ମତ ଦେଲେ। ପୁଣି ୩-୧୦-୧୯୫୦ ତାରିଖରେ ମାନ୍ଦ୍ରାଜ ପ୍ରାଦେଶିକ ସରକାରଙ୍କ ନିଶା ନିବାରଣ ଆଇନକୁ ରଦ୍ଦ କରିବା ନିମନ୍ତେ ମାନ୍ଦ୍ରାଜ ହାଇକୋର୍ଟରେ ଦୁଇଗୋଟି ଦରଖାସ୍ତ ପଡ଼ିଲା। ପ୍ରଧାନ ବିଚାରପତି ରାଜମନ୍ନାର ଓ ଅପର ବିଚାରପତି ବିଶ୍ୱନାଥ ଶାସ୍ତ୍ରୀ ତାହା ଖାରଜ ନ କରି ଗ୍ରହଣ କଲେ। ନିଶା

ନିବାରଣ ଆଇନ ଫଳରେ ମାନ୍ଦ୍ରାଜରେ ବିଷମ ପରିସ୍ଥିତି ଉପୁଜିଛି। ମାଦକଦ୍ରବ୍ୟ ପାଇ ନପାରି ନିଶାଖୋରମାନେ ନାନା ବିଷାକ୍ତ ପଦାର୍ଥ ଖାଉଛନ୍ତି। ଆମେରିକାର ନିଶା ନିବାରଣ ଯୁଗରେ ସେଠାରେ ମଧ୍ୟ ଲୋକେ ବିଷାୟନ ଖାଇ ତୃଷ୍ଣା ମେଣ୍ଟାଉଥିଲେ।

ଏ ପରିସ୍ଥିତି ସହିତ ବ୍ରିଟେନ୍‌ର ଅବସ୍ଥା ତୁଳନା କରାଯାଇପାରେ। ଗତ ପଞ୍ଚତିରିଶ ବର୍ଷ ଧରେ ବିଟ୍ରେନ୍ ରାଜ୍ୟରେ ନିଶା ବ୍ୟବହାର ବହୁତ ହ୍ରାସ ହୋଇଛି। ୧୯୧୩ ମସିହାରେ ସେ ରାଜ୍ୟରେ ୩୭,୦୩୩ ଜଣ ମାତାଲ ହେବା ଅପରାଧରେ କାରାଦଣ୍ଡ ଭୋଗିଥିଲେ। କିନ୍ତୁ ୧୯୪୮ ମସିହାକୁ ଲୋକସଂଖ୍ୟା ବଢ଼ିଥିଲେ ସୁଦ୍ଧା ସେହି ଅପରାଧ ଲାଗି କାରାଗାରକୁ ଗଲେ ମୋଟ ୧,୭୭୫ଜଣ। ବେଶି ମଦ ଖାଇଥିବା ଯୋଗେ କେବଳ ରାତିରେ ଅଟକବନ୍ଦୀ ରହିଥିଲେ ୧୯୧୩ ମସିହାରେ ୧୫,୧୧୬ଜଣ ଓ ୧୯୪୮ ମସିହାରେ ୪୪୬ ଜଣ ମାତ୍ର। ସେ ରାଜ୍ୟରେ ଆଇନବଳରେ ଏ ଫଳ ଫଳି ନାହିଁ। ଲୋକସାଧାରଣଙ୍କ ମତି ଅତିରିକ୍ତ ନିଶା ପାନରୁ ଖସାଇ ଆଣିବା ନିମନ୍ତେ ସରକାର ନାନା ଉପାୟ ଖଞ୍ଜିଥିବା ଯୋଗେ ଏହା ସମ୍ଭବପର ହୋଇଛି।

କିନ୍ତୁ କଂଗ୍ରେସ ଶାସନରେ ନିଶା ନିବାରଣ ଆଇନ ସତ୍ତ୍ୱେ ଭାରତରେ ହେଉଛି କ'ଣ? ମଦର ଚିତ୍ତାକର୍ଷକ ବିଜ୍ଞାପନମାନ ଖବରକାଗଜରେ ବାହାରୁଛି। ଗୋଟିଏ ବିଜ୍ଞାପନରେ ମଦ ବୋତଲକୁ ଓ ମଦ ଗିଲାସକୁ ଦୁଇଟି ମନୁଷ୍ୟ ରୂପରେ ଚିତ୍ର କରାଯାଇଛି। ସେମାନଙ୍କ ନୃତ୍ୟ ଦେଖାଇଦିଆଯାଇଛି। କୌଣସି କାଗଜର 'ଗଣତନ୍ତ୍ର' ସଂଖ୍ୟାରେ ରାଷ୍ଟ୍ରପତି ରାଜେନ୍ଦ୍ର ପ୍ରସାଦ ଓ ମନ୍ତ୍ରୀ ରାଜଗୋପାଳାଚାରୀଙ୍କର ପ୍ରବନ୍ଧମାନ ପ୍ରକାଶିତ ହୋଇଛି। ସେହି ସଂଖ୍ୟାରେ ମଦର ବିଜ୍ଞାପନ ସୁଦ୍ଧା ବାହାରିଛି। ଆଉ ଏକ ବିଜ୍ଞାପନରେ ଇଂରେଜୀ ଭାଷାରେ ଯେଉଁ ଗୀତ ଦିଆଯାଇଛି, ତାର ଓଡ଼ିଆ ଅନୁବାଦ ହେଉଛି–

"ଜାଣ କି ହେ ଭାଇ, ତୁମ କାଖ ତଳେ ଲୁଚି କି ରହିଛି ଆଜି,
ବଡ଼ଦିନ ରାତି ମଉଜ ପାଇଁକି ବେଶ ବିମୋହନ ସାଜି?
ଶହ ଶହ ଜନ ମାଡ଼ି ତ ଆସନ୍ତି, ମଦଖଟି ଦୂରେ କାହିଁ;
ଏତିକି ବେଳକୁ କାମ ଦେଖାଏ ତ 'ଆଙ୍ଗସ୍' ବୋତଲ ଭାଇ!"

ଏପରି ସ୍ଥଳେ ୧୯୫୧ ମସିହା ମାର୍ଚ୍ଚ ମାସ ୩୦ ତାରିଖ ଦିନ ଓଡ଼ିଶା ବ୍ୟବସ୍ଥା ପରିଷଦରେ ମଦ୍ୟପାନ ବିଷୟରେ କେତେଜଣ ସଦସ୍ୟ ଯେ ଅନୁଶୋଚନା ପ୍ରକାଶ କଲେ, ତାର ଯଥାର୍ଥତା କଣ? ଜଣେ ସଦସ୍ୟ କହିଲେ, "ରେଭେନ୍‌ସା କଲେଜ ନିକଟବର୍ତ୍ତୀ କଟକ ହୋଟେଲରେ ମଦ ବିକ୍ରି ବ୍ୟବସ୍ଥା ରଖିବାଦ୍ୱାରା ଛାତ୍ର, ଏପରିକି କେତେକ ଅଧ୍ୟାପକ ମଧ୍ୟ ମଦ ଖାଉଛନ୍ତି ବୋଲି ଶୁଣାଯାଉଛି।" ଆଉ ଜଣେ ସଦସ୍ୟ

କହିଲେ, "କଟକ ହୋଟେଲରେ ଛାତ୍ରୀମାନେ ମଧ୍ୟ ମଦ ଅଭ୍ୟାସ କରୁଛନ୍ତି ବୋଲି ଅଭିଯୋଗ ହେଉଛି। x x x କଲେଜ ଓ ବିଶ୍ୱବିଦ୍ୟାଳୟ ଅଞ୍ଚଳରୁ ମଦଦୋକାନ ଉଠାଇଦିଆଯିବା ଉଚିତ।" ପୁଣି ଜଣେ ସଦସ୍ୟ କଲେଜ ଓ ଛାତ୍ରଛାତ୍ରୀଙ୍କ କଥା ଛାଡ଼ିଦେଇ କହିଲେ, "ଗତ ୬ ତାରିଖ ଦିନ ନାରୀସଂଘ ସଦନଠାରେ ପୁଲିସ ବିଭାଗ ପକ୍ଷରୁ ହୋଇଥିବା ଏକ ଉତ୍ସବରେ ପଞ୍ଚସ୍ତରି ଗ୍ୟାଲେନ୍ ବଢ଼ିଆ ମଦ ପରିବେଷଣ କରିବାପାଇଁ ପୁଲିସ ବିଭାଗ କର୍ତ୍ତାଙ୍କୁ ଜିଲ୍ଲା ମାଜିଷ୍ଟ୍ରେଟ୍ ଲାଇସେନ୍ସ ଦେଇଥିଲେ।" ସେ କଥା ବ୍ୟବସ୍ଥା ପରିଷଦରେ କହିବା ଠିକ୍ ନୁହେଁ– ଏ ମର୍ମରେ ମୁଖ୍ୟମନ୍ତ୍ରୀ ଶ୍ରୀ ନବକୃଷ୍ଣ ଚୌଧୁରୀ ଆପତ୍ତି କରନ୍ତେ ଉକ୍ତ ସଦସ୍ୟ କହିଲେ, "ଏ ଘଟଣା ଘଟିଥିବା ମୁଁ ଜାଣେ। ବାହାରେ ମଧ୍ୟ ଏ ସଂପର୍କରେ ବିବୃତି ଦେବାକୁ ପ୍ରସ୍ତୁତ ଅଛି।"

■

ଗୋଡ଼ କିପରି ଖସେ ?

ମୁଁ ଯେ କୌଣସି ନୀତି ରକ୍ଷା କରିବାକୁ ଯାଇ କେତେକ ଦୁରଭ୍ୟାସରୁ ଦୂରରେ ରହୁଥିଲି ତା ନୁହେଁ, ମୋ ସାହସର ଅଭାବ ବୋଧହୁଏ ତାର କାରଣ । ମୁଁ କେତେକ ଦୁରଭ୍ୟାସରେ ସିନା ପଶିଲି ନାହିଁ, ଆଉ କେତେକ ଦୁରଭ୍ୟାସ ଏଡ଼ିବା ମୋ ପକ୍ଷରେ କାଠିକର ପାଠ ହୋଇଗଲା । ଛାତ୍ରାବାସରେ ଭବିଷ୍ୟତ ଜୀବନ ଗଢ଼ିବା ନିମନ୍ତେ ସୁଯୋଗ ଯେତିକି ମିଳେ, କୁସଙ୍ଗରେ ପଡ଼ି ଅନ୍ଧକାରକୁ ଡେଇଁବା ବାଟ ସେତିକି ସୁଗମ ହୋଇଯାଏ । ସୁଶ୍ରୀ ଦିଶିବା ପିଲାଙ୍କର କୁସଙ୍ଗର ସମ୍ଭାବନା ଯେପରି, କୁଶ୍ରୀ ଅଥଚ ଧନୀ ବା ଭଲ ପଢୁଥିବା ପିଲାଙ୍କର ସୁଦ୍ଧା ସେହିପରି । ତିନୋଟିର ସଂଯୋଗ ଘଟିଲେ, ସୟତାନ ନିମନ୍ତେ ସୁନାକୁ ସୋହାଗା ମିଳିଯାଏ । ମୋର ଅଷ୍ଟମ ଶ୍ରେଣୀର ଛ'ମାସ, ନବମ ଶ୍ରେଣୀ ପୂରା, ଦଶମ ଶ୍ରେଣୀର ଛ'ମାସ, ଏପରି ଦୁଇବର୍ଷ ପ୍ରବାସ-ଜୀବନର ଗୋଟାଏ କାଳିମାମୟ ସମୟ । ସେତେବେଳେ ମୋ ବୟସ ଷୋହଳ ସତର ବର୍ଷ । ତାହାହିଁ ଯୌବନର ବିକାଶ ସମୟ । ସେହି ବୟସରେ ଭାବୀ ଜୀବନର ମୂଳଦୁଆ ଗଢ଼ା ହୁଏ । ମାତ୍ର ସେହି ବୟସରେ ମୁଁ ବିପଥଗାମୀ ହୋଇଗଲି । ସୁତରାଂ ମୋତେ ଥରେ ବିଦ୍ୟାଳୟରୁ ବାହାର କରିବା ପ୍ରସ୍ତାବ ହେବା ପର୍ଯ୍ୟନ୍ତ ଗଲା ।

ସେ ସମୟର ଶେଷଆଡ଼କୁ ମୋ ହାତରେ 'ଆତଙ୍କ ନିଗ୍ରହ ଔଷଧାଳୟ'ର ଖଣ୍ଡିଏ ମାଗଣା ବହି ଓ ଅଶ୍ୱିନୀକୁମାର ଦତ୍ତଙ୍କ 'ଭକ୍ତିଯୋଗ', ଏପରି ଦୁଇଖଣ୍ଡି ପୁସ୍ତକ ପଡ଼ିଲା । ଜୀବନକୁ ସୁମାର୍ଗରେ ଚଳାଇବା ସକାଶେ ଭକ୍ତିଯୋଗରୁ ମୁଁ ଯେତିକି ଆଶା, ଉତ୍ସାହ, ଉନ୍ମାଦନା ପାଇଲି, ଆର ବହିଖଣ୍ଡି ମୋ ମନକୁ ସେତିକି ଦୁର୍ବଳ କରିପକାଇଲା । ଛାତ୍ରଜୀବନରେ ବ୍ରହ୍ମଚର୍ଯ୍ୟ ରକ୍ଷା କରିବା ନିତାନ୍ତ ଆବଶ୍ୟକ । ବର୍ଦ୍ଧିଷ୍ଣୁ ମାନବକୁ ବୃଦ୍ଧିର ଗୂଢ଼ମନ୍ତ୍ର ତାହାହିଁ ଯୋଗାଏ । ସେଥିପାଇଁ ଶାସ୍ତ୍ରରୁ ଉଦ୍ଧାର କରି ଭକ୍ତିଯୋଗ ଲେଖକ ଲେଖିଥିଲେ, 'ମରଣଂ ବିନ୍ଦୁପାତେନ, ଜୀବନଂ ବିନ୍ଦୁଧାରଣାତ୍',

କିନ୍ତୁ ତାହାହିଁ ଅପର ବହି ଖଣ୍ଡିକୁ ତା ନିଜ ପ୍ରଭାବ ପକାଇବା ପାଇଁ ଛିଦ୍ର ଯୋଗାଇଦିଏ। ସେ ବହିଖଣ୍ଡି ଔଷଧ ବିକ୍ରିର ବିଜ୍ଞାପନ ମାତ୍ର। ତଥାପି ଅପକ୍ୱମତି ଯୁବକଙ୍କ ପ୍ରାଣରୁ ତାହା ରକ୍ତ ଶୋଷଣ କରିନିଏ। ସେ ବହି ଓ ଭକ୍ତିଯୋଗ ମଧ୍ୟରେ ମୋ ଜୀବନରେ ମୁଁ କେତେକ ମାସ ଘୋର ସଂଗ୍ରାମ ଅନୁଭବ କରିଗଲି। ମାତ୍ର ଶେଷରେ ଜୟଲାଭକଲା ଭକ୍ତିଯୋଗ। କେତେକ ବର୍ଷ ପରେ ଗୋଦାବରୀଶ ମହାପାତ୍ର ଅଶ୍ୱିନୀକୁମାର ଦତ୍ତଙ୍କ ବଙ୍ଗଳା ଭକ୍ତିଯାଗକୁ ଓଡ଼ିଆ ଭାଷାରେ ଅନୁବାଦ କଲେ। ତାହା କିପରି ଗୃହୀତ ହେଲା କେଜାଣି, କିନ୍ତୁ 'ଧରମଝିଅ', 'ହାଇଫେନ୍', 'ପୁଅାଣିଘର' ବା 'କଲେଜଗାର୍ଲି' କୌଣସିଟିଠାରୁ ଅଧିକ ବିକ୍ରି ହୋଇନାହିଁ, ଦେଖାଯାଏ।

ଅଷ୍ଟମ ଶ୍ରେଣୀର ବାର୍ଷିକ ପରୀକ୍ଷାରେ ମଧ୍ୟ ମୋ ସ୍ଥାନ ଦ୍ୱିତୀୟରେ ରହିଲା। ତା'ପରେ ବିଦ୍ୟାଳୟର ପୁରସ୍କାର ବଣ୍ଟନ ଉତ୍ସବ ଆସିଲା। ପୁରସ୍କାର ବାଣ୍ଟିଲେ ଓଡ଼ିଶାର କମିସନର କୃଷ୍ଣଗୋବିନ୍ଦ ଗୁପ୍ତ। ରମେଶଚନ୍ଦ୍ର ଦତ୍ତଙ୍କ ପରେ ସେ ଦ୍ୱିତୀୟ ଭାରତବାସୀ କମିସନର। ଇଂରେଜ ଶାସନରେ କର୍ମଚାରୀ ଜୀବନ ମାର୍ଗର କ୍ରମିକ ଉନ୍ନତିରେ ତାଙ୍କର ପ୍ରାଦେଶିକ ଲାଟ ହେବା କଥା। ତାଙ୍କୁ ତଥା କୌଣସି ଭାରତୀୟଙ୍କୁ ସେ ସମ୍ମାନ ନ ଦେବା ଲାଗି ତାଙ୍କ ଲାଗି 'ମାଛ ବିଭାଗ' ନାମରେ ଗୋଟିଏ ନୂଆ ବିଭାଗ ସୃଷ୍ଟି କରାଯାଇ ତାର ସର୍ବଶ୍ରେଷ୍ଠ ଭାର ତାଙ୍କରି ହାତେ ଦିଆଗଲା। ଲାଟ ଆସନକୁ ଗଲେ ତାଙ୍କ ତଳର ଗୋରା ହାକିମ। ଆଜିକାଲିର ବ୍ୟବସ୍ଥା ସହିତ ତାର କଣ ତୁଳନା ହୋଇପାରେ? କବି ଯଥାର୍ଥରେ କହିଥିଲେ-

"ଯଦୁ ପଦେ କ୍ୱ ଗତା ମଥୁରାପୁରୀ
ରଘୁପତେ କ୍ୱ ଗତୋତ୍ତରକୋଶଳଃ?"

ପୁରସ୍କାର ବିତରଣ ସଭା ଭାଜିଲା ପରେ ରାମକୃଷ୍ଣ ବୋଷ ନିତାନ୍ତ ଅପ୍ରତ୍ୟାଶିତ ଭାବରେ ମୋ ପାଖକୁ ଚାଲିଆସି କହିଲେ, "ବେଶ୍, ବେଶ୍ ଭଲ ପଢୁଛ, ମୁଁ ଖୁସିହେଲି।, ମୋତେ ଚିହ୍ନୁଛ? କାଲି ଆମ ଘରକୁ ଯିବ।" ପରଦିନ ସକାଳେ ମୁଁ ପୂର୍ବପରିଚିତ 'ଶଶିନିକେତନ'ରେ ଯାଇ ପହଞ୍ଚିଲି। ରାମକୃଷ୍ଣ ବାବୁ ତାଙ୍କ ମ୍ୟାନେଜରଙ୍କୁ ଡାକି କହିଲେ, "କେତେ ତ ଠକ ଆସୁଛନ୍ତି, ମୁଁ ସେଥିପାଇଁ ଧରାଛୁଆଁ ଦେଲିନାହିଁ। ଗୋଦାବରୀଶ ଭଲ ପଢୁଛି, ୟାକୁ ମାସକୁ ପାଞ୍ଚଟଙ୍କା ଦେବ, ମୁଁ ଥାଏ ନଥାଏ।"

ତାପରେ ତିନିବର୍ଷ କାଳ ମୁଁ ତାଙ୍କଠାରୁ ପାଞ୍ଚଟଙ୍କା କରି ପାଇଲି; କିନ୍ତୁ ସେହି ସମୟ ହେଉଛି ମୋ ଛାତ୍ରଜୀବନର ନିତାନ୍ତ ଦୁଃସମୟ। ମାସିକ ପାଞ୍ଚଟଙ୍କାରେ ମୋ ଅଭାବ ମେଣ୍ଟି ଯିବା କଥା; କିନ୍ତୁ ମେଣ୍ଟିଲା ନାହିଁ, ମୋର ବାଜେ ଖର୍ଚ୍ଚ ବଢ଼ିଗଲା। ପିତାଙ୍କଠାରୁ ମୁଁ ମାସକୁ ମାସ ଆଉ ଟଙ୍କା ଦାବି କରିପାରିଲି ନାହିଁ, କେବଳ ସାମୟିକ

ସାହାଯ୍ୟ ଆଣିଲି। ପିଲାଦିନେ ମୋର ଗୋଟାଏ ଅପରାଧ ପ୍ରବୃତ୍ତି ବୋଧହୁଏ ଥିଲା, ତାହା କେତେଗୋଟି ଘଟଣାରେ ପ୍ରକାଶ ପାଇଥିଲା। ସେ ଘଟଣାମାନ ମୁଁ ଏବେ ସ୍ମରଣ କଲେ ଏକ ଅପରିଜ୍ଞାତ ଭୀତି ମୋତେ ଆପାଦମସ୍ତକ ଗ୍ରାସ କରିପକାଏ।

ମୁଁ ସେ ଘଟଣାଗୁଡ଼ାକରୁ କୌଣସିଟା ଲୁଚାଇ ରଖିନାହିଁ। ମୁଁ କଟକରେ କଲେଜରେ ତୃତୀୟ ବର୍ଷ ଶ୍ରେଣୀରେ ପଢ଼ିବା ସମୟକୁ ଛାତ୍ରାବାସରେ ରହୁଥିଲି। ଉଦୟନାଥ ମାନସିଂହ ନାମକ ମୋର ଜଣେ ପୂର୍ବପରିଚିତ ଯୁବକ ଆସି ପହଞ୍ଚିଲା। ମୁଁ ତାକୁ ଦେଖିବାମାତ୍ରେ ଗୋଟିଏ ଅଧୁଲି ବଢ଼ାଇଦେଇ ତା ହାତ ଧରି ଭୋ-ଭୋ କରି କାନ୍ଦିବାରେ ଲାଗିଲି। ଛାତ୍ରାବାସର ପିଲାମାନେ ବିସ୍ମିତ ହୋଇ ଚାରିପାଖେ ଘେରିଗଲେ। ପରେ କେତେକ ମତ ଦେଲେ ଯେ, ଏପରି ବ୍ୟାପାର ଘଟାଇବା ମୋ ପକ୍ଷେ ସ୍ପୃହଣୀୟ ହେଲାନାହିଁ। ମୁଁ କାନ୍ଦିସାରି ଉଦୟନାଥକୁ କହିଲି, "ପୁରୀ ଜିଲ୍ଲା ସ୍କୁଲ ଛାତ୍ରାବାସରେ ଥରେ ତୁମର ଗୋଟାଏ ଅଧୁଲି ଅଣ୍ଟାରୁ ଖସିପଡ଼ି ହଜିଗଲା, ମନେଅଛି ? ଏଇଟା ସେଇ ଅଧୁଲି। ଅବଶ୍ୟ ଠିକ୍ ସେଟା ନୁହେଁ, କାରଣ ତାହା ସେତେବେଳେ ଖର୍ଚ୍ଚ ହୋଇଗଲା। ତେବେ ସେଇ ବାବଦକୁ ଏଇଟା ଦେଉଛି। ଅଧୁଲି ପଡ଼ିଗଲା ପରେ ତୁମେ ତ ଖୋଜି ପାଇଲ ନାହିଁ, ମାତ୍ର ମୁଁ ଦେଖି ରଖିଲି। ତୁମେ ଚାଲିଯିବା ଉତ୍ତାରେ ମୁଁ ତାକୁ ନେଇଗଲି। ମୋ ଅପରାଧ ମାଫ୍ କର ଭାଇ !"

ଉଦୟନାଥର ସେ ଘଟଣା ମନେଥିଲା। ମୁଁ ସେତେବେଳେ ଅଷ୍ଟମ ଶ୍ରେଣୀରେ ପଢୁଥିଲି। ସେ ପଢୁଥିଲା ଷଷ୍ଠ ଶ୍ରେଣୀରେ, ମୋର ଦୁଇ ବର୍ଷ ତଳେ। ସେ ପଢ଼ା ଛାଡ଼ିଦେଇ ଘରକୁ ଚାଲିଗଲା। ମୁଁ ତା ଗ୍ରାମର ନାମ ଜାଣିଥିଲେ ଅଧୁଲିଟା ପଠାଇଦେଇଥାନ୍ତି, କଲେଜ ଛାତ୍ରାବାସରେ ଏତେ ପିଲାଙ୍କ ଆଗେ ମୋତେ ଦୈନ୍ୟ ବରଣ କରିବାକୁ ପଡ଼ିନଥାନ୍ତା। ଅଧୁଲି ଛଅ ବର୍ଷ ପରେ ଫେରାଇବାବେଳେ ମୋ ଦେହରେ ଦଶଶିର ଦୁହିଁହୋଇଗଲା, ଛାତି ଫାଟିଗଲା ପରି ଲାଗିଲା। ମୁଁ କେତେ ଦିନ ସମସ୍ତଙ୍କୁ ଭଲରୂପେ ମୁହଁ ଦେଖାଇ ପାରିଲି ନାହିଁ। କଲେଜ ଛାତ୍ରାବାସର ସେ ଦୃଶ୍ୟ ଏବେ ତେୟାଳିଶ ବର୍ଷ ପରେ ମନେପଡ଼ିଗଲେ ମୋ ଛାତି ଦୁକ୍ ଦୁକ୍ ହୋଇଯାଏ।

ଆଉ ଥରେ ମୋର ଜଣେ ସହପାଠୀ ପ୍ରଭାସଚନ୍ଦ୍ର ଦୁଇଖଣ୍ଡ ବହି ଭୁଲ୍‌ରେ ଛାଡ଼ିଦେଇ ଗଲା। ମୁଁ ସେହି ବହି ଦୁଇଖଣ୍ଡି ନିଜେ କିଣିପାରିନଥିଲି, ସୁତରାଂ ତାହା ନେଇ ନାମ ଲେଖାଥିବା ପୃଷ୍ଠା ଛିଣ୍ଡାଇପକାଇ ପୂରାପୂରି ମୋ ସମ୍ପତ୍ତିରେ ପରିଣତ କରିନେଲି। ତଥାପି ମୁଁ ତାହା ବାହାରକୁ କାଢ଼ିପାରିଲିନାହିଁ, କେବଳ କେହି ନଥିବାବେଳେ ମୁଁ ଲୁଚାଇ ଲୁଚାଇ ଦେଖେ। ପ୍ରଭାସ ଦଶମ ଶ୍ରେଣୀକୁ ଉଠି କଲିକତା ଚାଲିଗଲା। ହଜିଥିବା ବହି ସେ ନୂଆ କିଣି ନେଇଗଲା। ମୁଁ ଏକାଦଶ ଶ୍ରେଣୀକୁ

ଉଠିବା ପରେ, ଦିନେ ତା ପୁରୁଣା ବହି ଦୁଇଟି ଡାକରେ ପାର୍ସଲ କରି ଗୋଟିଏ ଚିଠି ସହିତ ତା ପାଖକୁ ପଠାଇଦେଲି। ଚିଠିରେ ପ୍ରକୃତ ଘଟଣା ବୁଝାଇ ଲେଖିଥିଲି। ପ୍ରବେଶିକା ପରୀକ୍ଷା ପରେ ମୁଁ ଦିନେ ନିଜ ଗ୍ରାମରେ ଘର ଭିତରେ ବସିଛି, ବାହାରୁ ଡାକ ଶୁଣି ଆସି ଦେଖେ ତ ସ୍ୱୟଂ ପ୍ରଭାସ ଯାଇ ଦୁଆରେ ଠିଆ। ତାଠାରେ ମୁଁ କରିଥିବା ଅପରାଧ ସେ ଏକାବେଳକେ କ୍ଷମା କରିଦେଇଥିଲା, ମୁଁ ବୁଝିପାରିଲି।

ପୁଣି ଆଉ ଏକ ଘଟଣାରେ ମୁଁ ଦଶମ ଶ୍ରେଣୀରେ ପଢ଼ିବାବେଳେ ଥରେ ଶଶୀଦାଙ୍କ କୋଳରେ ମୁଣ୍ଡ ଦେଇ ଶୋଇ, ରାତିଅନ୍ଧାରରେ ମୁହଁର ଭାବଭଙ୍ଗୀ ଲୁଚାଇ, ମୋ ଜୀବନର କେତେକ ଦୋଷତ୍ରୁଟି ନିତାନ୍ତ ସଲଜ୍ଜ ଭାଷାରେ ଗୋଟିକ ପରେ ଗୋଟିଏ କହିବାରେ ଲାଗିଛି, ହଠାତ୍ ମୋ ସ୍ୱର ବନ୍ଦହୋଇଗଲା। କହୁ କହୁ ମୁଁ ଥକିଗଲି। ପୁଣି ଟିକିଏ ଚେଷ୍ଟାରେ ମନଭିତରେ ନୂତନ ବଳ ସଂଗ୍ରହ କରି ମୁଁ କହିଲି, "ଆମ ସ୍କୁଲ ଗରିବ ପାଣ୍ଠିରୁ ମୁଁ ଷୋହଳ ଟଙ୍କା ଖାଇଯାଇଛି। ସେହି ପାଣ୍ଠି ନିମନ୍ତେ ଚାନ୍ଦା ଅସୁଲ କରିବା ଭାର ମୋ ଉପରେ ଥିଲା। ମୁଁ ଛୁଟି ଭିତରେ ସେ ଟଙ୍କାଟା ଅସୁଲ କରି ଅଫିସରେ ଦାଖଲ କରି ନ ପାରି ପାଖରେ ରଖିଲି। ଟଙ୍କାଗୁଡ଼ିକ ମୋ ପାଖେ ପଡ଼ିରହି କ୍ରମେ ଖର୍ଚ୍ଚ ହୋଇଗଲା; ଛୁଟି ପରେ ଅଫିସ ଖୋଲିବାରେ ମୁଁ ଆଉ ଦାଖଲ କରିପାରିଲି ନାହିଁ।"

'ଶଶୀଦା'ଙ୍କ ପରିଚୟ ମୁଁ ପରେ ଦେବି। ସେ ସ୍ୱାଭାବିକ ସହାନୁଭୂତି ଦେଖାଇ କହିଲେ, "ଏଥିରେ କାନ୍ଦିବାର କ'ଣ ଅଛି? ମୁଁ ପ୍ରଧାନଶିକ୍ଷକଙ୍କୁ ପଚାରିବି, ସେ ନେବାକୁ କହିଲେ ଟଙ୍କାଟା ତୋ ପାଇଁ ମୁଁ ଦେଇଦେବି, ତୁ ପରେ ମୋତେ କେତେବେଳେ ଶୁଝିବୁ।"

ପ୍ରଧାନଶିକ୍ଷକ ଚନ୍ଦ୍ରମୋହନ ମହାରଣା ସେ ଟଙ୍କା ଚାନ୍ଦାଦାତାମାନଙ୍କ ନାମରେ ଆଦାୟ ପକାଇ ମୋ ନାମରେ ଖର୍ଚ୍ଚରେ ଦେଖାଇବାକୁ ଆଦେଶ ଦେଲେ। ସେହି ଗରିବ ପାଣ୍ଠିରୁ ମୋ ବାବଦ ବିଦ୍ୟାଳୟ ବେତନ ଦିଆଯାଉଥିଲା।

ଧନୀ ଲୋକଙ୍କ କଥା ସ୍ୱତନ୍ତ୍ର, ବହୁ ଦରିଦ୍ର ପିତା ପୁଅମାନଙ୍କ ଭବିଷ୍ୟତ ଗଢ଼ିବା କଳ୍ପନାରେ ପେଟରୁ କାଟି ତାଙ୍କ ପଢ଼ାଖର୍ଚ୍ଚ ତୁଲାନ୍ତି। କିନ୍ତୁ ଯେଉଁମାନେ ପିଲାଙ୍କୁ ପଢ଼ାଇବା ନିମନ୍ତେ ପ୍ରବାସକୁ ପଠାଇଦେଇ ଘରେ ରହନ୍ତି, ତାଙ୍କ ମଧ୍ୟରୁ ଅନେକଙ୍କ ଭାଗ୍ୟରେ 'ଅନ୍ଧାର ଘରକୁ ଟେକା ମାରିବା' ଫଳ ଫଳିଥାଏ। ଅନେକ ପିଲା କିଶୋର ବୟସରୁ ନାନାପ୍ରକାର କୁସଙ୍ଗରେ ପଡ଼ିଥାନ୍ତି। କେତେକ କୁସଙ୍ଗକୁ ସେତେ ନ ଯାଇ ସୁଦ୍ଧା ବାଜେ ଖର୍ଚ୍ଚରେ ଟଙ୍କା ପଇସା ଉଡ଼ାଇଦିଅନ୍ତି। ପୂର୍ବେ କେବଳ ଜଳଖିଆ ଖାଇବା ଗୋଟାଏ ବଡ଼ ନିରୀହ ପ୍ରଲୋଭନ ଥିଲା; ଏବେ ତା ସାଙ୍ଗକୁ ସିନେମା ଦେଖିବା

ମିଶିଛି। ଏସବୁ ବାଜେ ବ୍ୟୟରେ ଟଙ୍କା ଚାଲିଯିବା ଫଳରେ କେତେକଙ୍କର ବିଦ୍ୟାଳୟର ମାସିକ ବେତନ ଓ ଛାତ୍ରାବାସର କୋଠରନ୍ଧା ଖର୍ଚ୍ଚ ଦିଆ ନ ହୋଇ ବାକିପଡ଼ିଯାଏ। କେହି କେହି ମିଛକଥା କହି ବାପାଙ୍କଠାରୁ ଟଙ୍କା ଆଣନ୍ତି। ଯୁଗର ପ୍ରଭାବରେ ବିଦ୍ୟାଳୟମାନଙ୍କ ପରିସ୍ଥିତି ଅନେକ ପରିମାଣରେ ପଙ୍କିଳ ହୋଇପଡ଼ିଛି; କିନ୍ତୁ ଆଶ୍ଚର୍ଯ୍ୟର କଥା ଯେ, ସେହି ପଙ୍କମଧ୍ୟରୁ ସୁଦ୍ଧା ପଦ୍ମ ଫୁଟୁଛନ୍ତି। କେତେକ ଛାତ୍ର ବାହ୍ୟ ପ୍ରଭାବରେ ନ ପଡ଼ି, ସଂଯମରେ ରହି, ପଢ଼ାଶୁଣା କରି ପରୀକ୍ଷାରେ ଯେପରି କୃତକାର୍ଯ୍ୟ ହେଉଛନ୍ତି, ଜୀବନ ହୁଏତ ସାଧନା ବଳରେ ସେହିପରି ଗଢୁଛନ୍ତି। ଯେଉଁମାନେ ଏହା କରୁନାହାନ୍ତି, ସେମାନେ ହୁଏତ ଦରପାଠୁଆ ହୋଇ ଅଧାରେ ପଢ଼ା ଛାଡ଼ିବାକୁ ବାଧ୍ୟ ହେଉଛନ୍ତି କିମ୍ବା ମେଧାବଳରେ ପରୀକ୍ଷାରେ କୃତକାର୍ଯ୍ୟ ହୋଇଗଲେ ସୁଦ୍ଧା ପ୍ରକୃତ ମନୁଷ୍ୟତା ଲାଭକରିପାରୁନାହାନ୍ତି।

ନବମ ଶ୍ରେଣୀରେ ଦୁଇଜଣ ସାଙ୍ଗ ଜୁଟିଲେ। ଜଣେ ରାତି ଅନିଦ୍ରା ହୋଇ ନିକାଞ୍ଚନରେ ଖୁବ୍ ପଢ଼ିପାରେ, ଆଉ ଜଣକୁ ରାତିରେ ମିଞ୍ଜିମିଞ୍ଜି ଆଲୁଅରେ ଭଲ ଦିଶେ ନାହିଁ। ଆଜିକାଲି ପରି ଛାତ୍ରାବାସରେ ସେ ସମୟରେ ବିଜୁଳିବତୀର ପ୍ରଚଳନ ନଥିଲା। ଧନୀ ପିଲାମାନେ ଲଣ୍ଠନ ଜାଳୁଥିଲେ- ଆଉ ସମସ୍ତେ ପଢୁଥିଲେ ଡିବି ଆଲୁଅରେ। ମୋ ଭାଗକୁ ଡିବି ଆଲୁଅ ପଡ଼ିଥିଲା। ସେଥିରେ ପୁଣି ପଢ଼ିବସିଲେ ମୋତେ ସନ୍ଧ୍ୟାରୁ ଘୁମ ଲାଗେ। ଆଖି ଖରାପ ହୋଇଥିବା ସାଙ୍ଗ ଜଣକ ମୋତେ ଓ ଆଉ ଜଣଅଧକୁ ସାଙ୍ଗରେ ଧରି ସମୁଦ୍ରକୂଳକୁ ଚାଲିଯାଏ। ସେଥିପାଇଁ ଆମେ ଆଗରୁ ଖାଇଦେଉ। ସମୁଦ୍ରକୂଳରେ ଯାଇ ପନ୍ତାର ଓଦା ବାଲିରେ ତନ୍ତୀଘର କଣ୍ଡାପରି ଏପାଖରୁ ସେପାଖ ଓ ସେପାଖରୁ ଏପାଖ ଧାଇଁବା ହୁଏ ଆମ କାମ। ତାଳ ଅନୁକ୍ରମେ ଧାଇଁବା ସକାଶେ ସେହି ସାଙ୍ଗ ଗୋଟିଏ ଅର୍ଥବିହୀନ ସଙ୍ଗୀତ ସ୍ୱର ତିଆରି କରିଥାଏ। ସେହିପରି ସ୍ୱରକୁ ଆଜିକାଲି ବେତାର କେନ୍ଦ୍ର ଭାଷାରେ 'ଯନ୍ତ୍ର-ସଙ୍ଗୀତ' କୁହାଯାଉଛି। ଆମେମାନେ ଧାଇଁ ଧାଇଁ କ୍ଳାନ୍ତ ହୋଇ ରାତିଅଧକୁ ଫେରୁ। ପରଦିନ ସକାଳୁ ଉଠିଲେ ଆର ସଙ୍ଗୀ ଜଣକର କାମ ଆରମ୍ଭ ହୋଇଯାଏ। ଚାରିଜଣ ବା ତିନିଜଣ ନ ମିଳିଲାବେଳକୁ ସେ ଦୁଇଜଣିଆ ତାସଖେଳରେ ଧୁରନ୍ଧର ଥିଲା। ତା ସହିତ ସେଥିରେ ମୋର ସକାଳ ଓଳିଟା ଯାଏ। ସୁତରାଂ ମୋତେ ପଢ଼ିବାକୁ ବେଳ ମିଳେ ବିଦ୍ୟାଳୟର ପଢ଼ାପଢ଼ି ସମୟତକ, ତା ପୁଣି ଅନେକ ପରିମାଣରେ ଶିକ୍ଷକଙ୍କ ମୁହଁରୁ ଶୁଣି। ସେ ପ୍ରକାର ପଠନ ପ୍ରଣାଳୀ ମୋତେ ବେଶ୍ ସୁହାଏ।

ପରେ ଶଶୀଦାଙ୍କ ସଙ୍ଗେ ଜଣାଶୁଣା ହେବା ପରେ, ମୁଁ ତାଙ୍କଠାରୁ ଜାଣିଲି ଯେ, ମୋର ସେ ସାଙ୍ଗ ଦୁହେଁ ମୋତେ ପଢ଼ାଇ ନ ଦେବା ନିମନ୍ତେ ଟାଣିନେଉ

ଏଥିରେ ସେଥିରେ ପୂରାଉଥିଲେ। ସଙ୍ଗୀ ଭାବରେ ମୁଁ କାହାରି ସ୍ପୃହଣୀୟ ହେବା ଢଙ୍ଗରେ ନଥିଲି। ମୋର ପିନ୍ଧିବାକୁ ଖଣ୍ଡିଏମାତ୍ର ଲୁଗା ଥାଏ, ଗାମୁଛା ଖଣ୍ଡିଏ ମଧ୍ୟ ନଥାଏ। ସୁତରାଂ ମୁଁ ପ୍ରତିଦିନ ଗାଧୁଏ ନାହିଁ, କେବଳ ସପ୍ତାହକେ ଥରେ ରବିବାର ଦିନ ସମୁଦ୍ରରେ ଗାଧୋଇ ବାଟରେ ଲୁଗାଟି କାନିକି କାନି ଶୁଖାଇ ଛାତ୍ରାବାସକୁ ଫେରେ। ସେଥିପାଇଁ ଅନ୍ୟାନ୍ୟ ଦିନ ମୋ ଦେହରୁ ଗନ୍ଧ ବାହାରେ, ଅତଏବ ମୁଁ ଆତ୍ମଗ୍ଲାନି ଯୋଗେ ସାଥୀ ପିଲାଙ୍କଠାରୁ ଆପେ ଆଡ଼େଇ ହୋଇ ରହେ। ଛୁଟି ସମୟ ବ୍ୟତୀତ ନବମ ଶ୍ରେଣୀର ବାରମାସଯାକ ମୋର ଏହିପରି ଦୈନ୍ୟରେ କଟିଲା। ଅପରିଚ୍ଛନ୍ନତାର ସଙ୍ଗୀ କାଛୁ ମଧ୍ୟ ମୋ ଦେହରେ ବସତି ସ୍ଥାପନ କଲା। ସେତେବେଳେ ମୁଁ ଗୋଟାଏ ନିତାନ୍ତ ଘୃଣ୍ୟ ଜୀବରେ ପରିଣତ ହୋଇଥିଲି। ତଥାପି ମୋ ସହିତ ବନ୍ଧୁତା କରୁଥିଲେ ମୋର ସେହି ଦୁଇ ସଙ୍ଗୀ। ଅନ୍ୟମାନେ ମୋତେ ଦେଖି ନାକଟେକୁଥିବାବେଳେ ତାଙ୍କ ବ୍ୟବହାରରେ ମୁଁ ସ୍ୱତଃ ଆକୃଷ୍ଟ ହୋଇପଡ଼ିଲି।

ନବମ ଶ୍ରେଣୀର ବାର୍ଷିକ ପରୀକ୍ଷା ହୋଇଗଲା। ମୋ ସାଙ୍ଗ ଦୁହେଁ ଦ୍ୱିତୀୟ ଓ ତୃତୀୟ ସ୍ଥାନ ଅଧିକାର କଲେ; ପ୍ରଥମ ହେଲି ମୁଁ। ସେଥିରେ ମୋ ମନରେ ଆନନ୍ଦ ଅବଶ୍ୟ ହେଲା; କିନ୍ତୁ ତା ସାଙ୍ଗକୁ ଅହଂକାର ଜନ୍ମିଗଲା; ଆଉ ଏକ କାରଣରୁ। ଇଂରେଜୀ ଭାଷାରେ ମୋଟ ଦୁଇଶହ ନମ୍ବରରୁ ମୁଁ ଏକଶହ ଛଅସ୍ତରି ରଖିଲି। ମୋର ଦୁଇ ସାଙ୍ଗଙ୍କ ଭିତରୁ ଯେ ଦ୍ୱିତୀୟ ହୋଇଥିଲା, ତାର ଥିଲା ଅନେଶତ। ସେଦିନ ମୁଁ ସହପାଠୀମାନଙ୍କୁ ଭାରି ହେୟ ଜ୍ଞାନ କଲି ଓ ସମସ୍ତଙ୍କ ଭିତରେ ଯାଇ ଠିଆହୋଇଗଲି। ଅନ୍ୟାନ୍ୟ ଦିନ ପରି ଘୁଞ୍ଚିଯିବା ପରିବର୍ତ୍ତେ ସେମାନେ ମୋ ଲୁଗା ଓ ଦେହର ଗନ୍ଧ ନ ମାନି ମୋ ଆଡ଼କୁ ଲାଗିଆସିଲେ। ସେହି ପିଲାଙ୍କ ମଧ୍ୟରୁ ଜଣେ ସୁରେଶ, ପରେ ବାରିଷ୍ଟର ହୋଇ କଲିକତାରେ ଯାଇ ଇନ୍ଦ୍ରପୁରୀ ପରି କୋଠାରେ ବାସକଲେ। ତାଙ୍କ ଭାଇ ଶ୍ରୀଶ ସୁଦ୍ଧା ମୋର ସେହି ଶ୍ରେଣୀର ସହପାଠୀ। ସେ ବର୍ତ୍ତମାନ ପୁରୀରେ ଜଣେ ନାମଜାଦା ବ୍ୟକ୍ତି। ଇଂରେଜ ସରକାର ଥିବାବେଳେ 'ରାୟବାହାଦୁର' ଉପାଧିରେ ଯେପରି ଭୂଷିତ ହୋଇପାରିଥିଲେ, ବର୍ତ୍ତମାନ କଂଗ୍ରେସ ସରକାରଙ୍କ ଅମଳରେ ସୁଦ୍ଧା ଆଉ କେତେକ ରାୟବାହାଦୁର, ଜମିଦାର, ରାଜାଙ୍କ ପରି ନାନାପ୍ରକାର ସରକାରୀ କାମକୁ ଆଗୁଆ ହୋଇ ବାହାରୁଛନ୍ତି। ଆମ ଇଂରେଜୀ ପରୀକ୍ଷକ ଥିଲେ ସେହି ଦୁଇଭାଇଙ୍କ ଭିଣୋଇ। ସେ ପୁରୀକୁ ନୂଆ ବଦଳି ହୋଇ ଆସିଥିଲେ, ମୋତେ ଦେଖିନଥିଲେ, ଶ୍ରୀଶ ଓ ସୁରେଶ ଦୁହିଁଙ୍କ ହାତେ ତାଙ୍କ ପାଖକୁ ଯିବାକୁ ମୋତେ ଡକାଇଥିଲେ।

ମୋ ଅହଙ୍କାରଟା ବୋଧହୁଏ କୁଟାନିଆଁ। ସେ ବର୍ଷ ମୁଁ ଅଙ୍କନରେ ଭଲ ନମ୍ବର ପାଇଲି ନାହିଁ। ଚିତ୍ର-ଅଙ୍କନ ସମସ୍ତଙ୍କ ହାତକଥା ନୁହେଁ। ଥରେ ପରୀକ୍ଷାରେ ଗୋଟିଏ ଗାଈ ଆଙ୍କିବାକୁ ପ୍ରଶ୍ନ ପଡ଼ିଲା। ପରଶୁରାମ ବର୍ମା ବେଦ, ଉପନିଷଦ, ଗୀତା ପ୍ରଭୃତିରେ ଧୁରନ୍ଧର ଥିଲେ; କିନ୍ତୁ ଚିତ୍ରାଙ୍କନରେ ଥିଲେ ନିତାନ୍ତ ନିପଟୁ। ସେ ଥରେ ଗାଈ ଆଙ୍କି ସାରି, ନିଜେ ଗାଈର ପ୍ରତିରୂପରେ ସନ୍ତୁଷ୍ଟ ନୋହି, ଚିତ୍ରତଳେ ଲେଖିଲେ, 'ଏ ବିଲାତି ଗାଈ'। ସେଥିପାଇଁ ପରୀକ୍ଷକ ତାଙ୍କୁ ଯେଉଁ ନମ୍ବର ଦେଲେ, ତା ତଳେ ଲେଖିଲେ, 'ଏ ବିଲାତି ଆଳୁ'। ମୋର ମଧ୍ୟ ଚିତ୍ରାଙ୍କନରେ ବିଲାତି ଆଳୁ ପାଇବା କଥା। ମାତ୍ର ମୁଁ ଇଂରେଜୀ ପରୀକ୍ଷା ଫଳରେ ସ୍ଫୀତ ହୋଇଯାଇଥିଲି। ସୁତରାଂ ମୁଁ ସୀମା ଲଘଂନ କରି ଚିତ୍ରାଙ୍କନ ଶିକ୍ଷକଙ୍କ ଉପରକୁ ପ୍ରଥମେ ଗୋଟିଏ ଅଇଁଠା କୋଳିମଞ୍ଜି ତା'ପରେ ଗୋଟାଏ ଟେକା ଫିଙ୍ଗି ଦେଲି। ସଙ୍ଗେ ସଙ୍ଗେ ପ୍ରଧାନଶିକ୍ଷକ ମୋତେ ଡକାଇନେଇ ଆମ ଶ୍ରେଣୀ ଶିକ୍ଷକଙ୍କ ହାତେ ଦଶଟି ପ୍ରହାର ଦିଆଇଲେ। ଇଂରେଜୀ ପରୀକ୍ଷକଙ୍କ ଡାକରାରେ ତାଙ୍କ ଘରକୁ ମୋତେ ଯିବାକୁ ପଡ଼ିଲା ନାହିଁ। ମୁଁ ମାଡ଼ଖାଇବାବେଳେ ସେ ନିଜେ ଆସି ଦେଖିଲେ। ତେବେ, ମୁଁ ଯେ ବିନା ବେତନରେ ପଢୁଥିଲି, ତାଙ୍କରି ଯୋଗେ ମୋର ସେ ସୁବିଧା ଦଣ୍ଡ ସ୍ୱରୂପ ନ କଟି ରହିଲା। ମୋର ସାଢ଼େ ଦଶଟାବେଳେ ମୁଣ୍ଡ ଟେକିଥିବା ଗର୍ବ ମଧ୍ୟାହ୍ନ ବାରଟା ପୂର୍ବରୁ ଏକାବେଳେ ଖର୍ବ ହୋଇଗଲା।

■

ପରିବର୍ତ୍ତନ

ଘଟଣା ଘଟିଚାଲିଥାଏ, ମନୁଷ୍ୟ ଆଖିରେ ଦେଖିବା ପାଇଁ ତା ସ୍ୱରୂପ ଅପେକ୍ଷା କରି ରହେ ନାହିଁ। କିନ୍ତୁ ପ୍ରତ୍ୟେକ ଘଟଣା, ଚଳନ୍ତା ଶଗଡ଼ଚକ ଚିହ୍ନ ଛାଡ଼ିଗଲା ପରି, ପଛରେ ଗୋଟାଏ ପ୍ରଭାବ ପକାଇଦିଏ। ମୋର ମାଡ଼ ଖାଇବା ଫଳରେ ମୋ ଜୀବନର ଗତି ବଦଳିବା କଥା, ବଦଳିବାକୁ ଆରମ୍ଭକଲା; କିନ୍ତୁ ଅନ୍ୟ ପିଲାମାନେ ମଧ୍ୟ କେତେକ ପରିମାଣରେ ଦବିଗଲେ। 'ବିରିମାଡ଼ ଦେଖି କୋଳଥ ଚେପା' ବୋଲି ଯେ କଥାରେ କୁହାଯାଏ, ଆଉ ଯେଉଁଠାରେ ଯାହାହେଉ, ଆମ ବିଦ୍ୟାଳୟର ପରିସ୍ଥିତିରେ ନିଜ ସତ୍ୟତା ପ୍ରମାଣ କରାଇଦେଲା।

ସେହି ପରିବର୍ତ୍ତନରେ ସାହାଯ୍ୟ କରିବା ସକାଶେ ଆଉ ଗୋଟାଏ ବଡ଼ ଧରଣର ଘଟଣା ମଧ୍ୟ ଘଟିଥିଲା। ପ୍ରଧାନଶିକ୍ଷକ ଥିଲେ ଅଧରଚନ୍ଦ୍ର ବାନାର୍ଜି। ସେ ଏକେ ଗଣିତଶିକ୍ଷକ, ତା'ପରେ ପୁଣି ସେ ସର୍ବଦା ବସି ବାଡ଼ି ତିଆରି କରୁଥାନ୍ତି; ବିଦ୍ୟାଳୟର ପରିଚାଳନା ପ୍ରତି ଦୃଷ୍ଟି ଦିଅନ୍ତି ଅଳ୍ପ। ତାଙ୍କର ବଦଳିହୋଇଗଲା, ଆସିଲେ ଚନ୍ଦ୍ରମୋହନ ମହାରଣା। ସେତେବେଳେ ବିଦ୍ୟାଳୟରେ ଇଂରେଜୀ ଭାଷା ଶିକ୍ଷକଙ୍କ ପ୍ରତି ପିଲାଙ୍କର ଭୟ ସମ୍ଭ୍ରମ ବେଶି ଥାଏ। ଚନ୍ଦ୍ରମୋହନବାବୁ ଏକାଦଶ ଶ୍ରେଣୀରେ ଇଂରେଜୀ ପଢ଼ାଉଥିଲେ। ସେ ଶ୍ରେଣୀର ପିଲାମାନେ ନୂତନ ପ୍ରଧାନଶିକ୍ଷକଙ୍କ ଆଗରେ ଥରହର ହୋଇଗଲେ। ଶାସ୍ତ୍ରରେ ଅଛି, 'ଯଦ୍‌ଯଦାଚରତି ଶ୍ରେଷ୍ଠସ୍ତତ୍ତଦେବେତରେ ଜନାଃ'। ଏକାଦଶ ଶ୍ରେଣୀ ବିଦ୍ୟାଳୟର ଶ୍ରେଷ୍ଠ ଶ୍ରେଣୀ। ସେ ଶ୍ରେଣୀର ନୂଆ ହାଉଆ ସବୁ ଶ୍ରେଣୀକୁ ଯାଇ ଛୁଇଁଲା।

ପୂର୍ବରୁ ପିଲାଙ୍କ କାର୍ଯ୍ୟକଳାପରେ ନିତାନ୍ତ ଶିଥିଳତା ଦେଖାଯାଉଥିଲା। ଉପର ଶ୍ରେଣୀର କେତେକ ଧନୀ ପିଲା ତଳ ଶ୍ରେଣୀର କେତେକ ପିଲାଙ୍କୁ ବିଳାସସାମଗ୍ରୀ ଦୃଷ୍ଟିରେ ଦେଖୁଥିଲେ। ସ୍ଖଳନ ଯୋଗେ ଦଣ୍ଡ ମିଳୁଥିଲା ଦରିଦ୍ର ପିଲାଙ୍କୁ; ଧନୀ ପିଲା

ସେଥିରେ ସମ୍ପୃକ୍ତ ଥିଲେ ଖସିଯାଉଥିଲେ; ତାଙ୍କ କାର୍ଯ୍ୟକଳାପ ସାଧାରଣ ପିଲାମାନଙ୍କ ଚୁପ୍‌ଚାପ୍, ଫୁସ୍‌ଫାସ୍ କଥାବାର୍ତ୍ତାରେ ସମାଲୋଚିତ ହେଉଥିଲା ମାତ୍ର। ଶିକ୍ଷକମାନେ ବୋଧହୁଏ ସେ ସମୟରେ ଧନୀଲୋକଙ୍କ ପିଲାଙ୍କୁ ଡରୁଥିଲେ। ହୁଏତ ତାହା ଡର ନ ହୋଇ ଧନପ୍ରତି ଅଜ୍ଞାତ ସମ୍ଭ୍ରମ ହୋଇଥବ। ସେ ସମୟର ବାରବର୍ଷ ପରେ, ସତ୍ୟବାଦୀ ସ୍କୁଲରେ ମୁଁ ଶିକ୍ଷକ ଥିବାବେଳେ, ଜଣେ ଛାତ୍ରକୁ କୌଣସି ଗୁରୁତର ଦୋଷ ଯୋଗେ ବେତରେ ମାଡ଼ ଦେଲି। ଘଟଣାଟା ପ୍ରଧାନଶିକ୍ଷକଙ୍କ କାନକୁ ଯିବାରେ ସେ ମୋତେ କହିଲେ, "ଜଣେ ଧନୀ ପିଲାକୁ ମାରିବା ଠିକ୍ ହୋଇନାହିଁ, କାରଣ ତା ଅଭିଭାବକ ଗଣ୍ଡଗୋଳ କରିପାରନ୍ତି।"

ଏ ଘଟଣାର ଆହୁରି ବାରତେରବର୍ଷ ପରେ, ପୁରୀ ଉଚ୍ଚ ବିଦ୍ୟାଳୟର ପ୍ରଧାନଶିକ୍ଷକ ଜଣେ ଓକିଲ ଓ ବିହାର-ଓଡ଼ିଶା ପରିଷଦର ସଦସ୍ୟଙ୍କ ପୁଅକୁ ଦଣ୍ଡ ଦେଲେ। ସେହି ସଦସ୍ୟ ଶିକ୍ଷା ବିଭାଗ ଡିରେକ୍ଟରଙ୍କ ପାଖେ ଦଣ୍ଡ ବିରୁଦ୍ଧରେ ଅଭିଯୋଗ କରିବାରୁ, ପ୍ରଧାନଶିକ୍ଷକଙ୍କୁ ତାଙ୍କ ଛାତ୍ର ଆଗରେ କ୍ଷମା ପ୍ରାର୍ଥନା କରିବାକୁ ପଡ଼ିଲା। ଦୁଃଖର କଥା, ଏଡ଼େ ଟାଣୁଆ ଅଭିଭାବକ ଥାଉ ଥାଉ ଛାତ୍ରଟିର ପଢ଼ାଶୁଣା ହେଲାନାହିଁ।

ଚନ୍ଦ୍ରମୋହନବାବୁ ବୋଧହୁଏ ପୁରୀ ଉଚ୍ଚ ବିଦ୍ୟାଳୟର ପ୍ରଥମ ଓଡ଼ିଆ ପ୍ରଧାନଶିକ୍ଷକ। ସେ ସମୟରେ ପୁରୀରେ ବଙ୍ଗାଳୀମାନଙ୍କର ବିଶେଷ ପ୍ରତିପତ୍ତି ଥାଏ। ଜଣେ ଓଡ଼ିଆ ପ୍ରଧାନଶିକ୍ଷକ ହୋଇଯିବାରେ ସେମାନଙ୍କ ମଧ୍ୟରେ ଚହଲପଡ଼ିଗଲା। ବୟସ୍କ ବଙ୍ଗାଳୀମାନେ ଯେପରି ପ୍ରତିପତ୍ତିଶାଳୀ ହୋଇଥାନ୍ତି, କେତେଜଣ ବଙ୍ଗାଳୀ ପିଲା ସେହିପରି ବିଦ୍ୟାଳୟରେ ବିଭ୍ରାଟ ସୃଷ୍ଟି କରନ୍ତି। ସେମାନଙ୍କ ମଧ୍ୟରେ ଅଗ୍ରଣୀଥାଏ ଜଣେ ବିଶିଷ୍ଟ ଓକିଲଙ୍କ ଭାଇ, ଏକାଦଶ ଶ୍ରେଣୀ ଛାତ୍ର। ଦିନେ ହଠାତ୍ ବିଦ୍ୟାଳୟସାରା ଦୋହଲିଗଲା, ଚନ୍ଦ୍ରମୋହନବାବୁ ଶ୍ରେଣୀ ଭିତରେ ପଶି ସେ ପିଲାଟିକ ବେତରେ ଖୁବ୍ ପ୍ରହାରକଲେ। ପିଲାଟି ଦୁଇ ଚାରି ଥର ପ୍ରହାର ଖାଇଲା ପରେ ବେତଟାକୁ ଧରିପକାଇ, ଚିତ୍କାର କରି ଇଂରେଜୀରେ କହିଲା, "ଆଉ ଥରେ ଯଦି ମୋ ଦେହକୁ ଛୁଅଁ, ମୁଁ ତୁମକୁ କଚେରିକୁ ଟାଣି ଟାଣି ନେବି। ଜାଣ, ମୁଁ ଅମୁକଙ୍କ ଭାଇ।" ତା'ପରେ ଅନେକ ଘାଣ୍ଟଚକଟ ଅବଶ୍ୟ ଲାଗିଲା; କିନ୍ତୁ ଚନ୍ଦ୍ରମୋହନବାବୁଙ୍କୁ କଚେରିକୁ ଯିବାକୁ ପଡ଼ିଲା ନାହିଁ। ପିଲାଟି ବିରୁଦ୍ଧରେ ଗୁରୁତର ପ୍ରମାଣମାନ ରହିଥିଲା।

କ୍ରମେ ବିଦ୍ୟାଳୟଟା ସୁମାର୍ଗକୁ ଆସିଲା। ପିଲାମାନେ ହାତେ ମାପି ଚାଖଣ୍ଡେ ଚାଲିବାକୁ ଆରମ୍ଭ କଲେ। ଛାତ୍ରାବାସର ତାସଖେଳ ଓ ଛାତ୍ରମାନଙ୍କର ରାତିରେ ଯାଇ ସମୁଦ୍ରକୂଳରେ ବୁଲିବା ବନ୍ଦ ହୋଇଗଲା। ମୁଁ ପଢ଼ିବାକୁ ବସିଲି। କିନ୍ତୁ ସନ୍ଧ୍ୟା ହେବାମାତ୍ରେ ମୋତେ ନିଦ ଘାରିପକାଏ। ଏ ବନ୍ଧୁ ମୋର ଛବିଶ ବର୍ଷ ବୟସ

ପର୍ଯ୍ୟନ୍ତ ମୋ ସଙ୍ଗେ ସଙ୍ଗେ ରହି ମୋତେ ଜୀବନର ଘାତ-ପ୍ରତିଘାତ ଭିତରକୁ ପେଲିଦେଇ ଚାଲିଯାଇଛି। ସେତେବେଳେ ସନ୍ଧ୍ୟା ପରେ ବହି ଧରି ବସିବା ମୋ ପକ୍ଷେ ଅସମ୍ଭବ। ମୁଁ ରାତିରେ ଖାଏ ନାହିଁ, ଲୁଣ ପକାଇ ଚା' ଢାଳେ ଢାଳେ ପିଇଦିଏ; ତଥାପି ସୁଫଳ ମିଳେନାହିଁ। ଥରେ ଥରେ ବ୍ୟସ୍ତ ହୋଇ ଆଖିରେ ନାସ ପକାଇଦିଏ। ଶୁଣିଛି, ଛାତ୍ରମାନେ ବେଶି ଓଡ଼ଶ ଥିବା ଖଟରେ ଶୋଇବା ନିମନ୍ତେ ପ୍ରତିଯୋଗିତା କରିଥାନ୍ତି। ଆମ ଛାତ୍ରାବାସରେ ସେ ପ୍ରତିଯୋଗିତା ନିମନ୍ତେ କ୍ଷେତ୍ର ନଥିଲା, କାରଣ ସବୁ ଖଟରେ ସର୍ବୋଚ୍ଚ ସଂଖ୍ୟାରେ ସେହି ଛାତ୍ରବନ୍ଧୁଗଣ ରହିସାରିଥିଲେ। କୌଣସି କୌଣସିଠାରେ ରାତିରେ ଉଠିବାଲାଗି ଛାତ୍ରମାନେ ଶୋଇବାକୁ ଗଲାବେଳେ ଖଟଖୁରାରେ ଗୋଡ଼ ବାନ୍ଧିଦେଇଥାନ୍ତି। ମୁଁ ସେ ଉପାୟଟି କେବେ ଅବଲମ୍ବନ ବା ପରୀକ୍ଷା ସୁଦ୍ଧା କରିନାହିଁ।

ମୋର ଦଶମ ଶ୍ରେଣୀ ବେଳେ ଶିକ୍ଷା ବିଭାଗ ଡିରେକ୍ଟର ଆସିଲେ। ଆଜିକାଲି ଡିରେକ୍ଟର ପ୍ରାଥମିକ ବିଦ୍ୟାଳୟକୁ ସୁଦ୍ଧା ଯାଉଛନ୍ତି; କିନ୍ତୁ ସେତେବେଳେ ଡିରେକ୍ଟରଙ୍କ ପାଦ ଆକାଶରେ ଲଞ୍ଜାତାରା ପରି, ଉଚ୍ଚ ବିଦ୍ୟାଳୟରେ ଦଶ ପନ୍ଦର ବର୍ଷରେ କେବେ କେମିତି ପଡୁଥାଏ। ଏବେ ସେହି ଜଣକ ମାତ୍ର ଡିରେକ୍ଟରଙ୍କ ସ୍ଥାନରେ ଚାରିଜଣ ଡିରେକ୍ଟର ବିଭିନ୍ନ ପ୍ରଦେଶରେ ରହିଲେ। ସେତେବେଳେ ସେହି ଜଣକ ଥିଲେ ପଶ୍ଚିମବଙ୍ଗ, ପୂର୍ବବଙ୍ଗ, ଓଡ଼ିଶା ଓ ବିହାର- ଏପରି ବର୍ତ୍ତମାନ କାଳରେ ଚାରି ପ୍ରଦେଶର ଏକମାତ୍ର ଡିରେକ୍ଟର। ଡିରେକ୍ଟର ଆମ ଶ୍ରେଣୀରେ ପଶିଯାଇ ପଚାରିଲେ- ଏ ଶ୍ରେଣୀରେ ପ୍ରଥମ ଛାତ୍ର କିଏ ? ପ୍ରଧାନଶିକ୍ଷକ ବ୍ୟକ୍ତିଗତ ଭାବରେ ମୋତେ ଚିହ୍ନିଥିଲେ, ମୋତେହିଁ ଚିହ୍ନାଇଦେଲେ। ତା'ପରେ ଚଡ଼କପଡ଼ିଲା ମୋରି ମୁଣ୍ଡରେ। ଡିରେକ୍ଟର ମୋତେ ବହି ଧରି ପଢ଼ିବାକୁ କହିଲେ। କିନ୍ତୁ ମୁଁ ଦୁଇଧାଡ଼ି ପୂରା ନ ପଢୁଣୁ ଡିରେକ୍ଟର ଓ ଇନ୍‌ସପେକ୍ଟର ଦୁହେଁ ଠୋ-ଠୋ ହସିଲେ। ପ୍ରଧାନଶିକ୍ଷକଙ୍କ ମୁହଁ କଳାପଡ଼ିଗଲା। ମୁଁ ଇଂରେଜୀ ଉଚ୍ଚାରଣ ଭୁଲକରୁଛି, ମୋତେ ଜଣାନଥିଲା। କୌଣସି ଶିକ୍ଷକ ସେ କଥା କେବେ କହିନଥିଲେ।

ତା ପରଦିନ ଆମ ଶ୍ରେଣୀର ପଠନ-ନିର୍ଘଣ୍ଟ ବଦଳିଗଲା, ଚନ୍ଦ୍ରମୋହନବାବୁ ଦ୍ୱିତୀୟ ଘଣ୍ଟାରେ ଆସି ଇଂରେଜୀ ପଢ଼ାଇଲେ। ସେ ଶ୍ରେଣୀକୁ ଆସିବାମାତ୍ରେ ମୋତେ ପଢ଼ିବାକୁ କହନ୍ତି ଏବଂ ମୋର ପ୍ରଥମ ଭୁଲ୍‌ରେ ବେଞ୍ଚଉପରେ ଠିଆହେବାକୁ ଆଦେଶ ଦିଅନ୍ତି। ତାହା ପ୍ରାୟ ଦୀର୍ଘ ଚାରିମାସ ଚାଲିଲା। ମୁଁ ଦ୍ୱିତୀୟ ଘଣ୍ଟା ଆରମ୍ଭରୁ ବିଦ୍ୟାଳୟ ଛୁଟି ହେବା ପର୍ଯ୍ୟନ୍ତ ବେଞ୍ଚଉପରେ ଠିଆ ହୋଇ ରହେ, କେବଳ ଅନ୍ୟାନ୍ୟ ବିଷୟରେ ଶିକ୍ଷକମାନଙ୍କ ମଧ୍ୟରୁ ଜଣେ ଅଧେ ଦୟାର୍ଦ୍ର ହୋଇ ତାଙ୍କ ଘଣ୍ଟାରେ ମୋତେ ପ୍ରରିସା

କରିବାକୁ ଆପେ ବାହାରକୁ ପଠାଇଦିଅନ୍ତି। ସେହି ଚାରିମାସ ଯାକ ମୁଁ କେବଳ ଇଂରେଜୀ ଶବ୍ଦକୋଷ ଧରି କର୍ଷଣରେ ଲାଗିଲି।

ଦିନେ ଚନ୍ଦ୍ରମୋହନବାବୁ ଶ୍ରେଣୀକୁ ଆସି ଅଭ୍ୟସ୍ତ ରୀତିରେ ମୋତେ ପଢ଼ିବକୁ କହିଲେ। ସେଦିନର ପଢ଼ା ଥିଲା ଗୋଟିଏ ପଦ୍ୟ। ମୁଁ ତୃତୀୟ ଧାଡ଼ି ପର୍ଯ୍ୟନ୍ତ ପଢ଼ିଛି, ବେଞ୍ଚଉପରେ ଠିଆହେବା ଆଦେଶ ମିଳିଲା। ମାତ୍ର ମୁଁ ପ୍ରତିବାଦ କରି କହିଲି, "ମୋର ଭୁଲ୍ ହୋଇନାହିଁ।" ତହୁଁ ସେ ନିଜେ ପଢ଼ି ଠିକ୍ ଉଚ୍ଚାରଣ କଣ ହେବ, ଶୁଣାଇବକୁ ଗଲେ। ତାଙ୍କର ତୃତୀୟ ଧାଡ଼ି ଶେଷହେବାରେ ମୁଁ କହିଲି, "ନାହିଁ ଆଜ୍ଞା, ଆପଣ ଭୁଲ୍ ପଢ଼ିଲେ।" ସେ ଚମକିପଡ଼ିଲେ ଓ ସଙ୍ଗେ ସଙ୍ଗେ କହିଲେ, "ଶବ୍ଦକୋଷ ଅନୁସାରେ ତୁମ ଉଚ୍ଚାରଣ ଠିକ୍ ହୋଇପାରେ, ମାତ୍ର ପଦ୍ୟର ଛନ୍ଦ ମୋ ଉଚ୍ଚାରଣ ଲୋଡୁଛି।" ମୁଁ ପ୍ରତିବାଦ କଲି, "ନା, ଛନ୍ଦ ମଧ୍ୟ ଶବ୍ଦକୋଷର ଉଚ୍ଚାରଣ ଲୋଡୁଛି।" ସେ ସେଥିରେ କର୍ଣ୍ଣପାତ କଲେ ନାହିଁ, ମୁଁ ବେଞ୍ଚଉପରେ ଠିଆହେଲି। ପଢ଼ାଇସାରି ସେ ଫେରିଯାଇ ତୃତୀୟ ଘଣ୍ଟା ମଝିରେ ମୋତେ ବସିବାକୁ ଯେ ଆଦେଶ ପଠାଇଲେ, ତା'ପରେ ମୋତେ ଆଉ ଠିଆ ହେବାକୁ ପଡ଼ିଲା ନାହିଁ।

ଇଂରେଜୀ ଉଚ୍ଚାରଣରେ ମୋର ଗୋଟାଏ ମୂଳଦୁଆ ପଡ଼ିଗଲା। ଇଂରେଜୀ ଶବ୍ଦ ସବୁ କି ଭାବରେ ଉଚ୍ଚାରଣ କରିବାକୁ ହେବ, ମୁଁ କ୍ରମେ ତାର ନମୁନା ହୋଇପଡ଼ିଲି। ଇଂରେଜୀ ଭାଷାରେ ମୋର କେତେକ ଦଖଲ ଆସିଗଲା। ମୋର ଏକାଦଶ ଶ୍ରେଣୀରେ ଡିରେକ୍ଟର ସିନା ଆଉ ଆସିଲେ ନାହିଁ, ଇନ୍‌ସପେକ୍ଟର ଏକା ଆମ ବିଦ୍ୟାଳୟ ପରିଦର୍ଶନ କଲେ। ମୋତେ ଏଥର ଆଉ ପ୍ରଥମରୁ ପଢ଼ିବାକୁ କୁହାଗଲାନାହିଁ। ମୋଠାରୁ କେତେକ ପ୍ରଶ୍ନର ଉତ୍ତର ଶୁଣିବା ପରେ, ସେ ମୋତେ ପଢ଼ିବାକୁ କହିଲେ ଏବଂ ମନ୍ତବ୍ୟ ବ୍ୟକ୍ତ କଲେ, "ମୁଁ ଚିହ୍ନି ରଖିନଥିଲେ ତୁମକୁ ସେହି ପିଲା ବୋଲି ମନେକରିନଥାନ୍ତି।"

ଆମ ଦେଶର ଲୋକେ ବିଦେଶୀ ଇଂରେଜୀ ଭାଷାକୁ ଯେପରି ଆୟତ୍ତ କରିଛନ୍ତି, ପୃଥିବୀରେ ଅନ୍ୟତ୍ର ତାହା ବୋଧହୁଏ ନିତାନ୍ତ ବିରଳ। ଇଂରେଜୀ ଉଚ୍ଚାରଣ ବିଷୟରେ ଶ୍ରୀନିବାସ ଶାସ୍ତ୍ରୀ ଖାସ୍ ଇଂଲଣ୍ଡରେ ସୁଦ୍ଧା ଆଦର୍ଶ ବିବେଚିତ ହେଉଥିଲେ। ବୁଲାଭାଇ ଦେଶାଇ ଜଣେ ଅତି ଉଚ୍ଚଦରର ବାରିଷ୍ଟର। ସେ କେନ୍ଦ୍ର ବ୍ୟବସ୍ଥା ପରିଷଦର କଂଗ୍ରେସରେ ଦଳପତି ଭାବରେ ଥରେ ବକ୍ତୃତା କରିସାରି ଶ୍ରୋତା ଆସନରେ ଶ୍ରୀନିବାସ ଶାସ୍ତ୍ରୀଙ୍କୁ ଦେଖି ପଚାରିଲେ, "କହନ୍ତୁ ମୋ ବକ୍ତୃତା କିପରି ଲାଗିଲା ?" ଶାସ୍ତ୍ରୀ ମହାଶୟ ଉତ୍ତରରେ କହିଲେ, "ମୁଁ ଆପଣଙ୍କ ଭୁଲ ଗଣିବାରେ ଲାଗିଥିଲି ପରା, ବକ୍ତୃତାର ବିଷୟ ଆଡ଼କୁ କାନ ଦେଇଛି କି ?"

ଓଡ଼ିଶା ଭିତରେ ମୁଁ ଭଲ ଇଂରେଜୀ ଲେଖେ ଓ ଉଚ୍ଚାରଣ କରେ, ଏ ମତ

ଅନେକଙ୍କ ମୁହଁରୁ ଶୁଣାଯାଏ । ପଣ୍ଡିତ ଗୋପବନ୍ଧୁ ଦାସ ୧୯୧୬ ମସିହାରୁ ୧୯୨୦ ପର୍ଯ୍ୟନ୍ତ ବିହାର-ଓଡ଼ିଶା ବ୍ୟବସ୍ଥା ପରିଷଦର ସଦସ୍ୟ ଥିଲେ । ସେତେବେଳେ ସେ ସେଠାରେ କେତେଗୁଡ଼ିଏ ଉପାଦେୟ ଉତ୍କୃଷ୍ଟ ଧରଣର ବକ୍ତୃତା ଦେଲେ । ଓଡ଼ିଶାର କେତେକଙ୍କର ଧାରଣା ହେଲା ଯେ, ସେହି ବକ୍ତୃତାଗୁଡ଼ିକ ମୁଁ ଲେଖିଛି ଓ ପଣ୍ଡିତ ଗୋପବନ୍ଧୁ ଯାଇ ସଭାରେ ଠିଆହୋଇ ପଢୁଛନ୍ତି ମାତ୍ର । ସେଗୁଡ଼ିକ ମୋ ହସ୍ତାକ୍ଷରରେ ଯେଉଁମାନେ ଦେଖିବେ, ତାଙ୍କର ଧାରଣା ହେବା କଥା । ମୋତେ କେହି କେହି ସେ କଥା ପଚାରିଛନ୍ତି, ମୁଁ ଉତ୍ତର ଦେଇଛି, "ହସ୍ତାକ୍ଷରକୁ ବିଚାରକଲେ କଥାଟା ଠିକ୍ । କାରଣ, ସେ ବକ୍ତୃତା ମୁହଁରୁ ଡାକିଛନ୍ତି, ମୁଁ ବସି ଲେଖେ ମାତ୍ର ।" ପଣ୍ଡିତ ଗୋପବନ୍ଧୁଙ୍କର ଓଡ଼ିଆ ଭାଷାରେ ଯେପରି ଇଂରେଜୀ ଭାଷାରେ ମଧ୍ୟ ସେହିପରି ଅସାଧାରଣ ଦଖଲ ଥିଲା । ତାହା ସ୍ପଷ୍ଟ ଜଣାପଡ଼ିଲା ଥରେ କଟକରେ ଗୋଟାଏ ସଭାରେ । ସେ ସଭାରେ କୁଳବୃଦ୍ଧ ମଧୁସୂଦନ ପ୍ରାରମ୍ଭିକ ଭାଷଣ ଦେଲେ । ଭାରତପ୍ରସିଦ୍ଧ ସୁରେନ୍ଦ୍ରନାଥ ବାନାର୍ଜି ପ୍ରଧାନ ବକ୍ତା ଭାବରେ କହିଲେ । ଧନ୍ୟବାଦ ଦେବା ଭାର ପଡ଼ିଲା ପଣ୍ଡିତ ଗୋପବନ୍ଧୁଙ୍କ ଉପରେ । ସେଦିନ ଶ୍ରୋତାମାନେ ମୁକ୍ତକଣ୍ଠରେ କହିଲେ ଯେ, ତିନୋଟିଯାକ ବକ୍ତୃତା ସମାନ ସ୍ତରର ହୋଇଥିଲା । କୁଳବୃଦ୍ଧ ମଧୁସୂଦନ ମଧ୍ୟ ଇଂରେଜୀ ଭାଷାରେ ଜଣେ ବଡ଼ ପଣ୍ଡିତ ଥିଲେ ।

ଉଚ୍ଚାରଣ ହେଉ ବା ଭାଷାଜ୍ଞାନ ହେଉ, ଇଂରେଜୀରେ ବ୍ୟୁତ୍ପତ୍ତି ନିମନ୍ତେ ମୁଁ ଚନ୍ଦ୍ରମୋହନବାବୁଙ୍କ ନିକଟରେ ଋଣୀ; କିନ୍ତୁ ମୁଁ ତାର ଯଥାର୍ଥ ସଦ୍‌ବ୍ୟବହାର କରିପାରିନାହିଁ । ମୋର ବି.ଏ. ପରୀକ୍ଷା ଦେବା ବର୍ଷ ସେପରି ସଦ୍‌ବ୍ୟବହାରର ସୁଯୋଗ ଦୁଇଥର ଆସିଥିଲା । ସାରା ଓଡ଼ିଶାର ପ୍ରବେଶିକା ପରୀକ୍ଷାର୍ଥୀମାନଙ୍କର ଏକ ସଭାରେ ମୁଁ ୧୯୧୦ ମସିହାରେ ଇଂରେଜୀ ନାଟକ ଅଭିନୟ କରିଥିଲି । ସେ ସଭାକୁ ଓଡ଼ିଶାର କମିସନ୍, କଟକର କଲେକ୍ଟର ପ୍ରଭୃତି କେତେଜଣ ଗୋରା ହାକିମ ଅନ୍ୟାନ୍ୟ ଭଦ୍ରବ୍ୟକ୍ତିଙ୍କ ମଧ୍ୟରେ ନିମନ୍ତ୍ରିତ ହୋଇ ଆସିଥିଲେ । ସେମାନେ ମୋ ଆବୃତ୍ତିରେ ଖୁସି ହୋଇ କହିଲେ, "ତୁମେ ତ ଆମ ଗୋରାଙ୍କଠାରୁ ଭଲ ଇଂରେଜୀ କହୁଛ । ବି.ଏ. ପାସ୍ କରି ଆସ, ଡେପୁଟି କଲେକ୍ଟର ହେବ ।" ମୁଁ ବି.ଏ. ପାସ୍ କଲି, ମାତ୍ର ଡେପୁଟି କଲେକ୍ଟର ପଦ ପାଇଁ ପ୍ରାର୍ଥୀ ହୋଇ ସେମାନଙ୍କ ନିକଟକୁ ଗଲି ନାହିଁ । ସେତେବେଳେ କଲେଜର ପ୍ରଧାନ ଅଧ୍ୟାପକ ଜଣେ ଗୋରା । ସେ ମୋତେ ସେ ଦିଗରେ ବହୁତ ପ୍ରବର୍ତ୍ତାଇଲେ; କିନ୍ତୁ ଜିଣିଲେ ଗୋପବନ୍ଧୁ ବାବୁ । ଲୋକସେବା ଆଡ଼କୁ ତାଙ୍କର ଆକର୍ଷଣ ବଳବତ୍ତର ହେଲା ।

ସେ ଘଟଣାର କେତେକ ମାସ ପୂର୍ବରୁ ବିହାର-ଓଡ଼ିଶାର କୃଷି ବିଭାଗ ଡିରେକ୍ଟର

କୃଷିଶାସ୍ତ୍ରରେ ପରୀକ୍ଷା କରିବାକୁ କଟକ ଆସି ପରୀକ୍ଷାର୍ଥୀରୂପେ ଅନ୍ୟାନ୍ୟ ଛାତ୍ରଙ୍କ ମଧ୍ୟରେ ମୋତେ ପାଇଲେ। ମୋଠାରୁ ଉତ୍ତର ଶୁଣି ଓ ମୋ ସହିତ ଇଂରେଜୀରେ କଥାବାର୍ତ୍ତା ହୋଇ ସେ କହିଲେ, "ଆମେ ତୁମପରି ଯୁବକ ଚାହୁଁ। ତୁମକୁ କୃଷି ଶିକ୍ଷା କରିବା ଲାଗି ସରକାରୀ ବୃତ୍ତିରେ ବିଲାତ ପଠାଯିବ। ଫେରିଲେ ତୁମେ ଓଡ଼ିଶାରେ ସହକାରୀ ଡିରେକ୍ଟର ପଦରେ ରହିବ।" ମୋର ବିଲାତ ଯିବାପାଇଁ ଭାରି ପ୍ରଲୋଭନ ହେଲା। ଗୋପବନ୍ଧୁବାବୁଙ୍କୁ ଚିଠିରେ ଅନୁମତି ମାଗିଲି। ସେ ଉତ୍ତରରେ ଲେଖିଲେ, "ବ୍ରାହ୍ମଣଘରେ ଜନ୍ମିଥିଲ କ'ଣ ପାଠ ପଢ଼ି ଶେଷରେ ଚଷାବୃତ୍ତି କରିବାପାଇଁ? ତୁମେ ପରା ଲୋକସେବା ବ୍ରତ ଗ୍ରହଣ କରିଛ?" ମୁଁ ଗଲି ନାହିଁ, ଗଲେ ଦୌଲତରାମ ଶେଠି। ସେ ଯଥାସମୟରେ ବିହାର-ଓଡ଼ିଶା ପ୍ରଦେଶର କୃଷି ବିଭାଗ ଡିରେକ୍ଟର ହେଲେ ଏବଂ ସେ ପଦରୁ ଯାଇ ମାସିକ ଚାରିହଜାର ଟଙ୍କା ବେତନରେ ଭାରତ ସରକାରଙ୍କ କୃଷି ପରାମର୍ଶଦାତା ପାହ୍ୟାରେ ରହିଲେ।

ଆଜି ୧୯୫୧ ମସିହାରେ ଏସବୁ ଲେଖିବାବେଳେ, ଚଉଷଠି ବର୍ଷ ବୟସରେ ସୁଦ୍ଧା, ଦିନେ ଦିନେ ମୋତେ ନିତାନ୍ତ ଅର୍ଥାଭାବରେ ପଡ଼ିବାକୁ ହେଉଛି। ସାମାନ୍ୟ ପେଟ ପୋଷିବାକୁ ଯେଉଁ ଡାଳ ଧରୁଛି ସେ ଡାଳ ଛିଡ଼ିଯିବାର ଦେଖିଛି। କୃଷିରୁ ବ୍ୟବସାୟ ଓ ବ୍ୟବସାୟ ଛାଡ଼ି ପୁସ୍ତକଲେଖାକୁ ଆଶ୍ରୟ କରିଛି। ପୁସ୍ତକଲେଖାରେ ପୁଣି ଆଜି ଶିଶୁପାଠ୍ୟ ଧଇଲେ କାଲି ଉପନ୍ୟାସରେ ଲେଖନୀ ଚଳାଉଛି। ତଥାପି ବେଳେବେଳେ ମନମୁତାବକ ଅନ୍ନ ମୁଠାଏ ଜୁଟୁନାହିଁ। ଜୀବନଯାକ ଖଟି ବିଷୟ-ସମ୍ପତ୍ତି ତ କିଛି ସେପରି କରିନାହିଁ ଯେ ତା ଆଡ଼କୁ ଚାହିଁବି! ଅର୍ଥାଗମର ଏସବୁ ସୁବିଧା ଛାଡ଼ିଦେଇଥିବା ଯୋଗେ, ସେପରି ଦୁର୍ବଳ ମୁହୂର୍ତ୍ତମାନଙ୍କରେ ବେଳେବେଳେ ମନକୁ ଅନୁତାପ ଆସେ। ମୋ ନିଷ୍ପତ୍ତି ପୂରାପୂରି ମୋ ନିଜର ନୁହେଁ, ତା ସକାଶେ ଗୋପବନ୍ଧୁବାବୁ ବହୁପରିମାଣରେ ଦାୟୀ। ଜୀବନ କୁମ୍ଭାରଶାଳ ମାଟିପିଣ୍ଡୁଳା ବୟସରେ ଶଶୀଦାଙ୍କ ହାତରେ ଗଢ଼ାହେବା ପରେ, ତାଙ୍କରି ପ୍ରରୋଚନାରେ ଏ ସବୁ ସୁଯୋଗ ଛାଡ଼ିଛି। ଏ ଭବପାରାବାରରେ ମୋ କ୍ଷୁଦ୍ର ଜୀବନ-ତରୀର କର୍ଣ୍ଣଧାର ସେ। ମୋ ପ୍ରାଣର ଉପାସ୍ୟ ଦେବତା ସେ। ଦୁର୍ବଳ ମୁହୂର୍ତ୍ତମାନଙ୍କରେ ଆଜି ସୁଦ୍ଧା ମୁଁ ତାଙ୍କରି ମୂର୍ତ୍ତି ଆଖିଆଗରେ କଳ୍ପନାରେ ଦେଖି ସାନ୍ତ୍ୱନା ପାଏ। ଗୋପବନ୍ଧୁଙ୍କ ପରି ସୁହୃଦ୍, ପଥପ୍ରଦର୍ଶକ ଓ ଦର୍ଶନଗୁରୁ ନିତାନ୍ତ ବିରଳ।

ମନୁଷ୍ୟ ଜୀବନରେ ସର୍ବସ୍ୱ ହରାଇ ଦାଣ୍ଡର ଭିକାରି ହେବ ତ ହେବ ଗୋପବନ୍ଧୁଙ୍କ ପରି ପୁରୁଷଙ୍କ ସଙ୍ଗରେ ପଡ଼ି। ଗୋପବନ୍ଧୁବାବୁଙ୍କ ଆଶୀର୍ବାଦ ପାଇ ନଥିଲେ ଏହି ଦୁଇ ଘଟଣା ପରେ ସୁଦ୍ଧା ମୁଁ ହୁଏତ ଓକିଲ ହୋଇଥାନ୍ତି କିମ୍ବା ଅନ୍ୟ

ଏକ କାର୍ଯ୍ୟ କରିଥାନ୍ତି। ୧୯୧୧ ମସିହା ଡିସେମ୍ବର ମାସରେ ବିହାର ଓ ଓଡ଼ିଶା ମିଶି ଏକ ସ୍ୱତନ୍ତ୍ର ପ୍ରଦେଶ ଗଠିତ ହେବ ବୋଲି ଘୋଷଣା ପ୍ରକାଶ ପାଇଲା। ସେତେବେଳକୁ ବିହାରର ବାରିଷ୍ଟର ହାସାନ୍ ଇମାମ୍ କଲିକତା ହାଇକୋର୍ଟର ଜଣେ ବିଚାରପତି ଏବଂ ଅନେକ ବିହାରୀ ଓ ଓଡ଼ିଆପିଲା କଲିକତାରେ ପଢୁଥିଲେ। ମିଳନ ଉପଲକ୍ଷରେ ହାସାନ୍ ଇମାମ୍ଙ୍କ ସଭାପତିତ୍ୱରେ ଓଡ଼ିଆ ଓ ବିହାରୀ ଛାତ୍ରମାନଙ୍କର ଗୋଟିଏ ସଭା ହେଲା। ସଭା ଭାଜିବା ପରେ ହାସାନ୍ ଇମାମ୍ ମୋ ପାଖକୁ ଚାଲିଆସି ମୋତେ କୁଣ୍ଢାଇପକାଇ କହିଲେ, "ବେଶ୍ କହୁଛ, ତୁମେ ଓକିଲାତି ବ୍ୟବସାୟ କ୍ଷେତ୍ରରେ ଖୁବ୍ ନାଁ କରିବ। ପାସ୍ କରିସାରି ମୋ ପାଖେ ଆସି ରହ, ମୁଁ ଯଥାଶକ୍ତି ସାହାଯ୍ୟ କରିବି।" ପଣ୍ଡିତ ଗୋପବନ୍ଧୁ ଶୁଣି ହସି କହିଲେ, "ଏ ବ୍ୟବସାୟ ତୁମ ଆମ ଭଳି ଲୋକଙ୍କୁ କଣ ପାଏ ? ମୁଁ ପରା ଜଣେ ଓକିଲ ଦେଖୁଛ !"

ସେ ସଭାକୁ କେତେକ ବିଶିଷ୍ଟ ବଙ୍ଗାଳୀ ଭଦ୍ରଲୋକ ମଧ୍ୟ ଆସିଥିଲେ। ସେମାନଙ୍କ ଭିତରୁ କେତେକଙ୍କ ଆଡୁ କଥା ପଡ଼ି ପ୍ରସ୍ତାବ ହେଲା ଯେ, ମୁଁ କଲିକତା ମୂକ-ବଧିର ବିଦ୍ୟାଳୟର ସହକାରୀ ପ୍ରଧାନ ଅଧ୍ୟାପକ ହେବା ନିମନ୍ତେ ବିଦ୍ୟାଳୟ ବ୍ୟୟରେ ଆମେରିକା ପଢ଼ିବାକୁ ଯିବି ଓ ଯଥାସମୟରେ ପ୍ରଧାନ ଅଧ୍ୟାପକ ମଧ୍ୟ ହେବି। ସେଥିପାଇଁ ମୋଠାରୁ ଦରଖାସ୍ତ ନିଆଗଲା। ମୁଁ ଗୋପବନ୍ଧୁବାବୁଙ୍କ ସମ୍ମତି ମାଗି ପତ୍ର ଲେଖିଲି। ତାଙ୍କଠାରୁ ଉତ୍ତର ପାଇଲି, "ଗୋଦାବରୀଶ, ତୁମେ ଦୁଇ-ଚାରିଶହ ମୂକ-ବଧିର ପିଲାଙ୍କ ଶିକ୍ଷକ ହେବାକୁ ଇଚ୍ଛା କରୁଛ। ମାତ୍ର ଓଡ଼ିଶାର ଲକ୍ଷ ଲକ୍ଷ ମୂକ-ବଧିରଙ୍କ କଥା କଣ ଭୁଲିଗଲ ?"

ପ୍ରାୟ ଚାଳିଶ ବର୍ଷ ସେ ଦିନୁ ବିତିଗଲାଣି। ତା'ପରେ ଗୋପବନ୍ଧୁବାବୁଙ୍କ ମୃତ୍ୟୁ ଘଟିବା ତେଇଶ ବର୍ଷ ହୋଇଗଲାଣି। ତଥାପି ତାଙ୍କର ସେହି କେତେ ପଦ କଥା ଘଣ୍ଟାଶବ୍ଦ ପରି ବର୍ତ୍ତମାନ ମୋ କାନରେ ବାଜିଯାଉଛି। ତାହାହିଁ ଜୀବନର ସବୁ ଝଞ୍ଜା, ସକଳପ୍ରକାର ଝଞ୍ଜଟ ମଧ୍ୟରେ ନିୟାମକରୂପେ ମୋତେ ଚଳାଇଆଣିଛି। ପିତାଙ୍କର ଇଚ୍ଛା ଥିଲା, ମୁଁ ଦିନେ ଓକିଲ ହେବି; କିନ୍ତୁ ପରେ ସେ ସେହି ଇଚ୍ଛାରେ ଜଳାଞ୍ଜଳି ଦେଇଥିଲେ। ସୁତରାଂ ଅନେକ ଦିନ ଲକ୍ଷ୍ୟହୀନ ଭାବରେ ଚାଲିଲା ପରେ ଲକ୍ଷ୍ୟର ବୀଜ ବୁଣିଲେ ଶଶୀଦା ଓ ତାକୁ ବଢ଼ାଇ ଗଛରେ ପରିଣତ କଲେ ଗୋପବନ୍ଧୁବାବୁ।

ଶଶୀଦା

ଏବେ ଉଚ୍ଚ ବିଦ୍ୟାଳୟର ଶ୍ରେଣୀ ନୂଆ ଆରମ୍ଭ ହେଉଛି ଗ୍ରୀଷ୍ମ-ଛୁଟି ପରେ; ସେ ସମୟରେ ହେଉଥିଲା ବଡ଼ଦିନ-ଛୁଟି ପରେ ଜାନୁୟାରୀ ମାସରେ। ମୋ ଦଶମ ଶ୍ରେଣୀର ବସନ୍ତକାଳରେ ଦିନେ ଚନ୍ଦ୍ରମୋହନବାବୁ ଜଣେ ବୟସ୍କ ବ୍ୟକ୍ତିଙ୍କ ସହିତ ଆମ ଛାତ୍ରାବାସକୁ ଆସିଲେ ଏବଂ କେତେକ ପିଲାଙ୍କୁ ତାଙ୍କୁ ଚିହ୍ନାଇଦେଇ ଚାଲିଗଲେ। ଆଗନ୍ତୁକ କିଛି ସମୟ ଛାତ୍ରାବାସରେ କଟାଇଲେ। ସେ ଚନ୍ଦ୍ରମୋହନବାବୁଙ୍କ ଘରେ ରହୁଥିଲେ। ମୁଁ ପରେ ଜାଣିପାରିଲି ଯେ, ଚନ୍ଦ୍ରମୋହନବାବୁ ତାଙ୍କୁ ପୂର୍ବରୁ ଚିହ୍ନିଥିଲେ ଓ ତାଙ୍କୁ ପୁରୀକୁ ଡକାଇ ଆଣିଥିଲେ। ସେତେବେଳକୁ ଏକାଦଶ ଶ୍ରେଣୀର ବଙ୍ଗାଳୀ ଛାତ୍ରକୁ ବେତ୍ରାଘାତ କରିବା ଘଟଣା ଘଟିଯାଇଥିଲା। ତାଙ୍କର ସେ ସମୟରେ ପୁରୀକୁ ଆସିବା କାରଣ ମୁଁ ତାଙ୍କୁ କେବେ ଭରସି ପଚାରିନାହିଁ, ସେ ମଧ୍ୟ ମୋତେ ତାଙ୍କ ନିଜ ଆଡୁ କହିନାହାନ୍ତି। ମୋର ମନେହୁଏ, ସେହି ଘଟଣା ସମ୍ପର୍କରେ ଉପୁଜିଥିବା ପରିସ୍ଥିତି ସୁଧାରିବାରେ ସାହାଯ୍ୟ ପାଇବା ସକାଶେ ଚନ୍ଦ୍ରମୋହନବାବୁ ତାଙ୍କୁ ଅଣାଇଥିବେ।

ସେ ଓଡ଼ିଆ ଭାଷା ଭଲ କହିପାରୁ ନଥିଲେ; ମାତ୍ର ପୁରୀକୁ ଆସିବା ପୂର୍ବରୁ ଖଣ୍ଡିଏ ବର୍ଣ୍ଣବୋଧ ବହି ଧରି କିଛି କିଛି ଶିଖିଥିଲେ। ତାଙ୍କ ଓଡ଼ିଆ ଜ୍ଞାନରେ ସେ ଆମ ପିଲାଙ୍କ ସହିତ ଆମ ଭାଷାରେ ସବୁ କଥାବାର୍ତ୍ତା ଚଳାଇପାରନ୍ତେ ନାହିଁ; କିନ୍ତୁ ଆମେ ସବୁ ତ ବଙ୍ଗଳା ଭାଷା କିଛି ଜାଣିଥିଲୁ, ସୁତରାଂ ବିଶେଷ ଅସୁବିଧା ହେଲା ନାହିଁ। ସେତେବେଳେ ତାଙ୍କ ବୟସ ଚାଳିଶ ବର୍ଷ ହେବ। ସେ ରୁଗ୍‌ଣକାୟ ଅଥଚ ହସହସ ମୁଖ; ଗମ୍ଭୀର ଅଥଚ ମିଶୁଆଳ। ଦୁଇ-ତିନି ଘଣ୍ଟାର କଥାବାର୍ତ୍ତାରେ ସେ ଆମକୁ ଆପଣାର କରିନେଲେ। ପରେ ଜଣାଗଲା, ପିଲାଙ୍କ ସଙ୍ଗେ ଘନିଷ୍ଠ ଭାବରେ ମିଶିବା ତାଙ୍କ ଜୀବନର ପ୍ରଧାନ କାର୍ଯ୍ୟ। ତାହା ସେ ବୋଧହୁଏ ବୈଜ୍ଞାନିକ ରୀତିରେ ଶିଖିଥିଲେ ଓ କଳା ଭାବରେ ଅଭ୍ୟାସ କରିଥିଲେ।

କ୍ରମେ ତାଙ୍କର ସବିଶେଷ ପରିଚୟ ଆମେ ପାଇଲୁ। ବି.ଏ. ପାସ୍ ପୂର୍ବରୁ ତାଙ୍କ ପଢ଼ା ଶେଷ ହୋଇଯାଇଥିଲା, କାରଣ ତାଙ୍କୁ ଜେଲ ଯିବାକୁ ପଡ଼ିଥିଲା। ଊନବିଂଶ ଶତାବ୍ଦୀ ଶେଷ ଆଡ଼କୁ ଓ ବିଂଶ ଶତାବ୍ଦୀ ଆରମ୍ଭରେ ବଙ୍ଗଦେଶରେ ସନ୍ତ୍ରାସବାଦୀ ଦଳ ରାଜନୀତିକ କ୍ଷେତ୍ରରେ ବେଶ୍ ଜଣାଶୁଣା ହୋଇଥିଲେ, ସେ ସେହି ଦଳର ଜଣେ ମୁଖ୍ୟ କର୍ମୀ। ରାଜନୀତିକ ହତ୍ୟାକାଣ୍ଡମାନ ସନ୍ତ୍ରାସବାଦୀଙ୍କଦ୍ୱାରା ଘଟୁଥିଲା। ଭାରତର ସ୍ୱାଧୀନତା ଥିଲା ସେମାନଙ୍କ କାମ୍ୟ। ଦଳ ମଧ୍ୟରେ ତାଙ୍କ ଡାକନାମ ହୋଇଥିଲା ଶଶୀଦା– ମାତ୍ର ପ୍ରକୃତ ନାମ ଶଶୀଭୂଷଣ ରାୟ ଚୌଧୁରୀ। 'ଶଶୀଦା' ବଙ୍ଗଳା ଡାକ ଓଡ଼ିଆରେ 'ଶଶୀନା' ବା 'ଶଶୀଭାଇନା' ହେବ। ତାଙ୍କଠାରୁ ବୟୋଜ୍ୟେଷ୍ଠ ଲୋକ ସୁଦ୍ଧା ସେହି ଡାକନାମରେ ଡାକୁଥିଲେ। ଶଶୀଦା ନିଜ ହାତରେ କାହାକୁ ହତ୍ୟା କରି ନଥିଲେ; କିନ୍ତୁ ହତ୍ୟାକାରୀକୁ ପିସ୍ତଲ, ବୋମା ଆଦି ନେଇ ଯଥାସ୍ଥାନରେ ଯୋଗାଇଦେବା ଥିଲା ତାଙ୍କର କାମ। ସେ କାମ ସେ ନିଜେ ଧରା ନ ପଡ଼ି ଓ ହତ୍ୟାକାରୀକୁ ଧରା ନ ପକାଇ ଭଲଭାବରେ କରିପାରୁଥିଲେ। ଦଳ ଭିତରକୁ ନୂଆ ନୂଆ ଲୋକ ଆଣି ତାକୁ ପୁଷ୍ଟ କରିବା ଭାର ମଧ୍ୟ ତାଙ୍କରି ଉପରେ ନ୍ୟସ୍ତ ଥିଲା।

ଏସବୁ ମୁଁ ଜାଣିଲି ତାଙ୍କ ସଙ୍ଗେ ବହୁକାଳ ରହିବା ପରେ। ସେ ଛାତ୍ରାବାସକୁ ଆସି ପ୍ରଥମେ କେତେଦିନ ସମସ୍ତଙ୍କ ସଙ୍ଗେ ସମୂହଭାବରେ କଥାବାର୍ତ୍ତା କଲେ। ତା'ପରେ ସେ ଚାରିଜଣଙ୍କୁ ବାଛିଲେ। ସେ ଚାରିଜଣ ନୀଳକଣ୍ଠ ଦାସ, ପରଶୁରାମ ବର୍ମା, ରଘୁନାଥ ମହାପାତ୍ର ଓ ମୁଁ। ନୀଳକଣ୍ଠ ଦାସ ଏକାଦଶ ଶ୍ରେଣୀର ଛାତ୍ର, ମୁଁ ଦଶମ ଶ୍ରେଣୀର, ପରଶୁରାମ ଓ ରଘୁନାଥ ଅଷ୍ଟମ ଶ୍ରେଣୀର। କିନ୍ତୁ ତାଙ୍କ ସଙ୍ଗେ ମିଶିବାର ସୁବିଧା ସେ ସବୁଠାରୁ ମୋତେ ବେଶି ଦିଅନ୍ତି ବୋଲି ମୁଁ ଭାବୁଥିଲି। ସେ ମୋର ଗୃହଶିକ୍ଷକ ପରି ପାଠ୍ୟପୁସ୍ତକଯାକ ପଢ଼ାନ୍ତି। ମୁଁ ବଙ୍ଗଳା 'ଭକ୍ତି ଯୋଗ' ପଢ଼ିଲେ ସେ ବସି ଶୁଣନ୍ତି, ସରକାରଙ୍କଦ୍ୱାରା ନିଷିଦ୍ଧ ହୋଇଥିବା ସଖାରାମ ଦେଓସ୍କଙ୍କର ବହି 'ଦେଶେର୍ କଥା' ପଢ଼ିବାରେ ମୋତେ ସାହାଯ୍ୟ କରନ୍ତି। ସେଥିରୁ ଖଣ୍ଡିଏ ସେ ନିଜ ପାଖରେ ଲୁଚାଇ ରଖିଥାନ୍ତି। କୋମଳ ବୟସରୁ ଯୁବକମାନଙ୍କ ମନରେ ବିଦେଶୀ ସରକାରଙ୍କ ପ୍ରତି ଘୃଣା ଜନ୍ମାଇବା ତାଙ୍କ ଜୀବନର ଏକାନ୍ତ ଲକ୍ଷ୍ୟ; କିନ୍ତୁ ତାହା ସେ ଖୁବ୍ କୌଶଳରେ କରନ୍ତି। ମୋତେ ମୋ ନିଜ ପଢ଼ା ବହି ପଢ଼ାଇବାର ପ୍ରାୟ ତିନିମାସ ପରେ ସେ ମୋତେ 'ଦେଶେର୍ କଥା' ଦେଖାଇଲେ।

ଶଶୀଦାଙ୍କ ସଙ୍ଗେ ମୁଁ ପ୍ରତିଦିନ ଗାୟତ୍ରୀ ମନ୍ତ୍ର ଜପିଲି, ଉପାସନା କଲି, ମୋ ରାସଭକଣ୍ଠରେ ଭକ୍ତି-ସଙ୍ଗୀତ ଗାଇଲି। କ୍ରମେ ସେ ତାଙ୍କ ନିଜ କିଶୋର-ଜୀବନର ଦୋଷଦୁର୍ବଳତା ଆପେ କହିବସିଲେ, ମୁଁ ଶୁଣେ ଓ ସେ ମୋ ମୁହଁକୁ ଚାହିଁରହି

ଘଟଣାବଳୀ ଗୋଟି ଗୋଟି ବର୍ଣ୍ଣନା କରୁଥାନ୍ତି। ଏବେ ମୁଁ ବୁଝୁଛି, ତାହା ବନିଶିରେ ମାଛ ଧରିବା ଧରଣର କାର୍ଯ୍ୟ। ନଦୀର ବନ୍ଧ ଭାଙ୍ଗିବା ନିମନ୍ତେ କୋଡ଼ି ଧରି ହାଣିବା ତାଙ୍କ କାର୍ଯ୍ୟର ପନ୍ଥା ନଥିଲା, ସେ ଉପରେ ପାଣି ସିଞ୍ଚି ମାଟି ନରମ କରିବାରେ ବିଶ୍ୱାସ କରୁଥିଲେ। ତାଙ୍କ କାହାଣୀ କିଛି ଦିନ ଶୁଣିବା ପରେ ମୋ ପାଳି ପଡ଼ିବା ସମୟ ଆସିଲା। ମୁଁ ଉପରୁ ବାଛି ବାଛି ଚାରି-ଛଅଟା ଅପେକ୍ଷାକୃତ ନିରୀହ ଧରଣର କଥା କହିଲି, ତାହା ତାଙ୍କ ବନିଶିରେ ମାଗୁର ଗୁନ୍ଥି ଗଡ଼ିଶା ଧରିବା ପରି। କିନ୍ତୁ ଗଡ଼ିଶାରେ ମଧ ସେ ସନ୍ତୋଷଲାଭ କଲାପରି ଭଙ୍ଗୀ ଦେଖାଉଥିଲେ। ମୋଠାରୁ ରୋହି, ଭାକୁଡ଼, ଭେକଟା ସେ ପାଇଥିବେ ପ୍ରାୟ ବର୍ଷକ ପରେ, ଯେତେବେଳେ ମୁଁ ମୋ ପଙ୍କୁଆ ଗଡ଼ିଆଟାଯାକ ଶୁଖାଇ ତଳ କାଦୁଅ ପର୍ଯ୍ୟନ୍ତ ଦେଖାଇଦେଲି।

ତାଙ୍କ ସଙ୍ଗଲାଭକରି ମୁଁ ମୋର ଦୁରଭ୍ୟାସଗୁଡ଼ିକ ଛାଡ଼ିବାକୁ ଚେଷ୍ଟା କଲି। ଜୀବନର ଗତି ବଦଳାଇବା ଉଦ୍ୟମରେ କେତେ ଉପବାସ କରିଛି, କେତେ କାନ୍ଦିଛି, ପଥରରେ ମୁଣ୍ଡ କେତେ ପିଟିଛି। ଥରକୁଥର ମୁଁ କେତେ କଠୋର ପ୍ରତିଜ୍ଞାରେ ନିଜକୁ ବାନ୍ଧିବାକୁ ବସିଛି; କିନ୍ତୁ ଏପରି ମୁହୂର୍ତ୍ତ ସମୟସମୟରେ ଆସେ, ଯେତେବେଳେ କି ସବୁ ବନ୍ଧ ଭାଙ୍ଗିଯାଇ ଫାଟିଯାଏ। ତା'ପରେ ଶଶୀଦାଙ୍କ ସାହାଯ୍ୟରେ ମୁଁ ପୁଣି ନୂଆ ବନ୍ଧ ଗଢ଼େ। ଗୋପବନ୍ଧୁବାବୁଙ୍କ ସହିତ ଘନିଷ୍ଠତା ଜନ୍ମିବା ପର୍ଯ୍ୟନ୍ତ ଶଶୀଦା ହିଁ ଥିଲେ ମୋ ଭ୍ରାନ୍ତ ଜୀବନର ଏକମାତ୍ର ପଥପ୍ରଦର୍ଶକ। ସେ ମୋ ଲାଗି ବହୁ କଷ୍ଟ ସହିଛନ୍ତି, ଅର୍ଥ ବ୍ୟୟ କରିଛନ୍ତି, ମୋ ସୁଖ-ଦୁଃଖରେ ଭାଗୀ ହୋଇଛନ୍ତି। ମୋତେ ସେ ବର୍ଷାଧିକ କାଳ ଗୋଡ଼େ ଗୋଡ଼େ ଜଗିଲେ, ନିଜର ଅନନ୍ତ ସ୍ନେହ ଓ ସହାନୁଭୂତିରେ ମୋ ପ୍ରାଣର ଦୁର୍ବଳ ଗଣ୍ଠିମାନ ଉଣ୍ଡି ସବଳ କରିବାକୁ ଅକୁଣ୍ଠିତ ପ୍ରୟାସ କଲେ। ନୋହିଲେ ମୋ ଗୋଡ଼ ଯେତେ ଖସିଥିଲା ମୁଁ ପଡ଼ିଯାଇ ନରକକୁଣ୍ଡରେ ଲୀନ ହୋଇଥାନ୍ତି। ଆଜି ମୋର ଆତ୍ମପ୍ରତ୍ୟୟ ଅଛି; ସୁତରାଂ ମୋ ମୁଣ୍ଡ ଉପରେ ନାନା ଝଞ୍ଜା ବହିଗଲେ ସୁଦ୍ଧା ଅକାତରେ ସହିନେଉଛି। ସେଥିରେହିଁ ମୋର ଆତ୍ମପ୍ରସାଦ ଆସୁଛି।

ଏକାଦଶ ଶ୍ରେଣୀ ଛାତ୍ର ନୀଳକଣ୍ଠଙ୍କର ଗୋପବନ୍ଧୁବାବୁଙ୍କ ସଙ୍ଗେ ଘନିଷ୍ଠତା ଜନ୍ମିସାରିଥାଏ। ଗୋପବନ୍ଧୁବାବୁ ସେତେବେଳେ ଜଣେ ଉଦୀୟମାନ ଉଚ୍ଚକୋଟୀର ନେତା, ନିଜ ଚୁମ୍ବକଶକ୍ତିରେ ବଳଶାଳୀ ଯୁବକପ୍ରାଣକୁ ଆକର୍ଷଣ କରୁଥାନ୍ତି। ଶଶୀଦା ତାଙ୍କ ସହିତ ବନ୍ଧୁତା କରିସାରିଥିଲେ; ସୁତରାଂ ତାଙ୍କୁ ଭଲରୂପେ ଚିହ୍ନିଥିଲେ। ତାଙ୍କ କଥା ପଡ଼ିଲାବେଳେ ଶଶୀଦା କହନ୍ତି, "ଏ ବିଦେଶୀ ରାବଣ-ରାଜ୍ୟ ଧ୍ୱଂସ କରିବାରେ ସେ ପରା ହନୁମାନ; ମୁଁ ସାମାନ୍ୟ ଗୁଣ୍ଡୁଚି ମୂଷା ମାତ୍ର।" ବୋଧହୁଏ ଗୋପବନ୍ଧୁବାବୁଙ୍କ ସଂସ୍ପର୍ଶରେ ଆସିଥିବା ଯୋଗେ ନୀଳକଣ୍ଠଙ୍କର ଶଶୀଦାଙ୍କ ସାହାଯ୍ୟ ବିଶେଷ ଦରକାର

ହେଲା ନାହିଁ। ତା'ପରେ ପୁଣି, ସେ ପ୍ରବେଶିକା ପରୀକ୍ଷା ନିମନ୍ତେ ପ୍ରସ୍ତୁତ ହେଉଥିବାରୁ ହୁଏତ ଶଶୀଦାଙ୍କ ସହିତ କଟାଇବାକୁ ବେଶି ସମୟ ପାଉନଥିଲେ; କିନ୍ତୁ ଯେତେବେଳେ ଉଭୟଙ୍କର ଦେଖାହୁଏ, ନୀଳକଣ୍ଠ ଶଶୀଦାଙ୍କୁ ଖୁବ୍ ସମ୍ମାନ ଦେଖାନ୍ତି। ଶଶୀଦା ମଧ୍ୟ ତାଙ୍କ ଉପରେ ଅଯାଚିତ ସ୍ନେହ ଢାଳିଦିଅନ୍ତି।

ପରଶୁରାମ କ୍ରମେ ଆପେ ଆପେ ଖସିଗଲେ। ସେ ଯେପରି ମେଧାବୀ, ସେହିପରି ପରିଶ୍ରମୀ। ନିଜ ପଢ଼ାପଢ଼ିରେ କ୍ଷତି ଘଟାଇ ଶଶୀଦାଙ୍କ ମେଳରେ ରହିବା ଭଲ ମଣିଲେ ନାହିଁ। ଶଶୀଦା ମଧ୍ୟ ଦିନେ ମୋତେ ହସି ହସି କହିଲେ, "ମୁଁ କଣ ଖୁବ୍ ଭଲ ଛାତ୍ର ଖୋଜୁଛି କି? ଯେ ଭଲ ହୋଇପାରିବ ଅଥଚ ହେଉନାହିଁ, ମୋର ସେମିତି ପିଲା ଦରକାର। ମୁଁ ଜାଣିଥିଲି ଯେ ପରଶୁରାମକୁ ଛାଡ଼ି ତୁ ମୋ ପାଖକୁ ଏକା ଆସନ୍ତୁ ନାହିଁ। ତାଠେଇଁ ମୋର ଏବେ ଆଉ ଦରକାର କ'ଣ?" ପ୍ରକୃତ ପକ୍ଷେ ଶଶୀଦାଙ୍କ ମେଳରେ ଅଳ୍ପାଧିକ ଭାବରେ ରହିଲୁ ଆମେ ତିନିଜଣ। ଆମ ତିନିଙ୍କ ଭିତରୁ ପରେ ଜଣେ ଓଡ଼ିଶାର କର୍ମକ୍ଷେତ୍ରରେ ଅତି ଉଚ୍ଚ ସୋପାନକୁ ଉଠିଲେ; ଆଉ ଜଣେ ବିଶେଷ ଉପରକୁ ଉଠିପାରିନାହାନ୍ତି ଅବଶ୍ୟ, ମାତ୍ର ନିଜ ସ୍ତରରେ ରହି ଦେଶ ଓ ଜାତିର ସେବା ଯଥେଷ୍ଟ କରିଛନ୍ତି। ବାକି ଜଣକ ହେଲି ମୁଁ। ମୋତେ ଦୁଇପାଖେ ସେ ଦୁହିଁଙ୍କ ମଧ୍ୟରେ ବରାବର ଏପାଖ ସେପାଖ ହେଉଥିବା କାନ୍ଥଘଣ୍ଟାର ଓଳମ୍ବ ବୋଲାଯାଇପାରେ। ପଣ୍ଡିତ ନୀଳକଣ୍ଠଙ୍କ ପାଖେ ବାଜିଲାବେଳକୁ ମୋ ରୂପ ପଣ୍ଡିତ ଗୋଦାବରୀଶ, ତେଣେ ରଘୁନାଥଙ୍କ ପାଖେ ଯାଇ ପହଞ୍ଚିଗଲେ ମୁଁ ମୋ ନିଜ ସ୍ତରରେ ଜଣେ ଦରିଦ୍ର ନିପତିତ ସାମାନ୍ୟ କର୍ମୀ ମାତ୍ର।

ମୋ ଦଶମ ଶ୍ରେଣୀର ଗ୍ରୀଷ୍ମ-ଛୁଟିଟାଯାକ ଶଶୀଦା ମୋ ସଙ୍ଗେ ଆମ ଗ୍ରାମରେ ଯାଇ କଟାଇଲେ। ଏକେ ସହର-ଜୀବନରେ ଅଭ୍ୟସ୍ତ ବ୍ୟକ୍ତିଙ୍କ ପକ୍ଷେ ପଲ୍ଲୀରେ ରହିବା ଅସୁବିଧାଜନକ, ତା'ପରେ ପୁଣି ଆମ ପରି ଦରିଦ୍ର ପରିବାର ପକ୍ଷରେ ସୁଖ-ଦୁଃଖରେ ଭାଗୀ ହୋଇ କାଳ କଟାଇବା ଆହୁରି ବିଷମ। ସେତେବେଳେ ଆମ ଘରେ କେତେକ ବ୍ୟୟ ତାଙ୍କୁ ନିର୍ବାହ କରିବାକୁ ପଡ଼ିଗଲା। ସେ ନିଜେ ଧନୀ ନଥିଲେ। ତାଙ୍କ ପାଖକୁ ମାସିକ ଚାରିପାଞ୍ଚଟି ମନିଅର୍ଡରରେ ଚାଳିଶ ପଚାଶ ଟଙ୍କା ଆସୁଥିଲା। ସେ ଟଙ୍କା ପଠାନ୍ତି ତାଙ୍କର କେତେ ଜଣ ସମାନଧର୍ମୀ। ତାଙ୍କ ରାଜନୀତିକ ଦଳରେ ଦୁଇ ଶ୍ରେଣୀର କର୍ମୀ ଥିଲେ। ଦଳେ ଅର୍ଥ ଉପାର୍ଜନରେ ଜଳାଞ୍ଜଳି ଦେଇ ସକ୍ରିୟ ସେବକରୂପେ କେବଳ କାର୍ଯ୍ୟ କରନ୍ତି। ଅପର ଦଳରେ ଥିବା ଲୋକେ ରୋଜଗାର କରି ସକ୍ରିୟ କର୍ମୀମାନଙ୍କ ଖର୍ଚ୍ଚ ଚଳାନ୍ତି। କିଏ କାହା ପାଖକୁ ଟଙ୍କା ପଠାଇବେ, ପୂର୍ବରୁ ସ୍ଥିରହୋଇଥାଏ। ପରେ ଶଶୀଦାଙ୍କ ପାଖକୁ ମୋତେ ମଧ୍ୟ, ମୋ ଉପାର୍ଜନ ଅନୁପାତରେ କେତେ କାଳ ଏହିପରି ଟଙ୍କା ପଠାଇବାକୁ ହୋଇଛି।

ଶଶୀଦା ପୁରୀରେ ଅତ୍ୟନ୍ତ ଲୋକପ୍ରିୟ ହୋଇପଡ଼ିଥିଲେ। ପରୋପକାରୀ ଭାବରେ ତାଙ୍କ ଖ୍ୟାତି ବ୍ୟାପିଗଲା। ୧୯୦୪ ମସିହା ରଥଯାତ୍ରା ବେଳେ ଜଣେ ଦରିଦ୍ର ବଙ୍ଗାଳୀ ପିଲା ତାଙ୍କ ପାଖେ ଆଶ୍ରୟ ନେବାକୁ ଆସିଲା। ସେ ଦଶମ ଶ୍ରେଣୀ ପଢ଼ା ଅନ୍ୟ କେଉଁଠାରେ ସାରିଥିଲା। ଶଶୀଦା ତାକୁ ଚନ୍ଦ୍ରମୋହନବାବୁଙ୍କ ଘରେ ନିଜ ପାଖେ ନେଇ ରଖିଲେ ଓ ଏକାଦଶ ଶ୍ରେଣୀରେ ତା ନାମ ଲେଖାଇଦେଲେ। ସେ ପ୍ରବେଶିକା ପରୀକ୍ଷାରେ ପାସ୍ କରିଗଲା। ତାକୁ ଆମେମାନେ 'ନଗେନ୍' ବୋଲି ଡାକୁଥିଲୁ। ଏବେ ରକ୍ଷିତ ନାମରେ ଜଣେ ବ୍ୟବସାୟୀ ବଙ୍ଗ ପ୍ରଦେଶର ରାଜନୀତିକ ମହଲରେ ଓଳନାଳ ହୁଅନ୍ତି, ଧନ ମଧ୍ୟ ଉପାର୍ଜନ କରିଛନ୍ତି। ଥରେ ଶଶୀଦା ତାଙ୍କ କଲିକତା ବାସଭବନକୁ ଗଲେ। ସେ ଶଶୀଦାଙ୍କୁ ଚିହ୍ନିପାରିଲେ ନାହିଁ। ଶଶୀଦା ନିଜ ପରିଚୟ ଦେଇ କହିଲେ, "ମୁଁ ଅଭାବରେ ପଡ଼ି ସାହାଯ୍ୟ ପାଇଁ କେତେ ଚିଠି ଲେଖିଲି, ଧାଡ଼ିଏ ଜବାବ ଦେଲ ନାହିଁ?" ସେ ଉତ୍ତର ଶୁଣିଲେ, "ଦେଖନ୍ତୁ, କେତେ ଶଶୀବାବୁ ଚିଠି ଲେଖୁଛନ୍ତି; ଆପଣ କଣ କିଛି ଅଲଗା ଛାପା ମାରିଥିଲେ? ରୋଜଗାର ନକରି ଭିକ୍ଷାବୃତ୍ତିର ଆଶ୍ରୟ ନେଲେ କାହିଁକି? ମୋର ଏସବୁ ପରା ଝାଳବୁହା ଧନ।"

ଏ ବିବରଣ ମୁଁ ଶଶୀଦାଙ୍କ ମୁହଁରୁ ଶୁଣିଛି। ଶଶୀଦା ବେଳେ ବେଳେ ଅଭାବରେ ପଡ଼ିଯାଉଥିଲେ। ଏକେ ତାଙ୍କ ସମାନଧର୍ମୀମାନେ ସମସ୍ତ ନିୟମିତରୂପେ ପ୍ରତିଶ୍ରୁତ ଟଙ୍କା ପଠାଇପାରନ୍ତି ନାହିଁ। ବାଧ୍ୟବାଧକତା ନଥିବା ସ୍ଥଳେ ସ୍ୱତଃପ୍ରବୃତ୍ତ ହୋଇ ନିୟମିତ ଟଙ୍କା ପଠାଇବା ଯେ କଠିନ କଥା, ମୁଁ ନିଜ ଅନୁଭୂତିରୁ ବୁଝିଛି। ସରକାରୀ ଖଜଣା ଅସୁଲ କରିବାକୁ ଘର କୋରଖ ଓ କରଜ ଟଙ୍କା ଆଦାୟ ନିମନ୍ତେ ମାଲିମକଦ୍ଦମା ପର୍ଯ୍ୟନ୍ତ ଯାଉଛି। ଓଡ଼ିଶାର ଜଣେ ବିଶିଷ୍ଟ ବ୍ୟକ୍ତି ପୁରୀ ସରକାରୀ ଉଚ୍ଚବିଦ୍ୟାଳୟ ଦରିଦ୍ର ପାଣ୍ଠିକୁ ମାସିକ ଦୁଇଟଙ୍କା ଚାନ୍ଦା ଦେବାକୁ ଅଙ୍ଗୀକାର କରିଥିଲେ। ମୁଁ ସେ ବିଦ୍ୟାଳୟର ଛାତ୍ର ଥିବାବେଳେ ତାଙ୍କଠାରେ ଦୁଇଶହ ଅଠଷଠି ଟଙ୍କା ବାକି ପଡ଼ିଥିବାର ଜାଣିଥିଲି। ମହୁମାଛି ଘରାରେ ନିଷ୍କ୍ରିୟ ପୁଂମାଛିମାନେ ସକ୍ରିୟ ନପୁଂସକ ମାଛିଙ୍କ ଉପରେ ନିଜ ଖାଦ୍ୟ ଲାଗି ସିନା ନିର୍ଭର କରିପାରନ୍ତି; ସକ୍ରିୟ କର୍ମୀଙ୍କ ପକ୍ଷେ ଉପାର୍ଜନକାରୀ ସମାନଧର୍ମୀମାନଙ୍କ ଦାନକୁ ଚାହିଁ ବସିବା ସୁବିଧାଜନକ ନୁହେଁ। ସେଥିପାଇଁ ଶଶୀଦାଙ୍କୁ ବେଳେବେଳେ ତାଙ୍କଦ୍ୱାରା ଉପକୃତ ବ୍ୟକ୍ତିବିଶେଷଙ୍କ ଅର୍ଥ ସାହାଯ୍ୟ ଲୋଡ଼ିବାକୁ ପଡୁଥିଲା।

ନିଜ ଜୀବନର ଅନେକ କଥା ଶଶୀଦା ମୋତେ କହୁଥିଲେ। ସେଥିରୁ କେତେକ ଅନ୍ୟତ୍ର ପ୍ରକାଶ କରିବାକୁ ମୋତେ ମନା ମଧ୍ୟ କରିଥିଲେ। କିନ୍ତୁ ସେ ଯେ ପୁରୀରେ ଥିବାବେଳେ ବହୁ ବିଷୟ ଗୋପନ କରି ରଖିଥିଲେ, ମୁଁ କଲିକତାକୁ ପଢ଼ିବାକୁ ଯିବାରେ

ଯାଇ ଜାଣିଲି। ସେତେବେଳେ ତାଙ୍କ ସ୍ୱରୂପ ମୋତେ ଠିକ୍ ଚିହ୍ନାପଡ଼ିଲା। ସେ ଥିଲେ ପ୍ରକୃତରେ ସନ୍ତ୍ରାସବାଦୀମାନଙ୍କର ମେଢ଼ି। ମୁଁ କଲିକତା ଯାଇ ସେମାନଙ୍କ ମେଳରେ ମିଶିଲି। କିନ୍ତୁ ମୁଁ ଆହୁରି ବହୁ ଯୁବକଙ୍କ ସଙ୍ଗେ ବାହାର ଆଡ଼କୁ ତୃତୀୟ ବୃତ୍ତରେ ରହିଲି। ଶଶୀଦାଙ୍କ ସ୍ଥାନ କେନ୍ଦ୍ରର ପ୍ରଥମ ବୃତ୍ତରେ। ସେ ଦୁଇ ବୃତ୍ତ ମଧ୍ୟରେ ଆଉ ଗୋଟିଏ ବୃତ୍ତ ଥାଏ। ତୃତୀୟ ବୃତ୍ତରୁ ବଛାହୋଇ ସେଠାକୁ ମଝିରେ ମଝିରେ କେହି କେହି ଯା'ନ୍ତି। ସେ ବଛାବଛି ଭୋଟରେ ହୁଏ ନାହିଁ, ଶଶୀଦାଙ୍କ ସୁପାରିସରେ ହୁଏ। ମୁଁ ବୈଠକରେ ଯୋଗ ଦିଏ, ଜଳଖିଆ ଖାଏ, କଥାବାର୍ତ୍ତା ଶୁଣେ, ନୈଶ ବିଦ୍ୟାଳୟରେ ଯାଇ ପାଠପଢ଼ାଏ, ସେବା-ଶୁଶ୍ରୂଷା କରିବାକୁ ଯାଏ, ଖବରଅନ୍ତର ନିଆଆଣ କରେ; କିନ୍ତୁ ସେତିକିରେ ପ୍ରାୟ ମୋ କର୍ତ୍ତବ୍ୟ ଶେଷ ହୁଏ। ମୋ ଦାବିର ମଧ୍ୟ ଶେଷ ସେହି ଅନୁପାତରେ।

ଦେଖିଲି, ଶଶୀଦାଙ୍କ ସଙ୍ଗେ କଲିକତା ଭିତରେ ବୁଲିବାହାରିଲେ ପେଟକୁ ଖାଇବାକୁ ଓ ବଡ଼ ବଡ଼ ମହଲରେ ପରିଚିତ ହେବାକୁ ଭାରି ସହଜରେ ସୁଯୋଗ ମିଳେ। ହାଇକୋର୍ଟ ବିଚାରପତିଙ୍କଠାରୁ ଆରମ୍ଭକରି ସାମାନ୍ୟ କିରାନି ଚପରାସୀଙ୍କ ସଙ୍ଗେ ତାଙ୍କର ବନ୍ଧୁତା। ସେ ଯେତେବେଳେ ଯେଉଁଠାକୁ ଯାଆନ୍ତି, ଖୁବ୍ ଆଦର ଅଭ୍ୟର୍ଥନା ପାଆନ୍ତି। କେତେକଙ୍କ ସଙ୍ଗେ ସେ ମୋ ଆଗରେ ଓ ଆଉ କେତେକଙ୍କ ସଙ୍ଗେ ମୋ ପଛରେ କଥାବାର୍ତ୍ତା ହୁଅନ୍ତି। ସେଥିରୁ ମୋର ମନେହେଉଥାଏ ଯେ, କଲିକତାର ଉପର ସମାଜ ସହିତ ସନ୍ତ୍ରାସବାଦୀମାନଙ୍କର ଯୋଗସୂତ୍ର ସ୍ଥାପନ କରିବା ତାଙ୍କରି ଜିମା ଥିଲା। ମୁଁ କୌତୂହଳ ମେଣ୍ଟାଇବା ସକାଶେ କେବେ କିପରି ସାହସ କରି, ସୀମା ଟପି ତାଙ୍କୁ ଗୋଟାଏ ଅଧେ ପ୍ରଶ୍ନ ପଚାରିଦିଏ। ଥରେ ଥରେ ସେ ଉତ୍ତର ଦିଅନ୍ତି; ମାତ୍ର ଆଉ ଥରେ ଥରେ କହନ୍ତି, "ଏବେ ନୁହେଁ, ଅପେକ୍ଷା କର, ତୋ ସମୟ ଆହୁରି ଆସିନାହିଁ।"

ଏପରି ଉତ୍ତରରେ ମୁଁ ବେଳେବେଳେ କ୍ଷୁଣ୍ଣ ହୋଇପଡ଼େ। ଶଶୀଦା ତାହା ଧରିପାରି ମୋତେ ବୁଝାଇ କହନ୍ତି। ସବୁ ଅନୁଷ୍ଠାନର ଶୃଙ୍ଖଳା ଓ ସାଫଲ୍ୟ ନିମନ୍ତେ କେତେକ କ୍ଷେତ୍ରରେ ଗୋପନୀୟତା ଲୋଡ଼ା। ଶାସନକାର୍ଯ୍ୟରେ ମନ୍ତ୍ରିମଣ୍ଡଳର ବ୍ୟବସ୍ଥାପରିଷଦ ବିଶ୍ୱାସଭାଜନ ପ୍ରତିନିଧି ହେଲେ ସୁଦ୍ଧା, ମନ୍ତ୍ରୀମାନେ ପରିଷଦରେ କୌଣସି କୌଣସି ପ୍ରଶ୍ନର ଉତ୍ତର ଖୋଲି ପ୍ରକାଶ ନକରି, ତାହା ଗୋପନୀୟ ବୋଲି କହିଥାନ୍ତି। କୌଣସି ସଙ୍ଗଠନକୁ ନୂଆ ଲୋକ ଆସିଲେ ତାକୁ କେତେକ ପରୀକ୍ଷା ଭିତରେ ପଶି ବାହାରିବାକୁ ପଡ଼େ। ମାଙ୍କଡ଼ଗୋଠକୁ ଅକସ୍ମାତ୍ ଗୋଟାଏ ନୂଆ ମାଙ୍କଡ଼ ଆସିଗଲେ ତାକୁ ସହଜରେ ସ୍ଥାନ ଦିଆଯାଏ ନାହିଁ। ବାବାଜିଦଳକୁ ଆସୁଥିବା ନୂଆ ବାବାଜିଙ୍କୁ

ଆସୁ ଆସୁ କୌପୁନି ମିଳେ ନାହିଁ । ମହାତ୍ମାଗାନ୍ଧିଙ୍କ ଇଉରୋପୀୟ ଶିଷ୍ୟା ମୀରା ବେନ୍‌ଙ୍କ ମୁହଁରୁ ଶୁଣିଛି ଯେ, ସେ ପ୍ରଥମେ ଆଶ୍ରମକୁ ଆସିବାବେଳେ ତାଙ୍କୁ ବିଶ୍ୱାସ କରାଯାଉନଥିଲା ଏବଂ ପରୀକ୍ଷାସ୍ୱରୂପ ପାଇଖାନ-ସଫାଇ କାମ ତାଙ୍କ ହାତରେ ଦିଆଯାଇଥିଲା । ଚୋର ଡକାଏତ ଗୋଷ୍ଠୀରେ ସୁଦ୍ଧା ନୂଆ ଶିଖାଳିଙ୍କୁ ପ୍ରଥମେ ବୁକୁଚାପତ୍ର ବୋହିବାକୁ ପଡ଼େ, ଭିତିରି ହାଲଚାଲ କୁହାଯାଏନାହିଁ ।

ସନ୍ତ୍ରାସବାଦୀ ଦଳର କାର୍ଯ୍ୟ ନିତାନ୍ତ ଦାୟିତ୍ୱପୂର୍ଣ୍ଣ । ଏ ଦେଶରେ ଚେର ବାନ୍ଧି ରହିଥିବା ପ୍ରବଳ ଇଂରେଜ ସରକାରକୁ ସମୂଳେ ଉପାଡ଼ି ଫିଙ୍ଗିଦେବା ଥିଲା ତାଙ୍କର ଲକ୍ଷ୍ୟ । ସେହି ଲକ୍ଷ୍ୟ ସାଧନ ନିମନ୍ତେ ମହାସନ୍ଦେହ ଓ ସଂଗୋପନରେ, ହାତେ ମାପି ଚାଖଣ୍ଡେ ନୁହେଁ, ଆଙ୍ଗୁଳେ ଚାଲିବା ସେମାନଙ୍କର ପନ୍ଥା ହୋଇଥିଲା । ତଥାପି ସେମାନେ ଧରାପଡ଼ିଯାଉଥିଲେ । ଶଶୀଦା ସାତଥର ଧରାହୋଇଥିଲେ ଏବଂ ମୋଟରେ ଏଗାର ବର୍ଷରୁ ଅଧିକ କାଳ ଜେଲଖାନାରେ କଟାଇଥିଲେ । ପରେ କଂଗ୍ରେସ ପକ୍ଷରୁ ଜେଲ ବରଣ ନୀତି ପ୍ରଚଳିତ ହେବାବେଳେ ଜେଲଖାନାର ଖାଦ୍ୟପେୟ ଭଲହୋଇଗଲା, କଟକଣା କମିଲା, ସୁଯୋଗ ସୁବିଧା ବଢ଼ିଲା । ସେଥିପାଇଁ ଅନେକେ ଜେଲରୁ ଖଲାସ ହେବାବେଳେ ଓଜନରେ ବଢ଼ି ମୋଟାମୋଟି ହୋଇ ଫେରିପାରିଲେ । ଏପରିକି ପଣ୍ଡିତ ଗୋପବନ୍ଧୁ ସୁଦ୍ଧା ଥରେ ସାତ ପାଉଣ୍ଡ ବଢ଼ି ଆସିଲେ । କିନ୍ତୁ ସନ୍ତ୍ରାସବାଦୀମାନଙ୍କୁ ନାନା ନିର୍ଯାତନା ସହିବାକୁ ପଡୁଥିଲା । ସେଥିପାଇଁ କେହି କେହି ଜେଲଖାନାରେ ରୋଗରେ ମରିଯାଉଥିଲେ । କାହାରି କାହାରି କଠିନ ରୋଗ ମଧ୍ୟ ବାହାରିପଡୁଥିଲା । ଜେଲଖାନାରୁ ଥରେ ଶଶୀଦା ଯକ୍ଷ୍ମାବ୍ୟାଧି ଧରି ଫେରିଲେ । ସେ ଔଷଧ ଖାଇ ତାକୁ ଦବାଇରଖି, କେତେ ବର୍ଷ କାର୍ଯ୍ୟ କଲା ପରେ ଶେଷରେ ସେହିଥିରେ ହିଁ ଇହଲୀଳା ସମ୍ବରଣ କଲେ । ଅନେକ ସନ୍ତ୍ରାସବାଦୀ କର୍ମୀ ଯେ ଯକ୍ଷ୍ମାରୋଗରେ ପୀଡ଼ିତ ହେଉଥିଲେ, ତାର ଆଉ କୌଣସି କାରଣ ଥିବ ପରା ! ନେତାଜି ସୁଭାଷ ବୋଷ କାରାଗାରରୁ ଥରେ ଯକ୍ଷ୍ମାଜୀବାଣୁ ଦେହରେ ଧରି ବାହାରିଥିବା କଥା ଜଣାଅଛି ।

■

୧୯୦୫-୧୯୦୬

ବିଂଶ ଶତାବ୍ଦୀର ପ୍ରାରମ୍ଭ ଓଡ଼ିଶାରେ ନୂତନ ଜୀବନ ଖେଳାଇଦେଲା। ଏକ ପକ୍ଷରେ ୧୯୪୮ ମସିହାରେ ଗଡ଼ଜାତ ରାଜ୍ୟସମୂହର ଗାଦିଚ୍ୟୁତ ରାଜାମାନଙ୍କର ମିଳିତ ଅନୁଷ୍ଠାନ ଓ ଅନ୍ୟ ପକ୍ଷରେ କ୍ଷତ୍ରିୟ ଖଣ୍ଡାୟତ ସମ୍ମିଳନୀ ସହିତ ମିଶି ପ୍ରାଦେଶିକ ଶାସନ କ୍ଷମତା ଲାଭକରିବାକୁ ନିର୍ବାଚନରେ ଲଢ଼ିବା ନିମନ୍ତେ ପଣ୍ଡିତ ନୀଳକଣ୍ଠ ଦାସଙ୍କ ନେତୃତ୍ୱରେ 'ଉତ୍କଳ ସମ୍ମିଳନୀ' - ଏବେ ସିନା ଏକ ମୃତପ୍ରାୟ ରାଜନୀତିକ ଦଳରେ ପରିଣତ ହୋଇଛି, କିନ୍ତୁ ଓଡ଼ିଶା ୧୮୦୩ ମସିହାରେ ଇଂରେଜଙ୍କଦ୍ୱାରା ଅଧିକୃତ ହେବାର ଠିକ୍ ଏକ ଶହ ବର୍ଷ ପରେ, ୧୯୦୩ ମସିହାରେ, ଇଂରେଜ ଅମଳରେ ବିଭିନ୍ନ ପ୍ରଦେଶରେ ଛିନ୍ନବିଚ୍ଛିନ୍ନ ହୋଇ ପଡ଼ିଥିବା ସବୁ ଓଡ଼ିଆଭାଷୀ ଅଞ୍ଚଳକୁ ଏକ ପ୍ରାଦେଶିକ ଶାସନ ଅଧୀନରେ ରଖିବା ସକାଶେ ବିଧିବଦ୍ଧ ଆନ୍ଦୋଳନ କରିବା ଉଦ୍ଦେଶ୍ୟରେ, ସେହି ସମ୍ମିଳନୀର ସୃଷ୍ଟି ହୋଇଥିଲା। ଭାରତ ଜାତୀୟ ମହାଭାରତ କଂଗ୍ରେସର ସୃଷ୍ଟି ତା ପୂର୍ବରୁ ୧୮୮୫ ମସିହାରେ। ୧୯୦୩ ମସିହାରେ ମାନ୍ଦ୍ରାଜ ସହରରେ ଲାଲମୋହନ ଘୋଷଙ୍କ ସଭାପତିତ୍ୱରେ କଂଗ୍ରେସର ଯେଉଁ ବାର୍ଷିକ ଅଧିବେଶନ ବସିଥିଲା, ସେଥିରେ ଗଞ୍ଜାମ ଜିଲ୍ଲା ଓ ବିଶାଖାପାଟଣା ମାନ୍ଦ୍ରାଜରୁ ଆସି ଓଡ଼ିଶାରେ ମିଶିବା କଳ୍ପନା ବିରୋଧରେ ଗୋଟିଏ ପ୍ରସ୍ତାବ ଗୃହୀତ ହୋଇଗଲା। ତାହା ଦେଖି ଓଡ଼ିଶାର ବରପୁତ୍ର ମଧୁସୂଦନ ଦାସ କଂଗ୍ରେସ ସହିତ ଓଡ଼ିଶାର ସମ୍ପର୍କ ଛିଣ୍ଡାଇଦେଇ ଆସି ଓଡ଼ିଆ ଜାତିର ପୁରାତନ ଗୌରବ ଉଦ୍ଧାର କରିବା ଲାଗି 'ଉତ୍କଳ ସମ୍ମିଳନୀ' ଗଢ଼ିଲେ। ସେ ସମୟରେ ବଡ଼ଲାଟଙ୍କ ଶତ ଇଚ୍ଛା ସତ୍ତ୍ୱେ, କଂଗ୍ରେସ ପ୍ରସ୍ତାବ ଫଳରେ, ଗଞ୍ଜାମ ଓ ବିଶାଖାପାଟଣା ନଆସି ମାନ୍ଦ୍ରାଜାରେ ରହିଗଲା। ମାତ୍ର ସ୍ଥାନୀୟ ନେତାମାନଙ୍କ ଆନ୍ଦୋଳନ ଫଳରେ ସମ୍ବଲପୁର ଜିଲ୍ଲା ମଧ୍ୟପ୍ରଦେଶରୁ ଆସି ଓଡ଼ିଶାରେ ମିଶିଲା।

ସେହି ସମୟରେ କଂଗ୍ରେସର ବିରୋଧକୁ ଗ୍ରାହ୍ୟ ନକରି, ଇଂରେଜ ସରକାର

୧୯୦୫ ମସିହାରେ ବଙ୍ଗ ପ୍ରଦେଶକୁ ଦୁଇଭାଗ କରିଦେଲେ। ଅବଶ୍ୟ ସାତବର୍ଷ ପରେ ୧୯୧୨ ମସିହାରେ ସେ ଦୁଇଭାଗ ପୁଣି ମିଶିଯାଇ ୧୯୪୭ ମସିହା ପର୍ଯ୍ୟନ୍ତ ଏକତ୍ର ରହିଲା। ୧୯୪୭ ମସିହାରେ କଂଗ୍ରେସ ତଥା ବଙ୍ଗ ଦେଶର ଉଚ୍ଚାଭିଳାଷୀ ରାଜନୀତିକ ନେତାମାନେ ଏକସ୍ୱରରେ ପୁନରାୟ ବଙ୍ଗ ପ୍ରଦେଶର ବିଭାଗ ଦାବି କରି ତାହା ହାସଲ କଲା ପର୍ଯ୍ୟନ୍ତ କଷ୍ଟ କଲେ; ଏବେ ବଙ୍ଗ ପ୍ରଦେଶ କାହିଁକି, ସମଗ୍ର ଭାରତ ତାର କୁପରିଣାମ ଭୋଗ କରିବାରେ ଲାଗିଛି। କିନ୍ତୁ ୧୯୦୫ ମସିହାରେ ବଙ୍ଗ ବିଭାଗ ବିରୋଧରେ ଏକ ବିରାଟ ଆନ୍ଦୋଳନର ସୂତ୍ରପାତ ହୋଇଥିଲା। ସେହି ଆନ୍ଦୋଳନରେ କେତେ ଧନ ଖର୍ଚ୍ଚ ହେଲା ଓ ଦୁର୍ଲଭ ମାନବପ୍ରାଣ ଧ୍ୱଂସ ଭଜିଲା, ତାର ଇୟତ୍ତା ନାହିଁ। ଦିନେ ପୁରୀ ଦାଣ୍ଡରେ ବିଲାତିଲୁଗାସ୍ତୂପ ପୋଡ଼ାହେଲା। 'ବନ୍ଦେ ମାତରଂ' ଧ୍ୱନିରେ ଚତୁର୍ଦ୍ଦିଗ ପ୍ରତିଧ୍ୱନିତ ହେବାକୁ ଲାଗିଲା। ତାହା ହେଉଛି 'ସ୍ୱଦେଶୀ ଆନ୍ଦୋଳନ'ର ପ୍ରାରମ୍ଭ।

ସ୍ୱଦେଶ କଣ, ଆମେ ପୁରୀ ଛାତ୍ରମାନେ ସେଦିନ ସମୂହଭାବରେ ସମସ୍ତେ ହୃଦୟଙ୍ଗମ କଲୁ। ତା ପୂର୍ବରୁ ଆମେ ଇଂରେଜୀ ପାଠ୍ୟପୁସ୍ତକରୁ ଘୋଷିଥିଲୁ ଯେ ମୋଗଲ, ମରହଟ୍ଟା ରାଜତ୍ୱରେ ଭାରତରେ ଯେଉଁ ଭୀଷଣ ବିଶୃଙ୍ଖଳା ଘଟିଯାଇଥିଲା, ତାକୁ ହଟାଇ ଦେଶସାରା ଶାନ୍ତି ସ୍ଥାପନ କରିବା ନିମନ୍ତେ ସ୍ୱୟଂ ଈଶ୍ୱର ଇଂରେଜଙ୍କ ଉପରେ ସୁନାକଳସ ଢାଳିଲେ। ତାହା ପୁଣି ଜଣେ ଭାରତୀୟ ବିଜ୍ଞ ପୁରୁଷ ନଗେନ୍ଦ୍ର ଘୋଷଙ୍କ ଲେଖା। ସେ ଲେଖାକୁ ପୁସ୍ତକରେ ପଢ଼ି ଓ ଶିକ୍ଷକମାନଙ୍କ ତୁଣ୍ଡରୁ ତାହାର ଅର୍ଥ ବୁଝି ଆମେ ତାକୁ 'ବେଦର ଗାର' ମଣିଥିଲୁ। ଶଶୀଦା ତାକୁ ମୋ ମନରୁ ବହୁ ପରିମାଣରେ ପୋଛିସାରିଥିଲେ। ସେଦିନ ସମଷ୍ଟିସୂତ୍ରେ ଆମ ସବୁ ଛାତ୍ରଙ୍କ ହୃଦୟରେ ସେ ଗାର ଉପରେ ବିପରୀତ ଗାର ପଡ଼ିଗଲା। ଗୋପବନ୍ଧୁବାବୁ, ଓକିଲ ହରିଶବାବୁ ଓ ମୁକ୍ତାର ରାମଚନ୍ଦ୍ର ଦାସ ଇଂରେଜ ସରକାରଙ୍କ କୂଟନୀତିର ତୀବ୍ର ସମାଲୋଚନା କରି ବକ୍ତୃତାମାନ ଦେଲେ। ମୁଁ ଗୋପବନ୍ଧୁବାବୁଙ୍କୁ ସେହି ଦିନ ପ୍ରଥମେ ଦେଖିଲି। ତାଙ୍କ ମୁଖମଣ୍ଡଳରୁ ଯୌବନର ଜ୍ୱଳନ୍ତ ଜ୍ୟୋତି ବାହାରୁଥାଏ। କଳା ଦାଢ଼ି ତାର ଶୋଭା ବଢ଼ାଇଦେଉଥାଏ। ସେ ସାମାନ୍ୟ ଥଙ୍ଗାଇ ଥଙ୍ଗାଇ ଅନର୍ଗଳ ସ୍ୱରରେ ସିଂହଗର୍ଜନରେ ବକ୍ତୃତା ଦେଉଥାନ୍ତି। ମୁଁ ପରେ ଜାଣିଲି ଯେ ତାଙ୍କ ପାଟି ଅଳ୍ପ ଲାଗୁଥାଏ। ପାଟି ଲାଗିବା ଯେ ବ୍ୟକ୍ତିମାନଙ୍କ ପକ୍ଷେ ଗୋଟାଏ ସୁଯୋଗ, ଗୋପବନ୍ଧୁଙ୍କ ଜୀବନରେ ତାହା ପ୍ରମାଣିତ ହୋଇଥିଲା। କଥିତ ଅଛି, ଦୁଇ ହଜାର-ତିନିଶ ବର୍ଷ ପୂର୍ବରୁ ଗ୍ରୀସୀୟ ବାଗ୍ମିପ୍ରବର ଡିମିସ୍ଥିନିସ୍ ପିଲାବୟସରେ ଖନାଉଥିଲେ।

ସେ ବର୍ଷ ମୋର ଏକାଦଶ ଶ୍ରେଣୀ। ପ୍ରବେଶିକା ପରୀକ୍ଷା ନିମନ୍ତେ ପଢ଼ାପଢ଼ି

କରିବା କଥା । ଶଶୀଦାଙ୍କ ପରାମର୍ଶରେ ମୁଁ ଗ୍ରୀଷ୍ମ ଛୁଟିରେ ଘରକୁ ନଯାଇ ଛାତ୍ରାବାସରେ ରହିଲି । ପଢ଼ାପଢ଼ି କିଛି କିଛି ହେଲା; କିନ୍ତୁ ଅଧିକାଂଶ ଦିନର ଦୁଇପ୍ରହର ଶଶୀଦାଙ୍କ ସଙ୍ଗେ ମୋର ଗୋପବନ୍ଧୁଙ୍କ ପାଖେ କଟେ । ସେ ହୀରାଗୋହିରି ସାହିରେ ବ୍ରାହ୍ମଣ ସମିତି ଛାତ୍ରାବାସରେ ରହୁଥାନ୍ତି । ତାଙ୍କୁ ସେଠାକୁ ଟାଣିନେବା ନିମନ୍ତେ ସେ ନିଜେ ତ ଆକର୍ଷଣ, ତା ଛଡ଼ା ପ୍ରତିଦିନ ପାଚିଲା ପଣସ ଖାଇବାକୁ ଦିଅନ୍ତି । ଗୋପବନ୍ଧୁବାବୁଙ୍କର କଥା କହି ମନ ମଜାଇବା ଶକ୍ତି ଅସୀମ । ସେ ଶ୍ରୋତାଙ୍କୁ ହସରେ ଗଡ଼ାଇଦିଅନ୍ତି, ସଙ୍ଗେ ସଙ୍ଗେ ପୁଣି କନ୍ଦାଇ ପାରନ୍ତି, ପୁଣି ଇଚ୍ଛା କଲେ କ୍ରୋଧରେ ତତାଇପକାନ୍ତି; ସତେ ଯେପରି ତାଙ୍କୁ ହଟଚମଟ ବିଦ୍ୟା ଜଣାଥିଲା । ଦୁଇପ୍ରହର ଖାଇବା ବେଳକୁ ରବିବାର ଦିନ ସେଠାକୁ ମୁକ୍ତାର ରାମଚନ୍ଦ୍ର ଦାସ, ଦିବାକର ଦାସ ଓ ରଘୁନାଥ ରାଓ ଆସନ୍ତି । ରାମଚନ୍ଦ୍ର ଦାସ ଦୁଇଅଣା ମୁକ୍ତାର ହେଲେ ଚଉଦ ଅଣା ଦେଶହିତୈଷୀ ସେବକ । ଦିବାକର ଦାସ ଓ ରଘୁନାଥ ରାଓ ଦୁହେଁ ପୁରୀ କଚେରିରେ କୌଣସି ସାମାନ୍ୟ ସାମାନ୍ୟ ପାହ୍ୟାରେ ସରକାରୀ ଚାକିରି କରୁଥାନ୍ତି । ଦୁହେଁ ଦୁଇଜଣ ନିଷ୍ପାପର ଦେଶସେବକ ଓ ଗୋପବନ୍ଧୁବାବୁଙ୍କର ଅନ୍ତରଙ୍ଗ ବନ୍ଧୁ । ରାମଚନ୍ଦ୍ର ଦାସଙ୍କୁ ଗୋପବନ୍ଧୁବାବୁ ଗୁରୁତୁଲ୍ୟ ଶ୍ରଦ୍ଧା କରିବାର ମୁଁ ଦେଖିଛି । ସେ ଜଣେ ଉନ୍ନତମନା ଓ ଉଦାର-ହୃଦୟ ବ୍ୟକ୍ତି ଏବଂ ବ୍ୟବସାୟରେ ମୁକ୍ତାର ହେଲେ ସୁଦ୍ଧା ବଡ଼ ଧରଣର ରାଜନୀତିକ ଥିଲେ ।

ସେ ବର୍ଷ ଗ୍ରୀଷ୍ମ-ଛୁଟି ସରିବା ପୂର୍ବରୁ ଗୁଣ୍ଡିଚା ଭିଡ଼ ଆରମ୍ଭ ହୋଇଗଲା । ଅସଂଖ୍ୟ ଯାତ୍ରୀ ଆସି ଜମାହୋଇପଡ଼ିଲେ । ସେମାନଙ୍କର ସେବା କରିବା ଉଦ୍ଦେଶ୍ୟରେ ଗୋଟିଏ ବିରାଟ ସ୍ୱେଚ୍ଛାସେବକ ଦଳ ଗଠିତହେଲା । ଗୋପବନ୍ଧୁବାବୁ ହେଲେ ଦଳର ଚାଳକ, ଶଶୀଦା କାର୍ପଟଦାର ଭାର ଗ୍ରହଣ କଲେ । ମୁଁ ପୁରୀରେ ରହି ସୁଦ୍ଧା ତା' ପୂର୍ବରୁ ରଥ ଦେଖିବାକୁ ଯାଇଥିଲି କ୍ୱଚିତ୍; ମାତ୍ର ଗୁଣ୍ଡିଚାଯାତ୍ରାର ଆଠ-ଦଶ ଦିନ ଭିଡ଼ ସମୟ । ସେ ବର୍ଷ ରଥ ପାଖେ ପ୍ରାୟ ମୋର ରହଣି ହେଲା । କ୍ରମେ ହଇଜା ପ୍ରବଳ ହୋଇଉଠିଲା । ଶହ ଶହ ଲୋକ ମରିବାକୁ ଲାଗିଲେ; ଏପରିକି ଶବସବୁ ରାସ୍ତାରେ ପଡ଼ିବାର ଦେଖାଗଲା । ଆମେ ଛାତ୍ରମାନେ ହୋଇଗଲୁ ସ୍ୱେଚ୍ଛାସେବକ । ବୟସ୍କମାନେ ଆମକୁ ବିଶେଷ ଦମ୍ଭ ଓ ସାହାଯ୍ୟ ଦେବାରେ ଲାଗିଲେ । ହଇଜାର ପ୍ରାଦୁର୍ଭାବ ମାସେ ପର୍ଯ୍ୟନ୍ତ ପ୍ରବଳ ଆକାରରେ ରହିଥିବ । ଆମ ଉଚ୍ଚ ବିଦ୍ୟାଳୟ ଗ୍ରୀଷ୍ମ-ଛୁଟି ସହିତ ମିଶାଇ ପୁଣି ଦେଢ଼ମାସ ବନ୍ଦ କରିଦିଆଗଲା ।

ହଇଜା ଖବର ଯାଇ ମଫସଲରେ ବ୍ୟାପିଲା । ମୋତେ ଘରକୁ ନେଇଯିବା ନିମନ୍ତେ ଶ୍ରାବଣ ମାସ ଶୁକ୍ଳ ପକ୍ଷ ଆରମ୍ଭରେ ମୋ ପିତା ଆସି ପୁରୀରେ ପହଞ୍ଚିଲେ । ସେତେବେଳକୁ ଛୁଟି ସରିଆସିବା ସମୟ ହୋଇଯାଇଥିଲା । ସ୍ୱେଚ୍ଛାସେବକମାନଙ୍କ

ମେଳରେ ମୋ କାର୍ଯ୍ୟ ସେ କେତେ ଦିନ ଦେଖିଲେ। ମୁଁ ସେ ସମୟରେ ଘରକୁ ଯିବାକୁ ମନାକଲି। ଶଶୀଦା ମୋ କଥା ସମର୍ଥନ କଲେ। ପିତା ବୁଝିଲେ ଯେ, ମୋର ଘରକୁ ନଗଲେ ଚଳେ, ସୁତରାଂ ଅଷ୍ଟମୀ ଦିନ ସେ ଗ୍ରାମକୁ ଫେରିଗଲେ। ମୁଁ ଷ୍ଟେସନକୁ ଛାଡ଼ିବାକୁ ଯାଇଥିଲି। ତାଙ୍କୁ ବିଦାୟ ଦେଲାବେଳେ ମୁଁ ସିନା ବରାବର ଆଖି ଛଳଛଳ କରେ, ସେ କେବେ ବିଚଳିତ ଦିଶନ୍ତି ନାହିଁ। ମାତ୍ର ସେଦିନ ସେ କାନ୍ଦିପକାଇଲେ। ତିନିଦିନ ବିତିଗଲା। ଦ୍ୱାଦଶୀଦିନ ହଇଜା ରୋଗରେ ତାଙ୍କର ମୃତ୍ୟୁ ଘଟିଥିବା ବାର୍ତ୍ତା ଆଣି ଚିଠି ପହଞ୍ଚିଲା। ସେ ଚିଠି ଚନ୍ଦ୍ରମୋହନ ବାବୁଙ୍କଠାରୁ ପାଇ ପରଶୁରାମ ମୋ ହାତେ ଦେଲେ। ମନୁଷ୍ୟ ଅଶୁଭ ଖବର ବିଶ୍ୱାସ କରିବାକୁ ରାଜି ହୁଏ ନାହିଁ। ଚିଠି ପଢ଼ନ୍ତେ ମୋର ପ୍ରଥମ ପ୍ରତିକ୍ରିୟା ହେଲା ଯେ, କେହି ମିଛରେ ସେପରି ଲେଖିଦେଇଛି। କେତେକ ସମୟ ପରେ ମୁଁ ବାସ୍ତବ ରାଜ୍ୟକୁ ଫେରି କହିପକାଇଲି, "ନନା ତ ଗଲେ, ମୋ ବୋଉ ଚାଲିନଗଲେ ରକ୍ଷା।" ମୁଁ ଗ୍ରାମରେ ପହଞ୍ଚି ଦେଖିଲି ବୋଉ ଠିକ୍ ଚାଲିଯିବା ଉପରେ। ସେ ଥରେ ଆଖି ଫିଟାଇ ମୋତେ ଚାହିଁଦେଇ ପୁଣି ଯେ ଆଖି ବୁଜିଦେଲା, ସେ ଆଖି ଆଉ ଫିଟିଲା ନାହିଁ। ମୋର ଆଠବର୍ଷ ବୟସର ଭଉଣୀଟି ସୁଦ୍ଧା ହଇଜାରେ ଆକ୍ରାନ୍ତ ହୋଇ ପଡ଼ିଥିଲା। ସବୁ ବରଦାସ୍ତ କରିବା ନିମନ୍ତେ ସେ ଦୁର୍ଦ୍ଦିନରେ ଏକମାତ୍ର ଭରସା ମୋ ଅନ୍ଧୁଣୀ ବୁଢ଼ୀମା।

ଦରିଦ୍ର କୁଟୀରରେ ଜନ୍ମ ହୋଇଥିଲେ ସୁଦ୍ଧା ମୁଁ ନିତାନ୍ତ ଅଲିଅଳ ଥିଲି। ଦୁର୍ବଳ ମୁଣ୍ଡରେ ନିର୍ମଳ ଆକାଶରୁ ହଠାତ୍ ବଜ୍ର ପଡ଼ିଗଲା। ସେ ବଜ୍ର ମୋତେ ଅସମ୍ଭାଳ ହେବା ବେଳକୁ, ମୁଣ୍ଡ ଦେଖାଇଦେବାପାଇଁ ଆମ ଘରେ ମୋର ସତୁରି ବର୍ଷ ବୟସର ବୁଢ଼ୀମା। ମଫସଲୀ ପରଳକଢ଼ାଳି ହାତେ ପରଳ କଢ଼ାଇବା ଫଳରେ ତାଙ୍କର ଦିଓଟିଯାକ ଆଖି ଫୁଟିଯାଇଥିଲା। ତାଙ୍କ ପରଳ କଢ଼ାଇବା ଦୃଶ୍ୟ ମୁଁ ପିଲାଦିନେ ଆଖିରେ ଦେଖିଥିଲି। କିନ୍ତୁ ତାଠାରୁ ଆହୁରି କରୁଣ ଦୃଶ୍ୟଟିଏ ମନେପଡ଼ିଲେ, ଏବେ ପ୍ରାୟ ଛପନ ବର୍ଷ ପରେ ମଧ୍ୟ, ମୋ ପଥର ଦେହ ଶୀତେଇଯାଏ। ସେ ଦୃଶ୍ୟଟି ହେଉଛି, ପିତା ଘରକୁ ଯେଉଁ ଦିନ ପାଚିଲା କଦଳୀ ଆଣନ୍ତି ଯୋଡ଼ିକରୁ କମ୍ ଆଣନ୍ତି ନାହିଁ, ଗୋଟିଏ ମୋ ପାଇଁ ଓ ଗୋଟିଏ ବୁଢ଼ୀମା ପାଇଁ। ମୋ ବୁଢ଼ୀମା ତାଙ୍କର ପୋଷିଆଁ ବୋଉ, ସେ ବୁଢ଼ୀମାଙ୍କର ପୋଷ୍ୟପୁତ୍ର। ବୁଢ଼ୀମା କଦଳୀ ଦିଓଟି ମୋ ପାଟିରେ ଦେଇ ନିଜେ ଖାଆନ୍ତି କେବଳ ଚୋପାତକ। ସେ କଦଳୀ ଚୋପା ଗୋରୁ ପାକୁଳି କଲା ପରି, ପାକୁଆ ପାଟିରେ ଚୋବାଇଲାଗନ୍ତି।

ଦୁଃଖୀ ଘରର କରୁଣ କାହାଣୀ କିଏ କହି ସାରିପାରିବ? ବଡ଼ ବଡ଼ ଘରେ ବାପାମା, ଭାଇଭଉଣୀ, ପୁଅଝିଅଙ୍କ ଭିତରେ ସ୍ନେହବନ୍ଧନଟା ଏକେ ତ ମୋଟା,

ତା'ପରେ ପୁଣି, ହୁଏତ ସହଜରେ ନ ଛିଣ୍ଡିବା ଭଳି ସୁନାରୂପା ତାରରେ ଗଢ଼ା। ଦରିଦ୍ର ପରିବାରରେ ପରସ୍ପରକୁ ବାନ୍ଧି ରଖିବା ନିମନ୍ତେ ଥାଏ ବଡ଼ ଜୋର୍ ଖିଏ ଖିଏ ପାଳ। ଖାଇବା, ବସିବା, ଶୋଇବା, କଥା କହିବା, ସବୁଥିରେ ସେହି ପାଳଖିଅମାନ ଅଲଗା ରହିଥାଏ। ମାତ୍ର ତାର ସମଷ୍ଟିଟା ଏତେ ବେଶି ଯେ, ସେଥିରେ ଗୋଟିଏ ବଡ଼ ମୋଟା ଦଉଡ଼ି ବଳିହେବ। ତେବେ ବଡ଼ଘର ଲୋକ ସେ ପାଳଦଉଡ଼ି ଦେଖିଲେ ନାକ ଟେକିବେ। ଦରିଦ୍ର କୁଡ଼ିଆରେ ଖାଇବା ପିନ୍ଧିବା ଆଦି ଆଡ୍ରୁ ଖେଣ୍ଟ ଯେତେ ବେଶି ହୁଏ, ଲୋକେ ବୋଧହୁଏ ପରସ୍ପରର ସ୍ନେହ-ଡୋରିକୁ, ଗୁଳ୍ମଗଛର ଚେରପରି ଚାରିଦିଗକୁ ମେଲାଇ କ୍ଷତି ପୂରଣ କରିନିଅନ୍ତି; ହୃଦୟ ସହିତ ହୃଦୟ ମିଳାଇ ରଖନ୍ତି ନୟନର ବାରିଧାରାରେ।

ପୁରୀକୁ ଫେରି, ମୋ ଜୀବନ-ଡଙ୍ଗା ମଝି ସମୁଦ୍ରରେ ଉବେଇଟୁବେଇ ହେବାର ମୁଁ ଅନୁଭବ କରିବାକୁ ଲାଗିଲି। ରାମକୃଷ୍ଣବାବୁଙ୍କ ପାଞ୍ଚଟଙ୍କାରେ ପଢ଼ାଖର୍ଚ୍ଚରୁ ବଳାଇ ମୋତେ ମାସକୁ ଗୋଟିଏ ଟଙ୍କା ଦୁଇଜଣଙ୍କ ଚଳିବା ନିମନ୍ତେ ପଠାଇବାକୁ ପଡ଼ିଲା। ମୁଁ ଛାତ୍ରାବାସର ରହିବା କୋଠରି ଛାଡ଼ି ଆପାତତଃ କାମରେ ଲାଗୁନଥିବା ରୋଷାଇଘର ବଖରାକୁ ଘୁଞ୍ଚିଗଲି। ସେଠାରେ ଏକା ରହିବା ମୋତେ ବେଶ୍ ସୁହାଇଲା। ସେତେବେଳକୁ ମୋର ଖଣ୍ଡିଏ ମାତ୍ର ମୋଟା ଲୁଗା ଥାଏ। ରବିବାର ସକାଳେ ମୁଁ ଝରକାବାଟେ ସେଇଟି ଧୋବାକୁ ବଢ଼ାଇଦେଇ ଉପରଓଳି ପର୍ଯ୍ୟନ୍ତ କବାଟ କିଳି ରହିଥାଏ। ଧୋବା ସଜଧୋବ କରି ତାହା ସଞ୍ଜକୁ ଫେରାଇଦିଏ।

ଚନ୍ଦ୍ରମୋହନବାବୁ ତିନିମାସ ଛୁଟିରେ ଗଲେ। ଅସ୍ଥାୟୀ ପ୍ରଧାନଶିକ୍ଷକ ହେଲେ ଦ୍ୱିତୀୟ ଶିକ୍ଷକ ମାଖନଲାଲ ଗାଙ୍ଗୁଲି। ମାଖନବାବୁ ଦିନେ ମତେ ହଠାତ୍ କହିଲେ, "ଗୋଦାବରୀଶ, ମୁଁ ଆଜି ତୋ ଶୋଇବା ସ୍ଥାନ ଦେଖିବାକୁ ଯିବି।" ମୁଁ ତାଟକା ହୋଇଗଲି। କେତେକ ସମୟ ପରେ ମୁଁ ନିଜେ ଯାଇ ତାଙ୍କୁ ଡାକିଆଣିଲି। ସେ ଆସି କହିଲେ, "ମୁଁ ଭୁଲ ଖବର ପାଇଥିଲି। ଶୁଣିଲି ତୁ ଖାଲି ପଟା ଖଟରେ ଇଟାରେ ମୁଣ୍ଡ ଦେଇ ଶୋଉଛୁ। ତୋ ଅଭାବ କଥା ମୁଁ ଜାଣେ; ମାତ୍ର ଏମିତି ଚଳିବା କଣ ସହଜ? ଲୋକେ ତିଳକୁ ତାଳ କରି କହନ୍ତି।"

ତାଙ୍କର ଏ କଥା କହିବା ଯଥାର୍ଥ। ସେ ମୋ ଖଟରେ ସତରଞ୍ଜି ଉପରେ ଚାଦର ଓ ମାଣ୍ଡି ଦେଖିବାକୁ ପାଇଲେ। ମୁଁ ମନେକଲି, ସେ କଥା ସେତିକିରେ ସରିଲା। କିନ୍ତୁ ଦୁଇ ଚାରିଦିନ ପରେ ସେ ମୋତେ ଡାକି କହିଲେ, "ଗୋଦାବରୀଶ, ତୁ ମୋ ଛାତିରେ ଗୋଟିଏ ଶର ବିନ୍ଧିଦେଲୁ। ଶଶୀଦାଙ୍କର ଏତେ ପରିଶ୍ରମ ତୋଠେଇଁ ପଣ୍ଡ ହୋଇଗଲା। ମୁଁ ତାଙ୍କୁ ଚିଠି ଲେଖି ଜଣାଇବି।"

ସେତେବେଳକୁ ବିଚାରାଳୟରେ ମକଦ୍ଦମାର ଆସାମୀ ପରି ମୁଁ ଲଇଁପଡ଼ିଲିଣି। ତଥାପି ମୁଁ ମୁହଁ ଟେକି ଉତ୍ତରଦେଲି, "ଆଜ୍ଞା, ମୁଁ ଆପଣଙ୍କୁ ଠକିବା ମତଲବରେ ବା ବଡ଼ଲୋକି ଦେଖାଇବାକୁ ସେପରି କରି ନ ଥିଲି। ମୁଁ ବୁଝିଥିଲି ଯେ, ଆପଣ ପ୍ରକୃତ ଅବସ୍ଥା ଆଖିରେ ଦେଖିଥିଲେ ନିଜର ଖଣ୍ଡିଏ ଶେଯ ପଠାଇଦିଅନ୍ତେ। ତେଣୁ ମୁଁ ସାଥୀ ପିଲାଙ୍କଠାରୁ ସେସବୁ ମାଗିଆଣି ଆପଣଙ୍କୁ ଦେଖାଇଲି। ମୋର ତ ଚଳିଯାଉଛି, ମୋ ଲାଗି ଆପଣ ବ୍ୟସ୍ତ ହୁଅନ୍ତୁ ନାହିଁ।"

ଦ୍ୱିତୀୟ ଶିକ୍ଷକଙ୍କ ବେତନ ହାର ସେ ସମୟରେ ମାସିକ ପଚାଶ ଟଙ୍କା ଥିଲା। ମାଖନବାବୁ ଏମ୍.ଏ. ପାସ୍ କରି ସୁଦୂର ଢାକା ଜିଲାରୁ ସେହି ବେତନରେ ଆସିଥିଲେ। ବି.ଏ. ପାସ୍ କରି ତିରିଶ ଟଙ୍କା ବେତନରେ ରହିବାକୁ ଲୋକ ଆସନ୍ତି। ଜିନିଷପତ୍ର ସେ ସମୟରେ ଥିଲା ଖିବ୍ ଶସ୍ତା; ଟଙ୍କା ଓ କାଗଜ ମୁଦ୍ରାର ପରିମାଣ ଥିଲା କମ୍। ମାଖନବାବୁ ପୁରୀରେ କୁଟୁମ୍ବ ଧରି ଚଳନ୍ତି। ତଥାପି ପଚାଶ ଟଙ୍କା ବେତନରୁ ମାସକେ ପାଞ୍ଚ ସାତ ଟଙ୍କା ଗରିବ ପିଲାଙ୍କୁ ସାହାଯ୍ୟ କରନ୍ତି। 'ଶକ୍ତି' ସମ୍ବାଦପତ୍ରର ସମ୍ପାଦକ ପୂର୍ଣ୍ଣଚନ୍ଦ୍ର ଦାଶଙ୍କ ପିତା ଶିକ୍ଷକ ମାଗୁଣି ଦାଶ ତିରିଶ ଟଙ୍କା ବେତନରୁ ପହିଲା ତାରିଖ ଉପରଓଳି ପ୍ରତି ମାସରେ 'ସାମନ୍ତ' ବ୍ରାହ୍ମଣ ପିଲାଙ୍କୁ ନେଇ ତିନି ଚାରି ଟଙ୍କାର ମହାପ୍ରସାଦ ଖୁଆନ୍ତି। ସେତେବେଳେ ସମସ୍ତେ ସରଳ ଭାବରେ ଜୀବନ ଯାପନ କରୁଥିଲେ। ୧୯୦୬ ମସିହା ପର୍ଯ୍ୟନ୍ତ ପୁରୀକୁ ମୋଟରଗାଡ଼ି ଯାଇନଥିଲା। କଲେକ୍ଟର, ପୋଲିସ୍ ସୁପରିଣ୍ଟେଣ୍ଡେଣ୍ଟ୍ ଓ ସିଭିଲ୍‌ସର୍ଜନ୍ ଏହି ତିନିଜଣ ଗୋରା ହାକିମଙ୍କର ତିନିଖଣ୍ଡ ବାଇସାଇକେଲ ଥିଲା। ଛାତ୍ରମାନେ ଚାରି ପାଞ୍ଚ ମାଇଲ ଦୂରରୁ ସୁଦ୍ଧା ପାଦରେ ଚାଲି ପାଠ ପଢ଼ିବାକୁ ଆସୁଥିଲେ। ସିଗାରେଟ୍ ଚଳୁନଥିଲା। ଦର୍ପଣ ପାନିଆ ରଖୁଥିଲେ ଶହେ ପଚାଶକେ ଜଣେ ଜଣେ ପିଲା। ଗୋପବନ୍ଧୁବାବୁ ଖାନ୍‌ଦାନ୍ ଘରୁ ଆସିଥିଲେ ସୁଦ୍ଧା ବି.ଏ. ପାସ୍ କରିସାରି କଲିକତା ପଢ଼ିବାକୁ ଯିବା ପର୍ଯ୍ୟନ୍ତ ପାଦରେ ଜୋତା ଛୁଇଁନଥିଲେ କି ଦେହରେ କୁରୁତା ଗଳାଇ ନଥିଲେ।

ପୃଥିବୀରେ ଦୁଇଟି ପରସ୍ପର-ବିରୋଧୀ ମତବାଦ ରହିଛି। ସେଥିରୁ ଗୋଟିକର ଅନୁସରଣରେ ସକଳ ଦେଶରେ ଓ ସବୁ ଯୁଗରେ କେତେକ ଲୋକ ସରଳ ନିରାଡ଼ମ୍ବର ଭାବରେ ଚଳିଆସିଛନ୍ତି। ଭାରତ ଏକ ନିରାଡ଼ମ୍ବର ଦେଶ। ଏ ଦେଶରେ ରାଜାମାନେ ଉଦ୍‌ବୃତ୍ତ ରାଜସ୍ୱ ନିଜ ଭୋଗବିଳାସରେ ବ୍ୟୟ ନ କରି କୋଣାର୍କ, ପୁରୀ ବଡ଼ଦେଉଳ ଓ ଭୁବନେଶ୍ୱର ମନ୍ଦିର ପରି ଜାତୀୟ-ସୌଧ ନିର୍ମାଣରେ ଲଗାଉଥିଲେ। ଭଣ୍ଡାର ପୂର୍ଣ୍ଣ ହୋଇଯିବାର ଦେଖିଲେ, ଧନୀଲୋକ ନିଜ ଓଜନର ସୁନାରୂପା ଦରିଦ୍ରଙ୍କୁ ଦାନ କରି ଦେଉଥିଲେ। ରାଜନୀତି କ୍ଷେତ୍ରରେ 'ସାମ୍ୟବାଦ' ନାମ ବର୍ତ୍ତମାନ ଶୁଣାଯାଉଛି। ଧନ

ମୂଳ ଭିତ୍ତିରେ ଗଢ଼ା କଂଗ୍ରେସ ସରକାରକୁ ବିରୋଧ କରିବାରେ ସେହି କଂଗ୍ରେସ ଅନୁଷ୍ଠାନ ଭିତରୁ ତାର ଉତ୍ପତ୍ତି। କିନ୍ତୁ ସାମ୍ୟବାଦହିଁ ଭାରତୀୟ ସମାଜର ମୂଳମନ୍ତ୍ର। ତାର ଧ୍ୱଂସ କ୍ରମଶଃ ଘଟିଆସିଛି। ପଚାଶ ବର୍ଷ ପୂର୍ବର ପରିସ୍ଥିତି ଆଉ ଏବେ ନାହିଁ। ଗଣତନ୍ତ୍ର ଭାରତର ରାଷ୍ଟ୍ରପତି ମାସିକ ଦଶହଜାର ଟଙ୍କା ବେତନ ନେଉଛନ୍ତି ଓ ସାମ୍ରାଜ୍ୟବାଦୀ ଇଂରେଜ ସରକାରଙ୍କ ପ୍ରତିନିଧି କୋଟିପତି ବଡ଼ଲାଟମାନେ ଯେଉଁ ପ୍ରକାଣ୍ଡ ରାଜହର୍ମ୍ୟରେ ରହୁଥିଲେ ସେଠାରେ ବାସ କରୁଛନ୍ତି। ଚକ୍ରବର୍ତ୍ତୀ ରାଜଗୋପାଳଚାରୀ ଲର୍ଡ ମାଉଣ୍ଟବେଟେନ୍‌ଙ୍କ ଅନ୍ତେ ଭାରତର ବଡ଼ଲାଟ ଗାଦିରେ ବସି ମାସିକ କୋଡ଼ିଏ ହଜାର ନଅଶହ ଟଙ୍କା ବେତନ ଓ ନବେ ହଜାର ଟଙ୍କା ଅନ୍ୟାନ୍ୟ ଖର୍ଚ୍ଚ ବାବଦରେ ନେଲେ। ତା ବିରୁଦ୍ଧରେ ସମାଲୋଚନା ହୁଅନ୍ତେ ସ୍ୱାଧୀନ ଭାରତର ପ୍ରଧାନମନ୍ତ୍ରୀ ମାନ୍ୟବର ପଣ୍ଡିତ ଜବାହରଲାଲ ନେହେରୁ ତାହା ସମର୍ଥନ କରି କହିଲେ ଯେ, "ବଡ଼ଲାଟଙ୍କ ମର୍ଯ୍ୟାଦ ଅନ୍ୟଥା ରକ୍ଷା କରିବା ଅସମ୍ଭବ।"

ଏ ମତବାଦ ଭାରତର ମୌଳିକ ପ୍ରକୃତିର ବିପରୀତ। ବତିଶ ବର୍ଷ ବୟସରେ ଶଙ୍କରାଚାର୍ଯ୍ୟଙ୍କର ମୃତ୍ୟୁ। ହୁଏତ ବର୍ଷ ଦଶଟା କାର୍ଯ୍ୟ କରିବାକୁ ତାଙ୍କୁ ସମୟ ମିଳିଥିବ। ତାରି ଭିତରେ ସେ ସାରା ଭାରତ ପଦବ୍ରଜରେ ବୁଲି, ସୁପ୍ରତିଷ୍ଠିତ ବୌଦ୍ଧଧର୍ମ ଲୋପକରି, ହିନ୍ଦୁଧର୍ମର ପୁନଃପ୍ରତିଷ୍ଠା କରାଇଗଲେ। ବର୍ତ୍ତମାନ ସେ ଆଦର୍ଶ କାହିଁ? ବର୍ତ୍ତମାନ ଯୁଗ ହେଉଛି ଆଡ଼ମ୍ବର ଓ ଭୋଗବିଳାସର। ସେଥିରୁ ଥରକୁଥର ଯୁଦ୍ଧର ସୃଷ୍ଟି, ଯୁଦ୍ଧରୁ ଜଗତର କ୍ଷୟ, ଲୋକର ଧ୍ୱଂସ। ଭାରତ ନିଜତ୍ୱ ହରାଇ ପାଶ୍ଚାତ୍ୟ ପୁଞ୍ଜିବାଦ-ସ୍ରୋତରେ ଭାସିଚାଲିଛି। ସେଥିପାଇଁ ଲୋକେ ଆଜି 'ଅର୍ଥ ଅର୍ଥ' କହି ହାଇଁପାଇଁ ହେଉଛନ୍ତି। ତାଳୁରୁ ତଳିପା ପର୍ଯ୍ୟନ୍ତ ପ୍ରାୟ ସମସ୍ତେ ଅସାଧୁତାର ଆଶ୍ରୟ ନେବାରେ ବ୍ୟସ୍ତ। ଟଙ୍କା ହୋଇପଡ଼ିଛି ଜୀବନର ଏକମାତ୍ର କାମ୍ୟ। ଫଳରେ ଅର୍ଦ୍ଧଶତାବ୍ଦୀ ପୂର୍ବରୁ ପଚାଶ ଟଙ୍କା ବେତନ, ସିନେମା ସିଗାରେଟ୍ ତେଣିକି ଥାଉ, କେବଳ ଲୁଗାପଟାକୁ ଏବେ ନିଅଣ୍ଟ ହୋଇଯାଉଛି। ସମାଜର ଆର୍ଥିକ ଅବସ୍ଥାରେ ଘୋର ବୈଷମ୍ୟ ଘଟୁଛି। ଧନୀର ଭଣ୍ଡାରରେ ବେଶି ଧନ ଜମା ହେଉଛି, ଦରିଦ୍ର ଦରିଦ୍ରତର ପାଲଟୁଛି। ଉପର ସ୍ତରରେ ଲୋକେ ଯେତିକି ମୋଟାସୋଟା ହେଉଛନ୍ତି, ତଳସ୍ତରରେ ଅସଂଖ୍ୟ ଦୀନଦରିଦ୍ର ସେତିକି ନିଷ୍ପେଷିତ ହୋଇଯାଉଛନ୍ତି। ଏହାହିଁ ହେଉଛି ଏ ଯୁଗର ପ୍ରଗତି। ତୃଷାର୍ତ୍ତ ମୃଗତୃଷ୍ଣା ପଛରେ ଧାଇଁବା ପରି ଏହାରି ପଛରେ ଲକ୍ଷ ଲକ୍ଷ ଉଚ୍ଚାଭିଳାଷୀ ଆଖି ବୁଜି, ଅଣ୍ଟାଳି ଅଣ୍ଟାଳି ଗୋଡ଼େଇବାରେ ଲାଗିଛନ୍ତି।

ପୁରୀରୁ ରାଜଧାନୀକୁ

ଉତ୍କଳ ବିଶ୍ୱବିଦ୍ୟାଳୟରେ ପ୍ରବେଶିକା ପରୀକ୍ଷା ଦେଇ ୧୯୫୦ ମସିହାରେ ଚାରିହଜାର ଚାରିଶହ ଛାତ୍ରଙ୍କ ମଧ୍ୟରୁ ଦୁଇହଜାର ଦୁଇଶହ ତେୟାଅଶୀ ଉତ୍ତୀର୍ଣ୍ଣ ହେଲେ। କିନ୍ତୁ ଚଉରାଳିଶ ବର୍ଷ ପୂର୍ବେ, ୧୯୦୬ ମସିହାରେ, କେତେ ଛାତ୍ର ପରୀକ୍ଷା ଦେଇଥିଲେ କେଜାଣି, ଗଡ଼ଜାତ ସମେତ ସମଗ୍ର ଓଡ଼ିଶାରୁ ପାସ୍‌କଲେ କେବଳ ତେତିଶ ଜଣ। ସେତେବେଳକୁ ଓଡ଼ିଶା ବଙ୍ଗପ୍ରଦେଶରେ କଲିକତା ବିଶ୍ୱବିଦ୍ୟାଳୟ ଅଧୀନରେ ଥିଲା। ସେ ତେତିଶ ଜଣଙ୍କ ଭିତରୁ କେବଳ ଜଣେ ମନ୍ମଥନାଥ ବୋଷ ପ୍ରଥମ ଶ୍ରେଣୀରେ ପାସ୍ କଲେ, ଏଗାର ଜଣ ଦ୍ୱିତୀୟ ଶ୍ରେଣୀରେ ଓ ବାକି ଏକୋଇଶ ଜଣ ତୃତୀୟ ଶ୍ରେଣୀରେ ସ୍ଥାନ ପାଇଲେ। ମୁଁ ଦ୍ୱିତୀୟ ଶ୍ରେଣୀରେ ପାସ୍ କରି ଦଶଟଙ୍କିଆ ବୃତ୍ତି ପାଇଲି। ସେହି ଦ୍ୱିତୀୟ ଶ୍ରେଣୀରେ ତିନିଜଣ ପନ୍ଦରଟଙ୍କିଆ ବୃତ୍ତି ମଧ୍ୟ ପାଇଲେ। ତୃତୀୟ ଶ୍ରେଣୀରେ ପାସ୍‌କରିଥିବା ଛାତ୍ରଙ୍କ ମଧ୍ୟରୁ ସୁଦ୍ଧା ଦୁଇଜଣଙ୍କୁ ଦଶଟଙ୍କିଆ ବୃତ୍ତି ମିଳିଲା।

ମନ୍ମଥ ଏମ୍.ଏ. ପର୍ଯ୍ୟନ୍ତ ଭଲରେ ପାସ୍ କରିଗଲେ ଓ ପଢ଼ା ଶେଷରେ ଡେପୁଟି କଲେକ୍ଟର ପଦରେ ବାହାଲହେଲେ। ପରେ ଯେଉଁ ମନ୍ମଥନାଥ ବୋଷ ପୁରୀ, କଟକ ଓ ବାଲେଶ୍ୱର ଜିଲାମାନଙ୍କରେ ଜିଲା କଲେକ୍ଟର ପାହ୍ୟାରେ ରହିଲେ, ସେ ସେହି ମନ୍ମଥ। ପନ୍ଦରଟଙ୍କିଆ ବୃତ୍ତି ପାଇଥିବା ତିନିଜଣଙ୍କ ମଧ୍ୟରୁ କୃତ୍ତିବାସ ସାମନ୍ତରାୟ ଓ ବୀରେଶ୍ୱର ଚାଟର୍ଜି କଲେଜ ଅଧ୍ୟାପକ ହେଲେ। ବାକି ଜଣକ ବିଶେଷ ଉପରକୁ ଉଠିପାରିଲେନାହିଁ। ତୃତୀୟ ଶ୍ରେଣୀରେ ପାସ୍ କରି ବୃତ୍ତି ପାଇଥିବା ଛାତ୍ରଙ୍କ ମଧ୍ୟରୁ ଜଣେ ହେଉଛନ୍ତି ବୈରାଗୀ। 'ବିଧବା ବିବାହ'ର ସ୍ରଷ୍ଟାରୂପେ ଅଭିଆଡ଼ୀ ରହିଯାଉଥିବା ବାଳବିଧବାମାନଙ୍କର ମୁକ୍ତିଦାତା ଭାବରେ ନାମ କରିଛନ୍ତି ଯେଉଁ ବୈରାଗୀଚରଣ ମିଶ୍ର, ସେ ସେହି ବୈରାଗୀ।

ପ୍ରବେଶିକା ପରୀକ୍ଷାଫଳ ଓ ବୃତ୍ତି ଖବର ମଧ୍ୟରେ ମାସକ ଉପରେ ସମୟ

ମିଳିଲା। ସେହି ଅବସରରେ ମୁଁ ଯେଉଁ କେତେଖଣ୍ଡ ଚିଠିପତ୍ର ପାଇଲି, ସେଥିରୁ ଅଧିକାଂଶ ଗୋଟାଏ ପ୍ରକାର ଅନୁରୋଧରେ ପୂର୍ଣ୍ଣ। ଅନୁରୋଧଟି ହେଉଛି, ଖୋରଧା କଚେରିରେ କିରାନି କାର୍ଯ୍ୟରେ ବାହାଲ ହେବାକୁ ଚେଷ୍ଟାକରିବା। କେତେକ ହିତାଭିଳାଷୀ ବୟସ୍କ ବ୍ୟକ୍ତି ସେହି ଅନୁରୋଧ ମୌଖିକ କରିବା ନିମନ୍ତେ ଆମ ଘରକୁ ଯିବା ଶ୍ରମ ପର୍ଯ୍ୟନ୍ତ ସ୍ୱୀକାର କଲେ। ମୁଁ ଯଦି ସେସବୁ ଅନୁରୋଧ ରକ୍ଷାକରିଥାନ୍ତି, ନିୟମ ଅନୁସାରେ ତିରିଶ ବର୍ଷ ଚାକିରି କରିସାରି ପଚାଶ ବର୍ଷ ବୟସରେ ୧୯୩୬ ମସିହାରେ ଓଡ଼ିଶା ପ୍ରଦେଶ ଗଠିତ ହେବା ବର୍ଷ ଅବସର ଗ୍ରହଣ କରିଥାନ୍ତି। ସେତେବେଳକୁ ହୁଏତ ପୈତୃକ ସମ୍ପତ୍ତି ଦେଢ଼ ଏକର ଜମିକୁ ବଢ଼ାଇ, ପାଞ୍ଚ ସାତ ବାଟି କରିଥାନ୍ତି ଓ ବୁଢ଼ା ବୟସରେ ଗୋଡ଼ଉପରେ ଗୋଡ଼ ଥୋଇ ବସି ଖାଇବାକୁ ସମର୍ଥ ହୋଇଥାନ୍ତି। ସେତେବେଳେ ସେହି ଅନୁରୋଧ କରିଥିବା ବ୍ୟକ୍ତିଙ୍କ ମଧ୍ୟରୁ ଜଣେ ପାଞ୍ଚ ବର୍ଷ ପୂର୍ବେ ମୃତ୍ୟୁଶଯ୍ୟାରେ ପଡ଼ିଥିବା ସମୟରେ ମୋତେ କହିଲେ, "ବିଧାତା ତୁମ କପାଳେ ଦୁଃଖ ଲେଖିଥିଲା, ନୋହିଲେ କି ମୋ କଥା ଭାଙ୍ଗି ଦେଇଥାନ୍ତ ?"

ମୋ ବୃତ୍ତି ପାଇବା ସମ୍ବାଦ ଚନ୍ଦ୍ରମୋହନବାବୁଙ୍କ ଚିଠିରୁ ଜାଣିଲି। ସେତେବେଳକୁ ସେ କଟକ ନର୍ମାଲ ସ୍କୁଲକୁ ଦ୍ୱିତୀୟ ଶିକ୍ଷକ ପଦରେ ବଦଳି ହୋଇ ଆସିଥିଲେ। ସେ ଚିଠିରେ ଗୋଟିଏ ପ୍ରସ୍ତାବ ମଧ୍ୟ ଜଣାଇଥିଲେ। ପ୍ରସ୍ତାବଟି ହେଉଛି, ମୁଁ ତାଙ୍କ ବସାରେ ଆସି ରହି କଲେଜରେ ପଢ଼ିବି ଓ ମୋ ଖାଇବା ପିଇବା ଖର୍ଚ୍ଚ ବାବଦକୁ ତାଙ୍କ ବଡ଼ପୁଅ ରଜନୀକୁ ପଢ଼ାଇବି। ମୁଁ କିରାନି କାମ ପାଇଁ ଦରଖାସ୍ତ ଲେଖିବା ଓ କଲେଜରେ ନାମ ଲେଖାଇବା, ଏ ଦୁଇଟି ଭିତରେ ଅନ୍ଧଭାବରେ ଦୋଳାୟମାନ ହେଉଥିଲି। ଚିଠିଖଣ୍ଡି ମୋତେ ଗାଢ଼ ଅମାବାସ୍ୟା ଅନ୍ଧାରରେ ଆଲୋକରେଖା ଦେଖାଇଦେଲା। ସେତେବେଳକୁ ଆମ ଘରେ ଲୋକସଂଖ୍ୟା ବଢ଼ିଯାଇଥିଲା। ମୋ ଅନ୍ଧୁଣୀ ବୁଢ଼ୀମା ଓ ହଇଜା କବଳରୁ ବାହାରି ନାନା ରୋଗରେ ଛଟପଟ ହେଉଥିବା ପିଲା ଭଉଣୀଟି ଛଡ଼ା ମୋ ସ୍ତ୍ରୀ ଆସିଯାଇଥିଲେ। ସେମାନଙ୍କ ପ୍ରତିପୋଷଣ ଭାର ମୋରି ଉପରେ; ତାରି ସ୍ଥାନ ପ୍ରଥମେ, ମୋ କଲେଜପଢ଼ା ତା ତଳକୁ।

ମୁଁ ଯଥାସମୟରେ କଟକକୁ ଆସି କଲେଜରେ ନାମ ଲେଖାଇଲି ଓ ଚନ୍ଦ୍ରମୋହନବାବୁଙ୍କ ବସାରେ ରହିଲି। କିନ୍ତୁ ଜୀବନଟା ମୋତେ ଅତି ଶୀଘ୍ର ଦୁର୍ବହ ବୋଧହେଲା। ପୁରୀରେ ମୋର ପ୍ରାୟ ସାଢ଼େ ଚାରିବର୍ଷ ରହିବା ମଧ୍ୟରେ, ରୋଷେୟା ନ ଥିବା କାରଣରୁ, ରୋଷାଇ ପାଳି ମୋ ଭାଗରେ ମୋଟରେ ତିରିଶ ଦିନ ପଡ଼ିଥିବ।

କିନ୍ତୁ କଟକରେ ମାସକେ ପ୍ରାୟ ପନ୍ଦରଦିନ ପଢ଼ିବାକୁ ଲାଗିଲା। ଚନ୍ଦ୍ରମୋହନବାବୁ ଯେତିକି ଉପକାରୀ ମିତ୍ର, ସେତିକି କଡ଼ା ମୁନିବ। ସୁତରାଂ ପୂଜାରୀ ତାଙ୍କ ବସାରେ ଥୟ ଧରି ରହୁନଥିଲେ। ମୁଁ ତାଙ୍କ ପରିବାରରେ ଏକମାତ୍ର ବ୍ରାହ୍ମଣ ହୋଇଥିବାରୁ ହାଣ୍ଡି ଧରିବା ଅଧିକାର ଥିଲା ଏକା ମୋରି। ମୁଁ ରନ୍ଧନ ପରିପାଟୀ ଅବଶ୍ୟ ହାସଲ କରିନେଲି; କିନ୍ତୁ ଦୁଇଟା ଆନୁଷଙ୍ଗିକ ଅସୁବିଧା ବରାବର ବୋଧ କରିବାକୁ ଲାଗିଲି। ପ୍ରଥମ, ବେସରବାଟିବାଯୋଗେ ମୋ ହାତ ହଳଦିଆ ହୋଇଯାଏ, ତାହା ଦେଖି ସହପାଠୀମାନେ ମୋତେ ଥଟ୍ଟା କରନ୍ତି। ମୁଁ ଯେ ରୋଷାଇ କରି ପଢୁଛି, ସେ କଥା କହିବାକୁ ମୋତେ ଲାଜମାଡ଼େ। ଦ୍ୱିତୀୟରେ, ମୋତେ ବରାବର ପୂଜାରୀ ଓ ଚାକର କାର୍ଯ୍ୟ ତୁଲାଇବାର ଦେଖି ଦେଖି ମୋ ଛାତ୍ର ରଜନୀ ଧରିନେଲା ଯେ ମୁଁ ତାଙ୍କ ଘରର ଭୃତ୍ୟ। ସେ ମୋଠାରୁ ବୟସରେ ବହୁତ ସାନ, ବୋଧହୁଏ ସପ୍ତମ ଶ୍ରେଣୀରେ ପଢୁଥିଲା। ତାହା ତୁଣ୍ଡରୁ 'ଗୋଦାବରୀଶ' ଡାକ ଶୁଣିଲେ ମୋ ନାଡ଼ି ଛାଡ଼ିଯାଉଥିଲା। ପଢ଼ାପଢ଼ିରେ ଯେ ବ୍ୟାଘାତ ଜନ୍ମୁ ଥିଲା, ତାହା ତୃତୀୟ ଅସୁବିଧା; ତାକୁ ମୁଁ ବିଶେଷ ମଣୁନଥିଲି।

କଲେଜରେ ପ୍ରଥମ ଶ୍ରେଣୀରେ ପ୍ରବେଶକଲୁ ମୋଟ ଅଠାଇଶ ଜଣ 'ଛାତ୍ର' ଛାତ୍ର ଶବ୍ଦର ତାତ୍ପର୍ଯ୍ୟ ଅଛି। ସେତେବେଳକୁ ଝିଅମାନେ ଏବ ପରି ପୁଅମାନଙ୍କ ସହିତ 'ସହଶିକ୍ଷା' କରିନଥିଲେ। 'ସ୍ତ୍ରୀଶିକ୍ଷା' ସେ ସମୟରେ ଥିଲା ପ୍ରବନ୍ଧର ବିଷୟ। ମୁଁ ସ୍କୁଲ ଓ କଲେଜ ମିଶି ସେ ବିଷୟରେ ଅନ୍ତତଃ ପଚାଶ ଥର ପ୍ରବନ୍ଧ ଲେଖିଥିବି। କଟକ କଲେଜରେ କେବଳ ପ୍ରଧାନ ଅଧ୍ୟାପକ ଗୋରା ରହୁଥିଲେ। କିନ୍ତୁ ମୁଁ ନାମ ଲେଖାଇବାବେଳକୁ ପ୍ରଧାନ ଅଧ୍ୟାପକ ହୋଇଥିଲେ ବିପିନବିହାରୀ ଗୁପ୍ତ- 'ବି.ଭି. ଗୁପ୍ତ' ପାଟୀଗଣିତ ବହିର ଲେଖକ। ତାଙ୍କ ପରେ ବହୁକାଳ ସେ ପଦକୁ କେବଳ ଗୋରା, ବଛା ହୋଇ ଆସିଲେ। କଟକ ରେଭେନ୍‌ସା କଲେଜରେ ପ୍ରଥମ ଓଡ଼ିଆ ପ୍ରଧାନ ଅଧ୍ୟାପକ ହେଉଛନ୍ତି ଶ୍ୟାମଚନ୍ଦ୍ର ତ୍ରିପାଠୀ। ଓଡ଼ିଶା ସ୍ୱତନ୍ତ୍ର ପ୍ରଦେଶ ହେବା ପରେ ତାଙ୍କୁ ସେ ପଦ ମିଳିଲା। ଏବେ ଓଡ଼ିଶାରେ କଲେଜ ବହୁତ, ଓଡ଼ିଆ ଅଧ୍ୟାପକ ଅନେକ। ସେମାନଙ୍କ ମଧ୍ୟରେ ଧୁଆମୂଳା ଓ ଅଧୁଆମୂଳା ପାର୍ଥକ୍ୟ ଧରାଯାଉନାହିଁ। ମଝିରେ ବିଦ୍ୟାଚର୍ଚ୍ଚା ଅପେକ୍ଷା ପଶାଖେଳ ବଡ଼ ଆସନ ପାଇଥିଲା। ଜଣେ ଅଧ୍ୟାପକ ସ୍ପଷ୍ଟ କହୁଥିଲେ, "କଣ ଭାବିଚ ଆମେ ପଢ଼ାଇବାକୁ ଦରମା ପାଉଚୁ? ଆମେ ଯେ ଦିନେ ଭଲ ପଢୁଥିଲୁ ଏ ଦରମା ତାରି ପୁରସ୍କାର।"

ମୋ ପଢ଼ିବାବେଳେ ରେଭେନ୍‌ସା କଲେଜରେ ଜଣେ ସୁଦ୍ଧା ଓଡ଼ିଆ ଅଧ୍ୟାପକ ନଥିଲେ, ସମସ୍ତେ ବଙ୍ଗାଳୀ। ସେମାନେ ପ୍ରାୟ ସମସ୍ତେ ବିଦ୍ୟା ଓ ଚରିତ୍ରରେ ଆଦର୍ଶ ବିବେଚିତ ହେଉଥିଲେ। ଉଦ୍ଭିଦବିଦ୍ୟା ଅଧ୍ୟାପକ ଯୋଗେଶଚନ୍ଦ୍ର ରାୟଙ୍କୁ ଏବେ ପ୍ରାୟ

ନବେ ବର୍ଷ ବୟସ ହେବଣି। ସେ ତାଙ୍କ ଜନ୍ମସ୍ଥାନ ବାଙ୍କୁଡ଼ାରେ ବସି ଅଦ୍ୟାପି ଲେଖାପଢ଼ା ଚଳାଇଛନ୍ତି। ଆମ ଓଡ଼ିଆ ଜାତିର ଗୌରବ ପଠାଣି ସାମନ୍ତଙ୍କୁ ସୁଧୀସମାଜରେ ଚିହ୍ନାଇବା ଲୋକ ହେଉଛନ୍ତି ସେ। ଇଂରେଜୀ ସାହିତ୍ୟ ଅଧ୍ୟାପକ ଗୋପାଳଚନ୍ଦ୍ର ଗାଙ୍ଗୁଲି ବିଗତ ବର୍ଷ କଲିକତାରେ ନିଜର ଅଶୀତିତମ ଜନ୍ମତିଥି ପାଳନ କଲେ। ବିଧୁବାବୁ ଦର୍ଶନ ଅଧ୍ୟାପକ ଥିଲେ। ମୁଁ ବି.ଏ. ପାସ୍ କରି କଲିକତାରେ ପଢ଼ିବାକୁ ଗଲି, ତାଙ୍କର ମଧ୍ୟ କଲିକତାକୁ ବଦଳି ହେଲା। ଦିନେ ସେ ଗୋଟିଏ କମଳା ଧରି ପ୍ରାୟ ଦେଢ଼ମାଇଲ ବାଟ ଚାଲି ମୋ ପାଖରେ ଆସି ପହଞ୍ଚି କହିଲେ, "ଗୋଦାବରୀଶ, ଜଣେ ଛାତ୍ର ମୋତେ ଯୋଡ଼ିଏ କମଳା ଉପହାର ଦେଲା। ତୁ ତ ମୋର ଜଣେ ପୁରୁଣା ଛାତ୍ର, ତୋତେ ଗୋଟିଏ ନ ଦେଇ ମୁଁ ଖାଆନ୍ତି କିପରି ?" ସେ ସମୟରେ ଛାତ୍ରମାନେ ଅଧ୍ୟାପକମାନଙ୍କୁ ଯେ ଶ୍ରଦ୍ଧା ଭକ୍ତି କରୁଥିଲେ, ସେଥିରେ ଆଶ୍ଚର୍ଯ୍ୟର କାରଣ ନାହିଁ; କିନ୍ତୁ ଛବିର ଅନ୍ୟ ପାଖ ମଧ୍ୟ ଥିଲା। ଜଣେ ଛାତ୍ରଙ୍କ ମୁହଁରୁ ଶୁଣାଗଲା ଯେ, ସେ ଜଣେ ଅଧ୍ୟାପକଙ୍କୁ କୌଣସି ବେଶ୍ୟାଘରେ ଭେଟିଥିଲେ। ସେ କଥା ଶୁଣି କେହି ମଧ୍ୟ ଅବିଶ୍ୱାସ କଲେନାହିଁ।

ପଢ଼ାପଢ଼ିରେ ଯେତେ ବ୍ୟାଘାତ ହେଲେ ସୁଦ୍ଧା ଚନ୍ଦ୍ରମୋହନବାବୁଙ୍କ ବସା ଛାଡ଼ି ଅନ୍ୟତ୍ର ଚାଲିଯିବାକୁ ମୁଁ ନିଷ୍ପତ୍ତି କରିପାରେ ନାହିଁ। ତାଙ୍କ ମୁହଁକୁ ଚାହିଁଲେ ମୋ ଦୁର୍ଭାବନାସବୁ ସକାଳର ଶିଶିରବିନ୍ଦୁ ପରି ଉଭାଇଯାଏ। କିନ୍ତୁ ଦିନେ ହଠାତ୍ ଗୋଟିଏ ଘଟଣା ଘଟିଗଲା। ମୋତେ ବିନା ମଶାରିରେ ଶୋଇବାକୁ ପଡ଼େ। ଈଶାନବାବୁ ଚନ୍ଦ୍ରମୋହନବାବୁଙ୍କର ଜଣେ ସଙ୍ଗୀ। ସେ ଦିନେ ସନ୍ଧ୍ୟାରେ ତାଙ୍କ ବସାରେ ଆସି ପହଞ୍ଚିଲେ। ଖିଆପିଆ ପରେ ସମସ୍ତେ ଶୋଇବାକୁ ଗଲେ, କିନ୍ତୁ ରାତିଅଧରେ ଈଶାନବାବୁ ମୋତେ ଉଠାଇ ମଶାରି ଦେଲେ। ମୋର କଷ୍ଟ ଦେଖି, ସେ ନିଜେ ନ ଶୋଇ, ବଜାରକୁ ସେହି ରାତିରେ ଯାଇ ତାହା କିଣିଆଣିଥିଲେ। ଘଟଣାଟା ମୋତେ ଭାରି ଅଡୁଆ ଲାଗିଲା। ସେ ସମୟରେ କେତେଦିନ ପୂଜାରୀ ନଥିଲା। ମୋ ମନରେ କି ଭାବ ଜାଗିଉଠିଲା କେଜାଣି, ଗୋଟାଏ ସାମାନ୍ୟ କଥାରେ ମୁଁ ନିଜ ଗୋଡ଼ ନିଜେ ଖସାଇ ରସାତଳକୁ ଚାଲିଗଲି। ଖାଇବାବେଳେ ମୁଁ ଘିଅ ପ୍ରତିଦିନ ପରଷେ, ଅଥଚ ଖାଏ ନାହିଁ। ଦିନେ କେହି ନଥିବାବେଳେ ଶିକାରୁ ଘିଅଘଡ଼ିଟି କାଢ଼ି ମେଞ୍ଚାଏ ଘିଅ ଆଙ୍ଗୁଠିରେ ଧରି ପାଟିରେ ପୂରାଇଦେଲି। ମୁଁ ସବୁ ଗିଳିନାହିଁ, ତୋଟି ବନ୍ଦହୋଇଆସିଲା। ଚନ୍ଦ୍ରମୋହନବାବୁଙ୍କ ମୂର୍ତ୍ତି ଆଖି ଆଗରେ ଦିଶିଗଲା। କାନକୁ ଶୁଭିଗଲା- "ଗୋଦାବରୀଶ, ଏ କଣ କଲ ?"

ମୁଁ ଚନ୍ଦ୍ରମୋହନବାବୁଙ୍କ ଆଗେ ଦୋଷ ପ୍ରକାଶ କରିପାରିଲି ନାହିଁ; ମାତ୍ର

ଶଶୀଦାଙ୍କ ପାଖକୁ ଚିଠିରେ ଜଣାଇ ଅନ୍ୟତ୍ର ଯାଇ ରହିବାକୁ ପ୍ରସ୍ତାବ କଲି। କଲେଜରେ ମୋର ଦ୍ୱିତୀୟ ବର୍ଷର ଆରମ୍ଭ। ଚନ୍ଦ୍ରମୋହନବାବୁ ସେତେବେଳେ ମୋତେ ବସାରେ ରଖିବା ନିମନ୍ତେ ମୋର ବିଶେଷ ସୁବିଧା କରିଦେଲେ; ପୁଅକୁ ପଢ଼ାଇବା ନିମନ୍ତେ ଆଉ ଜଣେ ଶିକ୍ଷକ ରଖିଲେ ଓ ପୂଜାରୀ ନପଳାଇ ଯେପରି ରହିବ ସେପରି ବ୍ୟବସ୍ଥା କଲେ। ମାତ୍ର ମୁଁ ଘିଅ ଖାଇବା ଘଟଣାଟା ନକହି ରହିବି କିପରି? ମୁଁ କେତେ ଥର ସାହସରେ ତାଙ୍କ ପାଖକୁ ଯାଏ, ଅଥଚ ନ କହି ଫେରିଆସେ। ମୁଁ ଯେତେ ଥର ଫେରେ ମୋତେ ସେତିକି ଅଥୟ ଲାଗେ। ଦିନେ ଗୋଟାଏ ସୁଯୋଗ ମିଳିଲା। ମୁଁ ବସାଖର୍ଚ୍ଚ ହିସାବ ରଖୁଥିଲି। ଚନ୍ଦ୍ରମୋହନବାବୁ ବେତନ ପାଇବା ଦିନ ମାସକ ଖର୍ଚ୍ଚ ବାବଦକୁ ଷାଠିଏ ଟଙ୍କା ମୋ ହାତରେ ଧରେଇଦିଅନ୍ତି। ମୁଁ ତାଙ୍କୁ ସେହି ଟଙ୍କା ଯାଇ ମାଗିଲି। ସେ ଅବାକ୍ ହୋଇଗଲେ। କହିଲେ, "ଗୋଦାବରୀଶ, ତୁମକୁ ମୁଁ ଯାହା ମଣିଥିଲି ତୁମେ ତାହା ନୁହଁ ଦେଖୁଛି।" ମୁଁ ବୁଝିଲି ଯେ, ମୁଁ ପ୍ରକୃତରେ ତା ନୁହେଁ। ଚୋର ମନ ଗଣ୍ଡିରେ। ମୋ ମନଟା ହଠାତ୍ ସେହି ଘିଅଖିଆ ଘଟଣାକୁ ଚାଲିଗଲା। ମୁଁ ଭୋ ଭୋ କାନ୍ଦିପକାଇଲି। ତାଙ୍କ ମନକୁ ଗଲା ଯେ, ସେ ଟଙ୍କା ମୋତେ ଦେଇନାହାନ୍ତି। ସେ ନିଜ କୁରୁତା ମୁଣିରୁ ଟଙ୍କା ଖୋଜି ବାହାର କରି ଆଣିଲେ। ମୁଁ ମୋ ପେଟରେ ଘାଣ୍ଟି ହେଉଥିବା କଥାଟା କହିପକାଇଲି। ଶୁଣିସାରି ସେ ଆଶ୍ୱାସନା ଦେଲେ, "ଦୋଷକୁ ଦୋଷ କଟିଗଲା। ଆଉ ମନ ବ୍ୟସ୍ତ କର ନାହିଁ, ରହି ପଢ଼ାପଢ଼ିରେ ଲାଗ।"

ପ୍ରଥମ ବର୍ଷଠାରୁ ଦ୍ୱିତୀୟ ବର୍ଷ ମୋର ଭଲରେ କଟିଲା। ରଜନୀର ମୋତେ ନାମ ଧରି ଡାକିବା ସୁଯୋଗ କମିଗଲା। ମୋ ହାତ ହଳଦିଆ ଦିଶିଲା ନାହିଁ। କ୍ରମେ ସହପାଠୀମାନେ ମୋତେ ଭିନ୍ନ ଦୃଷ୍ଟିରେ ଦେଖିଲେ। ଶ୍ରେଣୀରେ ପଢ଼ାପଢ଼ି ନୋହୁଥିବାବେଳେ ମୁଁ କଲେଜ ବଗିଚାକୁ ଚାଲିଯାଏ ଓ କେବେ କେବେ ଘାସରେ ଶୋଇପଡ଼େ। ସେଥିପାଇଁ ସହପାଠୀଙ୍କ ମଧ୍ୟରେ ମୋ ନାମ ହୋଇଗଲା 'ୱାର୍ଡସ୍‌ୱାର୍ଥ'। ଏବେ କଟକରେ 'ରାମକୃଷ୍ଣ କୁଟୀର' ନାମରେ ଗୋଟିଏ ଛୋଟିଆ ଛାତ୍ରାବାସ ଅଛି। ତାର ପରିକଳ୍ପନା ଗୋପାଳଚନ୍ଦ୍ର ପ୍ରହରାଜ ଓ ମୋ ସହପାଠୀ କୃଷ୍ଣଚନ୍ଦ୍ର ସେନଗୁପ୍ତଙ୍କ ମଧ୍ୟରେ ହୋଇଥିଲା। ତା ନିମନ୍ତେ ପାଣ୍ଠି ସଂଗ୍ରହ କରିବା ପାଇଁ ମୁଷ୍ଟିଭିକ୍ଷାର ଆଶ୍ରୟ ନିଆଗଲା। ଆମେ କେତେଜଣ ପିଲା ପ୍ରତି ରବିବାର ସକାଳଓଳି ମୁଷ୍ଟିଭିକ୍ଷା ସଂଗ୍ରହରେ ବାହାରୁ। ମୁଁ ସକାଳୁ ବାହାରିପଡ଼ି ଦୁଇପ୍ରହରକୁ ବସ୍ତାଏ ଚାଉଳ ମୁଣ୍ଡାଇ କୃଷ୍ଣଚନ୍ଦ୍ରଙ୍କ ଘରକୁ ଫେରେ। ପୃଥିବୀରେ କେତେ ଲୋକ କେତେ ଉପାୟରେ ଲୋକଙ୍କୁ ଚିହ୍ନନ୍ତି। ଭିକ୍ଷା ସଂଗ୍ରହ କରିବା ଲୋକ ଯେ ମଧ୍ୟ ଲୋକ ଚିହ୍ନିପାରେ, ତାହା ମୁଁ ନିଜ ଅନୁଭୂତିରୁ

ଜାଣିଲି । କେତେ ଘରୁ ଗାଳି ଶୁଣିବାକୁ ପଡ଼େ, କେତେ ଦ୍ୱାରେ ଆଣ୍ଠୁ ଭାଙ୍ଗି ଦଶ ପାଞ୍ଚ ମିନିଟ୍ ଠିଆହୋଇ ଶେଷରେ ଖାଲି ହାତରେ ଫେରିବାକୁ ହୁଏ, ଆଉ କେତେ ଘରୁ ଆଶାନୁରୂପ ଦାନ ସହଜରେ ମିଳିଥାଏ । ସେ ଭିତରୁ ଗୋଟିଏ ଗୋକୁଳାନନ୍ଦ ଚୌଧୁରୀଙ୍କ ଘର । ତାଙ୍କ ବଡ଼ପୁଅ ଗୋପବନ୍ଧୁ ମୋତେ ଦେଖିବାମାତ୍ରେ ଆଗ୍ରହରେ ଧାଇଁଯାଇ ଦୁଇସେର ଖଣ୍ଡେ ସରୁ ସଫା ଚାଉଳ ଆଣି ମୋ ବସ୍ତାରେ ଢାଳିଦିଏ । ସେତେବେଳକୁ ଗୋପବନ୍ଧୁ ଦାସ ଉଦୀୟମାନ ଜନନାୟକ ଭାବରେ ନାମ କରିଥାନ୍ତି । ମୁଁ ମନକୁ ମନ କହେ, "ଏ ଟୋକା ବି ଦିନେ ତାଙ୍କରି ପରି ହେବ ନା କଣ ! 'ଗୋପବନ୍ଧୁ' ନାଁରେ କିଛି ବିଶେଷତ୍ୱ ଥିବ ପରା !" ପରେ କେତେକ କ୍ଷେତ୍ରରେ ଗୋପବନ୍ଧୁ ଚୌଧୁରୀଙ୍କ ସହିତ ମୋତେ ଏକତ୍ର କାର୍ଯ୍ୟ କରିବାକୁ ପଡ଼ିଛି । ସେଥିରୁ ମୋର ଧାରଣା ଜନ୍ମିଛି ଯେ, ତାଙ୍କ ବିଷୟରେ ମୋ ମନରେ ଗଚ୍ଛିତ ଆଶା ପୂର୍ଣ୍ଣ କରିବାକୁ ତାଙ୍କୁ ଆଉ କେତେ କାଳ ଲାଗିବ ।

୧୯୦୫ ମସିହାରେ ସାରା ଭାରତରେ ଯେଉଁ ନୂଆ ତରଙ୍ଗ ଖେଳି ଯାଇଥିଲା, କାଳପାରାବାରରେ ତାହା କ୍ରମଶଃ ପୁଷ୍ଟ ହେବାରେ ଲାଗିଲା । ସ୍ଥାନେ ସ୍ଥାନେ ଜାତୀୟ ବିଦ୍ୟାଳୟମାନ ଖୋଲାଗଲା । ଅରବିନ୍ଦ ଘୋଷଙ୍କ ନେତୃତ୍ୱରେ କଲିକତାରେ ଗୋଟିଏ ଜାତୀୟ ବିଶ୍ୱବିଦ୍ୟାଳୟ ପ୍ରତିଷ୍ଠିତ ହେଲା । 'ବନ୍ଦେ ମାତରଂ' ଦୈନିକ ପତ୍ରିକାରେ ଇଂରେଜ ସରକାରଙ୍କ ଶାସନନୀତିର ତୀବ୍ର ସମାଲୋଚନାମାନ ବାହାରିଲା । ଛାତ୍ରମହଲରେ ଚାଞ୍ଚଲ୍ୟ ପ୍ରକାଶ ପାଇଲା । ଇଂରାଜୀ ଶିକ୍ଷାପ୍ରତି ବିତୃଷ୍ଣା ଜନ୍ମିଲା । ଠିକ୍ ବୁଝିବସିଲେ, ଛାତ୍ର ସମାଜ ହେଉଛି ଇନ୍ଧନ, ଶୀଘ୍ର ଲିଭିଗଲେ ସୁଦ୍ଧା ସେହିପରି ଅଳ୍ପକେ ଜଳିଉଠେ । ନୂତନ ଆନ୍ଦୋଳନ, ବୟସ୍କ ବା ରକ୍ଷଣଶୀଳ ଲୋକଙ୍କୁ ଛାଡ଼ି, ସେହି ସମାଜରେ ସହଜରେ ପ୍ରବେଶ କରିପାରେ ଏବଂ ଗଲାବେଳେ ତାରି ଭିତରୁ ଅଲକ୍ଷିତ ଭାବରେ ଅବାଧରେ ଚାଲି ମଧ୍ୟ ଯାଇପାରେ । ପଥର କୋଇଲାରେ ନିଆଁ ଧରାଇବା ପାଇଁ କିରୋସିନି ତେଲରେ ବୁଡ଼ା କାଗଜ ଲୋଡ଼ାହୁଏ । ଅବଶ୍ୟ ଥରେ ନିଆଁ ଧରିଗଲେ କୋଇଲା ତେଣିକି ଆପେ ଆପେ ଜଳିବାକୁ ଲାଗେ । ନୂଆ ମତବାଦର ପ୍ରଚାର କାର୍ଯ୍ୟରେ ଛାତ୍ରମାନଙ୍କ ଉପଯୋଗିତାର ମୂଲ୍ୟ ଅସ୍ୱୀକାର କରିହେବ ନାହିଁ ।

୧୯୦୭ ମସିହା କଟକ ପକ୍ଷେ ନାଡ଼ିସ୍ପନ୍ଦନର ପ୍ରଶସ୍ତ ସମୟ ହୋଇଉଠିଲା । ରେଭେନ୍‌ସା କଲେଜର ଛାତ୍ରମାନେ ନୂତନ ଜାଗରଣରେ କୁହୁଳୁଥିଲେ । ମେଦିନୀପୁରର ଦଳେ ଯୁବକ ସେମାନଙ୍କ ମଧ୍ୟରେ ଆସି ପହଞ୍ଚିଗଲେ । ମେଦିନୀପୁର ବଙ୍ଗଭାଷୀ ଅଞ୍ଚଳ ମଧ୍ୟରେ ଗଣାଯାଉଥିଲେ ସୁଦ୍ଧା ପ୍ରକୃତରେ ଓଡ଼ିଆ ଜିଲ୍ଲା । ଆମ ଜେନା, ମହାନ୍ତି, ପଣ୍ଡା ପ୍ରଭୃତି ସଂଜ୍ଞା ସେଠାରେ 'ଜାନା' 'ମାଇତି' 'ପାଁଜା' ଆଦିରେ ପରିଣତ ସିନା ହୋଇଯାଇଛି, ଭିତରର ମାନବପ୍ରକୃତି ଅକ୍ଷୁଣ୍ଣ ରହିଛି । ସେ ଯୁବକମାନଙ୍କ ମଧ୍ୟରେ

ଖୁଦିରାମ ଜଣେ ଅଳ୍ପ ବୟସର ଯୁବକ। ତା କଥା କହିବା ଢଙ୍ଗ, ମୁହଁଭଙ୍ଗୀ, ହସର ପ୍ରକାର, ଆଖିର ଚାହାଣି ଓ ହାତର ଚପଳତାରୁ ମନେହେଉଥିଲା ଯେ ସେ ସାଧାରଣ ମଣିଷସମାଜରୁ ଅଲଗା। କେତେ ଦିନ ପାଇଁ କଟକର ଛାତ୍ରମହଲରେ ସେ ହେଲା ସୂର୍ଯ୍ୟ; ଆମମାନେ ଗ୍ରହ-ଉପଗ୍ରହ ପରି ତା ଚାରିପାଖେ ବିଭିନ୍ନ ଦୂରତାରେ ପରିକ୍ରମଣ କରିବାରେ ଲାଗିଲୁ। ମୁଁ ମନେକରୁଛି, ମୋ ସ୍ଥାନ ହେଲା କୋଡ଼ିଏ ବର୍ଷ ତଳେ ଆବିଷ୍କୃତ ହୋଇଥିବା ନୂଆ ନବମ ଗ୍ରହ ପ୍ଳୁଟୋର କକ୍ଷ। ଶୁକ୍ର, ମଙ୍ଗଳ, ବୃହସ୍ପତି ହେବାର ସୁଯୋଗ ଛାତ୍ରାବାସରେ ଥିବା ପିଲାଙ୍କ ଭାଗ୍ୟରେ ପଡ଼ିଲା।

ମେଦିନୀପୁରରୁ ଆଗତ ଯୁବକମାନେ ଅଳ୍ପଦିନ ରହି କଟକରେ ଦିନେ ତରଙ୍ଗ ଖେଳାଇ ଚାଲିଗଲେ। କେତେକ ମାସ ପରେ ବିହାର ମୁଜାଫରପୁରରେ କେନେଡ଼ି ସାହେବଙ୍କୁ ହତ୍ୟା କରିଥିବା ଅଭିଯୋଗରେ ଖୁଦିରାମ ବୋଷ ନାମକ ଜଣେ ଯୁବକ ଧରାହେଲେ। ସୁଦୂର କଟକରେ ହୁଲସ୍ଥୁଲ ପଡ଼ିଗଲା। କେହି କେହି କହିଲେ ଯେ, ସେମାନେ ତାହା ଅନୁମାନ କରିଥିଲେ। ଜଣେ ଅଧ୍ୟକ୍ଷଙ୍କଠାରୁ ଶୁଣାଗଲା, ସେମାନେ ଖୁଦିରାମଙ୍କ ମୁହଁରୁ ସେପ୍ରକାର କଳ୍ପନା ଜଳ୍ପନା ଶୁଣିଥିଲେ। ଖୁଦିରାମଙ୍କର କେନେଡ଼ି ସାହେବଙ୍କୁ ମାରିବା ଉଦ୍ଦେଶ୍ୟ ନଥିଲା, ସେ କିଂସ୍‌ଫୋର୍ଡ ସାହେବଙ୍କୁ ଖୋଜୁଥିଲେ। କିଂସ୍‌ଫୋର୍ଡ ଯିବା ବାଟରେ ଅପ୍ରତ୍ୟାଶିତ ଭାବରେ ଗଲେ କେନେଡ଼ି। ମାତ୍ର ବୋମା ଖୁଦିରାମଙ୍କ ହାତରୁ ଖସିଯାଇଥିଲା- କେନେଡ଼ି ମଲେ, କିଂସ୍‌ଫୋର୍ଡ ଭାଗ୍ୟବଳରେ ବର୍ତ୍ତିଗଲେ। ଖୁଦିରାମ ଘଟଣାସ୍ଥଳରୁ ପଳାଇଲେ, ମାତ୍ର ପରେ ପୁଲିସର ହାତ ଏଡ଼ି ପାରିଲେ ନାହିଁ।

ବିଚାରରେ ଖୁଦିରାମଙ୍କୁ ଫାଶୀ ହେଲା ସତ; କିନ୍ତୁ ଚାଳିଶ ବର୍ଷ ପରେ ଭାରତରୁ ଇଂରେଜ ଅଧିକାର ଲୋପପାଇବାର ମୂଳଦୁଆ ସେହିଥିରେ ପଡ଼ିଗଲା। କିଂସ୍‌ଫୋର୍ଡ ଜିଲା ଜଜ୍ ଥିଲେ ଏବଂ ସ୍ୱଦେଶୀ ମକଦ୍ଦମାର ଆସାମୀମାନଙ୍କୁ କଠିନ ଦଣ୍ଡ ଦେଉଥିଲେ। ସ୍ୱଦେଶୀ ଆନ୍ଦୋଳନର ସାଫଲ୍ୟ ନିମନ୍ତେ ଖୁଦିରାମ ତାଙ୍କ ପ୍ରାଣ ନେବାକୁ ବାହାରିଥିଲେ। କେତେ କାଳ ପରେ କିଂସ୍‌ଫୋର୍ଡ ଘଟଣାଚକ୍ରରେ କଟକକୁ ବଦଳି ହୋଇଆସିଲେ। 'ମାଡ଼କୁ ମହାଦେବ ଡରନ୍ତି'। କଟକରେ ହୁଏତ ଖୁଦିରାମଙ୍କ ଅନ୍ତରାତ୍ମା ଆସି ରହିଲା। କିଂସ୍‌ଫୋର୍ଡ କଠିନ ଶାସ୍ତି ଦେବା ଅଭ୍ୟାସ ଛାଡ଼ିଦେଲେ; ଏପରିକି ପୁଲିସଙ୍କ ଆଡୁ ତଦ୍‌ବିଦରେ ସାମାନ୍ୟ ଶିଥିଳତା ଦେଖିଲେ ସେ ସଙ୍ଗିନ୍ ମକଦ୍ଦମାରେ ସୁଦ୍ଧା ଆସାମୀମାନଙ୍କୁ ଖଲାସ କରିବାରେ ଲାଗିଲେ। ଆସନ୍ନ ହତ୍ୟାରୁ ଅଚାନକଭାବେ ରକ୍ଷା ପାଇଯିବା ପରେ ତାଙ୍କ ସ୍ୱଭାବ ବୋଧହୁଏ ବଦଳିଗଲା। ଯମକବଳରୁ ଖସିଯିବା ଫଳରେ ଅନେକଙ୍କର ଏପରି ପରିବର୍ତ୍ତନ ଘଟେ।

■

୧୯୦୭-୧୯୦୮

କଟକରେ ବର୍ତ୍ତମାନ ଲୋକସଂଖ୍ୟା ବଢ଼ିଛି, ହାକିମହୁକୁମା ବହୁତ ରହିଛନ୍ତି, ଯାନବାହନ ଅଧିକ ଚାଲୁଛି, ନୂଆ ନୂଆ ଘର ତିଆରି ହେଉଛି, କିଣାବିକା ବୃଦ୍ଧି ପାଇଛି। ଦୋକାନବଜାର କ୍ରମଶଃ ସ୍ଥାନ ମାଡ଼ି ବ୍ୟାପୁଛି; କିନ୍ତୁ ଲୋକେ ଯେ ବେଶି ଉପଯୁକ୍ତ ହୋଇଛନ୍ତି, ତା ନୁହେଁ। ଭାତହାଣ୍ଡିରୁ ଗୋଟିଏ ଚିପିଲେ ତାର ପ୍ରମାଣ ମିଳିବ। ପୂର୍ବେ କଟକ ମ୍ୟୁନିସିପାଲିଟିର ପରିଚାଳନା ନିର୍ବାଚିତ ସଦସ୍ୟ ଓ ସଭାପତିଙ୍କଦ୍ୱାରା ହେଉଥିଲା। ଏବେ ସ୍ୱାଧୀନ ଭାରତରେ ଆକାରରେ ବଢ଼ିଥିବା ଓଡ଼ିଶା ପ୍ରଦେଶରେ ବ୍ୟବସ୍ଥା ଚଳାଇବା ନିମନ୍ତେ ଉପଯୁକ୍ତ ଲୋକ ଅଭାବରୁ କଟକର ମ୍ୟୁନିସିପାଲିଟି କାର୍ଯ୍ୟ ସରକାର ନିଜେ ଚଳାଉଛନ୍ତି। ପ୍ରାଦେଶିକ ସରକାର ଓ ପ୍ରଦେଶରୁ ଉଠି ଭାରତ ସରକାର ଭାର ମୁଣ୍ଡାଇବାକୁ ସିନା ସମର୍ଥ ଲୋକ ବାହାରୁଛନ୍ତି, ମ୍ୟୁନିସିପାଲିଟି ବେଳକୁ ସେପରି ସମର୍ଥ ଲୋକ ସରକାରଙ୍କୁ ମିଳୁନାହାନ୍ତି। ତେବେ କଟକର ଏତେ ଉନ୍ନତିରୁ କଣ ଲାଭ ମିଳିଛି ? ଘର, ବଜାର, ଯାନବାହନ ତୁଳନାରେ ଲୋକ ତ ବାହାରୁନାହାନ୍ତି !

୧୯୦୭ ମସିହାରେ କଟକ ସହରର ଲୋକସଂଖ୍ୟା ବର୍ତ୍ତମାନ ଲୋକସଂଖ୍ୟାର ଅଧକରୁ ମଧ ଊଣା ଥିବ। ମୋଟର ଗାଡ଼ି ଖଣ୍ଡିଏ ମାତ୍ର ଥିଲା, ବାଇସାଇକଲ ଏତେ ଦିଶୁ ନଥିଲା, ରିକ୍ସା ଆସିନଥିଲା ଓ ବର୍ତ୍ତମାନ ଯେଉଁ ଘରଖଣ୍ଡିକର ଭଡ଼ା ପଞ୍ଚାଅଶୀ ଟଙ୍କା ହୋଇଛି, ତାର ଭଡ଼ା ଥିଲା ବାରଟଙ୍କା। ମୁଁ ସେ ଘରେ ଚନ୍ଦ୍ରମୋହନବାବୁଙ୍କ ସଙ୍ଗେ ରହୁଥିଲି। ଛତ୍ରବଜାର ନିକଟ ପଡ଼ିଆରେ ରାତିରେ ବିଧିମତେ ଡକାଇତି ଚାଲିଥିଲା। ଆଜି ସେହି ପଡ଼ିଆର ଭାଗ୍ୟ ଲେଉଟିଯାଇଛି। ତା ଉପରେ ଲକ୍ଷ ଲକ୍ଷ ଟଙ୍କାର ବିଶାଳ କୋଠାଘରମାନ ଠିଆହୋଇଛି। ଓଡ଼ିଶାର ଭାବୀ ଭାଗ୍ୟବିଧାତାମାନଙ୍କ ଜୀବନ ଗଢ଼ାଯାଉଛି ସେହିଠାରେ। ଆଜି ତାହା ଦେଶର ଫୁଲବଗିଚା ପାଲଟିଛି କହିଲେ ଚଳିବ। ସେ ସ୍ଥାନ ହସିଉଠିଛି; ତାକୁ ଦେଖିଲେ ସହସ୍ର ସହସ୍ର ଲୋକଙ୍କ ପେଟ

ପୂରିଯାଉଛି। କେବଳ ବିଶ୍ୱବିଦ୍ୟାଳୟ ପରୀକ୍ଷାଫଳ ବାହାରିବା ପରେ ଦୁଃଖ ଶୋକ ଦୁଇଚାରିଦିନ ପାଇଁ ଯାହା ମୁହଁ ଲୁଚାଇ ଅନ୍ଧାର କଣମାନଙ୍କରେ ଯାଇ ପଶୁଥିବ।

କିନ୍ତୁ ଗୋଟାଏ ବିଷୟରେ ଏବର କଟକ ସେବର କଟକ ସମାନ ରହିଛି। କାଠଯୋଡ଼ିରେ ବଢ଼ିପାଣି ପଚିଶ ଫୁଟ ଉଠିଲେ ଏବପରି ସେ କାଳରେ ମଧ୍ୟ ଶହ ଶହ ଲୋକ ଯାଇ ବନ୍ଧଉପରେ ରୁଣ୍ଡ ହେଉଥିଲେ। ୧୯୦୭ ମସିହା ବର୍ଷା ଋତୁରେ ଦିନେ ଅସଂଖ୍ୟ ଲୋକ ଯାଇ ବନ୍ଧସାରା ଜମିଗଲେ। କଲେଜ ଛାତ୍ରାବାସର ପିଲାମାନେ ଜଗିଲେ କିଲଟରୀ କଚେରି ପାଖ। ପାଣି ପଚିଶ ଫୁଟରୁ ଛବିଶକୁ ଉଠିଲା, ମାତ୍ର ଚବିଶ ଘଣ୍ଟା ଭିତରେ ହଠାତ୍ ପୁଣି ଖସିଗଲା। ଖବର ମିଳିଲା ଯେ, ତଳେ ଦୁଇଟା ଘାଇ ଭାଙ୍ଗି ଯାଇଛି। ଲୋକଙ୍କର ଧାରଣା ସେବେ ରହିଥିଲା, ଏବେ ମଧ୍ୟ ରହିଥିବ ଯେ, ବଢ଼ିପାଣିରେ କଟକ ସହର ଉବେଇଟୁବେଇ ହୋଇଗଲେ ତାକୁ ରକ୍ଷା କରିବା ନିମନ୍ତେ ତଳେ ଘାଇ ନିଶ୍ଚୟ ଭାଙ୍ଗିବ। ସହର ନିମନ୍ତେ ପଲ୍ଲୀକୁ ନାନାପ୍ରକାର ସ୍ୱାର୍ଥ ତ୍ୟାଗ କରିବାକୁ ପଡ଼େ। ଏ ତ୍ୟାଗ କଣ ବଡ଼ କଥା? ଧୋୟା ଅଞ୍ଚଳ ବିପତ୍ତିରେ ସହରରେ କଣ ସଭା ସମିତି ହୁଏ ନାହିଁ? ସେଠାରୁ କଣ ଚୁଡ଼ା ଚାଉଳ ଧରି ସ୍ୱେଚ୍ଛାସେବକମାନେ ବନ୍ୟାପୀଡ଼ିତ ଅଞ୍ଚଳକୁ ନଯାଆନ୍ତି?

୧୯୦୭ ମସିହା ବନ୍ୟା ମହାନଦୀ, ବ୍ରାହ୍ମଣୀ, ବୈତରଣୀ, ସୁବର୍ଣ୍ଣରେଖା- ସବୁ ନଦୀରେ ଏକାସମୟରେ ହୋଇଗଲା। ସେ ସମୟରେ ବିଲାତର ଜଣେ ସାମ୍ବାଦିକ ନେଭିନ୍‌ସନ୍ ଭାରତ ପରିଦର୍ଶନରେ ଆସିଥିଲେ। ସେ ଆମ ବନ୍ୟାପୀଡ଼ିତ ଅଞ୍ଚଳ ଦେଖିବା ନିମନ୍ତେ କଟକରେ ଆସି ପହଞ୍ଚିଲେ। ସେ ଉପଲକ୍ଷରେ ଏକ ସଭାର ଆୟୋଜନ କରାଗଲା। ଆୟୋଜନରେ କେନ୍ଦ୍ର ହେଲା ମାଣିକଘୋଷ ବଜାରରେ ଥିବା ବ୍ରଜସୁନ୍ଦର ଦାସଙ୍କ ରହିବା ଘର। ବ୍ରଜସୁନ୍ଦର ଦାସ ବି.ଏ. ପାଶ୍ କଲା ପରେ ଚାକିରିବାକିରିକୁ ନ ଚାହିଁ ଲୋକସେବା କରିବାକୁ ବସିଥାନ୍ତି। ତାଙ୍କର ସେ ଘରଖଣ୍ଡକରୁ ଲୋକସେବା ଦିଗରେ ପ୍ରେରଣା ବହୁକାଳୁ ବାହାରିଛି। ସ୍ୱନାମଧନ୍ୟ ମଧୁସୂଦନ ଦାସ ଓ ଗୋପବନ୍ଧୁ ବାବୁ ସେହି ଘରେ ଆସି ଜୁଟନ୍ତି। ଆମେ କଲେଜ ଛାତ୍ରମାନେ ରୁଣ୍ଡ ହେଉ। ନେଭିନ୍‌ସନ୍‌ଙ୍କ ସଭାରେ ବନ୍ୟା ବିଷୟରେ କେହି କେହି ବକ୍ତୃତା ଦେଲେ; କିନ୍ତୁ ଗୋପବନ୍ଧୁବାବୁ କିଛି କହିପାରିଲେ ନାହିଁ, କେବଳ ତୁହାକୁ ତୁହା କାନ୍ଦିଉଠିଲେ। ଦୁଃଖୀ ଦୁଃଖରେ ତାଙ୍କର ପ୍ରଥମ ପ୍ରତିକ୍ରିୟା ହେଉଛି କାନ୍ଦ।

ନେଭିନ୍‌ସନ୍ ସାହେବ ଓଡ଼ିଶାରୁ ବନ୍ୟା-ବୃତ୍ତାନ୍ତ ସଂଗ୍ରହ କରିନେଇ ଚାଲିଗଲେ। ସେ ବିଲାତ ଫେରି ଭାରତ ବିଷୟରେ ଖଣ୍ଡିଏ ବଡ଼ ଗ୍ରନ୍ଥ ଲେଖିଲେ। ସେଥିରେ ମଧୁସୂଦନଙ୍କର ଭୂୟସୀ ପ୍ରଶଂସା ସ୍ଥାନପାଇଲା। ଆମେ କଲେଜ ଛାତ୍ରମାନେ

ସେଥିରେ ଗର୍ବ ଅନୁଭବ କଲୁ। ଏଣେ ବନ୍ୟାଗ୍ରସ୍ତ ଲୋକଙ୍କ ସାହାଯ୍ୟ ସକାଶେ ଚାନ୍ଦା ଉଠିଲା। ଛାତ୍ରମାନେ ଦଳକୁ ଦଳ ଧୋୟା ଅଞ୍ଚଳରେ ଯାଇ ଲୋକସେବାରେ ଲାଗିଲେ। ଗୋପବନ୍ଧୁ ବାବୁ ଅନ୍ୟାନ୍ୟ କାମ ପଛକୁ ପକାଇ ସେହିଠାରେ ଯାଇ ରହିଲେ। ମୁଁ ଶଶୀଦାଙ୍କ ନେତୃତ୍ୱରେ ଦୁଇଜଣ ବଙ୍ଗାଳୀ ପିଲାଙ୍କ ସହିତ ଆଳି ଗଲି। ସେଠାରେ ସରକାରଙ୍କ ତରଫରୁ ଜଣେ ସବ୍‌ଡେପୁଟି ବନ୍ୟା-ସାହାଯ୍ୟ କାର୍ଯ୍ୟରେ ନିଯୁକ୍ତ ଥିଲେ। ସେ ଆଳି ଡାକବଙ୍ଗଳାରେ ଗୋଟିଏ କୋଠରି ଆମକୁ ଛାଡ଼ିଦେଲେ। ଆମେ ମଧ୍ୟ ତାଙ୍କର କେତେକ ବନ୍ୟା-ସାହାଯ୍ୟ ବରାଦ ତୁଲାଇଲୁ। ଜମିଦାରଙ୍କ ବଗି ଗ୍ରାମଦାଣ୍ଡରେ ଗଲାବେଳେ ଲୋକଙ୍କର ବସିବା ସ୍ଥାନରୁ ଉଠି ହାତଯୋଡ଼ି ଠିଆହେବା ମୁଁ ସେହିଠାରେ ପ୍ରଥମେ ଦେଖିଲି। ପରେ ତାର ଅଭିନୟ ବହୁ ସ୍ଥଳରେ ଦେଖିଛି।

ମୁଁ ଧୋୟା ଅଞ୍ଚଳ ବା ଜମିଦାରୀ ଇଲାକାର ବାସିନ୍ଦା ନୁହେଁ, ସୁତରାଂ ଧୋୟା ଅଞ୍ଚଳ ଦୃଶ୍ୟ ପ୍ରଥମେ ମୋ ଆଖିରେ ପଡ଼ିଲା ଆଳିରେ। ସେହିଠାରେ ମଧ୍ୟ ଜମିଦାରୀ ଇଲାକା ବିଷୟରେ ମୋର ପ୍ରଥମ ଅନୁଭୂତି ଜନ୍ମିଲା। ମୁଁ ଲୋକମୁଖରେ ଶୁଣିଥିଲି, "ଘରପୋଡ଼ିଠାରୁ ବିପତ୍ତି ନାହିଁ, ଘୋଡ଼ାଚଢ଼ାକୁ ବଳି ସମ୍ପଦ ନାହିଁ।" କଥାଟା ଧୋୟା ଅଞ୍ଚଳରୁ ବାହାରିଥିଲେ ବୋଧହୁଏ ହୋଇଥାନ୍ତା, "ଧୋଇ ଓ ଘରପୋଡ଼ିଠାରୁ....."। ଘର ପୋଡ଼ିଗଲେ ଗଛମୂଳେ ଆଶ୍ରୟ ମିଳେ; ଧୋଇରେ ଘର ତ ଭାସିଯାଏ, ଗଛମୂଳେ ପାଣି ଜମିରହେ ପନ୍ଦରଦିନ ବା ମାସେ ପର୍ଯ୍ୟନ୍ତ। ଆମେ ଯାଇ ପହଞ୍ଚିଲାବେଳକୁ ଲୋକେ ଖାଇବା ବିନା ଅସ୍ଥିକଙ୍କାଳ ହୋଇ ରହିଥିଲେ। ଆମେ ମାସକ ଉପରେ ରହିଲୁ ଓ ଆମ ପରେ ଆଉ ଦଳେ ଗଲେ। ଲୋକଙ୍କ ଦେହରେ ହାଡ଼ ଉପରେ କେବେ ମାଂସ ଲାଗିଥିବ କେଜାଣି ! ଆମ ପୁଞ୍ଜି କମ୍। ଆମେ ତ ଯାଇ କିଛି କିଛି ବାଣ୍ଟିଦେଇ ଆସୁ- ମାତ୍ର ସଙ୍ଗେ ସଙ୍ଗେ କଙ୍କାଳଧାଡ଼ି ମାଡ଼ିଆସନ୍ତି। ସେଥିରେ ଆମେ ନିଜେ ଖାଇପାରୁନାହିଁ ବା ହାଲିଆମାରିପାରୁନାହିଁ। ସେହି ଦୃଶ୍ୟ ମଧ୍ୟରେ ଜମିଦାର ପ୍ରତିଦିନ ଉପରଓଳି ବଗିରେ ବସି ପବନ ଖାଇବାକୁ ବାହାରନ୍ତି। ଆଳି ଜମିଦାରଙ୍କ ସ୍ଥାନୀୟ ଉପାଧି 'ରଜା'। ଲୋକେ ଆମକୁ ଆସି ସିନା ପେଟ ଦେଖାନ୍ତି, ତାଙ୍କ ନିଜ ରଜାଙ୍କ ଆଗେ ପେଟ ଦେଖାଇବାରେ ମୋ ଆଖିରେ କେବେ ପଡ଼ିନାହିଁ।

ଆଳିରେ ଆମେ ଦିନକେ ଥରେ ମାତ୍ର ରୋଷାଇକରୁ। ରୋଷାଇ ଭାରଟା ମୋରି ଉପରେ ପଡୁଥିଲା। କାମରୁ ଫେରି, ଦୁଇପହରେ ରୋଷାଇ ସାରି, ଓପରଓଳିକୁ ସାରା ଦିନର ଖୋରାକ ଖାଇନେଉ। ବଙ୍ଗାଳୀ ପିଲା ଦୁହେଁ ଧନୀଘର ପୁଅ, ସେମାନେ ଖୁବ୍ କଷ୍ଟ ସହିନେଲେ। ଗଲାବେଳେ ଆମେ ଅଳଭାରୁ ଭଡ଼ା ଶଗଡ଼ରେ ଯାଇଥିଲୁ। ଫେରିବାବେଳକୁ ଶଶୀଦା କହିଲେ, "ଆମ ଜିନିଷପତ୍ର କୌଣସି ବନ୍ୟାକ୍ଲିଷ୍ଟ

ଲୋକଦ୍ୱାରା ଭାରରେ ନେଇଯିବା। ସେଥିରେ ଏକେ ପାଣ୍ଟିରୁ ଟଙ୍କା କମ୍ ଖର୍ଚ୍ଚ ହେବ, ତା'ପରେ ପୁଣି ସେ ଲୋକଟି କିଛି ମଜୁରି ପାଇଯିବ।" ତାହାହିଁ ହେଲା। ଆମେ ଓପରଓଳିଆ ବାହାରିଲୁ। ଆଳିରୁ ଅଳଭା ବୋଧହୁଏ ଦଶ ବାର ମାଇଲ ହେବ। ମାଇଲିଏ ପୂରିଛି କି ନା, ଭାରୁଆ କଚାଡ଼ି ହୋଇ ତଳେ ପଡ଼ିଗଲା। ତାର ପୂରା ମଜୁରି ଦେଇ, ତାକୁ ତା ଗ୍ରାମରେ ଛାଡ଼ିଦେଇ ଆସି ଆମେ ପୁଣି ବାହାରିଲୁ। ଶଶୀଦାଙ୍କର ସବୁ ଜିନିଷ ମୋତେ ମୁଣ୍ଡାଇବାକୁ ହେଲା। ତାଙ୍କର ଗୋଟିଏ ଅଠାଇଶଇଞ୍ଚିଆ ଲୁହାପେଡ଼ି ଛଡ଼ା ବିଛଣା ଥିଲା। ପେଡ଼ିରେ ବହି କି ଲୁଗାପଟା ରହିଥିଲା। ସେ ଦିନ ମୋ ଆଖିରୁ ଜୁଳୁଜୁଳାପୋକ ବାହାରିଗଲା; କିନ୍ତୁ ବାଟରେ ଥରେ ସୁଦ୍ଧା ଅପାରଗତା ପ୍ରକାଶ କରିନାହିଁ। ଆମେ ଅଧରାତିକୁ ଅଳଭାରେ ପହଞ୍ଚିଲୁ। ଶିରପୀଡ଼ା ଯୋଗେ ତା ପରଦିନ ମୋତେ କଟକରେ ଜର ଧରିପକାଇଲା।

୧୯୦୭ ମସିହା ଦଶହରା ଛୁଟିରେ ମୁଁ ଉତ୍କଟ ବାରବେଳାରେ ଗ୍ରାମକୁ ଯାଇଥିବି। ହଇଜା ପରେ ମୋ ପିଲା ଭଉଣୀଟି କୌଣସିପ୍ରକାର ହେପାଜତ ପାଇଲା ନାହିଁ; ପେଟରେ ଟୋପାଏ ଔଷଧ ବା ଭଲରୂପେ ମୁଠାଏ ପଥି ପଡ଼ିଲା ନାହିଁ। ସେ ଘୁଷୁରି ଘୁଷୁରି ଦୁଇ ବର୍ଷରୁ ଅଧିକ କାଳ କଟାଇଦେଲା, ରୋଗ ବ୍ୟାଧି ସବୁ ଦେହେ ଦେହେ ମାରିନେଲା। ସୁତରାଂ ଘରର ଘୋର ଅଭାବ ମଧ୍ୟରେ ତା ଅବସ୍ଥା କାହାରି ଦୃଷ୍ଟିରେ ଯଥାର୍ଥଭାବରେ ପଡ଼ିଲା ନାହିଁ। କୁମାର ପୂର୍ଣ୍ଣମୀ ଦିନ ପିନ୍ଧିବା ପାଇଁ ମୁଁ ତା ସକାଶେ ଖଣ୍ଡିଏ ମୁଗେଇ କିଣିଆଣିଲି। ମାତ୍ର ମୁଗେଇ ଦାମ୍ ଛଡ଼ା ମୋ ହାତରେ ଅଧିକ ପଇସା ନଥିଲା। ସେ ତାହା ବୁଝିଲା ନାହିଁ। ମୁଁ ନୂଆ ଲୁଗା ନ ପିନ୍ଧିଲେ ସେ ପିନ୍ଧିବ ନାହିଁ ବୋଲି ଜିଦ୍‌ଧରିଲା। କାର୍ତ୍ତିକ କୃଷ୍ଣ ଦ୍ୱିତୀୟା ଦିନକୁ ତା ଦେହ କଳାପଡ଼ିଗଲାଣି। ମୁଁ ଛୁଟିରେ ଗଲାଦିନଠାରୁ ତାକୁ ଔଷଧ ଦେଉଥିଲି; କିନ୍ତୁ ହେ ରୋଗଟା ଔଷଧ ମାନିବା ସୀମା ଟପିଯାଇଥିଲା। ମୁଁ ଡାକ୍ତରଙ୍କୁ ଆଣି ପହଞ୍ଚିଲାବେଳକୁ ତା ପ୍ରାଣବାୟୁ ଉଡ଼ିଗଲା। ଶୁଣିଲି, ସେ ଶେଷ ମୁହୂର୍ତ୍ତରେ ମୋତେ ଖୋଜିଲା। ସେତେବେଳକୁ ମୁଁ ପ୍ରାୟ ଚାରିଶହ ହାତ ଦୂରରେ ଡାକ୍ତର ସଙ୍ଗେ ତରତର ହୋଇ ବାଟ ଚାଲୁଥିଲି।

ମରଣ ଦୃଶ୍ୟ ଆମ ଘରେ ଅନେକ ଘଟିଛି; କିନ୍ତୁ ତା ମୃତ୍ୟୁ ସବୁଠାରୁ କରୁଣ ହୋଇପଡ଼ିଲା। ବୁଢ଼ୀମାଙ୍କର ମୂର୍ଚ୍ଛା ହୋଇଗଲା। ତାଙ୍କର ଚେତା ଆସିଲାବେଳକୁ ଘରୁ ଶବ ଉଠୁଥିଲା। ସେ ଶବ ପଛରେ ଅଣ୍ଡାଳି ଅଣ୍ଡାଳି କାନ୍ଦି କାନ୍ଦି ଖଣ୍ଡେ ଦୂର ଗଲେ, ମୁଁ ବସିରହିଥିଲି। ତାଙ୍କର ଶବ ପଛରେ ଯିବାର ଦେଖି, ସେ ଦାରୁଣ ଦୁଃଖରେ ସୁଦ୍ଧା ମୁଁ ଟିକିଏ ହସିପକାଇଲି। ମୁଁ ମନକୁ ମନ ଭାବିଲି, "ଯେ ଯିବାର ସେ ତ କେତେବେଳୁ

ଚାଲିଗଲାଣି, ଏ ଅନ୍ଧୁଣୀ ଛାଇ ପଛରେ ସିନା ଗୋଡ଼ାଇଛନ୍ତି !" ସେତେବେଳେ ଗୋଟାଏ ସାର୍ବଜନୀନ ଦାର୍ଶନିକ ତତ୍ତ୍ୱ ମୋ ହୃଦୟକୁ ଅଧିକାର କରିନଥିଲେ ମୁଁ ମଧ୍ୟ ତାଙ୍କରି ସଙ୍ଗେ ଶବ ପଛେ ପଛେ ଧାଇଁଥାନ୍ତି।

ଆତ୍ମୀୟମାନଙ୍କ ମୃତ୍ୟୁ ଯୋଗେ ମୁଁ ବେଳେବେଳେ ଏକାନ୍ତରେ ବସି ଆଖିରୁ ଲୁହ ଗଡ଼ାଏ। ମୋର ବେଶି ଲୁହ ଗଡ଼ିଛି ପାଞ୍ଚଜଣଙ୍କ ପାଇଁ- ଜଣେ ମୋ ପିଲା ଭଉଣୀଟି, ବାକି ଚାରିଜଣ ବୁଢ଼ୀମା, ବୋଉ, ଗତିକୃଷ୍ଣ ଷଡ଼ଙ୍ଗୀ ଓ ଗୋପବନ୍ଧୁବାବୁ। ପ୍ରଥମ ଚାରିଜଣ ଅମାନୁଷିକ ଦୁଃଖ ଯନ୍ତ୍ରଣା ଭୋଗି ମରିଛନ୍ତି। ଗୋପବନ୍ଧୁବାବୁ ମୋ ଦୀନ ଜୀବନ-ତରୀର କର୍ଣ୍ଣଧାର। ପିତାମାତାଙ୍କ ନିମନ୍ତେ ପିଣ୍ଡ ଗଡ଼ାଇ ଓ ତିଳୋଦକରେ ମୁଁ ଏବେ ଆଉ ଶ୍ରାଦ୍ଧତର୍ପଣ କରୁନାହିଁ। ପଣ୍ଡିତ ଗୋପବନ୍ଧୁଙ୍କ ଶ୍ରାଦ୍ଧସଭାକୁ ଯାଉନାହିଁ। "ପିତରୋ ବାକ୍ୟମିଚ୍ଛନ୍ତି, ଭାବମିଚ୍ଛନ୍ତି ଦେବତାଃ" ଶାସ୍ତ୍ର ଅବଶ୍ୟ କହିଛି। ତାର କୌଣସି ଗୂଢ଼ ଅର୍ଥ ଥିବ। କିନ୍ତୁ ମୋର ମନେହୁଏ ସନ୍ତାନମାନେ 'ପିତରୋ ଭାବମିଚ୍ଛନ୍ତି' ବୋଲି ବିଶ୍ୱାସକଲେ ଭଲହୁଅନ୍ତା।

ସେ ଛୁଟିର ଗଞ୍ଜଣା ସେତିକିରେ ମୋର ଯେ ସରିଲା ତା ନୁହେଁ। ଦିନେ କବାଟରେ ଦୁମ୍‌ଦାମ୍ ଗୋଇଠାମାଡ଼ ଶୁଣି ମୁଁ ଧାଇଁଯାଇ ଫିଟାଇଦେଲି। ଦେଖିଲି, ଜଙ୍ଗଲ ବିଭାଗର ଚାରିଜଣ ଗାର୍ଡ, ରେଞ୍ଜରବାବୁଙ୍କ ହୁକୁମରେ ଜଙ୍ଗଲରୁ କାଠଚୋରି ଅଭିଯୋଗରେ ମୋତେ ଧରି ନେବାକୁ ଆସିଛନ୍ତି। ମୋତେ ଆଇନକାନୁନ୍ ଜଣାନଥିଲା; କିନ୍ତୁ ଯିବାକୁ ମନାକରିଦେଲି। ପରଦିନ ସକାଳୁ ତିନିଜଣ ପୁଲିସ କନେଷ୍ଟବଲ ଆସି ମୋର ହାତଧରି ଭିଡ଼ିଲେ। ମୁଁ ସେମାନଙ୍କୁ ସୁଦ୍ଧା ଧମକାଇଦେଇ ରକ୍ଷାପାଇଲି। ଡାକ୍ତରଙ୍କ ଯୁବକ ପୁଅ ଦିନେ ମୋତେ ମାରିବାକୁ ଆସିଥିଲେ। ମୋ ମନରେ ଚିନ୍ତା ପଶିଗଲା। ଗ୍ରାମବାସୀ ତଟସ୍ଥ ହୋଇପଡ଼ିଲେ। ସୁତରାଂ ଜଣେ ମାମଲତକାରୀ ବନ୍ଧୁଙ୍କ ସହିତ ମୁଁ ଯାଇ ପରାମର୍ଶ କଲି। ସେ ହେଉଛନ୍ତି ଲିଙ୍ଗରାଜ ପାଟଜୋଷୀ। ସେ ରେଞ୍ଜର ଓ ପୁଲିସ ଦାରୋଗାଙ୍କ ସହିତ କଥାବାର୍ତ୍ତା କରି ମୋ ପିଛା ନ ଲାଗିବାକୁ ତାଙ୍କୁ ବୁଦ୍ଧି ଦେଲେ; କିନ୍ତୁ ଘଟଣା ସେହିଠାରେ ଶେଷ ହେଲା ନାହିଁ। ସେମାନେ ପୂର୍ବରୁ ଉପରକୁ ମୋ ବିରୁଦ୍ଧରେ ଲେଖାଲେଖି ସବୁ କରିଥିଲେ। ସେଥିପାଇଁ ଗୋଟିଏ ତଦନ୍ତ ହେଲା। ତଦନ୍ତ କରିବାକୁ ଗଲେ ପୁରୀ ଜିଲ୍ଲା ଶିକ୍ଷାବିଭାଗ ଇନ୍‌ସପେକ୍ଟର ଜଗନ୍ନାଥ ଦାସ।

କଥାଟା ହେଉଛି, ବାଣପୁରରେ ବର୍ତ୍ତମାନ ଜଣେ ଖାସମାହାଲ ତହସିଲଦାର ରହିଛନ୍ତି; ସେତେବେଳେ ନଥିଲେ। ବଡ଼ କର୍ମଚାରୀ ରହୁଥିଲେ ତିନିଜଣ- ପୁଲିସ ଦାରୋଗା, ଜଙ୍ଗଲ ବିଭାଗର ରେଞ୍ଜର ଓ ଡାକ୍ତର। ସେମାନେ ସମସ୍ତେ ବଙ୍ଗାଳୀ। ପ୍ରତ୍ୟେକେ ମାସିକ ପଚିଶ ଟଙ୍କା ବେତନ ପାଉଥିଲେ। ସେମାନଙ୍କ ତଳ ପାହ୍ୟାରେ

ମାସିକ ବାରଟଙ୍କା ବେତନରେ ଥିଲେ କାନଗୋଇ। ସେ ଓଡ଼ିଆ। ବଙ୍ଗାଳୀଙ୍କ ପ୍ରତି ଓଡ଼ିଆଙ୍କ ବିଦ୍ୱେଷ ଓ ଓଡ଼ିଆଙ୍କ ପ୍ରତି ବଙ୍ଗାଳୀଙ୍କ ହେୟଭାବ ଥିବା ଅଭିଯୋଗ ବେଳେବେଳେ ଶୁଣାଯାଏ; କିନ୍ତୁ ସେହି ଚାରିଜଣଙ୍କ ଭିତରେ ନଥିଲା। ସେମାନଙ୍କର ସାପ୍ତାହିକ ଭୋଜି ହୁଏ। ସେମାନେ ସେଦିନ ପିଅନ୍ତି ଠିକ୍ ବାଟେ, ମାତ୍ର ଖାଇଲାବେଳକୁ ପାଟି ଛାଡ଼ି, ପେଟ ମୁଣ୍ଡ ପିଠି ଆଦି ଅଙ୍ଗରେ ବାଟ ଖୋଜନ୍ତି। ଖାଇସାରିବା ପରେ ପରସ୍ପରକୁ ବିଦାୟ ଦେବା ଅଭିନୟର ପାଳି ପଡ଼େ। ରେଞ୍ଜରଙ୍କ ବସା ଗ୍ରାମର ପଶ୍ଚିମ ପ୍ରାନ୍ତରେ ଓ କାନଗୋଇଙ୍କ ବସା ପ୍ରାୟ ଦେଢ଼ ମାଇଲ ଦୂରରେ ପୂର୍ବ ପ୍ରାନ୍ତରେ। ପୁଲିସ ଦାରୋଗା ଓ ଡାକ୍ତର ଗ୍ରାମ ମଝିରେ ବସାକରିଥାନ୍ତି। ସେମାନେ ଯାଆନ୍ତି ରେଞ୍ଜର୍ ଓ କାନଗୋଇଙ୍କୁ ତାଙ୍କ ବସାରେ ନେଇ ଛାଡ଼ିଆସିବାକୁ। ସେ ବୀଭତ୍ସ ଦୃଶ୍ୟ ଦେଖିବାକୁ ରାତିଅଧରେ ପ୍ରାୟ କେହି ଘର ବାହାରେ ନଥାନ୍ତି; କିନ୍ତୁ ତାହା କେବେ କେବେ କାହା ଦୃଷ୍ଟିରେ ମଧ୍ୟ ପଡ଼ିଯାଏ। ସେମାନେ ଲୁଗାପଟା ଫିଙ୍ଗି ଦେଇ ଖ୍ରୀଷ୍ଟିୟାନ ଧର୍ମଗ୍ରନ୍ଥର ଆଦିମାନବ ଆଦାମ୍‌ଙ୍କ ପରି ଯାତାୟାତ କରୁଥିଲେ। ଆଜିକାଲି ସମୟ ହୋଇଥିଲେ ସେମାନେ ଯୁବକଙ୍କ ହାତରେ ଦିନକେ ଜବତ୍ ହୋଇଥାନ୍ତେ।

ମଉଜ ମେଳାପରେ ଖର୍ଚ୍ଚ କରିବାକୁ ତାଙ୍କର ଟଙ୍କା ଅଭାବ ନଥିଲା। ରେଞ୍ଜର ଜଙ୍ଗଲରୁ ଗଞ୍ଜାମ ପଟକୁ ବଡ଼ ବଡ଼ ଶାଳ ପିଆଶାଳ କାଠ ଛାଡ଼ିଦେଇ ଉପରି ଅର୍ଥ ଉପାର୍ଜ୍ଜନ କରୁଥିଲେ। ଡାକ୍ତର ଡାକ୍ତରଖାନାର ଔଷଧ ଧନୀଲୋକଙ୍କୁ ବିକ୍ରି କରିଦେଉଥିଲେ। ପୁଲିସ ଦାରୋଗା ମକଦ୍ଦମା ସୃଷ୍ଟିକରି ଟଙ୍କା ଛାଣୁଥିଲେ। ତାଙ୍କର ଉତ୍ତରସାଧକ ହୋଇଥାନ୍ତି ବିଭିନ୍ନ ଅଞ୍ଚଳର କେତେକ ସ୍ଥାନୀୟ ବାସିନ୍ଦା। ଆମ ଅଞ୍ଚଳରୁ ଥିଲେ ଆମ ଗ୍ରାମର ଅଗାଧୁ ମିଶ୍ର- ତାଙ୍କ ବଂଶ ଲୋପପାଇଛି। ଆଉ ଏକ ଅଞ୍ଚଳରେ ଥିଲେ ବେବର୍ତ୍ତା ପଟ୍ଟନାୟକ, ପୁଣି ଆଉ ଏକ ଅଞ୍ଚଳ ନିମନ୍ତେ ଜଣେ ସୁନ୍ଦରା। ସେମାନେ ନିଜ ନିଜ ଅଞ୍ଚଳପ୍ରତି ଉପକାରୀ ବନ୍ଧୁ, ଦାରୋଗାଙ୍କ ଦିଗରୁ ତାଙ୍କ ଅର୍ଥାଗମର ପନ୍ଥା। କାନଗୋଇଙ୍କ ରୋଜଗାରର ସମୟ ବର୍ଷରେ ଥରେ ଆଶ୍ୱିନ କାର୍ତ୍ତିକ ମାସରେ, ବିଶେଷରେ ଇନ୍ଦ୍ରଦେବଙ୍କ କଟାକ୍ଷରେ ମରୁଡ଼ିର ଆଶଙ୍କା ଜନ୍ମିଲେ। ସେତେବେଳେ ସାଳିଆ ନଦୀରେ ବନ୍ଧ ପକାଇ ଲୋକେ ନିଜ ଅଞ୍ଚଳରେ ଧାନ ଫସଲରେ ପାଣି ମଡ଼ାଇବା ନିମନ୍ତେ ପ୍ରତିଯୋଗିତା କରିଥାନ୍ତି। ପ୍ରତିଯୋଗିତା ଯେତିକି ବଢ଼େ, ଟଙ୍କାର ସ୍ରୋତ ଚାରିଆଡୁ ବାଣପୁର ଗ୍ରାମର ପୂର୍ବପଟ ବସାଘରକୁ ସେତିକି ବୁହେ।

କଲେଜରେ ପଢ଼ିବା ଯୁବକ ସମଗ୍ର ବାଣପୁର ଥାନାର ପ୍ରାୟ ଷାଠିଏ ହଜାର ଲୋକଙ୍କ ମଧ୍ୟରେ ମୁଁ ଏକା। କୌଣସି ଉଚ୍ଚବିଦ୍ୟାଳୟରେ ଯାଇ ସେପରି ଯେ ବେଷ୍ଟି

କେହି ପଢୁଥିଲେ, ତା ମଧ୍ୟ ନୁହେଁ। ସୁତରାଂ ମଧ୍ୟ-ଓଡ଼ିଆ ବିଦ୍ୟାଳୟର ଦୁଇଜଣ ଶିକ୍ଷକ ଓ ଚାରିଜଣ ସଂସ୍କୃତ ଜାଣିଥିବା ପଣ୍ଡିତଙ୍କୁ ଧରି ମୁଁ ସହରୀ ରୀତିରେ 'ଭଗବତୀ ପ୍ରସାଦିନୀ ସମିତି' ନାମରେ ଗୋଟିଏ ଛୋଟିଆ ଆଲୋଚନା ସଭା ଗଢ଼ିଥିଲି। ସ୍ଥାନୀୟ କର୍ମଚାରୀମାନଙ୍କ ଆଚରଣ ସେହି ସଭାରେ ଥରେଅଧେ ଆଲୋଚିତ ହେଲା। ସେ କଥା ସେମାନଙ୍କ କାନକୁ ଗଲା। ଆଲୋଚନା ସଭା ଭାଜିଲା। ବୈଠକକୁ କ୍ରମେ କେହି ଆସିଲେ ନାହିଁ। ଜଗନ୍ନାଥ ଦାସ ଜଣେ ଖାଣ୍ଟି ଲୋକ ହୋଇଥିବେ। କଡ଼ା ହାକିମ ଭାବରେ ତାଙ୍କର ଦୁର୍ନାମ ଅବଶ୍ୟ ଥିଲା। ସେ ତଦନ୍ତ କରିବାକୁ ଯାଇ ସମସ୍ତ କଥା ବୁଝିଲେ। ସାକ୍ଷ୍ୟ-ପ୍ରମାଣ ନେଲେ। ଆଲୋଚନା ସଭାର ବୈଠକ ମଧ୍ୟ ଡକାଇଲେ। ବାଣପୁରସାରା ହୁଲସ୍ଥୁଲ ପଡ଼ିଗଲା। ଫଳାଫଳ କଣ ହେବ ସେଥିପାଇଁ ଚିନ୍ତିତ ହୋଇପଡ଼ିଲି।

ଜଗନ୍ନାଥ ଦାସ ସପ୍ତାହେ କାଳ ରହି ଭିତରି ତଥ୍ୟ ବୁଝିବାକୁ ଚେଷ୍ଟା କଲେ। ସେତେବେଳକୁ ଭକ୍ତକବି ମଧୁସୂଦନ ରାଓ ଶିକ୍ଷାବିଭାଗର ଓଡ଼ିଶାର ନୂଆ ଇନ୍‌ସପେକ୍ଟର ହୋଇଥାନ୍ତି। ଜଗନ୍ନାଥ ଦାସ ବାଣପୁର ଛାଡ଼ିବା ପୂର୍ବରୁ ମୋତେ ଡାକି, ମୋ ପିଠିରେ ହାତ ମାରି କହିଲେ, "ବେଶ୍ କଲ, ଦେଶରେ ତୁମ ପରି ଟୋକାସବୁ ଦରକାର। ମୁଁ ଯାହା ପ୍ରମାଣ ପାଇଲି, କାନରେ ହାତ ଦେବା କଥା। ମୁଁ ରିପୋର୍ଟ ଦେଇଦେବି। ନିଷ୍ପତ୍ତି ସବୁ ବଡ଼ବଡ଼ିଆଙ୍କ ହାତେ। ଆମ ଇନ୍‌ସପେକ୍ଟର, ପୋଲିସ୍ ସୁପରିଟେଣ୍ଡେଣ୍ଟ, ସିଭିଲ ସର୍ଜନ, ଜଙ୍ଗଲ ବିଭାଗ ହାକିମ, ନିଜେ କଲେକ୍ଟର ଏଇମାନେ ସବୁ ସଂପୃକ୍ତ। ସମସ୍ତେ ଗୋରା, କେବଳ ଆମ ଇନ୍‌ସପେକ୍ଟର ହେଉଛନ୍ତି ଆମ ଲୋକ। ଏଠେଇ ବିଦ୍ୟାଳୟର ଶିକ୍ଷକମାନେ ଏଥିରେ ଲିପ୍ତ ଥିବାରୁ ତଦନ୍ତ ଭାର ମୋ ଉପରେ ପଡ଼ିଲା।"

ମାସ ଖଣ୍ଡକ ଭିତରେ ଫଳାଫଳ ଜଣାପଡ଼ିଲା। ଚାରିଜଣଯାକ କର୍ମଚାରୀ ବଦଳି ହୋଇ କିଏ କେଉଁଆଡ଼େ ଗଲେ। ଯଥାସମୟରେ କାର୍ଯ୍ୟରୁ ଅବସର ନେଇ ରେଞ୍ଜରବାବୁ ଭୁବନେଶ୍ୱରରେ ଗୋଟାଏ ସ୍ୱାସ୍ଥ୍ୟ-ନିବାସ ପ୍ରତିଷ୍ଠା କଲେ। ସେଠାକୁ ମୋତେ ନିମନ୍ତ୍ରଣ କରି ସେ କେତେ ଥର ଖାଇବାକୁ ଦେଇଛନ୍ତି। ଡାକ୍ତର ବହୁକାଳ ବଞ୍ଚିଥିଲେ। ସେ ଘଟଣାର ତିରିଶ ବର୍ଷ ପରେ, ୧୯୩୬ ମସିହାରେ, ମୁଁ ଥରେ ତାଙ୍କୁ ଦେଖିବା ନିମନ୍ତେ ତାଙ୍କ ବାସଭବନରେ ଯାଇ ପହଞ୍ଚିଲି। ତାଙ୍କର କାନକୁ ଭଲ ଶୁଭୁନଥିଲା; କିନ୍ତୁ ଦେଖିମାତ୍ରେ ମୋତେ ଚିହ୍ନିଲେ ଏବଂ ଆନନ୍ଦରେ କୁଣ୍ଢାଇପକାଇଲେ। ମୁଁ ଲାଜରେ ମୁଣ୍ଡ ପୋତିଦେଲି। ସେ ତାହା ବୁଝିପାରି କହିଲେ, "ଗୋଦାବରୀଶ, ତୁ ମୋ ପୁଅଠୋଉ ବି ସାନ। ହେଲେ ମୁଁ ତୋତେ ଭକ୍ତିକରେ, ଜାଣୁ? ତୋ ଚିତ୍ରଟିଏ ଖବରକାଗଜରୁ ଚିରି ମୁଁ ଶୋଇବାଘରେ ବନ୍ଧାଇ ରଖିଛି, ଦେଖିବୁ?" ମୁଁ

ସେତେବେଳକୁ ଭାବରେ ବିହ୍ୱଳ ହୋଇଯାଇଥିଲି। ସେ ପୂର୍ବେ ମୋତେ 'ତୁମେ' କହୁଥିଲେ, ସେଦିନ ତାଙ୍କ 'ତୁ' ମୋତେ ଅଡୁଆ ଲାଗିଲା ନାହିଁ। ମୋଠାରୁ ଉତ୍ତର ପାଇବାକୁ ଅପେକ୍ଷା ନକରି ସେ ମୋତେ ତାଙ୍କ ଶୋଇବାଘରକୁ ଟାଣିନେଇଗଲେ। ତାଙ୍କ କ୍ଷମାଗୁଣ ଅସୀମ। ମୁଁ ସେଥିରୁ କଣିକାଏ ପ୍ରାଣରେ ପାଇପାରିଥିଲେ ଜୀବନର ଘାତ-ପ୍ରତିଘାତ ମଧ୍ୟରେ ଯେଉଁମାନଙ୍କଠାରୁ କଷାଘାତ ପାଇଛି ବୋଲି ମନେକରିଛି, ସେମାନଙ୍କ ବିରୁଦ୍ଧରେ ମୋର ଆଉ ବୃଥା ମାନସିକ ଅଭିଯୋଗ ନଥାନ୍ତା।

କଣ କେତେବେଳେ ଯୁଟେ

୧୯୪୯ ମସିହା ଶରତ୍ କାଳରେ କଟକରେ ମୋ ବସାପାଖେ ଏକ ନିଃସହାୟା ଅଶୀବର୍ଷ ବୁଢ଼ୀର ଶଜନା ଗଛରୁ ଡାଳଟିଏ ଭାଙ୍ଗିପଡ଼ିଲା। ଘରପୋଡ଼ିରୁ କୁଟାଖିଅ ଉଦ୍ଧାର କରିବା ରୀତିରେ ବୁଢ଼ୀ ସେଥିରୁ ଶାଗ ସଂଗ୍ରହରେ ଲାଗିଲା। ସରକାରୀ ପୋଷାକ ପିନ୍ଧି ଜଣେ ଚପରାସୀ ସେବାଟେ ଯାଉଥିଲେ, ସେ ମଧ୍ୟ ଅଟକିଯାଇ ସେହି ଡାଳରୁ ପତ୍ର ଉଞ୍ଚିଲେ ଏବଂ କେରାଏ ହାତରେ ଧରି ଘରକୁ ଗଲେ। ଦୃଶ୍ୟଟା ମୋତେ ଅଡୁଆ ଲାଗିଲା। ସରକାରୀ ପୋଷାକ ସହିତ କାର୍ଯ୍ୟଟା ଖାପ ଖାଇଲା ନାହିଁ, କିନ୍ତୁ ଚପରାସୀ ନିଜ ଆଡୁ ତାହା ନିଶ୍ଚୟ ସମର୍ଥନ କରିଥିବେ। ଇଂରେଜ ଶାସନ କବଳରେ ଭାରତ ପରାଧୀନ ଥିବାବେଳେ ମହାତ୍ମା ଗାନ୍ଧି କହିଥିଲେ ଯେ, ଭାରତର ସର୍ବୋଚ୍ଚ କର୍ମଚାରୀ ମାସିକ ପାଞ୍ଚ ଶହ ଟଙ୍କାରୁ ଅଧିକ ବେତନ ପାଇବା ଉଚିତ ନୁହେଁ। ସ୍ୱାଧୀନ ଭାରତରେ ମନ୍ତ୍ରୀମାନେ ମାସିକ ପାଞ୍ଚ ହଜାର ତିନି ହଜାର କରି ବେତନ ନେଲେ; ଅଥଚ ଚପରାସୀମାନେ 'ଯଥା ପୂର୍ବଂ ତଥା ପରଂ' ରୀତିରେ ପଚିଶ ତିରିଶ ଟଙ୍କା ଦରମା ପାଇ ଚଳି ନପାରି ଅସନ୍ତୋଷ ପ୍ରକାଶକଲେ। ତହୁଁ ସେମାନଙ୍କର ମନୋଭାବକୁ ନିନ୍ଦା କରି ଜାତିର ପିତା କହିଲେ, "ହାତୀ ହାତୀ, ପିମ୍ପୁଡ଼ି ପିମ୍ପୁଡ଼ି"। ଶଜନାପତ୍ର ତୋଳିବାକୁ ଯିବାବେଳେ ଚପରାସୀଙ୍କର ସେହି କଥା ମନେପଡ଼ିଥିବ। ହାତୀ ତା ଶୁଣ୍ଢରେ କୁଣ୍ଢ ନ ପାଇଲା ଭଳି ଡାଳମାନ ମୋଡ଼ି ମଡ଼ମଡ଼ ଭାଙ୍ଗିପକାଏ। ସେ ତ ତାହା ଆଖିରେ ଦେଖୁଥିବେ – ସେଥିରୁ ଭାବିଥିବେ, ପିମ୍ପୁଡ଼ି କଣ ସାମାନ୍ୟ ଶଜନାପତ୍ରକୁ ଅର୍ହ ନୁହେଁ?

କଟକରେ ଚନ୍ଦ୍ରମୋହନବାବୁଙ୍କ ବସାରେ ମୋର କୃତ୍ୟ ବେଶ୍ ଚଳିଯାଏ। ମୁଁ ଦଶଟଙ୍କା ବୃତ୍ତିରୁ କଲେଜ ବେତନ ଚାରିଟଙ୍କା ଦେଇ ଟଙ୍କାଟିଏ ନିଜ ହାତଖର୍ଚ୍ଚ ପାଇଁ ରଖି ବାକି ପାଞ୍ଚଟଙ୍କା ମନିଅର୍ଡର କରି ଗ୍ରାମକୁ ପଠାଏ। ଦେଢ଼ ଏକର ଜମିର ଧାନ ଛଡ଼ା ଘରେ ତିନି ପ୍ରାଣୀଙ୍କୁ ସେଥିରେ ଚଳିବାକୁ ହୁଏ। ଭଉଣୀ ମରିଗଲା ପରେ ଅବଶ୍ୟ

ପାଞ୍ଚଟଙ୍କାକୁ ଦୁଇଜଣ ରହିଲେ। କିନ୍ତୁ ମୁଁ ଯେତେବେଳେ ଛୁଟିରେ ଗ୍ରାମକୁ ଯାଏ, ସେହି ଚପରାସୀଙ୍କ ପରି ପିମ୍ପୁଡ଼ି ପାଲଟି ମୋତେ ଶଜନା ଉଞ୍ଚିବାକୁ ପଡ଼େ। ସେତେବେଳେ ଗୋପବନ୍ଧୁବାବୁଙ୍କ ଭାଷାରେ, ମୋ ପତ୍ନୀ ହୁଅନ୍ତି ଭର୍ତ୍ତା, ମୁଁ ହୁଏ ଭାର୍ଯ୍ୟା। ହାତ ପତାଇ ଘରଖର୍ଚ୍ଚ ପାଇଁ ତାଙ୍କଠାରୁ ପଇସାଏ ଅଧଲାଏ ମାଗିନିଏ। ସେଥିରେ ମୋ ମୁଣ୍ଡ ଛିଡ଼ିଗଲା ପରି ଲାଗେ। ଯୌବନରେ ସ୍ୱାମୀ-ସ୍ତ୍ରୀ ମଧ୍ୟରେ ପ୍ରେମ ବନ୍ଧନର ସ୍ଥାନ, ଆଦାନ ପ୍ରଦାନର ଶ୍ରେଷ୍ଠ ଉପାଦାନ ହେଉଛି ଅଧରର ସ୍ମିତ ଓ ଅପାଙ୍ଗର ମଧୁର ଚାହାଣି। ପଇସା ପାଇ ହାତ ପତାଇବାରେ ଅଧର ଶୁଖିଯାଏ, ଆଖିରୁ ପାଣି ମରିଯାଏ।

କିନ୍ତୁ ମୋ ବିବାହର ଉତ୍ପତ୍ତି ମଧ୍ୟ ବ୍ୟବସାୟରୁ, ହୃଦୟର ଘେନାଘେନିରୁ ନୁହେଁ। ପରିବାରକୁ ଅନଶନରୁ ରକ୍ଷା କରିବା ପାଇଁ ମୋ ବୋଉ ଘରର ମୁରବିଙ୍କ ଅଜ୍ଞାତରେ ପଡ଼ିଶାଘରର ଗୃହିଣୀଙ୍କଠାରୁ ଦିନଦିନକ ପାଇଁ ଚାଉଳ ଧାର ଆଣୁଥିଲା। ସାତ ଆଠ ବର୍ଷରେ ସମୁଦାୟ ଧାର ଚାଉଳର ମୂଲ୍ୟ ଦୁଇଶହ ଟଙ୍କା ଉପରେ ଆସି ପହଞ୍ଚିଲା। ସେ ମୂଲ୍ୟ ପରିଶୋଧ କରିବାକୁ ପଡ଼ିଲା ଧନରେ ନୁହେଁ, ଜନରେ। ପଡ଼ୋଶୀ ଘର ଗୃହିଣୀଙ୍କ କନ୍ୟା ନିମନ୍ତେ ବରପାତ୍ର ଭାବରେ ମୁଁ ଚାଉଳ ଆସିଥିବା ଝରକା ବାଟେ ଗୋପନରେ ବାଗ୍‌ଦତ୍ତ ହୋଇଗଲି। ବୋଉର ବାଗ୍‌ଦାନ ଘଟଣାଚକ୍ରରେ ପଡ଼ି ପିତାଙ୍କୁ ସ୍ୱୀକାର କରିବାକୁ ହେଲା; କିନ୍ତୁ ସ୍ୱୀକାର ଦେଲାବେଳେ ସେ କହିଲେ, "ପୁଅ ବିଭା ହେବ, ଘରକୁ ବୋହୂ ଆସିବ, ହଉ। ମାତ୍ର ବୋହୂ ହାତେ ମୋ ଅନ୍ନ ଛୁଇଁବା ମିଛଟି।" ତାଙ୍କ ପ୍ରତିଜ୍ଞା ଭାଙ୍ଗିବା ନ ଭାଙ୍ଗିବା ପ୍ରଶ୍ନ ଉଠିଲା ନାହିଁ। ବୋହୂ ଘରକୁ ଆସିବା ପୂର୍ବରୁ ସେ କେବଳ ଘରୁ ନୁହେଁ, ଇହଲୋକରୁ ବିଦାୟ ଘେନି ଚାଲିଗଲେ।

ମୋର ସେପ୍ରକାର ବିବାହରେ ତାଙ୍କର ଆପତ୍ତି ହେବାର କାରଣ ଥିଲା। ମୋ ବୟସ ସେତେବେଳେକୁ ଦଶ ପୂରିଥିଲା ମାତ୍ର। ପଡ଼ିଶାଘରର କନ୍ୟାର ବୟସ ନଅ ବର୍ଷ ଛ'ମାସ ହେବ। ମୁଁ ପଢୁଥିଲି ନିମ୍ନ ପ୍ରାଥମିକ ପାସ୍ କରି ଉଚ୍ଚ ପ୍ରାଥମିକର ଆଦ୍ୟ ଶ୍ରେଣୀରେ। ମୁଁ ନିମ୍ନ ପ୍ରାଥମିକ ପରୀକ୍ଷା ଫଳରେ ବୃତ୍ତିପାଇଥିବାରୁ ମୋ ଭବିଷ୍ୟତ ପିତାଙ୍କୁ ଉଜ୍ଜ୍ୱଳ ଦିଶିଥିବ। ବିବାହ ପରେ ମୋ ପଢ଼ାପଢ଼ିରେ ବ୍ୟାଘାତ ଜନ୍ମିଯାଇପାରେ ବୋଲି ତାଙ୍କ ମନକୁ ସନ୍ଦେହ ଛୁଇଁବା ସ୍ୱାଭାବିକ। ତା'ପରେ, ସେତେବେଳେ ବ୍ରାହ୍ମଣଙ୍କ ଘରେ ଆଭିଜାତ୍ୟ ଭାରି ଧରାହେଉଥିଲା। ପୁରୀ ଷୋଳଶାସନ ବ୍ରାହ୍ମଣମାନଙ୍କ ଭିତରୁ ଅନେକେ ନିଜ ନିଜ ଜାତି ବିକି ସେ ସମୟରେ ବିସ୍ତର ଟଙ୍କା ପାଉଥିଲେ। ଜାତି ଏକ ପଣ୍ୟଦ୍ରବ୍ୟ ବିବେଚିତ ହେଉଥିଲା। ତାର ଓଜନ, ବିନା ବିକ୍ରିରେ ସୁଦ୍ଧା, ତୋଳା

ରତିରୁ ଖସି ଧାନ ଉପଧାନ ପର୍ଯ୍ୟନ୍ତ ବ୍ୟାପୁଥିଲା । ସ୍ଥାନେ ସ୍ଥାନେ ଆଭିଜାତ୍ୟର ପାର୍ଥକ୍ୟ ଯୋଗେ ଦୁଇ-ତିନି ଟଙ୍କା ଫାବୁଥିଲା । ଜାତି ବିଚାର କିଭଳି ସୂକ୍ଷ୍ମସ୍ତରରେ ହେଉଥିଲା, ଏଥିରୁହିଁ ବୁଝାଯିବ । କେହି ଟଙ୍କା ଦେଇ ଦୁଇ-ଚାରିଥର ଜାତି କିଣିନେଲା ପରେ ତାଙ୍କ ନିଜ ମୂଲ୍ୟ ମଧ୍ୟ ବଢ଼ିଯାଉଥିଲା । ସେହିପରି ଦୁଇ-ଚାରି ଥର ଜାତି ବିକ୍ରି କରିଦେଲେ ଲୋକେ ଆଭିଜାତ୍ୟରେ ତଳକୁ ଖସିପଡୁଥିଲେ । ମୋ ବିବାହ ସମ୍ପର୍କରେ, କନ୍ୟା ପକ୍ଷ ଆଭିଜାତ୍ୟ ତୁଳନାରେ ବର ପକ୍ଷର ପାଉଣା ସ୍ଥିର ହେଲା ଦୁଇଶହ ପଚିଶ ଟଙ୍କା । ତାହା ଚାଉଳ ବାବଦର ବକେୟା ଦେଣା ଆଡ଼କୁ ମଜୁରା ହୋଇଗଲା । ସେଥିପାଇଁ ବିବାହ ଭୋଜିର ଉତ୍ସବରେ ପୂର୍ଣ୍ଣମାତ୍ରାରେ ଯୋଗ ଦେଲି ଏକା ମୁଁ, ବର ପକ୍ଷରୁ ଆଉ କେହି ହେଲେ ନାହିଁ । କନ୍ୟାଘର ବିବାହ ଭୋଜିରେ ବର ପକ୍ଷରୁ ବସିଲି ଏକମାତ୍ର ମୁଁ ।

ବିବାହ ବିଷୟରେ ମୋର ଯାହା ବ୍ୟକ୍ତିଗତ ଅନୁଭୂତି ଜନ୍ମିଗଲା, ପାଞ୍ଚ-ସାତ ବର୍ଷ ମଧ୍ୟରେ ମୋର ଆଉ ଥରେ ବିବାହ ପ୍ରସ୍ତାବ ଉଠିଥିଲେ ମୁଁ ଘରୁ ଲୁଚି ପଳାଇ ସେଥିରୁ ନିଜକୁ ରକ୍ଷାକରିଥାନ୍ତି । ମୁଁ ସକାଳୁ ବେଶ ହୋଇ, ନିର୍ଜଳ ଉପବାସ କରି, ବରଯାତ୍ରୀରେ ଯିବାକୁ ତିଆରହେଲି । କିନ୍ତୁ କେବଳ ବିଳମ୍ବ ହେବାରେ ଲାଗିଲା । ଗୁଡ଼ାଏ ଘାଣ୍ଟଚକଟ ହେଲା, ସରୁ କଥାକୁ ମାଜି ମୋଟ କରାଗଲା, ଗଣ୍ଡଗୋଳ ଘଟିବାର ଉପକ୍ରମ ଦିଶିଲା । ପୂର୍ବାହ୍ନର ସୂର୍ଯ୍ୟଦେବତା ରଥ ଚଳାଇ ଆକାଶର ଶିଖରଦେଶରୁ ଅସ୍ତାଚଳ ଆଡ଼କୁ ଯେତିକି ଗଡ଼ିଲେ, ଭୋକରେ ମୁଁ ସେତିକି ଆଟୁପାଟୁ ହୋଇଗଲି । କନ୍ୟା ପକ୍ଷର ବିବାହ ବେଦୀ ଓ ମୋ ଭିତରେ ପାର୍ଥକ୍ୟ ମୋଟେ ଅଢ଼େଇହାତ । ସକାଳୁ ସକଳପ୍ରକାର ଉଦ୍ୟମ ଓ ଆୟୋଜନ ହୋଇ ସେହି ବ୍ୟବଧାନ ଅତିକ୍ରମ କରିବା ନିମନ୍ତେ ସାରା ଦିବସ ଲାଗିଗଲା । ବିବାହମନ୍ତ୍ର ପଢ଼ାହେଲାବେଳକୁ ମୁଁ ନିଦରେ ଘାରିହୋଇଯାଇଥିଲି । ପରଦିନ ଶୁଣିଲି, ବିବାହକର୍ମର ଆବଶ୍ୟକତା ଅନୁସାରେ ମୋତେ ଟେକି ନିଆଅଣା କରାଯାଉଥିଲା ।

କେବଳ ମୋରି ବିବାହ ଯେ ଅଳ୍ପ ବୟସରେ ହୋଇଥିଲା ତାହା ନୁହେଁ, ବାଲ୍ୟବିବାହ ଥିଲା ସେ ଯୁଗର ପ୍ରଥା । ଶୁଣିଛି, ଓଡ଼ିଶାର କେତେକ ଅଞ୍ଚଳରେ ଚାରି-ପାଞ୍ଚ ବର୍ଷ ବୟସର ବର-କନ୍ୟାଙ୍କ ମଧ୍ୟରେ କଣ୍ଢେଇ ବିବାହ ପରି ଶାସ୍ତ୍ରାନୁମୋଦିତ ବିବାହ ହୋଇଯାଉଥିଲା । ଭାରତର ଅନ୍ୟ କେତେକ ଅଞ୍ଚଳରେ କୁଆଡ଼େ ସନ୍ତାନ ମାତୃଗର୍ଭରେ ଥିବାବେଳୁ ବାଗ୍‌ଦାନ ହୋଇଯାଏ । ମୋ ପିଲାଦିନେ ବାଲ୍ୟବିବାହକୁ ନିନ୍ଦା କରିବା ନିମନ୍ତେ ବିଦ୍ୟାଳୟରେ ପ୍ରବନ୍ଧ ଲେଖା ହେଉଥିଲା । ମୁଁ ମୋ ନିଜ ବିବାହ ପୂର୍ବରୁ ନୁହେଁ, ପରେ 'ବାଲ୍ୟବିବାହ' ବିଷୟରେ ଅନେକ ଥର ପ୍ରବନ୍ଧ

ଲେଖିଛି। କିନ୍ତୁ ସେ ପ୍ରବନ୍ଧ ପରୀକ୍ଷାରେ ପାସ୍ କରିବା ନିମନ୍ତେ ମାତ୍ର, ଜୀବନରେ ତାର କୌଣସି ପ୍ରଭାବ ପକାଇବା ଉଦ୍ଦେଶ୍ୟରେ ନୁହେଁ। ଆମ ଶିକ୍ଷାର ଅଧିକାଂଶ ଏହି ଧରଣର। ନିର୍ମଳ ବାୟୁ ସେବନ କରିବା ଉଚିତ ବୋଲି ଆମେ ସ୍ୱାସ୍ଥ୍ୟବିଜ୍ଞାନରୁ ଘୋଷୁ; କିନ୍ତୁ ଘରେ କବାଟ ଝରକା କିଳି ମୁହଁ ଘୋଡ଼ାଇ ରାତିଯାକ ଘୁଙ୍ଗୁଡ଼ି ମାରି ଶୋଉ। ଆମ ଜାତୀୟ ଶବ୍ଦକୋଷରେ 'ପୋଥି ବାଇଗଣ' ଓ 'ବାଡ଼ି ବାଇଗଣ' ଏପରି ଦୁଇଟି ପୃଥକ୍ ଶବ୍ଦ ରହିଥିବ। ସତ୍ୟ କହିବା ଆମର 'ପୋଥି ବାଇଗଣ' ଓ "ବାଡ଼ି ବାଇଗଣ' ହେଉଛି ବୋଧହୁଏ ମିଥ୍ୟା। ସେଥିପାଇଁ ଶାସ୍ତ୍ରକାର ମଧ୍ୟ ବାଟ ଦେଖାଇ କହିଯାଇଛନ୍ତି- 'ସତ୍ୟ ବ୍ରୂୟାତ୍ ପ୍ରିୟଂ ବ୍ରୂୟାତ୍, ମା ବ୍ରୂୟାତ୍ ସତ୍ୟମପ୍ରିୟମ୍।'

ମୋର ମନେହୁଏ, ମୋ ବିବାହ ଇଂରେଜ କବି ସେକ୍‌ସପିଅରଙ୍କ ନାଟକ ଲାଗି ଉପାଦାନ ଯୋଗାଇବା ଭଳି ଏକ ଘଟଣା। ଆମ ଗ୍ରାମରେ 'ମିଶ୍ରଘର' ଓ 'ରଥଘର' ଏପରି ଦୁଇଗୋଟି ମାତ୍ର ପରିବାର ପ୍ରଥମେ ଥିଲା। ଗୋଟିଏ ଘରେ ଆଭିଜାତ୍ୟ ବଳ ଓ ଅପରଟିର ଧନବଳ। ନିଜ ନିଜ ପ୍ରାଧାନ୍ୟ ପ୍ରତିଷ୍ଠା କରିବା ନିମନ୍ତେ ପୁରୁଷାନୁକ୍ରମିକ ରୀତିରେ ଉଭୟ ଘର ମଧ୍ୟରେ ବରାବର ବିବାଦ ଲାଗିଥାଏ। ତାର ଆରମ୍ଭ ବୋଧ ହୁଏ ଓଡ଼ିଶାର ମୋଗଲ ରାଜତ୍ୱରୁ ହୋଇଥିବ। ଉଭୟ ପକ୍ଷ ଠେଙ୍ଗାରେ ଲଢ଼ିବା ଭଳି କିଛି କିଛି ସୈନ୍ୟ ରଖିଥାନ୍ତି। ନାନା ଘଟଣାରୁ ଉଭୟଙ୍କ ମଧ୍ୟରେ କ୍ରୋଧାଗ୍ନି କୁହୁଳି ଦିନେ ହଠାତ୍ ଜଳିଉଠେ। ଉଭୟ ପକ୍ଷ ମୁଣ୍ଡ ଫଟାଫଟି ହୁଅନ୍ତି। କେବେ କିପରି ଜଣେଅଧେ ସ୍ୱର୍ଗବାସ ସୁଦ୍ଧା କରିବସନ୍ତି। ମୋର ଶଳା ଓ ମୁଁ ପିଲାଦିନେ ଖୁବ୍ ମାଡ଼ ମରାମରି ହେଉଥିଲୁ। କେଜାଣି ପୂର୍ବର ଐତିହ୍ୟ ଆମ ଦେହକୁ ଅଲକ୍ଷିତ ଭାବରେ ହୁଏତ ବେଳେବେଳେ ଆସିଯାଉଥିବ! କିନ୍ତୁ ତାର ଶେଷ ଆମରି ଦେହକେ ହୋଇଯାଇଛି। ଏବେ ସେକ୍‌ସପିଅରଙ୍କ ନାଟକର ନାୟକ-ନାୟିକାଙ୍କ ପରି ଦୁଇଟିଯାକ ଘରୁ ଆମେ ଦୁଇଜଣ ବର-କନ୍ୟା ବିବାହବନ୍ଧନରେ ବାନ୍ଧିହେଲୁ। ତା'ପରେ ପୁଣି ମୋ ଶଳାଙ୍କଠାରେ ତାଙ୍କ ପ୍ରାଚୀନ ବଂଶ ଲୋପପାଇଗଲା। କିନ୍ତୁ ଯେଉଁ ଦୁଇଟା ଆତ୍ମାର ମିଳନ ହେଲା, ସେ ଦୁଇଟା ଯେ ପୂର୍ବର କୌଳିକ ସିଦ୍ଧି ଏକାବେଳକେ ବିସର୍ଜନ ଦେଲେ, ତା ନୁହେଁ।

ମୋ ବିବାହ ହୋଇଥିଲା ୧୮୯୬ ବା ୧୮୯୭ ମସିହା ବସନ୍ତ ଋତୁରେ। ମୋ ସ୍ତ୍ରୀ ଏକେ ମୋ ପିଲାଦିନର ଖେଳସାଥୀ, ତା'ପରେ ପୁଣି ଆମ ପଡ଼ିଶାଘର ଝିଅ। ତଥାପି ବିବାହ ପରଠାରୁ ୧୯୦୬ ମସିହା ଗ୍ରୀଷ୍ମକାଳ ପର୍ଯ୍ୟନ୍ତ ପ୍ରାୟ ଦଶବର୍ଷ କାଳ ତାଙ୍କର ମୋର ଭେଟ ହୋଇନାହିଁ। ଭେଟ ହେଲା ଦୂର୍ବାକ୍ଷତ ରାତିରେ, ମଧୁଶଯ୍ୟାରେ। ମୋ ଶ୍ୱଶୁରଘରର ଧନସମ୍ପତ୍ତି ଆଉ ସେତେବେଳକୁ ନଥିଲା। ସୁତରାଂ ମୋ ସ୍ତ୍ରୀ

କରାଟରେ ତିନିଟଙ୍କା ସ୍ତ୍ରୀଧନ ଧରି ଆସିଥିଲେ ଓ ସେଇଥିରୁ ମୋ ଦରକାର ବେଳେ ପଇସାଏ ଅଧଲାଏ ଦିଅନ୍ତି, ତାହା ମଧ୍ୟ ରାତି ଶୋଇବା ସମୟରେ। ଦିବସରେ ତାଙ୍କ ସଙ୍ଗେ ମୋର ଦେଖା ହୁଏ ନାହିଁ। ରାତିରେ ଶୋଇବାଘରେ ଡିବି ଜାଳି ମୁଁ ତାଙ୍କୁ ବର୍ଣ୍ଣବୋଧ ପଢ଼ାଇବାକୁ ବସିଲି; ମାତ୍ର ତାହା ହୋଇପାରେନାହିଁ। ସାହିପଡ଼ିଶା ଲୋକେ ଶୁଣିବେ, ବାଚୁଡି କରିବେ, କାରଣ ଦେଖାଇ ସେ ସଙ୍ଗେ ସଙ୍ଗେ ବୁଢ଼ାଆଙ୍ଗୁଠି ଓ ବିଶି ଆଙ୍ଗୁଠିରେ ଡିବିଶିଖା ମନ୍ଥି ଲିଭାଇଦିଅନ୍ତି। ତାଙ୍କ କାରଣଟା କିଛି ଭୁଲ ନୁହେଁ। ନବଦମ୍ପତିଙ୍କ ଶୟନକକ୍ଷରେ ରାତିରେ ଆଲୁଅ ଜାଳିବା ଗ୍ରାମ ସ୍ତ୍ରୀଲୋକମାନଙ୍କର ପୋଖରୀ ତୁଠର ପ୍ରଧାନ ସମାଲୋଚନା ବିଷୟ ହୋଇଥାଏ। ତାର ଶୂଳ ଯୁବତୀପ୍ରାଣରେ ସିନା ଭୁକେ, ଯୁବକକୁ ସାକ୍ଷାତ୍‌ରେ ସ୍ପର୍ଶ କରିପାରେନାହିଁ।

ଡିବି ବର୍ତ୍ତମାନ ଲୋପପାଇଆସୁଛି। ସୁତରାଂ ଏବେ ମଧ୍ୟ ଡିବି ଶବ୍ଦର ଅର୍ଥ ଅନେକ ପିଲାଙ୍କୁ ଶବ୍ଦକୋଷରୁ ଖୋଜି ବାହାର କରିବାକୁ ପଡ଼ିପାରେ। କିନ୍ତୁ ପଲ୍ଲୀ କଥା ତେଣିକି ଥାଉ, ସହରରେ ସୁଦ୍ଧା ତାର ପ୍ରଚଳନ ଖୁବ୍ ଥିଲା। ୧୯୧୦ ମସିହାରେ ମୁଁ ବାଣପୁରକୁ ପ୍ରଥମେ ଗୋଟିଏ ଲଣ୍ଠନ ନେଲି। ତାର ବର୍ଷେ ଦୁଇ ବର୍ଷ ପୂର୍ବରୁ ନେଇଥିଲି ମିଶ୍ରି ଓ କିସ୍‌ମିସ୍। ବୈଦ୍ୟମାନେ ବୈଦ୍ୟଶାସ୍ତ୍ରରେ ଦ୍ରାକ୍ଷାର ବର୍ଣ୍ଣନା ପଢ଼ନ୍ତି; ମାତ୍ର ଦ୍ରାକ୍ଷା ନିଜେ ଦେଖିନଥିଲେ, ଔଷଧ ଭାଗରୁ ଦ୍ରାକ୍ଷା ବାଦ୍ ଦେଇ ଔଷଧ ତିଆରି କରୁଥିଲେ। ରାତିରେ ବାହାରେ ଚଳପ୍ରଚଳ ହେବାପାଇଁ ରହିଥିଲା ହୁଳା ଓ ଦିହୁଡ଼ି। ତା'ଛଡ଼ା 'ନାତରା' ମଧ୍ୟ ଜଳୁଥିଲା। 'ନାତରା' ଶବ୍ଦ ଶବ୍ଦକୋଷମାନଙ୍କରେ ମିଳି ନପାରେ। ଚାରିପଟେ ଚାରିଖଣ୍ଡ କାଚପଟା ଟିଣପାତିଆରେ ବାନ୍ଧିଦିଆଯାଏ। ତଳେ ଓ ଉପରେ ଦୁଇଖଣ୍ଡ ଚଉଖୁଣ୍ଟା ଟିଣପତ୍ର ରହେ, ଝୁଲାଇ ଧରିବା ନିମନ୍ତେ ଉପରେ ଟିଣପତ୍ରରୁ ଗୋଟାଏ ମୁଦିଆ ଲାଗିଥାଏ। ଚାରିପଟର ଚାରିଖଣ୍ଡ କାଚ ମଧ୍ୟରୁ ଖଣ୍ଡିଏ କବାଟ ପରି ଫିଟେ ଓ ପଡ଼େ। ତା ମଧ୍ୟରେ ଗୋଟିଏ ଡିବି ଥୁଆହୁଏ। ଡିବିକୁ ପବନରୁ ରକ୍ଷା କରିବା ନିମନ୍ତେ ଏହି ରୀତିରେ ଯେଉଁ ଛୋଟିଆ କାଚଘର ତିଆରି ହୋଇଥାଏ, ତାର ନାମ 'ନାତରା'। ସେ ନାମ ଗଞ୍ଜାମରୁ ଆସିଥିବ ଏବଂ ଗଞ୍ଜାମକୁ ହୁଏତ ଆସିଥିବା ଆହୁରି ଦକ୍ଷିଣରୁ।

ମୁଁ ଯଥାସମୟରେ ଏଫ୍.ଏ. ପାସ୍ କରି ପୁଣି ମାସିକ ଦଶଟଙ୍କା ବୃତ୍ତି ପାଇ କଲେଜରେ ବି.ଏ. ଶ୍ରେଣୀରେ ନାମ ଲେଖାଇଲି ଓ ଛାତ୍ରାବାସରେ ରହିଲି। କଲେଜ ଓ ଛାତ୍ରାବାସ ଉଭୟ କିଲଟରୀ କଚେରି ପାଖରେ ଥାଏ, ଚାଉଳିଆଗଞ୍ଜକୁ ଘୁଞ୍ଚିନଥାଏ। ଛାତ୍ରାବସ୍ଥାରେ ଓ ତା'ପରେ କେତେ ବର୍ଷ ମୁଁ ଲୋକଙ୍କ କଥାବାର୍ତ୍ତା, ମୁଦ୍ରା ଆଦି ଅନୁକରଣ କରି ଅଭିନୟରେ ଦେଖାଇପାରୁଥିଲି। ସାଙ୍ଗସାଥୀମାନେ ଯେ ତାହା ଶୁଣିବାକୁ

ବରାଦ କରୁଥିଲେ ତାହା ନୁହେଁ, ଗୋପବନ୍ଧୁବାବୁଙ୍କ ଭଳି ଗୁରୁଜନ ସୁଦ୍ଧା ଅଭିନୟ ବେଳେ ଆସି ବସିଯାଉଥିଲେ। ଦିନେ ମୁଁ ଛାତ୍ରାବାସରେ ପିଲାଙ୍କ ମେଳରେ ବସି ଚନ୍ଦ୍ରମୋହନବାବୁଙ୍କ କଥାବାର୍ତ୍ତା, ଭଙ୍ଗୀ ଓ ମୁଦ୍ରା ଅଭିନୟ କରୁଛି, ଦ୍ୱାର ପାଖେ ସ୍ୱୟଂ ଚନ୍ଦ୍ରମୋହନବାବୁ ଆସି ଠିଆହୋଇଗଲେ। ମୋ ଛାତିରେ ଗୋଟାଏ ପଥର ପଡ଼ିଗଲା, ଅନ୍ୟାନ୍ୟ ଛାତ୍ର ଯେ ଯାହା ବାଟରେ ଖସି ପଳାଇଲେ। ଚନ୍ଦ୍ରମୋହନବାବୁ ସର୍ବଦା ସାଧୁ ଭାଷାରେ କଥା କହନ୍ତି, କହିଲେ, "ଅପ୍ରତିଭ ହୁଅ ନାହିଁ। ବେଶ୍ ଅନୁକରଣେ କରି ତ ପାରୁଛ ! ଏଠାରେ ଆସି ରହିଲ ? ଚାଲ ପୂର୍ବ ସ୍ଥାନକୁ ଯିବା।" ତାଙ୍କ ଚାକର ମୋ ଜିନିଷପତ୍ର ଧରିଲା; ମୁଁ ଦ୍ୱିରୁକ୍ତି ନକରି ତାଙ୍କ ପଛେ ପଛେ ଗଲି।

ଛାତ୍ରାବାସରେ ରହିଲେ ଯେ ମୋର ଅର୍ଥାଭାବ ଘଟିବ, ସେ ଚିନ୍ତା ମୋତେ ଘାରି ପକାଉଥିଲା, ସେଥିରୁ ଆପାତତଃ ନିଷ୍କୃତି ପାଇଲି; କିନ୍ତୁ ଦଶହରା ଛୁଟିରେ ଗ୍ରାମକୁ ଯାଇ ଚନ୍ଦ୍ରମୋହନବାବୁଙ୍କୁ ଚିଠିରେ ପୂର୍ବରୁ ଜଣାଇ ମୁଁ ପୁନରାୟ ଛାତ୍ରାବାସକୁ ଗଲି। ସଙ୍ଗେ ସଙ୍ଗେ ମୋର ଘୋର ଜଞ୍ଜାଳ ଆରମ୍ଭ ହୋଇଗଲା। ମୋ ନିଜ ଖର୍ଚ୍ଚକୁ ମାସିକ ଦଶଟଙ୍କା ବୃତ୍ତି ନଅଣ୍ଟ ହେଲା। ମୁଁ ଘରକୁ ନିୟମିତରୂପେ କିଛି ପଠାଇପାରିଲି ନାହିଁ। କ୍ରମେ ଧାର ଉଧାରରେ ବୁଡ଼ିଗଲି। ପୃଥିବୀର ରୀତି ହେଉଛି, 'ତେଲିଆ ମୁଣ୍ଡରେ ତେଲ'। ମୋତେ ଧାର ମଧ୍ୟ ସେତେ ମିଳିଲା ନାହିଁ। ମୁଁ ଯେ ବୁଡ଼ିଗଲି, ଗଭୀର ପାଣିରେ ନୁହେଁ, ଗୋଡ଼ ନ ବୁଡ଼ିବା ସ୍ଥାନରେ। ଥରେ ଘରେ ବୁଢ଼ୀମା ଓ ଯୁବତୀ ପତ୍ନୀ ପଇସା ଅଭାବରେ, ନିଜ ମାନ ଜଗି ପୂରା ଦିନେ ଖାଡ଼ା ଉପାସରେ ରହିଲା ପରେ, ପରଦିନ ମଧ୍ୟାହ୍ନଭୋଜନ ଲାଗି ଚାଉଳ ଉଧାର ଖୋଜାହେଲା; ମାତ୍ର ମିଳିଲା ନାହିଁ। ଗୋସାଇଁଶାଶୂ ଓ ନାତୁଣୀବୋହୂ ଦ୍ୱିତୀୟ ଦିନର ସାଧନା ନିମନ୍ତେ ପ୍ରସ୍ତୁତ ହୋଇଗଲେ। କେତେକ ସମୟ ପରେ ଦାଣ୍ଡ କବାଟରେ ଧକ୍‌କା ବାଜିଲା, ସ୍ୱର ଶୁଣାଗଲା- 'ମନିଅର୍ଡ଼ର ଆସିଛି, ନିଅ।'

ଏହିପରି କେତେକ ଆକସ୍ମିକ ଘଟଣା ଦେଖି ବହୁ ଲୋକ ବିଶ୍ୱାସ କରନ୍ତି ଯେ, ପୃଥିବୀରେ ଈଶ୍ୱର ଅଛନ୍ତି, ଦୀନ-ଦୁଃଖୀଙ୍କ ହାଲ ବୁଝୁଛନ୍ତି, ଭଲ ମନ୍ଦ ଭିତରେ ତୁଳନା କରୁଛନ୍ତି, ଲାଞ୍ଛିତ ଓ କ୍ଷତିଗ୍ରସ୍ତଙ୍କୁ ନ୍ୟାୟ ବିଚାର ଦେଉଛନ୍ତି। ବିଶାଳ ମାନବସମାଜ ଏହି ବିଶ୍ୱାସରେହିଁ ଆତଯାତ ହେଉଛି। ପ୍ରକୃତି ସକଳ ବିଷୟରେ ଗୋଟାଏ କଣ୍ଟ ନିର୍ଦ୍ଦିଷ୍ଟ କରିଛି। ବିଷ୍ଟି, ବିପଦ, ବିପ୍ଳାତ, ବିସମ୍ବାଦ, ବୈଲକ୍ଷଣ ଯେତେ ଉଗ୍ର ଉତ୍କଟ ହେଉ, ସେହି କଣ୍ଟ ପର୍ଯ୍ୟନ୍ତ ଉଠେ, ତାକୁ ପ୍ରାୟ ଟପେ ନାହିଁ। ଗ୍ରୀଷ୍ମ ଋତୁରେ ତାପ ସ୍ଥାନବିଶେଷରେ ୧୧୦, ୧୧୫ ବା ୧୨୦ ଡିଗ୍ରୀ ଯାଏ ବଢୁଛି; କିନ୍ତୁ ସଙ୍ଗେ ସଙ୍ଗେ ଅସ୍ରାଏ ବର୍ଷା କାହୁଁ ଆସିଯାଉଛି ଓ ବାୟୁର ତାପ ଦଣ୍ଡକ ଧରେ

୮୦ ଡିଗ୍ରୀକୁ ଖସିପଡ଼ୁଛି। ବନ୍ୟା ପ୍ରବଳ ହୋଇଉଠିଲା ମାତ୍ରେ ଗୋଟାଏ ଘାଇ ଭାଙ୍ଗି ପୁଣି କୂଳତଳକୁ ଓହ୍ଲାଇଯାଉଛି। ପାଣି ଅଭାବରେ ପୃଥିବୀ ଆଟୁପାଟୁ ହୋଇଗଲେ ଇନ୍ଦ୍ରଦେବତା ସ୍ୱର୍ଗରୁ ବୃଷ୍ଟି ଢାଳିଦେଉଛନ୍ତି। ଏହାହିଁ ହେଉଛି ସୃଷ୍ଟିର ସତ୍ୟ। ସୁତରାଂ ସର୍ବଦ୍ରଷ୍ଟା ଶାସ୍ତ୍ରକାର କହିପାରିଛନ୍ତି, "ସତ୍ୟେନ ଧ୍ରୀୟତେ ଜଗତ୍।" ସେ ସତ୍ୟକୁ ଯୁଗେ ଯୁଗେ ବିଷମ ପରୀକ୍ଷାରେ ଉତ୍ତୀର୍ଣ୍ଣ ହେବାକୁ ପଡ଼ୁଛି। ତାର ପରୀକ୍ଷା ରାଷ୍ଟ୍ରବିପ୍ଳବ ଓ ପ୍ରଳୟ ଆଦି ବଡ଼ ବଡ଼ ବିଷୟରେ ଯେପରି, ଦରିଦ୍ର କୁଟୀରର ସାମାନ୍ୟ ଦୈନନ୍ଦିନ ଘଟଣାରେ ସୁଦ୍ଧା ସେହିପରି ହୋଇଯାଉଛି।

■

ଛାତ୍ରାବାସ ଜୀବନ

ମୁଁ ଛାତ୍ରାବାସରେ ନୀଳକଣ୍ଠବାବୁଙ୍କ ପାଖେ ତାଙ୍କ କୋଠରିରେ ରହିଲି। ପ୍ରତ୍ୟେକ କୋଠରିରେ ତିନିଜଣ ରହୁଥିଲେ। ମୋତେ ତୃତୀୟ ଧରିଲେ ଦ୍ୱିତୀୟ ଜଣକ କୃପାସିନ୍ଧୁ ମିଶ୍ର ବା ସାରଙ୍ଗଧର ଦାସ ହେବେ - ମୋର ଠିକ୍ ମନେପଡୁନାହିଁ। ନୀଳକଣ୍ଠବାବୁ ପ୍ରଥମ ଦିନରୁ ମୋତେ ଖୁବ୍ ସାହାଯ୍ୟ କଲେ। କଟକକୁ ଆସିବାଠାରୁ ମୋର ପୃଥକ୍ ବାସନ ଦରକାର ହୋଇନଥିଲା। ମୁଁ ଛଅଣାରେ ଖଣ୍ଡିଏ ପିତ୍ତଳ ଥାଳି କିଣିଲି। ଅନ୍ୟ ଛାତ୍ରମାନେ ଓ ବିଶେଷ ଭାବରେ ପାଚକ ପିତ୍ତଳ ଥାଳି ଦେଖି ନାକ ଟେକିଲେ। ନୀଳକଣ୍ଠବାବୁ ତାକୁ ମୋ ଜୀବନର ଏକ ରୀତିରେ ପକାଇ କହିଲେ, "କଂସା ବାସନରେ ସେ ଖାଆନ୍ତି ନାହିଁ।" ଘରେ ପଶୁ ପଶୁ ମୋ ମୁଣ୍ଡରେ ଯେ ଚାଳ ବାଜିଯାଉଥିଲା, ଆପାତତଃ ସେଥିରୁ ବର୍ତ୍ତିଗଲି ଅବଶ୍ୟ; ମାତ୍ର କତରା ଘୋଡ଼େଇହେଲେ କଣ ଯମ ଛାଡ଼େ ? ମୋ ଅର୍ଥାଭାବ ଦିନ କେତେଟାରେ ବାହାରକୁ ଫିଟି ବାହାରିଲା।

ଛାତ୍ରାବାସର କୋଠ ରୋଷାଇ ପାଣ୍ଠିକୁ ମାସିକ ପାଞ୍ଚ ଟଙ୍କା ଦଶ ଅଣା ଦିଆଯାଉଥିଲା। ସେ ଟଙ୍କା ପାଚକ ନିଏ ଓ ସକାଳ ସନ୍ଧ୍ୟା ଭାତଖିଆ ଚଳାଏ। ଭତ ସଙ୍ଗେ ଡାଲି, ନିରାମିଷ ତରକାରି, ମାଛଝୋଳ ଓ ଭଜା କିମ୍ବା ଖଟା ଥାଏ। ସପ୍ତାହକେ ଥରେ, ରବିବାର ଦିନ ମାଂସ ତରକାରି ଯେ ହୁଏ ତାହା ତାରି ଭିତରୁ। ମାସକୁ ମସ ଥରେ ଭୋଜି ମଧ୍ୟ ହୁଏ। କିନ୍ତୁ ସକାଳ ଓ ଉପରଓଳିର ଜଳଖିଆ ବ୍ୟବସ୍ଥା ସ୍ୱତନ୍ତ୍ର। ତାହା ମଧ ସେହି ପାଚକ ଯୋଗାଏ। ସେଥିପାଇଁ ସ୍ୱତନ୍ତ୍ର ଖର୍ଚ୍ଚ ଦେବାକୁ ପଡ଼େ। ମୁଁ ଅଗାଧୁଆ ନଖାଉଥିବା ବାହାନାରେ ସକାଳ ଜଳଖିଆଟା କୌଣସି ପ୍ରକାରେ ଏଡ଼ିଲି, ଉପରଓଳିକୁ ପାଚକ ଏକାବେଳକେ ନଛୋଡ଼ବନ୍ଧା। ଦୁଇ-ତିନି ଦିନ ପରେ ମୁଁ ପ୍ରତିକାରର ବାଟ ବାହାରକରିନେଲି; କଲେଜରୁ ଆସି ସଙ୍ଗେ ସଙ୍ଗେ ହାଓଆ ଖାଇବକୁ ବୁଲି ଚାଲିଯାଇ ସନ୍ଧ୍ୟା ଉତ୍ତାରେ ଫେରିବାକୁ ଆରମ୍ଭ କଲି।

କିନ୍ତୁ ଗୋଟାଏ ଆପଦରୁ ରକ୍ଷା ପାଇବା ସଙ୍ଗେ ସଙ୍ଗେ ମୋତେ ଆଉ ଗୋଟାଏ ଆପଦର ସମ୍ମୁଖୀନ ହେବାକୁ ପଡ଼ିଲା। 'ଭୋକେ ଓଡ଼ିଆ ନିଦ ଯାଏ' କଥାର ଯଥାର୍ଥତା ମୋଠାରେ ପ୍ରମାଣିତ ହେବାକୁ ବସିଲା। ସନ୍ଧ୍ୟା ପରେ ମୋତେ ଏତେ ନିଦ ଘାରିପକାଇଲା ଯେ, ବହି ଧରି ବସି ପଢ଼ିବା ମୋ ପକ୍ଷେ ଅସମ୍ଭବ ହୋଇପଡ଼ିଲା। ସେ ବାଟ ସୁଦ୍ଧା ମୁଁ ରୁନ୍ଧିଦେବାକୁ ବସିଲି। ସକାଳ ଭାତଖିଆବେଳେ ଗ୍ରାସେ ଆକଣ୍ଠ ଚୁଟି ପର୍ଯ୍ୟନ୍ତ ଠେସି କୋଠ ରୋଷେଇକୁ ଦିଆଯାଉଥିବା ଟଙ୍କାର ଦେଢ଼ଗୁଣ ପର୍ଯ୍ୟନ୍ତ ଖାଇବାକୁ ଆରମ୍ଭକଲି। ସେତେବେଳେ ମୁଁ ପ୍ରାୟ କଟକୀ ଦେଢ଼ପା ଚାଉଳର ଭାତ ଖାଉଥିଲି। ଆଜି ଚାଳିଶ ବର୍ଷ ପରେ ସେ ସ୍ମୃତିଟିକ ବିସ୍ମୃତି-ଗର୍ଭରୁ ଟାଣିଆଣି ଦେଖିଲେ ମୋ ନିଜର ମଧ୍ୟ ପ୍ରତ୍ୟୟ ହେଉନାହିଁ। ସେତେବେଳେ ପୂରା ଗ୍ରାସେ ଖାଇଦେଲାପରେ ଘଣ୍ଟାଏ ଦୁଇଘଣ୍ଟା କାଳ ମୁଁ ସ୍ୱଚ୍ଛନ୍ଦରେ ଚାଲିପାରେ ନାହିଁ କି ବସିପାରେ ନାହିଁ।

ଯେଉଁ ଘରେ ମୂଷା ଗାଡ଼ କରେ, ସେଠାରେ ଗୋଟିଏ ଜଳା ବୁଜିଲେ ପୁଣି ଆଉ ଗୋଟାଏ ଫିଟେ। ଭୋକ ଯୋଗେ ସନ୍ଧ୍ୟାରେ ଢୋଳାଇବା ପ୍ରାଣୀକୁ ଅତିଭୋଜନ ଫଳରେ କଲେଜ ଶ୍ରେଣୀରେ ବସି ଢୋଳାଇବାକୁ ହେଲା। ପ୍ରଥମ ଦୁଇଘଣ୍ଟା ଇଂରେଜୀ ସାହିତ୍ୟ ଓ ଦର୍ଶନ ଥାଏ। ଦର୍ଶନରେ ମୁଁ ପୁଣି 'ଅନର୍ସ' ନେଇଥିଲି। ଇଂରେଜୀ ଶ୍ରେଣୀରେ ତେର ଜଣ ଛାତ୍ର। ସେଠାରେ ପଛରେ ବସି ଢୋଳାଇବାରେ ସୁବିଧା ଥାଏ; କିନ୍ତୁ ଦର୍ଶନ ଶ୍ରେଣୀରେ ମୋଟ ଛାତ୍ରସଂଖ୍ୟା ପାଞ୍ଚ। ତାର ଆଉ ପଛ ନଥାଏ, ସବୁ ଆଗ, ସୁତରାଂ ମୁଁ ସେ ଶ୍ରେଣୀରେ ପ୍ରତିଦିନ ଅପଦସ୍ଥ ହୁଏ। ଇଂରେଜୀ ଶ୍ରେଣୀରେ ଦ୍ୱିତୀୟ ଧାଡ଼ିରେ କୃତ୍ତିବାସ ସାମନ୍ତରାୟ ମୋ ପାଖେ ବସନ୍ତି। ସେ ମୋତେ ଢୋଳାଇବା ଦେଖିଲେ କହୁଣି ମାରି ତାଜା କରିଦିଅନ୍ତି। ଇଂରେଜୀ ପଢ଼ାନ୍ତି ଉପେନ୍ଦ୍ର ମୈତ୍ର। ସେ ଛାତ୍ରମାନଙ୍କୁ ନଚାହିଁ ତନ୍ମୟ ହୋଇ ପଢ଼ାଇବାରେ ଲାଗିଥାଆନ୍ତି; କିନ୍ତୁ ପଢ଼ା ଭିତରେ ହସ କଥାରେ ସେ ଯେତେବେଳେ ହସନ୍ତି, ପିଲାଙ୍କ ଉପରେ ଥରେ ଆଖି ବୁଲାଇଦେଇଯାନ୍ତି। ସେଥିପାଇଁ ପିଲାମାନେ ହସିଉଠନ୍ତି। ସାମନ୍ତରାୟ ସେତେବେଳେ ମୋତେ କହୁଣିରେ ମାରିଦେଇ କହନ୍ତି, "ଅଧ୍ୟାପକ ହସୁଛନ୍ତି, ହସ।" ଆଖି ଫିଟାଇ ହସିଉଠେ। ମୋ ସୌଭାଗ୍ୟକୁ ଅଧ୍ୟାପକ କେବେ ପଚାରିନାହାନ୍ତି, କାହିଁକି ହସୁଛ କହ ତ!

ନିତି ଅପଦସ୍ଥ ହେବା ଛଡ଼ା ମୋର ବାସ୍ତବିକ କ୍ଷତି ମଧ୍ୟ ଘଟିଲା। ଶିକ୍ଷକଙ୍କ ମୁହଁରୁ କଥା ଶୁଣି ଜ୍ଞାନଲାଭ କରିବା ବାଟ ମୋ ପକ୍ଷେ ସୁଗମ। ନିଜେ ବହି ଧରି ବସି ପଢ଼ିଲେ ବିଷୟ ମୋତେ ସ୍ପଷ୍ଟ ବୁଝାପଡ଼େନାହିଁ। କିଛି ଉପାର୍ଜନ କରି ଆର୍ଥିକ ଅଭାବ ମେଣ୍ଟାଇବା ନିମନ୍ତେ ମୁଁ ଗୋଟିଏ ଗୃହଶିକ୍ଷକ କାମ ଖୋଜିଲି; ମାତ୍ର କୃତକାର୍ଯ୍ୟ ହେଲି ନାହିଁ। ପଢ଼ା ଛାଡ଼ି ଚାକିରି ଖୋଜିବା ପ୍ରସ୍ତାବ ମୋ ମନକୁ ଅନେକ ଥର ଗଲା।

କେବଳ ପଢ଼ିବା କାମ ମୋ ହାତରେ ଥିଲେ ମୁଁ ହୁଏତ ପଢ଼ା ଛାଡ଼ିଦେଇଥାନ୍ତି; କିନ୍ତୁ ସେ ଛାତ୍ରାବାସକୁ ଆସି କେତେକ ମାସ ପରେ ସମୁଦ୍ରର ଅଷ୍ଟପଦୀ ପରି ମୁଁ ନାନା ଆଡ଼କୁ ଗୋଡ଼ ମେଲାଇଦେଇଥିଲି। ଫଳରେ ବହୁ ଆଡ଼େ ଚେର ଲାଗିଯାଇଥିଲା। ସେସବୁ ଚେର ଛିଣ୍ଡାଇବା ବେଳକୁ ମମତା ଯେପରି ଗ୍ରାସିଲା, ସମୟ ମଧ୍ୟ ସେହିପରି ଲାଗିଲା। ମାନବଜୀବନରେ ସମୟର ପ୍ରଭାବ ଅତି ପ୍ରବଳ। ମୁହୂର୍ତ୍ତ ଗଡ଼ିଗଲେ ପ୍ରତିଜ୍ଞା ତ ଶିଥିଳ ହୋଇଆସେ, ପରିସ୍ଥିତି ମଧ୍ୟ ବଦଳିଯାଏ।

'ୟଙ୍ଗ୍ ଉତ୍କଳ୍ ଆସୋସିଏସନ୍' ଇଂରେଜୀ ନାମ, ଓଡ଼ିଆରେ ହେବ 'ତରୁଣ ଉତ୍କଳ ସଂଘ'। ସେତେବେଳେ କଟକ କଲେଜ ଛାତ୍ରମାନଙ୍କର ତାହା ଗୋଟିଏ ନୂଆ ଅନୁଷ୍ଠାନ। ତାର ନୂଆ ସମ୍ପାଦକ ମୁଁ। ତାହା ସହିତ ଘନିଷ୍ଠ ସମ୍ପର୍କ ଥାଏ ଗୋପବନ୍ଧୁବାବୁ, ବ୍ରଜସୁନ୍ଦରବାବୁ ଓ ବିଶ୍ୱନାଥ କରଙ୍କର। ରାଜନୀତିକ ଭାଷାରେ ବିଶ୍ୱନାଥ କରଙ୍କୁ ଅନେକେ ଚରମପନ୍ଥୀ ମଣୁଥାନ୍ତି। ସରକାରଙ୍କ ସନ୍ଦେହ-ଦୃଷ୍ଟି ତାଙ୍କ ଉପରେ ରହିଥାଏ। ସେ ଛାତ୍ରସମାଜରୁ କେତେକଙ୍କୁ ସାହିତ୍ୟଚର୍ଚ୍ଚା ଓ ଅନ୍ୟାନ୍ୟ କେତେକଙ୍କୁ କଳଡୋରିରେ ବାନ୍ଧିଥାନ୍ତି। ତରୁଣ ଉତ୍କଳ ସଂଘର ଗୁପ୍ତ ବୈଠକ ବସେ ବ୍ରଜସୁନ୍ଦରବାବୁଙ୍କ ବାସଭବନ ପଛପଟ ଅଗଣାରେ। ସେଠାରେ ଓଡ଼ିଆ ଓ ବଙ୍ଗଳାରେ ରାଜଦ୍ରୋହମୂଳକ କବିତାମାନଙ୍କର ଆବୃତ୍ତି ହୁଏ। ଆବୃତ୍ତିର ଭାର ସୁବୋଧ ହାଜରା ଓ ମୋ ଉପରେ ପଡ଼େ। ଆଲୋଚନା ଓ ଖେଳ କସରତ ଗୋପବନ୍ଧୁବାବୁଙ୍କର ନର୍ମାଲ୍ ସ୍କୁଲ୍ ଗଳି ଘରେ ହୋଇଥାଏ। ସେ ଗଳିର ନାମ ବର୍ତ୍ତମାନ ବଦଳିଯାଇଛି, ହୋଇଛି 'ଭାଷାକୋଷ ଲେନ୍'। ଗୋପବନ୍ଧୁବାବୁ ନିଜେ ବାଡ଼ିଖେଳ ଓ ଜାପାନୀ ଜିଉଜିତ୍ସୁ ଆଦିକୁ ଅଣ୍ଟା ଭିଡ଼ି ବାହାରିପଡ଼ନ୍ତି।

୧୯୦୯ ମସିହା ବସନ୍ତ ଋତୁରେ ପ୍ରବେଶିକା ପରୀକ୍ଷା ହେଲା। ସମଗ୍ର ଓଡ଼ିଶାର ପ୍ରାୟ ଦୁଇଶହ ଛାତ୍ର କଟକରେ ଆସି ରୁଣ୍ଡ ହେଲେ। ତରୁଣ ଉତ୍କଳ ସଂଘ ପକ୍ଷରୁ ତାଙ୍କୁ ଏକ ଅଭ୍ୟର୍ଥନାକୁ ନିମନ୍ତ୍ରଣ କରାଗଲା। ତାହା ବୋଧହୁଏ କଟକ ପକ୍ଷେ ପ୍ରଥମ। ପରୀକ୍ଷାର୍ଥୀ ଓ କଲେଜ ଛାତ୍ରଙ୍କ ବ୍ୟତୀତ ସହରର ବହୁ ବିଶିଷ୍ଟ ବ୍ୟକ୍ତି ସେଥିରେ ଯୋଗ ଦେଲେ। ବକ୍ତୃତାମାନ ପରେ ମିଷ୍ଟାନ୍ନ ଭୋଜନ ଦିଆଗଲା। ନାଟକର ଆବୃତ୍ତି ମଧ୍ୟ ହେଲା। ମୁଁ ଇଂରେଜ କବି ସେକ୍ସପିଅରଙ୍କ 'ଜୁଲିଅସ୍ ସିଜର୍'ରୁ ଗୋଟିଏ ଦୃଶ୍ୟ ଅଭିନୟ କଲି। ତା ପରଦିନ କଲେଜରେ ଇଂରେଜୀ ଅଧ୍ୟାପକ ଗୋପାଳଚନ୍ଦ୍ର ଗାଙ୍ଗୁଲି ମୋତେ ତାଙ୍କ ପୁଅ ଚାରୁର ଗୃହଶିକ୍ଷକ ନିଯୁକ୍ତ କଲେ। ମୋର ଶତ ଚେଷ୍ଟା ଯାହା ଚାରିମାସରେ କରିପାରିନଥିଲା, ମୋର ସେହି ଅଧଘଣ୍ଟାର ଆବୃତ୍ତି ରାତିର ଚାରିପହର ପରେ ଅତି ଅକ୍ଳେଶରେ ସମ୍ଭବପର କରି ଥୋଇଦେଲା।

ଚାରୁ ପଢୁଥିଲା ନବମ ଶ୍ରେଣୀରେ। ପରୀକ୍ଷାମାନଙ୍କରେ ସେ ପ୍ରାୟ ଦ୍ୱିତୀୟ ସ୍ଥାନ ପାଉଥିଲା; ପ୍ରଥମ ହେଉଥିଲା ଆଉ ଜଣେ ବଙ୍ଗାଳୀ ପିଲା ସୁଭାଷ। ସୁଭାଷକୁ ଟପି ସେ ନିଜେ କିପରି ପ୍ରଥମ ହେବ, ସେତିକିଦୂର ତାକୁ ତାଲିମ କରିଦେବା ପାଇଁ ସେ ମୋତେ ଧଇଲା। ମୁଁ ତାକୁ ପ୍ରବନ୍ଧ ଆଦି ଲେଖିବାକୁ ବରାଦ ଦେଲେ ସେ ନିଜେ ତ ଲେଖେ, ସୁଭାଷଠାରୁ ମଧ୍ୟ ସେହି ବିଷୟରେ ଲେଖା ଆଣି ମୋତେ ତୁଳନା କରିବାକୁ ଦିଏ। ସେହି ତୁଳନାରେ ଚାରୁଠାରୁ ସୁଭାଷ ଦୁଇ-ଚାରି ନମ୍ବର ଅଧିକା ପାଏ। ଚାରୁ ମନରେ ଦୁଃଖ ଉପୁଜେ, ମୁଁ ତା ଶିକ୍ଷକ ହୋଇ ପର ପିଲାକୁ ତା'ଠାରୁ ବେଶି ନମ୍ବର ଦେଉଛି। ଚାରୁ ଜୀବନରେ ଉତ୍ତରୋତ୍ତର ଉନ୍ନତି କରି ଏବେ ଜିଲ୍ଲା ଜଜ୍ ହୋଇଛି। ତାର ସରକାରୀ ପାହ୍ୟାରୁ ସେ ତାର ସେହି ସହପାଠୀକୁ ଦିନେ ହୁଏତ ଆଇନ ଅଦାଲତରେ ବିଚାର କରି ଫାଶୀ ହୁକୁମ ଦେଇପାରିଥାନ୍ତା; କିନ୍ତୁ ସେ ତ ଯଥାକାଳରେ ନେତାଜି ସୁଭାଷଚନ୍ଦ୍ର ବୋଷ ହୋଇ ଜନନେତ୍ରରେ ବହୁତ ଉଚ୍ଚକୁ ଉଠିଗଲା ଏବଂ ଏବେ ବୋଧହୁଏ ମନୁଷ୍ୟଙ୍କର ସ୍ପର୍ଶସୀମାରୁ ଦୂରକୁ ଚାଲିଯାଇଛି। ସେତେବେଳେ ସେ ମୋତେ ନମସ୍କାର କରୁଥିଲା; ଏବେ ମୋ ନମସ୍ୟ ସେ।

ତରୁଣ ଉତ୍କଳ ସଂଘ ସବୁ ଛାତ୍ରଙ୍କର ମିଳନପୀଠ। ତା'ଛଡ଼ା ଆଉ ଗୋଟିଏ ସଂଘ ମଧ୍ୟ ଥିଲା। ସେଥିର ସଦସ୍ୟସଂଖ୍ୟା ମୁଷ୍ଟିମେୟ। ଗୋପବନ୍ଧୁ ବାବୁ ଥିଲେ ତାର ମୁଖ୍ୟ। ଶଶୀଦା କଟକ ଆସିଲେ ସେଥିରେ ଯୋଗ ଦିଅନ୍ତି। ବ୍ରଜସୁନ୍ଦରବାବୁ ତାର ସାକ୍ଷାତ୍ ସମ୍ପର୍କରେ ନଥିଲେ ସୁଦ୍ଧା ସବୁ ଜାଣୁଥିଲେ। ମୁଁ କ୍ରମେ ତା ଭିତରକୁ ଟାଣିହୋଇଗଲି। ତାର ବୈଠକ ଦିବସରେ ବସେ ନାହିଁ, ବସେ ରାତିରେ, ଛାତ୍ରାବାସରେ ଛାତ୍ରମାନେ ଖାଇସାରି ଶୋଇ ଘୁଙ୍ଗୁଡ଼ି ମାରିବା ପରେ, କେବେ ନିର୍ଜନ କିଲାପଡ଼ିଆରେ, କେବେ ମହାନଦୀ କୂଳେ, କେବେ ବା କାଠଯୋଡ଼ି ବାଲି ଉପରେ। ସେସବୁ ନୈଶ ବୈଠକରେ ଅଗ୍ରଣୀ ନୀଳକଣ୍ଠବାବୁ। ଆମ କଥାବାର୍ତ୍ତା ବେଳେ ଜଣେ କେହି ଆସି ଶୁଣିବାକୁ ଚେଷ୍ଟା କରୁଛି, କ୍ରମେ ଆମେ ଭାବିବାକୁ ଲାଗିଲୁ। ଅନ୍ଧାର ରାତିରେ କେବେ କେବଳ ଗୋଟିଏ କ୍ଷୀଣ ପାଦଶବ୍ଦ ଶୁଭେ। ଜହ୍ନ ଆଲୁଅ ଥିଲେ ମୂର୍ତ୍ତିଟାଏ ମଧ୍ୟ ଦିଶିଯାଏ। ମୁଁ ଏକା ଥିଲେ ତାକୁ ଭୂତ ବିଚାରି ଭୟରେ ଥରନ୍ତି। ଥରେ ସେକଥା ଆମେ ଗୋପବନ୍ଧୁବାବୁଙ୍କୁ କହିଲୁ। ସେ ଶୁଣି ଉତ୍ତର ଦେଲେ, "ହଁ ହୋ, ସେ ବି ଏକ ଭୂତ। ବାଳକୃଷ୍ଣଟା ହୋଇଥିବ ତ!" ଗୋଇନ୍ଦା ପୁଲିସ ବିଭାଗର ଇନସ୍‌ପେକ୍ଟର ବାଳକୃଷ୍ଣ ମହାନ୍ତି ତାଙ୍କର ଜଣେ ସହପାଠୀ।

ଆମେ ଯେ ଆଖି ବୁଜି ବୁଜି ପାଣି ପିଉ, ଥରେ ଥରେ ଧରାନପଡ଼ି ରହୁନାହିଁ; ଫଳରେ 'ଖୋଳ ପର୍ବତ ମାର ମୂଷା' ଚାଲେ। ଆମକୁ କୈଫିୟତ୍ ଦେବାକୁ ପଡ଼େ।

ରାତିରେ ଛାତ୍ରାବାସ ଛାଡ଼ି ବାହାରକୁ ଯିବା ମନା। କୈଫିୟତ୍ ଦେବାବେଳକୁ ଅଗ୍ରଣୀ ହୁଅନ୍ତି ନୀଳକଣ୍ଠବାବୁ। ତାଙ୍କର ରାତିରେ ବାହାରକୁ ଯିବାଟା କର୍ତ୍ତୃପକ୍ଷ ସେତେ ଧରନ୍ତି ନାହିଁ। ସଚ୍ଚରିତ୍ର ଯୁବକ ବୋଲି ତାଙ୍କର ସୁନାମ ଥାଏ। କଥା ତାଙ୍କୁ ବଳାଇଗଲେ ଗୋପବନ୍ଧୁବାବୁ ବା ବ୍ରଜସୁନ୍ଦରବାବୁଙ୍କ ସାହାଯ୍ୟ ଦରକାର ପଡ଼େ। ଥରେ ଥରେ ଆମକୁ ଅସତ୍ୟର ଆଶ୍ରୟ ନେବାକୁ ହୋଇଥାଏ। ଆମେ ତାକୁ 'ମିଥ୍ୟା' ନାମ ନଦେଇ 'ଚାଣକ୍ୟନୀତି' କହୁ। ରାଜନୀତିରେ ମିଥ୍ୟାର ସ୍ଥାନ ନାହିଁ। ଏକ ରାଷ୍ଟ୍ର ଅନ୍ୟ ରାଷ୍ଟ୍ର ଉପରେ ଗୋପନରେ ବୋମା ପକାଇଦେଇ ଧରାଧରି ବେଳକୁ ମାନୁନାହିଁ। ରାଷ୍ଟ୍ରନାୟକ ଗୋଟାଏ କଥା କହିପକାଇ ତାକୁ ପ୍ରତ୍ୟାହାର କରିବା ପରିବର୍ତ୍ତେ ସେପରି କହିନାହାନ୍ତି ବୋଲି ମୁହଁ ପୋଛି ଜଣାଉଛନ୍ତି। ଏସବୁ ଚାଣକ୍ୟନୀତିରେ ଚଳେ ଓ ବୁଦ୍ଧିମାନ୍ ଲୋକେ ଏ ଭିତରୁ ଯାହା ବୁଝିବାର ବୁଝିନିଅନ୍ତି, ଭୁଲନ୍ତି କେବଳ ସରଳବିଶ୍ୱାସୀ ଜନସାଧାରଣ।

କିନ୍ତୁ ଚାଣକ୍ୟନୀତିର ସ୍ଥାନ ବିଦ୍ୟାଳୟରେ ନଥିଲା। ଆଗେ ବିଦ୍ୟାଳୟରେ ମାତୃଭାଷା ଓଡ଼ିଆ, ଦେବଭାଷା ସଂସ୍କୃତ ଓ ରାଜଭାଷା ଇଂରେଜୀ, ଅନ୍ୟାନ୍ୟ ବିଷୟ ଛଡ଼ା ଏପରି ତିନି ଭାଷା ପଢ଼ାଯାଉଥିଲା। ଏବେ ସ୍ୱାଧୀନ ଭାରତରେ ରାଷ୍ଟ୍ରଭାଷା ହିନ୍ଦୀ ଯୋଗ କରାଯାଇଛି। ଇଂରେଜ ରାଜତ୍ୱ ଲୋପ ପାଇବାପରେ ଇଂରେଜୀ ଭାଷା ଯେ ରହିଛି, ଅଛି 'ରାଷ୍ଟ୍ରବନ୍ଧୁ' ଭାଷାରୂପେ। ବିଚରା ପିଲାମାନେ ବିଦ୍ୟାଳୟରେ କେବଳ ଭାଷା ଘୋଷି ଘୋଷି ନୟାନ୍ତ ହେଉଛନ୍ତି। ତାଙ୍କ ଅବସ୍ଥା ଦେଖିଲେ ପୁରୀର ପଶ୍ଚିମା ଯାତ୍ରୀମାନେ ଗାଉଥିବା ହିନ୍ଦୀ ଗୀତର ଧାଡ଼ିଏ 'ଭାବ ଭକ୍ତିକା ମରମ ନଜାନେ' ମୋର ମନେପଡ଼େ। କେବଳ ଭାଷାରେ ପିଲାମାନେ ଉପରେ ଉପରେ ଭାସୁଛନ୍ତି, ଭିତରେ ପଶି ଭାବ ଗ୍ରହଣ କରିବା ପ୍ରୟାସ କମିଯାଉଛି। କିନ୍ତୁ ଗଣତନ୍ତ୍ର ବର୍ତ୍ତମାନ ଯେପରି ରୂପ ଧାରଣ କରିଛି, ଭିତରେ ପଶିବା ବୋଧହୁଏ ଶିକ୍ଷାର ଲକ୍ଷ୍ୟ ଭିତରେ ଆଉ ଧରାଯାଉ ନାହିଁ।

ଚାଣକ୍ୟନୀତି ଆମ ତରୁଣ ପ୍ରାଣକୁ ବେଶିଦିନ ଉନ୍ମାଦନା ଯୋଗାଇଲା ନାହିଁ। ସୁତରାଂ ଆମ ଗୁପ୍ତ ବୈଠକ ସଂଖ୍ୟା କମିଯାଇ, ମିଳନଟା ଗୋପବନ୍ଧୁବାବୁଙ୍କ ବସାରେହିଁ ହେଲା। ମୋର ମନେହୁଏ, ଆମ ଜୀବନର ଗତି ନିର୍ଣ୍ଣୀତ ହେଲା ସେହିଠାରେ। ଗୋପବନ୍ଧୁବାବୁ ନାମକୁମାତ୍ର ଓକିଲାତି କରୁଥାନ୍ତି। ସେ ଆମମାନଙ୍କୁ ଫରାସୀ ରାଷ୍ଟ୍ରବିପ୍ଳବ ଓ ଇଟାଲୀ ସ୍ୱାଧୀନତାର କାହାଣୀମାନ କହୁଥାନ୍ତି। ତାଙ୍କ କଥାରେ ଆମେ କେତେ ଯେ ଉଦ୍‌ବୁଦ୍ଧ ହେଉ, ତାହା ମୁଁ ଦିନେ ଦିନେ ରାତିରେ ଅନୁଭବକରେ। ରାତିସରା ପ୍ରାଣ ଛଟପଟ ହୁଏ, ହୃଦୟ ମନ୍ଥି ହୋଇଯାଏ। ଗୋପବନ୍ଧୁବାବୁଙ୍କ ମୁହଁର ଲାବଣ୍ୟ, କଥାର ମାଧୁରୀ, ହସର ସାରଲ୍ୟ, ଆଖିର ଜ୍ୟୋତି, କପାଳର ତେଜ ଓ ଯୁକ୍ତିର ଗରିମା ସରଳ ତେଜିୟାନ୍ ତରୁଣ ପ୍ରାଣକୁ ଚୁମ୍ବକ ପରି ଟାଣିନିଏ।

ସେ ଚୁମ୍ବକର ଆକର୍ଷଣ ଏଡ଼ିବା ଓ କଟକର ଅନ୍ୟାନ୍ୟ ବନ୍ଧନ କାଟିଦେବା ମୋ ପକ୍ଷେ ସହଜ ହେଲା ନାହିଁ। ମୋତେ ଦେଖିଲେ କାହାରି ମୋ ଅଭାବ ଆଡ଼କୁ ଦୃଷ୍ଟି ଯାଏନାହିଁ; ସୁତରାଂ ଗୋପବନ୍ଧୁବାବୁଙ୍କୁ ଗଲା ନାହିଁ। ପରେ ମୁଁ ଯେତେବେଳେ ବିହାର-ଓଡ଼ିଶା ବ୍ୟବସ୍ଥା ପରିଷଦର ସଦସ୍ୟା ନିର୍ବାଚିତ ହେଲି, ବିହାରୀ ସହକର୍ମୀଙ୍କ ମନରେ ଧାରଣା ହେଲା ଯେ, ମୁଁ ଜଣେ ବଡ଼ ଜମିଦାର। ଆମ ଓଡ଼ିଶାରେ ସୁଦ୍ଧା କେହି କେହି ମୋତେ ଜଣେ ବିଷୟବାନ୍ ଲୋକ ବୋଲି ଭାବନ୍ତି। ପଣ୍ଡିତ ନୀଳକଣ୍ଠ ଏବେ ଯାହା କହନ୍ତି, ୧୯୩୯ ମସିହାରେ ସୁଭାଷଚନ୍ଦ୍ର ବୋଷଙ୍କୁ କହିଲେ, "ଗୋଦାବରୀଶର ଚୋରିହାରି ଭୟ ନାହିଁ। ସେ ତାର ସବୁ ସମ୍ପତ୍ତି ସଙ୍ଗରେ ଧରି ଯିବାଆସିବା କରେ।" ସେତେବେଳେ ସୁଭାଷ ବୋଷ, ସେ ନିଜେ ଓ ମୁଁ ଏକତ୍ର ମୋଟରଗାଡ଼ିରେ ଯାଉଥିଲୁ। ସୁଭାଷଚନ୍ଦ୍ର ପଚାରିଲେ, "କେମିତି ?" ପଣ୍ଡିତ ନୀଳକଣ୍ଠ ଉତ୍ତର ଦେଲେ, "ଏଇ ମୋଟର ଖଣ୍ଡି ଛଡ଼ା ତାର ଆଉ କ'ଣ ଅଛି କି ?"

ଖୁଦିରାମ ବୋଷଙ୍କର ଫାଶୀ ହୋଇଗଲା। ସେଦିନ ଆମେ ଉପବାସ କଲୁ; ଅନେକେ କଲେଜକୁ ଗଲେ ନାହିଁ। ଗୋପବନ୍ଧୁବାବୁ ଓ ବିଶ୍ୱନାଥ କରଙ୍କ କୁଶିକ୍ଷାରେ ଛାତ୍ରସମାଜ ବିପଥଗାମୀ ହୋଇଯାଉଛି, ଏ ଧାରଣା ସରକାରୀ ହାକିମହୁକୁମାଙ୍କ ମନକୁ ଗଲା। କୁଳବୃଦ୍ଧ ମଧୁସୂଦନ ଏଥିରେ ବିବ୍ରତ ହୋଇଉଠିବା ସ୍ୱାଭାବିକ। ତାଙ୍କୁ ଓଡ଼ିଆ ଜାତିର ଏକମାତ୍ର ଅଭିଭାବକ ମନେକରାଯାଉଥିଲା। ସେ ଛାତ୍ରମାନଙ୍କୁ ତାଙ୍କ କୋଠରିକୁ ଡକାଇନେଇ ସତ୍ୟାସତ୍ୟ ବୁଝିବାକୁ ଚେଷ୍ଟା କଲେ। ପିଲାମାନେ ମଧୁବାବୁଙ୍କୁ କିଛି ନଲୁଚାଇ ସବୁ କଥା ସତ ସତ କହିଗଲେ। ପରେ ପ୍ରକାଶ ପାଇଲା ଯେ ପୁଲିସ ସୁପରିଣ୍ଟେଣ୍ଡେଣ୍ଟ୍ ତାଙ୍କ କୋଠି ଭିତର ପାଖ କୋଠରିରେ ଲୁଚି ବସି ସବୁ କୁଆଡ଼େ ଅନ୍ତରାଳରୁ ଶୁଣିଥିଲେ। କଲେଜ କର୍ତ୍ତୃପକ୍ଷ ପିଲାଙ୍କ ଦୋଷ ଘୋଡ଼ାଇବାକୁ ବସିଥିଲେ, ମାତ୍ର ତା ଫଳରେ ପାରିଲେ ନାହିଁ। ଅନେକ ପିଲାଙ୍କର ଦଣ୍ଡ ହେଲା। ନିଆଁ ଉପରେ ପାଉଁଶ ଜମିଗଲେ, ନ ଉଖାରିଲେ ତାହା କ୍ରମେ ଲିଭିଆସେ; ମାତ୍ର ଉଖାରିଲେ ଜଳେ। ଦଣ୍ଡ ଫଳରେ ପିଲାମାନେ ନ ଦବି ଆହୁରି ତେଜୀୟାନ୍ ହୋଇଉଠିଲେ। ଜାତୀୟ ଜାଗରଣ ଘଟେ ସେହି ମାର୍ଗରେ।

ମୋର ଅନୁଭୂତି ଜନ୍ମିଲା ଯେ, ବିଦ୍ୟାଳୟ-ଛାତ୍ରାବାସ ଓ କଲେଜ-ଛାତ୍ରାବାସ ମଧ୍ୟରେ ପରିସ୍ଥିତିଗତ ପାର୍ଥକ୍ୟ ଖୁବ୍ ବେଶି। ବିଦ୍ୟାଳୟ ବାଳକମାନଙ୍କ ଦୃଷ୍ଟି ତଳକୁ, କଲେଜ ଯୁବକପ୍ରାଣ ଆକାଶରେ ଉଡ଼ିବାକୁ ଉଦ୍‌ବିଗ୍ନ। ବିଦ୍ୟାଳୟ ଛାତ୍ରାବାସରେ ଭାବର ଆଦାନପ୍ରଦାନ ନିମନ୍ତେ କ୍ଷେତ୍ର ପ୍ରଶସ୍ତ ନୁହେଁ। କଲେଜ ଛାତ୍ରାବାସ ହେଉଛି ଭାବର ବିନିମୟରେ ଭାବୀ ଜୀବନ ଗଢ଼ିବାର ବିଶାଳ କ୍ଷେତ୍ର। ସେଠାରେ ବଡ଼ ବଡ଼

ସମସ୍ୟାମାନଙ୍କର ଆଲୋଚନା ହୁଏ, ନାନା ବିଷୟ ଉପରେ ଉଦୀୟମାନ ଯୌବନସୁଲଭ ମତାମତ ପ୍ରକାଶ ପାଏ, ବେଳେବେଳେ ଦେଶ ଓ ଜାତିର ବୀରପୁରୁଷମାନଙ୍କ ମୁଣ୍ଡ ସୁଦ୍ଧା ସମାଲୋଚନା ପ୍ରହାରରେ ଛତୁ ହୋଇଯାଏ। ସେସବୁର ପ୍ରଭାବ କାହା ଜୀବନ ଉପରେ ବେଶି ଓ କାହା ଜୀବନ ଉପରେ କମ୍ ପଡ଼ିପାରେ; ମାତ୍ର ପ୍ରଭାବର ଅସ୍ତିତ୍ୱ ଅସ୍ୱୀକାର କରିହେବ ନାହିଁ।

ଗୋଟିଏ ସାମାନ୍ୟ ଉଦାହରଣରକୁ କଥାଟା ଭଲ ବୁଝାଯାଇପାରେ। ଆମ ସମୟରେ ଜଣେ ପ୍ରଭାବିତ ଛାତ୍ର ଥିଲେ ମଧୁସୂଦନ ମିଶ୍ର। ତାଙ୍କ ଡାକନାମ 'ମଙ୍ଗୁ ମିଶ୍ରେ'। ସେ କାଳକ୍ରମେ ଏକ ଗଡ଼ଜାତ ରାଜ୍ୟରେ ଯାଇ ପେଟ ପାଇଁ ଚାକିରି କଲେ; ମାତ୍ର ମୁଣ୍ଡଟା ବିକିଦେଲେ ନାହିଁ। ଥରେ ସେ ରାଜ୍ୟର ରାଜା ଦାଣ୍ଡରେ ଗାଡ଼ି ଚଢ଼ି ଗଲାବେଳେ ମଙ୍ଗୁ ମିଶ୍ରେ ପାଟି କରି ଡାକିଲେ 'ପୃଥ୍ୱୀରାଜ'। ରାଜା ଗାଡ଼ି ଅଟକାଇ ପଚାରିଲେ, "କଣ ମୋତେ ଡାକୁଛ?" ମଙ୍ଗୁ ମିଶ୍ରେ ଉତ୍ତରରେ କହିଲେ, "ନା, କୁକୁରକୁ।" ରାଜାଙ୍କର କେତେକ କାର୍ଯ୍ୟକଳାପ ନାପସନ୍ଦ କରି ସେ ତାଙ୍କରି ନାମ ଦେଇ ଗୋଟାଏ କୁକୁର ପୋଷିଥିଲେ। ସେଥିରେ ତାଙ୍କର ଉଦ୍ଧତ ପ୍ରକୃତି ଯେ ପ୍ରକାଶ ପାଇଥିଲା, ତାହା ଅସ୍ୱୀକାର କରିହେବ ନାହିଁ। ତା ଫଳ ମଧ୍ୟ ତାଙ୍କୁ ସଙ୍ଗେ ସଙ୍ଗେ ଭୋଗିବାକୁ ପଡ଼ିଲା; କିନ୍ତୁ କଲେଜ ଛାତ୍ରାବାସରେ ତରୁଣ ଜୀବନ ଯେ କିପରି ସ୍ୱାଧୀନ ଅନାବଳି ଭାବରେ ଗଢ଼ାଯାଉଥିଲା ତାହା ଏହି ଚରମ ଆଚରଣସୂଚକ ଘଟଣାରୁ ବୁଝାଯିବ। ସେହି ଘଟଣାଟିରେ ଶିକ୍ଷାଲବ୍ଧ ସୌଜନ୍ୟ ମିଶିପାରିଥିଲେ ତରୁଣ ଚିନ୍ତାଧାରା ତହିଁରେ ଯଥାର୍ଥ ଭାବରେ ପ୍ରତିଫଳିତ ହୋଇଥାନ୍ତା, ସ୍ୱୀକାର କରିବାକୁ ହେବ।

ବି. ଏ. ଉପାଧିଟା କ'ଣ ?

ବାରିଷ୍ଟର ବିଶ୍ୱନାଥ ମିଶ୍ରଙ୍କ ଭାଇ ଦାମୋଦର ଦିନେ ସନ୍ଧ୍ୟାରେ କୃପାସିନ୍ଧୁ ମିଶ୍ରଙ୍କୁ ଓ ମୋତେ ଛାତ୍ରାବାସରୁ କିଛି ଦୂରକୁ ଡାକିନେଇ ବସାଇ ନିଜେ ଠିଆହୋଇ ଇଂରେଜୀରେ କହିବା ଆରମ୍ଭ କଲେ, "ସଭାପତି ମହାଶୟ, ମହିଳାବର୍ଗ ଓ ଭଦ୍ରବ୍ୟକ୍ତିଗଣ !" କୃପାସିନ୍ଧୁ ବା ମୁଁ ଘଟଣା ଠିକ୍ ଧରି ନ ପାରି ପଚାରିଲୁ, "ଏ କଣ ଦାମ ?" ଦାମୋଦରଙ୍କ ଉତ୍ତରରୁ ବୁଝାଗଲା ଯେ, ସେ ନିଜକୁ ସାର୍ ସୁରେନ୍ଦ୍ରନାଥ ବାନାର୍ଜିଙ୍କ ଛାଞ୍ଚରେ ଗଢ଼ିବାକୁ ବସିଥିଲେ। ସେ ତାଙ୍କର କେତେଗୋଟି ବକ୍ତୃତା ମୁଖସ୍ଥ କରିଥିଲେ ଓ ଆମକୁ ତାହା ଆବୃତ୍ତି କରି ଶୁଣାଇ ତାଲିମ ଦେବାକୁ ଭାବିଥିଲେ। କୃପାସିନ୍ଧୁ ଓ ମୁଁ ତାଙ୍କ କଥା ଶୁଣି ଅବଶ୍ୟ ହସି ଉଡ଼ାଇଦେଲୁ ଏବଂ ତା ଫଳରେ ସେ କ୍ଷୁଦ୍ର ସଭାର ଦ୍ୱିତୀୟ ଅଧିବେଶନ ଡାକିବାକୁ ଆଉ ସାହସ କଲେ ନାହିଁ। କେତେକ ବର୍ଷ ପରେ ଯେତେବେଳେ ମୋର ବକ୍ତୃତା ଦେବା ଆବଶ୍ୟକ ହେଲା, ସେତେବେଳେ ଯାଇ ସେଦିନର ଭୁଲଟା ବୁଝିପାରିଲି। କୃପାସିନ୍ଧୁ ମଧ୍ୟ ହୁଏତ ବୁଝିଥିବେ। କୁଳବୃଦ୍ଧ ମଧୁସୂଦନ ଓ ଗୋପବନ୍ଧୁ ଓଡ଼ିଶାର ଦୁଇଜଣ ଶ୍ରେଷ୍ଠ ବକ୍ତା। ପଣ୍ଡିତ ନୀଳକଣ୍ଠ ସେମାନଙ୍କ ସଙ୍ଗେ ଉଣେଇଶ-ବିଶ ସିନା ହେବେ, କମ୍ ନୁହନ୍ତି। ଏମାନେ ଅବଶ୍ୟ କେହି ଦାମୋଦରଙ୍କ ରୀତିରେ ବକ୍ତା ବନିନଥିଲେ। କିନ୍ତୁ ଅଭ୍ୟାସ ବଳରେ ତିଆରି ବକ୍ତା ମଧ୍ୟ ଅଛନ୍ତି। ମୁଁ ଜନ୍ମରୁ ସିନା ବକ୍ତା ନୁହେଁ; ମାତ୍ର 'ଲେଖୁ ଲେଖୁ କରଣ' ରୀତିରେ ବାଗ୍ମିତା କେତେକ ପରିମାଣରେ ହୁଏତ ହାସଲ କରିପାରିଥାନ୍ତି।

ମୁଁ ବକ୍ତୃତାରେ ମନ ନଦେଇ ଯେ ପାଠ ଭଲ ପଢ଼ିଲି ତା ମଧ୍ୟ ନୁହେଁ। ଦର୍ଶନ ଅନର୍ସ ଶ୍ରେଣୀର ଅଧ୍ୟାପକ ମୋତେ ଅନର୍ସ ଛାଡ଼ିଦେବାକୁ ବରାବର ଉପଦେଶ ଦେଉଥିଲେ; କିନ୍ତୁ ମୁଁ ତାହା ନଶୁଣି ମାଡ଼ିମକଚି ଚାଲିଥାଏ। ବଛାବଛି ପରୀକ୍ଷାରେ

ଅନର୍ସରେ ଉତ୍ତୀର୍ଣ୍ଣ ହୋଇଗଲି; ମାତ୍ର ଇଂରେଜୀରେ ପ୍ରଥମ ସ୍ଥାନ ପାଇଥିଲେ ସୁଦ୍ଧା ରସାୟନରେ ଖସିପଡ଼ିଲି। ଫଳରେ ପରୀକ୍ଷାକୁ ଯିବା ନିମନ୍ତେ ବଛା ହୋଇଥିବା ଛାତ୍ରମାନଙ୍କ ତାଲିକାରେ ପ୍ରଧାନଶିକ୍ଷକ ଶ-ସାହେବ ମୋ ନାଁ ପାଇଲେ ନାହିଁ। ତହୁଁ ସେ କହିଲେ, "ଗୋଦାବରୀଶ ରହିଯିବ - ରସାୟନରେ ଆଉ ଥରେ ପରୀକ୍ଷା ହେଉ।" ଦ୍ୱିତୀୟ ଥର ପରୀକ୍ଷାରେ ମୁଁ ରସାୟନରେ କୌଣସିମତେ ତରିଗଲି। ରସାୟନ ପରୀକ୍ଷା କଟକରେ ହେଉନଥିଲା। ସୁତରାଂ ବିଶ୍ୱବିଦ୍ୟାଳୟ ପରୀକ୍ଷା ନିମନ୍ତେ ମୋତେ କଲିକତା ଯିବାକୁ ପଡ଼ିଲା।

ମୁଁ ସେ ପର୍ଯ୍ୟନ୍ତ ଜୋତା ପିନ୍ଧିନଥିଲି, ଅବଶ୍ୟ କୁରୁତା ପିନ୍ଧିବା ୧୯୦୬ ମସିହାରୁ ଆରମ୍ଭ କରିଥିଲି। ଜୋତା କୁରୁତାର ବ୍ୟବହାର ବର୍ତ୍ତମାନ ପରି ସେ ସମୟରେ ପ୍ରସାର ଲାଭ କରିନଥିଲେ। ବର୍ତ୍ତମାନ ଚଷା ବିଲକୁ ହଳ ନେଉଛି ଓ ମେହେନ୍ତର ପାଇଖାନା ସଫା କରିବାକୁ ଯାଉଛି କୁରୁତା ପିନ୍ଧି। ପୁରୀର ଅବୈତନିକ ପ୍ରଥମ ଶ୍ରେଣୀ ମାଜିଷ୍ଟ୍ରେଟ ରାଏବାହାଦୂର ଭିକାରି ମିଶ୍ର ଜୋତା କୁରୁତା ନପିନ୍ଧି ଖାଲି ପାଦ ଓ ଖୋଲା ଦେହରେ ଇଜଲାସରେ ବସି ମକଦ୍ଦମା ବିଚାର କରୁଥିଲେ। ପଣ୍ଡିତ ଗୋପବନ୍ଧୁ ଦାସ ବି.ଏ. ପାସ୍ କରିସାରି ବି.ଏଲ୍. ପଢ଼ିବା ନିମନ୍ତେ କଲିକତାକୁ ଯିବା ପର୍ଯ୍ୟନ୍ତ ଜୋତା କୁରୁତା ବ୍ୟବହାର କରିନଥିଲେ। କଲିକତା ଯିବାଯାଏ ମୋର ପେଡ଼ିପେଟରା କିଛି ନଥିଲା, କାରଣ ସେଥିରେ ସାଇତି ରଖିବାଭଳି ପଦାର୍ଥ ମୋର ନଥିଲା। ଅତଏବ କଲିକତା ଯାତ୍ରା ଲାଗି ମୁଁ ଗୋଟିଏ ଟିଣ ବାକ୍ସ ଓ ହଳେ ଜୋତା କିଣିଲି।

୧୯୧୦ ମସିହାର ବି.ଏ. ପରୀକ୍ଷା ମାର୍ଚ୍ଚ ମାସ ୧୫ ତାରିଖରୁ ଆରମ୍ଭ ହେବା କଥା। ମୁଁ ମାସକ ପୂର୍ବରୁ କଲିକତା ଯାଇ ପଢ଼ାପଢ଼ି କରିବି ବୋଲି ଭାବିଥିଲି; କିନ୍ତୁ ଯିବା ଆସିବା ରେଳଭଡ଼ା ଓ ପ୍ରାୟ ଦେଢ଼ମାସ ଖର୍ଚ୍ଚ ବାବଦରେ ପଚାଶ ଟଙ୍କା ଯୋଗାଡ଼ କରିବାକୁ ମୋତେ ଅନେକ ସମୟ ଲାଗିଗଲା। ପରୀକ୍ଷା ଫିସ୍ ସୁଦ୍ଧା ମୁଁ ଠିକ୍ ସମୟରେ ଦେଇପାରିନଥିଲି। ସେ ସମ୍ବାଦ ପାଇ ଇଂରେଜୀ ସାହିତ୍ୟ ଅଧ୍ୟାପକ ଉପେନ୍ଦ୍ର ମୈତ୍ର ଆବଶ୍ୟକ ଟଙ୍କା ସାହାଯ୍ୟ ଦେବେ ବୋଲି କହିପଠାଇଲେ। ସେ ଜଣେ ଋଷିପ୍ରାଣ ପୁରୁଷ। ସେପରି ଲୋକଙ୍କଠାରୁ ଅର୍ଥ ସାହାଯ୍ୟ ନେବାକୁ ମୋର ଭାରି କୁଣ୍ଠା ହେଲା। ତେଣେ ପୁରୀରେ ମହାମହୋପାଧ୍ୟାୟ ସଦାଶିବ ମିଶ୍ର ଖବର ପାଇ ଫିସ୍ ଟଙ୍କା 'ବ୍ରାହ୍ମଣ ସମିତି' ପାଣ୍ଠିରୁ ମୋତେ ସାହାଯ୍ୟ ଦେବାକୁ ବ୍ୟବସ୍ଥା କଲେ। ସେ ପାଣ୍ଠିରୁ ସାହାଯ୍ୟ ନେବାକୁ ମୋର ଇଚ୍ଛା ନଥିଲା; କିନ୍ତୁ ଅନନ୍ୟୋପାୟ ହୋଇ ମୋତେ ସେଥିରୁ ପଚାଶ ଟଙ୍କା ନେବାକୁ ହେଲା। ସର୍ତ୍ତ ରହିଲା ଯେ, ଯଥାସମୟରେ ମୁଁ ତାହା ଫେରସ୍ତ ଦେବି।

ପୁରୀ 'ବ୍ରାହ୍ମଣ ସମିତି' ପ୍ରତିଷ୍ଠିତ ହୋଇଥିଲା ସାଧୁ ଉଦ୍ଦେଶ୍ୟରେ। ପଣ୍ଡିତ ଗୋପବନ୍ଧୁ ତା ସହିତ ସଂପୃକ୍ତ ଥିବା ଯୋଗେ ବହୁ ଲୋକଙ୍କର ଏ ଧାରଣା ଜନ୍ମିଥିବ, କିନ୍ତୁ ତାକୁ ପ୍ରତିଷ୍ଠା କରିବାରେ ବୋଧହୁଏ ପଣ୍ଡିତ ଗୋପବନ୍ଧୁଙ୍କ ହାତ ନଥିଲା। ପୁରୀ ଜିଲ୍ଲାସ୍କୁଲ ସଂସ୍କୃତ ଶିକ୍ଷକ (ପରେ ମହାମହୋପାଧ୍ୟାୟ) ପଣ୍ଡିତ ସଦାଶିବ କାବ୍ୟକଣ୍ଠ ଓ ମୁକ୍ତାର ରାମଚନ୍ଦ୍ର ଦାସ ତାହାର ପ୍ରଧାନ କର୍ମକର୍ତ୍ତା। ସଦାଶିବ କାବ୍ୟକଣ୍ଠ ଜଣେ ଧୁରନ୍ଧର ଲୋକ ଥିଲେ ଓ ନିଜ ବ୍ୟକ୍ତିତ୍ୱ ବଳରେ ବିଶେଷ ପ୍ରତିଷ୍ଠା ଲାଭ କରିଥିଲେ। ସ୍ୱନାମଧନ୍ୟ ମହାମନୀଷୀ ଚନ୍ଦ୍ରଶେଖରଙ୍କ ପରେ ସେ ଓଡ଼ିଶାର ଦ୍ୱିତୀୟ ମହାମହୋପାଧ୍ୟାୟ। ତାଙ୍କ ଚାଳଘର ବସା ଦୋଳମୁଣ୍ଡେଇ ସାହିରେ କୌଣସି ମଠର ଅଂଶ ଭାବରେ ଯେଉଁ ଅଂଶ ଥିଲା ଆଜି ସେଠାରେ ଗୋଟିଏ ଦ୍ୱିତଳ ପ୍ରାସାଦ 'ଶିବ ମନ୍ଦିର' ଆଖ୍ୟାରେ ମୁଣ୍ଡ ଟେକି ଠିଆହୋଇଛି। ସେହି ଶିବ ମନ୍ଦିରର ମାଲିକ ହେଉଛନ୍ତି ସାଧାରଣରେ 'ପଙ୍କ' ନାମରେ ପରିଚିତ ଲୋକନାଥ ମିଶ୍ର, କାବ୍ୟକଣ୍ଠଙ୍କ ପୋଷ୍ୟପୁତ୍ର। ସେ ଶିବ ମନ୍ଦିରରେ ବର୍ତ୍ତମାନ କଲିକତାରୁ ଆଗତ 'ମା' ଠାକୁରାଣୀଙ୍କ ପୂଜା ଆରାଧନାରେ ଲାଗିଛନ୍ତି। ଶିବ ଓ ଶକ୍ତିର ସମନ୍ୱୟରୁ ସମ୍ଭୂତ ତେଜର ଉପାସକ ହେଲେ ସୁଦ୍ଧା ରାଜନୀତିରୁ ଅତିରିକ୍ତ ପ୍ରଭାବ ଆହରଣ କରିବା ଛାଡ଼ିନାହାନ୍ତି।

କିନ୍ତୁ ରାମଚନ୍ଦ୍ର ଦାସ ବନର ମାଳତୀ ପରି ବନରେ ଫୁଟି ଝଡ଼ିପଡ଼ିଲେ ବୋଲି କୁହାଯାଇପାରେ। ସେ ନିଜର ମୁକ୍ତାର ବ୍ୟବସାୟରୁ ସ୍ୱଳ୍ପ ଉପାର୍ଜନ କରି ସେହିଥିରେ ଚଳୁଥିଲେ, ମାତ୍ର ତାଙ୍କର ଦେଶାତ୍ମବୋଧ ଅତି ଅଳ୍ପ ଲୋକଙ୍କଠାରେ ଦେଖାଯାଏ। ଖାଇବାବେଳେ କୌଣସି ବନ୍ଧୁ ହଠାତ୍ ପହଞ୍ଚିଗଲେ ସେ ନିଜ ଖାଦ୍ୟରୁ ଅଧେ କାଢ଼ିପକାଇ ତାଙ୍କୁ ଆଗ୍ରହରେ ଖୁଆନ୍ତି। ସେଥିରେ ତାଙ୍କ ନିଜର ବା ବନ୍ଧୁଙ୍କର ପେଟ ପୂରେନାହିଁ। ତହୁଁ ସେ ନିଜେ ଦୁଇଗିଲାସ ପାଣି ପିଇଦେଇ ବନ୍ଧୁଙ୍କୁ କହନ୍ତି, "ପାଣି ପିଇ ଏବେ ପେଟ ପୂରାଇଦିଅ, ଘରକୁ ଗଲେ ପୁଣି ଖାଇବ।" ମୁଁ ତାଙ୍କୁ ଦେଖିଲେ ହାତ ଯୋଡ଼ି ନମସ୍କାର କରେ, ପଣ୍ଡିତ ଗୋପବନ୍ଧୁଙ୍କ ଗୋଡ଼ତଳେ ମୁଣ୍ଡିଆ ମାରେ। ପଣ୍ଡିତ ଗୋପବନ୍ଧୁ ମୁଣ୍ଡିଆ ମାରନ୍ତି ରାମଚନ୍ଦ୍ର ଦାସଙ୍କ ଗୋଡ଼ତଳେ। ରାମଚନ୍ଦ୍ର ଦାସ ତାଙ୍କ ଦେଶସେବା ଜୀବନର ଗୁରୁ ବୋଲି ପଣ୍ଡିତ ଗୋପବନ୍ଧୁ କହିବାର ମୁଁ ଶୁଣିଛି।

ପଣ୍ଡିତ ଗୋପବନ୍ଧୁ ବ୍ରାହ୍ମଣ ସମିତି ସହିତ କେତେ ପରିମାଣରେ ସଂପୃକ୍ତ ଥିଲେ ମୁଁ ଜାଣେନା। ସେ ସମ୍ପର୍କରେ କେବଳ ଗୋଟିଏ ଘଟଣା ମୁଁ ତାଙ୍କ ମୁହଁରୁ ଶୁଣିଛି। ମହାମହୋପାଧ୍ୟାୟ ସଦାଶିବ କାବ୍ୟକଣ୍ଠ 'ବ୍ରାହ୍ମଣ ସମିତି' ନିମନ୍ତେ ଚାନ୍ଦା ଆଦାୟ କରୁଥିଲେ। ପୁରୀର ଜଣେ ବିଶିଷ୍ଟ ମାନ୍ୟଗଣ୍ୟ ଧନୀ ବ୍ୟକ୍ତିଙ୍କ ନିକଟକୁ ଚାନ୍ଦା ପାଇଁ ଯିବାକୁ ସେ ପଣ୍ଡିତ ଗୋପବନ୍ଧୁଙ୍କୁ ଥରେ ଡାକିଲେ। ସେଠାରୁ ଚାନ୍ଦା ମିଳିବ ନାହିଁ

ବୋଲି ପଣ୍ଡିତ ଗୋପବନ୍ଧୁ କହିଲେ; ଅଥଚ ଅନୁରୋଧ ଏଡ଼ି ନପାରି ତାଙ୍କ ସଙ୍ଗେ ଗଲେ। ଉକ୍ତ ବ୍ୟକ୍ତି ନିଜେ ଜଣେ ନୂତନ ବ୍ରାହ୍ମଣ ଓ 'ବ୍ରାହ୍ମଣ ସମିତି' ବ୍ରାହ୍ମଣ ସମାଜର ଉନ୍ନତି ସାଧନ କରିବାରେ ବ୍ରତୀ ହୋଇଥିବା ଯୋଗେ ଗୋଟିଏ ନମସ୍ୟ ଅନୁଷ୍ଠାନ କହି ପ୍ରକୃତରେ ହାତ ଯୋଡ଼ି ନମସ୍କାର କଲେ। ତାହା ଦେଖି ମହାମହୋପାଧ୍ୟାୟ ପଛପଟୁ ପଣ୍ଡିତ ଗୋପବନ୍ଧୁଙ୍କୁ ପୁଳାଏ ଚିମୁଟିଦେଲେ। ତାର ଅର୍ଥ ହେଉଛି, "ଚାନ୍ଦା ମିଳିବ ନାହିଁ ବୋଲି କଣ କହୁଥିଲ? ଏଇ ଦେଖ।" ମାତ୍ର ସେ ଯେତେବେଳେ ଚାନ୍ଦା ନିମନ୍ତେ ଉତ୍ସାହିତ ହୋଇ ତୁଣ୍ଡ ଶୁଣାଇଲେ, ଉତ୍ତର ଶୁଣିଲେ, "ଆପଣ ପଣ୍ଡିତ ମହାମହୋପାଧ୍ୟାୟ, ତେଣୁ ସର୍ବଜନପୂଜିତ। ଗୋପବନ୍ଧୁ ବାବୁ ଓକିଲ, ତାଙ୍କ ଗୋଡ଼ତଳକୁ ନଯାଇ କିଏ ଅଛି? ମାତ୍ର ମୋର ଏହି ଟଙ୍କା ଗଣ୍ଡାକ ଅଛି ବୋଲି ସିନା ଆପଣମାନଙ୍କ ପରି ପ୍ରଧାନ ଲୋକଙ୍କ ପାଦଧୂଳି ମୋ ଦୁଆରେ ପଡୁଛି! ଯାକୁ ମୁଁ ଦେଇଦେଲେ ମୋର ଏ ବଡ଼ପଣ ରହିବଟିକି?" ସେଦିନ ମହାମହୋପାଧ୍ୟାୟ ଓ ପଣ୍ଡିତ ଗୋପବନ୍ଧୁଙ୍କୁ ସେଠାରୁ ଶୂନ୍ୟ ହସ୍ତରେ, ମୁହଁ ଫିକା ପକାଇ ଆସିବାକୁ ହେଲା।

ପୁରୀ 'ବ୍ରାହ୍ମଣ-ସମିତି' ପାଣ୍ଠିରୁ ଏବେ କୁଆଡ଼େ ଅବ୍ରାହ୍ମଣ ଛାତ୍ରମାନଙ୍କୁ ସାହାଯ୍ୟ ଦିଆଯାଏ। ତାହାହେଲେ 'ବ୍ରାହ୍ମଣ ସମିତି' ନାମର ଆଉ ପ୍ରୟୋଜନ ନାହିଁ। କିନ୍ତୁ ଯେତେବେଳେ ପୁରୀରେ 'ବ୍ରାହ୍ମଣ ସମିତି' ପ୍ରତିଷ୍ଠିତ ହେଲା, ସଙ୍ଗେ ସଙ୍ଗେ କଟକରେ ହେଲା 'କରଣ ସମିତି'। ମାନ୍ଦ୍ରାଜର ବ୍ରାହ୍ମଣ ଅବ୍ରାହ୍ମଣ ସମସ୍ୟା ପରି ଓଡ଼ିଶାରେ ବ୍ରାହ୍ମଣ କରଣ ଭେଦ ପୂର୍ବରୁ ଥିଲା କି ନା କେଜାଣି, ମୁଁ କଟକକୁ ପଢ଼ିବାକୁ ଆସିବାବେଳେ ପ୍ରଥମେ ତାହା ମୋ କାନରେ ପଡ଼ିଲା। କେତେ ଜଣ ଜଣାଶୁଣା ବ୍ରାହ୍ମଣଙ୍କୁ କରଣବିଦ୍ୱେଷୀ ଓ ଜଣାଶୁଣା କରଣଙ୍କୁ ବ୍ରାହ୍ମଣବିଦ୍ୱେଷୀରୂପେ ଦାଗୀ କରାଯାଉଥିଲା। ଏବେ ମଧ୍ୟ ବ୍ରାହ୍ମଣକରଣ ବିଦ୍ୱେଷ ରହିଛି; ମାତ୍ର ଆରୋହଣ ପଥରେ କି ଅବରୋହଣ ପଥରେ ଅଛି, ଠିକ୍ କହିପାରିବି ନାହିଁ। ଯେଉଁମାନେ ନୀତି ହିସାବରେ ଏପ୍ରକାର ଶ୍ରେଣୀ-ବିଦ୍ୱେଷର ବିରୋଧୀ, ସେମାନଙ୍କ ମଧ୍ୟରୁ କେତେକଙ୍କୁ ସୁଦ୍ଧା ଏ ଦୁର୍ଗୁଣ ସ୍ପର୍ଶ କରିଛି। ଋଷିପ୍ରାଣ ମଧୁସୂଦନ ରାଓଙ୍କ ପୁତ୍ର ସହିତ ବିଶ୍ୱନାଥ କରଙ୍କ କନ୍ୟାର ବିବାହ ପ୍ରସ୍ତାବ ଶୁଣି ବରପିତା କହିଲେ, "ବ୍ରାହ୍ମଣକନ୍ୟା ସହିତ ବିବାହ! କୁଷ୍ଠରୋଗ ହୋଇଯିବ", ଅଥଚ ବରପିତା ଓ କନ୍ୟାପିତା ଉଭୟେ ବ୍ରାହ୍ମଧର୍ମାବଲମ୍ବୀ। ଏବେ କୌଣସି ଖ୍ରୀଷ୍ଟଧର୍ମାବଲମ୍ବୀ ବ୍ୟକ୍ତିଙ୍କ ବିଷୟରେ ଶୁଣାଯାଏ ଯେ, ତାଙ୍କ ମଧ୍ୟରେ ସୁଦ୍ଧା ବ୍ରାହ୍ମଣ-କରଣ ଦ୍ୱେଷଭାବ ପ୍ରକାଶ ପାଏ। ଏସବୁରୁ ମନେହୁଏ, ମନୁଷ୍ୟ ଢିଙ୍କିଜାତୀୟପ୍ରାଣୀ, ସ୍ୱର୍ଗରେ ସୁଦ୍ଧା ଯାଇ ଧାନ କୁଟିବ।

'ବ୍ରାହ୍ମଣ ସମିତି'ରୁ ଟଙ୍କା ମୋ ହାତକୁ ଆସିବାରେ ବିଳମ୍ବ ଘଟିଲା। ମୁଁ ମାର୍ଚ୍ଚ

ମାସ ୧୧ ତାରିଖ ଦିନ ସକାଳେ ଯାଇ କଲିକତାରେ ପହଞ୍ଚି ନୀଳକଣ୍ଠବାବୁଙ୍କ କୋଠରିରେ ରହିଲି। ପଢ଼ାରେ ସେ ମୋଠାରୁ ବର୍ଷେ ଉପରେ, ବୟସରେ ମଧ୍ୟ ମୋଟେ ଦୁଇବର୍ଷ ବଡ଼। 'ମୋଟେ' ଶବ୍ଦ ବ୍ୟବହାର କରିବାର କାରଣ ଅଛି। ସେ ହେଉଛି, ମୁଁ କଲିକତାରେ ପହଞ୍ଚିବାମାତ୍ରେ ଉପଲବ୍ଧି କରିନେଲି ଯେ, ତାଙ୍କ ସହିତ ମୋ ସମ୍ପର୍କ ଏକପ୍ରକାର ଗୁରୁ-ଶିଷ୍ୟ ସମ୍ପର୍କ ହେବାକୁ ଯାଉଛି। ପରୀକ୍ଷା ନିମନ୍ତେ ମୁଁ କେତେଦୂର ପ୍ରସ୍ତୁତ ହୋଇଛି ସେ ମୋତେ ପଚାରିଲେ। ମୁଁ ମନକୁ ମନ ଭାବିଲି, 'କି ସର୍ବନାଶ'! ସର୍ବନାଶ ବେଳେ ବିଜ୍ଞଲୋକଙ୍କର କର୍ତ୍ତବ୍ୟ କଣ, ଶାସ୍ତ୍ରରୁ ମୋର ମନେପଡ଼ିଗଲା। ମୁଁ ଉତ୍ତର ଦେଲି, "ବାକି ସବୁ ଯାହା ତ ହୋଇଛି, ଦର୍ଶନରେ ମୁଁ ପାସ୍ ବହିତକ ପଢ଼ିଛି, କେବଳ ଅନର୍ସ ବହି ଭଲ ପଢ଼ିପାରିନାହିଁ।" ଶୁଣି ନୀଳକଣ୍ଠବାବୁ ସଙ୍ଗେ ସଙ୍ଗେ କହିଲେ, "ଆଚ୍ଛା ତାହା ହୋଇଯିବ, କିଛି ଚିନ୍ତା କର ନାହିଁ।" ସେ ମୋ ପୂର୍ବବର୍ଷ ଦର୍ଶନ ଅନର୍ସର ପାଠ୍ୟସବୁ ପଢ଼ିଥିଲେ; ତେବେ ପରୀକ୍ଷା ଦେଇଥିଲେ କେବଳ ପାସ୍-ପାଠ୍ୟରେ।

ନୀଳକଣ୍ଠବାବୁ ଅନେକ ବର୍ଷ ପରେ ସମାଜରେ ଅବଶ୍ୟ 'ପଣ୍ଡିତ' ଆଖ୍ୟା ପାଇଲେ, କିନ୍ତୁ ତୁଳସୀ ଦୁଇପତ୍ରରୁ ବାସିଲା ପରି ପିଲାଦିନୁ ତାଙ୍କ ପାଣ୍ଡିତ୍ୟ ବିକାଶ ପାଇଥିଲା। ସେ ବିସ୍ତର ପଢୁଥିଲେ, ଏବେ ମଧ୍ୟ ପଢ଼ନ୍ତି, ଶୁଣିଛି। ପଢ଼ିବା ତାଙ୍କର ବିଳାସ- ଆଜିକାଲି ପିଲାଙ୍କର ସିନେମା ଯିବାଭଳି। ସେ ଥରେ ଥରେ ସାରା ରାତି ନ ଶୋଇ ଆଲୁଅ ଜାଳି ପଢ଼ନ୍ତି; ଅନେକ ଦିନ ଭାତ ବଢ଼ା ହୋଇ ଶୁଖେ, ବହୁଥର ଡାକିଲେ ମଧ୍ୟ ବହିରୁ ମୁହଁ ଉଠାନ୍ତି ନାହିଁ। ତାଙ୍କ ଶୋଇବା ଖଟରୁ ଅଧେ ତାଙ୍କ ନିଜର, ବାକି ଅଧକ ଆଲମାରିରୁ ସ୍ଥାନଚ୍ୟୁତ ବହିମାନଙ୍କର। ମୁଁ ତାଙ୍କର ପୁରୁଣା ଦର୍ଶନ ବହିଗୁଡ଼ିକ ପଢ଼ିବା ପାଇଁ ରଖିଥଲି। ସେ ବହିସବୁ ସତେ ଅବା ଗୋଟାଏ ଅଧମ ଅରସିକ କବଳରେ ପଡ଼ି ବିରହ ବ୍ୟଥାରେ ଝାଉଁଳିଯାଇଥିଲେ, ନିଜ ମୁନିବ ହାତକୁ ଯାଇ ପୁଣି ସତେଜ ହୋଇଉଠିଲେ। ମୁଁ ସନ୍ଧ୍ୟାରେ ଖାଇ ଶୋଇପଡ଼େ, ନୀଳକଣ୍ଠବାବୁ ରାତିସାରା ପଢ଼ିବାରେ ଲାଗନ୍ତି। ତାଙ୍କର ସେ ପଢ଼ିବାଟା ଆବୃତ୍ତିମାତ୍ର। ମୁଁ ଦେଖିଛି, ସେ ଥରେ ଯାହା ପଢ଼ନ୍ତି ତାହା ତାଙ୍କ ମନରେ ଗାର କାଟିଲା ପରି ରହିଯାଏ। ସେ ଛ'ଦିନ କାଳ ରାତିଯାକ ପଢ଼ି, ପରଦିନ ସକାଳେ ଶିକ୍ଷକ ଛାତ୍ରକୁ ପଢ଼ାଇଲା ଭଳି ମୋତେ ପଢ଼ାଇବାରେ ଲାଗିଲେ। ସେ ସେତକ କରି ନଥିଲେ ମୋ ପଢ଼ାପଢ଼ି ସେହିଠାରେ ସରିଥାନ୍ତା ଓ ମୁଁ ଚାକିରି ନିମନ୍ତେ ଦରଖାସ୍ତ ଦେଲାବେଳେ ସେକାଳ ରୀତିରେ ଯୋଗ୍ୟତା ଲେଖିଥାନ୍ତି ବି.ଏ. ଫେଲ୍।

ମୋ ବି.ଏ. ପରୀକ୍ଷା ଦର୍ଶନରେହିଁ ଆରମ୍ଭ ହେଲା। ଛ'ଗୋଟି ପ୍ରଶ୍ନପତ୍ର, ତିନିଦିନ

ମଧ୍ୟରେ, ଗୋଟିଏ ଆସିଗଲା। ପୂର୍ବର ଚାରିଦିନ ମିଶାଇ, ସପ୍ତାହେକାଳ ନୀଳକଣ୍ଠବାବୁ ମୋ ଭିତରେ ଦର୍ଶନଜ୍ଞାନ ଖୁନ୍ଦି ପୂରାଇବାରେ ଲାଗିଲେ। ମୁଁ ନିତି ପରୀକ୍ଷା ଦେଇ ଫେରିବାମାତ୍ରେ, ଯାହା ଲେଖିଥାଏ ତାଙ୍କ ଆଗେ କହିଯାଏ। 'ଈଶ୍ୱରତତ୍ତ୍ୱ' ପତ୍ରର ପାଞ୍ଚଗୋଟି ପ୍ରଶ୍ନରୁ ମୁଁ ସାଢ଼େ-ଚାରିଗୋଟି ଉତ୍ତର କରିଥିଲି। ମୋ ଉତ୍ତର ଶୁଣିବା ପରେ, ମୁଁ ସେ ପତ୍ରରେ ବାସ୍ତରି ନମ୍ବର ପାଇବି ବୋଲି ମୋତେ ନୀଳକଣ୍ଠବାବୁ କହିଲେ। ମୁଁ ପଚାରିଲି, "ତେବେ ବିଶ୍ୱବିଦ୍ୟାଳୟରେ ଯେ ପ୍ରଥମ ହେବ ସେ କେତେ ପାଇବ?" ସେ ହସି ହସି ଉତ୍ତର ଦେଲେ, "ବାସ୍ତରି।" ପରେ ଦେଖାଗଲା, ମୁଁ ସେଥିରେ ଅଣସ୍ତରି ରଖି ପ୍ରଥମ ସ୍ଥାନ ଅଧିକାର କରିଛି। ପରୀକ୍ଷାର୍ଥୀ ଉତ୍ତରର ସେପ୍ରକାର ମୂଲ୍ୟନିରୂପଣ କ୍ଷମତା ସେ ବୋଧହୁଏ ପରେ ରଖିପାରିଲେ ନାହିଁ। ସେ ଘଟଣାର ବତିଶ ବର୍ଷ ଉତ୍ତାରେ କଲିକତା ବିଶ୍ୱବିଦ୍ୟାଳୟର ଓଡ଼ିଆ ସାହିତ୍ୟରେ ଜଣେ ଏମ୍.ଏ. ପରୀକ୍ଷାର୍ଥୀଙ୍କୁ ବୟାଅଶୀ ନମ୍ବର ଦେଇସାରି, ପରେ ତାହା ବଦଳାଇ ଏକଚାଳିଶ କରିବାକୁ ଯାଉଥିଲେ ଏବଂ ଯଦୁମଣି ମଙ୍ଗରାଜ ତାଙ୍କ ହାତ ଧରି ଅଟକାଇନଥିଲେ ହୁଏତ ଅଧା କାଟିପକାଇଥାନ୍ତେ।

ପରୀକ୍ଷାଫଳ ବାହାରିବାରେ ଦେଖିଲି, ମୋ ନାମ ଅନର୍ସ ପରିବର୍ତ୍ତେ କେବଳ ସାଧାରଣ ପାସ୍ ତାଲିକାରେ ରହିଛି। ସେଥିରେ ମୋର ବିସ୍ମୟ ଜନ୍ମିଲା; କିନ୍ତୁ ପରେ ବୁଝାଗଲା ଯେ, ରସାୟନ ହସ୍ତକର୍ମରେ ପନ୍ଦର ନମ୍ବର ଊଣା ଥିବା ତାର କାରଣ। ମୁଁ ଫେଲ୍ ହୋଇଯାଇଥିଲି। ସେ ପତ୍ରର ପରୀକ୍ଷକ ହୁଇଲର୍ ସାହେବ ବିଶ୍ୱବିଦ୍ୟାଳୟ ସିଣ୍ଡିକେଟ୍‌ର ଜଣେ ବିଶିଷ୍ଟ ସଦସ୍ୟ। ସେ ମୋତେ ପାସ୍ କରାଇବାକୁ ଧରିବସିଲେ। 'ଈଶ୍ୱରତତ୍ତ୍ୱ ହିଁ ମୋତେ ବଞ୍ଚାଇଦେଲା। ତଥାପି ମୋ ପ୍ରାଣରେ ଈଶ୍ୱରବିଶ୍ୱାସର ସତ୍ତା ଅତି ଅଳ୍ପ। ବି.ଏ. ପରୀକ୍ଷାର କୃତିତ୍ୱ ନିମନ୍ତେ ମୁଁ ନୀଳକଣ୍ଠବାବୁଙ୍କ ପାଖେ ଯେତିକି ମୁଣ୍ଡ ନୁଆଁଇ ଚଳିଲି, ଖୋଦ୍ ଈଶ୍ୱରଙ୍କ ନିକଟରେ ତାର ଅଧେ ନୁଆଁଇଥିଲେ ଜଣେ ପରମଭକ୍ତରେ ହୁଏତ ଗଣ୍ୟ ହୋଇଥାନ୍ତି।

■

କୁସଂସ୍କାର

ମୋର ଇଂରେଜୀ ପଢ଼ିବା ଯୋଗେ ହେଉ ବା ନିଜ ପ୍ରକୃତି-ଦୋଷରୁ ହେଉ, ମୁଁ ପିଲାଦିନୁ ନାସ୍ତିକ ଥିଲି ବୋଲି କହିଲେ ଚଳେ। ସୁଗୁଣ କଥା ଅଲଗା; କିନ୍ତୁ ଦୁର୍ଗୁଣ ଅନୁକୂଳ ପରିସ୍ଥିତିରେ ହୁ-ହୁ ବଢ଼ିଯାଏ। ଅକସ୍ମାତ୍ ନିଆଁ ଲାଗିଲେ ଲୋକେ ପାଣି ଢଳାଢଳି କରି ଲିଭାଇଦିଅନ୍ତି; କିନ୍ତୁ ସେତେବେଳେ ପବନ ପିଟିଲେ ନିଆଁ ଚାଳକୁ ଚାଳ ଡେଇଁ ସାହି ସାହି ଚାଟିଦେଇଯାଏ। ମୋର ବାପା, ବୋଉ, ବୁଢ଼ୀମା, ଭଉଣୀ ଏପରି ଚାରିଜଣ ଚାରିଆଡ଼ୁ ମୋତେ ସ୍ନେହସୂତ୍ରରେ ବାନ୍ଧି ରଖିଥିଲେ। ସେଗୁଡ଼ିକ ଗୋଟି ଗୋଟି ଯେତିକି ଛିଡ଼ିଲା, ମୋର ଆସ୍ଥା, ବିଶ୍ୱାସ, ଆସକ୍ତି ସେତିକି କମିବାକୁ ଲାଗିଲା। ଫଳରେ ମୁଁ ଦେଉଳକୁ ଗଲେ ମୁଣ୍ଡିଆ ମାରେ ନାହିଁ। ଏକାଦଶୀ ଉପବାସ ଛାଡ଼ିଦେଲି। ପଇତା କାଢ଼ି ହାତରେ ଧରି ଖେଳିଲି। ମୁଣ୍ଡର 'ଚୈତନ ଚୁଟି' କାଟିପକାଇଲି। ସନ୍ଧ୍ୟା, ଚଳୁ ପ୍ରଭୃତି ଛାଡ଼ିଦେଲି। କଛା ନ ଫିଟାଇ, ପାଣି ନ ଘେନି ପରିସ୍ରା କଲି।

ଏସବୁ କୁସଂସ୍କାର। ଏ କୁସଂସ୍କାର ଯେ ଛାଡ଼ିବ ତାକୁ ଅନ୍ୟ କୁସଂସ୍କାର ମଧ୍ୟ ଛାଡ଼ିବାକୁ ହେବ; କିନ୍ତୁ ମୋର ବଡ଼ କୁସଂସ୍କାର ରହିଗଲା, ଏବେ କଳିଷଠା ଷାଠିଏରେ ବି ରହିଛି। ସେଟା ହେଉଛି 'ଭୂତଭୟ'। ମୋର ମନେହେଉଛି, ମୁଁ ନିଜେ ମରି ପ୍ରେତଲୋକକୁ ଗଲା ପରେ ମଧ୍ୟ ସାଥୀ ଭୂତମାନଙ୍କୁ ଦେଖିଲେ ଥରହର ହେବି। ଏବେ ଅନ୍ଧାର ଘରେ ମୋର ମନେହୁଏ, କିଏ ଠିଆହୋଇଛି। ରାତିରେ ଝରକା ପାଖେ ଶୋଇଲେ ନିଦ ତ ହୁଏ ନାହିଁ, ଭାବେ ବାହାରୁ ଦୁଇଟା ଜଳଜଳ ଆଖି ମୋତେ ଚାହିଁଛି। ଗଛତଳ ବାଟେ ଗଲାବେଳେ ବ୍ରହ୍ମରାକ୍ଷସ ଉପରୁ ଦୁଇ ଗୋଡ଼ ବଢ଼ାଇ ଧରି ଟେକିନେବ ବୋଲି ମନେହୁଏ।

ମୁଁ ଯେତେବେଳେ ଖୁବ୍ ପିଲା, ମୋ ବୁଢ଼ୀମା ସେତେବେଳକୁ ଅନ୍ଧ ହୋଇନଥିଲା। ସେହି ସମୟରେ ଆମ ପଡ଼ିଶା ରଥଘରୁ ଜଣେ ଯୁବତୀ ବୋହୂ ବସନ୍ତରେ

ମରିଗଲା । ତାଙ୍କ ଘରେ ଯେତେ ଲୋକ ଥିଲେ, ସେ ମଲାବେଳେ ଗୋଟାଏ ମସ୍ତ ବଡ଼ ଶାଗୁଣା ଘର ଭିତରୁ ଉଡ଼ି ପଳାଇଲା ପରି ତାଙ୍କୁ ବୋଧହେଲା । ଏଣେ ଆମ ଘରେ ଟେକା ପଥର ପଡ଼ିଲା । ସେ ସବୁ ବେଶି ପଡ଼ିଲା ବୁଢ଼ୀମା ଉପରେ ଓ ଘରର ବାଡ଼ିପଟୁ । ସନ୍ଧ୍ୟାପରେ ଆମେ ଢିଙ୍କିଶାଳକୁ କେହି ଯାଉନାହିଁ, ଦିନେ ଦିନେ ସନ୍ଧ୍ୟାରେ କାଚ ଝୁମ୍‌ଝୁମ୍ ଶୁଭେ । ଦିନେ ଦିନେ କାନ୍ଦସ୍ୱର ଶୁଣାଯାଏ । ବାଘ ଉପଦ୍ରବ ଯୋଗେ ସେ ଘରେ ଆମର ଗୋଟିଏ ଛେଳି ବନ୍ଧାହୁଏ । ଦିନେ ଛେଳିଟା ଖୁବ୍ ରଡ଼ିଲା । ଆମେସବୁ ଯାଇ ଶୁଣିଲୁ ତାକୁ କେହି ବିଧା ମାଇଲା ଭଳି ଦୁମ୍ ଶବ୍ଦ ତା ଦେହରୁ ବାହାରୁଛି; ଅଥଚ ମାରିବା ଲୋକର ହାତ ଦିଶୁ ନାହିଁ । ଆଉ ଥରେ ବାରିପଟ ଦୁଆରେ ଗୋଟାଏ ମସ୍ତ ବଡ଼ ପଥର ପଡ଼ିବା ଭଳି ଶୁଭିଲା । ଦୁଆର ଭିତରୁ ପଡ଼ିଛି । ଆମେ ଯାଇ ଦେଖିଲୁ ଯେ ପ୍ରାୟ ପାଞ୍ଚସେର ଓଜନର ଗୋଟେ ବନମାଟି ଟେଳା ଘର ଭିତରେ ଆସି ପଡ଼ିଛି ।

ପିଲାଦିନେ ଏହିପରି ପରିସ୍ଥିତିରେ ବଢ଼ିବା ବା ମୋର ସ୍ୱଭାବଗତ ଦୁର୍ବଳତା ଯୋଗେ ହେଉ ମୁଁ ଡରକୁଳା ହୋଇଗଲି । ଅପର୍-ପ୍ରାଇମେରୀ ପାସ୍ କରି ମଧ୍ୟ-ଛାତ୍ରବୃତ୍ତି ପଢ଼ିବା ଯୋଗେ ମୋତେ ପ୍ରାୟ ଦେଢ଼ମାଇଲ ଭୀମପୁରକୁ ଯିବାକୁ ହେଲା । ବାଟରେ ଗୋଟାଏ ନିକାଞ୍ଚନ ଜାଗା ପଡ଼େ । ମୁଁ ସେହିବାଟେ କେବେ ଏକା ଯାଏନାହିଁ; ଆଗରେ କିମ୍ବା ପଛରେ ଲୋକ ଦେଖିଲେ ଯାଏ । ଥରେ ସକାଳେ ସେବାଟେ ଗଲାବେଳେ ଜଣେ ବୁଢ଼ା, ଗୋଟିଏ ଛୋଟିଆ ପିଲା ଏପରି ଦୁଇଜଣଙ୍କୁ ଦେଖିଲି । ମୁଁ ନିର୍ଭୟରେ ପଛେ ପଛେ ଚାଲିଛି, ହଠାତ୍ ପିଲାଟି ମୋ ଆଖି ଆଗରୁ ଉଭେଇଗଲା; ବୁଢ଼ାଜଣକ ବିବ୍ରତ ହେଲା ପରି କଣ କହିଲା । ମୁଁ 'କଣ କଣ' ପଚାରୁଛି ଏପରି ସମୟରେ ବୁଢ଼ା ମଧ୍ୟ ଅନ୍ତର୍ଦ୍ଧାନ ହୋଇଗଲା । ସେତେବେଳେ ମୋତେ ବାଟ ଦିଶିଲା ନାହିଁ । ପଳାଇବାକୁ ଚେଷ୍ଟା କଲି, ପାଦ ଚଳିଲା ନାହିଁ ।

ଆଉ ଥରେ ମୋର ବାପା, ବୋଉ ମରିଗଲା ପରେ ମୋର ଆମାଶୟ ହୋଇଥିଲା । ମୁଁ ବାହାରକୁ ଝାଡ଼ାଫେରି ଗଲାବେଳେ ମୋ ଭାର୍ଯ୍ୟା ସାଙ୍ଗରେ ଯାଆନ୍ତି । ମୁଁ ରାତିଭିତରେ ପ୍ରାୟ ଦଶଥର ଝାଡ଼ା ଫେରି ବସୁଥିଲି । ଥରେ ତାଙ୍କୁ ଛାଇନିଦ ଲାଗିଯାଇଛି, ମୁଁ ନ ଉଠାଇ ଏକା ଚାଲିଗଲି । ତାଙ୍କ ନିଦ ଭାଜିଲା । ମୁଁ ଫେରି ଶୋଇବାବେଳେ ସେ ପଚାରିଲେ, "ମୋତେ ନ ଉଠାଇ ଏକୁଟିଆ କାହିଁକି ଚାଲିଗଲ ?" ମୁଁ କହିଲି, "ବୋଉ ଆସି ପାଖରେ ଠିଆହେଲେ, ଡର ମାଡ଼ି ନାହିଁ ।" ସେ ପଚାରିଲେ, "ମୋର ବୋଉ ଆସି ତୁମେ ଝାଡ଼ା ଫେରିବାବେଳେ ଠିଆହେଲା, ନା ତୁମେ ଯାଇନାହଁ ?" ପରଦିନ ସକାଳେ ତାଙ୍କ ବୋଉ ଆସିଥିବା କଥା ଅସ୍ୱୀକାର କଲେ । ତାଙ୍କ ଛଡ଼ା ଆମ ସାହିରେ ଆଉ ବିଧବା ନଥିଲେ । ମୁଁ ଝାଡ଼ା ଫେରି

ବସିବାବେଳେ ଦେଖିଲି ଯେ, ଖଣ୍ଡିଏ ଧଳା ଛେଦା ଲୁଗା ପିନ୍ଧି ଜଣେ ବିଧବା ସାତ ଆଠ ହାତ ଦୂରରେ ଠିଆହୋଇଛି। ସେ ମୋ ଶାଶୁ ବୋଲି ଧରିନେବାରୁ ମୁଁ ପାଟି ନ ଫିଟାଇ ସଙ୍କୋଚରେ ପଳାଇଆସିଲି।

କିନ୍ତୁ ଏ କୁସଂସ୍କାର ଯେ ମୁଁ ଛାଡ଼ିବାକୁ ଚେଷ୍ଟାକରିନାହିଁ, ତା ନୁହେଁ। ଅନ୍ଧାର ରାତିରେ ଅନେକ ଥର ଏକା ଏକା ଯିବା-ଆସିବା କରିଛି, ଶ୍ମଶାନରେ ଯାଇ ବସିଛି। ଭୂତଗଳ୍ପ ସବୁ ବହିରେ ତ ପଢ଼ିଛି। ଥରେ 'କାଇପଦର ରୋଡ଼୍' ଷ୍ଟେସନରେ ଓହ୍ଲାଇ ବାଜପୁର ମାମୁଘରକୁ ଯିବା କଥା। ସେତେବେଳେ ରେଳଗାଡ଼ି ସେଠାରେ ରାତି ଦଶଟାରେ ପହଞ୍ଚିଥିଲା। ଷ୍ଟେସନକୁ ଆସିବାକୁ ମୁଁ ଚିଠି ଲେଖିଲି। ସେଦିନ କାର୍ତ୍ତିକ ମାସ କୃଷ୍ଣପକ୍ଷ ଦ୍ୱିତୀୟା, ମଙ୍ଗଳବାର। ମେଘ ସାମାନ୍ୟ ଝୁପୁଝୁପୁ ପକାଉଥିଲା। ଚନ୍ଦ୍ର ଦିଶୁନଥିଲା; କିନ୍ତୁ ମେଘ ପଛରୁ ଆସୁଥିବା ତାରାକିରଣରେ ଚାରିଆଡ଼ ଆଲୁଅ ହୋଇଥିଲା। ମୁଁ ଷ୍ଟେସନରେ ଓହ୍ଲାଇ ଦେଖିଲି ଯେ, ମାମୁଘରୁ କେହି ଆସିନାହାନ୍ତି। ସେ ଗାଡ଼ିରୁ ଆଉ ମଧ୍ୟ କେହି ଓହ୍ଲାଇଲେ ନାହିଁ। ମୁଁ ଷ୍ଟେସନରେ ରହିଯିବାକୁ ଭାବିଲି, କିନ୍ତୁ ଶୁଣିଲି ଯେ, ଷ୍ଟେସନମାଷ୍ଟର ଓ ପଏଣ୍ଟସ୍ ମ୍ୟାନ୍ ଦୁହେଁଯାକ ନିଜ ନିଜ ବସାକୁ ଚାଲିଯିବେ, ସେଠାରେ କେହି ରହିଲେ ନାହିଁ। ପ୍ରାୟ ଚାଳିଶ ବର୍ଷ ତଳେ ସେ ଷ୍ଟେସନଟା ଭାରି ଛୋଟ ଥିଲା, ନାଁ ଥିଲା 'ଛତିପୁର'।

ମୁଁ ବାଜପୁର ଯିବା ଛଡ଼ା ଆଉ କିଛି ଉପାୟ ଦେଖିଲିନାହିଁ। କିଛି ଭୟର କାରଣ ଅଛି କି ନାହିଁ ପଚାରିବାରୁ ପଏଣ୍ଟସମ୍ୟାନ୍ ମୋତେ ଜାତି ପଚାରିଲା। ମୋଠାରୁ ଉତ୍ତର ପାଇସାରି ସେ କହିଲା, "ବ୍ରାହ୍ମଣପିଲା, ପଇତା ଅଛି, ଭୟ କ'ଣ ? କଣ ଶୂଦ୍ର ହୋଇଛ ? ହେଲେ ମଙ୍ଗଳବାରଟା ଆଜି। ହାତରେ ପଇତାଟା ଧରି ଚାଲିଯାଅ। ପରବାୟ କଣ ?" ବାଟଟା ସହିତ ମୁଁ ଖୁବ୍ ପରିଚିତ। ଡାହାଣୀ, ଚିରୁଗୁଣୀ, ବ୍ରହ୍ମରାକ୍ଷସ କିଏ କେଉଁଠି ରହନ୍ତି, ସମସ୍ତଙ୍କର ଭୌଗୋଳିକ ଅବସ୍ଥିତି ମୁଁ ପିଲାଦିନୁ ଶୁଣିଆସିଥିଲି। ପ୍ରଥମେ ଗୁଡ଼ାଏ ଗଛ ପଡ଼ିଲା। ରାତିଯାକ ସେ ଗଛମାନଙ୍କରେ ମୁଣ୍ଡମାଳ ଝୁଲୁଥିବାର ଶୁଣାଯାଏ। ସେଠାରେ ଠିଆହୋଇ କେତେ ସମୟ ଚାହିଁଲି, ଗୋଟିଏ ସୁଦ୍ଧା ମୁଣ୍ଡ ଦେଖିଲି ନାହିଁ। ଛାତି ଦମ୍ଭ ହେଲା, ଆଗକୁ ପାଦ ପକାଇଲି। କିଛି ବାଟ ଗଲା ପରେ ଗୋଟାଏ ମସ୍ତବଡ଼ ବରଗଛ ପଡ଼ିଲା। ତା ମୂଳେ ଗୋଟିଏ ଛୋଟିଆ ଦେଉଳ। ହଇଜା ଲାଗିଲେ ସେଠାରେ ଜନ୍ତାଳ ହୁଏ। ସେହି ସ୍ଥାନରେ ଡରି ଲୋକେ ରକ୍ତ ବାନ୍ତି କରି ମରିଥିବା କଥା ମୁଁ ଆଗରୁ ଶୁଣିଥିଲି। ଭାବିଲି, ତା ତଳେ ନ ଯାଇ ଟିକିଏ ବୁଲି ଅନ୍ୟ ବାଟେ ଯିବି। ଭୟ ଛାଡ଼ିବି ବୋଲି ସଂକଳ୍ପ କରି ସେଦିନ ବାହାରିଛି; ସୁତରାଂ ଗଛତଳ

ବାଟ ଦେଇ ଗଲି। ହଠାତ୍ ଉପରୁ ଝଣ୍‌ଝଣ୍ ହୋଇ ଗୁଡ଼ାଏ ମାଟି ପଡ଼ିଲା। ଠିଆହୋଇ ପରୀକ୍ଷା କରି ବୁଝିଲି ଯେ, ବାଦରା ଉଡ଼ିବା ଫଳରେ ଉଇମାଟି ଝଡୁଚି।

ଭୟ ଛାଡ଼ିଗଲା। ଅଗ୍ରସର ହେଲି। ବିଲ ପଡ଼ିଲା। କେତେ କିଆରି ପାରହେବା ପରେ ଗୋଟାଏ ଦୀର୍ଘଶ୍ୱାସ ପକାଇ ନିଶ୍ଚିନ୍ତ ହେଲି। ଖଣ୍ଡେ ଦୂରରେ ଜଣେ ଲୋକ ଦେଖିଲି; କିନ୍ତୁ ଯେତେ ଡାକିଲି ଜବାବ ମିଳିଲା ନାହିଁ। ଭାବିଲି ସେଟା ଭୂତ; ଅଥଚ 'ଭୂତ' ବୋଲି ଠିକ୍ ନଜାଣି ବିଶ୍ୱାସ କରିବାକୁ ଇଚ୍ଛା କଲି ନାହିଁ। ପାଖକୁ ଯାଇ ଦେଖେ ତ ସେଟା ଗୋଟିଏ 'ହୁରୁଡ଼ା'। ଏକ ମାକଡ଼ାପଥର ଖୁଣ୍ଟି ଉପରେ ଛୋଟିଆ ମାଠିଆଟିଏ ଉଗୁଡ଼ା ହୋଇ ରହିଛି। ମାଠିଆ ତଳକୁ ଗୋଟାଏ ବଙ୍କା ପାଳ ଅଟା ବନ୍ଧା ହୋଇଛି, ଦେଖି ମୋର ଆନନ୍ଦ ହେଲା। ସେ ନିସ୍ତବ୍ଧ ରାତିରେ 'ହେଁ ହେଁ' ହସିପକାଇଲି। ଶସ୍ୟକ୍ଷେତ୍ରମାନଙ୍କରୁ ପ୍ରତିଧ୍ୱନି ଫେରିଆସି କାନରେ ବାଜି ଛାତିକୁ ପଥର କଲା।

ବାଟରେ ଶ୍ମଶାନ ପଡ଼ିଲା। ସେଠାରେ ମୋର ଜଣାଶୁଣା ଲୋକସବୁ ପୋଡ଼ାହେବାରେ କେତେ ଦେଖିଛି; କିନ୍ତୁ ସେ ବାଟ ଛାଡ଼ି ଅନ୍ୟ ବାଟେ ଯିବାକୁ ଇଚ୍ଛା କଲି ନାହିଁ। ବାଟରେ ବର୍ଷାପାଣି ପଥର ଟାଙ୍ଗି ଉପରେ ଆଣ୍ଠୁକରୁ ବେଶି ଜମାହୋଇଥିଲା। ଶ୍ମଶାନର ନିସ୍ତବ୍ଧତାରୁ ବଳି ବିକଟ ଜିନିଷ ଆଉ କିଛି ଅଛି କି ନା ସନ୍ଦେହ। ତାହା ଭାଙ୍ଗିବା ଉଦ୍ଦେଶ୍ୟରେ ମୁଁ ପାଣି ଚବର ଚବର କରି ଚାଲିଲି; କିନ୍ତୁ କେତେ ବାଟ ଯାଇ ହଠାତ୍ ଏକାବେଳକେ ପଡ଼ିଗଲି। ସେତେବେଳେ ଗୋଟାଏ ଆତଙ୍କ ଘୋଟିଆସିଲା। ମୋର ମନେହେଲା ଯେ, ପ୍ରତ୍ୟେକ ଚିତାରୁ ମଢ଼ା ଉଠିଆସି ମୋତେ ମାଡ଼ିବସୁଛନ୍ତି। ସେତେବେଳେ ପାଣି ଭିତରେ ହାତକୁ ଶିଉଳି ଲାଗିଲା। ବୁଝିପାରିଲି ଯେ ଶିଉଳିରେ ଗୋଡ଼ ଖସି ପଡ଼ିଯାଇଛି।

ଯେତେବେଳେ ଅଜାଙ୍କ ଦୁଆରେ ଯାଇ ଡାକିଲି, ଅଜା ଉଠିଲେ, ସାହିପଡ଼ିଶା ଲୋକ ମଧ୍ୟ ଉଠି ଆସିଲେ। ଏତେ ରାତିରେ ଏକା ସେ ବାଟେ ଯିବା ଯୋଗେ ସମସ୍ତେ ଏକସ୍ୱରରେ ମୋତେ ଗାଳିଦେଲେ। ଅଜା ମୋର ଚିଠି ପାଇନଥିଲେ, ତା' ପରଦିନ ପାଇଲେ। ମୋତେ ରାତିରେ ଭଲ ନିଦ ହେଲାନାହିଁ। ଅନେକ ସମୟ ପର୍ଯ୍ୟନ୍ତ ଚାରିପଟେ ଘରର ଲୋକେ ନ ଶୋଇ ମୋରି କଥା ଗପିଲେ। କିଏ କହିଲା, 'ବଡ଼ ଉଦ୍ଦଣ୍ଡ ଟୋକାଟାଏ'; କିଏ କହିଲା, 'ବାଟରେ ଭେଟଣ ହୋଇ ପଡ଼ି ନ ଯାଇଛି ରକ୍ଷା'; ଆଉ କିଏ କହିଲା, 'ସକାଳୁ ଝାଡ଼ାବାନ୍ତି ଫିଟୁଛି କି ନାହିଁ ଦେଖ'। ଏସବୁ ଶୁଣିଲେ ନିଦ୍ରାଦେବୀ କିପରି ଧୈର୍ଯ୍ୟ ଧରି ମୋ ଆଖିରେ ବସନ୍ତେ ସେହିମାନେ ଜାଣନ୍ତି।

ଆଉ ଥରେ ମୁଁ ସତ୍ୟବାଦୀ ସ୍କୁଲରେ ଶିକ୍ଷକ ଥିବାବେଳେ ନିକଟବର୍ତ୍ତୀ ବୀରରାମଚନ୍ଦ୍ରପୁରରେ ଗୋଟାଏ ବଡ଼ ଘଟଣା ଘଟିଲା। ସେଠାରେ କେତକୀ ବୁଦା

ଭିତରେ ଏକ 'ଶିବଲିଙ୍ଗ' ଦେଖାଗଲା। ଅଳ୍ପ ଦିନରେ ତାର ଖୁବ୍ ପ୍ରଚାର ହୋଇଗଲା। ପ୍ରତିଦିନ ଶହ ଶହ ଲୋକ ଭୋଗରାଗ ଧରି ଦର୍ଶନ କରିବାକୁ ଆସିଲେ। 'ଚଣ୍ଡ'ରେ ଗାଁ ପୋତି ହୋଇଗଲା। ଅନେକ ଲୋକଙ୍କ ଘରେ ଚୁଲି ଜଳିଲା ନାହିଁ। କୁଷ୍ଠ, ଅର୍ଶ ଆଦି ରୋଗରେ ପୀଡ଼ିତ ଲୋକେ ଅଧିଆ ପଡ଼ିଲେ। ମୁଁ କହିଲି, "ଏସବୁ ଖାଲି ଭଣ୍ଡାମି।" ନୀଳକଣ୍ଠ ବାବୁ ଦାର୍ଶନିକ ହେଲେ ମଧ୍ୟ ଇଂରେଜୀରୁ ଉଦ୍ଧାର କରି କହିଲେ, "ଦର୍ଶନଶାସ୍ତ୍ର ଭେଦ ନକରିପାରିବା ଭଳି ରହସ୍ୟ ଏ ଜଗତରେ ରହିଛି।" ସେବକମାନେ ଦାବିକଲେ ଯେ, ଲିଙ୍ଗ କେତକୀ ବୁଦା ଭିତରେ ଏକ ଉଇହୁଙ୍କା ବାଟେ ପାତାଳରୁ ଫୁଟି ବାହାରିଛନ୍ତି। ମୁଁ ତାହା ମିଥ୍ୟା ପ୍ରମାଣ କରିଦେବାକୁ କହିଲି। ନୀଳକଣ୍ଠବାବୁ ଓ ହରିହରବାବୁ ପ୍ରଭୃତି ମୋର ସହଶିକ୍ଷକମାନେ ମୋ ସହିତ ଗଲେ। ଯାଇ ଦେଖିଲୁ, ଭୋଗରାଗ ଚାଲିଛି। ମୋ କଥା ଶୁଣି ଭକ୍ତମାନେ ଅଭିଶାପ ଦେଲେ। କିଏ କହିଲା, 'ଏଇଟାକୁ ସାପ ଦଂଶୁ'; କିଏ କହିଲା, 'ଏଇଟାର କୁଷ୍ଠ ହୋଇଯିବ'। ମୁଁ ସବୁ ଶୁଣି ନଶୁଣିଲା ପରି ହୋଇ ଭିତରକୁ ଚାଲିଯାଇ ଉଇହୁଙ୍କା ଭିତରେ ବାଡ଼ି ଗଳାଇ ପାତାଳରୁ ଫୁଟି ବାହାରିଥିବା ଲିଙ୍ଗକୁ ଉପରକୁ ସାମାନ୍ୟ ଟେକିଦେଲି। କଥାଟା ପ୍ରକାଶ ନ କରିବା ପାଇଁ ସେ ଲୋକମାନେ ମୋ ଗୋଡ଼ହାତ ଧଇଲେ। ମୁଁ ପ୍ରକାଶ କଲିନାହିଁ; କିନ୍ତୁ କଣ ହେଲା କେଜାଣି ଲୋକସମାଗମ କ୍ରମେ କମିବାକୁ ଲାଗିଲା ଓ ପନ୍ଦର କୋଡ଼ିଏ ଦିନ ପରେ ସେବକଙ୍କ ଛଡ଼ା ଆଉ କେହି ସେଠାକୁ ଗଲେନାହିଁ।

ମନୁଷ୍ୟ ଯେତେବେଳେ ଯାହା କହୁ, କୁସଂସ୍କାର ସହଜରେ ଛାଡ଼ିପାରେନାହିଁ। କୁସଂସ୍କାର ସମାଜରେ ସାକ୍ଷାତ ଗୋଟିଏ 'ଅଷ୍ଟପଦୀ' ବସ୍ତୁ। ତାର ଗୋଟାଏ ପାଦ ଖସାଇଲାବେଳେ ଏଣେ ଆଉ ଦୁଇଟା ଆସି ଚାପିଧରେ। ଲୋକେ ହିନ୍ଦୁ ଧର୍ମ ଛାଡ଼ି ଅନ୍ୟ ଧର୍ମ ଗ୍ରହଣ କରୁଛନ୍ତି। ସେତେବେଳେ ମଧ୍ୟ ଶୁଣାଯାଉଛି, 'ମୋ ପୁଅକୁ ସେଠି ବିଭା କରି ପାରିବି ନାହିଁ। ସେ ବ୍ରାହ୍ମଣକନ୍ୟା, କୁଷ୍ଠ ହୋଇଯିବ।' ଜାତ୍ୟଭିମାନୀ ବ୍ରାହ୍ମଣ ମୁସଲମାନ ଫକିରଙ୍କ ଅଇଁଠା ଖାଇବାର ଶୁଣିଛି। ମୁସଲମାନ ହିନ୍ଦୁଦେବୀଙ୍କ ପାଇଁ ପୂଜା ବାଡ଼ିବା ଦେଖିଛି। ସଂସାରଟାରେ ସଂସ୍କାର ଯେତିକି, କୁସଂସ୍କାର ମଧ୍ୟ ସେତିକି। ଦିନ ରାତି, ଆଲୁଅ ଅନ୍ଧାର, ଧଳା କଳା ପୃଥିବୀରେ ଅଧେ ଅଧେ ମାଡ଼ିବସିଛନ୍ତି। ତଥାପି ମୁଁ କୁସଂସ୍କାର ଭାଙ୍ଗିବାକୁ ବହୁତ ଚେଷ୍ଟା କରିଛି। ବ୍ରାହ୍ମଣ ସମାଜର ଝିଅକୁ ଆଣି କଟକ ବାଳିକା ସ୍କୁଲରେ ମୁଁ ବୋଧହୁଏ ପ୍ରଥମେ ଛାଡ଼ିଲି। ଦାଢ଼ି କାଟି 'ନିଶ' କିଏ କେତେଦିନ ରଖି ଥିବେ, ମୁଁ କିନ୍ତୁ ଥରେ 'ନିଶ' ରଖି ଆଉ କାଟିନାହିଁ। ସମାଜର ନେତୃବର୍ଗଙ୍କ ମନରେ କଷ୍ଟ ଦେଇଥିବି, ସେଥିପାଇଁ ବିଶେଷ ଦୁଃଖିତ ହୋଇଛି; କିନ୍ତୁ ମୁଁ ଯେ ଏସବୁରେ ମାତିଥିଲି, ତାହା କେବଳ କୁସଂସ୍କାର ଭାଙ୍ଗିବା ଉଦ୍ଦେଶ୍ୟରେ। ■

ସୁନା ନା ଗୋବର ?

ମୁଁ କହିଯାଇଛି ଯେ, ମୁଁ ପିଲାଦିନେ ଖୁବ୍ ଡରୁଆ, ଲାଜକୁଳା, ପଛବୁଦ୍ଧିଆ ଥିଲି। ମୋର ପ୍ରତ୍ୟୁତ୍ପନ୍ନମତି ଆଦୌ ନଥିଲା। ଅସୁବିଧାରେ ପଡ଼ିଗଲେ ମୁଁ ଘାବରେଇ ଯାଉଥିଲି। ରକ୍ତ ଦେଖିଲେ ମୋର ମୂର୍ଚ୍ଛା ହୋଇଯାଉଥିଲା। ହାସପାତାଳରେ କାହାର ଅସ୍ତ୍ରଚିକିତ୍ସା ଦେଖି ମୁଁ ଅଚେତନ ହୋଇ ପଡ଼ିଯାଇଥିଲି। ଆଉ ଥରେ ମୋର ଅନ୍ଧୁଣୀ ବୁଢ଼ୀମା ଗୋଟାଏ ଖାତରେ ପଡ଼ି 'ମଲି' 'ମଲି' ପାଟିକରୁଥାଏ। ମୁଁ ପାଟି ଶୁଣି ତା ପାଖକୁ ନଯାଇ ଘରକୁ ଧାଇଁଆସି ବୋଉକୁ ଖବର ଦେଲି। ବୋଉ ସେତେବେଳେ ମୋ ଓଠ ଧରି କହିଲା, "ସଂସାରରେ ତୁ କିମିତି ଚଳିବୁରେ ପୁଅ ?" ସେପରି ଗୋଟାଏ ଘଟଣାରେ ଯେକୌଣସି ଲୋକର ମୋ ପ୍ରତି ଦୟା ହେବା ସ୍ୱାଭାବିକ।

ଅନେକ ସମୟରେ ଦେଖାଯାଏ, ଯାହାର ଯେଉଁ ଗୁଣ ନଥିବା କଥା ତାହାର ତାହା ଥାଏ। ଅନ୍ଧାର ରାତିରେ ସମୁଦ୍ରକୁ ଚାହିଁଲେ ତାହାର ଲହରୀମାଳା ଭିତରୁ ଗୋଟିଏ ଆଲୁଅ ବାହାରେ। ବରଫ ଖଣ୍ଡିଏ ଧଇଲେ ହାତ ପୋଡ଼ିଗଲା ପରି ଲାଗେ। ସେହିପରି ମୋହର ମନ୍ଦଗୁଣ ସତ୍ତ୍ୱେ ମୁଁ ବେଳେ ବେଳେ ଖୁବ୍ ଚଞ୍ଚଳମତିର ପରିଚୟ ଦେଉଥିଲି। ଭୟ ଯେତିକି କରୁଥିଲି, ଜୀବନମୁର୍ଚ୍ଛି କାର୍ଯ୍ୟରେ ସେତିକି ଲାଗିଯାଉଥିଲି। ପ୍ରାଣରେ ଲୋଭ ଥିଲା ଭଳି ମୁଁ କେବେ କୌଣସି କାର୍ଯ୍ୟ କରିନାହିଁ। ଚଳନ୍ତା ଗାଡ଼ିରୁ ମୁଁ ଖୁବ୍ ଡେଉଁଥିଲି। ଥରେ କଟକରେ ଘୋଡ଼ାଗାଡ଼ିରୁ ଡେଇଁ ସପ୍ତାହେକାଳ ବିଛଣାରେ ପଡ଼ିରହିଲି। ସେଥିରେ ଚୈତନ୍ୟ ଆସିଲା ନାହିଁ। ଆଉ ଥରେ କଲିକତାରେ ଟ୍ରାମ୍ ଗାଡ଼ିରୁ ଡେଇଁ ଖୁବ୍ ଜଖମ ହୋଇଗଲି। ତାର ଚିହ୍ନ ଆଜିଯାଏ ଦେହରେ ଅଛି। ତଥାପି ମୋର ହୁଣ୍ଡାମି ଗଲାନାହିଁ। ପୁରୀରେ ଥରେ ରେଳଗାଡ଼ିରୁ ମଧ୍ୟ ଡେଇଁପଡ଼ିଥିଲି।

ଏପରି ବିଚାରହୀନ କାର୍ଯ୍ୟରେ ଅନେକ ସମୟରେ ପ୍ରାଣ ଚାଲିଯାଏ; କିନ୍ତୁ ମୋର କେବେ ଯାଇନାହିଁ। ତାହା ଦେଖି ମୋର ବେଳେ ବେଳେ ଭାଗ୍ୟରେ

ବିଶ୍ୱାସ ଜନ୍ମିଯାଏ। ଜ୍ୟୋତିଷୀଙ୍କ କଥା ଶୁଣିବା ମୋ ଇଚ୍ଛା ନୁହେଁ; କିନ୍ତୁ ଥରେ ଥରେ କୌଣସି ଜ୍ୟୋତିଷୀ ଆସି କହିବସିଲେ ମୁଁ ନଶୁଣିଲା ପରି ଭାବଭଙ୍ଗୀ ଦେଖାଇ କାନ ପାତି ଶୁଣେ। ମୁଁ ହାଇସ୍କୁଲ ଦ୍ୱିତୀୟ ଶ୍ରେଣୀରେ ପଢ଼ିବାବେଳେ ମୋର ଜାତକ ନିଆଁରେ ପୋଡ଼ିପକାଇଥିଲି। ତା'ପରେ କେହି କେହି ଆଉ ଥରେ ଜାତକ ତିଆରି କରିଦେବା ପ୍ରସ୍ତାବ ଉଠାଇଛନ୍ତି; କିନ୍ତୁ ମୁଁ ସେଥିରେ ଆଗ୍ରହ ଦେଖାଇ ନାହିଁ। ତଥାପି ମୁଁ ନିଜକୁ ଭାଗ୍ୟବାଦୀ ବୋଲି ମନେକରେ। କେତେଗୁଡ଼ିଏ ଘଟଣା ବୋଧହୁଏ ଏପରି ଧାରଣା ପଛରେ ରହିଛି। ମୁଁ ବି.ଏ. ପାସ୍ କରିବା ବର୍ଷ ପୁରୀ ସମୁଦ୍ରକୂଳ 'କଡ଼ାର ଆଶ୍ରମ'ରେ କେତେ ଦିନ ରହିଲି। ସେ ପିଲାର ନାମ ଆଉ ମୋର ମନେ ନାହିଁ – ରୋଜ ଆମେ ଦୁହେଁ ସମୁଦ୍ରକୂଳକୁ ଗାଧୋଇବାକୁ ଯାଉ। ମୋତେ ଯେଉଁ ଦିନ ପୁରୀ ଛାଡ଼ିଯିବାକୁ ହେଲା, ସେ କହିଲା, "ରହ, କାଲି ଯିବ; ମୁଁ ବି ତ କାଲି ଯାଉଛି। ଏକାଦିନକେ ଯିବା।" ମୁଁ ରହିଲି ଓ ପରଦିନ ସକାଳେ ପୁଣି ସମୁଦ୍ରକୁ ଗାଧୋଇବାକୁ ଗଲୁ। କୂଳପାଖେ ଖଣ୍ଡେ ଖାଲ ପାରହୋଇ ଗଲେ ଆର ପାଖେ ଅଳ୍ପ ପାଣି ଥିଲା ପରି ମନେହେଲା। ପହଁରି ଚାଲିଗଲୁ। ଆର ପାଖେ ଅଣ୍ଟେ ପାଣିରେ ଠିଆହେଲୁ; କିନ୍ତୁ ଚାହୁଁ ଚାହୁଁ ଗୋଡ଼ତଳୁ ବାଲି ଖସି ଚାଲିଗଲା। ସୁଅ କୂଳଆଡ଼କୁ ନ ଟାଣି ଭିତରକୁ ଟାଣିଲା। ଆମେ ସ୍ରୋତର ପ୍ରତିକୂଳରେ ପହଁରି ଆସିବାକୁ ଚେଷ୍ଟା କଲୁ। ଦୁଇ ଚାରି ଢୋକ କରି ପାଣି ମଧ୍ୟ ପିଇଲୁ। ସେତେବେଳେ "ଆଜି ଏ ଭବ-ବାରିଧିରେ ଦୁହେଁ ଏକ ସଙ୍ଗେ ଯିବାକୁ ଯୋଗ ଅଛି" କହି ଗୋଟିଏ ବଡ଼ ଲହରୀ ସହିତ ମୁଁ ନିଜକୁ ମିଶାଇଦେଲି। ଆଶ୍ଚର୍ଯ୍ୟର କଥା, ବାଲିରେ ଗୋଡ଼ ଲାଗିଗଲା। ଦେଖିଲି, ସେ ପିଲା ଉବେଇଟୁବେଇ ହେଉଛି। ପିନ୍ଧା ଲୁଗାଟା ଫିଟାଇ ଗୋଟାଏ ମୁଣ୍ଡ ତା ଆଡ଼କୁ ଫିଙ୍ଗିଦେଲି। ତା ହାତରେ ବଳ ନଥିଲା ; ଲୁଗାକାନିଟା ଦାନ୍ତରେ କାମୁଡ଼ି ଧରିଲା। ମୁଁ ତାକୁ ଘୋଷାରି ଆଣିଲି। ଦୁହେଁଯାକ କୂଳରେ ଦୁଇଟା ମୁର୍ଦାର ପରି ପଡ଼ିଗଲୁ।

ମୁଁ ଅନ୍ଧାରରେ ଯିବା ଆସିବା ଅଭ୍ୟାସ କରିଥିଲି। କଲିକତାରେ ପଢ଼ିବାବେଳେ ରୋଜ ରାତିରେ ପାଇଖାନାକୁ ଅନ୍ଧାରରେ ଯାଏ। ଦିନେ ମୁଁ ତରତର ହୋଇ ପାଇଖାନାକୁ ଯାଉଛି, ବାଉଦପୁରର ଗୋପାଳଚନ୍ଦ୍ର ଦେ ମୋତେ ତାଙ୍କ ଲଣ୍ଠନଟା ନେଇ ଯିବାକୁ କହିଲେ। ମୁଁ ଯେତିକି ନାହିଁ କଲି, ସେ ସେତିକି ଜିଦ୍ କଲେ। ଶେଷରେ ମୁଁ ଲଣ୍ଠନ ନେବାକୁ ବାଧ୍ୟ ହେଲି। ଲଣ୍ଠନଟା ନନେଇଥିଲେ ମୁଁ ପାଇଖାନା ଭିତରକୁ ଯାଇଥାନ୍ତି, କିନ୍ତୁ ନେବାରୁ ଯାଇପାରିଲି ନାହିଁ। ପାଇଖାନାର ଯେଉଁଠାରେ ଡାହାଣ ପାଦ ରଖି ବସିବା କଥା, ଠିକ୍ ତାହାରି ଉପରେ ଗୋଟିଏ ନାଗସାପ ଚେକା ବାନ୍ଧି ପଡ଼ିଥିଲା।

ତାକୁ ଦେଖିବାମାତ୍ରେ ଲଣ୍ଠନଟା ମୋ ହାତରୁ ଖସିପଡ଼ିଲା ଓ ମୁଁ ପଛକୁ ପଳାଇଆସି ଝାଲଗମ୍‌ଗମ୍ ହେଦରେ ବସି ପଡ଼ିଲି।

ସତ୍ୟବାଦୀ ସ୍କୁଲରେ ଶିକ୍ଷକତା କରୁଥିବାବେଳେ ମୋର ଥରେ ରକ୍ତ-ଆମାଶୟ ହେଲା; ଫଳରେ ନଖାଇ ନପିଇ ପଡ଼ିରହିଲି। ପ୍ରଥମ ଶ୍ରେଣୀର ଛାତ୍ର ଲୋକନାଥ ପଟ୍ଟନାୟକଙ୍କ ମନରେ ଦୟାହେଲା। ତାଙ୍କ ପିତା ପୁରୀର ଜଣେ କବିରାଜ। ପିତାଙ୍କ ତିଆରି ଔଷଦ ତାଙ୍କ ପାଖେ ଥିଲା। ସେ ମୋତେ ପାନେ ଖୁଆଇଦେଇ କହିଲେ, "ଦେଖନ୍ତୁ, ଏଥର ଝାଡ଼ାଟା ଠକ୍‌କିନି ରହିଯିବ।" କ୍ରମେ ମୋତେ ଚାରିଆଡ଼ ଅନ୍ଧାର ଦିଶିଆସିଲା। ମୁଁ ନାଡ଼ିରେ ହାତ ପକାଇ ଦେଖିଲି, ନାଡ଼ି ଲାଗୁନାହିଁ; କିନ୍ତୁ ମୁଁ ସେତିକିମାତ୍ର ଜାଣିଛି। ତା'ପରେ ପାଞ୍ଚମିନିଟ କାଳ ମୁଁ ଇହଲୋକରେ ନଥିଲି ବୋଲି ଶୁଣିଲି। ମୋ ଦେହତମାମ୍ ନେଳିଆ ପଡ଼ିଯାଇଥିଲା। ଦେହରେ ଜୀଅ ନଥିଲା। ହରିହରବାବୁ ଓ କେତେକ ପିଲା ଭୋ-ଭୋ କାନ୍ଦୁଥିଲେ। ପରେ ଶୁଣିଲି, ନୀଳକଣ୍ଠବାବୁ ଧୈର୍ଯ୍ୟ ଧରି କୁଆଡ଼େ ମୋ ଦାନ୍ତପାଟି ମେଲାକରି ପାନେ ହୋମିଓପାଥିକ ଆରସେନିକ୍ ଢାଳିଦେଲେ। ତା'ପରେ ସେ ନିଜେ କହିଲେ, "କି ରୋଗ କଣ ମୁଁ କିଛି ଜାଣେ? ଅନ୍ଧାର ଘରକୁ ଟେକା ମାଇଲି, ବାଜିଗଲା।" କଥା ହେଉଛି, କବିରାଜୀ ବଟିକାଟି ଅଫିମପକା ଔଷଧ।

ଅନେକ ଦିନ ଚାଲିଗଲା। ୧୯୨୭ ମସିହାରେ ବିହାର-ଓଡ଼ିଶା ବ୍ୟବସ୍ଥାସଭାରେ ମୁଁ 'ମଠ ମନ୍ଦିର ଆଇନ' ପେସ୍ କଲି। ସେତେବେଳେ ଅନେକ ଲୋକଙ୍କର ମୋ ଉପରେ ଖୁବ୍ କଡ଼ା ନଜର ପଡ଼ିଲା। ଚାରିଆଡ଼ୁ ଜନରବ ଶୁଣାଗଲା ଯେ, 'ମୋତେ ମାଡ଼ ହେବ।' ପୁରୀରେ ଥରେ ଜଣେ ପୁଲିସ କର୍ମଚାରୀ ମାଳତୀପାଟପୁର ଷ୍ଟେସନ ପାଖ କୌଣସି ଏକ ଜାଗାକୁ ଯିବାକୁ ମନାକଲେ। ପରେ ସେଠାକୁ ଯିବାଲାଗି ମୋଠାକୁ ନିମନ୍ତ୍ରଣ ଆସିଲା। ମୁଁ ଗଲିନାହିଁ। ତା'ପରେ କୁମାରପୂର୍ଣ୍ଣିମା ଦିନ ବ୍ରହ୍ମପୁର ଗଲି। ମୋର ଜଣେ ଓକିଲ ବନ୍ଧୁଙ୍କ ବାହାର ପିଣ୍ଡାରେ ଶୋଇଲି। ମୋ ଖଟିଆ ପାଖେ ତଳେ ତାଙ୍କର ବନ୍ଧୁବାନ୍ଧବ ଜଣେ କିଏ ଶୋଇଲେ। ଗାଢ଼ ନିଦରେ ଶୋଇଥିବାବେଳେ ମୋତେ ଜଣାଗଲା ଯେ, ସମଗ୍ର ଆକାଶଟା ଯେପରି ମୋ ଉପରେ ଭାଜିପଡୁଛି। ତଳେ ଶୋଇଥିବା ଲୋକ ଓ ଅନ୍ୟମାନେ ଉଠି ବସିଲେ। ସମସ୍ତେ ଗୋଟାଏ ପ୍ରକାଣ୍ଡ ଶବ୍ଦ ଶୁଣିଥିବା କଥା କହିଲେ। ମୁଁ ବରଡ଼ାପତ୍ର ପରି ଥରୁଥିଲି। ଆଲୁଅ ଆଣି ଖୋଜି ଦେଖାଗଲା, ଗୋଟାଏ ବନ୍ଧୁକଗୁଳି ଖଟିଆ ବାହାର ତଳପାଖେ ବାଜି କାନ୍ଥଭିତରେ ଯାଇ ପଶିଯାଇଛି।

ବାପ ଘରୁ ତଡ଼ିଦେବା ପରେ ବିଲାତରୁ ଗୋଟାଏ ଗୋରାଟୋକା ଭାରତକୁ

ଆସିବା ବାଟରେ ଆତ୍ମଗ୍ଲାନି ଅନୁଭବ କରି ବନ୍ଧୁକରେ ଲାଛି ହେବାକୁ ବସିଲା। ଲକ୍ଷ୍ୟ ଫିଟିଗଲା, ସେ ମଲା ନାହିଁ। ସେତେବେଳେ ସେ ମନକୁ ମନ କହିଲା, "ମୋର ମରିବା ବିଧାତାର ଇଚ୍ଛା ନୁହେଁ। ମୋ ଦ୍ୱାରା କିଛି ଗୋଟାଏ ବଡ଼ କାମ ହେବ।" ସେହି ପିଲା ଦିନେ ଇଂରେଜ ସାମ୍ରାଜ୍ୟର ଇତିହାସରେ 'ଲର୍ଡ କ୍ଲାଇବ୍' ନାମରେ ସୁପରିଚିତ ହେଲା। ଥରେ ମରୁ ମରୁ ବଞ୍ଚିଯାଇ ତାର ମନରେ ଏତେ ବଡ଼ ଆଶା ଜନ୍ମିଗଲା ଓ ସେ ଆଶା କାର୍ଯ୍ୟରେ ପରିଣତ ମଧ୍ୟ ହେଲା। ମୁଁ ଥରେ ଦି'ଥର ନୁହେଁ, ଚାରିଥର ଯମଦୁଆରୁ ଫେରିଆସିଲି, ଅଥଚ ମୋ ଦ୍ୱାରା ଗୋଟିଏ କାମ ତ କିଛି ହେଲା ନାହିଁ! ବଞ୍ଚିଥିବା ବେଳେ ଥରେ ମୋ ମନକୁ ସେ ଆଶା ମଧ୍ୟ ସ୍ପର୍ଶ କଲା ନାହିଁ।

ମୁଁ ଶୁଣିଛି, ଅତି ପିଲାଦିନେ ପ୍ରାୟ ଦୁଇବର୍ଷ ବୟସବେଳେ ଶୀତ ରାତିରେ ବୋଉ ମୋତେ କୋଳରେ ଧରି ଚୁଲିମୁଣ୍ଡେ ନିଆଁ ପୁଉଁଥିଲା। ସେ ଢୋଳାଇପଡ଼ି ପୁଣି ଚମକି ଚାହିଁଲାବେଳକୁ ମୁଁ କୁଆଡ଼େ ଚୁଲିଭିତରକୁ ଖସିପଡୁଥିଲି। ଏବେ ବେଳେ ବେଳେ ମୋର ମନେହୁଏ, ସେଦିନ ପ୍ରକୃତରେ ଖସିପଡ଼ିଥିଲେ ବୋଧହୁଏ ଭଲହୋଇଥାନ୍ତା। ଅନେକେ କହିଥାନ୍ତେ- 'ସୁନାମୁଣ୍ଡାଏ ନିଆଁରେ ପଡ଼ିଗଲା।' ଏବେ ଦିନେ ନା ଦିନେ ତ ନିଆଁରେ ପଡ଼ିବାକୁ ହେବ। ସେତେବେଳେ ମୁଁ ନିଜେ ପଡ଼ିବି ନାହିଁ, ଆଉ ଲୋକେ ମୋତେ ନେଇ ଅହ୍ୟାରେ ଗୋବରଘଷି ପକାଇଲା ପରି ହୁଏତ ଫିଙ୍ଗିଦେବେ।

ମନୁଷ୍ୟ ଜନ୍ମ ହେଉଛି, ମରୁଛି। ଜନ୍ମ-ମୃତ୍ୟୁ ସଂସାରରେ ଲାଗିରହିଛି। ଏ ଜଗତକୁ ତାଳୁରେ ତମ୍ବାପଟା ବାନ୍ଧି କେହି ଆସିନାହିଁ। ଗୁଡ଼ାଏ ବେଶି ଦିନ ବଞ୍ଚିଲେ ଯେ ଜୀବନର ମୂଲ୍ୟ ବଢ଼େ, ତା ନୁହେଁ। ଶଙ୍କରାଚାର୍ଯ୍ୟ ବତିଶ ବର୍ଷ ବୟସରେ ଦେହତ୍ୟାଗ କରିଥିଲେ। ତାହା ବାରଶ ବର୍ଷ ତଳର କଥା। ଏବେ ମଧ୍ୟ ଏହି ପୁରୁଷରେ ପଚାଶ ବର୍ଷ ପୂରୁନପୂରୁଣ ପଣ୍ଡିତ ଗୋପବନ୍ଧୁ ଆଖି ବୁଜିଦେଇ ଚାଲିଗଲେ। ତଥାପି ଆଜି ଓଡ଼ିଶା ଦେଶରେ ପ୍ରାଣେ ପ୍ରାଣେ ସେ ଜିଇରହିଛନ୍ତି। କର୍ମର ଗୁରୁତ୍ୱ ଜୀବନର ମୂଲ୍ୟ ବଢ଼ାଏ।

■

ଜୀବନର ଗତି

ମୋର ବି.ଏ. ପାସ୍ କରିବା ବେଳକୁ ବଙ୍ଗ, ବିହାର ଏବଂ ଓଡ଼ିଶା ସବୁ ବଙ୍ଗପ୍ରଦେଶ ଭିତରେ ଜଣେ ଛୋଟଲାଟଙ୍କ ଶାସନରେ ଥାଏ। ତାର ଦେଢ଼ବର୍ଷ ପରେ ବିହାର ଏବଂ ଓଡ଼ିଶା ବଙ୍ଗ ପ୍ରଦେଶରୁ ବିଚ୍ଛିନ୍ନ ହୋଇ ଗୋଟିଏ ସ୍ୱତନ୍ତ୍ର ପ୍ରଦେଶ ଗଠିତ ହେଲା। ଆଜିକାଲି ନୂଆ ପ୍ରଦେଶ ଗଢ଼ାହେବାର ପ୍ରସ୍ତାବ ହେଲେ କେତେ କାଳ ଲାଗୁଛି, କେତେ ବାଦାନୁବାଦ ଲାଗୁଛି, କେତେ କମିସନ୍ କମିଟି ବସୁଛି। ଆମ ଓଡ଼ିଶା ବିହାର ପ୍ରଦେଶରୁ ଆସି ଅଲଗା ପ୍ରଦେଶ ହେଲା ୧୯୩୬ ମସିହାରେ; ମାତ୍ର ଚାରିବର୍ଷ ତଳୁ ଅଲଗା ପ୍ରଦେଶ ଗଢ଼ିବା ବିଷୟରେ ଅନୁସନ୍ଧାନ ଚାଲିଥିଲା। କିନ୍ତୁ ବିହାର-ଓଡ଼ିଶା ବଙ୍ଗ ପ୍ରଦେଶରୁ ବିଚ୍ଛିନ୍ନ ହେବା ପୂର୍ବରୁ କେହି ତାହା ସ୍ୱପ୍ନରେ ସୁଦ୍ଧା ଭାବିନଥିଲେ। ୧୯୧୧ ମସିହାରେ ଦିଲ୍ଲୀ ସିଂହାସନରେ ଅଭିଷେକ ଉତ୍ସବରେ ସ୍ୱୟଂ ଇଂରେଜ ରାଜା, ଭାରତର ସମ୍ରାଟ୍ ତାହା ଘୋଷଣା କରିଦେଲେ। ଅବଶ୍ୟ ତାହା ପୂର୍ବରୁ ଅନେକ ଆଲୋଚନା ହୋଇଥିବ, ମାତ୍ର ସବୁ ଗୋପନରେ ହୋଇଥିଲା। ବିହାରର ନେତା ଆଲି ଇମାମ୍ ସେତେବେଳେ ବଡ଼ଲାଟଙ୍କ ମନ୍ତ୍ରଣାସଭାର ସଦସ୍ୟ ଥିଲେ। ତାଙ୍କର ପ୍ରସ୍ତାବରେ ସବୁ ଭିତରେ ଭିତରେ ବ୍ୟବସ୍ଥା ହୋଇଥିଲା।

ଉକ୍ତ ଘୋଷଣାରେ ବିହାର ଓ ଓଡ଼ିଶା ଉଭୟ ପ୍ରଦେଶରେ ଆନନ୍ଦର ଲହରୀ ଖେଳିଗଲା। ଉଭୟ ସ୍ଥାନର ଲୋକ ବଙ୍ଗରୁ ଅଲଗା ହେବାକୁ ଲୋଡୁଥିଲେ। ବିହାରର ପୁରାତନ ଇତିହାସ ଥିଲା। ତାହା ଐତିହାସିକ ମଗଧ ରାଜ୍ୟର ଉତ୍ତରାଧିକାରୀ। ଉତ୍କଳ ବା କଳିଙ୍ଗର ଅତୀତ ଇତିବୃତ୍ତ ଗୌରବମୟ। ଉଭୟ ପ୍ରାଚୀନ ରାଜ୍ୟ, ଭାରତର ସମୂହ ସଂସ୍କୃତିକୁ ଉଭୟର ଦାନ ମହତ୍। ବଙ୍ଗ ସେ ଦୁଇ ରାଜ୍ୟ ତୁଳନାରେ ନିତାନ୍ତ ନୂଆ ନ ହେଲେ ମଧ୍ୟ ବହୁପରିମାଣରେ ଐତିହାସିକ ସମ୍ପଦରୁ ବଞ୍ଚିତ। କିନ୍ତୁ ଇଂରେଜ ପ୍ରଥମେ ବଙ୍ଗରେ ଆସି ହାତଗୋଡ଼ ଲମ୍ବାଇ ବସିଲେ। ପାଶ୍ଚାତ୍ୟ ଶିକ୍ଷାର ପ୍ରଚାର

ପ୍ରାଚ୍ୟଖଣ୍ଡରେ ପ୍ରଥମେ ସେହିଠାରେ ହେଲା। ସରକାରୀ ଚାକିରିର ବିଭିନ୍ନ ପାହ୍ୟାରେ ରହିବାର ସୁବିଧା ଗୋରାଙ୍କ ତଳକୁ ବଙ୍ଗାଳୀମାନଙ୍କୁ ମିଳିଲା। ବିହାର ଏବଂ ଓଡ଼ିଶା ବଙ୍ଗ ପ୍ରଦେଶରେ ରହିଥିବାରୁ ସେହି ଉଭୟ ସ୍ଥାନରେ ସୁଦ୍ଧା ଗୋରାଙ୍କ ପ୍ରଭାବ ବଢ଼ିଲା। ପ୍ରଥମେ ପ୍ରଥମେ ବିହାରୀ ଏବଂ ଓଡ଼ିଆମାନେ ତାହା ନୀରବରେ ସହିଗଲେ, ମାତ୍ର ପରେ କ୍ରମଶଃ ପ୍ରତିବାଦ, କେତେବେଳେ ଗୋପନରେ, କେତେବେଳେ ପ୍ରକାଶ୍ୟରେ, ମୁଣ୍ଡଟେକି ଉଠିଲା। ସୁତରାଂ ବିହାର-ଓଡ଼ିଶା ପ୍ରଦେଶ ଗଠିତ ହେବାରେ ଉଭୟ ଅଞ୍ଚଳର ଲୋକେ ଅଳ୍ପାଧିକ ଆଶ୍ୱସ୍ତ ହେଲେ।

ଇଂରେଜ ଅମଳରେ ଆଉ ଯାହା ଘଟିଯାଉ, ଓଡ଼ିଆ ଜାତିର ବିଶେଷ କ୍ଷତି ଘଟିଛି। ସେଥିପାଇଁ ଏକ ପକ୍ଷରେ ଗୋରା କର୍ମଚାରୀ ଓ ଅନ୍ୟ ପ୍ରଦେଶର ବଡ଼ ବଡ଼ ଦେଶୀ ହାକିମମାନେ, କିଏ କେତେ ପରିମାଣରେ ଦାୟୀ, ତାହା ନିର୍ଣ୍ଣୟ କରିବାକୁ ଯିବା ନିରର୍ଥକ। ଇତିହାସପ୍ରସିଦ୍ଧ ଓଡ଼ିଆ ଜାତି ଖଣ୍ଡବିଖଣ୍ଡ ହୋଇ ପ୍ରଥମେ ତିନି ଓ ପରେ ଚାରିଗୋଟି ବିଭିନ୍ନ ପ୍ରଦେଶରେ ରହିଗଲେ। 'ରିଜ୍‌ଲି' ଓ 'ବଟଲର୍' ପ୍ରଭୃତି ଇଂରେଜ ସରକାରଙ୍କର ଗୋରା ରାଜପୁରୁଷମାନେ ଓ ସେ ସମୟର ବଡ଼ଲାଟ ମଧ୍ୟ ସେ କଥା ଉପଲବ୍‌ଧି କରି ତାର ପ୍ରତିକାର କରିବାକୁ ଚେଷ୍ଟିତ ହେଲେ; କିନ୍ତୁ ସଂପୃକ୍ତ ପ୍ରାଦେଶିକ ଦେଶୀୟ ବଡ଼ ବଡ଼ କର୍ମଚାରୀଙ୍କ ପ୍ରତିରୋଧ ଯୋଗେ ତାହା ହୋଇପାରିଲା ନାହିଁ। ନିଖିଳ ଭାରତ କଂଗ୍ରେସ ପକ୍ଷରୁ ସୁଦ୍ଧା ସେଥିରେ ବାଧା ଜନ୍ମିଲା।

କେତେକ ବର୍ଷ ପରେ ୧୯୧୨ ମସିହାରେ ବିହାର ଓ ଓଡ଼ିଶା ଯେ ଏକତ୍ର ବଙ୍ଗରୁ ବିଛିନ୍ନ ହୋଇଗଲା, ୧୯୧୦ ମସିହା ବେଳକୁ ଇଂରେଜ ସରକାରଙ୍କ କୂଟନୀତି ଯାହାସବୁ ଗର୍ଭାଧାନ କରିଥିଲା, ତାହାରି ପରିଣାମ ବୋଲି କୁହାଯାଇପାରେ। ୧୯୧୦ ମସିହା ପୃଥିବୀ ପକ୍ଷରେ ଏକ ମାରାତ୍ମକ ସମ୍ବତ୍ସର। ସେ ବର୍ଷ ଗୋଟାଏ ପ୍ରକାଣ୍ଡ ଧୂମକେତୁ ଆସି ଛ'ମାସ କାଳ ଆକାଶମାର୍ଗର ଏକ-ତୃତୀୟାଂଶ ମାଡ଼ି ଅବାଧ ବିହାର କରି ଚାଲିଗଲା। ଆକାଶରେ ଧୂମକେତୁ ବାହାରିଲେ ରାଜା ମହାରଜାମାନଙ୍କର ଆତଙ୍କ ପଡ଼େ, ରାଷ୍ଟ୍ର ବିପ୍ଲବ ଘଟେ ବୋଲି ଲୋକେ ବିଶ୍ୱାସ କରନ୍ତି। ମନୁଷ୍ୟ ଅନ୍ଧବିଶ୍ୱାସ ଓ କୁସଂସ୍କାର ଛାଡ଼ିବାକୁ ଯେତେ ଚେଷ୍ଟା କଲେ ସୁଦ୍ଧା ବିଧାତା ନିଜର ଗୋଟାଏ ଗୋଟାଏ କାର୍ଯ୍ୟରେ, ଶହେ ପଚାଶ ବର୍ଷରେ ଥରେ ମୂଳଭିତ୍ତି ଟାଣକରିଦିଏ, ସେ ବର୍ଷ କଲା ମଧ୍ୟ; ଇଂରେଜ ସାମ୍ରାଜ୍ୟର ସମ୍ରାଟ୍ ସପ୍ତମ ଏଡ୍‌ୱାର୍ଡ ଇହଧାମ ଛାଡ଼ି ଚାଲିଗଲେ।

ବି.ଏ. ପରୀକ୍ଷା ଦେଇସାରି ଓ ସେଥିରେ ଉତ୍ତୀର୍ଣ୍ଣ ହେବାପରେ ମୋତେ ତିନିମାସରୁ ଅଧିକ ସମୟ ଅବସର ମିଳିଲା। ଏତେବଡ଼ ଅବସରରେ ମୁଁ ରହିପାରିଲି

ନାହିଁ। ତାର ଅଧିକାଂଶ ସମୟ ମୁଁ ଶଶୀଦାଙ୍କ ସହିତ ପୁରୀରେ କଟାଇଲି। ଗୋପବନ୍ଧୁ ବାବୁ ସେତେବେଳକୁ ମୟୂରଭଞ୍ଜର ରାଜସରକାରୀ ଓକିଲ ହୋଇ ବାରିପଦା ଚାଲିଯାଇଥିଲେ। ସେ ବାରିପଦା ଯିବା ପୂର୍ବରୁ ମୁଁ ତାଙ୍କ ପାଖେ ଖୁବ୍ ପରିଚିତ ହୋଇସାରିଥିଲି, ତାଙ୍କ କଳ୍ପନା-ଜଳ୍ପନାରେ ଯୋଗଦେଇଥିଲି ଓ ତାଙ୍କର ଭାବୀ କର୍ମପନ୍ଥା ଅନୁସରଣ କରିବାକୁ ପ୍ରସ୍ତୁତ ହୋଇଯାଇଥିଲି। ବି.ଏ. ପରୀକ୍ଷାରେ ଆଶାନୁରୂପ ଫଳ ନ ହେବା ଯୋଗେ, ତା'ପରେ ମୁଁ ଯେ କଣ କରିବି ସ୍ଥିର କରିବା ମୋ ପକ୍ଷେ କଠିନ ହୋଇଉଠିଲା। ଏ ଆଶା ଅବଶ୍ୟ ମୋ ନିଜ ଆଶା ନୁହେଁ; କାରଣ ଅଶା କରିବା ଭଳି ପଢ଼ାପଢ଼ି ମୋର ହୋଇ ନଥିଲା। ମୋତେ ଯେଉଁମାନେ ଦେଖୁଥିଲେ ସେ ଆଶା ସେହିମାନଙ୍କର। ସେମାନେ ନିରାଶ ହୋଇଥିବେ, ମୁଁ ହେଲି ନାହିଁ। ପରୀକ୍ଷା ଫଳ ଜାଣିବା ଦିନ ମୁଁ ମୋ ନାଁ ଶେଷରେ ବି.ଏ. ଲେଖି ଚାରି ପାଞ୍ଚ ଖଣ୍ଡ କାଗଜ ନଷ୍ଟକରିଥିବି। ସେତେବେଳେ ବି.ଏ. ପାସ୍‌ରେ ଯେଉଁ ଆନନ୍ଦ ଥିଲା, ବର୍ତ୍ତମାନ ଏମ୍.ଏ. ପାସ୍‌ରେ ମଧ୍ୟ ତାହା ନାହିଁ। ସେତେବେଳେ ଓଡ଼ିଶାରୁ ବର୍ଷକେ ମୋଟେ ପାଞ୍ଚ ସାତ ଜଣ ବି.ଏ. ପାସ୍ କରୁଥିଲେ।

ପ୍ରତିବର୍ଷ ଛ'ଜଣ ବି.ଏ. ପାସ୍ କରିଥିବା ଛାତ୍ରଙ୍କୁ ସରକାର ମାସିକ ତିରିଶ ଟଙ୍କା ବୃତ୍ତି ଦେଇ କଲିକତାରେ ଓକିଲାତି ପଢ଼ାଇବାର ବ୍ୟବସ୍ଥା କରାଇଥିଲେ। ମୁଁ ସେଥିରୁ ଗୋଟିଏ ବୃତ୍ତି ପାଇଲି। ଓକିଲାତି ସଙ୍ଗେ ଏମ୍.ଏ. ପଢ଼ିବାର ମଧ୍ୟ ସୁବିଧା ଥିଲା। ସତ୍ୟବାଦୀରେ ଗୋଟିଏ ଶିକ୍ଷାନୁଷ୍ଠାନ ଗଢ଼ି ଜାତିର ଭବିଷ୍ୟତ ନିମନ୍ତେ ମୂଳଭିତ୍ତି ପକାଇବାର ଯୋଜନା ସେତେବେଳକୁ ହୋଇସାରିଥିଲା। ନୀଳକଣ୍ଠବାବୁ 'ଦର୍ଶନ' ପଢୁଥିଲେ; କୃପାସିନ୍ଧୁ 'ଇତିହାସ' ପଢ଼ିବେ ବୋଲି ସ୍ଥିରକରିସାରିଥିଲେ। ସୁତରାଂ ମୋର 'ଅର୍ଥନୀତି' ପଢ଼ିବା ସମୀଚୀନ ବିବେଚିତ ହେଲା। ମୁଁ ବି.ଏ.ରେ ଅର୍ଥନୀତି ନପଢ଼ି ଦର୍ଶନ ପଢ଼ିଥିଲି; କିନ୍ତୁ ଦର୍ଶନରେ ମୋର ଯେତେ ଜ୍ଞାନ ଜନ୍ମିଥିଲା, ତାହା ଏମ୍.ଏ.କୁ ଯେତେ କାମ ଦେଖାଇବ, ମୁଁ ଅଦୌ ପଢ଼ିନଥିବା ଅର୍ଥନୀତି ଜ୍ଞାନ ମଧ୍ୟ ସେତିକି ଦେଖେଇବ ବୋଲି ଧରିନିଆହେଲା। ସୁତରାଂ ମୁଁ ଯଥା ସମୟରେ କଲିକତା ଯାଇ ଏମ୍.ଏ. ଓ ଓକିଲାତି ଉଭୟ ପଢ଼ିବାକୁ ନାମ ଲେଖାଇଲି।

ମାସକୁ ମାସ ପାଞ୍ଚଟଙ୍କା ଘରକୁ ପଠାଇ, ତିରିଶ ଟଙ୍କାରେ ମୋର କୃତ୍ୟ ଚଳିବାର କଥା ନୁହେଁ। ସୁତରାଂ ଗୋପବନ୍ଧୁବାବୁ ମୋତେ ମାସିକେ ଦଶ ଟଙ୍କା ସାହାଯ୍ୟ ଦେବାକୁ କହିଲେ। ତାହା ତାଙ୍କଠାରୁ ମୋର ପ୍ରଥମ ଆର୍ଥିକ ସାହାଯ୍ୟ। କିନ୍ତୁ ସେ ତାହା ସାହାଯ୍ୟ ଭାବରେ ମୋତେ ଦେଉନଥିଲେ। ମୁଁ ଏମ୍.ଏ. ପଢ଼ି ନଥିଲେ ମୋର

ତିରିଶ ଟଙ୍କା ଛଡ଼ା ଆଉ ଅଧିକ ଲୋଡ଼ା ହୁଅନ୍ତା ନାହିଁ। ମୋର ଏମ୍.ଏ. ପଢ଼ିବାଟି ତାଙ୍କ କର୍ମଯୋଜନାର ଅଙ୍ଗ, ତହୁଁ ଘରକୁ ଟଙ୍କା ପଠାଇବା ମୋ ନିଜ ଦାୟିତ୍ୱ ହେଲେ ସୁଦ୍ଧା ତା ସେ ମୁଣ୍ଡାଇଥିଲେ।

ଘର କିପରି ଚଳିବ, ସେ ବିଷୟରେ ଗୋପବନ୍ଧୁବାବୁଙ୍କର ଗୋଟାଏ ନିର୍ଦ୍ଧାରିତ ନୀତି ଥିଲା। ସେତେବେଳକୁ ଧନୀ ଲୋକଙ୍କ ଘରେ ବିବାହ କରି ଶଶୁରଘର ସାହାଯ୍ୟରେ ଉପରକୁ ପଢ଼ିବା ପ୍ରଥା ଛାତ୍ରସମାଜରେ ବେଶ୍ ସ୍ଥାନ ପାଇଯାଇଥିଲା। ସେପରି ଛାତ୍ରମାନଙ୍କୁ ଗୋପବନ୍ଧୁବାବୁ 'ଭାର୍ଯ୍ୟ' ଏବଂ ସେମାନଙ୍କ ପତ୍ନୀକୁ 'ଭର୍ତ୍ତ' କହୁଥିଲେ। ଭାର୍ଯ୍ୟ ଓ ଭର୍ତ୍ତ ସମ୍ପର୍କ ଘେନି ସେ ଅନେକ ସମୟରେ ଆଲୋଚନା କରନ୍ତି ଓ ପ୍ରବନ୍ଧ ଲେଖନ୍ତି। ତାଙ୍କ କଳ୍ପିତ ଯୋଜନାରେ ଯୋଗ ଦେବା ସମ୍ପର୍କରେ କୌଣସି କୌଣସି ଯୁବକଙ୍କ ନାମ ପ୍ରସ୍ତାବିତ ହେଲେ ସେ କହନ୍ତି- ଏ ଭାର୍ଯ୍ୟ ଦିହାତି ହେବା କାମ ନୁହେଁଟି। ଭାଗବତ ପରା କହିଛନ୍ତି- "ଦୁର୍ଗମ ପଥ ଏ ଭଜନ, ଭୟେ ଭାଜନ୍ତି ଯୋଗୀଜନ।"

ତାଙ୍କ ନୀତି ଅନୁସାରେ ମୁଁ ଭର୍ତ୍ତା; ଅତଏବ ଭାର୍ଯ୍ୟାର ଭରଣପୋଷଣ ଭାର ମୋରି ମୁଣ୍ଡରେ ପଡ଼ିବା କଥା।

ମୁଁ ବାଣପୁରରୁ କଲିକତା ପଢ଼ିବା ପାଇଁ ଯେଉଁଦିନ ଗଲି, ସେଦିନ କେତେକ ବାଣପୁରବାସୀ ମୋତେ ବିଦାୟ ଦେବାକୁ ବାଲୁଗାଁ ରେଳ ଷ୍ଟେସନକୁ ଆସିଥିଲେ। ଓଡ଼ିଶାର କୌଣସି ସ୍ଥାନ ଛାଡ଼ି ଗଲାବେଳେ, ପରେ ମୋତେ ବିଦାୟ ଦେବାକୁ ତାଠାରୁ ବହୁତ ବେଶି ଓ ବିଶିଷ୍ଟ ଲୋକ ରୁଣ୍ଡ ହୋଇଛନ୍ତି; କିନ୍ତୁ ସେଦିନର ଆନନ୍ଦ ମୁଁ କେବେ ପାଇନାହିଁ। ବାଣପୁରର ପ୍ରାୟ ପଚାଶ ହଜାର ଲୋକଙ୍କ ଭିତରେ ମୁଁ ପ୍ରଥମେ ବି.ଏ. ପାସ୍ କରିଥିବା ଯୁବକ। ଏବେ ତା'ପରେ ଚାଳିଶ ବର୍ଷ ବିତିଯାଇଥିଲେ ସୁଦ୍ଧା ଏବଂ ବାଣପୁର ଥାନାର ଲୋକସଂଖ୍ୟା ବଢ଼ି ସତୁରି ହଜାରକୁ ବଢ଼ିବା ସତ୍ତ୍ୱେ ସେଠାରେ ମୋଟ ଗ୍ରାଜୁଏଟ୍ ସଂଖ୍ୟା ଆହୁରି ଦଶ ହୋଇନାହିଁ।

ସମାଜର ଆଧୁନିକ ପରିସ୍ଥିତିରେ ବାଣପୁର ଯେ କେତେ ଅନୁନ୍ନତ, ଏହି ଗୋଟିକ କଥାରୁ ଅନେକ ପରିମାଣରେ ବୁଝିହେବ। ତାହା ସେ ସମୟର ବଙ୍ଗ ପ୍ରଦେଶର ଗୋଟିଏ କଣରେ ରହିଥିଲା। ସୁତରାଂ ହାକିମହୁକୁମାମାନଙ୍କ ଦୃଷ୍ଟି ତା ଉପରେ ପଡୁନଥିଲା। ଲୋକେ କୌଣସି ପ୍ରକାରେ ମୁଠିଏ ଖାଇ, ଖଣ୍ଡିଏ ପିନ୍ଧି, ଜଙ୍ଗଲର ହିଂସ୍ରଜନ୍ତୁଙ୍କ ସଙ୍ଗେ ଲଢ଼ି ବଞ୍ଚିରହିଥିଲେ। ମୋ ବୁଢ଼ୀମା କହନ୍ତି, ହାଣ୍ଡିଶାଳରେ ଭାଲୁ ପଶି ହାଣ୍ଡିରୁ ଭାତ ଖାଇଯିବା ତାଙ୍କ ଦେହକେ ସେ ଦେଖିଛନ୍ତି। ମୋ ପିଲାଦିନକୁ ଭାଲୁ ଉପଦ୍ରବ କମିଯାଇଥିଲା; କିନ୍ତୁ କଲରାପତ୍ରିଆ ବାଘ ଆମ ଘରୁ ଛେଳି ନେଇଯିବାର

ନିଜେ ମୁଁ ଅଙ୍ଗେନିଭେଇଛି। ତାହା ରାତି କଥା; କିନ୍ତୁ ଦିବସରେ ସୁଦ୍ଧା, ପ୍ରାୟ ତିରିଶ ବର୍ଷ ପୂର୍ବେ ବାଣପୁର ମାଇନର ସ୍କୁଲ ପ୍ରଧାନଶିକ୍ଷକଙ୍କୁ, ତାଙ୍କ ବିଦ୍ୟାଳୟର ହତାରେ, ବାଘ ଆସି ଆକ୍ରମଣ କରିଗଲା। ବାଣପୁର ମାଳ ଅଞ୍ଚଳରେ ମହାବଳ ବାଘ ଉପଦ୍ରବ ବରାବର ହୁଏ ଏବଂ ଏହି ୧୯୪୯ ମସିହାରେ ମଧ୍ୟ ହୋଇଛି। ଏ ବର୍ଷ ପ୍ରାୟ ଚାର ଜଣ ଲୋକ ବାଘଖିଆରେ ମଲେ।

ବାଘଭାଲୁଙ୍କ ରାଜ୍ୟରୁ ଯାଇ ଏକାବେଳକେ କଲିକତା ପରି ବଡ଼ ସହରରେ ଖାପଖାଇବା ସହଜ କଥା ନୁହେଁ; କିନ୍ତୁ ମୁଁ ବିଶେଷ ଅସୁବିଧା ଭୋଗିନାହିଁ। ମୋ ପୂର୍ବରୁ ତିନି ଦଳ ଛାତ୍ର ସରକାରୀ ବୃତ୍ତିରେ ଓକିଲାତି ପଢ଼ିବାକୁ ଯାଇସାରିଥିଲେ। ସେମାନଙ୍କ ଯୋଗେ ନୂଆ ଯାଉଥିବା ଯୁବକଙ୍କ ବାଟ ଅଳ୍ପାଧିକ ସୁଗମ ହୋଇଥିଲା। ତା'ପରେ ପୁଣି ଶଶୀଦାଙ୍କ ସହିତ ପୂର୍ବର ସମ୍ପର୍କ ବଢ଼ାଇବାର ସୁଯୋଗ ମୋତେ ମିଳିଲା। ଦେଖିଲି, କଲିକତାରେ ତାଙ୍କ ଜଣାଶୁଣା ଲୋକଙ୍କ ସଂଖ୍ୟା ବହୁତ। ସେ ମୋତେ ନେଇ ବହୁତ ସ୍ଥାନରେ ଚିହ୍ନାଇଦେଲେ। ସେ ଯେଉଁଠାକୁ ଯାଆନ୍ତି, ପ୍ରଚୁର ଆଦର ଅଭ୍ୟର୍ଥନା ପାଆନ୍ତି। ମୁଁ ତାଙ୍କୁଅ ପାଖେ ପାଖେ ରହି ମୋ କନିଶିରା ପ୍ରାଣଟାକୁ ଖୁବ୍ ପାଣି ଯୋଗାଇଲି। ଖାଇବାକୁ ଯଥେଷ୍ଟ ମିଳିଲା, ବଡ଼ଠାରୁ ସାନ ପର୍ଯ୍ୟନ୍ତ ଅନେକ ଲୋକଙ୍କ ସହିତ ପରିଚୟ ହେଲା। ବ୍ରତ, ବିବାହ ପ୍ରଭୃତି ଘଟଣାରେ ନିମନ୍ତ୍ରଣ ମଧ୍ୟ ବେଶ୍ ମିଳିଲା।

ସେସବୁ ଭିତରେ ମୁଁ ଦେଖିଲି ଯେ, ଶଶୀଦାଙ୍କର ଦୁଇ ଶ୍ରେଣୀର ପରିଚିତ ଲୋକ ଅଛନ୍ତି। ସେ ଦୁଇଟିଭିତରୁ ଗୋଟିକର ସଂଖ୍ୟା ଅନେକ କମ୍; ତଥାପି ସେହି କମ୍ ଲୋକ ଦୁଇ ତିନି ଶହରୁ କମ୍ ନଥିଲେ। ମୁଁ ସେ ସମସ୍ତଙ୍କୁ କେବେହେଲେ ଏକତ୍ର ଦେଖିନାହିଁ। ସେମାନଙ୍କ ବସାଉଠା କରିବାର କେତେଗୁଡ଼ିଏ ଘର ଥିଲ। ମୁଁ ସେପରି ସାତ ଆଠଗୋଟି ଘରକୁ ବିଭିନ୍ନ ଘଟଣାରେ ଯାଇଛି। ସେ ଘରର ସଙ୍କେତ ଠାରରେ ପ୍ରକାଶ କରାଯାଉଥିଲା। ଉଦାହରଣ ସ୍ୱରୂପ, ରତନ ସରକାର ଗାର୍ଡନ୍ ଷ୍ଟ୍ରିଟ୍‌ରେ ମଣୀନ୍ଦ୍ରନାଥ ଶେଠ ରହୁଥିଲେ। ପରେ କଏଦିଖାନାରେ ତାଙ୍କର ମୃତ୍ୟୁ ହେଲା। ତାଙ୍କ ଘରଟି ଭାରି ପୁରୁଣାକାଳିଆ, ଭଙ୍ଗାଦଦରା। ତାର ଠାର ନାମ ଥିଲା 'ଗାର୍ଡନ୍‌ରିଚ୍'। ଗାର୍ଡନ୍‌ରିଚରୁ ରତନ ସରକାର ଗାର୍ଡନ୍ ଷ୍ଟ୍ରିଟ୍‌ର ଦୂରତା ପ୍ରାୟ ଆଠ ମାଇଲ। ବୈଠକଖାନା ରୋଡ୍‌ରେ ଥିଲା ସୁରେଶଚନ୍ଦ୍ର ବୋଷଙ୍କ ଘର। ତାକୁ 'ଖାଁ ସାହେବ' କୁହାଯାଉଥିଲା। ସେହିସବୁ ସ୍ଥାନରେ ବୈଠକ ହେବ ବୋଲି ମୌଖିକ ବିଜ୍ଞାପନ ପୂର୍ବରୁ ଦେଇଦିଆଯାଏ। ବୈଠକ ପ୍ରକୃତରେ କେଉଁଠାରେ ହେବ ପୁଲିସ ବୁଝିପାରନ୍ତି ନାହିଁ, କେବଳ ଭୁଆଁ ବୁଲନ୍ତି।

ମୁଁ କେତେ ଥର ନିମନ୍ତ୍ରଣ ପାଇ ଓ କେତେ ଥର ବିନାନିମନ୍ତ୍ରଣରେ ଶଶୀଦାଙ୍କ ସଙ୍ଗେ ଯାଇ ସେସବୁ ବୈଠକରେ ଯୋଗଦେଇଛି। ତା ପୂର୍ବରୁ ମୁଁ ଜାଣିଥିଲି ଯେ, ରାଜଦ୍ରୋହ ଆନ୍ଦୋଳନ ହେଉଛି, ବିଦେଶୀ ଇଂରେଜ ସରକାରକୁ ବକ୍ତୃତାରେ କଡ଼ା ଭାଷାରେ ଗାଳି ଦେବା କିମ୍ବା ଦେଶରେ ଜାଗରଣ ଆଣିଦେବା ନିମନ୍ତେ ଶିକ୍ଷା ଅନୁଷ୍ଠାନ ସାହାଯ୍ୟରେ ଉପଯୁକ୍ତ ଲୋକସେବକ ଦଳ ଗଢ଼ିବା ଓ ପ୍ରଚାରକାର୍ଯ୍ୟ ଚଳାଇବା। କିନ୍ତୁ ସେଠାରେ ମୁଁ ଏକ ତୃତୀୟ ପନ୍ଥା ଦେଖିଲି। ମଣୀନ୍ଦ୍ର ନାଥ ଶେଠ ଓ ସୁରେଶଚନ୍ଦ୍ର ବୋଷ ପ୍ରଭୃତି କିଏ କଲେଜର ଅଧ୍ୟାପକ, କିଏ ବା ବିଦ୍ୟାଳୟ ଶିକ୍ଷକ। ସେମାନେ ପିଲାଙ୍କୁ ଗଢୁଥିଲେ ନିଜ ଜୀବନ ମୂର୍ଚ୍ଛିଦେଇ ଦେଶରୁ ବିଦେଶୀ ସରକାରଙ୍କ ଗୋରା କର୍ମଚାରୀମାନଙ୍କୁ ମାରି ନିପାତ କରିବାକୁ। ସେମାନଙ୍କ ହାତରେ ଚୋରା ପିସ୍ତଲ ବନ୍ଧୁକ ଥିଲା। ସେମାନେ ହାତବୋମା ତିଆରି କରି ଜାଣୁଥିଲେ। ମୁଁ ସେ ହାତବୋମା, ପିସ୍ତଲ ଓ ବନ୍ଧୁକ ଦେଖିଲି; କିନ୍ତୁ ବୋମା ତିଆରି କରିବା ଢଙ୍ଗ ମୋତେ ସେମାନେ ଦେଖାଇଲେ ନାହିଁ, ବିଶେଷରେ ଯେତେବେଳେ ଜାଣିଲେ ଯେ ମୁଁ 'ରସାୟନ' ପଢ଼ିଛି।

ମୋର ସେସବୁ ବନ୍ଧୁଙ୍କ ମଧ୍ୟରୁ ବର୍ତ୍ତମାନ ଅତି ଅଳ୍ପ ଲୋକ ଅଛନ୍ତି। ଅଛନ୍ତି ପ୍ରାୟ ସେହିମାନେ, ଯେଉଁମାନେ କି ଉତ୍ତର ଜୀବନକୁ ସେ ସମ୍ପର୍କ ଛାଡ଼ିଦେଇ ରୋଜଗାରପତ୍ର କରି ରହିଲେ। ବାକି କେତେଜଣ ବର୍ତ୍ତମାନ କଂଗ୍ରେସ ଅନୁଷ୍ଠାନରେ ରହି ମହାତ୍ମା ଗାନ୍ଧିଙ୍କ ପ୍ରବର୍ତ୍ତିତ 'ଅହିଂସା' ପାଳନ କରୁଛନ୍ତି। ବାକି ଅନେକ ଲୋକଙ୍କର ଅକାଳ ବିୟୋଗ ଘଟିଥିଲା, କେତେକ ଫାଶୀ ପାଇଲେ, କେତେକ କାରାବାସର ଯନ୍ତ୍ରଣା ସହିନପାରି ରୋଗରେ ମରିଗଲେ। କିନ୍ତୁ ସେମାନଙ୍କ ମୃତ୍ୟୁ ସଙ୍ଗେ ଯେ କାର୍ଯ୍ୟ ବନ୍ଦହୋଇଗଲା ତା ନୁହେଁ, ତାଙ୍କ ଦଳ ବଢ଼ିଲା। ଜଣେ ମରିଯିବା ପରେ ଦୁଇ ତିନି ଜଣ ନୂଆ ବାହାରିଲେ। ଲାଟମାନଙ୍କ ଉପରେ ଗୁଳି ହେଲା, ବଡ଼ଲାଟଙ୍କ ଖାସ ରେଳଗାଡ଼ି ଯିବା ରାସ୍ତା ତଳେ ଡିନାମାଇଟ୍ ଖଞ୍ଜାହେଲା। ଗୋରା ରାଜପୁରୁଷ ଓ କର୍ମଚାରୀମାନେ ପ୍ରାଣରେ ଆତଙ୍କ ଗଣିଲେ।

ଏସବୁ ଯେତେ ବଢ଼ିଲା, ସନ୍ତ୍ରାସବାଦୀମାନଙ୍କ ଉପରେ ସେତିକି ଅତ୍ୟାଚାରର ମାତ୍ରା ବଢ଼ିବାକୁ ଲାଗିଲା। ଥରେ ପ୍ରାୟ ଦେଢ଼ଶହ ଲୋକଙ୍କୁ ନେଇ ଏକ କଏଦିଖାନାରେ ପୂରାଇ ଦିଆଗଲା। ସେମାନଙ୍କଠାରୁ ଭିତିରି କଥା ବାହାର କରିବା ନିମନ୍ତେ ତାଙ୍କୁ ନାନାପ୍ରକାର ଯନ୍ତ୍ରଣା ଦେବାର ଉପାୟ ଅବଲମ୍ବନ କରାହେଲା। ପ୍ରଥମେ ସପ୍ତାହେ ସେମାନଙ୍କୁ ଅନ୍ନ ଜଳ କିଛି ନଦେଇ ଉପବାସରେ ରଖାହେଲା। ବାହାର ବାରଣ୍ଡାରେ ଝରକା ପାଖେ ରସଗୋଲା, ସନ୍ଦେଶ, କଦଳୀ, ଆମ୍ବ ଆଦି ଭଲ ଭଲ ଖାଇବା ଜିନିଷ

ଲୋଭନୀୟ ଢଙ୍ଗରେ ସଜାଇ ରଖାଯାଇଥାଏ। କ୍ଷୁଧାରେ କାତର ହୋଇ କେହି ହାତ ପତାଇ କିଛି ମାଗିଲେ ପ୍ରହରୀ ପଚାରନ୍ତି, "ଏଥର କହିବ ?" ଏ ପ୍ରଶ୍ନମାତ୍ରେ ଭିତରୁ ବାହାରକୁ ବାହାରିଥିବା ହାତ ଫେରିଯାଏ। ଦ୍ୱିତୀୟ ସପ୍ତାହକୁ ଆରମ୍ଭ ହେଲା ସମସ୍ତଙ୍କୁ ଅନିଦ୍ରା ରଖିବା। ଦିନରାତି କେତେବେଳେ ହେଲେ, କାହାରିକୁ ହେଲେ ମୁହୂର୍ତ୍ତେ ସୁଦ୍ଧା ଢୋଳାଇପଡ଼ିବାକୁ ସୁବିଧା ଦିଆଗଲା ନାହିଁ। କେହି କ୍ଳାନ୍ତ-ଶ୍ରାନ୍ତ ହୋଇ କାନ୍ଥକୁ ଟିକିଏ ଆଉଜିପଡ଼ିଲେ ବା ତଳେ ବସିଗଲେ ପ୍ରହରୀମାନେ ଝରକାବାଟେ ବର୍ଚ୍ଛାମୁନରେ ବିନ୍ଧିଦେଇଯାନ୍ତି। ବନ୍ଦୀମାନଙ୍କୁ ଦିନରାତି ଖାଲି ଖାଡ଼ା ଖାଡ଼ା ଠିଆହୋଇ ରହିବାକୁ ପଡ଼େ। କେହି ଟିକିଏ କାନ୍ଥରେ ଭରା ଦେବାକୁ ଅନୁମତି ଚାହିଁଲେ ପ୍ରଶ୍ନ ହୁଏ, "ଯାହା ପଚାରିବି କହିବ ତ ?" ସଙ୍ଗେ ସଙ୍ଗେ ଅନୁମତି ମାଗିବା ପ୍ରତ୍ୟାହୃତ ହୋଇଯାଏ।

ସେହି ବନ୍ଦୀମାନଙ୍କୁ ବର୍ଷାଧିକ କାଳ ସେହି ଅବସ୍ଥାରେ ରଖାଗଲା। ସେମାନଙ୍କ ମଧ୍ୟରେ ମୋର ଜଣାଶୁଣା ଲୋକ ଅନେକ ଥିଲେ। ମଣୀନ୍ଦ୍ର ନାଥ ଶେଠ ସେହି କାରାଗାରରୁ ବାହାରି ପ୍ରଥମେ ପାଗଳ ହେଲେ ଓ ତା'ପରେ ମୃତ୍ୟୁମୁଖରେ ପଡ଼ିଲେ। ଶଶୀଦା ମଧ୍ୟ ତାଙ୍କ ସହିତ ସେହି କାରାଗୃହରେ ରହିଥିଲେ; କିନ୍ତୁ ସେ ବଞ୍ଚିଗଲେ। ସେଠାର କରୁଣ କାହାଣୀସବୁ ତାଙ୍କରି ମୁହଁରୁ ମୁଁ ଶୁଣିଛି। ଥରେ ଥରେ ସେ ନିଜର ସେ ଅନୁଭୂତି ଅଭିନୟ କରି ଦେଖାନ୍ତି। ମୋର ଚକ୍ରଧରପୁର ଅବସ୍ଥାନ ବେଳେ ସେ ସସ୍ତ୍ରୀକ ଯାଇ ମୋ ବସାରେ ପ୍ରାୟ ଆଠମାସ ରହିଲେ। ତାହା ତାଙ୍କ କର୍ମମୟ ଜୀବନର ପ୍ରଦୋଷ ସମୟ। ସେତେବେଳକୁ ଅସହଯୋଗ ଆନ୍ଦୋଳନର ପ୍ରାରମ୍ଭ କ୍ରିୟା, କୁଟାନିଆଁ ପରି ହଠାତ୍ ଜଳିଉଠି ଟିକିଏ ଶାନ୍ତପଡ଼ିଆସୁଥାଏ। ସିଂହଭୂମି ଜିଲାଯାକର ଭାର ସେତେବେଳେ ମୋରି ମୁଣ୍ଡରେ। ଲୋକେ ଦବିଆସୁଥାନ୍ତି। ମହାତ୍ମା ଗାନ୍ଧିଙ୍କ ଗିରଫ ହେବା ଜନରବ ପ୍ରତିଦିନ ଚାରିଆଡ଼େ ବ୍ୟାପିଯାଉଥାଏ। ଲୋକସାଧାରଣ ଓ ବିଶେଷରେ କର୍ମୀମାନଙ୍କ ଉତ୍ସାହ ଟେକି ରଖିବା ନିମନ୍ତେ ମୋତେ ବରବର ଏଣେତେଣେ ଯିବାକୁ ପଡ଼େ। ସୁତରାଂ ଶଶୀଦାଙ୍କ ସେବା-ଶୁଶ୍ରୂଷା ଯେତେ ହେବା ଉଚିତ, ମୁଁ ତାହା କରିପାରେନାହିଁ।

ଶଶୀଦାଙ୍କର ମୋ ସଙ୍ଗେ ଗଳ୍ପ କରିବାର ସମୟ ହେଉଛି, ମୁଁ ବସି ତାଙ୍କ ପାଦରେ ତେଲ ମାଲିସ କରିବାତକ। ସେତେବେଳେ ମୋ ସଙ୍ଗେ ଜଣେ ଯୁବକ ରହୁଥାନ୍ତି। ସେହି ଯୁବକଙ୍କର ଅକ୍ଳାନ୍ତ ଖଟିବା ଓ ମୋ ପ୍ରତି ଅନୁରକ୍ତି ଦେଖି ଶଶୀଦା ମୋତେ ବରାବର କହନ୍ତି ଯେ ସେ ଜଣେ ଗୁଇନ୍ଦା, ଯାହାକୁ କି ସରକାର ମୋ ପିଛା ଲଗାଇଛନ୍ତି। ମୁଁ ନାନା ଯୁକ୍ତି ଦେଖାଇ ତାଙ୍କ କଥାକୁ କାଟିବାକୁ ବସେ। ଏ ସମ୍ପର୍କରେ ସେ ଏକ ଅନୁଭୂତି କହିଲେ; ସେ ଅନୁଭୂତି ତାଙ୍କର ସେହି ବିଚିତ୍ର କରାବାସ ସମୟର।

ସେ ଓ ତାଙ୍କର ସହକର୍ମୀମାନେ କାରାଗାରରେ ଥିବାବେଳେ ତାଙ୍କ ସହିତ ଏପରି ଜଣେ ଲୋକ ଥିଲେ, ଯେ କି ସମସ୍ତଙ୍କ ଅପେକ୍ଷା ନିଜେ ବେଶି ଦୁଃଖ-ଯନ୍ତ୍ରଣା ବରଣ କରନ୍ତି। ପ୍ରହରୀମାନଙ୍କୁ ବେଶି ଗାଳିଦିଅନ୍ତି, କର୍ତ୍ତବ୍ୟନିଷ୍ଠା ବେଶି ଦେଖାନ୍ତି। ତେଣେ ତାଙ୍କ ଗ୍ରାମରେ ଘର ଭାଜିପଡୁଥାଏ, ତାଙ୍କ ପିଲା-ମାଇପେ ଖାଇବାକୁ ପାଆନ୍ତି ନାହିଁ, ତାଙ୍କ ବିଷୟରେ ଦୁଇ ଚାରିଟା ମାଲିମକଦ୍ଦମା ଲାଗିଥାଏ। ପରେ ଦେଖାଗଲା ଯେ, ସେ କାରାଗାରରେ ଥିବା ସମୟରେ ତାଙ୍କର ମାସିକ ବେତନ ବାରଶହ ଟଙ୍କା ଜମା ହୋଇ ରହିଥିଲା। ତାଙ୍କ ନାମ ଜିତେନ୍ଦ୍ରବାବୁ। ଏ ବିଚିତ୍ର ବସୁଧାରେ ଶଶୀଦା ଓ ମଣୀନ୍ଦ୍ର ଯେପରି ଥିଲେ, ଜିତେନ୍ଦ୍ର ମଧ୍ୟ ସେପରି ରହିଥିଲେ।

ଏସବୁ ତ ପରର ଘଟଣା। ମୋର କଲିକତାରେ ପଢ଼ିବା ସମୟରେ ଥରେ କଥା ପଡ଼ିଲା ଯେ ମୁଁ ଭିତିରି ସଂଘରେ ଯୋଗଦେବାଲାଗି ନିଜକୁ ତିଆରି କରିବି କି ନାହିଁ। ଶଶୀଦା 'ନାହିଁ' ସପକ୍ଷରେ ମତ ଦେଲେ। ତେଣିକି ମୁଁ ବେଳେବେଳେ 'ଗାର୍ଡନ୍‌ରିଚ୍' ଓ 'ଖାଁ ସାହେବ'ଙ୍କ ଘରେ ହେଉଥିବା ବୈଠକକୁ ଅବଶ୍ୟ ଯାଇଛି; କିନ୍ତୁ ମୋ ଯିବାଟାକୁ ଅନେକେ ନାପସନ୍ଦ କରନ୍ତି। ନୈଶବିଦ୍ୟାଳୟରେ ପଢ଼ାଇବା, ପଠନାଳୟ ପାଇଁ ଚାନ୍ଦା ସଂଗ୍ରହ କରିବା, ସାଧାରଣ ସମ୍ବାଦ ପହଞ୍ଚାଇଦେବା ପ୍ରଭୃତି କାର୍ଯ୍ୟରେ ମୋତେ କ୍ରମେ ଲଗାଗଲା। ମଣୀନ୍ଦ୍ରନାଥ ଶେଠଙ୍କ ସହିତ ମୋର ଭଲ ମନମିଳୁଥିଲା। ସେ ବେଳେବେଳେ ଦୁଃଖ କରି କହନ୍ତି, "ଭାଇ, ତୁମକୁ ପାଇବା ତ ଆମ ଭାଗ୍ୟରେ ନାହିଁ। ତୁମ ଜୀବନର ଗତି ଭିନ୍ନ ଦିଗରେ ହେବ। ହଁ, ଶଶୀଦା ଠିକ୍ କହିଛନ୍ତି, ତୁମେ ନିଜ ମାର୍ଗରେ ତୁମ ଜନ୍ମଭୂମି ଓଡ଼ିଶାର ସେବା କର।" କେବଳ ମୁଁ ଯେ ଅଲଗା ହୋଇଗଲି ତା ନୁହେଁ; ଜ୍ଞାନେନ୍ଦ୍ରନାଥ ଘୋଷ ଜଣେ ମୋରି ପରି ଯୁବକ, ସେ ମଧ୍ୟ ମୋରି ପରି ଉପରେ ଉପରେ ରହିଥିଲେ। ପରେ ସେ ବିଲାତ ଗଲେ ଓ ସେଠାରେ ଗୋରା କନ୍ୟା ବିଭାହୋଇ ସସ୍ତ୍ରୀକ ସେହି ଦେଶରେ ରହିଗଲେ।

ଆଜି ପଚାଶ ବର୍ଷ ପରେ ସବୁ କଥା ଆଉ ସ୍ମରଣ ନାହିଁ; ବହୁ ମଧୁର ସ୍ମୃତି କାଳଗର୍ଭରେ ଲୀନ ହୋଇଯାଇଛି। ଦେଶ ସ୍ୱାଧୀନତା ଆଡ଼କୁ ବହୁତ ଗତିକରିଛି; କିନ୍ତୁ ସେକାଳର କେତେଜଣ ବନ୍ଧୁଙ୍କ ଚିତ୍ର ମୋ ଆଖିରୁ ଆଦୌ ଲିଭିନାହିଁ। ସେହିମାନଙ୍କ ଚିତାଭସ୍ମ ଉପରେ ଆଜି ଦେଶର ସ୍ୱାଧୀନତା ଭିତ୍ତି ଗଢ଼ାଯାଇଛି। ସେମାନଙ୍କ ସଂଗଠନ ବିଚକ୍ଷଣ। ଦଳେ ତ ମୁଣ୍ଡ ପାଣିଛଡ଼ାଇ ଫାଶୀଖମ୍ବରେ ବେକ ଲମ୍ବା କାର୍ଯ୍ୟ କରୁଥିଲେ। ସେହିମାନଙ୍କ ମଧ୍ୟରୁ ପୁଣି ଆଉ ଦଳେ ସରକାରୀ ଚାକିରିରେ ଭିନ୍ନ ଭିନ୍ନ ବିଭାଗରେ ପଶୁଥିଲେ। ତାଙ୍କରି ଭିତରୁ ପୁଲିସ ଦାରୋଗା, ଡେପୁଟି ମାଜିଷ୍ଟ୍ରେଟ୍ ଓ ଜଜ୍ ହେଉଥିଲେ। ବିଦେଶୀଙ୍କୁ ମାରି ହଟାଇଲା ପରେ ଦେଶର ଶାସନଭାର ମୁଣ୍ଡାଇ କିପରି କାର୍ଯ୍ୟ

ଡୁଲାଇବାକୁ ହେବ, ତାର ପରିକଳ୍ପନା ସେମାନେ ଯଥାର୍ଥରେ କରିଥିଲା ପରି ବୋଧହୁଏ। ବର୍ତ୍ତମାନ ଦେଶ ଅବଶ୍ୟ ବହୁ ପରିମାଣରେ ସ୍ୱାଧୀନ ହୋଇଛି। କିନ୍ତୁ ବିଦେଶୀ ଅମଳରେ ଯେଉଁ କର୍ମଚାରୀମାନେ ସରକାରଙ୍କ ପାଖେ ବଲ୍ଲଭୀ ହୋଇଥିଲେ, ଏବେ ସେହିମାନଙ୍କ ମଧ୍ୟରୁ ଅଧିକାଂଶ ସେହିପରି ବା ତା'ଠାରୁ ଅଧିକ ବଲ୍ଲଭୀ ହୋଇ ରହିଛନ୍ତି। ସେମାନେ ଷୋଳଅଣା ସ୍ୱଦେଶର ସେବା କରୁଅଛନ୍ତି, ନା ପାଣ୍ଡବଙ୍କର ଖାଇ ଆଉ କିଛି ନ ହେଲେ ମଧ୍ୟ ବହୁକାଳର ଅଭ୍ୟାସ ଯୋଗେ କୁରୁକୁଳର ଚିନ୍ତାରେ ଅଛନ୍ତି, ବୁଝିବା କଠିନ।

■

'୯ ନମ୍ବର ଘର'

ଓଡ଼ିଶାର ଗତ ତିରିଶ ବର୍ଷର ଇତିହାସରେ କଲିକତା ସହରର କୌଣସି ଅପନ୍ତରା ଗଳି ଭିତରେ ଥିବା ସାମାନ୍ୟ ଗୋଟିଏ ଛୋଟିଆ ଘରର ପ୍ରଭାବ କମ୍ ନୁହେଁ। ଘରଟି ଦୋମହଲା ହେଲେ ସୁଦ୍ଧା ନିତାନ୍ତ ବେଢ଼ଙ୍ଗିଆ ପୁରୁଣାକାଳିଆ। ତାର କୋଠରିଗୁଡ଼ିକ ଖୁବ୍ ଛୋଟ ଓ ବାୟୁ-ସଞ୍ଚାଳନର ଅନୁକୂଳ ନୁହେଁ। ରୋଷାଇଘର ଧୂଆଁ ସେସବୁରେ ଯେତେ ଶୀଘ୍ର ପ୍ରବେଶ କରେ, ତେତେ ଶୀଘ୍ର ବାହାରିପାରେନାହିଁ। ଏବେ ସେ ଘରେ ବିଜୁଳି ତାର ଲାଗିଲାଣି; ସେତେବେଳକୁ ଲାଗିନଥିଲା। ସେ ଘରେ ପନ୍ଦର ଜଣ ପର୍ଯ୍ୟନ୍ତ ଯୁବକଙ୍କୁ ଯୌବନର ଉଦ୍ଦାମ ବୟସରୁ ତିନିବର୍ଷ କଟାଇବାକୁ ହେଇଥିଲା।

ଘରର ବାହାର ଅଗଣାରେ ଗୋଟିଏ ଛୋଟିଆ ବଗିଚା ଥିଲା। ତାକୁ ଦେଖିଲେ ମନେହେଉଥିଲା ଯେ, ତାର ସମସ୍ତ ଛୋଟ ବଡ଼ ଫୁଲଗଛ ମିଶି, ଗୋଟିଏ ଗଛକୁ ନିଜର ଦୁର୍ଭିକ୍ଷପୀଡ଼ିତ ପ୍ରତିଭୂରୂପେ ବାଛି ଠିଆକରି, ନିଜେ ପ୍ରଚ୍ଛଦଭୂମିରେ ଅଦୃଶ୍ୟ ହୋଇଯାଇଥିଲେ। ଉତ୍ତରବସନ୍ତରେ ସେ ଗଛରେ ଫୁଲ ଫୁଟିଲେ ତାହା ତୋଳାହୋଇ, ଯୁବକ କଳ୍ପନାର ମାଳରେ ଲାଗିବା ପରିବର୍ତ୍ତେ, ଚୈତ୍ର ମାସର ନିମ ଚକୁଳି ଯୋଗାଇବାକୁ ରନ୍ଧନଶାଳାକୁ ଚାଲିଯାଏ; କିନ୍ତୁ ତାର ମଧ୍ୟ ପ୍ରକୃତିଦତ୍ତ ତିକ୍ତ ଜୀବନ ମଧୁମୟ ହୋଇଛି। ଚିନ୍ତାମଣିଙ୍କ 'ପ୍ରିୟାଶ୍ଳେଷ' ଅଭ୍ୟସ୍ତ ଫଟୋଗ୍ରାଫ୍ କ୍ୟାମେରା ତାକୁ ବହୁବାର ଆଲିଙ୍ଗନ କରିଛି। ପଦ୍ମଚରଣଙ୍କ 'ପଦ୍ମପାଖୁଡ଼ା'ର ଉତ୍ପତ୍ତି ବୋଧହୁଏ ତାରି ପିତା ଫୁଲରୁ। ନୀଳକଣ୍ଠଙ୍କ 'ପ୍ରଣୟିନୀ' ତାରି ଗର୍ଭରୁ ପ୍ରସୂତ କି ନା ସେ ନିଜେ କହିପାରିବେ। ମୋର ମନେହୁଏ, ମୋ 'କଳିକା' ଓ 'କିଶଳୟ' ସେହି ତରୁବରର ଝଡ଼ା ଶୁଖିଲା ସମ୍ପଦରୁ ସଂଗୃହୀତ ହୋଇଥିବ।

କଲିକତାର ତଳମହଲା କୋଠରିଗୁଡ଼ିକ ବାସୋପଯୋଗୀ ନୁହେଁ; କିନ୍ତୁ ସେ ଘରର ତଳ ମହଲାରେ ରହିବା ପାଇଁ ଅନେକ ଆବୁଡ଼ାପଡୁଥିଲେ। ଡାକବାଲା ଚିଠି

ଆଣି ଯେଉଁ ବାକ୍ସରେ ପକାଇଦେଇ ଯାଉଥିଲା, ତାହା ତଳ ମହଲାରେ ଥାଏ। ସେ ବାକ୍‌ସରେ ସପ୍ତାହରେ ଦୁଇଚାରି ଖଣ୍ଡ ଚିଠି ପଡ଼େ, ଯହିଁରେ କି ଉଲାଖ ଗୋଲ ଗୋଲ ସୁନ୍ଦରିଆ ଓଡ଼ିଆ ଅକ୍ଷରରେ ଚିତ୍ର ଆଙ୍କିଲା ପରି ଲେଖାଯାଇଥାଏ। ସେଗୁଡ଼ିକ କେତେଜଣଙ୍କ ଜୀବନର ଦୁର୍ଲ୍ଲଭ ସମ୍ପଦ, ସତେ ଯେପରି ପ୍ରିୟତମ ବନ୍ଧୁଙ୍କ ପ୍ରତୀକ। ତାକୁ ପାଇବାମାତ୍ରେ ସେମାନେ ଅଧରରେ ତାର ଅମୃତପାନରେ ଲାଗିଯାନ୍ତି, ଛାତିରେ ଜାକିଧରନ୍ତି ଓ ଦୁଆର କିଳି ବସି ଏକାନ୍ତରେ ଫିଟାଇ ଦେଖନ୍ତି। ସେଥିପାଇଁ ଆଜିକାଲିର କଣ୍ଟ୍ରୋଲ୍ ଦୋକାନ ପରି, ଡାକବାଲା ଆସିବା ମାତ୍ରେ ସେହି ବାକ୍‌ସ ପାଖେ ବାରୁଣୀ ଯାତ୍ରାର ଭିଡ଼ ଜମିଯାଏ। ସେଥିରେ ମଧ୍ୟ ଚୋରାବଜାର ଚାଲେ। କିଏ କହେ "ଖଣ୍ଡେ ପାନଖିଆ ଦେବି"; କିଏ ରସଗୋଲା ମାଗିବସେ। ପାନଖିଲେ ଖୁଆଇବା ହାତକଥା, ରସଗୋଲା ମଧ୍ୟ ଦୋକାନରୁ ସଙ୍ଗେ ସଙ୍ଗେ ଆସିଯାଏ। ମୁଁ ପାନ ନିଜେ କେବେ ଖାଇନାହିଁ ବା କାହାକୁ ଖୁଆଇନାହିଁ। ତେବେ ସେହି ଚୋରାବଜାରରେ କେତେଥର ରସଗୋଲା ଖାଇବା ସିନା ମୋ ଭାଗ୍ୟରେ ଜୁଟିଛି, ମୋତେ କାହାକୁ ଖୁଆଇବାକୁ ପଡ଼ିନାହିଁ।

'୯ ନମ୍ବର ପଞ୍ଚାନନ ଘୋଷ ଗଳି' ଠିକଣାରେ ଓଡ଼ିଶାରୁ ମୋଟରେ ଅଧଲକ୍ଷେ ଚିଠି ଯାଇଥବ, ହଜାରେ ଖଣ୍ଡେ ଘୋଡ଼ାଗାଡ଼ି ଓଡ଼ିଆ ଯୁବକମାନଙ୍କୁ ଧରି ପହଞ୍ଚିଥିବ। ଘରଟି ସରକାର ପକ୍ଷରୁ ଭଡ଼ାନିଆଯାଇ 'ଛାତ୍ରାବାସ' ନାମ ପାଇଥିଲା। ଆଇନପଢ଼ାଳି ବୃତ୍ତିଭୋଗୀ ଓଡ଼ିଆ ଯୁବକମାନେ ସେଠାରେ ରହୁଥିଲେ। ସେଥିପାଇଁ ସହପାଠୀ ବଙ୍ଗାଳୀ ଯୁବକମାନେ କୌତୁକରେ ସେମାନଙ୍କୁ 'ଇଂରେଜ ସରକାରଙ୍କ ଜୋଇଁପୁଅ' ବୋଲି କହୁଥିଲେ। ଛାତ୍ରାବାସର ତତ୍ତ୍ୱାବଧାୟକ ବୟସ୍କ ଲୋକ ହେଲେ ସୁଦ୍ଧା ଯୁବକମାନଙ୍କ ସହିତ ମିଳିମିଶି ଚଳୁଥିଲେ। ତାର ଗୋଟାଏ କାରଣ ଥିଲା, ଗୋଲ ଗୋଲ ବଙ୍ଗଳା ଅକ୍ଷରରେ ଉଲାଖ ଲେଖାଥିବା ପୁଳିନ୍ଦାରେ ତାଙ୍କର ମଧ୍ୟ ଚିଠି ଆସୁଥିଲା। ସେ ଚିଠି ଦେଖାଇ ଆମ ଭିତରୁ କେହି କେହି ତାଙ୍କଠାରୁ ରସଗୋଲା ଅସୁଲ କରୁଥିଲେ। ଅନ୍ୟମାନଙ୍କ ଅପେକ୍ଷା ତାଙ୍କୁ ପାଞ୍ଚ ଛ'ଗୁଣ ରସଗୋଲା ଦେବାକୁ ପଡୁଥିଲା। ଚିଠି ଲେଖିବା ଓ ପାଇବା ବ୍ୟକ୍ତିଙ୍କ ବୟସର ପାର୍ଥକ୍ୟରୁ ପ୍ରତି ତିନି ବର୍ଷର ମୂଲ୍ୟ ଅଣାଏ ଧାର୍ଯ୍ୟ ହୋଇଥିଲା। ସେତେବେଳେ ଅଣାକୁ ଦୁଇଟା ଭଲ ରସଗୋଲା ମିଳୁଥିଲା।

ତତ୍ତ୍ୱାବଧାୟକଙ୍କ ବୟସ ସେତେବେଳକୁ ପ୍ରାୟ ପଞ୍ଚାଚାଳିଶ ବର୍ଷ। ତାଙ୍କ ପୁଅ ପାଇଁ ପ୍ରସ୍ତାବିତ କନ୍ୟାକୁ ସେ ବିଭାହୋଇପଡ଼ିଥିଲେ। ତାଙ୍କର ଆଉ ଗୋଟିଏ ବିଶେଷତ୍ୱ ମଧ୍ୟ ଥିଲା, ଛାତ୍ରାବାସର ଗୋଟିଏ କୋଠରିରେ ତାଙ୍କର ପାଦ ପଡ଼ିନଥିଲା। କୋଠରିଟି ଛୋଟ ହୋଇଥିବାରୁ ତାର ଦ୍ୱାର ମଧ୍ୟ ଛୋଟ ଥିଲା। ସେ ବାଟେ ସେ କଡ଼୍‌ବାଗେ

ଯାଇପାରିଥାନ୍ତେ; ମାତ୍ର ସେ ଚେଷ୍ଟା ସେ କେବେ କରିନାହାନ୍ତି। କେହି ପ୍ରସ୍ତାବ କଲେ ମାତୃଭାଷା ବଙ୍ଗଳାରେ କହନ୍ତି; "ଆପଣମାନେ ମଜା ଦେଖିବାକୁ କହୁଛନ୍ତି ସିନା, ମୋର ଦରକାର ନାହିଁ।"

ସେହି ୯ ନମ୍ବର ଘରକୁ ବର୍ଷକୁ ବର୍ଷ ଦଳ ଦଳ ହୋଇ ବହୁ ଉଦୀୟମାନ ଓଡ଼ିଆ ଯୁବକ ଗଲେ ଏବଂ ଆଇନଜ୍ଞାନ ଯାହା ହେଉ, ଆଇନ-ଉପାଧି-ବିଭୂଷିତ ହୋଇ ଫେରିଲେ। ବିପିନବିହାରୀ ରାଏ, ନୀଳକଣ୍ଠବାବୁ ଓ ମୋ ପରି କେତେଜଣ ସେହି ଉପାଧି ସୁଦ୍ଧା ହାସଲ କଲେ ନାହିଁ। ଆଜିକାଲି ଅଟାପେଷା କଳ ଦେଖିଲେ ମୋର ସେହି ୯ ନମ୍ବର ଘର କଥା ମନେପଡ଼େ। ଅଟାକଳର ଏକ ମୁହଁରେ ଗୋଟା ଗହମ ପୂରାଇ ଅନ୍ୟ ମୁହଁରୁ ଗହମଗୁଣ୍ଡ ଧରିନିଆଯାଉଛି। ଚାଲୁଣୀରେ ଚଲାଇଲେ ସେହି ଗୁଣ୍ଡରୁ ପୁଣି ଅଟା, ମଇଦା, ସୁଜି ଓ ଚୋକଡ଼ ବାହାରୁଛି ଏବଂ ଶେଷରେ ଯେତେ ଚଲାଇଲେ କିଛି ବାହାରୁ ନାହିଁ। ଅଟା, ମଇଦା, ସୁଜିରେ ନାନାପ୍ରକାର ସୁଖାଦ୍ୟ ଅବଶ୍ୟ ତିଆରି ହୋଇପାରେ, କିନ୍ତୁ ଶୀଘ୍ର କାମରେ ନ ଲଗାଇ ପକାଇରଖିଲେ ତାହା ଗମୁରା ହୋଇ ବେକାମୀ ପାଲଟିଯାଏ। ସେତେବେଳେ ତାକୁ ଫିଙ୍ଗି ଦେବାକୁ ପଡ଼େ। ଆଜିକାଲି ଖାଦ୍ୟ କଣ୍ଟ୍ରୋଲ୍ ଯୁଗରେ ସରକାରଙ୍କଦ୍ୱାରା ଗଚ୍ଛିତ ଅଟା, ମଇଦା ବେଳେବେଳେ ଫିଙ୍ଗାହୋଇଥିବା ଖବର ସମ୍ବାଦପତ୍ରରେ ବାହାରୁଛି।

ସେ ଘରୁ କେତେ ବର୍ଷ ମଧ୍ୟରେ ଓଡ଼ିଶା ପାଇଁ ସୁଜି, ଅଟା, ମଇଦା, ଚୋକଡ଼ ମଧ୍ୟ ବାହାରିଛି। ବୀରକିଶୋର ରାଏ ହାଇକୋର୍ଟର ପ୍ରଧାନ ବିଚାରପତି ହୋଇଛନ୍ତି। ଲକ୍ଷ୍ମୀଧର ମହାନ୍ତି ପବ୍ଲିକ୍ ସର୍ଭିସ୍ କମିଶନ୍‌ର ସଦସ୍ୟ ହେଲେ। ଆଡ୍‌ଭୋକେଟ୍-ଜେନେରାଲ୍ ହେବାର ସର୍ବୋଚ୍ଚ ବୟସସୀମା ପାର ହୋଇଯାଇଥିଲେ ସୁଦ୍ଧା ବିଚିତ୍ରାନନ୍ଦ ଦାସ ସେ ପାହ୍ୟାରେ ନିଯୁକ୍ତ ହୋଇପାରିଲେ। ରମେଶଚନ୍ଦ୍ର ମିଶ୍ର ଜିଲ୍ଲା ଜଜ୍ ପର୍ଯ୍ୟନ୍ତ ଉଠିଲେ। ଏମାନେ ମୋର ଠିକ୍ ଆଗର, ମୋର ଯିବାବେଳକୁ ଠିକ୍ ଉପର ଶ୍ରେଣୀରେ ପଢୁଥିଲେ। ଆଉ କେତେକ ସବ୍‌ଜଜ୍ ପାହ୍ୟାଯାଏ ଗଲେ। ବିଦ୍ୟାଧର ମହାପାତ୍ର ମୟୂରଭଞ୍ଜରେ ମନ୍ତ୍ରୀ ହେଲେ। ଅଧ୍ୟାପକ ଓ ଡେପୁଟି ମାଜିଷ୍ଟ୍ରେଟ୍ କେତେ ଜଣ ହେଲେ। ଆଉ କେହି କେହି ରହି ରହି ଗମୁରା ମଧ୍ୟ ହୋଇଯାଇଛନ୍ତି। କେତେକ ଜୀବିତ ଅଛନ୍ତି, କେତେକ କାଳକବଳରେ ପଡ଼ିସାରିଲେଣି। କେହି ଅଜସ୍ର ଅର୍ଥ ଉପାର୍ଜନ କରି ସମାଜରେ ପଦସ୍ଥ ମଧ୍ୟରେ ଗଣ୍ୟ ହେଲେ, ଆଉ କାହା ପେଟକୁ ଦାନା ମିଳିଲା ନାହିଁ; କିନ୍ତୁ ଏ ସମସ୍ତଙ୍କ ଜୀବନୀ ଯେ ଓଡ଼ିଶା ପ୍ରଦେଶ ଓ ଓଡ଼ିଆ ଜାତିର ଅର୍ଦ୍ଧଶତାବ୍ଦୀର ଇତିବୃତ୍ତ ନିମନ୍ତେ ଅଳ୍ପାଧିକ ମୂଲ୍ୟବାନ୍ ଉପାଦାନ ଯୋଗାଇବ, ସେଥିରେ ସନ୍ଦେହ ନାହିଁ।

ଓଡ଼ିଶାର ବିଂଶ ଶତାବ୍ଦୀର ଜାତୀୟ-ଜୀବନ ଗଢ଼ିବା ବିଷୟରେ ବହୁ କଳ୍ପନା-ଜଳ୍ପନା ସେହି ଛୋଟିଆ ଘରଟିରେ ହୋଇଥିଲା । ଓଡ଼ିଆମାନେ କଲିକତାରେ ଆତ୍ମପରିଚୟ ଦେବାକୁ ଡରୁଥିଲେ । ୧୯୧୦ ବେଳକୁ ଲକ୍ଷାଧିକ ଓଡ଼ିଆ ଶ୍ରମିକ କଲିକତାରେ ରହିଥିଲେ; କିନ୍ତୁ ସେମାନଙ୍କର ନିଜତ୍ୱ ନଥିଲା । ମୁଁ ଅନେକ ଓଡ଼ିଆଙ୍କ ସଙ୍ଗେ ଯାଇ କଥାବାର୍ତ୍ତା ହୋଇଛି । ସେମାନଙ୍କୁ ଓଡ଼ିଆରେ କୌଣସି କଥା ପଚାରିଲେ ତାଙ୍କଠାରୁ ଦରଖଣ୍ଡିଆ ଭୁଲ୍ ବଙ୍ଗଳା ଭାଷାରେ ଉତ୍ତର ମିଳେ । ଓଡ଼ିଆମାନଙ୍କୁ ବ୍ୟଙ୍ଗମୂଳକ ସାଧାରଣ ନାମ 'ଉଡ଼େ଼ଇ ଦିଆଯାଇଥିଲା । 'ଉଡ଼େ' ନାମ ଏପରି ଏକ ଅବସ୍ଥାକୁ ଆସିଯାଇଥିଲା ଯେ ବଙ୍ଗାଳୀ, ହିନ୍ଦୁସ୍ଥାନୀ, ମାନ୍ଦ୍ରାଜୀ ପ୍ରଭୃତି ଯେକୌଣସି ଲୋକ କିଛି ଭୁଲ୍ କରିପକାଇଲେ ତାକୁ 'ଉଡ଼େ' ନାମରେ ଅଭିହିତ କରାହେଉଥିଲା । ରଙ୍ଗମଞ୍ଚରେ ଓଡ଼ିଆ ଚାକରବାକରଙ୍କ ତାଚ୍ଛଲ୍ୟସୂଚକ ଚିତ୍ର ଅଭିନୟ କରାଯାଉଥିଲା । ସୁତରାଂ କଲିକତା ଲୋକସଂଖ୍ୟାର ଏକ-ଦଶମାଂଶ ହୋଇ ସୁଦ୍ଧା ଓଡ଼ିଆଙ୍କୁ ମ୍ରିୟମାଣ ହୋଇ ରହିବାକୁ ପଡୁଥିଲା । ତଥାପି ପ୍ରାୟ ଘରେ ଘରେ ଓଡ଼ିଆ ପାଚକ ଓ ଚାକର ରହିଥିଲେ ଏବଂ କଲିକତା ସହରର ସାମାଜିକ ସଙ୍ଗଠନରେ କ୍ଷୀରନୀର ପରି ଘନିଷ୍ଠ ଭାବରେ ମିଶିଯାଉଥିଲେ ।

କିନ୍ତୁ ପାଚକ ଓ ଚାକର ଛଡ଼ା ସେଠାରେ କେତେକ ଶିକ୍ଷିତ ବା ବିଭବଶାଳୀ ଓଡ଼ିଆ ମଧ୍ୟ ଥିଲେ । ସେମାନଙ୍କ ଭିତରୁ ଅନେକ କଲିକତାର ସ୍ଥାୟୀ ବାସିନ୍ଦା ହୋଇଯାଇଥିଲେ ଏବଂ ବଙ୍ଗଳା ଭାଷା କହୁଥିଲେ । ଓଡ଼ିଆମାନେ ସେ ପରିସ୍ଥିତିରେ ଯେ କେତେ ପରିମାଣରେ ଅଭିଭୂତ ହୋଇପଡ଼ିଥିଲେ, ତାହାହିଁ ତାର ସୂଚନା ଦେଉଛି । ଓଡ଼ିଶାରେ ମଧ୍ୟ ବଙ୍ଗାଳୀମାନେ ଆସି ଶତକରା ପ୍ରାୟ ଅଧେ ଅନୁପାତରେ ଚାରିଆଡ଼େ ଖେଳାଇ ହୋଇ ତିନି-ଚାରି ଶହ ବର୍ଷ ହେଲା ରହିଛନ୍ତି । ତଥାପି, ସେମାନେ ବିକୃତ ଭାବରେ କହିଲେ ମଧ୍ୟ ନିଜ ମାତୃଭାଷା ଛାଡ଼ିନାହାନ୍ତି । କଲିକତା ସହର ଓ ବଙ୍ଗୀୟ ରାଜନୀତିର ଚାକଚକ୍ୟରେ ବୋଧ ହୁଏ ଏପରି ଉପାଦାନ ରହିଛି, ଯାହାକି ଓଡ଼ିଆଙ୍କ ମନକୁ ଅତ୍ୟଧିକ ପ୍ରଭାବିତ କରିପାରେ । ଓଡ଼ିଶା ସ୍ୱତନ୍ତ୍ର ପ୍ରଦେଶ ହେବା ପୂର୍ବରୁ ବିଚ୍ଛିନ୍ନ ଓଡ଼ିଆ ଅଞ୍ଚଳମାନଙ୍କୁ ଓଡ଼ିଶାକୁ ଆଣିବା ସମ୍ପର୍କରେ ଯେଉଁ ତଦନ୍ତ ହୋଇଥିଲା, ସେଥିରେ ଅନେକ ମେଦିନୀପୁର ଓଡ଼ିଆ କହିଲେ, "ଆମେ ଓଡ଼ିଶାକୁ ଗଲେ ରବୀନ୍ଦ୍ରନାଥ, ଜଗଦୀଶ ଚନ୍ଦ୍ରବୋଷ, ଚିତ୍ତରଞ୍ଜନ ଦାସ ଆଉ କଲିକତା କାହୁଁ ପାଇବୁ ?"

ଏହି ମନୋଭାବ, ଯେଉଁ ଶିକ୍ଷିତ ଓଡ଼ିଆମାନେ ସାମୟିକ କଲିକତା ଯାଉଥିଲେ, ସେମାନଙ୍କୁ ମଧ୍ୟ ଗ୍ରାସ କରିଥିଲା । ଥରେ କଟକ କଲେଜର ଜଣେ ଅଧ୍ୟାପକ କଲିକତାର କୌଣସି ଲୁଗା ଦୋକାନରେ କହିଆସିଲେ, "ମୋ ନାମ ଅମୁକ ବନ୍ଦୋପାଧ୍ୟାୟ,

ଘର କୃଷ୍ଣନଗର।" କେବଳ ସଂଜ୍ଞା ବଦଳାଇ ନିଜ ନାମଟି ସେ ଠିକ୍ କହିଥିବାରୁ ମୁଁ ତାହା 'ଅମୁକ'ରେ ପ୍ରକାଶ କରୁଛି। ଆଉ ଏକ ଘଟଣାରେ ଜଣେ ବିଶିଷ୍ଟ ଓଡ଼ିଆ କବିଙ୍କ ପୁଅ ନିଜକୁ ବଙ୍ଗାଳୀ ବୋଲି ଚିହ୍ନାଇଥିଲେ। ମୁଁ ବି.ଏ. ପରୀକ୍ଷାକୁ ଯାଉଥିବାବେଳେ ଦେଖିଲି, ଓଡ଼ିଶାରୁ ଆଇନ ପଢ଼ିବାକୁ ଯାଉଥିବା ଛାତ୍ରଙ୍କ ମଧ୍ୟରେ ଦୁଇଟି ଦଳ ଥିଲେ। ଦଳେ ବାଟରେ ଘାଟରେ ଚାଲିଲାବେଳେ ନିଜ ନିଜ ମଧ୍ୟରେ ବଙ୍ଗଳାରେ କଥାବାର୍ତ୍ତା ହେଉଥିଲେ ଏବଂ ଅନ୍ୟ ଦଳକ ଜାଣିଶୁଣି ପଛକୁ ରହିଯାଇ ସେମାନଙ୍କୁ ବଡ଼ପାଟିରେ ଡାକହାକ କରୁଥିଲେ। ପ୍ରଥମ ଦଳର ଯୁବକମାନେ ଯେ ସାହସ ଦେଖାଇ ପାରୁନଥିଲେ, ତାହା ସ୍ୱାଭାବିକ କଥା। କୁଳବୃଦ୍ଧ ମଧୁସୂଦନ ସୁଦ୍ଧା, ଯୌବନରେ କେତେ କାଳ କଲିକତାରେ ରହିବା ଫଳରେ, ପରେ ଓଡ଼ିଶାରେ ଓଡ଼ିଆଙ୍କ ସହିତ ବଙ୍ଗଳାରେ କଥାବାର୍ତ୍ତା ହେଉଥିଲେ। ମାତ୍ର ତାଙ୍କ ପରି ସାହସୀ ସ୍ୱାଧୀନଚେତା ମନସ୍ୱୀ ଓଡ଼ିଆପୁଅ କେତେ ଜଣ ବାହାରିବେ ?

କିନ୍ତୁ କଲିକତାରେ ସେ ସମୟରେ ଜଣେ ଶିକ୍ଷିତ ଓଡ଼ିଆ ଥିଲେ, ତାହାଙ୍କ ଓଡ଼ିଆତ୍ୱ ଯୋଡ଼ରେ ରହିପାରୁନଥିଲା। ସେ ସେଠାରେ ଦୁଇଟା ନାମରେ ପରିଚିତ ଥିଲେ- ଗୋଟାଏ 'ଶ୍ରୀକୃଷ୍ଣ ଉଡ଼େ' ଅନ୍ୟଟି 'ଇନ୍‌ସପେକ୍ଟର ମହାପାତ୍ର'। ଶ୍ରୀକୃଷ୍ଣ ମହାପାତ୍ର ନିଜ ଚାକିରି- ଜୀବନରେ ପରେ ଓଡ଼ିଶାରେ ସୁପରିଚିତ ହେଲେ। ଅସହଯୋଗ ଆନ୍ଦୋଳନ ସମୟରେ ସେ ଅନେକ ଘଟଣାରେ ନିରୀହ କର୍ମୀ ଓ ଦେଶସେବକମାନଙ୍କ ଉପରେ ଅମାନୁଷିକ ଅତ୍ୟାଚାର କଲେ। ତାହା ସେ ନିଶ୍ଚୟ ନିଜର କର୍ତ୍ତବ୍ୟବୋଧ ଯୋଗେ କରିଥିବେ। ମୋତେ ମଧ୍ୟ ସେ ଥରେ ଜାଣିଶୁଣି ବିପଦ ଭିତରକୁ ପେଲିଦେଇଥିଲେ। ସେତେବେଳେ ସେ ଏକାନ୍ତରେ ମୋ ଆଗେ ଆଖି ଛଳଛଳ କରିପକାଇଛନ୍ତି ଓ ମୋର ମୌନ ଅନୁମତି ନେଇ ମୋତେ ସେହି ବିପଦ ଭିତରକୁ ଠେଲିଛନ୍ତି। ସେ ମୋତେ କହିଲେ, "ତଦନ୍ତରେ ମୁଁ ଆପଣଙ୍କ ଦୋଷ ପାଉନାହିଁ, ମାତ୍ର ଆପଣଙ୍କୁହିଁ ଏ ଭିତରେ ପୂରାଇବାକୁ ମୋତେ ଉପରୁ ଆଦେଶ ଅଛି।" ସେ ଘଟଣାରେ ତାଙ୍କର ବ୍ୟକ୍ତିଗତ ବ୍ୟବହାର ମୋ ପ୍ରତି ଖୁବ୍ ସଦୟ ହୋଇଥିଲା। ସେହି ବ୍ୟକ୍ତିଙ୍କ ବିରୁଦ୍ଧରେ ପୁଣି ଅମାନୁଷିକ ଅତ୍ୟାଚାର କରିବା ଅଭିଯୋଗ ମଧ୍ୟ ହେଉଥିଲା।

ଶ୍ରୀକୃଷ୍ଣ ମହାପାତ୍ର ପୁଲିସ୍ ଇନ୍‌ସପେକ୍ଟର୍ ଭାବରେ ବଙ୍ଗର ସ୍ୱଦେଶୀ ଆନ୍ଦୋଳନବେଳେ କଲିକତାରେ କେତେକ ଉପଦ୍ରବ ଘଟାଇଥିଲେ ଅବଶ୍ୟ। ସେଥିପାଇଁ ସେ ନିତାନ୍ତ ଅପ୍ରିୟ ହୋଇପଡ଼ିଲେ। ତାଙ୍କ ଉଦୀୟମାନ ବଡ଼ପୁଅଙ୍କ ଅକାଳ ମୃତ୍ୟୁକୁ ଆତ୍ମହତ୍ୟା ବୋଲି ଧରାଗଲା ଏବଂ ପିତାଙ୍କ କାର୍ଯ୍ୟର ପ୍ରାୟଶ୍ଚିତ୍ତ ଭାବେ ବିଚାର କରାଗଲା ! କିନ୍ତୁ ସେ କଲିକତାର କେତେକ ସାମାଜିକ ଉପକାର ମଧ୍ୟ

କରିଥିଲେ। ମୁଁ ତାଙ୍କ ମୁହଁରୁ ଶୁଣିଛି ଯେ, ତାଙ୍କ ସମୟକୁ ସେହି ସହରର ବିଭିନ୍ନ ଅଞ୍ଚଳରେ କେତେଗୁଡ଼ିଏ ଖଟି ରହିଥିଲା। ସେଗୁଡ଼ିକୁ ଇଂରେଜୀ ଭାଷାରେ 'ଏମ୍ପ୍‌ଟି-ହାଉସ୍' କହୁଥିଲେ। ତାହା ଅପରିଚିତ ପୁରୁଷ ଓ ନାରୀମାନଙ୍କର ଏକାନ୍ତ ମିଳନର ସ୍ଥାନ। ସେଠାରେ ବେଳେବେଳେ ସ୍ୱାମୀର ନିଜ ସ୍ତ୍ରୀ ସହିତ ହଠାତ୍ ଦେଖାହୋଇଯିବାର କଥା ମଧ୍ୟ ଶୁଣାଯାଏ। କଲିକତା ପରି ସହର ପକ୍ଷେ ସେପ୍ରକାର ଖଟି ଯେ ଗୋଟିଏ କଳଙ୍କର ବିଷୟ ତାହା ସମସ୍ତେ ବୁଝୁଥିଲେ, ମାତ୍ର ତା ବିରୁଦ୍ଧରେ ଅସ୍ତ୍ର ଧଇଲେ ଶ୍ରୀକୃଷ୍ଣ ମହାପାତ୍ର। ସେ ସମ୍ପର୍କରେ ତାଙ୍କୁ ଅକ୍ଳାନ୍ତ ପରିଶ୍ରମ କରିବାର ମୁଁ ଦେଖିଛି। ବର୍ତ୍ତମାନ ବୋଧହୁଏ ସେ ଖଟି କଲିକତାରେ ଆଉ ନାହିଁ, ତେବେ ବାରାକ୍‌ପୁର ଆଡ଼କୁ ଲକ୍ଷପତି, ଧନୀ, ଶେଠ ଆଦିଙ୍କର ବିଳାସଭବନମାନ ରହିଛି। ସେଗୁଡ଼ିକର ସ୍ଥାନୀୟ ନାମ 'ବାଗାନ୍‌ବାଡ଼ି'। ବୋଧହୁଏ ତାହା ସାମାଜିକ କଳଙ୍କରୂପେ ବିବେଚିତ ହେଉନାହିଁ। ବଡ଼ ବଡ଼ ସହରମାନଙ୍କରେ ପ୍ରତିଷ୍ଠା ଯେତିକି ବେଶି, କଳଙ୍କ ମଧ୍ୟ ସେତିକି ଥାଏ।

ତେବେ, ଏସବୁ ସମସ୍ୟା ସହିତ ଆମର ପ୍ରତ୍ୟକ୍ଷ ସମ୍ପର୍କ ନଥିଲା। ଓଡ଼ିଆମାନେ ଯେ ମୁହଁ ମାଡ଼ି ପଡ଼ିଥିଲେ, ତାଙ୍କୁ ଉଠାଇବା ଆମେ ଗୋଟିଏ ମୁଖ୍ୟ କାମ ମନେକଲୁ। କୁଳବୃଦ୍ଧ ମଧୁବାବୁ ଉତ୍କଳ ସମ୍ମିଳନୀ ଗଢ଼ି ଓଡ଼ିଆର ଚିହ୍ନସ୍ୱରୂପ ଏକପ୍ରକାର ନାଲି ଟୋପି ବାହାର କରିଥିଲେ। ତା ପଛରେ ହାତେ ଲମ୍ବାରେ କାନି ଓହଳିଥାଏ। ଆମେ ସବୁ ସେହି ଟୋପି ପିନ୍ଧି ବାହାରେ ବୁଲିବାକୁ ଆରମ୍ଭକଲୁ, କଲେଜକୁ ଗଲୁ, ସଭା ସମିତିରେ ଯୋଗ ଦେଲୁ। ପ୍ରଥମେ ପ୍ରଥମେ ଆମକୁ ଯାତ୍ରାଦଳ ବୋଲି ଲୋକେ ମନେକଲେ; ମାତ୍ର କ୍ରମେ କଥାଟା ବୁଝିଗଲେ। ଓଡ଼ିଆ ଶ୍ରମିକ ଭାଇମାନେ ଆସ୍ତେ ଆସ୍ତେ ଆମ ସହିତ ଓଡ଼ିଆ ଭାଷାରେ କଥାବାର୍ତ୍ତା ହେଲେ। ଓଡ଼ିଆମାନେ ଯେ କେବଳ ପୂଜାରୀ ଚାକର ନୁହନ୍ତି, କଲିକତାବାସୀ ଶୀଘ୍ର ଉପଲବଧି କଲେ।

ସେହି ସମୟରେ ଗୋଟାଏ ବଡ଼ ଘଟଣା ଘଟିଗଲା। ବିହାର ଏବଂ ଓଡ଼ିଶା ବଙ୍ଗ ପ୍ରଦେଶରୁ ଅଲଗା ହୋଇ ଗୋଟିଏ ସ୍ୱତନ୍ତ୍ର ପ୍ରଦେଶରେ ପରିଣତ ହେଲା। ତାହା ମଧ୍ୟ ଓଡ଼ିଆଙ୍କ ସମ୍ମାନ ବଢ଼ାଇବାରେ ସାହାଯ୍ୟ କଲା। ବିହାର-ଓଡ଼ିଆ ଛାତ୍ରମାନଙ୍କର ଏକ ମିଳିତ ସମ୍ମିଳନୀ କଲିକତା ହାଇକୋର୍ଟର ବିହାରୀ ଜଜ୍ ହାସାନ୍ ଇମାମ୍‌ଙ୍କ ସଭାପତିତ୍ୱରେ ବସିଲା। ସେହି ସମୟରେ ମୟୂରଭଞ୍ଜ ମହାରାଜା ଶ୍ରୀରାମଚନ୍ଦ୍ରଭଞ୍ଜ ପୃଥିବୀ ପ୍ରଦକ୍ଷିଣରୁ ଫେରିଲେ। ଆମେ ଓଡ଼ିଆ ଛାତ୍ରମାନେ ତାଙ୍କୁ ସେ ଉପଲକ୍ଷରେ ଅଭିନନ୍ଦନକଲୁ। କୁଳବୃଦ୍ଧ ମଧୁବାବୁ ଅଭିନନ୍ଦନ ସଭାର ହେଲେ ସଭାପତି। ଅନେକ ବିଶିଷ୍ଟ ବଙ୍ଗୀୟ ବନ୍ଧୁ ସେଥିରେ ଯୋଗଦେଲେ। ବକ୍ତୃତା ସବୁ ଓଡ଼ିଆରେ ହେଲା।

ସେପରି ଏକ ସଭାରେ କଲିକତାରେ ଓଡ଼ିଆରେ ବକ୍ତୃତା ଦେବା ତାହାହିଁ ପ୍ରଥମ। ସେପର୍ଯ୍ୟନ୍ତ ମୟୂରଭଞ୍ଜ ମହାରାଜାଙ୍କୁ ଯେଉଁମାନେ ବଙ୍ଗାଳୀ ମନେକରିଥିଲେ, ସେଦିନ ତାଙ୍କର ଭ୍ରମ ଭାଜିଥିବ।

ସେସବୁ କର୍ମଠତାର କେନ୍ଦ୍ରସ୍ଥଳ ହେଲା ସେହି '୯ ନମ୍ବର ଘର'। ଓଡ଼ିଶାର କେତେକ ସମାଜ-ସଂସ୍କାରର ଆରମ୍ଭ ମଧ୍ୟ ସେହି ଘରୁ ହୋଇଛି। ଆମେମାନେ ଜାତିଭେଦ ଉଠାଇଦେବାକୁ ଦିନେ ସ୍ଥିର କଲୁ। ବିଭିନ୍ନ ଜାତି ମଧ୍ୟରେ କେବଳ ଖିଆପିଆ ନୁହେଁ, ବିବାହ ସମ୍ପର୍କ ସୁଦ୍ଧା ଚଳାଇବାଲାଗି ପ୍ରସ୍ତାବ ଗୃହୀତ ହେଲା। ପ୍ରସ୍ତାବକୁ କାର୍ଯ୍ୟକାରୀ କରିବା ନିମନ୍ତେ 'ହିନ୍ଦୁ ସମାଜ' ନାମରେ ଗୋଟିଏ ସଂଘ ଗଢ଼ାହେଲା। ସବୁ ଓଡ଼ିଆ ଛାତ୍ର ସେଥିରେ ଅବଶ୍ୟ ଯୋଗ ଦେବାକୁ ରାଜି ହେଲେ ନାହିଁ; କିନ୍ତୁ ଯେଉଁମାନେ ଦେଲେ, ଖୁବ୍ ଉତ୍ସାହ ସହିତ ଡେଇଁପଡ଼ିଲେ। ମୁଁ ସେପର୍ଯ୍ୟନ୍ତ ଦାଢ଼ି ନିଶ କେବେ ଖିଅର ହୋଇନଥିଲି। ନୀଳକଣ୍ଠବାବୁ ମଧ୍ୟ ଦାଢ଼ି ରଖିଥିଲେ। ଓଡ଼ିଶାର ବ୍ରାହ୍ମଣ ସମାଜରେ ଦାଢ଼ି କାଟି ନିଶ ରଖିବା ମନାଥିଲା। ଆମେ ଦୁହେଁ ତାର ପ୍ରତିବାଦରେ ନିଶ ରଖି ଦାଢ଼ି କାଟିପକାଇଲୁ। ସେଥିପାଇଁ ପରେ ନୀଳକଣ୍ଠବାବୁଙ୍କୁ କେତେକ ସାମାଜିକ ନିର୍ଯାତନା ଭୋଗିବାକୁ ପଡ଼ିଲା। ତାଙ୍କର 'ମୋ ନିଶ' ପ୍ରବନ୍ଧ ନିଷ୍ଠଳ ବ୍ରାହ୍ମଣ ସମାଜରେ ଗୋଟାଏ ଚହଳ ପକାଇଦେଲା। ସେ କ୍ରମେ ଦାଢ଼ି ରଖିନେଲେ। ଏବେ ଓଡ଼ିଶାରେ କେହି କେହି ତାଙ୍କ ନାମ ନ କହି କେବଳ 'ଦାଢ଼ି' କହନ୍ତି। ଏହି ୧୯୪୯ ମସିହାରେ ମଧ୍ୟ କେହି କେହି କହୁଛନ୍ତି, "ପୁଣି ଦାଢ଼ି ନିଶ ନ ମିଶିଲେ କଣ ଏ ସର୍ବଭକ୍ଷଙ୍କ କବଳରୁ ରକ୍ଷା ମିଳିବ ?"

'ହିନ୍ଦୁ ସମାଜ'ର ସଭ୍ୟ କେବଳ ଯେ ନୀଳକଣ୍ଠବାବୁ ଓ ମୁଁ ହେଲୁ ଏବଂ ଦାଢ଼ି କାଟି ପକାଇ ନିଶ ରଖିବାରେ କର୍ତ୍ତବ୍ୟ ଶେଷ କଲୁ, ତାହା ନୁହେଁ। ବାକି ଆଉ ସବୁ ସଭ୍ୟଙ୍କ ନାମ ମୋର ଆଜି ସ୍ମରଣ ହେଉନାହିଁ; କିନ୍ତୁ ବିଚିତ୍ରାନନ୍ଦ ଦାସ, ନୀଳାମ୍ବର ମହାନ୍ତି, ବିପିନବିହାରୀ ରାଏ, ଚିନ୍ତାମଣି ସାମନ୍ତରାଏ ଓ ଶଶିଭୂଷଣ ଚାଟାର୍ଜୀ ଇହଧାମରେ ଆଉ ନାହାନ୍ତି। ବାକି ଯେଉଁମାନେ ଅଛନ୍ତି ଏ ଲେଖା ତାଙ୍କ ଦୃଷ୍ଟିରେ ପଡ଼ିଲେ ହୁଏତ କହିବେ, "କେଜାଣି ହୋଇଥିବ।" 'ହିନ୍ଦୁ ସମାଜ'ର ନିୟମାବଳୀ ପ୍ରଭୃତି ଛପାଯାଇଥିଲା। ସେସବୁ ହୁଏତ କାହା କାହା ପାଖେ ପୁରୁଣା ରଦି କାଗଜପତ୍ର ଭିତରେ ପଡ଼ିଥିବ।

ବିବାହ ସମ୍ପର୍କରେ 'ହିନ୍ଦୁ ସମାଜ'ର ନିୟମାବଳୀ କାର୍ଯ୍ୟରେ ପରିଣତ କରିବାର ସମୟ ଆମର ଆସିବାକୁ ଅତ୍ୟଧିକ ବିଳମ୍ବ ଥିଲା। ସୁତରାଂ ଖାଇବାପିଇବାରେ ତାହା ଆରମ୍ଭ କରିଦିଆଗଲା। ଆମେମାନେ ଛୁଆଁଛୁଇଁ ହୋଇ ତ ଖାଇଲୁ, ସ୍ୱାସ୍ଥ୍ୟ ନିୟମ

ନମାନି ଏକା ଥାଳିରୁ ମଧ୍ୟ ଖାଇବାକୁ ଆରମ୍ଭକଲୁ। ମୋର ଏକ ପଦ୍ୟ ପଢ଼ି କୋମଳପ୍ରାଣ 'ପଦ୍ମପାଖୁଡ଼ା' କବି ପଦ୍ମଚରଣ ପଟ୍ଟନାୟକ କଟକରେ ପଢ଼ିବାବେଳେ ମୋତେ ତାଙ୍କ ସହିତ ଏକତ୍ର ଖାଇବାକୁ କହିଥିଲେ। ସେତେବେଳେ ମୁଁ ତାଙ୍କୁ ନାସ୍ତିକରିଥିଲି। 'ହିନ୍ଦୁ ସମାଜ' ଗଠନ ପରେ ମୁଁ ତାଙ୍କଠାରୁ ବର୍ଣ୍ଣରେ କଳା ନୀଳାମ୍ବର ମହାନ୍ତିଙ୍କ ସଙ୍ଗେ ଏକା ଥାଳିରୁ ଖାଉଛି ଦେଖି ସେ ଖୁବ୍ ଖୁସି ହେଲେ। ସେତେବେଳକୁ ସେ ୯ ନମ୍ବର ଘରକୁ ଆସିନଥାନ୍ତି, ବି.ଏ. ଫେଲ୍ ହୋଇ କଲିକତାରେ ଅନ୍ୟତ୍ର ପଢୁଥାନ୍ତି। ୯ ନମ୍ବର ଘରକୁ ସେ ବର୍ଷକ ପରେ ଆସିଲେ। ସେତେବେଳକୁ ଖାଇବାପିଇବାରେ ଜାତିଭେଦ ଧରାଯାଉ ନଥିଲେ ସୁଦ୍ଧା ସ୍ୱାସ୍ଥ୍ୟବିଚାର ବୋଧହୁଏ ଆସିଯାଇଥିଲା।

■

ମୋର ଏମ୍.ଏ. ପଢ଼ା

ପୁରୀ ପାଖ ହରେକୃଷ୍ଣପୁର ଶାସନରେ ଜଣେ ସଂସ୍କୃତ ପଣ୍ଡିତ ଥିଲେ। ତାଙ୍କ ନାମ ଦୀନବନ୍ଧୁ ରଥ। ସେ ମୋ ବାପାଙ୍କ ମାମୁପୁଅ ଭାଇ; ମାତ୍ର ମୋ ବାପାଙ୍କ ଅନ୍ତେ ମୋର ତାଙ୍କ ସହିତ ବିଶେଷ ବ୍ୟକ୍ତିଗତ ସଂପର୍କ ନଥିଲା। ବିଶ୍ୱବିଦ୍ୟାଳୟର ଉଚ୍ଚ ପରୀକ୍ଷାର୍ଥୀମାନଙ୍କୁ ସେ କୌତୁକରେ ବର୍ଣ୍ଣନା କରି କହନ୍ତି ଯେ, ସେ ସବୁର ଶେଷରୁ ଇଂରେଜୀ 'ଡ' ଅକ୍ଷର କାଟିପକାଇ ବାକିତକ ରଖାଯାଇଛି। ବର୍ତ୍ତମାନ ସମୟର ଆଇ.ଏ ପରୀକ୍ଷାକୁ ସେ ସମୟରେ ଏଫ୍.ଏ. କୁହାଯାଉଥିଲା; ମାତ୍ର ତା ଆଗରୁ କୁହାଯାଉଥିଲା ଏଲ୍.ଏ.। ସେ କହନ୍ତି ଏଲ୍.ଏ. ପାସ୍ କଲେ ଯୁବକମାନେ ଲ୍ୟାଡ୍ (ପିଲା), ବି.ଏ. ପାସ୍ କରିଗଲେ ବ୍ୟାଡ୍ (ମନ୍ଦ) ଓ ଏମ୍.ଏ. ପାସ୍ କରିବା ମାତ୍ରେ ମ୍ୟାଡ୍ (ପାଗଳ) ହୋଇଯାଆନ୍ତି। ସେ କଥା ସେ ଅବଶ୍ୟ ଥଟ୍ଟାରେ କହୁଥିଲେ; କିନ୍ତୁ ତା ଭିତରେ ଅନ୍ତତଃ କ୍ରାନ୍ତିଏ ସତ୍ୟ ନଥିଲା ବୋଲି କଣ କହିହେବ ? ପାଶ୍ଚାତ୍ୟ ଶିକ୍ଷା ଆମ ଦେଶରେ ଅନେକ ବଡ଼ ବଡ଼ ଲୋକଙ୍କୁ ପିଲାଙ୍କ ପରି ଲଘୁମନା କରିପକାଇଛି। ଅଶିକ୍ଷିତ ଲୋକଙ୍କ ତୁଳନାରେ ଶିକ୍ଷିତ ସମ୍ପ୍ରଦାୟ ପ୍ରାୟ ସ୍ୱାର୍ଥପର ହୋଇପଡ଼ିଛନ୍ତି। ବର୍ତ୍ତମାନ ହାତକୁ ଶାସନକ୍ଷମତା ଆସିବା ପରେ ପ୍ରଚଳିତ ଆଇନକାନୁନ ବଦଳାଇ ସାମାଜିକ ସଙ୍ଗଠନ ଯେପରି ଭାଙ୍ଗି ଚୂରି ପାଶ୍ଚାତ୍ୟ ଛାଞ୍ଚରେ ଦେଶର ନେତୃବର୍ଗ ଢାଳିବାକୁ ବସିଛନ୍ତି, ତାହା ଦେଖି ତାଙ୍କୁ ପାଗଳ ମଣିବାର କାରଣ ଅଛି।

ମୋତେ ଯେଉଁମାନେ ଖୁବ୍ ଭଲରେ ଜାଣନ୍ତି ନାହିଁ, ସେମାନଙ୍କ ମଧ୍ୟରୁ କେହି କେହି ମୋତେ ପାଗଳ ନ କହିଲେ ମଧ୍ୟ ଆଡ଼ପାଗଳ ମନେକରନ୍ତି। ମୋର କେତେଗୁଡ଼ିଏ ଦୁର୍ଗୁଣ ଅଛି, ଯହିଁରୁ କି ସେପରି ମନେକରିବା ସ୍ୱାଭାବିକ। ମୁଁ ଲକ୍ଷ୍ୟ କରି ଦେଖିଛି ଯେ, ସେ ଦୁର୍ଗୁଣସବୁ ମୋର ଏମ୍.ଏ. ପଢ଼ିବା ସମୟରୁ ବାହାରିଛି। ଏମ୍. ଏ. ପଢ଼ିବାବେଳେ ମୁଁ ପ୍ରଥମେ ଶହେଟଙ୍କିଆ ନୋଟ୍ ଦେଖିଲି। ଚାରି ମାସର

ବୃତ୍ତି ଏକା ଥୋକକେ ମିଳିବା ଯୋଗେ ଖଣ୍ଡିଏ ଶହେ ଟଙ୍କିଆ ନୋଟ୍ ମୋ ନିଜ ହାତରେ ପଡ଼ିଲା ମଧ୍ୟ। ମୁଁ ଦିନେ ଦୁଇ ଦିନ ସେଥିରେ କୋଇଲାଗୁଣ୍ଡ ଧରି ଦାନ୍ତ ଘଷିଲି। ସତ୍ୟବାଦୀ ବିଦ୍ୟାଳୟରେ ଥିବାବେଳେ ଜଣେ ରାଜାଙ୍କଠାରୁ ବିଦାକିରୂପେ ହଳେ ପାଟ ପାଇଥିଲଇ। ସେ ପାଟ ମୁଁ ଅନ୍ୟ ସମୟରେ ନପିନ୍ଧି ପାଇଖାନାକୁ ଗଲାବେଳେ ପିନ୍ଧେ। ବାଟ ଚାଲିବାବେଳେ ମୁଁ ଚାଲେ ଏକାବେଳକେ ଗୋଟାଏ ପ୍ରାନ୍ତରେ, ଘାସ କଣ୍ଟା ଉପରେ। କେହି ଅଭାବରେ ପଡ଼ି ଟଙ୍କା ଧାର ମାଗିଲେ ମୁଁ ନାସ୍ତି ନକରି ଅନ୍ୟଠାରୁ କରଜ ଆଣି ଧାର ଦିଏ। ଏବେ ସେ ଦୋଷ ବହୁତ କଟିଗଲାଣି। ପୂର୍ବେ ମୋ ଖାଇବାବେଳେ କେହି ଆସି ଖାଇବାକୁ ମାଗିଲେ ମୁଁ ମୋ ଖାଦ୍ୟରୁ ଅଧାଅଧି ତାକୁ ଖାଇବାକୁ ଦେଉଥିଲି। ଖଣ୍ଡିଏ ନୂଆ ଲୁଗାକୁ ମୁଁ ଚିରି ଦୁଇ ଗଡ଼ କରି ବ୍ୟବହାରକରେ।

ଏସବୁ ଯେ ଆଡ଼ପାଗଳଙ୍କ ଲକ୍ଷଣ, ସେଥିରେ ସନ୍ଦେହ ନାହିଁ। ତେବେ, ନୀଳକଣ୍ଠ ବାବୁଙ୍କ ସଙ୍ଗେ ମୋର ମନାନ୍ତର ହେବା ପରେ ମଧ୍ୟ ମୋର ଏହିପରି ଗୋଟାଏ କାର୍ଯ୍ୟକୁ ସେ ପାଗଳାମି ନକହି ଭଲଗୁଣ ଆଖ୍ୟା ଦେଇଥିଲେ। ମୋର ଜଣେ ସହକର୍ମୀ ଓ ମୁଁ ମିଶି ଖଣ୍ଡିଏ ବହି ଲେଖିଲୁ। ମୁଁ ପ୍ରାୟ ମୌଖିକ ଡାକିଥିଲି, ସେ ନିଜ ହାତରେ ଲେଖିଥିଲେ। ଲେଖକ ଭାବରେ ଦୁହିଁଙ୍କ ନାମ ରହି ବହି ଛପାଗଲା। ଲାଭଟା ଦୁହେଁ ସମାନ ସମାନ ବାଣ୍ଟିନେଲୁ। ତାହା ୧୯୧୮ ମସିହା କଥା। ୧୯୨୨ ମସିହାରେ ତାଙ୍କର ଯେପରି, ମୋର ମଧ୍ୟ ସେହିପରି ବା ତାଙ୍କଠାରୁ ବଳି ଅର୍ଥାଭାବ। ମୁଁ ଚକ୍ରଧରପୁରରୁ ଫେରି ବେକାର ହୋଇ ବାଣପୁରରେ ଥାଏ ଓ ଦିନେ ଦିନେ ଓପାସ ରହେ। ସେତିକି ବେଳେ ତାଙ୍କଠାରୁ ଏକ ଚିଠି ପାଇଲି। ସେହି ବହି ବାବଦ ଲାଭ ଟଙ୍କାରୁ ମୋତେ ଭାଗ ନଦେଇ ସେ ନିଜେ ପୂରା ନେବାପାଇଁ ଚିଠି ଲେଖିଥିଲେ। ମୁଁ ଉତ୍ତର ଦେଲି, "ଆଜି ମୁଁ ଦେଇଦେବି, ମାତ୍ର ମୋ ପୁଅମାନେ ପରେ ମାଲିମକଦ୍ଦମା କରି ତୁମଠାରୁ ଟଙ୍କା ଦାବି କରିପାରନ୍ତି। ବହିର ଲେଖକ ଭାବରେ ମୋ ନାମ ଉଠାଇଦେଇ କେବଳ ତୁମ ନାମ ରଖ।" ଘଟଣାଚକ୍ରରେ ପଡ଼ି ନୀଳକଣ୍ଠବାବୁଙ୍କ ସାକ୍ଷୀ ବାସୁଦେବ ମହାପାତ୍ର ତାଙ୍କୁ ଏ କଥା କହିଲେ। ପରେ ବାସୁଦେବଙ୍କଠାରୁ ଶୁଣିଲି, ନୀଳକଣ୍ଠବାବୁ କୁଆଡ଼େ କହିଲେ, "ମୁଁ ତାଙ୍କୁ ଭାରି ଘୃଣା କରେ, ହେଲେ ଏଟା ତ ଗୋଟାଏ ଭଲଗୁଣ।"

ମୋର ଭଲ ଗୁଣ କିଛି କିଛି ଥିବା ଉଚିତ। ତାହା ମୋ ଶିକ୍ଷା ଯୋଗେ ନୁହେଁ, ଉତ୍ତରାଧିକାରିତ୍ୱ ଯୋଗେ। ମୋ ବୋଉ ନିଜର ସର୍ବସ୍ୱ ଦେଇ ମୋତେ ଇଚ୍ଛା କରିଥିଲା। ତେଣୁ ମୋ ପ୍ରାଣରେ ସେ ସ୍ୱୟଂ ଦେବୀ। କିନ୍ତୁ ସାଧାରଣ ମାଆଙ୍କ

ତୁଳନାରେ ତାର ଯେ କିଛି ବିଶେଷତ୍ୱ ଥିଲା, ମୁଁ କହିପାରିବି ନାହିଁ। ବିଶେଷତ୍ୱ ଥିଲା ବାପାଙ୍କର। ତାଙ୍କ ବିଷୟରେ ପୂର୍ବରୁ ଦ୍ୱିତୀୟ ଓ ଚତୁର୍ଥ ପରିଚ୍ଛେଦରେ ମୁଁ ସାମାନ୍ୟ କିଛି ଲେଖିଛି। ସେ ସାଧାରଣ ସମୟରେ ହବିଷ୍ୟ କଲାପରି ଦିନକେ ବକ୍ତେ ଖାଆନ୍ତି; କିନ୍ତୁ ବେଳେବେଳେ ଦୁଇ-ତିନି ଦିନ ଏକାଦିକ୍ରମେ ଖାଡ଼ା ଉପବାସ କରିପାରନ୍ତି। ଅଥଚ ସେପରି ସମୟରେ ତାଙ୍କର ଦାନ କରିବା ମୁଁ ଦେଖିଛି। ଥରେ ସେ ଏକ ମହାଦେବଙ୍କ ନିକଟରେ ଏକୋଇଶ ଦିନ କାଷ୍ଠା ଅନଶନରେ ଅଧିଆ ପଡ଼ିଥିଲେ। ତାହା ମୋ ଜନ୍ମ ପୂର୍ବରୁ। ଦାଣ୍ଡରେ ଭିଖାରି ଦେଖିଲେ ସେ ଡାକି ଖୁଆଉଥିଲେ। ସେ ଅତ୍ୟନ୍ତ ନିଷ୍ଠାପର ଥିବା ଯୋଗେ ଛୁଉଁଛୁଆଁ ଥିଲେ। ଅଚିହ୍ନା ଲୋକେ ତାଙ୍କୁ ଖପରାଡ଼ିଆଁ କହନ୍ତି। ତଥାପି ସେ ଜଣେ ବାଉରି ଶିଷ୍ୟ ମଦନା ଭୋଇକୁ ଶାସ୍ତ୍ର ଆଲୋଚନା ଶୁଣାଇବା ନିମନ୍ତେ ପାଖରେ ଆଣି ବସାଉଥିଲେ।

■

ଏମ୍.ଏ. ପାସ୍ ପରେ

ଏମ୍.ଏ. ପରୀକ୍ଷା ଫଳ ବାହାରିବା ଦିନ ମୋ ମନଟା ଖରାପ ହେଲା। ଛାତ୍ରମାନେ ଛତରା ହୁଅନ୍ତି, ପଢ଼ାଶୁଣା କରନ୍ତି ନାହିଁ, ବୁଲନ୍ତି, ଶୁଅନ୍ତି, ବାରଚାଉଳିଆ ହୋଇଯାନ୍ତି। ସେତେବେଳେ ଭବିଷ୍ୟତ କଥା ତିଳେହେଲେ ଭାବନ୍ତି ନାହିଁ; କିନ୍ତୁ ଭଲ ପାସ୍ ନକଲେ ବଡ଼ପୁଅ ମଲା ଭଳି ଦୁଃଖରେ ବୁଡ଼ିଯାନ୍ତି। ଫେଲ୍ ହୋଇ କେବେ କିପରି ପିଲାମାନେ 'ଆତ୍ମହତ୍ୟା' କରିବାର ଦେଖାଯାଏ। ମୁଁ ସେଦିନ 'ଆତ୍ମହତ୍ୟା' ଅବଶ୍ୟ କଲି ନାହିଁ; କିନ୍ତୁ ହତ୍ୟା ମକଦ୍ଦମାର ଅପରାଧୀଠାରୁ ବଳି ଚିନ୍ତିତ ହୋଇପଡ଼ିଲି। ମୋର ସାଙ୍ଗ ପିଲାମାନେ ଭଲ ପାସ୍ କଲେ। ସେମାନଙ୍କ ଭିତରୁ 'ସତ୍ୟେନ୍ଦ୍ର ଚନ୍ଦ୍ର ମିତ୍ର' ପରେ ବଙ୍ଗ ବ୍ୟବସ୍ଥା-ପରିଷଦର ଉପର ସଭାର ସଭାପତି ହେଲେ। ସେଦିନ ରାତିଯାକ ମୋର କେବଳ ଭାବନା ହେଲା ମୁଁ ସେମାନଙ୍କ ପାଖେ ମୁହଁ ଦେଖାଇବି କିପରି ଏବଂ ଗୋପବନ୍ଧୁ ବାବୁ କହିବେ କଣ।

ମନୁଷ୍ୟ ଦେହର ଘାଆପରି ମନର ଘାଆ ମଧ୍ୟ ଆପେ ଆପେ କ୍ରମେ ପୂରିଆସେ। ଔଷଧ ଖାଇଲେ ତାହା ଆହୁରି ଶୀଘ୍ର ପୂରେ। ମୋତେ ଶୀଘ୍ର ଗୋଟାଏ ଔଷଧ ମିଳିଗଲା। କଲିକତାରେ ଏକ 'ମୂକ-ବଧିର ବିଦ୍ୟାଳୟ' ଅଛି। ସେତେବେଳେ ତାର ସହକାରୀ ପ୍ରଧାନ ଅଧ୍ୟାପକ ହେବା ପାଇଁ ଜଣେ ଯୁବକକୁ ବୃତ୍ତି ଦେଇ ବିଲାତ ପଠାଇବା କଥା ହେଲା। ମୋର କେତେକ ବନ୍ଧୁ ଯୋଗାଡ଼ ଯତ୍ନ କରି ମୋତେ ତା'ଭିତରେ ନେଇ ପୂରାଇଲେ। କଥାଟା କ୍ରମେ ବେଶିଦୂର ଅଗ୍ରସର ହେଲା। ମୋତେ ଗୋଟିଏ ଦଲିଲ ଲେଖି ଦେବାକୁ ପଡ଼ିଲା। ଦଲିଲରେ ଲେଖାଥିଲା ଯେ, ମୁଁ ଶିକ୍ଷା ପାଇ ଫେରିଲେ କଲିକତା ମୂକ-ବଧିର ବିଦ୍ୟାଳୟରେ କାର୍ଯ୍ୟ କରିବି, ନକଲେ ମୋ ପିଛା ଖର୍ଚ୍ଚ ହୋଇଥିବା ସମସ୍ତ ଟଙ୍କା ଫେରସ୍ତ ଦେବି। କଥା ହୋଇଥିଲା ଯେ ଶିକ୍ଷା ପାଇ ଆସିଲେ

ତିନିବର୍ଷ ସହକାରୀ ଅଧ୍ୟାପକ ହୋଇ ରହିବାକୁ ହେବ ଓ ତା ପରେ ପ୍ରଧାନ ଅଧ୍ୟାପକ ହେବାକୁ ହେବ।

ଶିକ୍ଷା ପାଇବାର ସ୍ଥାନ 'ବିଲାତ'; କିନ୍ତୁ ଶିକ୍ଷା ପାଇ ଫେରି ଆସିବା ପୂର୍ବରୁ ଇଉରୋପର ଅନ୍ୟାନ୍ୟ ଦେଶ ଓ ଆମେରିକାର ମୂକ-ବଧିର ବିଦ୍ୟାଳୟସବୁ ଦେଖିଆସିବା ସ୍ଥିର ହୋଇଥିଲା। ମୁଁ ଗୋଟାଏ ଢେଲାରେ ଦୁଇଟା ଆମ୍ବ ଝାଡ଼ିବି ବୋଲି ମନେ ମନେ ଭାରି ଖୁସିହେଲି। ବିଲାତରେ ପଢ଼ିଆସିଥିଲେ କଲିକତାର ସହରରେ ଗୋଟାଏ ଭଲ ପାହ୍ୟାରେ ରହିବି। ତା'ପରେ ପୁଣି ନାନା ଦେଶ ବୁଲି ଦେଖିଆସିବି। ସେଥିପାଇଁ ମନ ଭାରି ଉଚ୍ଛାଟ ହେଲା; କିନ୍ତୁ ଦଲିଲ ଦସ୍ତଖତ କରିବା ପୂର୍ବରୁ କଥାଟା ଗୋପବନ୍ଧୁବାବୁଙ୍କୁ ନ ଜଣାଇଲେ ଠିକ୍ ହେବ ନାହିଁ ବୋଲି ଭାବିଲି। ଚିଠି ଲେଖିଲି, "ଆପଣ ଅନୁମତି ଦିଅନ୍ତୁ- ମୁଁ ଯାଏଁ।" ଉତ୍ତର ପାଇଲି, "ଗୋଦାବରୀଶ, ତୁମେ କଲିକତା ମୂକ-ବଧିର ବିଦ୍ୟାଳୟରେ ଶିକ୍ଷକ ହେବାକୁ ଯାଉଛ। ଏଣେ ଓଡ଼ିଶାର ଲକ୍ଷ ଲକ୍ଷ ମୂକ-ବଧିରଙ୍କ କଥା କଣ ଭୁଲିଗଲ ?" ମୁଁ ଚିଠି ପାଇ କେବଳ ଯେ ପଢ଼ିଲି ତା ନୁହେଁ, ଗୋପବନ୍ଧୁ ବାବୁଙ୍କର ସ୍ୱର ତିନିଶମାଇଲ ଦୂରରୁ ମୋ କାନରେ ଆସି ବାଜିଗଲା। ମୁଁ ଚମକିପଡ଼ିଲି। ସେହି ମୁହୂର୍ତ୍ତରେ ସେସବୁ କଳ୍ପନା-ଜଳ୍ପନା ଛାଡ଼ିଦେଇ ବସିଲି।

କିନ୍ତୁ ସେଟା ମୋର ବିଫଳତା ନୁହେଁ, ତ୍ୟାଗ। ଏମ୍.ଏ. ପରୀକ୍ଷାରେ ଖରାପ ଫଳ ତାହାହିଁ ମୋତେ ଟେକିରଖିଲା। ମୋର ଆଉ କଲିକତାରେ ନରହିଥିଲେ ଚଳିଥାନ୍ତା। କାରଣ, ଆଉ ବର୍ଷେ ରହି ଓକିଲାତି ପଢ଼ିବା ମୋର ଇଚ୍ଛା ନଥିଲା। ତା'ପରେ ନୀଳକଣ୍ଠବାବୁ ବର୍ଷେ ହେଲା କାର୍ଯ୍ୟକ୍ଷେତ୍ରକୁ ଚାଲିଯାଇଥିଲେ। କାମ ଆରମ୍ଭ ହୋଇସାରିଥିଲା। କଲିକତାରେ ରହିବା ମୋତେ ସୁଖକର ବୋଧହେଲାନାହିଁ; କିନ୍ତୁ କଲିକତା ଛାଡ଼ି ଯିବାର ବାଟ ନଥିଲା। ସେହି ବର୍ଷ ବିହାର-ଓଡ଼ିଶା ପ୍ରଦେଶର ନୂଆ ସରକାର ନିୟମ କଲେ ଯେ, ଯେଉଁମାନେ ଆଇନ-ବୃତ୍ତି ପାଉଥିଲେ ସେମାନେ ଆଇନପଢ଼ା ସରିଲେ ଯାଇପାରିବେ, ମଝିରେ ଛାଡ଼ି ଚାଲିଯାଇପାରିବେ ନାହିଁ। ଫଳରେ ମୋତେ ରହିବାକୁ ପଡ଼ିଲା। ପ୍ରତିଦିନ ସନ୍ଧ୍ୟାରେ ମୁଁ ଆଇନ କ୍ଲାସ୍‌କୁ ଯାଏ। ପଙ୍କରେ ପଶିଲେ ଲୋକେ ଗୋଡ଼ ଧୁଅନ୍ତି; କିନ୍ତୁ ଯାହାର ନିତି ପଙ୍କରେ କାମ, ସେ ଗୋଡ଼ ସଫା କରି ଧୋଇବାକୁ ଚେଷ୍ଟା କରେନାହିଁ। ଆଇନ କ୍ଲାସରେ ପଢୁ ପଢୁ ଆଇନ ପରୀକ୍ଷାରେ ପାସ୍ କରି ଗୋଟାଏ ଅଧିକ ଉପାଧି ପାଇବାକୁ ମୋର ଅଭିଳାଷ ଜନ୍ମିଗଲା। ସୁତରାଂ ଆଇନର ତିନୋଟି ପରୀକ୍ଷା ଭିତରୁ ପ୍ରଥମଟି ଦେଇ ପାସ୍ କରିପକାଇଲି। ଯୁକ୍ତି ହେଲା- ବସିବାଠାରୁ କାଶିବାଟା ଭଲ।

କଲିକତାରେ ମୋର ତୃତୀୟ ବର୍ଷଟା, ମୋ କୋଷ୍ଠୀରେ କି ଯୋଗ ଲେଖାଥିବ

କେଜାଣି, ସମ୍ଭବତଃ 'ରାଜଯୋଗ' ହୋଇଥିବ। ମୁଁ ତିରିଶ ଟଙ୍କା ତ ବୃତ୍ତି ପାଉଥିଲି, ତା'ପରେ ଦୁଇଜଣ ବି.ଏ. ପରୀକ୍ଷାର୍ଥୀଙ୍କୁ ଟିଉସନ କଲି। ଘଣ୍ଟାଏ ଘଣ୍ଟାଏ କରି ପଢ଼ାଏ, ତିରିଶ ଟଙ୍କା କରି ପାଏ। ଜଣକୁ ଇଂରାଜୀ ଓ ଜଣକୁ ଅର୍ଥଶାସ୍ତ୍ର ପଢ଼ାଉଥିଲି। ଦୁହେଁ ପାସ୍ କଲେ। ସେଥିପାଇଁ କୃତିତ୍ୱର ଭାଗ ମୋର କେତେ କେଜାଣି ! ସେ ଯାହାହେଉ, ମାସକୁ ମାସ ମୋର ନବେ ଟଙ୍କା ରୋଜଗାର ହେଲା। ସେତେବେଳେ ଦଶଟଙ୍କିଆ ନୋଟରେ ଘଷି ପାଉଁଶି ଧରି ମୁଁ ଦାନ୍ତ ଘଷିଲି। ଜୁଆଣି ଅର୍କକୁ ଜୀର୍ଣ୍ଣ କରିବା ସରଞ୍ଜାମ ଯୋଗାଇବା ପାଇଁ ଦିନକେ ପାଞ୍ଚଥର ମଧ୍ୟ ଖାଇଲି। ଘରକୁ ପାଞ୍ଚ ଟଙ୍କା ଯାହା ପଠାଉଥିଲି, ଦଶଟଙ୍କା ପଠାଇଲି। ମାସ ଶେଷକୁ ଦୁଇଟଙ୍କା ବଳିପଡ଼ିଲେ ମୋ ମୁଣ୍ଡ ବଥାଇଯାଏ।

ସେତେବେଳେ ଆଇନ କଲେଜରେ ପଢ଼ିବା ଗୋଟାଏ ମଜାର କଥା। ଆମ ଶ୍ରେଣୀରେ ଦୁଇଟା ଭାଗ ଥାଏ। ପ୍ରତ୍ୟେକ ଭାଗରେ ଦେଢ଼ଶହ ଛାତ୍ର ପଢୁଥିଲେ। 'ପଢୁଥିଲେ' ଶବ୍ଦଟା କହିଲା ବେଳକୁ ମୋ ଛାତି ଟିକିଏ ଥରିଯାଉଛି। ଦେଢ଼ଶହ ଛାତ୍ର ମୁଁ କେବେ ଏକସମୟରେ କ୍ଲାସରେ ଦେଖିନାହିଁ। ଯେଉଁମାନେ କ୍ଲାସକୁ ଯାଉଥିଲେ ସମସ୍ତେ ଯେ ଅଧ୍ୟାପକଙ୍କ କଥା ଶୁଣୁଥିଲେ ତା ନୁହେଁ, ଯେଉଁମାନଙ୍କର ଶୁଣିବା ଇଚ୍ଛା ସେମାନେ ଯାଇ ଆଗ ବେଞ୍ଚରେ ବସନ୍ତି। ପଛ ବେଞ୍ଚରେ ବସିବା ପିଲାମାନେ ଖବରକାଗଜ ପଢ଼ନ୍ତି, ଚିନାବାଦାମ, ବୁଟଭଜା ଛଡ଼ାଛଡ଼ି ହୋଇ ଖାଆନ୍ତି, ଇଂରେଜୀ ଶବ୍ଦ ତିଆରିକରନ୍ତି ଓ ତାସ୍ ଖେଳନ୍ତି। ବିରାଡ଼ି ଉଷୁମରେ ଶୋଇବା ପାଇଁ ଚୁଲିମୁଣ୍ଡ ଖୋଜିଲା ପରି ମୁଁ ପଛ ବେଞ୍ଚ ଖୋଜି ବସେ। ଥରେ ଜଣେ ଅଧ୍ୟାପକଙ୍କ ଆଖି ମୋ ଉପରେ ପଡ଼ିଗଲା। ଶୀତଦିନର ସନ୍ଧ୍ୟା। ମୁଁ ମୁଣ୍ଡରେ ନାଲି ଆଲୁଆନଟା ପକାଇ ବସିଥିଲି। ଅଧ୍ୟାପକ ମୋ ଆଡ଼କୁ ଚାହିଁ କହିଲେ, "ବୋହୂପିଲା, ତୁମେ ଆଢୁଆଳରେ କାହିଁକି ବସିଛ ? ଆଗକୁ ଆସ। ଏ ପ୍ରଶ୍ନଟାର ଉତ୍ତର ଦିଅ।" ସେ ଗୋଟିଏ ପ୍ରଶ୍ନ ପଚାରିସାରିଥିଲେ। ମୁଁ ସ୍ଥାନରୁ ନ ଉଠିବା ଦେଖି କହିଲେ, "ବେଶ୍ ଭଲ କଥା, ବସିଛ, ବସିଥାଅ। ତେବେ ତମ ମୁହଁଟା ମୋତେ ଦିଶୁଛି, ବେଞ୍ଚ ତଳକୁ ବସିପଡ଼।"

ଏ ତ ମୋର ଜଣକର ଦିନକର ଅନୁଭୂତି। ସବୁଦିନ ସବୁ ପିଲାଙ୍କର ଗୋଟାଏ ଏକରକମର ଅନୁଭୂତି ହୁଏ ଜଣେ ଅଧ୍ୟାପକଙ୍କ ପାଖେ। ଆମ କ୍ଲାସ ସେତେବେଳେ ଗୋଟାଏ ଅସ୍ଥାୟୀ ଚାଳିଆରେ ହେଉଥାଏ। 'ଦରଭଙ୍ଗା ଭବନ' ସେତେବେଳକୁ ତିଆରି ହୋଇନଥାଏ। ଅଧ୍ୟାପକ ପ୍ରାୟ ଶହେହାତ ଦୂରରେ ବିଶ୍ୱବିଦ୍ୟାଳୟ ହତାରେ ପାଦ ପକାଇଲା ମାତ୍ରେ କ୍ଲାସର ଛାତ୍ରମାନେ ତାଙ୍କୁ ଅଭିବାଦନ କରିବାକୁ ଆଗେଇଯାଆନ୍ତି। କେତେକ କହନ୍ତି, "ମିଷ୍ଟର ବାସୁ, ଆସନ୍ତୁ।" ଆଉ କେତେକ

କହନ୍ତି, "ନା, ନା, ଫେରିଯାଆନ୍ତୁ।" କିନ୍ତୁ ଫେରିଗଲେ ତାଙ୍କର ଦିନକର ଦରମା କଟିଯିବ, ସେଥିପାଇଁ ସେ ଆସନ୍ତି। ସେ ଆସି ବସିବା ମାତ୍ରେ କ୍ଲାସ୍‌ର ଚାରିଆଡ୍ରୁ, ଦଶ ତିରିଶଟା ହାତରୁ ଏକାବେଳକେ ତାଙ୍କ ମୁଣ୍ଡରେ ପୁଷ୍ପ ବୃଷ୍ଟି ହୁଏ। ଏ ପୁଷ୍ପଗୁଡ଼ାକ ଟିକି ଟିକି ଛିଣ୍ଡା ହୋଇଥିବା କାଗଜ। କେତେକ ପିଲା 'ହୁଳହୁଳି' ଦିଅନ୍ତି, କେତେକ ଟେବୁଲରେ ହାତ କଚାଡ଼ି ବାଜା ବଜାନ୍ତି। ଗାଇପାରୁଥିବା ପିଲାଯାକ ଗୀତ ଗାଆନ୍ତି। ପ୍ରଥମରୁ ପନ୍ଦର ମିନିଟ୍ କାଳ ମିଷ୍ଟର ବାସୁଙ୍କ ପ୍ରାଣ ସତେ ଅବା ତାଙ୍କ ଭୌତିକ ଶରୀର ଛାଡ଼ି ଚାଲିଯାଏ। ସେ ଟେବୁଲ୍‌ରେ ହାତ ପିଟନ୍ତି, 'ଭଦ୍ରଗଣ!' 'ବନ୍ଧୁବର୍ଗ!' ଆଦି ସମ୍ବୋଧନ କରନ୍ତି। ସବୁ କୁଆଡ଼େ ପବନରେ ଉଡ଼ିଯାଏ।

କଥା ହେଉଛି, ଆଇନ କଲେଜକୁ ଅଧ୍ୟାପକ ହୋଇ ଆସନ୍ତି ଏପରି ଓକିଲ, ବାରିଷ୍ଟର ଯାହାଙ୍କର କି କଚେରିରେ ପାହୁଲାଏ ରୋଜଗାର ହୁଏ ନାହିଁ। ଅଧ୍ୟାପକମାନେ ମାସରେ ୨୨୫ ଟଙ୍କା ଦରମା ପାଆନ୍ତି। ଟୋକା ବାରିଷ୍ଟରମାନେ ବିଲାତରୁ ଫେରିବା ସଙ୍ଗେ ସଙ୍ଗେ ବିଶ୍ୱବିଦ୍ୟାଳୟ କୁଳପତିଙ୍କ ଧରି ଆଇନ କଲେଜର ଖଣ୍ଡିଏ ଖଣ୍ଡିଏ ଚାକିରି ଯୋଗାଡ଼ କରି ନିଅନ୍ତି। ପିଲାମାନେ ଭାତହାଣ୍ଡିରୁ ଗୋଟାଏ ଚିପି ଅଧ୍ୟାପକଙ୍କ ଯୋଗ୍ୟତା ବାରିନିଅନ୍ତି। ପ୍ରଥମ ଦିନ ପଢ଼ାରୁ ବୁଝିପକାନ୍ତି କିଏ ଭଲ, କିଏ ଭେଲ। ଭେଲମାନଙ୍କୁ କ୍ଲାସରେ କଥା କୁହାଇଦିଅନ୍ତି ନାହିଁ; କିନ୍ତୁ ଭଲ ଅଧ୍ୟାପକଙ୍କ କ୍ଲାସରେ ପିଲାମାନେ ସୁପୁତ୍ର ହୋଇ ବସନ୍ତି, ସତେ ଯେପରି ସମସ୍ତେ ଜଣେ ଜଣେ 'ଆରୁଣି'!

ମନୁଷ୍ୟ ଭିତରେ ପଙ୍କ ଅଛି, ପାଣି ଅଛି। ଯେ ଉପରେ ରହି ପିଇବ ସେ ପାଣି ପାଇବ, ଯେ ତଳକୁ ପଡ଼ିଯିବ ତା ଭାଗ୍ୟରେ ଜୁଟିବ ପଙ୍କ। ରୋହି ଭାକୁଡ଼ ପାଣି ପିଅନ୍ତି। ତୋଡ଼ି ଗଡ଼ିଶା ପଙ୍କରେ ପେଟ ପୂରାନ୍ତି। ଭଲ ଅଧ୍ୟାପକମାନେ ପିଲାଙ୍କଠାରୁ ଶ୍ରଦ୍ଧା, ଭକ୍ତି ପାଇଥାଆନ୍ତି; କିନ୍ତୁ ଯେଉଁମାନଙ୍କ ପେଟରେ ବିଦ୍ୟା ନଥାଏ, କିମ୍ବା ହୃଦୟରେ ଗୁଣ ନଥାଏ ସେମାନେ ଲାଞ୍ଛନା ସହନ୍ତି। କଲିକତା ଆଇନ କଲେଜରେ ପଢ଼ିବା ଫଳରେ ମୋର ଆଖି ଫିଟିଥିଲା। ଶିକ୍ଷକ ହେବାଲାଗି ମୁଁ ଜୀବନ ଗଢ଼ୁଥିଲି। ଛାତ୍ରମାନେ ଶିକ୍ଷକଙ୍କଠାରୁ କଣ ଚାହାନ୍ତି ମୁଁ ତାହାର ଗୋଟାଏ ଧାରଣା କରିନେଲି।

■

୧୯୧୩ ମସିହା

ବିହାର-ଓଡ଼ିଶା ପ୍ରଦେଶ ଗଢ଼ା ହେବା ପରେ, ତାର ବ୍ୟବସ୍ଥା ସଭାରେ ଓଡ଼ିଶାରୁ ସଦସ୍ୟ ହେଲେ ସୁଦାମଚରଣ ନାୟକ, ଗୋକୁଳାନନ୍ଦ ଚୌଧୁରୀ ଓ କନିକା ରାଜା। ସୁଦାମବାବୁ ମୋତେ କିପରି ଚିହ୍ନିଲେ କେଜାଣି; କିନ୍ତୁ ମୁଁ ତାଙ୍କୁ ଚିହ୍ନିଲାବେଳକୁ ଦେଖିଲି ଯେ ସେ ମୋତେ ଭାରି ସୁଖପାଆନ୍ତି। ତାଙ୍କ ସହିତ କଲିକତାରେ ଦେଖା କରିବାକୁ ସେ ମୋତେ ପାଟଣାରୁ ଖଣ୍ଡିଏ ଚିଠି ଲେଖିଥିଲେ। 'ଗ୍ରାଣ୍ଡ୍ ହୋଟେଲ'ରେ ମୁଁ ତାଙ୍କ ପାଖକୁ ଗଲି। ସେ ଦେଖିବାମାତ୍ରେ ମୋତେ ଭାରି ଆଦର କଲେ, ପାଖରେ ବସାଇଲେ, ଖାଇବାକୁ ଦେଲେ। ତାପରେ ମତେ କହିଲେ, "ଆମ ପ୍ରଦେଶରୁ କେତେଜଣ ଯୁବକ ଶିକ୍ଷକତା ଶିକ୍ଷା କରିବା ଲାଗି ସରକାରରୁ ବୃତ୍ତି ପାଇ ବିଲାତ ଯିବେ। ମୁଁ ଚାରିଆଡ଼କୁ ଆଖି ବୁଲାଇ ମନେ ମନେ ତୁମକୁ ଠିକ୍ କରିଛି। ଙ୍କଣ ଯିବ? ନା, ଜାତି ଯିବାକୁ ଡରିବ? ମୁଁ ଶୁଣିଛି, ତୁମର କୁଆଡ଼େ ଜାତିଫାତି ଯିବା ଭୟ ନାହିଁ।"

ସୁଦାମବାବୁ ମୋ ବିଷୟରେ କେତେକ ପରିମାଣରେ ଠିକ୍ ଖବର ପାଇଥିଲେ। ମୋର ପିଲାଦିନୁ ଗୋଟାଏ ଧାରଣା ଥିଲା ଯେ, ଭଲ ଜିନିଷରେ ମଇଳା ଲାଗେ ନାହିଁ। ମୋର ଦେହର ବର୍ଣ୍ଣ ଗୋରା। ଧୂଳିରେ ଗଡ଼ି ମଇଳାହେଲେ ବୋଉ ମୋତେ ଗାଧୋଇପାଧୋଇ ଦେଇ ଯେଉଁ ସଫାକୁ ସେଇ ସଫା କରିଦିଏ। ଧାରଣାଟା ସେଇଥିରୁ ଜନ୍ମିଥିବ। ମୁଁ ପଦ୍ମଚରଣ ପଟ୍ଟନାୟକ, ରାଧାମୋହନ ପଟ୍ଟନାୟକଙ୍କ ସଙ୍ଗେ ସାଙ୍ଗ ହେଲାବେଳେ ଏକା ଥାଳିରେ ଖାଉଥିଲି। କଲିକତାରେ ଯେଉଁ ମୁସଲମାନ ଘରେ ଟିଉସନ କରୁଥିଲି ତାଙ୍କ ଘରେ ବି ଦିନେ ଦିନେ, ସେ ଯାଚିଲେ ଖାଏ, କେବଳ ଗୋମାଂସ ଦେବାକୁ ମନାକରିଥାଏ। ତାଙ୍କର ଭୋଜିଭାତ ହେଲେ ସେ ମୋତେ ଖାଇବାକୁ ଡାକନ୍ତିନାହିଁ; କାରଣ ସେ ଦିନ ଗୋମାଂସ ରନ୍ଧାହୁଏ। ଏସବୁ କଥା ଅବଶ୍ୟ

ମୁଁ ସୁଦାମବାବୁଙ୍କୁ କିଛି କହିଲି ନାହିଁ। କେବଳ ଜଣାଇଦେଲି ଯେ ବିଲାତ ଯିବାକୁ ବୃତ୍ତି ମିଳିଲେ ମୁଁ ଯିବି।

ଶିକ୍ଷକତା ଶିକ୍ଷା କରିବା ପାଇଁ ମୋର ବିଲାତ ଯିବା କଥା ଶୁଣି ଗୋପବନ୍ଧୁବାବୁ ଅନ୍ୟାନ୍ୟ ପ୍ରସ୍ତାବ ପରି ଆପତ୍ତି କଲେ ନାହିଁ, ଖୁସିହେଲେ। କିନ୍ତୁ ସେ ବିଷୟରେ ହଠାତ୍ କିଛି ନିଷ୍ପତ୍ତି ହେଲା ନାହିଁ। ପ୍ରସ୍ତାବଟା ବୋଧହୁଏ ଆରମ୍ଭ ହୋଇଥିଲା ୧୯୧୨ ମସିହା ପୂଜାଛୁଟି ପରେ। ପୂଜାଛୁଟି ଗଲା, ବଡ଼ଦିନ ଛୁଟି ଆସିଲା। ବଡ଼ଦିନ ଯାଇ ପୁଣି ଦୋଳ ଆସିଗଲା। ତଥାପି କିଛି ଗୋଟାଏ ମୀମାଂସା ହେଲା ନାହିଁ। ଏପ୍ରିଲ ମାସକୁ ମୋର ଆଇନପଢ଼ା ଶେଷ ହେଲା, ବୃତ୍ତି ମଧ୍ୟ ବନ୍ଦହେଲା। ଟିଉସନ ମାର୍ଚ୍ଚ ମାସ ଶେଷରୁ ଚାଲିଯାଇଥିଲା। ଗ୍ରୀଷ୍ମଛୁଟି ହୋଇଗଲା। କଲିକତାରେ ମୋର ଆଉ ରହିବା କାରଣ କିଛି ରହିଲା ନାହିଁ। ରହିଲେ ମଧ୍ୟ ଖର୍ଚ୍ଚ କରିବାକୁ ଟଙ୍କା ପାଆନ୍ତି କୁଆଡୁ ?

ଏପ୍ରିଲ ମାସ ଶେଷ ସପ୍ତାହରେ ମୁଁ କଲିକତା ଛାଡ଼ି ହାବଡ଼ା ଷ୍ଟେସନରେ ପୁରୀ ଏକ୍ସପ୍ରେସ୍ ଗାଡ଼ି ଚଢ଼ିଲି। ମୋ ଜୀବନର ଚଉଠା ଶତାବ୍ଦୀର ପ୍ରଥମ ଅଧ୍ୟାୟ ଛୋଟ ହେଲେ ମଧ୍ୟ ସେହିଠାରେ ସରିଲା। ଛାତ୍ରର ଜୀବନ ସାଙ୍ଗହେଲା। ଜୀବନ ଗଢ଼ିବାର ଅବକାଶ ଶେଷପାଇଲା। ତେଣିକି ଆଗରେ ଦେଖିଲି କର୍ମକ୍ଷେତ୍ର। ପୃଥିବୀର କର୍ମକ୍ଷେତ୍ର ବଡ଼ ବିଶାଳ, ଚାହିଁଲେ ଆଖି ପାଏ ନାହିଁ। କିନ୍ତୁ ମୁଁ ଗୋଟିଏ ଛୋଟିଆ କର୍ମକ୍ଷେତ୍ର ବରି ନେଇଥିଲି। ହାବଡ଼ା ଷ୍ଟେସନରୁ ସନ୍ଧ୍ୟାରେ ବାହାରି ପରିଦିନ ସକାଳେ ସାକ୍ଷିଗୋପାଳରେ ଓହ୍ଲାଇଲି। ରାତିସାରା କଳ୍ପନାଜଳ୍ପନାର ଆନ୍ଦୋଳନରେ ମୋର ଭଲ ନିଦ ହୋଇନଥିଲା। ସାକ୍ଷିଗୋପାଳ ଷ୍ଟେସନରେ ଓହ୍ଲାଇବା ମୋର ସେହି ପ୍ରଥମ। ଷ୍ଟେସନରୁ କିପରି କେଉଁଆଡ଼କୁ ଯିବି, ସେ ଚିନ୍ତା ମଧ୍ୟ ହେଲା।

କିନ୍ତୁ ଗାଡ଼ି ଆସି ଷ୍ଟେସନରେ ପହଞ୍ଚିଲାବେଳକୁ ସାକ୍ଷିଗୋପାଳ ପ୍ଲାଟ୍‌ଫର୍ମରେ ଚିହ୍ନା ମୁହଁ ଦେଖିଲି। ନୀଳକଣ୍ଠବାବୁ ଓ ହରିହରବାବୁ ଆସିଥିଲେ। ତାଙ୍କ ସଙ୍ଗେ ପଚାଶ ଖଣ୍ଡେ ଅଚିହ୍ନା ପିଲା ଓ ଯୁବକ ମଧ୍ୟ ଥିଲେ। ମୋର ଉପସ୍ଥିତବୁଦ୍ଧିର ଏତେ ଅଭାବ ଯେ, ଗାଡ଼ିରୁ ଓହ୍ଲାଇପଡ଼ି ମୁଁ ନୀଳକଣ୍ଠବାବୁ ଓ ହରିହରବାବୁଙ୍କୁ ନମସ୍କାର କରିବା ସଙ୍ଗେ ସଙ୍ଗେ ପଚାରିଲି, "କୁଆଡ଼େ ଯିବ ନା କଣ ?" ନୀଳକଣ୍ଠବାବୁ ହସି ହସି ଉତ୍ତର ଦେଲେ, "ତୁମେ ଯୁଆଡ଼େ ଯିବ।" ସେତେବେଳେ ଯାଇ ମୁଁ କଥାଟା ବୁଝିଲି, ସତ୍ୟବାଦୀ ସ୍କୁଲର ଶିକ୍ଷକ ଓ ଛାତ୍ରମାନେ ମୋତେ ପାଛୋଟି ନେବାକୁ ଆସିଥିଲେ। କଲିକତାରୁ ସତ୍ୟବାଦୀକୁ ପରିବର୍ତ୍ତନଟା ମୋତେ ସେହିକ୍ଷଣି ବଡ଼ ବୋଧହେଲା।

ମୁଁ ସତ୍ୟବାଦୀରେ ପହଞ୍ଚି ତିନି-ଚାରି ଦିନକାଳ ଶିକ୍ଷକଙ୍କ ସଙ୍ଗରେ ଶିକ୍ଷକ ପରି ଓ ଛାତ୍ରମାନଙ୍କ ଭିତରେ ଛାତ୍ରପରି ଚଳିଲି । ଦିନେ ଜଣେ ପିଲା ମୋତେ ପଚାରିଲା, "ତୁମେ କଣ ନା ଲେଖାଇଲଣି ?" ମୁଁ ଉତ୍ତର ଦେଲି, "ନା ।" ସେ ମୋଠାରୁ କାରଣ ପଚାରି ବୁଝିଲା ଯେ, ପ୍ରଧାନ ଶିକ୍ଷକ ମୋତେ କୌଣସି ଶ୍ରେଣୀରେ ଭର୍ତ୍ତି କରିବାକୁ ରାଜି ହେଉନାହାନ୍ତି । ଶୁଣି ସେ ମୋ ପ୍ରତି ସହାନୁଭୂତି ଦେଖାଇ ମୁହଁ ଟିକିଏ ଶୁଖାଇଦେଲା; କିନ୍ତୁ ମୋତେ ଉତ୍ସାହିତ କରିବା ପାଇଁ କହିଲା, "ଦେଖ, ମୁଁ ହରିବାବୁଙ୍କ ସଙ୍ଗେ କଥାବାର୍ତ୍ତା ହୁଏ । ମୁଁ ତୁମପାଇଁ ତାଙ୍କୁ କହିବି । ସେ ପ୍ରଧାନ ଶିକ୍ଷକଙ୍କୁ ସୁପାରିସ କଲେ ତୁମକୁ ନେଇପାରନ୍ତି ।" ସେପରି ତିନି ସେଣାରେ ପାଣି ନଉଠାଇ ମୁଁ ଖୋଦ୍ ପ୍ରଧାନଶିକ୍ଷକଙ୍କୁ କହିବା ପାଇଁ ତାଙ୍କୁ ଅନୁରୋଧକଲି । ସେ ଜିଭ କାମୁଡ଼ିଦେଇ ଉତ୍ତର ଦେଲା, "ସେ କଥା ହୋଇପାରିବନାହିଁ । ତାଙ୍କ ପାଖକୁ ମୋର କିଏ ଯିବ ?" ପିଲାଟିର ନାଁ ଭୁଲିଯାଇଛି । ମୋର ଗୋଟାଏ ବଡ଼ ଦୋଷ ଯେ, ମୁଁ ନାଁ ବା ମୁହଁ କିଛି ମନେ ରଖିପାରେ ନାହିଁ । କେତେଥର ଭୁଲ୍ କରି ଭାରି ଅପଦସ୍ଥ ହୋଇଛି ।

ମେ ମାସ ପହିଲା ତାରିଖ ସକାଳ । ଗ୍ରୀଷ୍ମକାଳ ଲାଗି ସ୍କୁଲ ସକାଳେ ବସିବା କଥା, ବସିଲା ନାହିଁ । ଗଛମୂଳେ ଗୋଟାଏ ସ୍ଥାନ ସୁସଜ୍ଜିତ କରାଗଲା । ଗୋପବନ୍ଧୁ ବାବୁ ପୂର୍ବଦିନ ଆସିଥିଲେ । ସେଦିନ ସକାଳେ ମଟରରେ ପୁରୀରୁ ଆଉ କେତେଜଣ ଆସି ପହଞ୍ଚିଲେ । ଆଖପାଖ ଗାଁମାନଙ୍କରୁ କିଛି ଲୋକ ମଧ୍ୟ ଆସିଲେ । ଗୋଟିଏ ଛୋଟିଆ ସଭା ହେଲା । ଆଜିକାଲିର ସମୟ ହୋଇଥିଲେ ହଜାରେ ଦୁଇହଜାର ଲୋକ ଉପସ୍ଥିତ ଥିଲେ ବୋଲି ଦୂରଦୂରାନ୍ତକୁ ହୁଏତ ଖବର ହୁଅନ୍ତା । ସେଦିନ ସଭାରେ ଛାତ୍ରମାନଙ୍କ ସମେତ ତିନିଶହ ପର୍ଯ୍ୟନ୍ତ ଥିଲେ । ଏମାର ମଠ ମହନ୍ତ ମହାରାଜ ସଭାପତି ହେଲେ । ପୁରୀ କିଲଟରୀ ଅଫିସର ସିରସ୍ତାଦାର (ବର୍ତ୍ତମାନ ରାୟସାହେବ) ରଘୁନାଥ ରାଓ ଭାଷଣ ଦେଲେ । ଗୋପବନ୍ଧୁ ବାବୁ ନିଜର ଅଭ୍ୟସ୍ତ ରୀତିରେ ଯେଉଁ ବକ୍ତୃତା ଦେଲେ, ସେଥିରେ ଅନେକଙ୍କର ଆଖି ଛଳଛଳ ହୋଇଗଲା । ମୋର ମନେହେଉଛି, ସତ୍ୟବାଦୀ ସ୍କୁଲକୁ ବିସ୍ତର ଅର୍ଥ ସାହାଯ୍ୟ କରିବାକୁ ମହନ୍ତ ମହାରାଜ ସେତେବେଳେ ମନେ ମନେ ସ୍ଥିର କରିଥିବେ ।

ସେଦିନ ସତ୍ୟବାଦୀ ସ୍କୁଲରେ ମୋର ଯୋଗ ଦେବା ଉତ୍ସବ ପାଳନ କରାଗଲା । ମୁଁ ପରେ ବୁଝିଲି ଯେ, ଅନ୍ୟମାନଙ୍କ ପାଇଁ ସେପରି ଉତ୍ସବ ହୋଇନଥିଲା । ନୀଳକଣ୍ଠବାବୁ ଦୁଇବର୍ଷ ପୂର୍ବରୁ ଯୋଗଦେଇଥିଲେ । ଆମମାନଙ୍କର କଳ୍ପନା-ଜଳ୍ପନାର ସେ ହେଲେ ପ୍ରଥମ ପ୍ରସୂତ । ଆଉ କେହି କେହି ପରେ ତ୍ୟାଗ କଲେ; କିନ୍ତୁ ପ୍ରଥମ ତ୍ୟାଗ ନୀଳକଣ୍ଠବାବୁଙ୍କର । ଓକିଲାତି କରିଥିଲେ ହୁଏତ ସେ ହଜାର ହଜାର ଟଙ୍କା

ଉପାର୍ଜନ କରିଥାନ୍ତେ। ଜୀବନରେ ସବୁପ୍ରକାର ସୁଖ-ସୌଭାଗ୍ୟକୁ ଜଳାଞ୍ଜଳି ଦେଇ ମାସିକ ତିରିଶ ଟଙ୍କା ଭତ୍ତାରେ ଆସି କାର୍ଯ୍ୟ କରିବାକୁ ପ୍ରସ୍ତୁତ ହେବା, ନିଆଁକୁ ଡେଇଁପଡ଼ିବା ସଙ୍ଗେ ସମାନ। ନୀଳକଣ୍ଠବାବୁ ପ୍ରଥମେ ସେଇ ନିଆଁକୁ ଡେଇଁଥିଲେ। ଆମେ ଅନ୍ୟମାନେ ପରେ ଗଡ୍ଡଳିକା ପ୍ରବାହରେ ଗତି କଲୁ ମାତ୍ର।

ତେବେ ମୋ ଲାଗି ସ୍ୱତନ୍ତ୍ରଭାବରେ ଗୋଟିଏ 'ପ୍ରବେଶ-ଉତ୍ସବ' ପାଳନ କରିବା କାରଣ ଥାଇପାରେ। ସତ୍ୟବାଦୀ ସ୍କୁଲରେ ଯୋଗଦେବାକୁ ଯେଉଁମାନେ ପ୍ରସ୍ତୁତ ହୋଇଥିଲେ, ସେ ସମସ୍ତେ ସେଠାର ସ୍ଥାନୀୟ ଲୋକ, ଏକମାତ୍ର ମୁଁ ଦୂରରୁ ଆସିଥିଲି। ତା'ପରେ ପୁଣି ଅନ୍ୟମାନଙ୍କର କିଛି କିଛି ବିଷୟ-ସମ୍ପତ୍ତି ଥିଲା। ମୋର ସେ ଦିଗଟା ଏକାବେଳେ ଶୂନ୍ୟ କହିଲେ ଚଳେ। ତା'ପରେ ପୁଣି କଳ୍ପନା-ଜଳ୍ପନା ଭିତରେ ମୁଁ ଖୁବ୍ ଘନିଷ୍ଠ ଭାବରେ ସଂଶ୍ଳିଷ୍ଟ ହୋଇନଥିଲି। ମୋ ଅନୁପସ୍ଥିତିରେ କଥାବାର୍ତ୍ତା ପଡ଼େ- 'ତା ଉପରେ ନିର୍ଭର କରନ୍ତୁ ନାହିଁ, ଦେଖିଛନ୍ତି ତ ଡାକିଲେ ଆସୁନାହିଁ। କହୁଛି କଣ- ତୁମେ ସବୁ ଠିକ୍ କର, ମୁଁ ଅଛି।' ମୋର ମନେହେଲା ଯେ, ସତ୍ୟବାଦୀ ସ୍କୁଲ ସହିତ ମୋର ସମ୍ପର୍କ ଦୃଢ଼ କରିବା ଲାଗି ସେ ସଭା ହୋଇଥିଲା। ପାଣିଗ୍ରହଣ ଲାଗି ବେଦମନ୍ତ୍ର, ବାଜା, ଭୋଜି, ଲୋକସମାଗମ କୌଣସିଟା ଖୁବ୍ ଦରକାରୀ ନୁହେଁ, ବୋଧହୁଏ ସମ୍ପର୍କଟା ଅଚ୍ଛେଦ୍ୟ ରଖିବା ଲାଗି ଏସବୁ ଆନୁଷଙ୍ଗିକ ଜିନିଷ ଆବଶ୍ୟକ ହୁଏ। ମୋ ପାଇଁ ତାହାହିଁ ହୋଇଥିବ।

ମେ ମାସ ଦୁଇ ତାରିଖରୁ ମୁଁ କାମ ଆରମ୍ଭ କଲି। ଛୋଟ ପିଲାଙ୍କୁ ପଢ଼ାଇବା ରୀତି ମୋତେ ଜଣାନଥିଲା। ମୋର କେବଳ ଥିଲା ଉତ୍ସାହ ଓ କାମ କରିବାର ଇଚ୍ଛା। କେତେଦିନ ମଧ୍ୟରେ ଦେଖିଲି ଯେ, ପଢ଼ାଇବା କାମଟା ମୋତେ ବେଶ୍ ଆଗେଇଗଲା। ମୁଁ ଘରେ ସାମାନ୍ୟ ପରିଶ୍ରମ କରି ସ୍କୁଲରେ ଯାଇ କାର୍ଯ୍ୟ ଚାଳିନେବାକୁ ବେଶ୍ ଶକ୍ୟ ହେଲି। ମୋ ପଢ଼ାଇବା ରୀତିରେ ଭୁଲ୍ ଅବଶ୍ୟ ରହୁଥିବ। ତେବେ ମୁଁ ନୂଆ ହୋଇଥିବାରୁ ପ୍ରଧାନ ଶିକ୍ଷକ ନୀଳକଣ୍ଠବାବୁ ମୋତେ ପ୍ରଶ୍ରୟ ଯେପରି ଦେଉଥିଲେ, ପଢ଼ାଇବାର ରୀତି ସେହିପରି ବତାଇ ମଧ୍ୟ ଦେଉଥିଲେ। ହରିହରବାବୁ ପୂର୍ବରୁ କଟକରେ ଶିକ୍ଷକତା କିଛିକାଳ କରିଥିଲେ। ତାଙ୍କର ପ୍ରବୀଣତା ଆସିଯାଇଥିଲା। ତାଙ୍କଠୁ ଶିଖିବା କଥା ଅନେକ ଥିଲା। ଯାହାହେଉ, ମୁଁ ଜୀବନର ନୂଆ କର୍ମକ୍ଷେତ୍ରରେ ମନପ୍ରାଣ ଢାଳିଦେଇ ଲାଗିଲି।

କିନ୍ତୁ ସତ୍ୟବାଦୀର ପରିସ୍ଥିତିରେ ଖାପ୍ ଖାଇବାକୁ ମୋତେ କିଛି କାଳ ଲାଗିଗଲା। ରହିବା ଘରର ବଡ଼ ଅଭାବ ଥିଲା। ଗୋଟିଏ ଛୋଟିଆ କୋଠରିରେ ଆମେ ପାଞ୍ଚଜଣ ଶିକ୍ଷକ ରହୁଥିଲୁ। କୋଠରିଟି ବଖରାଏ ଚାଳଘର। ହରିହରବାବୁଙ୍କର

ଗୋଟିଏ ସାତଫୁଟ ଲମ୍ବା, ଛଅଫୁଟ ଚଉଡ଼ା ମଶାରି ଥାଏ, ତାରି ଭିତରେ ଆମେ ପାଞ୍ଚଜଣ ଶୋଉ। ଏପରି ଏକାଠି ଶୋଇବା ମୋର ଅଭ୍ୟାସ ନଥିଲା। ଅନ୍ୟମାନଙ୍କର ମଧ୍ୟ ନଥିବ। ତେବେ ସେମାନେ ମୋ ଆଗରୁ ସେହିଠାରେ ଅଭ୍ୟାସ କରିନେଇଥିଲେ, ମୋତେ କିଛି ସମୟ ଲାଗିଗଲା। ନୂଆ ନୂଆ କେତେଦିନ ମନଟା କୁନ୍ଥ-କୁନ୍ଥ ହେଲା; କିନ୍ତୁ ଲକ୍ଷ୍ୟଆଡ଼କୁ ଚାହିଁ ସହିବାକୁ ପଡ଼ିଲା।

ସାଧନା

ଦେଶର ସେବାରେ ନିଜକୁ ଲଗାଇବା ଭଳି ଲୋକ ଗଢ଼ିବା ପାଇଁ ସତ୍ୟବାଦୀ ସ୍କୁଲ୍‌ର ପରିକଳ୍ପନା। ସ୍କୁଲରେ ତ୍ୟାଗ ଓ ସେବାର ଆଦର୍ଶରେ କାର୍ଯ୍ୟ କରିବାକୁ ଶିକ୍ଷକ ଯେପରି ଲୋଡ଼ା, ସ୍କୁଲର ବ୍ୟୟ ନିର୍ବାହ କରିବା ନିମନ୍ତେ ଅର୍ଥ ମଧ୍ୟ ସେହିପରି ଆବଶ୍ୟକ। ସେଥିପାଇଁ ଆମ ଯୋଜନାରେ ଦୁଇ ଶ୍ରେଣୀର କର୍ମୀଙ୍କ ପାଇଁ ବ୍ୟବସ୍ଥା ଥିଲା- ଶିକ୍ଷକ ଓ ଉପାର୍ଜନକାରୀ। ଶିକ୍ଷକର ସ୍ଥାନକୁ ଉଚ୍ଚରେ ରଖାଯାଇଥିଲା। ସ୍ଥିର ହୋଇଥିଲା ଯେ, ଆମ ଗୋଷ୍ଠୀର ପ୍ରତ୍ୟେକ ସଦସ୍ୟ ପ୍ରଥମେ ତିନିବର୍ଷ ଶିକ୍ଷକତା କରିବେ ଓ ତା'ପରେ ଅର୍ଥ ଉପାର୍ଜନ କରି ଉପାର୍ଜିତ ଅର୍ଥର ପାଞ୍ଚଭାଗରୁ ଭାଗେ ସାଧାରଣ ପାଣ୍ଠିକୁ ଦେବେ।

କିନ୍ତୁ କାର୍ଯ୍ୟରେ ତାହା ହେଲା ନାହିଁ। ନୂଆ ନୂଆ କର୍ମୀ ଆସି ଯୋଗଦେଲେ ନାହିଁ। ମୁଁ ସତ୍ୟବାଦୀରେ ରହିବାର ପ୍ରଥମ ବର୍ଷକ ଭିତରେ ସାତଆଠ ଜଣଙ୍କ ପାଖକୁ ଯାଇଥିବି। କିଏ ହଠାତ୍ ନାହିଁକଲେ, କିଏ ବା ପ୍ରସ୍ତାବ ଶୁଣି ପରେ ଚିଠି ଲେଖି ଜଣାଇଦେଲେ ଯେ ସତ୍ୟବାଦୀକୁ ଆସିପାରିବେ ନାହିଁ। ଫଳରେ ତିନିବର୍ଷ ଶିକ୍ଷକ ହେବା କଳ୍ପନା ଛାଡ଼ିବାକୁ ପଡ଼ିଲା। ନୀଳକଣ୍ଠବାବୁ ତିନିବର୍ଷ ପରେ ଗଲେନାହିଁ। ଶିକ୍ଷକତା ଶିକ୍ଷା କରିବା ନିମନ୍ତେ ମୋର ଯେ ବିଲାତ ଯିବାର ପ୍ରସ୍ତାବ ହୋଇଥିଲା, ମୁଁ ସତ୍ୟବାଦୀରେ ଆସି ରହିବା ପରେ ତାହା ସୁଦୂରପରାହତ ହୋଇଗଲା। ମୁଁ ଶିକ୍ଷକତା କରିବା ଭିତରେ ଓକିଲାତି ପରୀକ୍ଷା ଦେଇ ପାସ୍ କରିବା ବାସନା କ୍ରମେ ଛାଡ଼ିଲି। ସେହିଠାରେ ଆଜୀବନ ମାଟି କାମୁଡ଼ି ପଡ଼ିରହିବା କଥା ସ୍ଥିର ହେଲା। ମୁଁ ଦିନର କାମ ସାରି ସନ୍ଧ୍ୟାରେ ଶ୍ମଶାନରେ ଯାଇ ଏକା ବସେ। ଦିନେ ଯେଉଁଠାରେ ମୋ ଦେହ ପାଉଁଶରେ ମିଶିବ, ବସି ବସି ସେହି ସ୍ଥାନ ସ୍ଥିରକରେ। ଜୀବନର କର୍ମକ୍ଷେତ୍ରରେ ଆଖିବୁଜିବା କଥା ଭାବିଲେ ପ୍ରାଣରେ ଅପୂର୍ବ ଆନନ୍ଦ ଆସେ।

ଇଂରେଜୀରେ ଅଛି- 'ରୋମ୍ ସହର ଦିନକରେ ତିଆରି ହୋଇନଥିଲା।' ସତ୍ୟବାଦୀ ସ୍କୁଲ ଦିନକୁଦିନ ହାତରେ ଗଢ଼ିବାବେଳେ ସେ କଥାର ସତ୍ୟତା ଉପଲବ୍ଧି କରିବାକୁ ମୋତେ ବେଶ୍ ସୁଯୋଗ ମିଳିଲା। ସ୍କୁଲବେଳେ ଶିକ୍ଷକମାନେ ଶିକ୍ଷକ, ଛାତ୍ର ଛାତ୍ର; କିନ୍ତୁ ବଗିଚାରେ କୋଡ଼ି ହାଣିବା କିମ୍ବା ପାଣି ମଡ଼ାଇବାବେଳେ ଶିକ୍ଷକ ଓ ଛାତ୍ର ଉଭୟେ କାନ୍ଧକୁ କାନ୍ଧ ପକାଇ ସହକର୍ମୀ ଭାବରେ କାମ କରୁଥିଲୁ। ସ୍କୁଲ ଘର ତିଆରି ଲାଗି ଆମେ ସମସ୍ତେ ମୁଣ୍ଡରେ ଇଟା ଚୂନ ବୋହିଛୁ। ଘର ଝାଡୁଦେଇଛୁ। ଶିକ୍ଷିତ ଲୋକଙ୍କ ଦୃଷ୍ଟିରେ ଯେଉଁସବୁ କାମ ଘୃଣ୍ୟ ସେପରି ଅନେକ କାମ କରିଛୁ। ମଫସଲ ଗାଁମାନଙ୍କରୁ ନଡ଼ା, କାଠ, ବାଉଁଶ କୁଲିଙ୍କ ପରି ବୋହିଆଣିଛୁ। ଚାନ୍ଦା ପାଇଁ ଧନୀ ଲୋକଙ୍କ ଦ୍ୱାରସ୍ଥ ହୋଇଛୁ। ମୋଟା ବଗଡ଼ା ଖାଇଛୁ, ମାଟିରେ ଶୋଇଛୁ, ଖରାବର୍ଷା ସହିଛୁ। ଏସବୁ ଯେତେବେଳେ ଯାହା କରିଛୁ, ଅକାତରରେ ହସି ହସି କରିଛୁ। ଦାରିଦ୍ର୍ୟ ଓ ସେବା ଆମେମାନେ ଜୀବନର ବ୍ରତ କରି ନେଇଥିଲୁ।

ଏମ୍.ଏ. ପାସ୍ କରିଥିବା ଶିକ୍ଷକମାନେ ମାସକୁ ତିରିଶ ଟଙ୍କା ପାଉଥିଲେ। ମୁଁ କେତେ କଳ୍ପନା କରିଥିଲି ଯେ, ସାଧାରଣ ଚାକିରିରେ ଘାଟିକି ଘାଟି ବେତନ ବଢ଼ିଲା ପରି ଆମ ମାସିକ ପାଉଣା ବଢ଼ିବ; ଅଥଚ ଏଣେ ତିରିଶ ଟଙ୍କାରେ ମୋର ଘର ଚଳୁନାହିଁ। ସେଥିପାଇଁ ପ୍ରଥମେ ସାକ୍ଷିଗୋପାଳ ମନ୍ଦିର ପାଣ୍ଠିରୁ ଓ ପରେ ପୁରୀ ବ୍ୟାଙ୍କରୁ କରଜ କରିବାକୁ ଲାଗିଲି। ଦୁଇ-ତିନିବର୍ଷ ପରେ କରଜର ପରିମାଣ ପାଞ୍ଚଶ ଟଙ୍କା ଉପରେ ହୋଇଗଲା। ତହୁଁ ସ୍ଥିର ହେଲା ଯେ ଯେଉଁ ମାସରେ ଯେତେ ଖର୍ଚ୍ଚ ହେବ ଖର୍ଚ୍ଚର ହିସାବ ଦେଇ ଆମ୍ଭେମାନେ ସ୍କୁଲପାଣ୍ଠିରୁ ଟଙ୍କା ନେବୁ। ଦୁଇଚାରି ମାସ ଚଳିଲା ପରେ ସେ ପ୍ରକାର ପ୍ରଥା ଅସୁବିଧାଜନକ ହେଲା। ଶିକ୍ଷକମାନଙ୍କ ପାଉଣା ବିଷୟରେ କେତେ ପ୍ରକାର ବ୍ୟବସ୍ଥା ହୋଇସାରିଲା ପରେ ୧୯୧୭କୁ ଏମ୍.ଏ. ପାସ୍ କରିଥିବା ଶିକ୍ଷକମାନଙ୍କ ପାଇଁ ମାସିକ ପଞ୍ଚସ୍ତରି ଟଙ୍କା ଧାର୍ଯ୍ୟ ହେଲା। ସଙ୍ଗେ ସଙ୍ଗେ ନିୟମ ହେଲା ଯେ ପୈତୃକ ସମ୍ପତ୍ତି ଛଡ଼ା ବାକି ଯାହାର ଯାହା ବ୍ୟକ୍ତିଗତ ଆୟ ହେବ, ସବୁ ସ୍କୁଲପାଣ୍ଠିକୁ ଯିବ।

ସ୍କୁଲ ଚାଲିଲା। ଶିକ୍ଷକମାନେ ପ୍ରାଣପାତ କରି କାମ କଲେ। ପିଲାମାନେ ଏକ ପରିବାରର ପୁଅ ମନେକରି ଭାଇ ଭାଇ ପରି ଚଳିଲେ। ଅଭାବ ରହିଲା କେବଳ ବିଶ୍ୱବିଦ୍ୟାଳୟର ମଞ୍ଜୁରି। ସେତେବେଳେ ମନ୍ମଥକୃଷ୍ଣ ଦେବ ପୁରୀର କଲେକ୍ଟର। ଆକାରରେ ଦେଖିବାକୁ ସେ ପତଳା, ଡେଙ୍ଗା, ଶୁଖିଲା ମୁହଁ, ଅଳ୍ପକେ ଭାରି ଚିଡୁଥିଲେ। ତାହିରପୁର ଜମିଦାର ପରିବାରର କୁମାର ଶାନ୍ତଶେଖରେଶ୍ୱର ରାୟ ସେ ସମୟରେ ପୁରୀରେ ରହୁଥିଲେ। ଓଡ଼ିଶା ରାଜନୀତି କ୍ଷେତ୍ରରେ ଖ୍ୟାତି ଅର୍ଜିବା ତାଙ୍କର ଅଭିପ୍ରାୟ

ଥିଲା। 'ରତ୍ନାକର' ନାମରେ ସେ ଖଣ୍ଡିଏ ଇଂରେଜୀ ସାପ୍ତାହିକ ଖବରକାଗଜ ବାହାର କରୁଥିଲେ। ମନ୍ମଥକୃଷ୍ଣ ଦେବ ତାଙ୍କୁ ଯେ କେବଳ ସାହାଯ୍ୟ ଦେଉଥିଲେ, ତା ନୁହେଁ; ତାଙ୍କ କାଗଜରେ ବେନାମି ଭାବରେ ଲେଖାଲେଖି ମଧ୍ୟ କରୁଥିଲେ। ଗୋପବନ୍ଧୁ ବାବୁଙ୍କ ସଙ୍ଗେ ତାଙ୍କର ଭିତରେ ଭିତରେ ପଡୁନଥିଲା।

ଯା' ପୁଅକୁ ସାପ କାମୁଡ଼େ ତା ମା' ପାଳଦଉଡ଼ି ଦେଖିଲେ ଡରେ। ପୁରୀ ଜିଲ୍ଲାର ସରକାରୀ ହାକିମମାନଙ୍କୁ କେହି କାମୁଡ଼ି ନଥିଲେ ସୁଦ୍ଧା ସେମାନେ ସତ୍ୟବାଦୀ ସ୍କୁଲ ନାଁକୁ ଭାରି ଡରୁଥିଲେ। ଲୋକଙ୍କ ଭିତରେ ସ୍କୁଲର ପ୍ରତିପତ୍ତି ଯେତିକି ବଢ଼ିଲା, ସରକାର ସେତିକି ତାକୁ ସନ୍ଦେହ ଦୃଷ୍ଟିରେ ଦେଖିଲେ। ବିଶ୍ୱବିଦ୍ୟାଳୟ ମଞ୍ଜୁରି ମିଳିବା ପଛରେ ତାହାହିଁ ରହିଲା। ଗୋପବନ୍ଧୁବାବୁ ସାକ୍ଷିଗୋପାଳରୁ କଲିକତା, କଲିକତାରୁ ପାଟଣା ଧାଇଁ ଧାଇଁ ତାଙ୍କ ଗୋଡ଼ରୁ ପାଣି ମଲା। କଲିକତା ଗଲେ ବିଶ୍ୱବିଦ୍ୟାଳୟ କର୍ତ୍ତୃପକ୍ଷ କହନ୍ତି- 'ଆମେ କଣ କରିବୁ- ବିହାର-ଓଡ଼ିଶା ସରକାର ଯେ ଆପତ୍ତି କରୁଛନ୍ତି ?' ବିହାର-ଓଡ଼ିଶା ସରକାରଙ୍କ ରାଜଧାନୀ ପାଟଣା। ପାଟଣାରେ ସରକାରୀ ହାକିମମାନେ କହନ୍ତି- 'ଏହେ ଆମ ପାଖକୁ କାହିଁକି ଆସିଲ ? କଲିକତା ବିଶ୍ୱବିଦ୍ୟାଳୟ ଗୋଳମାଳ କରୁଛି, ସେଠେଇ ଯାଇ ଧର।' ମାସ ମାସ ଧରି ଏ ତାଙ୍କୁ ସେ ଯାଙ୍କୁ ଦେଖାଇବାରେ ଲାଗିଲେ। ଦକ୍ଷିଣାୟନରେ ଥିବା ସୂର୍ଯ୍ୟ ଦେବତା ଉତ୍ତରାୟଣକୁ ଯାଇ ପୁଣି ଫେରି ଦକ୍ଷିଣାୟନକୁ ଫେରିଲେ। କେତେ ଗ୍ରହ ଉପଗ୍ରହ ଅନନ୍ତ ପଥରେ କେତେ ଗତି କଲେ। ତଥାପି ସତ୍ୟବାଦୀ ସ୍କୁଲ ମଞ୍ଜୁରି ବିଷୟରେ ଭିତିରି ରହସ୍ୟ ଚକେ କିମ୍ବା ଚାଖଣ୍ଡେ ଉପରକୁ ବାହାରିଲା ନାହିଁ।

ଏଣେ ସତ୍ୟବାଦୀ ସ୍କୁଲରେ ଘର ତିଆରି, ଗଛଲଗା, ପଢ଼ାପଢ଼ି ଚାଲିଥାଏ। ପିଲା ଓ ଶିକ୍ଷକମାନେ ପୁରୀ ରଥଯାତ୍ରାରେ, ଘରପୋଡ଼ିରେ, ହଇଜା ପ୍ରଭୃତି ମହାମାରୀ ସମୟରେ ସ୍ୱେଚ୍ଛାସେବକ ହୋଇ କାମ କରୁଥାନ୍ତି। ପ୍ରଥମ ଶ୍ରେଣୀକି ଉଠିଲା ପରେ ସ୍କୁଲରୁ ପରୀକ୍ଷା ଦେଇ ହେବ କି ନାହିଁ, ତାର ଅପେକ୍ଷା ନରଖି ଦୂରଦୂରାନ୍ତରରୁ ଲୋକେ ନିଜ ନିଜ ପିଲାଙ୍କୁ ପଠାଇବାକୁ ଲାଗିଲେ। ଚାରିଆଡ଼େ ଧାରଣା ହୋଇଗଲା ଯେ, 'ସତ୍ୟବାଦୀ ସ୍କୁଲରେ ପିଲାମାନେ ମଣିଷ ହେଉଛନ୍ତି।' ତା' ଫଳରେ ଓଡ଼ିଶାର ସବୁ ଅଞ୍ଚଳରୁ ପିଲା ତ ଆସିଲେ, ତା'ଛଡ଼ା ଅନ୍ୟାନ୍ୟ ପ୍ରଦେଶରୁ ମଧ୍ୟ କେତେକ ଆସି ପହଞ୍ଚିଲେ। ବଡ଼ ବଡ଼ ସରକାରୀ ଚାକିରିଆ ଓ ରାଜା-ଜମିଦାରଙ୍କ ପିଲାମାନେ ଆସି ନାମ ଲେଖାଇଲେ। ଛାତ୍ରସଂଖ୍ୟା ପାଞ୍ଚଶହ ଉପରକୁ ଉଠିଲା।

ଘର ଅଭାବରୁ ଗୋଟିଏ ଗୋଟିଏ କୋଠରିରେ ଦଶ ବାର ପିଲା ରହିଲେ। ଅନ୍ୟାନ୍ୟ ସ୍କୁଲ ତୁଳନାରେ ସତ୍ୟବାଦୀ ସ୍କୁଲରେ ପଢ଼ିବା ଯୋଗେ ସେମାନେ ନାନା

କଷ୍ଟ ଭୋଗିଥିବେ। ଆଜି ସେମାନଙ୍କର ସେ କଥା ମନେପଡୁଥିବ। ସେ ସମୟର ପିଲାଙ୍କ ଭିତରୁ କେତେକ ବିଶିଷ୍ଟ ଲୋକ ବାହାରିଛନ୍ତି। ସେମାନେ ସମାଜରେ ଖ୍ୟାତି ଯେପରି ଲାଭକରିଛନ୍ତି ପାଣ୍ଡିତ୍ୟ ମଧ୍ୟ ସେହିପରି ଅର୍ଜିଛନ୍ତି। କେତେକ ବଡ଼ ବଡ଼ ସରକାରୀ ଚାକିରିରେ ଅଛନ୍ତି। ତିରିଶ ବର୍ଷ ତଳର ସତ୍ୟବାଦୀ ସ୍କୁଲର କାର୍ଯ୍ୟକଳାପର ବିଚାରପତି ସେହିମାନେ। ଆମେ ଶିକ୍ଷକମାନେ ଯେ ତାଙ୍କର ଜୀବନ ଗଢ଼ିଛୁ, ସେମାନଙ୍କୁ ମଣିଷ କରିଛୁ, ମୁଁ ସେ କଥା କହିପାରିବିନାହିଁ; କିନ୍ତୁ ସଭାରେ ବକ୍ତୃତା କଲାବେଳେ କହିଛି ଯେ ସତ୍ୟବାଦୀ ସ୍କୁଲ ପିଲାଙ୍କ ମୁଣ୍ଡରେ ଗୋଟାଏ ଛାପ ମାରିଦେଇଥିଲା। ସେଟା ମୋର ବକ୍ତୃତାର ଛଟା ବୋଲି ବୁଝିବାକୁ ହେବ।

ସତ୍ୟବାଦୀରେ ଅନେକ ଅଭାବ ଥାଏ। ସେଠା ଛାତ୍ରାବାସର ନିୟମ ଖୁବ୍ କଡ଼ା। ପ୍ରସା କରିବାକୁ ଗଲେ କାହାରି ଜଣକର ଅନୁମତି ନେବାକୁ ହୁଏ। ପାନ ଖାଇବା, ବିଡ଼ି ସିଗ୍ରେଟ ଟାଣିବା, ଗୁଡ଼ାଖୁରେ ଦାନ୍ତ ଘଷିବା ଛାତ୍ରାବାସ ମଧ୍ୟରେ ଚଳେ ନାହିଁ। ଏଥିମଧ୍ୟରୁ କୌଣସି କାର୍ଯ୍ୟ ଧରାପଡ଼ିଲେ କଠିନ ଦଣ୍ଡ ମିଳେ। ବେତମାଡ଼ରେ ପିଲାଙ୍କ ପିଠି ଫାଟିଯିବା ମୁଁ ଦେଖିଛି। ପିଲାମାନେ ଯେ ଅନୁକରଣଶୀଳ ପ୍ରାଣୀ, ସେ କଥା ଆମେମାନେ ଭୁଲିଯାଇଥିଲୁ। ଫଳରେ ଶିକ୍ଷକମାନେ ଅବାଧରେ ପାନ ଖାଉଥିଲେ। ଧାଡ଼ି ହୋଇ ପାଞ୍ଚସାତ ଜଣ ବସି ଗୁଡ଼ାଖୁରେ ଦାନ୍ତ ଘଷୁଥିଲେ। ପିଲାଙ୍କ ଗୁଡ଼ାଖୁ ରହୁଥିଲା ଝାଡ଼ା ଫେରିବା ଜାଗାରେ, ଗଛ କୋରଡ଼ରେ। ସେଠାରେ ମଧ୍ୟ ତାର ନିସ୍ତାର ନଥିଲା, କାରଣ ବେଳେ ବେଳେ ଅନୁସନ୍ଧିତ୍ସୁ ଶିକ୍ଷକମାନଙ୍କର କର ତା' ଦେହରେ ଯାଇ ବାଜୁଥିଲା। ପିଲାମାନଙ୍କ ପାନ ନିଶୀଥକାଳରେ ଶିକ୍ଷକମାନେ ଘୁଙ୍ଗୁଡ଼ି ମାରୁଥିବା ସମୟରେ ପେଷିହୋଇଯାଉଥିଲା।

■

ବନବିଦ୍ୟାଳୟ

ସତ୍ୟବାଦୀ ସ୍କୁଲକୁ ଆଦରରେ 'ବନବିଦ୍ୟାଳୟ' କୁହାଯାଉଥିଲା। କହିବାର କାରଣ ମଧ୍ଧ ଥିଲା। ସ୍କୁଲ ମାଇନର ଅବସ୍ଥାରେ ଥିଲାବେଳେ ତା ପାଇଁ ଏକ ପ୍ରକାଣ୍ଡ ଚାଳଘର ତିଆରିହୋଇଥିଲା, କିନ୍ତୁ ଦିନେ ରାତିରେ ନିଆଁ ଲାଗି ତାହା ପୋଡ଼ିଗଲା। ସେତେବେଳେ ସନ୍ଦେହ କରାଗଲା ଯେ କେହି ଜାଣିଶୁଣି ନିଆଁ ଲଗାଇ ଦେଇଛି। ସେ ଘଟଣା ସ୍କୁଲର ଇତିହାସର ଗାର ପଡ଼ି ରହିଲା। ନୀଳକଣ୍ଠବାବୁ ସାମାଜିକ ପ୍ରଥା ଭାଙ୍ଗି ନିଶ ରଖିଥିଲେ। ତାଙ୍କ ଦେଖାଦେଖି ହରିହରବାବୁ ଓ ଅନ୍ୟ କେତେକ ଶିକ୍ଷକ ମଧ୍ୟ ନିଶ ରଖିଲେ। କ୍ରମେ ପିଲାମାନେ ତାହା ଅନୁକରଣ କରିବସିଲେ। କେତେକ ପିଲା 'ନିଶ' ବଢ଼ାଇବା ଲାଗି ଖିଅର ହେଲେ। ଲେଉଟିଆ ଶାଗ କାଟିଲେ ବଢ଼େ। ନିଶ ବିଷୟରେ ବହୁ ଲୋକଙ୍କର ସେହି ଧାରଣା ଥିବାର ଦେଖାଯାଏ। ପିଲାମାନଙ୍କର ଯୌବନ ବିକାଶବେଳେ 'ନିଶ' ନ ଉଠିଲେ ମନରେ ଶାନ୍ତି ଜନ୍ମେ ନାହିଁ।

ସେ ଯାହାହେଉ 'ନିଶ' ରଖିବା ଫଳରେ ନୀଳକଣ୍ଠବାବୁ ସ୍କୁଲ ଉପରେ ସମାଜର କଟାକ୍ଷ ଆଣି ପକାଇଲେ। ପୁରୀ ଆଖପାଖ ଶାସନମାନଙ୍କରେ ହୁଲସ୍ଥୁଲ ପଡ଼ିଲା। ତାଙ୍କ ବାପାଙ୍କୁ ବ୍ରାହ୍ମଣ ସମାଜ ସଙ୍ଖୁଡ଼ି-ସଭାରୁ ଉଠାଇଦେଲେ। ହରିହରବାବୁଙ୍କ ବାପା ମଧ୍ଧ ଥରେ ଅଧେ ନିର୍ଯାତନା ସହିଲେ। ଜଳନ୍ତା ନିଆଁରେ ଆହୁତି ପଡ଼ିଲା। ନୀଳକଣ୍ଠବାବୁ 'ମୋ ନିଶ' ନାମରେ ଏକ ପ୍ରବନ୍ଧ ଲେଖିଲେ। ଓଡ଼ିଶାର ପ୍ରଧାନ ସମାଜ-ସଂସ୍କାରକ ବିଶ୍ୱନାଥ କର 'ଉତ୍କଳ ସାହିତ୍ୟ'ରେ ତାହା ଛପାଇଲେ। ଅନ୍ୟତମ ସମାଜ-ସଂସ୍କାରକ ରାୟବାହାଦୁର ମଧୁସୂଦନ ରାଓ ସେ ପ୍ରବନ୍ଧର ପ୍ରଶଂସା କଲେ। ତାହା ପ୍ରକୃତରେ ଏକ ପଠନୀୟ ପ୍ରବନ୍ଧ। ତାହାର ସମାଜ-ସଂସ୍କାର ଦିଗ ଛାଡ଼ିଲେ ମଧ୍ଧ ସାହିତ୍ୟିକ ମୂଲ୍ୟ ଥିଲା। ସତ୍ୟବାଦୀ ସ୍କୁଲ ଚାରିପାଖ ବ୍ରାହ୍ମଣ ଶାସନମାନଙ୍କରେ ଧାରଣା ଜନ୍ମିଲା ଯେ, ସେହି ସ୍କୁଲ ହିଁ ସବୁ ଅନିଷ୍ଟର

ମୂଳ। ସେପ୍ରକାର ପରିସ୍ଥିତିରେ ସ୍କୁଲଘର ଅକସ୍ମାତ୍ ପୋଡ଼ିଗଲେ ମଧ୍ୟ କେହି ନିଆଁ ଲଗାଇ ଦେଇଥିବା ସନ୍ଦେହ ସ୍ୱାଭାବିକ।

ସାକ୍ଷିଗୋପାଳ ମନ୍ଦିରର ବକୁଳତମାଳବନ ପ୍ରସିଦ୍ଧ। ସ୍କୁଲଘର ପୋଡ଼ିଯିବା ସଙ୍ଗେ ସଙ୍ଗେ ଶିକ୍ଷକ ଓ ଛାତ୍ରମାନେ ହତୋତ୍ସାହ ନ ହୋଇ ବକୁଳ କୁଞ୍ଜମାନଙ୍କରେ କ୍ଲାସ ଆରମ୍ଭ କରିଦେଲେ। ପଢ଼ାପଢ଼ି ବେଶ୍ ଚାଲିଲା। ଜୀବନ୍ତ ଗଛଲତା ମେଳରେ ପିଲାମାନଙ୍କ ଜୀବନ ଜଡ଼ଜଗତ ପ୍ରତି ସହାନୁଭୂତିରେ ଗଢ଼ାହେବାକୁ ଲାଗିଲା। ପରିଦର୍ଶକମାନେ ତାହା ଦେଖିବାକୁ ଆସିଲେ। ଏପରିକି 'ବିଲାତ'ରୁ ସୁଦ୍ଧା ଜଣେ ସ୍ୱାସ୍ଥ୍ୟବିଜ୍ଞାନବେତ୍ତା ଆସି ପହଞ୍ଚିଲେ। ମୁଁ ବକୁଳକୁଞ୍ଜ ତଳେ ଅନେକ ଦିନ ପଢ଼ାଇଛି। ଇଟା ଚୂନ କାନ୍ଥ ଅପେକ୍ଷା ଶ୍ୟାମଳ ପତ୍ରର ବେଷ୍ଟନୀ ପ୍ରାଣକୁ ଯେ ଶୀତଳ କରେ ତାହା ଅନୁଭବ କରିଛି। ପଢ଼ିଲା ବେଳେ ପିଲାଙ୍କ ମୁଣ୍ଡରେ ଉପରୁ ଗୋଟି ଗୋଟି ହୋଇ ବଉଳଫୁଲ ଝଡ଼ିପଡୁଥାଏ। ଗଛଡାଳରେ ବସି କୋଇଲି ରାବୁଥାଏ। ନିର୍ମଳ-ସ୍ୱଚ୍ଛ-ସୁଗନ୍ଧ-ମଳୟ ପତ୍ର ଫୁଲ ସବୁକୁ ସ୍ପର୍ଶ କରି ସନ୍‌ସନ୍ ସ୍ୱରରେ ବହୁଥାଏ।

ତଥାପି ବିଶ୍ୱବିଦ୍ୟାଳୟର ମଞ୍ଜୁରି ନ ମିଳିବା ଯୋଗେ କେତେକ ଅସୁବିଧା ରହିଗଲା। ସ୍କୁଲକୁ 'ବୋଲପୁର ଶାନ୍ତିନିକେତନ'ର ଶାଖା ଭାବରେ ଚଳାଇବାର ପ୍ରସ୍ତାବ ହେଲା। ଏପରି ସମୟରେ 'ରମାବଲ୍ଲଭ ମିଶ୍ର' କଲେକ୍ଟର ହୋଇ ଆସିଲେ। ତାଙ୍କଠାରୁ ସହାନୁଭୂତି ମିଳିଲା। ସେ ଡେପୁଟି କଲେକ୍ଟର ପାହ୍ୟାରୁ ଉଠି କଲେକ୍ଟର ହୋଇଥିଲେ; କିନ୍ତୁ ସରକାରୀ ଛାଞ୍ଚରେ ନିଜକୁ ଏକାବେଳେ ଢାଳି ଦେଇ ନଥିଲେ। ସେ ବରାବର କହୁଥିଲେ, "ମୁଁ ଚାକିରି କରିଛି ବୋଲି ମୁଣ୍ଡ ବିକି ନାହିଁ। ମୁଁ ମୋ ବିବେକ ଅନୁସାରେ ଯାହା ଭଲ ବୁଝିବି, ତାହା କରିଚାଲିଯିବି- ଚାକିରି ରହିଲେ ରହୁ ଗଲେ ଯାଉ। ଚାକିରି ସିନା ନେଇଯିବେ, ମୋର ଗଙ୍ଗାକୂଳରେ 'ପାତ୍ରି' ଧରି ବସିବା ଅଧିକାର କିଏ ଛଡ଼ାଇ ନେଇଯିବ?" ସେ ଆମ ହାଲଚାଲ ସବୁ ଶୁଣି କହିଲେ, "ମୁଁ ମୋ ମନ ବୁଝିବା ପାଇଁ ତୁମମାନଙ୍କ ବିଷୟରେ ତଦନ୍ତ ତଦାରଖ ଆଦି କରେ। ମୋ ମନ ମାନିଲେ ତୁମ ସ୍କୁଲ ମଞ୍ଜୁରିରେ କିଏ ବାଧା ଦେବ ଦେଖିବି।"

ଅନେକ ଦିନ ଧରି ତଦନ୍ତ ତଦାରଖ ଆଦି ଚାଲିଲା। ତଦନ୍ତ ପ୍ରକାଶ୍ୟ ଓ ଗୋପନୀୟ ଉଭୟ ଭାବରେ ହେଲା। ଆମେମାନେ ଇଂରେଜ ସରକାରଙ୍କୁ ଏ ଦେଶରୁ ତଡ଼ିଦେବା ଲାଗି ସେଠାରେ ଅସ୍ତ୍ରଶସ୍ତ୍ର ଲୁଚାଇ ଲୁଚାଇ ତିଆରି କରୁଥିଲୁ ବୋଲି ସରକାରୀ ମହଲରେ ଗୋଟାଏ ଧାରଣା ଜନ୍ମିଯାଇଥିଲା। ଦେଖାଗଲା ଯେ ପିଲାଙ୍କ ସହିତ ଆସି ନାନା ଲୋକ ତାଙ୍କର ଅଭିଭାବକ ଭାବରେ ଦିନେ ଦିନେ କଟାଇ ଯାଆନ୍ତି। କିଏ କାହା ମାଆର ପିଇସୀପୁଅ ଭାଇ; କିଏ କାହା ମାମୁଁର ମଳାଶୁରପୁଅ ଶଳା- ପିଲାମାନଙ୍କ ସହିତ ସବୁ

ଏପରି ସମ୍ପର୍କ ଦେଖାଇ ଲୋକେ ଛାତ୍ରାବାସରେ ରହିଯାଆନ୍ତି, ଅଥଚ ସେହି ପିଲାମାନେ ସେମାନଙ୍କୁ ଚିହ୍ନନ୍ତି ନାହିଁ। କ୍ରମେ ପିଲାମାନେ କଥାଟା ବୁଝିଗଲେ। ହସି ହସି ଛାତ୍ରାବାସର ତତ୍ତ୍ୱାବଧାୟକଙ୍କୁ କହନ୍ତି, "ମୋ ବାପାଙ୍କ ଶଳା ଆସିଛନ୍ତି। ମୋ ଭାଇଙ୍କ ଶଶୁର ଆସି ପହଞ୍ଚିଛନ୍ତି।" ଆଗନ୍ତୁକମାନେ ପିଲାମାନଙ୍କ ସଙ୍ଗେ ଅବାଧରେ ରହନ୍ତି; ତାଙ୍କ ଢଙ୍ଗଢାଙ୍ଗ ଦେଖନ୍ତି, ତାଙ୍କ ପେଟରୁ କଥା ବାହାର କରିବାକୁ ଚେଷ୍ଟା କରନ୍ତି।

ଏହିପରି କେତେ ଦିନ ବିତିଗଲା ପରେ, ଦିନେ ହଠାତ୍ ଚିଠି ଆସି ପହଞ୍ଚିଲା ଯେ 'ସ୍କୁଲକୁ ମଞ୍ଜୁରି ମିଳିଛି'। ସେତେବେଳେ ମଧ୍ୟ ଗୋଟାଏ ସର୍ତ୍ତ ରହିଥିଲା ଯେ, ସ୍କୁଲ ସରକାରଙ୍କଠାରୁ ମାସିକ 'ପଞ୍ଚସ୍ତରି ଟଙ୍କା' ଅର୍ଥ ସାହାଯ୍ୟ ନେବ। ଏ ସର୍ତ୍ତ କଟାଇବା ପୁଣି କାଠିକର ପାଠ ହୋଇଉଠିଲା। ସରକାର ପକ୍ଷରୁ ଖୋଲାଖୋଲି ଯୁକ୍ତି ହେଲା, "ତୁମମାନଙ୍କୁ ଏତେ ସ୍ୱାଧୀନତା ଦେବା ଆମ ଇଚ୍ଛା ନୁହେଁ। ଆମେ ଅବଶ୍ୟ କିଛି ସ୍ଥିର ପ୍ରମାଣ ପାଇନାହୁଁ; କିନ୍ତୁ ଆମର ସନ୍ଦେହ ହେଉଛି ଯେ ତୁମେ ସବୁ କିଛି ଗୋଟାଏ ବଦ୍‌ମତଲବରେ ଏଠି ଆସି ଗୋଟାଏ ଆଡ୍‌ଡ଼ା ପକାଇଛ। ଏତେ ଏତେ ପାଠ ପଢ଼ିଛ, ଚାକିରିବାକିରି କଲେ ବେଶ୍ ରୋଜଗାର କରନ୍ତ। ଏଠି ନଖାଇ ନପିଇ ଆସି ପଢ଼ିବାର କାରଣ କ'ଣ ? କିଛି ସରକାରୀ ପଇସା ତମ ପେଟରେ ପଡୁ- ତେବେ ପିଠିରେ ବିଧା ବସାଇବାକୁ ଆମକୁ ସୁବିଧା ହେବ। ତୁମ ଚୁଟିଟା ଆମ ହାତରେ ରହିବ।"

ସରକାରୀ ଅର୍ଥ ସାହାଯ୍ୟ ଗ୍ରହଣ ନକରି ସୁଦ୍ଧା ଆମେମାନେ ସ୍କୁଲର ମଞ୍ଜୁରି ଉପଭୋଗ କରିବାକୁ ଲାଗିଲୁ। ମଞ୍ଜୁରି ମିଳିବା ଘଟଣାରେ ଗୋଟାଏ ବଡ଼ ଧରଣର ଉତ୍ସବ ହେଲା। 'ରମାବଲ୍ଲଭ ମିଶ୍ର' କଲେକ୍ଟର ସେ ଉତ୍ସବର ସଭାପତି ହେଲେ। ତାଙ୍କ ନିର୍ଦ୍ଦେଶରେ ମହାମହୋପାଧ୍ୟାୟ ସଦାଶିବ ମିଶ୍ରଙ୍କୁ ନିମନ୍ତ୍ରଣ କରାଗଲା। ସେ ମଧ୍ୟ ଆସି ଯୋଗଦେଲେ। ସତ୍ୟବାଦୀ ସ୍କୁଲ 'ସାମାଜିକ ବିଭ୍ରାଟ ଘଟାଉଛି' ଏହି ଧାରଣା ଯୋଗେ ସେ ତାକୁ ବିଷଦୃଷ୍ଟିରେ ଦେଖୁଥିଲେ। ଗୋପବନ୍ଧୁ ବାବୁଙ୍କଠାରୁ ଆରମ୍ଭ କରି ଆମେମାନେ ସମସ୍ତେ ତାଙ୍କର ଛାତ୍ର। ଆମେସବୁ ତାଙ୍କ ପାଦତଳେ ମୁଣ୍ଡିଆ ମାରି ପ୍ରଣାମ କରୁଥିଲୁ- 'ସେ ଆମମାନଙ୍କୁ କ୍ଷମା ଦେବେ।' ବୋଧହୁଏ ସେହି ଘଟଣା ପରେ ନୀଳକଣ୍ଠବାବୁ ଓ ହରିବାବୁ ତାଙ୍କ ପାଟି ଉପରେ 'ନିଶ' ସହିତ ପାଟିତଳର 'ଦାଢ଼ି' ଯୋଗକଲେ। ମୁଁ କଲିନାହିଁ। ମୁଁ ଦେଖିଲି ଯେ, ନୀଳକଣ୍ଠବାବୁ ଓ ହରିବାବୁ ଦୁଧ ପିଇଲାବେଳେ 'ସର'ଟା ଛାଣି ହୋଇ ତାଙ୍କ ନିଶରେ ରହିଥାଏ। 'ନିଶ' ଅଧଇଞ୍ଚେ ଲମ୍ବା। 'ଦାଢ଼ି' ଅଧଫୁଟକୁ ବଳିପାରେ। ମୋର ଭୟ ହେଲା, 'ଦାଢ଼ି' ରଖିଲେ 'ସର' ତ ନିଶରେ ଲାଗିରହିବ, ଦୁଧତକ ହୁଏତ ଦାଢ଼ିରେ ରହିଯିବ।

■

ସତ୍ୟବାଦୀ ସ୍କୁଲର ମଧ୍ୟାହ୍ନ

ସୃଷ୍ଟିରେ ପ୍ରତ୍ୟେକ ଜିନିଷର ଆରମ୍ଭ, ବିକାଶ ଓ ବିଲୟ ଯେପରି ଅଛି, ସୌଭାଗ୍ୟର ଉଚ୍ଚତମ ସୋପାନର ସମୟ ମଧ୍ୟ ସେପରି ରହିଛି। ସାମାନ୍ୟ ଗଛଲତାରୁ ମନୁଷ୍ୟ ପର୍ଯ୍ୟନ୍ତ ସମସ୍ତଙ୍କଠାରେ ଏହା ଦେଖାଯାଏ। ମନୁଷ୍ୟସୃଷ୍ଟ ଅନୁଷ୍ଠାନ ନିର୍ଜୀବ ହେଲେ ସୁଦ୍ଧା ଜୀବନ୍ତ ପଦାର୍ଥପରି ତାର ବିକାଶ ଘଟେ। ଆକାଶରେ ସୂର୍ଯ୍ୟ ଦିଗ୍‌ବଳୟରୁ ଉଠି ଆମ ମୁଣ୍ଡଉପରକୁ ଆସେ। ସେତେବେଳେ ତାର ତେଜ ସବୁଠାରୁ ବେଶୀ। ତା'ପରେ ତାହା କ୍ରମେ କ୍ରମେ ଓହ୍ଲାଇ ପଶ୍ଚିମ ଆକାଶ ତଳେ ଅସ୍ତ ହୋଇଯାଏ। ଜୀବନ ପଦାର୍ଥମାନଙ୍କ ଜୀବନରେ ଏହି କ୍ରମ ଦେଖାଯାଇଥାଏ। ଅନୁଷ୍ଠାନ ସବୁ ସେହିପରି ଆରମ୍ଭ ହୁଏ କ୍ଷୁଦ୍ର ଆକାରରେ। ତାହା କ୍ରମଶଃ ବଢ଼େ ଓ ଦିନେ ସୌଭାଗ୍ୟର ପରାକାଷ୍ଠା ଉପଭୋଗ କରେ। ତା'ପରେ ତାର ଗତି ହୁଏ ବିଲୟଆଡ଼କୁ।

ସତ୍ୟବାଦୀ ସ୍କୁଲର ବିଶ୍ୱବିଦ୍ୟାଳୟ ମଞ୍ଜୁରି ମିଳିବା ପରେ ଉଚ୍ଚତମ ସୌଭାଗ୍ୟର ସମୟ ଆସି ପହଞ୍ଚିଲା। ଗୋପବନ୍ଧୁବାବୁ ବିହାର-ଓଡ଼ିଶା ବ୍ୟବସ୍ଥା ପରିଷଦର ସଦସ୍ୟ ହେଲେ। ସେ କେବଳ ସଭାଗୃହ ମଣ୍ଡନ କରିବାଭଳି ସଦସ୍ୟ ନଥିଲେ। ଦେଶର ଦୁଃଖ-ଦୁର୍ଗତି ସେ ଭଲ ବୁଝିଥିଲେ; ତେଣୁ ବ୍ୟବସ୍ଥା ପରିଷଦର ସଦସ୍ୟ ଓ ପ୍ରାଦେଶିକ ସରକାରଙ୍କ କର୍ତ୍ତୃପକ୍ଷମାନଙ୍କୁ ପ୍ରାଞ୍ଜଳ ଭାବରେ ବୁଝାଇପାରିଲେ। କର୍ମଚାରୀମାନଙ୍କ ଦୋଷ-ଦୁର୍ବଳତା ନିର୍ଭୀକ ଭାବରେ ଦେଖାଇଲେ। ସରକାରଙ୍କ ନୀତି ତୀବ୍ର ସମାଲୋଚନା କଲେ। ତା ଫଳରେ ତାଙ୍କ ପ୍ରତିପତ୍ତି ବଢ଼ିବାକୁ ଲାଗିଲା। ତାଙ୍କ ପ୍ରତିପତ୍ତିର ଆଲୋକ ଆମମାନଙ୍କ ଉପରେ ଆସି ପ୍ରତିଫଳିତ ହେଲା। ସ୍କୁଲ ଗୋଟାଏ ବର୍ଦ୍ଧିଷ୍ଣୁ ପ୍ରାଣୀପରି ବଢ଼ିବାକୁ ଲାଗିଲା।

ନାନାଆଡ଼ୁ ପରିଦର୍ଶକମାନେ ସତ୍ୟବାଦୀ ସ୍କୁଲ ଦେଖିବାକୁ ଆସିଲେ। ସେହି ପରିଦର୍ଶକମାନଙ୍କ ଭିତରୁ ବିହାର-ଓଡ଼ିଶା ଲାଟ 'ସାର୍ ଏଡ୍‌ୱାର୍ଡ ଗେଟ୍' ଜଣେ। ସେ

ଗୋପବନ୍ଧୁବାବୁଙ୍କୁ ବିଶେଷ ଖାତିର କରୁଥିଲେ, ଏପରିକି ଶାସନ ସଂକ୍ରାନ୍ତରେ ସୁଦ୍ଧା ତାଙ୍କ କଥା ଶୁଣୁଥିଲେ। ଗୋପବନ୍ଧୁବାବୁ ଚାହିଁଥିଲେ ଦେଶବାସୀମାନଙ୍କର ଅଭାବ ଘୁଞ୍ଚାଇବା ଓ ବୁଭୁକ୍ଷୁ ଲୋକଙ୍କୁ ବଞ୍ଚାଇବା। ଗେଟ୍ ସାହେବଙ୍କ ଅମଳରେ ସେ ତାହା କେତେକ ପରିମାଣରେ କରିବାକୁ ସମର୍ଥ ହୋଇଥିଲେ। ତାଙ୍କ କଥାରେ ଗେଟ୍ ସାହେବ ସତ୍ୟବାଦୀ ସ୍କୁଲକୁ ଦୁଇଥର ପରିଦର୍ଶନ କରିବାକୁ ଆସିଲେ। ତା ଫଳରେ ସରକାରୀ ମହଲରେ ସ୍କୁଲର ପ୍ରତିଷ୍ଠା ଟିକିଏ ବଢ଼ିଲାପରି ଜଣାଗଲା। ସଚରାଚର ଦେଖାଯାଏ ଯେ, ସରକାରୀ ହାକିମମାନେ ଯାହା ଭଲ ବୋଲି କହନ୍ତି, ଲୋକସାଧାରଣ ମଧ୍ୟ ତାକୁ ଭଲ ବୋଲି ଧରିନିଅନ୍ତି।

କେବଳ ଯେ ବିହାର-ଓଡ଼ିଶା ଲାଟ ସତ୍ୟବାଦୀକି ଆସିଲେ ତା ନୁହଁ; ଆହୁରି ଅନେକ ବିଶିଷ୍ଟ ଲୋକ ମଧ୍ୟ ଆସି ପଦାର୍ପଣ କଲେ। ପୁରୀକୁ ଭାରତର ଚାରିଆଡୁ ବଡ଼ ବଡ଼ ଲୋକେ କିଏ କେଉଁ ଉଦ୍ଦେଶ୍ୟରେ ଆସନ୍ତି। ସେମାନଙ୍କ ମଧ୍ୟରୁ ଅଧିକାଂଶ ସତ୍ୟବାଦୀ ସ୍କୁଲ ଥରେ ନଦେଖି ଫେରନ୍ତି ନାହିଁ। ବିଶିଷ୍ଟ ଲୋକଙ୍କ ଭିତରେ ସାର୍ କୃଷ୍ଣଗୋବିନ୍ଦ ଗୁପ୍ତ ଓ କଲିକତା ବିଶ୍ୱବିଦ୍ୟାଳୟର କୁଳପତିଙ୍କ ନାମ ଉଲ୍ଲେଖଯୋଗ୍ୟ। କୁଳପତି ସାର୍ ଦେବପ୍ରସାଦ ସର୍ବାଧିକାରୀ ସତ୍ୟବାଦୀ ସ୍କୁଲର ଜଣେ ବଡ଼ ପୃଷ୍ଠପୋଷକ ଥିଲେ। ସେ ତାକୁ ନିଜର ଅନୁଷ୍ଠାନ ବୋଲି ମନେକରୁଥିଲେ। ସାର୍ ଆଶୁତୋଷ ମୁଖର୍ଜି ମଧ୍ୟ ଥରେ ଆସିଥିଲେ ବୋଲି ମୋର ମନେହେଉଛି। କଲିକତା ବିଶ୍ୱବିଦ୍ୟାଳୟ ସମ୍ପର୍କରେ ସାର୍ ଦେବପ୍ରସାଦ ଓ ସାର୍ ଆଶୁତୋଷଙ୍କ ମଧ୍ୟରେ ମନ ମିଳୁ ନଥିଲା। ଅନେକ ସ୍ଥଳରେ ଦେଖାଯାଏ ଯେ, ଗୋଟାଏ ଜଙ୍ଗଲରେ ଦୁଇଟା ମହାବଳ ବାଘ, ଗୋଟାଏ ମାଙ୍କଡ଼ପଲରେ ଦୁଇଟା ଗେଧ, ଗୋଟାଏ ଗୋରୁଗୋଠରେ ଦୁଇଟା ଷଣ୍ଢ ରହି ନପାରିଲା ପରି ଏକ ଅନୁଷ୍ଠାନ ଭିତରେ ଦୁଇଜଣ ବଡ଼ଲୋକ ମିଳିମିଶି ଚଳିପାରନ୍ତି ନାହିଁ। ମୋର ମନେଅଛି, କୌଣସି ଏକ କାର୍ଯ୍ୟକ୍ଷେତ୍ରରେ ମୋର ଜଣେ ପିଲାଦିନର ବନ୍ଧୁ ତ ସହକର୍ମୀ ରହିଲେ ନାହିଁ, କହିଲେ, "ଏଠାରେ ଯୋଡ଼ାଏ ବରଗଛ କାନ୍ଧକୁ କାନ୍ଧ ପକାଇ ବଢ଼ିବାର ସ୍ଥାନ ନାହିଁ।"

ଏସବୁ ବିଶିଷ୍ଟ ଲୋକଙ୍କ ଛଡ଼ା ଭାରତର ଚାରିଆଡୁ ଅନେକ ଶିକ୍ଷା ସହିତ ସଂପୃକ୍ତ ବ୍ୟକ୍ତି ଦେଖିବାକୁ ଆସିଲେ। ପରେ ମୁଁ ଅନ୍ୟାନ୍ୟ ପ୍ରଦେଶର କେତେକ ବିଶିଷ୍ଟ ଲୋକଙ୍କଠାରୁ ଶୁଣିଲି ଯେ, ସେମାନେ ଯୌବନରେ ସତ୍ୟବାଦୀ ସ୍କୁଲକୁ ଆସିଥିଲେ ଓ ମୋତେ ସେଠାରେ ଦେଖିଥିଲେ। କ୍ୱଚିତ୍ ଏପରି ଗୋଟାଏ ମାସ ଯାଏ, ଯେତେବେଳେ କି ଜଣେ ବିଶିଷ୍ଟ ଲୋକଙ୍କ ପାଦ ନ ପଡ଼େ। ସେହିପରି କ୍ୱଚିତ୍ ଗୋଟିଏ ସପ୍ତାହ ବିତେ, ଯେତେବେଳେ କି ଦଳେ ପରିଦର୍ଶକ ନ ଆସନ୍ତି। ବିହାର-

ଓଡ଼ିଶାର ଶିକ୍ଷାବିଭାଗର ଦୁଇଜଣ ଡିରେକ୍ଟର ଚାରି ପାଞ୍ଚ ଥର ଆସିଥିବେ। ଗଡ଼ଜାତର ରାଜାମାନେ ଓ ଅନ୍ୟ ରାଜା-ମହାରାଜାମାନେ ସୁବିଧାକ୍ରମେ ବେଳେବେଳେ ଆସୁଥିଲେ। ସେମାନଙ୍କ ମଧ୍ୟରୁ ଅନେକେ ଅର୍ଥ ସାହାଯ୍ୟ କରୁଥିଲେ।

'ବନବିଦ୍ୟାଳୟ' ଅନେକଙ୍କ ପକ୍ଷେ ଗୋଟାଏ ବଡ଼ ଆକର୍ଷଣ ଥିଲା। କବି ଓ ଭାବୁକମାନେ ସେଥିରେ ମୁଗ୍ଧ ହୋଇଯାଉଥିଲେ। ବଡ଼ ବଡ଼ କୋଠାଘର ଓ ଧନସମ୍ପତ୍ତିରେ ବିମୁଖ ଦାର୍ଶନିକ ନିଜନିଜକୁ ତାର ସରଳ ପ୍ରାକୃତିକ ପରିବେଷ୍ଟନୀ ଭିତରେ ନିରାଳମ୍ବରେ ଢାଳିଦେଉଥିଲେ। ପିଲାଙ୍କ ସ୍ୱାସ୍ଥ୍ୟ ବିଷୟରେ ସଂପୃକ୍ତ ବୈଜ୍ଞାନିକମାନେ ତାର ମୁକ୍ତ ଆଲୋକବାୟୁକୁ ପସନ୍ଦ କରୁଥିଲେ। ବର୍ଦ୍ଧିଷ୍ଣୁ ଯୁବକବୃନ୍ଦ ଇଟା-ଚୂନଗଢ଼ା କାନ୍ଥ ଭିତରେ ଆବଦ୍ଧ ହେବା ପରିବର୍ତ୍ତେ ଗଛମୂଳରେ ଖୋଲା ପରିସ୍ଥିତି ବରଣ କରୁଥିଲେ। ଘର ଛାଡ଼ିଦେଇ ପଦାରେ ସ୍କୁଲ ବସାଇବା କଥାଟା ଅନେକ ଲୋକଙ୍କ ମନକୁ ଘେନିଲା। କେତେକ ସ୍କୁଲର ଶିକ୍ଷକ ନିଜନିଜ ସ୍କୁଲ ଘର ପାଖେ, ଗଛଛାଇ ଆଡ଼କୁ ଆଖି ପକାଇଲେ। ବିହାର-ଓଡ଼ିଶା ସରକାର ସୁଦ୍ଧା ନୀତି ହିସାବରେ ତାହା ଗ୍ରହଣ କଲେ। ଆଦର୍ଶସ୍ୱରୂପ ସରକାର ପ୍ରତି ଜିଲାରେ ଗୋଟିଏ ଗୋଟିଏ 'ମୁକ୍ତବାୟୁ ସ୍କୁଲ' ବସାଇଲେ। ସେ ସବୁ ସ୍କୁଲ, ନାମରେ ସତ୍ୟବାଦୀ ସ୍କୁଲ ସହିତ ସମାନ ହୋଇଗଲା; ପ୍ରଭେଦ ରହିଲା କେବଳ ଗୋଟିଏ କଥାରେ। ସତ୍ୟବାଦୀରେ 'ମୁକ୍ତବାୟୁ ସ୍କୁଲ'ରେ କିଛି ଖର୍ଚ୍ଚ ଲାଗୁ ନଥିଲା। ସରକାର ଯେଉଁସବୁ 'ମୁକ୍ତବାୟୁ ସ୍କୁଲ' ଗଢ଼ିଲେ ସେଥିରୁ ଗୋଟି-ଗୋଟିକ ପିଛା ଦୁଇ ତିନି ଲକ୍ଷ ଟଙ୍କା ଖର୍ଚ୍ଚ ହେଲା। ପୁରୀ, ବାଲେଶ୍ୱର ଓ ସମ୍ବଲପୁରରେ ଜିଲାସ୍କୁଲମାନଙ୍କରେ ଯେଉଁସବୁ ଦୋମହଲା, କାଚଝରକାଲଗା କୋଠାଘରମାନ ଅଛି, ସେଗୁଡ଼ିକ 'ମୁକ୍ତବାୟୁ ସ୍କୁଲ' ଘର।

ସେହି ସମୟରେ ଓଡ଼ିଆ ସାହିତ୍ୟର ଉନ୍ନତି ଓ ଲୋକଶିକ୍ଷାର ବିଧାନ ନାଗି ଚିନ୍ତା ମଧ୍ୟ ହେଲା। ପୂର୍ବରୁ ସାପ୍ତାହିକ ସମ୍ବାଦପତ୍ର 'ଆଶା' ସହିତ ଆମମାନଙ୍କର ଘନିଷ୍ଠ ସମ୍ପର୍କ ଥାଏ। ଗୋପବନ୍ଧୁବାବୁ ପ୍ରତି ସପ୍ତାହରେ ଅଗ୍ରଲେଖା ଓ ସମ୍ପାଦକୀୟ ଆଲୋଚନା ସବୁ ଲେଖନ୍ତି। ନୀଳକଣ୍ଠବାବୁ ଓ ମୁଁ ଆଉ କିଛି କିଛି ଲେଖୁ। ଲେଖାଲେଖି ଶେଷ ମୁହୂର୍ତ୍ତ ପର୍ଯ୍ୟନ୍ତ ଚାଲିଥାଏ; ତେଣୁ ଡାକକୁ ଯାଇପାରେ ନାହିଁ। ମୁଁ ପ୍ରତି ସପ୍ତାହରେ ଡାକବିଭାଗର 'ରନର୍' ପରି ସନ୍ଧ୍ୟାରେ ଷ୍ଟେସନକୁ ଯାଇ ରେଳଗାଡ଼ିରେ ଲେଖାସବୁ ଡାକବିଭାଗ କର୍ମଚାରୀଙ୍କୁ ଦେଇଆସେ। ମୋ ଯିବାରେ ଅକସ୍ମାତ୍ ଥରେ ଅଧେ ଟିକିଏ ଡେରି ହୋଇଗଲେ, ଡାକବିଭାଗ କର୍ମଚାରୀଙ୍କ ଅନୁରୋଧରେ ରେଳଗାଡ଼ିକି ଦୁଇ ଚାରି ମିନିଟ୍ ଅଟକାଇ ରଖାହୁଏ।

କିନ୍ତୁ ଏପରିଭାବରେ କାର୍ଯ୍ୟ ଚଳାଇବା ସୁବିଧାଜନକ ବୋଧହେଲା ନାହିଁ;

ସୁତରାଂ ସାକ୍ଷିଗୋପାଳରୁ ସାପ୍ତାହିକ ସମ୍ବାଦପତ୍ର 'ସମାଜ' ଓ ମାସିକ ସାହିତ୍ୟପତ୍ର 'ସତ୍ୟବାଦୀ' କଢ଼ାଗଲା। ରାଧାନାଥ ରଥ ସରକାରୀ ଚାକିରି କରୁଥିଲେ। ଗୋପବନ୍ଧୁ ବାବୁଙ୍କ କଥାରେ ସେ ତାହା 'ଇସ୍ତଫା' ଦେଇ ସାକ୍ଷିଗୋପାଳ ଆସିଲେ। ଛାପାଖାନା ଓ ଖବରକାଗଜ ଚଳାଇବା ଭାର ତାଙ୍କ ହାତେ ରହିଲା। 'ସତ୍ୟବାଦୀ'ର ପ୍ରତ୍ୟକ୍ଷ ଭାର ନେଲେ ନୀଳକଣ୍ଠବାବୁ। ଗୋପବନ୍ଧୁବାବୁଙ୍କର ଅନ୍ୟାନ୍ୟ ଦିଗରେ ଯେତେ ବିଚକ୍ଷଣତା ଥାଉ, ବିଷୟ ବୁଦ୍ଧି ସେ ଅନୁପାତରେ ନଥିଲା। ଅନେକ ସ୍ଥଳରେ ଦେଖାଯାଏ, ଘରେ ଦୁଇଭାଇ ଜନ୍ମିଲେ ଜଣେ ହୁଏତ ଖୁବ୍ ଉପରକୁ ଉଠେ, ଅନ୍ୟ ଜଣକ ତଳକୁ ପଡ଼ିଯାଏ। 'ସତ୍ୟବାଦୀ' କେତେ ତଳକୁ ପଡ଼ିଥିଲା ମୁଁ କହିପାରିବି ନାହିଁ; କିନ୍ତୁ ମରି ଲୋପପାଇଗଲା, ବଢ଼ିଲା 'ସମାଜ'। 'ସମାଜ' ଲେଖାରେ ଗୋପବନ୍ଧୁବାବୁ ଜାତିଟାକୁ ଗଢ଼ିଲେ, ଉଦ୍‌ବୁଦ୍ଧ କଲେ। 'ସତ୍ୟବାଦୀ ସ୍କୁଲ' ଗଲା, 'ସତ୍ୟବାଦୀ' ମାସିକପତ୍ର ଲୋପପାଇଲା, ନିଜେ ଉଭୟର ଜନ୍ମଦାତା ଗୋପବନ୍ଧୁବାବୁଙ୍କ ଦେହ ମାଟି ପାଉଁଶରେ ଲୀନ ହୋଇଗଲା; କିନ୍ତୁ ରହିଲା ଓ ରହିଛି 'ସମାଜ'। 'ସାପ୍ତାହିକ'ରୁ ତାହା ଏବେ 'ଦୈନିକ' ହୋଇଛି, ଘରେ ଘରେ ପଢ଼ାଯାଉଛି। ପରେ ଗୋପବନ୍ଧୁବାବୁଙ୍କ ଅନ୍ତେ ମୁଁ ବର୍ଷେ ଦୁଇବର୍ଷ ତହିଁରେ ସମ୍ପାଦକୀୟ କାର୍ଯ୍ୟ କରିଛି। ଏବେ ସମାଜ ମୋ ବିପକ୍ଷରେ ବେଳେବେଳେ ପ୍ରଚାର କରେ, ସପକ୍ଷରେ କେବେ କରେ ନାହିଁ। ତଥାପି ଗୋପବନ୍ଧୁବାବୁଙ୍କ ସମ୍ପର୍କଆଡୁ ଓଡ଼ିଶାର ଜାତୀୟ ଜୀବନ କ୍ଷେତ୍ରରେ ମୁଁ ତାକୁ ଭାଇ ଦୃଷ୍ଟିରେ ଦେଖେ। 'ସମାଜ' ଉପରେ ଆଘାତ ପଡ଼ିଲେ ମୋ ନିଜ ଛାତିରେ ପଥର ପଡ଼ିଲା ପରି ଲାଗେ।

■

କିଏ କଣ ?

ନୀଳକଣ୍ଠବାବୁଙ୍କ ସହିତ ମୋର ଯେତେ ଘନିଷ୍ଠତା ଥିଲା, ତାଙ୍କର ବା ମୋର ଅନ୍ୟ କାହା ସହିତ ସେତେ ନଥିଲା। ଆମେ ଦୁହେଁ ଏକତ୍ର ଖାଉ, ବୁଲୁ, ବସୁ, କଳ୍ପନାଜଳ୍ପନା କରୁ। ତା ଦେଖି ଗୋପବନ୍ଧୁବାବୁ କେବେ କିପରି ହସି ହସି ଥଟ୍ଟାରେ ପଦେଅଧେ ଦେଖେଇ ଦେଖେଇ କହନ୍ତି। ମୁଁ ବୁଝିପାରେ ଯେ, ଆମ ଦୁହିଁଙ୍କ ଭିତରେ ଏତେ ମନ ମିଳୁଥିବାରୁ ତାଙ୍କର ଆନନ୍ଦ ହୁଏ। ସତ୍ୟବାଦୀ ଅନୁଷ୍ଠାନର ଭବିଷ୍ୟତ ଲାଗି ସେ ବରାବର ଭାବିତ ଥିବେ; ତାଙ୍କ ଆଖି ବୁଜିବା ପରେ ଆମେ ସବୁ କଣ କରିବୁ- ଅନୁଷ୍ଠାନକୁ ରଖିପାରିବୁ କି ନାହିଁ, ସେ ଚିନ୍ତା ତାଙ୍କ ମନକୁ ନିଶ୍ଚୟ ଛୁଇଁଥିବ। ସେ ନିଜେ ବି.ଏ. ପାସ୍ କରିଥିଲେ। ତାଙ୍କ ତଳେ ଆମେ ତିନିଜଣ ଏମ୍.ଏ. ପାସ୍‌ବାଲା ଥିଲୁ- ନୀଳକଣ୍ଠବାବୁ, କୃପାସିନ୍ଧୁ ମିଶ୍ର ଓ ମୁଁ। ଆମେମାନେ ଜଣେ ଜଣେ ଦୁର୍ଦ୍ଦାନ୍ତ ମଧ୍ୟ ଥିଲୁ। ଏକ ଅନୁଷ୍ଠାନ ଭିତରେ ଆମକୁ ନେଇ ବାନ୍ଧିରଖିବା ସହଜ କଥା ନଥିଲା। ମୁଁ ଶୁଣିଛି କେହି କେହି କହୁଥିଲେ, "ଏ ଗୋପବନ୍ଧୁ ଦାସ ମସ୍ତ ସର୍କସ ଖେଳାଳି। ଦେଖୁନା, ତିନିତିନିଟା ବାଘ ଆଣି ଏକାଠି ଯନ୍ତାରେ ପୂରାଇ ରଖିଛି।"

ମୁଁ ଯେ ନୀଳକଣ୍ଠବାବୁଙ୍କର କେବଳ ବନ୍ଧୁ ବା ସହକର୍ମୀ ଥିଲି ତା ନୁହେଁ, ତାଙ୍କର ଅନୁଗତ ଭୃତ୍ୟ ମଧ୍ୟ ଥିଲି। ଦୁହେଁ ଏକାଠି ଗାଧୋଇଲେ ମୁଁ ତାଙ୍କ ପାଲଟା ଲୁଗା ଚିପୁଡ଼ି କାନ୍ଧରେ ଧରୁଥିଲି ଏବଂ ଘରକୁ ଫେରିଲେ ତାଙ୍କର ଖଡ଼ମ ଓ ପାଣି ଆଣି ଗୋଡ଼ଧୁଆ ଜାଗାରେ ରଖୁଥିଲି। କେତେକ ପିଲା ନୀଳକଣ୍ଠବାବୁଙ୍କ ସମାଲୋଚକ ଥିଲେ। ସେମାନେ ମୋତେ 'ବୁଢ଼ାବୁହା ଚାକର' ନାଁ ଦେଇଥିଲେ। ନୀଳକଣ୍ଠବାବୁଙ୍କ ସହିତ ମୋର ସାମଞ୍ଜସ୍ୟ ଅତି କମ୍। ସେ ଚରିତ୍ରବାନ୍ ଥିଲେ, ମୁଁ ନଥିଲି। ଶ୍ରେୟ ଓ ପ୍ରେୟ ମଧ୍ୟରୁ ତାଙ୍କ ଆଦର୍ଶ ଶ୍ରେୟ ଓ ମୋର ଥିଲା ପ୍ରେୟ। ସେ କଳା, ମୁଁ ଗୋରା। ସେ ବିସ୍ତର ପାନ ଖାଉଥିଲେ, ମୁଁ ଖାଉନଥିଲି। ସେ ଗୁଡ଼ାଖୁରେ ଦାନ୍ତ ଘଷନ୍ତି, କିନ୍ତୁ ମୁଁ

ଘଷେ ନାହିଁ। ସେ ପ୍ରଚୁର ମାଛ ଖାଆନ୍ତି- ମୁଁ ଲୋଡ଼େ ମିଠା। ସେ ଅନ୍ୟକୁ ଶାସନ କରିବାରେ ସୁଦକ୍ଷ, ମୁଁ ପାରେ ନାହିଁ। ମୁଁ ଛୁଉଁଛୁଆଁ ଥିଲି, ସେ ଥିଲେ ତାର ଓଲଟା। ମୁଁ ଗାଧୋଇଲାବେଳେ ମୋ ଦେହରୁ ପରସ୍ତେ ମଳିଚମ ଉଠିଯାଉଥିବ; ଟେକାପାଣି ଗାଧୋଇଲାବେଳେ ତାଙ୍କର ଢାଳେ ହେଲେ ଚଳିଯାଏ। ଥରେ ତାଙ୍କ ସହିତ ମୁଁ ବିଶାଖାପାଟଣା ଯାଇଥିଲି। ତେଲେଙ୍ଗା କେଉଟୁଣୀ ହାତେ ହାତେ ଲମ୍ବ ଟୋକେଇଏ ମାଛ ପସରା ଧରି ବସିଥିଲା; ବିକୁଥିଲା ଦୁଇପଇସାକୁ ଗୋଟାଏ। ସେ ଓଡ଼ିଆ ବୁଝେ ନାହିଁ। ମୁଁ ତେଲେଙ୍ଗା ଭାଷାରେ ଗୋଟାଏ ବାକ୍ୟ କହିପାରୁଥିଲି। ତାହା ହେଉଛି "ନାକୁ ତେଲେଗୁ ରାଲେଦୁ।" ଏହାର ଓଡ଼ିଆ ଅର୍ଥ "ମୋତେ ତେଲୁଗୁ ଆସେନା।" ମୋ ତେଲୁଗୁ ବାକ୍ୟ ଶୁଣି କେଉଟୁଣୀ ଠୋ-ଠୋ ହସି ଲାଗିଲା। ସେ ହସୁଥିଲାବେଳେ ଗୋଟିଏ 'ଅଣି' ପକାଇଦେଇ ତା ଟୋକେଇରୁ ଗୋଟାଏ ମାଛ ଝାମ୍ପିନେଇ ପଳାଇଲି। ପଛରୁ ତା ପାଟି ଶୁଣି ମୁହଁ ବୁଲାଇ ଚାହିଁଲାବେଳକୁ ଦେଖିଲି ସେ ଗୋଟାଏ ମାଛ ଧରି ଗୋଡ଼ାଇଛି; କିନ୍ତୁ ମୁଁ ବୁଲିପଡ଼ିବା ସଙ୍ଗେ ସଙ୍ଗେ ସେ ଗଛ କାଟିଲାପରି ତଳେ ପଡ଼ିଗଲା। ତାର ଖୁବ୍ ଭୟହୋଇଯାଇଥିବ। ସେ ମୋତେ ଗୋଟାଏ ଅସୁର ମଣିଥିବ। ମୁଁ ପଡ଼ିଲେ ମଣିଷ ଖାଇଯିବି, ସେକଥା ଭାବିଥିବ। କାରଣ ମୁଁ କଞ୍ଚା ମାଛଟାକୁ କାଡୁମାଡୁ କରି ଚୋବାଉଥିଲି। ଦେଖଣାହାରିମାନେ ତେଲୁଗୁ ଭାଷାରେ ପାଟିକରି ଏଣୁତେଣୁ କେତେ କଣ କହିବାକୁ ଲାଗିଲେ। ଭାଷା ସିନା ଭାଷା ଖୋଜେ; ଭାବ ବିନା ଭାଷା ଆଖି, ଓଠ, ଦାନ୍ତ, ନାକ, କପାଳ ଆଦି ବାଟେ ବାହାରିପଡ଼େ।

ସେଦିନ ନୀଳକଣ୍ଠବାବୁଙ୍କର ମୋ ପ୍ରତି ଗୋଟାଏ ଘୃଣା ଜନ୍ମିଥିବ, ମୋର ଏ ଆଶଙ୍କା ହୋଇଗଲା। ସେ ମୋତେ କହିଲେ, "କଣ କଲ ହେ ତୁମେ! ଦେଖି ମୋ ଦେହ ଶୀତେଇଗଲା। ତୁମେ ନିର୍ବିକାର ଭାବରେ ବିରାଡ଼ି ପରି ମାଛଟାକୁ ଚୋବାଇଦେଇଗଲ?" ଏକଥା ସେ ମୋତେ କହିଲେ; କିନ୍ତୁ ଦେଖିଲି, ତା'ପରେ ସେ ମୋତେ ଭାରି ଆଦର କଲେ। ସେ ଯେ କାହିଁକି ମୋତେ ଏତେ ସୁଖପାଉଥିଲେ କିମ୍ବା ମୁଁ ଯେ କାହିଁକି ତାଙ୍କୁ ଏତେ ଶ୍ରଦ୍ଧା କରୁଥିଲି, କେବେ ଭଲରୂପେ ବୁଝିନାହିଁ। ଚୁମ୍ବକର ବିପରୀତ ବିନ୍ଦୁମାନ ପରସ୍ପରପ୍ରତି ଟଣାଟଣି ହୁଅନ୍ତି। ଆକାଶର ମେଘ ଅସ୍ତି-ତଡ଼ିତ୍‌ରେ ପୂରିଲାବେଳେ ଏଣେ ତଳେ ପୃଥିବୀ ନାସ୍ତି-ତଡ଼ିତ୍ ଧାରଣକରେ। ସେତିକିବେଳେ ଉଭୟଙ୍କର ତଡ଼ିତ୍‌ଶକ୍ତି ମିଶିବାକୁ ଲୋଡ଼େ। ନୀଳକଣ୍ଠବାବୁଙ୍କର ଓ ମୋର ବନ୍ଧୁତା ଭିତରେ ସେପରି ଗୋଟାଏ କିଛି ଭୌତିକ ରହସ୍ୟ ହୁଏତ କାର୍ଯ୍ୟ କରିଥିବ।

ହରିହରବାବୁ ମୋଟେ ଏଫ୍.ଏ. ପାସ୍ କରିଥିଲେ। କିନ୍ତୁ ସେ ଥିଲେ ଆମ ସମସ୍ତଙ୍କର 'ହରିଭାଇନା'। ସେବା ଓ ଚରିତ୍ରବତ୍ତାରେ ଆମେମାନେ ତାଙ୍କୁ ଆଦର୍ଶ

କରି ଧରିଥିଲୁ। ସେ ମିଛ କହିଜାଣୁନଥିଲେ। ଶିଖିବା ପାଇଁ ରାଜିହୋଇ ପାଞ୍ଚ ଥର ଆବୃତ୍ତି କଲେ ମଧ୍ୟ କହିଲାବେଳକୁ ସତଟା ପାଟିରୁ ଗାଳିପକାଉଥିଲେ। ତାଙ୍କ ହୃଦୟ ସମସ୍ତଙ୍କ ପ୍ରତି ଅସୀମ ସ୍ନେହ ଓ କ୍ଷମାରେ ପୂରି ରହିଥିଲା। ମୁଁ କ୍ଷମା ମାଗିନେଇ କହିବି, ଏବେ ସେ ହରିଭାଇନା ଆଉ ନାହାନ୍ତି। ହୁଏତ ଗୋପବନ୍ଧୁବାବୁ ଜୀଇଥିଲେ ସେ କାଳର ଗୋପବନ୍ଧୁବାବୁ ହୋଇ ନଥାନ୍ତେ। ଘଟଣାଚକ୍ର କାହାକୁ କେତେ ବଦଳାଇଦେଉଛି। ବସନ୍ତକାଳୀନ ନଦୀର ସ୍ୱଚ୍ଛ ଜଳଧାରା ବର୍ଷା ଋତୁକୁ ମାଟିଆ ହୋଇଯାଉଛି। ରାତିର କଇଁଫୁଲ ସକାଳକୁ ମୁଦିହୋଇଆସୁଛି। ସୁନା ପାରାରେ ପଡ଼ିଲେ ଧଳା ରଙ୍ଗ ପାଲଟିଯାଉଛି।

କୃପାସିନ୍ଧୁ ଜଣେ ଶକ୍ତିଶାଳୀ ଯୁବକ ଥିଲେ। ନୀଳକଣ୍ଠବାବୁ ଓ ମୁଁ ତୃତୀୟ ଶ୍ରେଣୀରେ ଏମ୍.ଏ. ପାସ୍ କରିଥିଲୁ; ସେ କରିଥିଲେ ଦ୍ୱିତୀୟ ଶ୍ରେଣୀରେ। ନୀଳକଣ୍ଠବାବୁ ତାଙ୍କର ମାମୁ। ହରିହରବାବୁ ନୀଳକଣ୍ଠ ବାବୁଙ୍କର ଲେଖାଯୋଖା ଭାଇ। ଆଉ ଜଣେ ଦୁଇଜଣ ଶିକ୍ଷକ ମଧ୍ୟ ସେମାନଙ୍କ ବନ୍ଧୁବାନ୍ଧବ ଥିଲେ। ମୁଁ କେବଳ ଥିଲି 'ହଂସମଧ୍ୟେ ବକୋ ଯଥା'। କୃପାସିନ୍ଧୁଙ୍କ ସହିତ ମୋର ସେତେ ଘନିଷ୍ଠତା ନଥିଲା; ବରଂ ପଢ଼ିବା ସମୟରୁ ଆମ ଦୁହିଁଙ୍କ ଭିତରେ ଗୋଟାଏ ସନ୍ଦେହର ଛାୟା ପଡ଼ିଯାଇଥିଲା। ପିଲାମାନେ ତାଙ୍କୁ ଖୁବ୍ ସ୍ନେହ କରୁଥିଲେ ଓ ତାଙ୍କଠାରୁ ପ୍ରତିଦାନରେ ସ୍ନେହ ସହାନୁଭୂତି ବିସ୍ତର ପାଉଥିଲେ।

ଏସବୁ ଗଲା ଉପର ସ୍ତରର କଥା। ତଳ ସ୍ତରରେ ଜଣେ ପ୍ରବେଶିକା ପାସ୍ କରିଥିବା ଶିକ୍ଷକ ଥିଲେ। ଜାତି ହିସାବରେ ତାଙ୍କ ସୋପାନ ଥିଲା ସବୁଠାରୁ ଉଚ୍ଚ; କିନ୍ତୁ ନିଜର ମାନବିକତା ବଳରେ ସେ ସବୁଠାରୁ ତଳେ ଥିଲା ପରି ଚଳୁଥିଲେ। ଯାହା ଅନ୍ୟ କେହି କରିବାକୁ ରାଜି ନ ହୁଅନ୍ତି; ସେ ସେଥିପାଇଁ ଅଣ୍ଟା ଭିଡ଼ି ଡେଇଁପଡ଼ନ୍ତି। ଆତ୍ମବଡ଼ିମା, ଅହଙ୍କାର, ଅଭିମାନ, ଯଶୋଲିପ୍ସା ଆଦି ଗୁଣ ଯେ ମନୁଷ୍ୟଟାରେ ରହେ, ତାଙ୍କୁ ଦେଖିଲେ ସେ କଥା ଜଣାପଡୁନଥିଲା। କୃପାସିନ୍ଧୁଙ୍କ ପରି ତାଙ୍କର ଅକାଳ ମୃତ୍ୟୁ ହେଲା। କୃପାସିନ୍ଧୁଙ୍କ ମୃତ୍ୟୁରେ ସତ୍ୟବାଦୀ ଆକାଶରୁ ଗୋଟିଏ ଉଜ୍ଜ୍ୱଳ ନକ୍ଷତ୍ର ଝଡ଼ିପଡ଼ିଥିବ। କିନ୍ତୁ ରାମଚନ୍ଦ୍ରଙ୍କ ମୃତ୍ୟୁ ଆକାଶର ସବୁ ନକ୍ଷତ୍ରକୁ ବର୍ଷାକାଳର ମେଘ ପରି ଘୋଡ଼ାଇପକାଇଲା। ରାମଚନ୍ଦ୍ରଙ୍କୁ ନୀଳକଣ୍ଠବାବୁ ପ୍ରଭୃତି ସମସ୍ତେ 'ରାମଚନ୍ଦ୍ର' ବୋଲି ଡାକୁଥିଲେ, 'ତୁମେ' କହୁଥିଲେ; ମୁଁ ଡାକୁଥିଲି 'ରାମଚନ୍ଦ୍ରବାବୁ' ଓ କହୁଥିଲି 'ଆପଣ'। ସେ ମୋଠାରୁ ଛ'ବର୍ଷର ପାଠ କମ୍ ପଢ଼ିଥିଲେ, ବୟସରେ ବି ପାଞ୍ଚ ବର୍ଷ ଖଣ୍ଡେ ସାନଥିଲେ; କିନ୍ତୁ ମୁଁ ମୁକ୍ତକଣ୍ଠରେ ସ୍ୱୀକାର କରିବି ଯେ ତାଙ୍କର ମନୁଷ୍ୟତା ମୋଠାରୁ ବହୁତ ବେଶି ଥିଲା।

ଏମାନଙ୍କ ଛଡ଼ା ବାଞ୍ଛାନିଧି, ଭାସ୍କର, ମଦନ ପ୍ରଭୃତି କେତେଜଣ ଯୁବକ ଶିକ୍ଷକ ମନପ୍ରାଣ ଢାଳି କାର୍ଯ୍ୟ କରୁଥିଲେ। ବାଞ୍ଛାନିଧି ଓ ଭାସ୍କର ଦୁହେଁ ମରିଗଲେଣି। ଆହୁରି କେତେକ ଶିକ୍ଷକ ମଧ୍ୟ ମରିଯାଇଛନ୍ତି। ବର୍ତ୍ତମାନ ସୁଦ୍ଧା ବଞ୍ଚିଥିବା ଶିକ୍ଷକଙ୍କ ଭାଗ ଊଣା। ମରିଯାଇଥିବା ଶିକ୍ଷକମାନଙ୍କ ଭିତରେ ସରଳମତି, ସ୍ପଷ୍ଟବାଦୀ, ନିର୍ଭୀକ ଥିଲେ 'ଭୁବନେଶ୍ୱର ରଥ'। ସ୍କୁଲରେ ସଂସ୍କୃତ ଶିକ୍ଷକ ହେବା ଫଳରେ ଅବଶ୍ୟ ତାଙ୍କ ଜ୍ଞାନାଗ୍ନି ଉପରେ ପ୍ରସ୍ତେ ଭସ୍ମ ପଡ଼ିଯାଇଥିଲା; କିନ୍ତୁ ଦରକାରବେଳେ ଟିକିଏ ଉଖାରିଦେଲେ ଭିତରୁ ଅଗାଧ ପାଣ୍ଡିତ୍ୟ ଦାଉ ଦାଉ ବାହାରୁଥିଲା। ସେ ସ୍କୁଲର ନିୟମ ଖୁବ୍ ମାନି ଚଳନ୍ତି ନାହିଁ; କିନ୍ତୁ କାର୍ଯ୍ୟରେ କେବେ ତ୍ରୁଟି କରିବାର ଦେଖାଯାଉନଥିଲା।

ସତ୍ୟବାଦୀ ସ୍କୁଲରେ ଥରେ ଜଣେ ବୁଢ଼ା ଯାଇ ପହଞ୍ଚିଲେ। ତାଙ୍କ ମୁଣ୍ଡବାଳ ଧଳା ହୋଇଯାଇଥିଲା, ଦାନ୍ତ ଝଡ଼ିପଡ଼ିଥିଲା, ଦେହର ଚମ ଓହଳିପଡ଼ିଥିଲା; କିନ୍ତୁ ସେହି ଜୀର୍ଣ୍ଣ ଦେହରେ ସାଇତି ହୋଇ ରହିଥିଲା ଗୋଟିଏ ତାରୁଣ୍ୟହୃଦୟ। ସେହି ହୃଦୟରୁ ତେଜ ଶକ୍ତି ସୂର୍ଯ୍ୟରଶ୍ମି ପରି ବାହାରକୁ ବାହାରିପଡୁଥିଲା। 'ବଡ଼ମ୍ବା' ଗଡ଼ଜାତ ରାଜ୍ୟରେ ଭଲ ଲୋକ ତିଷ୍ଠିବା କଷ୍ଟକର। 'ନାରାୟଣ ସୁମନ୍ତ ପଟ୍ଟନାୟକ' ରାଜଦ୍ରୋହୀ ଭାବରେ ସେଠାରୁ ନିର୍ବାସିତ ହୋଇଥିଲେ। ବାଙ୍କୀରେ ଦୀର୍ଘକାଳ ରହି କୃଷିକାର୍ଯ୍ୟ କଲେ। ଷାଠିଏ ବର୍ଷ ବୟସରେ ଯୁବକର ଉତ୍ସାହ ଧରି ସେ ସତ୍ୟବାଦୀ ସ୍କୁଲକୁ 'କୃଷି-ଶିକ୍ଷକ' ହୋଇ ଗଲେ। ଏ ଭିତରେ ତାଙ୍କର ମୃତ୍ୟୁ ହୋଇଯାଇଛି। ତଥାପି ତାଙ୍କ ସ୍ମୃତି ମୋ ମନରେ ଜୀବନ୍ତ ରହିଛି। ସେହିପରି ଜୀବନ୍ତ ରହିଛି ଆଉ ଜଣକର, ଯେ କି ମୋର ଧୈବତ କଣ୍ଠକୁ କୋକିଳର ପଞ୍ଚମ-ତାନ ଦେବା ପାଇଁ ଅନେକ ଚେଷ୍ଟା କରିଥିଲେ। ସେ ମଧ୍ୟ ମରିଗଲେଣି; କିନ୍ତୁ ଓଡ଼ିଶାର ସଙ୍ଗୀତଜ୍ଞମାନଙ୍କ ମଧ୍ୟରେ ଏବେ ମଧ୍ୟ ଅନ୍ଧଗାୟକ ଆପନା ପାଣିଗ୍ରାହୀଙ୍କ ନାମ ଶୁଣାଯାଏ।

■

ଅସ୍ତ ପଥେ

ସତ୍ୟବାଦୀ ସ୍କୁଲରେ ମୋ ଚେର ଲାଗିଆସିଲାବେଳକୁ ମୋତେ ଉପାଡ଼ି ପକାଇବା ଭଳି ଗୋଟିଏ ଘଟଣା ଘଟିଲା । କୁଳବୃଦ୍ଧ ମଧୁବାବୁ ଗୋଟିଏ ଇଂରେଜୀ ସାପ୍ତାହିକ ପତ୍ରିକା ବାହାରକଲେ । ସେ ନିଜେ ତାର ସମ୍ପାଦକ ହେଲେ । ସହକାରୀ ସମ୍ପାଦକ ହେବାପାଇଁ ମୋତେ ଲୋଡ଼ିଲେ ଏବଂ କଟକକୁ ଆଣିବା ପାଇଁ ପୁରୀରେ ଯାଇ ପହଞ୍ଚିଲେ । ସେ ବିଷୟରେ ଗୋପବନ୍ଧୁବାବୁଙ୍କ ସଙ୍ଗେ ତାଙ୍କର ଯାହା କଥାବାର୍ତ୍ତା ହେଲା, ସେଥିର ସେ ବୁଝିଲେ ଯେ, ଗୋପବନ୍ଧୁବାବୁ ମୋତେ ଛାଡ଼ିଦେବେ । ସେ ଅନୁସାରେ ମଧୁବାବୁ କେତେକ ବ୍ୟବସ୍ଥା କରି ଚାଲିଗଲେ; କିନ୍ତୁ ମୁଁ ଛାଡ଼ି ଯିବାକୁ ରାଜି ହେଲି ନାହିଁ । ସେଥିରେ ମଧୁବାବୁ ମୋଠାରେ ମନ ଊଣା କଲେ ଏବଂ ଖବରକାଗଜ ପାଇଁ ଅନ୍ୟ ବ୍ୟବସ୍ଥା କରିବାକୁ ବାଧହେଲେ ।

ମୁଁ ଶିକ୍ଷକ ଟ୍ରେନିଂ ପଢ଼ିବାକୁ କଲିକତା ଗଲି । ପରଶୁରାମ ବର୍ମା ତା ପୂର୍ବବର୍ଷ ପାଟଣାରୁ ଟ୍ରେନିଂ ପାସ୍ କରିଥିଲେ । ଟ୍ରେନିଂ ପାସ୍ କରିବା ଭାରି କଷ୍ଟ ଓ ମୁଁ ପାସ୍ କରିପାରିବି ନାହିଁ ବୋଲି ସେ ମତ ଦେଲେ; କିନ୍ତୁ ତାଙ୍କଠାରୁ ପାସ୍ କରିବାର ଗୋଟାଏ କଦର ମୁଁ ବାହାର କରିନେଲି । ସେ କଦର ହେଉଛି 'ଆଖରୋଟ' । ସେ ପାଟଣାରେ ରୋଜ ଅଧପାଏ 'ଆଖରୋଟ' ଖାଉଥିଲେ । ପାଟଣାରେ ଆଖରୋଟ ଶସ୍ତା ଓ କଲିକତାରେ ମହରଗ । କିନ୍ତୁ ପରୀକ୍ଷାଫଳ ବାହାରିଲାବେଳକୁ ମୋର ଧାରଣା ହେଲା 'ବିରି' ପରି ଆଖରୋଟରେ ବୁଦ୍ଧି ମୋଷ ଘଟୁଥି ବ । ଅଧପାଏ ଲେଖାଏଁ ଖାଇ 'ବର୍ମା' ଦ୍ୱିତୀୟ ଶ୍ରେଣୀରେ ପାସ୍ କରିଥିଲେ, ଛଟାଙ୍କିଏ ଖାଇ ମୁଁ ପ୍ରଥମ ଶ୍ରେଣୀରେ ଗଲି । ମୁଁ ଯେ ବିଶ୍ୱବିଦ୍ୟାଳୟରେ ପ୍ରଥମ ସ୍ଥାନ ପାଇଲି, ନିୟମିତ ରୂପେ 'ଆଖରୋଟ' ନ ଖାଇବା ତାର କାରଣ ହୋଇପାରେ ।

ମୁଁ କଲିକତାରେ ଟ୍ରେନିଂ ପଢ଼ିବାବେଳେ ପ୍ରଥମ ମହାଯୁଦ୍ଧ ଲାଗିଥାଏ । ଯୁଦ୍ଧକୁ

ଲୋକ ଲୋଡ଼ା ହେଉଥାନ୍ତି। ଯୁଦ୍ଧଭୂମିର ଚିତ୍ର ମୁଁ ଦେଖିବାକୁ ଲାଗିଲି। ଶିକ୍ଷକ ଟ୍ରେନିଂ ଅପେକ୍ଷା ମୋତେ ଯୁଦ୍ଧଶିକ୍ଷା ବେଶି ମୂଲ୍ୟବାନ୍ ବୋଧହେଲା। ଦେଶର ସ୍ୱାଧୀନତା ଲାଗି ସୈନିକ ବାହାର କରିବା ସତ୍ୟବାଦୀ ସ୍କୁଲର ଲକ୍ଷ୍ୟ ଥିଲା। ମୁଁ ଯୁଦ୍ଧଶିକ୍ଷା କରି ଆସିଲେ ସତ୍ୟବାଦୀର ଲକ୍ଷ୍ୟସାଧନରେ ବେଶି କାର୍ଯ୍ୟକାରୀ ହେବି ମନେକଲି। କିନ୍ତୁ ମୋର ଯିବା ହୋଇପାରିଲା ନାହିଁ। ଗୋପବନ୍ଧୁବାବୁ ଆପତ୍ତି କଲେ, ନୀଳକଣ୍ଠବାବୁ ନିଜେ କଲିକତା ଯାଇ ଯୋଗାଡ଼ଯନ୍ତ୍ର କରି ମୋ ଦରଖାସ୍ତ ଫେରାଇ ଆଣିଲେ। ସେଥିରେ ମୋର ଦୁଃଖ ଅବଶ୍ୟ ହେଲା; ମାତ୍ର ନୀଳକଣ୍ଠବାବୁଙ୍କ ପ୍ରତି ମୋର ସ୍ନେହ ଶ୍ରଦ୍ଧା ଖୁବ୍ ବଢ଼ିଲା।

ସତ୍ୟବାଦୀରେ ରହିଲା ଦିନୁ ତିନିବର୍ଷ କାଳ ନୀଳକଣ୍ଠବାବୁଙ୍କ ସଙ୍ଗେ ପାଣି ନ ଗଳିଲା ଭଳି ଘନିଷ୍ଠ ଭାବରେ ମୁଁ ରହିଥିଲି। ନଅ ମାସ କଲିକତାରେ ରହି ଫେରିବା ପରେ ଅନୁଭବ କଲି ଯେ, ପାଣି ନ ଗଳିବା ସ୍ଥାନରେ କୁଆଡୁ କିପରି ଗୋଟାଏ ଛୋଟିଆ ଗଳିଆ ପଡ଼ିଯାଇଛି। ବନ୍ଧରେ ଥରେ 'ଗଳିଆ' ପଡ଼ିଲେ ତାହା କ୍ରମଶଃ ମୋଟ ହେବାକୁ ବସେ ଓ ଶେଷରେ ପ୍ରକାଣ୍ଡ 'ଘାଇ'ରେ ପରିଣତ ହୁଏ। ବେଳେବେଳେ ଦେଖାଯାଏ, ପାଣି ନଦୀବାଟ ଛାଡ଼ି 'ଘାଇବାଟ' ଧରିଛି।

ମୁଁ କଲିକତାରେ 'ପୁରୁଷୋତ୍ତମ ଦେବ' ନାଟକ ଲେଖିଥିଲି। ମୋର ଧାରଣା ଜନ୍ମିଥିଲା ଯେ, ସାହିତ୍ୟ ଲେଖା ମୁଁ ଉତ୍କଳ-ସାହିତ୍ୟ ସମ୍ପାଦକ ବିଶ୍ୱନାଥ କରଙ୍କଠାରୁ ଶିଖିଥିଲି। ସେଥିପୋଇଁ ମୋର ପ୍ରଥମ ସାହିତ୍ୟ ଲେଖା ନାଟକଖଣ୍ଡି 'କର' ମହାଶୟଙ୍କୁ ଉତ୍ସର୍ଗ କରିବାକୁ ବସିଲି। ମୁଁ ଭାବିନଥିଲି ଯେ, ନୀଳକଣ୍ଠବାବୁଙ୍କଆଡୁ ସେଥିରେ ଆପତ୍ତି ହେବ। ମୋର ଯେ ପୂର୍ଣ୍ଣ ସ୍ୱାଧୀନତା ନାହିଁ, ମୁଁ ସେଦିନ ଅନୁଭବ କଲି। କଲିକତାରେ ମୁଁ ଖଣ୍ଡିଏ ଛୋଟିଆ ଇଂରେଜୀ ପଦ୍ୟ ବହି ସଂକଳନ କରିଥିଲି। ମୁଁ ଟ୍ରେନିଂ ପଢ଼ିସାରି ସତ୍ୟବାଦୀରେ ପହଞ୍ଚିଲା ପରେ ତାହା ଛପା ହୋଇ ଆସିଲା। ମୁଁ ସେଥିରୁ ଖଣ୍ଡିଏ ନେଇ ନୀଳକଣ୍ଠବାବୁଙ୍କୁ ଉପହାର ଦେବାକୁ ଆଗ୍ରହରେ ଗଲି; କିନ୍ତୁ ସେ ଦେଖୁ ଦେଖୁ ଫିଙ୍ଗିଦେଲେ। ମୁଁ ଅପରାଧୀ ପରି ମୁହଁ କଳାପକାଇ ଫେରିଆସିଲି।

ମୋର ମନେହେଉଛି, ସତ୍ୟବାଦୀରେ ତିନି ଚାରି ବର୍ଷ ରହିବା ପରେ ମୋର ଟିକିଏ ଅହଙ୍କାର ବଢ଼ିଗଲା ଓ ସେ ଅହଙ୍କାର ମନ ଭିତରେ ଯେତେ ସ୍ଥାନ ମାଡ଼ିବସୁଥିଲା, ଅନୁଷ୍ଠାନ ପ୍ରତି ମୋର ଆସକ୍ତି ଏବଂ ଅନୁରାଗ ସେତିକି ସେତିକି ଠେଲିହୋଇ ଚାଲିଯାଉଥିଲା। ପୂର୍ବେ ନୀଳକଣ୍ଠବାବୁଙ୍କ ବୁଢ଼ା ବାପା ଆସି ଆମକୁ କହନ୍ତି, "ଏ ସ୍କୁଲ ମୋ ପୁଅର। ସେ ଏସବୁ କାରଖାନାର ମାଲିକ। ତୁମେ ସବୁଗୁଡ଼ାକ ହେଉଛ ମୂଲିଆ।" ଏ କଥା ଶୁଣି ମୁଁ ଆଗେ ହସିଦେଉଥିଲି। କଲିକତାରୁ ଫେରିବା

ପରେ ଶୁଣିଲାବେଳେ ଅଭ୍ୟାସ ଯୋଗେ ପୂର୍ବପରି ଅବଶ୍ୟ ଦାନ୍ତଗୁଡ଼ାକ ନିକୁଟିଦିଏ; କିନ୍ତ ମନଭିତରେ ଚାଉଁକିନା ଗୋଟାଏ ନିଆଁ ଲାଗିଯାଏ।

ନିଆଁ ଝୁଲଟାଏ କୌଣସିଠାରେ ଯାଇ ପଡ଼ିଲେ ଭୋକିଲା ବାଘୁଣୀ ପରି ଆହାର ଖୋଜି ବୁଲେ। ହରିବାବୁଙ୍କୁ ମୋ ଝିଅ ଅନ୍ୟ କୌଣସି ନାମ ନ ପାଇ 'ମାମୁ' ବୋଲି ଡାକୁଥିଲା। ତେଣୁ ମୁଁ ତାଙ୍କୁ ମୋ ସମ୍ପର୍କରେ ଶ୍ରଦ୍ଧା ଭକ୍ତି ଷୋଳଅଣା କରୁଥିଲେ ସୁଦ୍ଧା, ଝିଅଆଡୁ ସୁବିଧା ନେଇ ପଦେଅଧେ ଥଟ୍ଟାଟାପରା ମଧ୍ୟ କରିଦିଏ। ଦିନେ ହଠାତ୍ ସେ ଡାକଘରୁ ଗୋଟିଏ ଲଫାଫା ଚିଠି ପାଇଲେ। ଚିଠିରେ ଲେଖାଥିଲା- 'ଆପଣଙ୍କର ଗୋଦାବରୀଶବାବୁ ବି.ଟି. ପରୀକ୍ଷାରେ ଫେଲ୍ ହୋଇଗଲେ। ମୁଁ ବାପାଙ୍କୁ ଅନେକ କୁହାପୋଛା କଲି; ମାତ୍ର ତାଙ୍କର ଏତେ କମ୍ ନମ୍ବର ଥିଲା ଯେ ବାପା କିଛି କରିପାରିଲେ ନାହିଁ।" ଲେଖକଙ୍କର ନାଆଁ ଲେଖା ହୋଇଥିଲା 'ନିର୍ମଳ'। ନିର୍ମଳ କଲିକତା ବିଶ୍ୱବିଦ୍ୟାଳୟ କୁଳପତିଙ୍କ ପୁଅ। ହରିହରବାବୁଙ୍କ ସଙ୍ଗେ ତାଙ୍କର ଭଲ ଆଳାପ ଥିଲା।

ହରିହରବାବୁ ଚିଠିଖଣ୍ଡି ପଢ଼ି ନୀଳକଣ୍ଠବାବୁଙ୍କୁ ନେଇ ଦେଖାଇଲେ। କଥାଟା ହଠାତ୍ ଛାତ୍ରାବାସ ତମାମ୍ ରଟିଗଲା। ଜଣେ ପିଲା ଆସି ମୋତେ କହିଲା, "ସର୍, ଆପଣ କୁଆଡ଼େ ଫେଲ୍ ହୋଇଗଲେ? ସମସ୍ତେ ଶୁଣି ଭାରି ଦୁଃଖିତ; ମାତ୍ର ନୀଳକଣ୍ଠବାବୁ ଆପଣଙ୍କୁ କାହିଁକି ଗାଳି ଦେଉଛନ୍ତି।"

ମୁଁ ସଙ୍ଗେ ସଙ୍ଗେ ଘଟଣାସ୍ଥଳକୁ ଆସିଲି। ନୀଳକଣ୍ଠବାବୁ କିଛି ମୋ ପଛରେ ଲୁଚାଇ ଲୁଚାଇ ଗାଳିଦେଉନଥିଲେ। ସୁତରାଂ ମୋତେ ଦେଖିବାରେ ଅପଦସ୍ଥ ହେଲାଭଳି ହେଲେ ନାହିଁ; ବରଂ ଗାଳିଟା ପ୍ରତ୍ୟକ୍ଷ ଭାବରେ ମୋତେ ଦେଲେ। ମୁଁ ଲକ୍ଷ୍ୟ କରି ଦେଖିଲି, ଶିକ୍ଷକ ଓ ଛାତ୍ର ମିଶି ଯେ ଦୁଇଶହ ପର୍ଯ୍ୟନ୍ତ ଜମାହୋଇଥିଲେ, ସମସ୍ତଙ୍କ ମୁହଁ ଶୁଖିଯାଇଛି; କିନ୍ତୁ ନୀଳକଣ୍ଠବାବୁ ଗାଳି ଦେଉଥିବା ଯୋଗେ ତାଙ୍କ ମୁଖମଣ୍ଡଳ ଉତ୍ତେଜିତ ଦିଶୁଥିଲେ ସୁଦ୍ଧା ବିରସ ଦିଶୁନଥିଲା।

ଧରିନିଆଗଲା ଯେ, ମୁଁ ବି.ଟି. ଫେଲ୍ ହୋଇଛି। ସେ ଅନୁସାରେ ସ୍କୁଲର 'ରୁଟିନ୍'ରେ କେତେକ ପରିବର୍ତ୍ତନ କରିବା କଥା ସ୍ଥିର ହେଲା। ପାଞ୍ଚ ସାତ ଦିନ ପରେ ହରିହରବାବୁ ଖଣ୍ଡିଏ ପୋଷ୍ଟକାର୍ଡ ଚିଠି ପାଇଲେ। ସେଥିରେ ଲେଖା ଥିଲା- "ଆପଣଙ୍କ ଗୋଦାବରୀଶବାବୁ ପ୍ରଥମ ଶ୍ରେଣୀରେ ପ୍ରଥମ ସ୍ଥାନ ପାଇଛନ୍ତି।" ଚିଠିର ଲେଖକ 'ନିର୍ମଳ'। ତା'ପରେ ସେ ଚିଠିକି ପୂର୍ବ ଚିଠି ସହିତ ମିଳାଇ ଦେଖାଗଲା। ଚିଠି ଦୁଇଟାର ଇଂରେଜୀ ଅକ୍ଷର ସମାନ। ପୋଷ୍ଟକାର୍ଡରେ କଲିକତା ଡାକଘର ମୋହର ଥିଲା; କିନ୍ତୁ ଲଫାଫାଟାରେ ଯେଉଁ ଦୁଇଟା ମୋହର ଥିଲା, ସେ ଦୁଇଟାଯାକ ସାକ୍ଷିଗୋପାଳ ଡାକଘରର। ଯେତେବେଳେ ମୁଁ ସ୍ୱୀକାର କଲି, ସେ ପୂର୍ବ ଲଫାଫା

ଚିଠିଖଣ୍ଡ ମୁଁ କୌତୁକରେ ଜଣେ ଛାତ୍ର ହାତରେ ହରିହରବାବୁଙ୍କ ପାଖକୁ ଲେଖାଇଥିଲି, ହରିହରବାବୁ ମୋ ପିଠିକି ବିଧାଏ ମାଇଲେ। ରୁଣ୍ଡହୋଇଥିବା ପିଲାମାନେ ହସିଲେ; କିନ୍ତୁ ନୀଳକଣ୍ଠବାବୁଙ୍କଠାରୁ ମୋତେ ଆହୁରି ଗାଳି ଶୁଣିବାକୁ ପଡ଼ିଲା। ସେତେବେଳେ ମୁଁ ବୁଝିଲି ଯେ, ଥଟ୍ଟାତାମସା ଅନ୍ୟ ବିଷୟରେ ଚଳିପାରେ, ପରୀକ୍ଷାରେ ଫେଲ୍ ପାସ୍ ବିଷୟରେ ଚଳେନାହିଁ।

■

ସତ୍ୟବାଦୀ ଜୀବନରେ ସନ୍ଧ୍ୟା

ଏକ ସମୟରେ ତାଳ ଓ ଗବମଞ୍ଜି ପୋତିଲେ ତାଳଗଛ ହାତେ ଉଚ୍ଚ ହେଲାବେଳକୁ ଗବଗଛ ଦଶହାତ ଉଚ୍ଚ ହୋଇଥାଏ; କିନ୍ତୁ ତାଳଗଛ ବଢ଼ି ବଢ଼ି ଯେତେବେଳେ ଦଶହାତ ଉଚ୍ଚ ହୁଏ, ସେତେବେଳକୁ ଗବଗଛର ସତ୍ତା ନଥାଏ। ଗୋପବନ୍ଧୁବାବୁ ବହୁ ଆଶା ମନରେ ପୋଷଣ କରି ଯେ ସତ୍ୟବାଦୀ ସ୍କୁଲ ବସାଇଥିଲେ, ମୋର ମନେହେଉଛି, ସେ ତାଳମଞ୍ଜି ପରିବର୍ତ୍ତେ ଗବମଞ୍ଜି ପୋତିଥିଲେ। ଫଳରେ ଗଛଟା ହୁ ହୁ ବଢ଼ିଗଲା, ଫୁଲ ଫୁଟିଲା, ଫଳ ଧଇଲା; କିନ୍ତୁ ସଙ୍ଗେ ସଙ୍ଗେ ତାହା ବୁଢ଼ା ହୋଇ କ୍ଷୟ ପାଇବାକୁ ଆରମ୍ଭ କଲା। ଆମ୍ଭମାନଙ୍କ ଭିତରେ କାହାର କାହା ସହିତ ମନ ମିଳିଲା ନାହିଁ। କାହାରି ଜଣକ ମୁଣ୍ଡରେ ସବୁ ଦୋଷ ଢାଳିଦିଆଯାଇପାରିବ ନାହିଁ।

ସ୍କୁଲର କାର୍ଯ୍ୟରେ ଶିଥିଳତା ଦେଖାଗଲା। ସ୍କୁଲ ସମୟରେ ଶିକ୍ଷକମାନଙ୍କ ଭିତରୁ କିଏ ଘରେ ବସି ଇଂରେଜୀରୁ ପଦ୍ୟ ଅନୁବାଦ କଲେ, କିଏ ବନ୍ଧୁଘରକୁ ଗଲେ, କିଏ ନିଜ ଘର ବ୍ୟବସ୍ଥା ବୁଝିବା ପାଇଁ ଗାଁରେ ରହିଲେ। ଏସବୁର ବାରମ୍ବାର ସମ୍ବାଦ ପାଇ ଦିନେ ଗୋପବନ୍ଧୁବାବୁ ଖରାଦିନେ ଦିପହର ଖରାରେ ପୁରୀରୁ ବାରମାଇଲ ଚାଲି ଚାଲି ଆସି ପହଞ୍ଚିଲେ। ସ୍କୁଲ ସେତେବେଳେ ବଗିଚାରେ ହେଉଥାଏ। ସେ ଚାରିଆଡ଼ ବୁଲିଯାଇ ଦେଖିଲେ, ଅନେକ କ୍ଲାସ ଖାଲିପଡ଼ିଛି ଏବଂ ଉପର ଶ୍ରେଣୀ ଶିକ୍ଷକମାନଙ୍କ ଭିତରୁ କେବଳ ହରିହରବାବୁ ଓ ମୁଁ ପଢ଼ାଉଛୁ। ମୋ ଦେହରେ ସେ ହାତ ଦେଇ ଦେଖିଲେ ଯେ, ଜରରେ ମୋ ଦେହ ତାତିଛି। ସେଦିନ ସ୍କୁଲର ଛୁଟିଘଣ୍ଟା ବଜାଇ ଛୁଟିକରିଦିଆଗଲା।

ସନ୍ଧ୍ୟାରେ ଗୋପବନ୍ଧୁବାବୁ ଶିକ୍ଷକମାନଙ୍କର ବୈଠକ ଡକାଇଲେ। ସେ ବୈଠକରେ ନାନା ଆଲୋଚନା ପରେ କେତେକ ନିର୍ଦ୍ଧାରଣ କରାଗଲା। ସେ ଅନୁସାରେ ପ୍ରଧାନ ଶିକ୍ଷକ ପଦ ଉଠିଗଲା ଏବଂ ହରିହରବାବୁଙ୍କୁ ସର୍ବୋଚ୍ଚ ସ୍ଥାନ ଦିଆଯାଇ

'ଆଚାର୍ଯ୍ୟ' ପଦରେ ଅଭିଷିକ୍ତ କରାଗଲା। ଆଜିକାଲି ଅଟଳବିହାରୀ ଆଚାର୍ଯ୍ୟ, ଡାକ୍ତର ସୁରେନ୍ଦ୍ରନାରାୟଣ ଆଚାର୍ଯ୍ୟ, ପରମାନନ୍ଦ ଆଚାର୍ଯ୍ୟ ପ୍ରଭୃତି ଓଡ଼ିଶାରେ କେତେକ ବିଶିଷ୍ଟ ଲୋକ ଅଛନ୍ତି; କିନ୍ତୁ ନାମ ବାଦ୍ ଦେଇ କେବଳ 'ଆଚାର୍ଯ୍ୟ' କହିଲେ ସତ୍ୟବାଦୀ ସ୍କୁଲର ସେକାଳର ହରିହରବାବୁଙ୍କୁ ବୁଝାଉଛି। ସେଦିନ ସତ୍ୟବାଦୀ ସ୍କୁଲ ବୈଠକରେ ତାଙ୍କୁ ଯେ 'ଆଚାର୍ଯ୍ୟ' ଉପାଧି ଦିଆଯାଇଥିଲା, ଏହା ତାହାରି ଫଳ। ଏବେ ତାଙ୍କ ସମକକ୍ଷ ଲୋକମାନେ କେବଳ 'ଆଚାର୍ଯ୍ୟ' ବୋଲି କହନ୍ତି। ପିଲା-ପିଲାଙ୍କ ଭିତରେ ତାଙ୍କ ନାମ 'ଆଚାର୍ଯ୍ୟ ମହାଶୟ'।

ଶାଳଗ୍ରାମ ଖଟୁଲିରେ ବସି ଫୁଲ ଚନ୍ଦନରେ ପୂଜା ପାଆନ୍ତି। ଯେଉଁ ଘରେ ତାଙ୍କର ଖଟୁଲି ଥାଏ, ସେ ଘର ଚଳାଇବା ଭାର ତାଙ୍କ ମୁଣ୍ଡରେ ପଡ଼ିଲେ ସେ ଖଟୁଲିରେ ଏପାଖ ସେପାଖ ଗଡ଼ିପାରନ୍ତି; କିନ୍ତୁ ଘର ଚଳାଇବାକୁ ନିଜର ଅକ୍ଷମତା ପ୍ରକାଶ କରି ବସନ୍ତି। ହରିହରବାବୁ ସତ୍ୟ, ନିଷ୍ଠା, ସେବା, ଦୟା, ସହିଷ୍ଣୁତା, ଚରିତ୍ରବତ୍ତା ଆଦି ଗୁଣରେ ଅବଶ୍ୟ ବଡ଼ ଥିଲେ; କିନ୍ତୁ ଚାଳକ ପଦରେ ରହି ଅନୁଷ୍ଠାନଟିକୁ ଚଳାଇ ପାରିଲେ ନାହିଁ। ନୀଳକଣ୍ଠବାବୁ ଜଣେ ସ୍ପଷ୍ଟବାଦୀ ଲୋକ। ତାଙ୍କର ଭିତରେ କଥାଏ, ବାହାରେ କଥାଏ ନଥାଏ। ମୁଁ ତାଙ୍କଠାରୁ ଏକାନ୍ତ ଆଲୋଚନାରେ ଅନେକ ଥର ଶୁଣିଲି, "ଆଚ୍ଛା, ଏ ଗୋରୁମୁଣ୍ଡ ଆପନାରେ କାମ କଣ ସୁରୁଖୁରୁରେ ଚଳୁଛି ? ହରିଭାଇନା ତ ଗୋଟାଏ ଗୋରୁ, ଆଉ ଗୋପବନ୍ଧୁବାବୁ ହେଉଛନ୍ତି ଅନ୍ଧ।"

ହରିଭାଇନାଙ୍କୁ ମୁଁ ନିଜେ 'ଗୋରୁ' ବୋଲି ଜାଣିଥିଲି। ଗୁହାଳରେ ବନ୍ଧାହେଲାବେଳେ ସେ ବେକ ଦେଖାଇଦିଅନ୍ତି, ଦୁଧ ଦୁହିଁବାକୁ ଗଲେ ହଲଚଲ ନ ହୋଇ ଠିଆହୁଅନ୍ତି, ଲାତ ମାରନ୍ତି ନାହିଁ, ଶିଙ୍ଗ ଏତେ ଧୀରେ ଧୀରେ ହଲାନ୍ତି ଯେପରି କି କାହା ଦେହରେ ନ ବାଜିବ। ସୁତରାଂ ତାଙ୍କୁ ଗୋରୁ ବୋଲି କହିଲେ ମୁଁ ବିନା ଆପତ୍ତିରେ ଗ୍ରହଣ କରିନିଏ; କିନ୍ତୁ ଗୋପବନ୍ଧୁବାବୁ ଯେ ଅନ୍ଧ, ତାହା ମୋ କାନରେ ପଶେ ନାହିଁ; ପୂରାଇବାକୁ ଖୁବ୍ ଚେଷ୍ଟାକଲେ ମୁଁ ଦୁଇ କାନରେ ହାତ ଦେଇ ଉଠିଯାଏ। କେତେଦିନ ଗୋପବନ୍ଧୁବାବୁଙ୍କ ନିନ୍ଦା ନ ଶୁଣିଛି ମୁଁ! ତାଙ୍କୁ ଦେବତା ମଣି ଭକ୍ତିକରୁଥିଲେ ହୁଏତ ହୃଦୟ-ବେଦିରୁ କାଢ଼ି ଫିଙ୍ଗିଦେଇଥାନ୍ତି; କିନ୍ତୁ ମୁଁ ତାଙ୍କୁ ମଣିଷ-ଦୃଷ୍ଟିରେ ଦେଖୁଥିଲି। ମୁଁ ଯୁକ୍ତି କରୁଥିଲି, ଚନ୍ଦ୍ରର କଳଙ୍କ ପରି ମନୁଷ୍ୟର ଦୋଷ ଥାଇପାରେ। ମୁଁ ଚନ୍ଦ୍ରର କଳଙ୍କ ଯେପରି ଦେଖୁନାହିଁ, ସେହିପରି ଗୋପବନ୍ଧୁବାବୁଙ୍କ ଦୋଷାଦୋଷ ନବାଛି କେବଳ ତାଙ୍କର ଗୁଣଗୁଡ଼ିକ ଦେଖିବି।

ଗୋପବନ୍ଧୁବାବୁଙ୍କର ଗୋଟାଏ ବଡ଼ ଦୋଷର କଥା ମୁଁ ଶୁଣିଲେ ତାର କିଛି ଉତ୍ତର ଦେଇପାରେ ନାହିଁ। ବାକି ସବୁ ବିଷୟରେ କହେ, "ମୁଁ ନିଜେ ଆଖିରେ ନ

ଦେଖିଲେ ବିଶ୍ୱାସ କରିବି ନାହିଁ।" ଯେଉଁ ଗୋଟିକ ବିଷୟରେ ଉତ୍ତର ଦେବାକୁ ଅକ୍ଷମ ହୁଏ, ସେ କଥା ମଧ୍ୟ କହୁଛି। ନୀଳକଣ୍ଠବାବୁ, କୃପାସିନ୍ଧୁ ଓ ମୁଁ ସମସ୍ତେ ଏମ୍.ଏ. ପାସ୍ କରିଥିଲୁ। ଗୋପବନ୍ଧୁବାବୁ ଆମକୁ ନେଇ ତ୍ୟାଗମନ୍ତ୍ରରେ ଦୀକ୍ଷିତ କରାଇଲେ; କିନ୍ତୁ ତାଙ୍କ ଜୋଇଁ ଯେତେବେଳେ ଏମ୍.ଏ. ପାସ୍ କଲେ, ଶିକ୍ଷାବିଭାଗ ଡିରେକ୍ଟରଙ୍କୁ କହି ତାଙ୍କୁ ସରକାରୀ ଚାକିରିରେ ରଖାଇଦେଲେ। ଏ ଅଭିଯୋଗର ଉତ୍ତର ମୁଁ କେବେ ଦେଇପାରିବି ନାହିଁ। ବୋଧହୁଏ ନିଜେ ଗୋପବନ୍ଧୁବାବୁ ମଧ୍ୟ ଦେଇପାରିନଥାନ୍ତେ। କିନ୍ତୁ ଅନ୍ୟ ଯେତେ ରକମର ଅଭିଯୋଗ ଶୁଣେ, ସବୁ ସେତେବେଳେ ନିତାନ୍ତ ଅମୂଳକ ବୋଧହେଉଥିଲା, ଏବେ ମଧ୍ୟ ହେଉଛି।

ପୂର୍ବ ବୈଠକର କେତେକ ସପ୍ତାହ ପରେ ପୁଣି ଏକ ବୈଠକ ବସିଲା। ସେ ବୈଠକରେ ହରିହରିବାବୁ ତାଙ୍କ ନୂଆ ଭାରଟି ଛାଡ଼ିଦେଲେ। ସେତେବେଳକୁ ମୋର ଧାରଣା ଜନ୍ମିଥିଲା ଯେ, ପୂର୍ବ ବ୍ୟବସ୍ଥା ଠିକ୍ ହୋଇନାହିଁ। କିନ୍ତୁ ସେ ବ୍ୟବସ୍ଥାକୁ ପୁଣି ଫେରିଯିବା ପାଇଁ କୃପାସିନ୍ଧୁ ପ୍ରଭୃତି ଅନେକ ସହକର୍ମୀ ଇଚ୍ଛା କରୁ ନଥିଲେ। ଭାର ବହନ କରିବା ପାଇଁ ସେମାନେ ସମସ୍ତେ ମୋତେ ଅନୁରୋଧକଲେ। ମୋର ମଧ୍ୟ କିଛି କିଛି ଲାଳସା ଜନ୍ମିଥିଲା; ସେଥିପାଇଁ ମୁଁ ପ୍ରଧାନଶିକ୍ଷକ ହେବାକୁ ରାଜିହେଲି।

ଛେଳି ବେଙ୍ଗଳାରେ ବନ୍ଧାହୋଇ ଧାନ ମଳିବାକୁ ରାଜି ହୋଇପାରେ; କିନ୍ତୁ ଧାନ ମଳି ହୁଏନାହିଁ। ମୁଁ ପ୍ରଧାନଶିକ୍ଷକ ଚଉକିରେ ବସି ଅଫିସ ବାକ୍ସର କୁଞ୍ଚିକାଠି ପାଖରେ ରଖିଲି। କିନ୍ତୁ ଦୁଇମାସ ପରେ ଜଣାପଡ଼ିଗଲା ଯେ, ସ୍କୁଲ ଅଚଳ ଅବସ୍ଥା ଆଡ଼କୁ ଯାଉଛି। ପିଲାମାନଙ୍କଠାରେ ମାସିକ ଦରମା ବାକିପଡ଼ିଗଲା, ଛାତ୍ରାବାସ ମେସ୍ ପାଉଣା ଆଦାୟ ହେଲା ନାହିଁ। ତାହା ଆଦାୟ କରିବା ପାଇଁ ପିଲାଙ୍କ ଖାଇବା ବନ୍ଦ କରିବାକୁ ପଡ଼େ। ନଦେଇପାରୁଥିବା ପିଲାମାନେ ଓଳିଏ ଦିଓଳି ଉପାସ ରହିବା ପରେ ଧାର-ଉଧାର କରି କିମ୍ବା ଗାଁକୁ ଯାଇ ଆଣି କିଛି କିଛି ଦାଖଲ କରନ୍ତି। ମୋ ଅମଳରେ ସମସ୍ତେ ଶିଥିଳ ହୋଇଗଲେ। ଓଳିଏ ନଖାଇ କୌଣସି ପିଲା ଆସି ମୋ ପାଖେ କାନ୍ଦିଲେ ଆଉ ଓଳିକି ମେସ୍‌ରେ ଚାଉଳ ପକାଇବା ପାଇଁ ମୁଁ କହିଦିଏ।

ମୋ କାନକୁ କେତେଆଡୁ ଖବର ଆସିଲା ଯେ, ବ୍ୟବସ୍ଥା ସବୁ ଅଚଳ ଆଡ଼କୁ ନେବାପାଇଁ କୌଣସି ଆଡୁ ଭିତିରି ଉଦ୍ୟମ ହେଉଥିଲା। ମୁଁ ସେ କଥା ସେତେବେଳେ ବିଶ୍ୱାସ କରିନଥିଲି; ତା ପରେ ମଧ୍ୟ କରିନାହିଁ। ସେତେବେଳେ ଖୋରଧା ହାଇସ୍କୁଲରେ ପ୍ରଧାନଶିକ୍ଷକ ପଦ ଖାଲିହୋଇଥିଲା। ସେଠାକୁ ଯିବା ପାଇଁ ମୋର କେତେକ ଖୋରଧାବାସୀ ବିଶିଷ୍ଟ ବନ୍ଧୁ ଅନୁରୋଧ କଲେ। ମୁଁ ସେ କଥା ଗୋପବନ୍ଧୁବାବୁଙ୍କୁ ଜଣାଇଲି। ପୁଣି ଏକ ବୈଠକ ବସିଲା। ମୁଁ ମୋର କେତେକ ଦୁଃଖର କାହାଣୀ

କହିଲା ପରେ, ଗୋପବନ୍ଧୁବାବୁ ମୋତେ କୁଣ୍ଢାଇ ପାଞ୍ଚମିନିଟ୍ ପର୍ଯ୍ୟନ୍ତ ପିଲାଙ୍କ ପରି କଇଁକଇଁ କାନ୍ଦିଲେ। ମୁଁ ମଧ୍ୟ କାନ୍ଦିଲି। ଚାରିଟା ଲୁହଧାର ମିଶି ବନ୍ୟାରେ ପରିଣତ ହେଲା। ମୁଁ ସେଥିରେ ଭାସିଗଲି। ମୋର ଇଚ୍ଛା ବଦଳିଗଲା। ସେ ଘଟଣା ପରେ ମୋତେ ନୀଳକଣ୍ଠବାବୁ ଅନେକ ଥର କହିଛନ୍ତି, "ସେ ଦିନ ତୁମ କନ୍ଦାକନ୍ଦି ପରେ ଗୋପବନ୍ଧୁବାବୁ ମୋତେ କହିଲେ- ଏଇ କାନ୍ଦକେ ହୋଇଗଲା ତ! ଆଉ ଛାଡ଼ି ଯିବ ନାହିଁ!" କଥାଟା ମୁଁ ଯେତେ ଥର ଶୁଣିଛି, କୌଣସି ଥର ମୋ ବିଶ୍ୱାସ ଆସିନାହିଁ। ଗୋପବନ୍ଧୁବାବୁ ଯେ ମୋତେ ମାଟିମେଞ୍ଚା ପାଇ ଲୁହରେ ତିନ୍ତାଇ ନରମ କରିବାକୁ ବସିଥିଲେ, ସେଥିରେ ମୋର କଦାପି ପ୍ରତ୍ୟୟ ଜନ୍ମିନାହିଁ।

ମୁଁ ରହିଲି, ମାତ୍ର ପ୍ରଧାନଶିକ୍ଷକଙ୍କ କୁଞ୍ଚିକାଠି କୃପାସିନ୍ଧୁଙ୍କ ହାତକୁ ବଢ଼ାଇଦେଇ ପୁନର୍ମୂଷିକ ହୋଇ ରହିଲି। ମନୁଷ୍ୟର ହାଡ଼ ଭାଙ୍ଗିଲେ ଯୋଡ଼ିହୋଇଯାଉଛି, ଗଛଡାଳ ଅଧା ଡଂଛି ହୋଇ ପଡ଼ିଗଲାପରେ ଟେକି ମିଶାଇ ବାନ୍ଧିଦେଲେ ପୁନରାୟ ଲାଗିଯାଉଛି; କିନ୍ତୁ କାଚ ଥରେ ଭାଙ୍ଗିଲେ ଆଉ ଯୋଡ଼ିହେଉନାହିଁ। ଆମ୍ଭମାନଙ୍କ ମନ ଯେ ପରସ୍ପରଠାରୁ ଥରେ ଭାଜିଗଲା, ଆଉ ଯୋଡ଼ି ହେଲା ନାହିଁ। ମୁଁ ନୀଳକଣ୍ଠବାବୁଙ୍କ ସଙ୍ଗେ ପୂର୍ବପରି ଚଳିବାକୁ ବହୁତ ଚେଷ୍ଟା କଲି।

ମୁଁ କଲିକତାରେ ବି.ଟି. ପଢ଼ିଲାବେଳୁ ବିଶ୍ୱବିଦ୍ୟାଳୟର କୁଳପତି ସାର୍ ଦେବପ୍ରସାଦଙ୍କ ପରାମର୍ଶରେ 'ଭାରତରେ ଶିକ୍ଷାର ଇତିହାସ' ନାମକ ଗ୍ରନ୍ଥ ଲେଖିବାକୁ ଆରମ୍ଭ କରିଥିଲି। ପି.ଆର.ଏସ୍. ବୃତ୍ତି ଲାଗି ତାହା ବିଶ୍ୱବିଦ୍ୟାଳୟରେ ଦାଖଲ କରିବା ମୋର ଉଦ୍ଦେଶ୍ୟ ଥିଲା। ସେପରି ଗ୍ରନ୍ଥ ଗୃହୀତ ହେଲେ ଲେଖକର ସମ୍ମାନ ତ ବଢ଼େ, ଦଶହଜାର ଟଙ୍କା ପୁରସ୍କାର ମଧ୍ୟ ମିଳେ। ସବୁ ଘାତ-ପ୍ରତିଘାତ ପରେ ମୁଁ ସେ ଗ୍ରନ୍ଥ ନୀଳକଣ୍ଠବାବୁଙ୍କ ପରାମର୍ଶରେ ଲେଖିବାକୁ ସ୍ଥିରକଲି। ତାହାର ଲିଖିତ ଅଂଶ ପଢ଼ି ସେ କହିଲେ, "ଏବର୍ଷ ତ 'ସୁଶୀଳ' ଏହି ଉଦ୍ଦେଶ୍ୟରେ ଗ୍ରନ୍ଥ ଲେଖି ଦାଖଲ କରୁଛି; ତାର ନ ହୋଇ କଣ ତୁମର ହେବ?" ମୋର ସେଟା ଶେଷ ବର୍ଷ। ସୁଶୀଳ ମୋଠାରୁ ବୁଦ୍ଧି, ବିଦ୍ୟା ସବୁଥିରେ ବଡ଼। ତେଣୁ ମୁଁ ଲେଖାରେ ଅଗ୍ରସର ହେବା ପ୍ରସ୍ତାବ ଛାଡ଼ି ପାଣ୍ଡୁଲିପି ଚିରି ପକାଇଦେଲି ଏବଂ ମୋତେ ବୃଥା ପରିଶ୍ରମରୁ ରକ୍ଷାକରିବା ଯୋଗେ ନୀଳକଣ୍ଠବାବୁଙ୍କୁ ଧନ୍ୟବାଦ ଦେଲି।

ସେ ଘଟଣାର କେତେକ ସପ୍ତାହ ପରେ ସହକର୍ମୀ ରାମଚନ୍ଦ୍ର ମୋର ସେ ଗ୍ରନ୍ଥ ଲେଖା କଥା ଆସି ପଚାରି କହିଲେ, "ମୋତେ ନୀଳକଣ୍ଠବାବୁ କହୁଥିଲେ ଯେ, ଆପଣ ତ ଏବେ ବହୁତ ଉଦ୍ଧତ ହୋଇଗଲେଣି- ପି.ଆର୍.ଏସ୍. ପୁରସ୍କାର ପାଇଥିଲେ କଣ ଆଉ କାହାକୁ ମାନନ୍ତେ? ସେଥିପାଇଁ ସେ ଆପଣଙ୍କୁ ସୁଶୀଳ କଥା କହି

ଭଙ୍ଗାଇଦେଇଛନ୍ତି।" ମୋର ବିଶ୍ୱାସ ହେଲା ନାହିଁ। ମୁଁ ଚିଠି ଲେଖି ବୁଝିଲି ସୁଶୀଳଙ୍କର ପି.ଆର୍.ଏସ୍. କାମ ପୂର୍ବ ବର୍ଷରୁ ସରିଯାଇଥିଲା। ମୁଁ ପ୍ରକୃତରେ ଉଦ୍ଧତ ହୋଇପଡ଼ିଛି କି ନାହିଁ, ଆତ୍ମପରୀକ୍ଷା କରିବାକୁ ଲାଗିଲି। ମୋର ମନେହେଲା, ମୁଁ ପ୍ରକୃତରେ ଉଦ୍ଧତ ହୋଇଯାଇଛି। ମୋର ଯୁକ୍ତିକୁ ସମର୍ଥନ କରିବା ପାଇଁ କେତେଗୁଡ଼ିଏ ଘଟଣା ମଧ୍ୟ ଖୋଜି ପାଇଲି।

ମୁଁ କେବେ କୌଣସି ବିଶ୍ୱବିଦ୍ୟାଳୟ ପରୀକ୍ଷାରେ ପ୍ରଥମ ଶ୍ରେଣୀରେ ପାଶ୍ କରି ନଥିଲି ବା ପ୍ରଥମ ସ୍ଥାନ ପାଇ ନଥିଲି, ବି.ଟି. ପରୀକ୍ଷାରେ ଏ ଦୁଇଟାଯାକ କଲି। ଏହିପରି ଘଟଣାରେ ମନୁଷ୍ୟର ଆଖି ଉପରକୁ ହୋଇଯାଏ। ବି.ଟି. ପରୀକ୍ଷାରେ ଏପରି ଭଲ ଫଳ କରିବା ଯୋଗେ ମନରେ ଅହଙ୍କାର ଜନ୍ମିବାର କୌଣସି କାରଣ ନଥିଲା। ବିଶ୍ୱବିଦ୍ୟାଳୟର ଭଲ ଭଲ ଛାତ୍ରମାନେ ଡେପୁଟି, ମୁନସଫ୍ ଆଦି ଚାକିରିକି ଯାଆନ୍ତି, ବାକି କେତେକ ଓକିଲ ହୁଅନ୍ତି; ଶିକ୍ଷକତା କରନ୍ତି କେବଳ ଗୋଦାମରଦିତକ। ଶିକ୍ଷକମାନଙ୍କ ଗୋଷ୍ଠୀଟା ଗୋଟାଏ ମରୁକ୍ଷେତ୍ର, ସେଥିରେ ଗଛ ଉଠେ ନାହିଁ। ତେଣୁ ଏରଣ୍ଡ ଜନ୍ମିଲେ ନିଜକୁ ଗଛ ମଣେ। ସେଥିରେ ଅହଙ୍କାରର କଥା କଣ ଅଛି ? ମାତ୍ର ମନୁଷ୍ୟ ତ ସବୁବେଳେ ଯୁକ୍ତିରେ ଚାଲେ ନାହିଁ! ମୁଁ ଉଦ୍ଧତ ହୋଇପଡ଼ିଥିବି ! ଦୁଧ ଉଦ୍ଧତ ହୋଇ ଉତୁରିଲେ ଚୂଲିରେ ପଶେ। ସେତେବେଳେ ଉପରୁ ଥଣ୍ଡା ପାଣି ସିଞ୍ଚିଦେଲେ ତାହା ହାଣ୍ଡି ଚକିକୁ ଖସିପଡ଼େ। ମୋର ଉଦ୍ଧତଭାବ ରୋଧିବାପାଇଁ ନୀଳକଣ୍ଠବାବୁ ମୋର ଗ୍ରନ୍ଥ ଲେଖା ବନ୍ଦ କରିଦେବାର ଯଥେଷ୍ଟ କାରଣ ଥିଲା।

କିନ୍ତୁ ମୋର ମନଟା ମାନିଲା ନାହିଁ। ଅନ୍ୟମାନଙ୍କ ଭିତରେ ମଧ୍ୟ କ୍ରମେ ଫଟାଫଟି ଲାଗିଲା। ଗୋପବନ୍ଧୁବାବୁ ଦେଖିଲେ ଯେ, ଗୁହାଳରୁ ଅନ୍ତତଃ ଗୋଟିଏ ଖଣ୍ଡେ ଗୋରୁ ଅନ୍ୟଠାକୁ ନେଇନଗଲେ ଶାନ୍ତି ଆସିବ ନାହିଁ। ସିଂହଭୂମିରେ ଓଡ଼ିଆ ଜାଗରଣ ଲାଗି କାର୍ଯ୍ୟ କରିବା ପ୍ରସ୍ତାବ ସେ ଆଣି ପକାଇଲେ। ମୁଁ ଏକମାତ୍ର ବି.ଟି. ପାସ୍ କରିଥିବା ଶିକ୍ଷକ ଥିବାରୁ ମୋତେ ଅନ୍ୟତ୍ର ପଠାଇଦେବା ଗୋପବନ୍ଧୁବାବୁଙ୍କ ଇଚ୍ଛା ନଥିଲା। ମାତ୍ର ନୀଳକଣ୍ଠବାବୁ ବା କୃପାସିନ୍ଧୁ କାହାରି ଯିବାର ସୁବିଧା ନଥିଲା। ନୀଳକଣ୍ଠବାବୁଙ୍କ ବାପା ପାଚିଲା ପତ୍ର, କେଉଁ ଦିନ ଝଡ଼ିପଡ଼ିବେ ଠିକ୍ ନଥିଲା। କୃପାସିନ୍ଧୁଙ୍କ ଭାର୍ଯ୍ୟା ପ୍ରବାସକୁ ରାଜି ହେଲେ ନାହିଁ। ମୋର ବାପା ନଥିଲେ, ଏସବୁ କାର୍ଯ୍ୟ ମୁଁ ଭାର୍ଯ୍ୟାକୁ ପଚାରି କରେନାହିଁ। ଫଳରେ ମୁଁ 'ସିଂହଭୂମି' ଯିବାକୁ ବାହାରିଲି।

୧୯୧୯ ମସିହା ଫେବ୍ରୁଆରି ମାସ ୭ ତାରିଖ ସନ୍ଧ୍ୟାରେ ସାକ୍ଷିଗୋପାଳ ଷ୍ଟେସନରେ ସ୍କୁଲ ଶିକ୍ଷକ, ଛାତ୍ର ସମସ୍ତେ ରୁଣ୍ଡହେଲେ। ସେହିଠାରେ ମୁଁ ବୁଝିଲି ଯେ ଛ'ବର୍ଷର ବନ୍ଧନ ଛିଣ୍ଡାଇବା କେତେ କଷ୍ଟକର। ଭୂମିରେ ପଶିଥିବା ଚେର ସହଜରେ

ଉପୁଡ଼େ ନାହିଁ। ପାଣି ଢାଳି ମାଟି ବତୁରାଇଲେ ସାନ ସାନ ଗଛ ଉପାଡ଼ି ହୁଏ। ସେଦିନ ମୋ ସହକର୍ମୀ ଓ ଛାତ୍ରମାନଙ୍କ ଆଖି ଲୁହରେ ମୋର ଛଅ ବର୍ଷର ଛୋଟିଆ ମୂଳଟି, ଗୋଟିଏ ହୁଙ୍କାର ଛାଡ଼ି ଉପାଡ଼ିଦେଲି। 'ପୁରୀ ଏକ୍‌ସପ୍ରେସ୍' ଗାଡ଼ି ସିଟି ବଜାଇ ଦୁପ୍ ଦୁପ୍ ହୋଇ ପ୍ଲାଟ୍‌ଫର୍ମ ଛାଡ଼ିଦେଲା। ଆଖି ପୋଛି, ମୁହଁ ବୁଲାଇ ଚାହିଁ ଦେଖିଲି, ଗୋପବନ୍ଧୁବାବୁ ବସିଛନ୍ତି।

ସେ ଘଟଣାର କେତେକ ଦିନ ପରେ ନୀଳକଣ୍ଠବାବୁ କଲିକତା ବିଶ୍ୱବିଦ୍ୟାଳୟକୁ ଅଧ୍ୟାପକ ହୋଇ ଗଲେ। ପ୍ରକୃତରେ ସତ୍ୟବାଦୀ ସ୍କୁଲରେ ତାଙ୍କର ଅଗାଧ ପାଣ୍ଡିତ୍ୟ ଲାଗି କ୍ଷେତ୍ର ମିଳୁନଥିଲା। ଅତଏବ ତାଙ୍କର ବିଦ୍ୟା-ବୁଦ୍ଧିରେ କଳଙ୍କ ଲାଗିଆସୁଥିଲା। ସେ ଚାଲିଗଲା ପରେ ଏମ୍.ଏ. ପାସ୍ କରିଥିବା ଶିକ୍ଷକ କେବଳ କୃପାସିନ୍ଧୁ ରହିଲେ। ସେ ପ୍ରଧାନଶିକ୍ଷକ ଆଗରୁ ହୋଇଥିଲେ- ସେହି ଆସନରେ ବସି ସ୍କୁଲ ଚଳାଇଲେ; କିନ୍ତୁ ଅସ୍ତଗାମୀ ସୂର୍ଯ୍ୟର ଗତି ରୋଧକୁ ସମର୍ଥ ହେଲେନାହିଁ।

ନୂତନ କର୍ମକ୍ଷେତ୍ର

ଫେବୃୟାରୀ ୮ ତାରିଖ ଉପରଓଳି ବମ୍ବେଇ ଡାକଗାଡ଼ିରୁ ମୁଁ ଗୋପବନ୍ଧୁବାବୁଙ୍କ ପଛେ ପଛେ 'ଚକ୍ରଧରପୁର' ଷ୍ଟେସନରେ ଓହ୍ଲାଇଲି। ଗୋପବନ୍ଧୁବାବୁଙ୍କୁ ପାଛୋଟି ନେବା ପାଇଁ ହିନ୍ଦୁସ୍ଥାନୀ, ମାରୁଆଡ଼ି, ବଙ୍ଗାଳୀ, ଓଡ଼ିଆ ଅନେକ ଆସିଥିଲେ। ବୋଧହୁଏ ମୁଁ ସେଦିନ ପ୍ରଥମେ ମୋଟର ଚଢ଼ିଲି। ସଙ୍ଗେ ସଙ୍ଗେ ଆମକୁ ଗୋଟିଏ ସଭାକୁ ନିଆଗଲା। ସଭାରେ ହିନ୍ଦୀ ଓ ବଙ୍ଗଳା ବକ୍ତୃତା ହେଲା। ଗୋପବନ୍ଧୁବାବୁ ଓଡ଼ିଆରେ କହିଲେ। ତାଙ୍କର ଗୋଟାଏ ବଡ଼ ବିଶେଷତ୍ୱ ଯେ, ସେ ଯାହା କହନ୍ତି, ଖରାଦିନର ନାଳପାଣି ପରି ଛୋଟ ବଡ଼ ସବୁ ଫାଟ ଭିତରେ ପଶିପାରେ, ଏପରି କି ପଥରସନ୍ଧିକି ମଧ୍ୟ ଚାଲିଯାଏ। ସେଦିନ ସଭାରେ ଖୁବ୍ ଉତ୍ସାହ ଦେଖାଗଲା। ବିସ୍ତର କରତାଳି ପଡ଼ିଲା। ମୋତେ ଟିକିଏ ଆଙ୍ଗୁ ଆଙ୍ଗୁ ଲାଗୁଥାଏ। କିନ୍ତୁ ଗୋପବନ୍ଧୁବାବୁଙ୍କ ମୁହଁକୁ ଚାହିଁଲେ ମୋର ଦୁଃଖ ପାସୋରିଯାଏ।

ପରଦିନ 'ରଘୁରାମ ମାରୁଆଡ଼ି'ଙ୍କ ଧର୍ମଶାଳାରେ ଢିଙ୍କି ସ୍ୱର୍ଗକୁ ଯାଇ ମଧ ଧାନ କୁଟିବାକୁ ଆରମ୍ଭ କଲା। ପୁଣି ସେହି ପିଲା, ସେହି କଳାପଟା, ସେହି ଦୁଧଖଡ଼ି। କିନ୍ତୁ ପରିସ୍ଥିତିଟା ଏକାବେଳକେ ଭିନ୍ନ। ସବୁ ନୂଆ ମୁହଁ। ହାତ ବଢ଼ାଇଲେ ଚାରିପାଖେ ଇଟା ଚୂନ ତିଆରି କାନ୍ଥ। ଆଖିର ଅନୁଭୂତି ସହିତ କାନର ଅନୁଭୂତି ମିଳିଗଲା। ପ୍ରଶ୍ନ ସବୁ ହିନ୍ଦୀ ବା ବଙ୍ଗଳାରେ ଆସିଲା। ମୁଁ ବଙ୍ଗଳା କିଛି କିଛି ଜାଣିଥିଲି, କିନ୍ତୁ ହିନ୍ଦୀ ଏକାବେଳକେ ନୂଆ। ପିଲାଙ୍କ ପ୍ରଶ୍ନ ବେଳେବେଳେ ମୁଁ ଭାରି ଭୁଲ୍ ବୁଝୁଥିଲି। ଥରେ ଜଣେ ହିନ୍ଦୁସ୍ଥାନୀ ପିଲା ପଚାରିଲା, "ଲଡ଼କୀ କ୍ୟୋ ଜାତି ହୈ ?" ମୁଁ ଟିକିଏ ଥଙ୍ଗେଇ ଉତ୍ତର ଦେଲି, "ଲଡ଼କୀ ଖ୍ରୀଷ୍ଟିୟାନ୍ ଜାତି।" ସେ ପିଲା ବୋଧହୁଏ କିଛି ବୁଝିଲା ନାହିଁ, ମୋ ମୁହଁକୁ ଆବାକାବା ହୋଇ ଚାହିଁଲା। କିନ୍ତୁ ଶ୍ରେଣୀର ଓଡ଼ିଆ ପିଲାମାନେ ପରସ୍ପର ଚାହାଁଚୁହିଁହୋଇ ମୁଡ଼ିକିହସାଦେଲେ।

ସେହି ଗୋଟିକ ଘଟଣାରେ ଯେ ମୁଁ ଅପଦସ୍ଥ ହେଲି ତା ନୁହେଁ, ପ୍ରଥମରୁ ମାସେ ଖଣ୍ଡେ ମୋତେ ଭିନ୍ନ ଭିନ୍ନ ଘଟଣାରେ ହାସ୍ୟାସ୍ପଦ ହେବାକୁ ପଡ଼ିଲା। ଥରେ ଜଣେ ବେପାରୀ ଗୋଟାଏ ଟେଲିଗ୍ରାମ୍ ଫାରମ ଧରି ମୋତେ ଲେଖିବାକୁ କହି କହିଲା- "ଲେଖିଦିଅ, ଗୌଁକା ଭାଉ ସାଢ଼େ ସାତ ରୂପୟା ହୈ"। ମୁଁ ଟେଲିଗ୍ରାମ୍ ତ ଲେଖିଦେଲି, ତାର ଚାଲିଗଲା। କିନ୍ତୁ ପରଦିନ ବେପାରୀ ଆସି ମୋତେ କହିଲା, "ବାବୁ, କାଲି କଣ ଟେଲିଗ୍ରାମ୍ ଲେଖିଲ କି ଯେ ଆଜି ମୋତେ ହଜାରେ ମହଣ ଘିଅ କିଣିବାକୁ ବରାଦ ଆସିଛି ?" ସେତେବେଳେ ତା ସଙ୍ଗେ କଥାବାର୍ତ୍ତାରେ ମୁଁ ବୁଝିଲି ଯେ, ହିନ୍ଦୀ ଭାଷାର 'ଗେଁୟା' ଓଡ଼ିଆରେ ଘିଅ ନୁହେଁ, 'ଗହମ'।

ଏହିପରି କେତେଗୁଡ଼ାଏ ଭୁଲ ଯୋଗେ 'ଦେଉଳ ନ ତୋଳି' ମଧ୍ୟ ଚାରିଆଡ଼େ ମୋ ନା ପଡ଼ିଗଲା। ଦିନେ ମୁଁ ବାଟରେ ଗଲାବେଳେ ଜଣେ ବାଇଗଣବାଲାକୁ ଦେଖି 'ସେ କୁଆଡ଼େ ଯାଉଛି' ପଚାରିଲି। ସେ ଉତ୍ତର ଦେଲା, "ମୁଁ ଯାଉଛି କଣ୍ ହେଡ୍‌ମାଷ୍ଟର ଘରକୁ।" ମୋ ସ୍କୁଲ ଛଡ଼ା ଚକ୍ରଧରପୁରରେ ଆଉ ଗୋଟିଏ ମାଇନର ସ୍କୁଲ, ଗୋଟିଏ ଉଚ୍ଚ ପ୍ରାଥମିକ ବିଦ୍ୟାଳୟ ଥିଲା। ସେ ଉଭୟ ମଧ୍ୟରୁ କାହାରି ପ୍ରଧାନଶିକ୍ଷକ କଣା ହୋଇନଥିଲେ। ସୁତରାଂ ମୋର ଟିକିଏ କୌତୂହଳ ଜନ୍ମିଲା। କେତେକ ପ୍ରଶ୍ନୋତ୍ତର ପରେ ମୁଁ ବୁଝିଲି ଯେ, ସେ ଲୋକ ଯେଉଁ 'କଣ୍ ହେଡମାଷ୍ଟର' ଘରକୁ ଯାଉଥିଲା ସେ ମୁଁ। ଲୋକଟି ମୋତେ ଚିହ୍ନିନଥିଲା। ମୋ ଚାକରକୁ ରୋଜ ବାଇଗଣ ଯୋଗାଏ। ପରେ ଅନୁସନ୍ଧାନରେ ବୁଝିଲି ଯେ, ଚକ୍ରଧରପୁରର ସମସ୍ତ ଅପାଠୁଆ ଲୋକେ ମତେ 'କଣ୍ ହେଡ୍‌ମାଷ୍ଟର' ବୋଲି ଜାଣୁଥିଲେ। ତାର ଗୋଟାଏ କାରଣ ଥିଲା। ସେଠାରେ ସବୁ 'କି' ଚଳେ- 'କି ଖାଉଚ', 'କି ପଢୁଚ'। ମୁଁ କହେ 'କଣ ଖାଉଚ', 'କଣ କହୁଚ', 'କଣ ପଢୁଚ'। ଏପରି ସ୍ଥଳେ ପ୍ରାଞ୍ଜଳ ଭାବରେ ମୋର ପରିଚୟ ଦେବାକୁ 'କଣ ହେଡ୍‌ମାଷ୍ଟର' ଭଳି ସମର୍ଥ ନାମ ଛଡ଼ା ଆଉ କି ନାମ ପ୍ରୟୋଗ କରାଯାଇପାରନ୍ତା ?

ଇତର ଲୋକଙ୍କ ଭିତରେ ମୋର ଏପରି ଗୋଟାଏ ବିଚିକୁଟିଆ ନାମ ପ୍ରଚାରିତ ହେଲେ ସୁଦ୍ଧା ମୁଁ କାହାରିଠାରୁ କେବେ ଅବଜ୍ଞା ପାଇନାହିଁ। ଚକ୍ରଧରପୁର ବ୍ୟବସାୟୀମାନଙ୍କ ସ୍ଥାନ। ପୂର୍ବେ ତାହା 'ପୋଡ଼ାହାଟ' ରାଜାଙ୍କ ପୀଠ ଥିଲା। ସେ ରାଜବଂଶ ସମଗ୍ର 'ସିଂହଭୂମି'ର ରାଜା ଥିଲେ। ୧୮୫୭ ମସିହା ସିପାହି ଯୁଦ୍ଧରେ ନେତୃତ୍ୱ ନେବା ଫଳରେ ରାଜା 'ଅର୍ଜ୍ଜୁନ ସିଂହ' ଧରାହୋଇ ବନ୍ଦୀ ହେଲେ ଓ ତାଙ୍କ ରାଜ୍ୟ ଖାସ୍ ହୋଇଗଲା। ଚକ୍ରଧରପୁରର ପ୍ରାଚୀନ ଗୌରବ ସେହି ଦିନୁ ଲୋପ ପାଇଲା। ମୁଁ ଯିବା ସମୟରେ ସେଠାରେ ତାଙ୍କର ବଂଶଧର 'ନରପତ୍ ସିଂହ' ବାସ କରୁଥିଲେ। କିନ୍ତୁ ସେ ବାହାରକୁ କ୍ୱଚିତ୍ ବାହାରୁଥିଲେ। ତାଙ୍କ ପୂର୍ବପୁରୁଷ ସେଠାରେ

ଯେଉଁ ରାଜଧାନୀ ଗଢ଼ିଥିଲେ, ବ୍ରାହ୍ମଣ ଶାସନ ବସାଇଥିଲେ, ତାହା ବର୍ତ୍ତମାନ 'ପୁରୁଣାବସ୍ତି' ଆଖ୍ୟା ପାଇଛି। ସେଠାରେ ପ୍ରକୃତରେ ସବୁ ଜିନିଷ ପୁରୁଣା। ଘର, ଗାଁ, ଦେଉଳ, ପୋଖରୀ ସବୁ ଦେଖିଲେ ଗୋଟିଏ ପ୍ରାଚୀନ ବିଭବଶାଳୀ ଗୌରବମୟ ରାଜଧାନୀର ଭଗ୍ନାବଶେଷ ପରି ଦେଖାଯାଏ।

'ପୁରୁଣାବସ୍ତି'ର ଲୋକେ ସବୁ ଓଡ଼ିଆ। କିନ୍ତୁ ଚକ୍ରଧରପୁର ବଜାରରେ ହିନ୍ଦୁସ୍ଥାନୀ, ବଙ୍ଗାଳୀ, ମାରୁଆଡ଼ି ପ୍ରଭୃତି ବ୍ୟବସାୟୀମାନେ ରହନ୍ତି। ମୁଁ ଯାଇ 'ପୁରୁଣାବସ୍ତି'ରେ ବସାକଲି। ସ୍କୁଲ ହେଲା ବଜାରରେ। 'ପୁରୁଣାବସ୍ତି' ଓ ବଜାର ଭିତରେ ବାହାର କାରବାର ଓ ବ୍ୟବସାୟ ସମ୍ପର୍କ ମୋଟାମୋଟି ଭଲ ଥିଲେ ସୁଦ୍ଧା ମନ ଭିତରେ ଯେ ଖୁବ୍ ଗୋଟାଏ ମେଳ ଥିଲା ତାହା ନୁହେଁ। କିନ୍ତୁ ମୋତେ ଉଭୟଙ୍କ ସହିତ ମିଳିମିଶି ଚଳିବାକୁ ହେଲା। 'ପୁରୁଣାବସ୍ତି'ର ବନ୍ଧୁମାନେ, ବିଶେଷରେ କାହ୍ନୁ କିଶୋର ପାଣି, ମୋତେ ଖୁବ୍ ଖୁଆଇ-ପିଆଇ ରଖିଲେ। ମୁଁ ପୁରୁଣାବସ୍ତି ଛାଡ଼ି ପରେ ଯେତେବେଳେ ବଜାରରେ ଯାଇ ରହିଲି, ସେଠାରେ ମଧ୍ୟ ଖୁବ୍ ଆଦର ଅଭ୍ୟର୍ଥନା ପାଇଲି। ହିନ୍ଦୁସ୍ଥାନୀ ଓ ମାରୁଆଡ଼ିମାନଙ୍କ ଘରେ ପୁଣ୍ୟପର୍ବ ହେଲେ ସେମାନେ ମୋ ଘରକୁ ପିଠାପଣା ପଠାଇଦିଅନ୍ତି। ଦିନେ ଦିନେ ଗୁଡ଼ିଆ ଦୋକାନରୁ ମିଠେଇ ଓ ଗଉଡ଼ଘରୁ ଦୁଧ ଭେଟି ଆସେ। କ୍ରମେ କେତେକ ହିନ୍ଦୁସ୍ଥାନୀ ଓ ମାରୁଆଡ଼ି ବନ୍ଧୁ ମୋତେ 'ମହାତ୍ମା' ବୋଲି ଡାକିବାକୁ ଆରମ୍ଭକଲେ। ମୁଁ କିଛି ହିନ୍ଦୀ ଶିଖି ତାଙ୍କ କଥାବାର୍ତ୍ତା ମଧ୍ୟ ବୁଝିନେଲି।

ଚକ୍ରଧରପୁରରେ ଯେଉଁ ହାଇସ୍କୁଲ ବସିଲା, ସେ ସମ୍ପର୍କରେ ସାହାଯ୍ୟ-ସହାନୁଭୂତି ବହୁ ଲୋକଙ୍କଠାରୁ ମିଳିଲା, ଏପରି କି ଚକ୍ରଧରପୁର ରେଳଷ୍ଟେସନ ବସତିରେ ଯେଉଁ ଗୋରାମାନେ ରହୁଥିଲେ, ସେମାନେ୍ବ ସାହଚର୍ଯ୍ୟ ଦେଖାଇଲେ। ତେବେ ସମସ୍ତଙ୍କ ଭିତରେ ଦୁଇଜଣଙ୍କ ନାଁ ଉଲ୍ଲେଖଯୋଗ୍ୟ – ଅର୍ଥ ଦିଗରୁ 'ଦୀନନାଥ ପାଣ୍ଡେ' ଓ କର୍ମୀ ହିସାବରେ 'ଗତିକୃଷ୍ଣ ଷଡ଼ଙ୍ଗୀ'। ଦୀନନାଥ ପାଣ୍ଡେ ମଥୁରାବାସୀ; ଚକ୍ରଧରପୁରରେ ରହି ବ୍ୟବସାୟ କରୁଥିଲେ। ସେ ସ୍କୁଲ ପାଇଁ ଘର ତୋଳାଇଦେଲେ ଓ ମାସକୁ ମାସ ସ୍କୁଲର ଯାବତୀୟ ବ୍ୟୟ ନିର୍ବାହ କଲେ। ସେ 'ଚତୁର୍ବେଦୀ ବ୍ରାହ୍ମଣ'। ସେତେବେଳକୁ ତାଙ୍କର ବୟସ ଷାଠିଏ ପାରହୋଇଥିଲା। ବାର୍ଷିକ ଟଙ୍କା ପଚାଶହଜାର ପର୍ଯ୍ୟନ୍ତ ରୋଜଗାର କରୁଥିଲେ। ହାକିମହୁକୁମାଙ୍କ ସହିତ ଦରଖଣ୍ଡିଆ ଇଂରେଜୀରେ କଥାବାର୍ତ୍ତା ହେଉଥିଲେ। ଜାତି, ଧନ, ବିଦ୍ୟା, ବୟସ, ସବୁ ବିଷୟରେ ତାଙ୍କର ଖୁବ୍ ଅଭିମାନ ଥିଲା। ତଥାପି ସେ ମୋତେ 'ଗୁରୁଜୀ' ବୋଲି ଡାକୁଥିଲେ ଓ ସେହିପରି ସ୍ନେହ ଶ୍ରଦ୍ଧା କରୁଥିଲେ।

ଗତିକୃଷ୍ଣ ଓଡ଼ିଆ ଯୁବକ। ସେତେବେଳକୁ ତାଙ୍କର ବୟସ ପଚିଶ ଡେଇଁନଥିଲା।

ସେ ଆଇ.ଏ. ପାସ୍‌କରି ଶିକ୍ଷା ବିଭାଗରେ ସବ୍-ଇନ୍‌ସପେକ୍ଟର ହୋଇଥିଲେ। ମୁଁ ସେଠାକୁ ଯିବା ସଙ୍ଗେ ସଙ୍ଗେ ସେ ଚାକିରିରୁ ଇସ୍ତଫା ଦେଇ ମାସିକ ତିରିଶ ଟଙ୍କା ଭତ୍ତାରେ ମୋର ସହକର୍ମୀ ହେଲେ। ମୁଁ ପାଇଲି ପଞ୍ଚସ୍ତରୀ ଟଙ୍କା। ଗତିକୃଷ୍ଣ ସ୍କୁଲରେ ପାଠ ପଢ଼ାଉଥିଲେ, ଛାତ୍ରାବାସର କାର୍ଯ୍ୟ ଚଳାଉଥିଲେ ଓ ମୋର ବ୍ୟକ୍ତିଗତ ସେବା ମଧ୍ୟ କରୁଥିଲେ। ଏପରିକି ସେ ମୋର ଭାତ ବାଢ଼ିଦିଅନ୍ତି ଓ ଦିନେ ଦିନେ ଅଇଁଠାବାସନ ଉଠାଇନିଅନ୍ତି। ତାଙ୍କ ପରି ସରଳ, ସହିଷ୍ଣୁ, ସ୍ପଷ୍ଟବାଦୀ, ମିତବ୍ୟୟୀ, କର୍ତ୍ତବ୍ୟନିଷ୍ଠ, ନିରଭିମାନ କର୍ମୀ ମୁଁ ଆଉ ଦେଖିନାହିଁ। ବିଧାତା ତାଙ୍କୁ ବେଶି କାଳ ବଞ୍ଚାଇ ରଖିଲା ନାହିଁ। ମୋର ଚକ୍ରଧରପୁର ଛାଡ଼ିବାର କିଛି କାଳ ପରେ ସେ ଇହଧାମ ଛାଡ଼ି ଚାଲିଗଲେ। କିନ୍ତୁ ସେ ଯେ ଜାତିଯଜ୍ଞରେ ନିଜର ଜୀବନକୁ ଆହୁତି ଢାଳିଦେଇଥିଲେ, ତାହା ଅକ୍ଷରେ ଅକ୍ଷରେ ସତ। ତାଙ୍କ ଶେଷ ଜୀବନର ବେଶଭୂଷା ଥିଲା ଖଣ୍ଡିଏ ଆଣ୍ଠୁ ନ ଡେଇଁବା ଭଳି ଖଦିଲୁଗା ଓ କାନ୍ଧକୁ ଖଣ୍ଡିଏ ଗାମୁଛା। ସେହି ବେଶରେ ସେ ସ୍କୁଲରେ ପଢ଼ାଉଥିଲେ, ସଭାସମିତିକୁ ଯାଉଥିଲେ ଓ ଯିବା ଆସିବା କରୁଥିଲେ। ତାଙ୍କର ଶୀର୍ଣ୍ଣ ଦେହ ଉପରେ ସେ ବେଶଭୂଷା ଏବେ ମଧ୍ୟ ପଚିଶ ବର୍ଷ ପରେ ମୋର ବେଳବେଳେ ଆଖିଆଗରେ ଦିଶିଯାଏ। ତାଙ୍କ ପରି ବନ୍ଧୁ ମୁଁ କ୍ୱଚିତ୍ ଦେଖିଛି।

ପ୍ରଥମରୁ ଦେଢ଼ବର୍ଷ ଉପରେ ସବୁ ବେଶ୍ ସୁରୁଖୁରୁରେ ଚାଲିଲା। ସେତେବେଳେ ସିଂହଭୂମି ଜିଲାର ଲୋକସଂଖ୍ୟା ଥିଲା ୬,୯୪,୩୯୪। ତା ମଧ୍ୟରୁ ଓଡ଼ିଆଙ୍କ ସଂଖ୍ୟା ୧,୨୪,୫୯୩। ଏସବୁ ୧୯୧୧ ମସିହାର ଜନଗଣନା ସଂଖ୍ୟା। ମୋ ଯିବା ପରେ ଓଡ଼ିଆ ହାଇସ୍କୁଲ ତ ପ୍ରତିଷ୍ଠିତ ହେଲା, ଅନେକ ପ୍ରାଥମିକ ସ୍କୁଲ ମଧ୍ୟ ବସିଲା। ଗୋପବନ୍ଧୁବାବୁ 'ପଇସିକିଆ ପାଣ୍ଠି' ସଂଗ୍ରହ କରି ବାରହଜାର ପର୍ଯ୍ୟନ୍ତ ଟଙ୍କା ଉଠାଇଥିଲେ। ପ୍ରଚାରକ ଅନନ୍ତ ମିଶ୍ର ସିଂହଭୂମିରେ ଓଡ଼ିଆ ପ୍ରଚାର ଯେପରି କଲେ, ଓଡ଼ିଶାଯାକ ବୁଲି ପାଣ୍ଠି ସେହିପରି ସଂଗ୍ରହ କରି ପଠାଇଲେ। ଜିଲା ତମାମ ଅପୂର୍ବ ଉତ୍ସାହ ଦେଖାଗଲା। ମୋର ମନେହେଉଛି ମୋ'ଠାରୁ ଜଣେ ବେଶି ଶକ୍ତିଶାଳୀ କର୍ମୀ ସେତେବେଳେ ସିଂହଭୂମି ଜିଲା ପାଇଥିଲେ ଫଳ ଯଥେଷ୍ଟ ଭଲହୋଇଥାନ୍ତା। ମୁଁ ଯିବା ସମୟକୁ ଜନଗଣନା କାର୍ଯ୍ୟର ସୂତ୍ରପାତ ହୋଇଥିଲା। ୧୯୨୧ ଜନଗଣନାରେ ଓଡ଼ିଆଙ୍କ ସଂଖ୍ୟା ବଢ଼ି ୧,୪୦, ୮୨୧ ହେଲା। ୧୯୩୧କୁ ପୁଣି ତାହା ହେଲା ୧,୭୧,୮୮୭। ତା'ପରେ ୧୯୪୧ ମସିହାରେ ଭାଷା ବା ଜାତି ସୂତ୍ରରେ ଜନଗଣନା ହୋଇନାହିଁ। ହୋଇଥିଲେ ଓଡ଼ିଆ ସଂଖ୍ୟା ଅଢ଼େଇ ଲକ୍ଷ ଟପିଥାନ୍ତା।

ଏସବୁ ସିଂହଭୂମିରେ ଓଡ଼ିଆ ଜାଗରଣର ଫଳ। ଜଙ୍ଗଲରେ କାଠ ଶୁଖି ପଡ଼ିଥାଏ। ଥରେ ନିଆଁ ଲାଗିଲେ ଶୁଖିଲା କାଠ ତ ଜଳେ, କଞ୍ଚା ଗଛଗୁଡ଼ାକ ମଧ୍ୟ

ଠିଆ ଠିଆ ଜଳିବାକୁ ଆରମ୍ଭ କରେ। ସିଂହଭୂମିରେ ଓଡ଼ିଆ ଜାଗରଣ ସେହିପରି ଭାବରେ ଗତି କଲା। ସେଠାର ମୁଷ୍ଟିମେୟ ବିହାରୀ ତାହା ଦେଖି ପାଟଣା ଦଉଡ଼ାଦଉଡ଼ି କଲେ। ଅଥଚ ସେମାନେ ମୋ ସହିତ ଏଣେ ଘନିଷ୍ଠତା ସେହିପରି ରଖିଥାନ୍ତି। ୧୯୨୦ ମସିହା ଡିସେମ୍ବର ମାସରେ ଚକ୍ରଧରପୁରରେ 'ଉତ୍କଳ ସମ୍ମିଳନୀ' ବସିଲା। ଗଞ୍ଜାମ ଛାଡ଼ିଦେଲେ ତାହାହିଁ ବିଚ୍ଛିନ୍ନ ଓଡ଼ିଆ ଅଞ୍ଚଳରେ 'ଉତ୍କଳ ସମ୍ମିଳନୀ'ର ବୈଠକ ହେବା ବୋଧହୁଏ ପ୍ରଥମ। 'ଉତ୍କଳ ସମ୍ମିଳନୀ' ବେଳେ ସିଂହଭୂମିର ବଙ୍ଗାଳୀ ଓ ବିହାରୀଙ୍କ ସାହଚର୍ଯ୍ୟ ମିଳିବାରେ ପ୍ରଥମ ବ୍ୟାଘାତ ଦେଖାଗଲା। ସେମାନଙ୍କ ମଧ୍ୟରୁ କେତେକ ଆସିଲେ ଓ କେତେକ ଆସିଲେ ନାହିଁ। କେହି କେହି ସେ ଜିଲାରେ ମୋ ଉପସ୍ଥିତିକୁ ସନ୍ଦେହ ଦୃଷ୍ଟିରେ ଦେଖିଲେ। ଏହିପରି ସମୟରେ ଭାରତରେ ଗୋଟାଏ ତୁମୁଳ ଭୂମିକମ୍ପ ଘଟିଗଲା। ତାର ଫଳାଫଳ କ'ଣ ହେଲା ପର ଅଧ୍ୟାୟରେ କହୁଛି।

■

ଅସହଯୋଗ

ଭାରତରେ ଯେ ତୁମୁଳ ଭୂମିକମ୍ପ ଘଟିଲା, ସିଂହଭୂମି ସେଥିରୁ ବାଦ୍ ପଡ଼ିଲା ନାହିଁ। ସେ ଭୂମିକମ୍ପରେ ଭାରତସାରା ଦୋହଲିଗଲା। ଇଂରେଜ ସରକାର ଦେଢ଼ଶ ବର୍ଷ ହେଲା ଭାରତ ଅଧିକାର କରି ବସିଥିଲେ; କିନ୍ତୁ ସିଂହଭୂମି ଅଧିକାର କରିଥିଲେ ସେ ଘଟନାର ଷାଠିଏ ବର୍ଷ ତଳେ ୧୮୫୯ ମସିହାରେ। ବିଦେଶୀ ଶାସନ-ଶୃଙ୍ଖଳ ଭାରତର ଅନ୍ୟାନ୍ୟ ଅଞ୍ଚଳରେ ଯେତେ ପାକଳ ହୋଇଥିଲା, ସିଂହଭୂମିରେ ସେତେ ହୋଇନଥିଲା। ସିଂହଭୂମିର ଅନାର୍ଯ୍ୟ ଅଧିବାସୀମାନେ ଇଂରେଜ ସରକାରଙ୍କ ପୋଷା ଆହୁରି ମାନିନଥିଲେ। ସେଥିପାଇଁ ବେଳେବେଳେ ସେଠାରେ ମେଳି, ବିଦ୍ରୋହ ଆଦି ହେଉଥିଲା। ସେଠା 'ବିର୍ସା ଭଗବାନ' ମେଳିରେ ଇଂରେଜ ସରକାରଙ୍କ ଆତଙ୍କ ପଡ଼ିଯାଇଥିଲା।

୧୯୨୦ ମସିହା ଡିସେମ୍ବର ମାସ ଶେଷକୁ ନାଗପୁରରେ କଂଗ୍ରେସର ବୈଠକ ହେଲା। ସେଥିରେ ମହାତ୍ମା ଗାନ୍ଧି 'ଅସହଯୋଗ' ଦୀକ୍ଷା ଧାର୍ଯ୍ୟ କରାଇନେବେ ବୋଲି ଜଣାପଡ଼ିଲା। ଦେଶବନ୍ଧୁ ଚିତ୍ତରଞ୍ଜନ ଦାସ ଦଳବଳ ସହିତ ତାର ପ୍ରତିରୋଧ କରିବାକୁ ଯାଇ ହାଜର ହେଲେ; କିନ୍ତୁ ମହାତ୍ମା ଗାନ୍ଧିଙ୍କ ସହିତ କଥାବାର୍ତ୍ତା କଲା ପରେ ସେ ନିଜେ ଅସହଯୋଗ ଗ୍ରହଣ କରିନେଲେ। କଂଗ୍ରେସ ଦେଶ ତମାମ 'ଅସହଯୋଗ' ବାର୍ତ୍ତା ପ୍ରଚାର କରିବାକୁ ବସିଲା। ଅସହଯୋଗରେ ବର୍ଷକ ଭିତରେ ଦେଶ ସ୍ୱାଧୀନ ହୋଇଯିବ ବୋଲି ମହାତ୍ମା ଗାନ୍ଧି ଘୋଷଣା କଲେ। ଦେଶସାରା ବିପୁଳ ଉତ୍ସାହ ଜନ୍ମିଲା। ମହାତ୍ମା ଗାନ୍ଧିଙ୍କ ଜୟଧ୍ୱନିରେ ଆକାଶ ପୃଥିବୀ କମ୍ପିଲା। ଆବାଳବୃଦ୍ଧବନିତା ଅସହଯୋଗ ଯଜ୍ଞକୁ ଡେଇଁପଡ଼ିଲେ।

ଚକ୍ରଧରପୁର ସ୍କୁଲ ବିଶ୍ୱବିଦ୍ୟାଳୟ ମଞ୍ଜୁରି ଲାଗି ଦରଖାସ୍ତ ଦେଲାବେଳକୁ ପାଟଣା ବିଶ୍ୱବିଦ୍ୟାଳୟ ସ୍ଥାପିତ ହୋଇଥିଲା ଓ ମୁଁ ନିଜେ ସେ ବିଶ୍ୱବିଦ୍ୟାଳୟ ପରିଷଦର

ସଦସ୍ୟ ହୋଇଥିଲି । ମଞ୍ଜୁରି ଦେବା ସମ୍ପର୍କରେ ବିଶ୍ୱବିଦ୍ୟାଳୟ ତରଫରୁ ସ୍କୁଲ ପରିଦର୍ଶନ କରିବା ଲାଗି ଛୋଟନାଗପୁର ବିଭାଗର ଶିକ୍ଷାବିଭାଗୀୟ ଇନ୍‌ସପେକ୍ଟର 'ହୁଇଟ୍‌ମୋର୍' ସାହେବ ଚକ୍ରଧରପୁରରେ ଆସି ପହଞ୍ଚିଲେ । ସେ ରାଞ୍ଚିରୁ ବାହାରି ବାସ୍ତରି ମାଇଲ ବାଟ ସାଇକେଲରେ ଆସି ସରପୀଡ଼ାରେ ଡାକବଙ୍ଗଳାରେ ହାଲିଆ ହୋଇ ବିଶ୍ରାମ କରୁଥିବାବେଳେ ମୋଠାରୁ ଚିଠି ପାଇଲେ ଯେ, 'ଆଉ ସ୍କୁଲ ଦେଖିବାକୁ ଆସିବା ଦରକାର ହେବ ନାହିଁ' । ଚିଠିରେ ମୁଁ କାରଣ ମଧ୍ୟ ଲେଖିଥିଲି । ସରପୀଡ଼ାରେ ତାଙ୍କ ଦେହ ଗରମ ହୋଇଯାଇଥିଲା, ମୋ ଚିଠି ସେଥିରେ ନିଆଁ ଲଗାଇଦେଲା । ଚିଠି ପଢ଼ି ସେ କହିଲେ, "ମୁଁ ଏ ଗୋଦାବରୀଶ ମିଶ୍ରର ଚିକ୍‌କଣ ମୁହଁ ଦେଖି ତାକୁ ଶାନ୍ତ ଶିଷ୍ଟ ଲୋକ ମଣିଥିଲି; କିନ୍ତୁ ଦେଖୁଛି ଏଇଟା ତ ଗୋଟାଏ ନିଆଁହୁଳା । ଏଡ଼େ ସୁନ୍ଦର ଜିଲାଟାକୁ ଜାଳିପୋଡ଼ି ଛାରଖାର କରିଦେବ ନା କଣ ?"

ସେଦିନ ଗୋପବନ୍ଧୁବାବୁ ଚକ୍ରଧରପୁରରେ ଥିଲେ । ସେ ଅସହଯୋଗ ଦୀକ୍ଷାରେ ଏକାବେଳକେ ତନ୍ମୟ ହୋଇପଡ଼ିଥିଲେ । ତାଙ୍କ ପାଟିରେ ଭଲ ନ ଶୁଭିଲେ ମଧ୍ୟ ସେ ନିଜେ 'ମହାତ୍ମା ଗାନ୍ଧିକି ଜୟ' ଧ୍ୱନି କରୁଥିଲେ । ଅସହଯୋଗରେ ୧୯୨୧ ମସିହାରେ ବାରମାସ ଭିତରେ ଦେଶ ସ୍ୱାଧୀନ ହୋଇଯିବ ବୋଲି ତାଙ୍କର ଅଟଳ ବିଶ୍ୱାସ ଜନ୍ମିଥିଲା । ମୋର ସେତେ ବିଶ୍ୱାସ ହେଉନଥିଲା । ମୋର ଜଣେ ଯୁବକ ସହକର୍ମୀ ସନ୍ଦେହ ପ୍ରକାଶ କରିବାରେ ଗୋପବନ୍ଧୁବାବୁ କହିଲେ, "ତୋର ଗାଲ ଚିପିଲେ ଦୁଧ ବାହାରିବ – ତୁ ସବୁ ବୁଝିଗଲୁ; ଆଉ ଗାନ୍ଧି ନ ବୁଝି ନ ଶୁଝି ବାହାରିଛି ? ଆରେ, ସେ ସାକ୍ଷାତ୍ ଅବତାର । ଆଫଗାନିସ୍ଥାନ, କି ତୁର୍କୀ, କି ରୁଷିଆ ସଙ୍ଗେ କଣ କିଛି ବ୍ୟବସ୍ଥା ନ କରି ଏତେ ବଡ଼ କାମରେ ହାତ ଦେଇଛି ?"

ସେ ଚକ୍ରଧରପୁର ଯାଇଥିଲେ, ସ୍କୁଲ ଭାଙ୍ଗିଦେଇ ଅସହଯୋଗ ଆନ୍ଦୋଳନରେ ଯୋଗ ଦେବାପାଇଁ ମୋତେ କହିବାକୁ । ମୁଁ ଉତ୍ତର ଦେଲି, "ଆପଣ ଓଡ଼ିଶାରେ ଅସହଯୋଗର ପ୍ରବର୍ତ୍ତକ ହୁଅନ୍ତୁ; ମାତ୍ର ସ୍କୁଲ ଦୁଇଟାକୁ ଛାଡ଼ିଦିଅନ୍ତୁ ।" ମୁଁ ତାଙ୍କ ପାଖେ ଯୁକ୍ତିତର୍କ କରିପାରେ ନାହିଁ । ତଥାପି ଅସହଯୋଗର ପନ୍ଥା ଧରିଲେ ସିଂହଭୂମିର ଓଡ଼ିଆ ଆନ୍ଦୋଳନରେ ବାଧା ପଡ଼ିବ ବୋଲି କହିଲି । ସେ ମୋ କଥା ଗ୍ରହଣକଲେ । କହିଲେ, "ତୁମେ ଏ ସ୍କୁଲ ଓ ଏଠାର ଓଡ଼ିଆ ଆନ୍ଦୋଳନ ଧରି ହାକିମହୁକୁମାଙ୍କ ସହଯୋଗରେ ଚଳ । ଏ କାମରେ ବାଧା ପଡ଼ିବା ଠିକ୍ ନୁହେଁ । ତେବେ 'ସତ୍ୟବାଦୀ ସ୍କୁଲ' ଜାତୀୟ ବିଦ୍ୟାଳୟରେ ପରିଣତ ହେଉ ଓ ସେଠାରେ ଶିକ୍ଷକମାନେ କଂଗ୍ରେସ କାର୍ଯ୍ୟକୁ ଯାଆନ୍ତୁ ।" ସେଥିରେ ମୋ ମନ ମାନିଲା ନାହିଁ । ଗୋଠଛଡ଼ା ହୋଇ ରହିବାକୁ ମୋତେ ଭଲ ଲାଗିଲା ନାହିଁ । ସ୍ଥିର ହେଲା ଯେ, ଚକ୍ରଧରପୁର ସ୍କୁଲ ସତ୍ୟବାଦୀ ପରି

ଜାତୀୟବିଦ୍ୟାଳୟରେ ପରିଣତ ହେବ ଓ ମୁଁ ଅସହଯୋଗ ଆନ୍ଦୋଳନରେ ପଶିବି। ହୁଇଟ୍‌ମୋର୍ ସାହେବ ଚକ୍ରଧରପୁରରେ ପହଞ୍ଚିବା ପୂର୍ବଦିନ ରାତିରେ ଏ ନିଷ୍ପତ୍ତି ହେଲା। ମୁଁ ପରଦିନ ସକାଳେ ତାଙ୍କ ପାଖକୁ ରାଞ୍ଚିକୁ ସେ କଥା ଟେଲିଗ୍ରାମ୍ କଲି। କିନ୍ତୁ ସେତେବେଳକୁ ସେ ହୁଏତ ଚକ୍ରଧରପୁର ବାଟରେ କୋଡ଼ିଏ ମାଇଲ ସାଇକେଲରେ ଆସି ଦଶଟଙ୍କା ଗସ୍ତଖର୍ଚ୍ଚ ଅସୁଲ କରିବା ବ୍ୟବସ୍ଥା କରିସାରିଥିଲେ।

ଚକ୍ରଧରପୁର ସ୍କୁଲ ଜାତୀୟ ବିଦ୍ୟାଳୟ ହେଲା। ମୁଁ ପାଟଣା ବିଶ୍ୱବିଦ୍ୟାଳୟର ସଦସ୍ୟ ପଦରୁ ଇସ୍ତଫାଦେଲି। ମୋତେ ଚାଇଁବସା ସେସନ୍‌ସ କୋର୍ଟରେ 'ଆସେସର୍' ନିଯୁକ୍ତ କରାଯାଇଥିଲା। ମୁଁ ସମନ୍ ପାଇ ଫେରସ୍ତ ଦେଇଥିଲି। ସିଂହଭୂମିର ସେ ସମୟର ଡେପୁଟି କମିସନର 'ସ୍କଟ୍' ସାହେବ ଭାରି ଜବରଦସ୍ତ ହାକିମ। ସେ ମୋତେ ଛାଡ଼ିଦେବାକୁ ରାଜି ହେଲେ ନାହିଁ। କହିଲେ, "ମୁଁ ଦେଖିବି ବଡ଼ଲାଟ ବଡ଼ କି ଗାନ୍ଧି ବଡ଼? ସେ ଗୋଦାବରୀଶ ମିଶ୍ରକୁ ଟାଣିଆଣି ଏଠି ଇଜଲାସରେ ହାଜର କରାଇଲା ପର୍ଯ୍ୟନ୍ତ ମୋର କଷ୍ଟ।" ସେ ଧରିବସିଲେ ମୋତେ ନେବେ, ମୁଁ ଧରିବସିଲି ଯେ ମୁଁ ଯିବିନାହିଁ। ମୋର କେତେକ ବନ୍ଧୁ ଆସି ମୋତେ ଯିବାକୁ ବୁଝାଇଲେ। ସ୍କଟ୍ ସାହେବଙ୍କର କୌଣସି ବନ୍ଧୁ ସେହିପରି ମୋତେ ନନେବାକୁ ବୋଧହୁଏ ତାଙ୍କୁ ବୁଝାଇଲେ ନାହିଁ। ସେ ତାଙ୍କର ଓ ମୋର ଚିଠିପତ୍ର ସବୁ ଉପରକୁ ପଠାଇଲେ ଓ ଧରିନେଇ ମିସଲରେ ହାଜର କରାଇବାକୁ ଅନୁମତି ମାଗିଲେ। ତେଣେ ମୋର 'ହୋ' ବନ୍ଧୁମାନେ ମାତିଉଠିଲେ। କହିଲେ, "ସ୍କଟ୍ ସାହେବ ତୁମକୁ ଧରିନେଲେ ଆମେ ମଧ୍ୟ ହଜାର ହଜାର ହୋଇ ଯିବୁ।" ମାତ୍ର ସେ ପରୀକ୍ଷା ପଡ଼ିଲାନାହିଁ। ସ୍କଟ୍ ସାହେବ ମୋତେ ଜବରଦସ୍ତ ଧରିନେବାକୁ ଅନୁମତି ପାଇଲେ ନାହିଁ। ମୁଁ ଶୁଣିଲି, ବିହାର-ଓଡ଼ିଶା ପ୍ରାଦେଶିକ ସରକାର କୁଆଡ଼େ ମତ ଦେଲେ ଯେ ସିଂହଭୂମିରେ ମୋ ଆଡ଼ୁ ନିଆଁ ଲାଗିବ ନାହିଁ, ସ୍କଟ୍ ସାହେବଙ୍କ ଆଡ଼ୁ ଲାଗିବାର ଉପକ୍ରମ ହେଉଛି।

ସ୍କଟ୍ ସାହେବ ବଦଳିହୋଇଗଲେ। ଆଉ ଜଣେ ଗୋରା ଡେପୁଟି କମିସନର୍ ହୋଇ ଆସିଲେ। ସେ କେମ୍ବ୍ରିଜ ବିଶ୍ୱବିଦ୍ୟାଳୟର ଏମ୍.ଏ. ଉପାଧିଧାରୀ, ଧୀରସ୍ଥିର ଲୋକ। ଭାରତବର୍ଷରେ ତାଙ୍କର ଜନ୍ମ। ତାଙ୍କ ପିତା ଯୁକ୍ତପ୍ରଦେଶର ଶିକ୍ଷାବିଭାଗ ଡିରେକ୍ଟର ହୋଇଥିଲେ। ଦୀର୍ଘ କୋଡ଼ିଏ ବର୍ଷ ପରେ ପାଞ୍ଚବର୍ଷ କାଳ ଓଡ଼ିଶାର ରାଜନୀତିକ ବାଗ ତାଙ୍କ ହାତେ ପଡ଼ିଲା। ୧୯୨୧ରେ ସିଂହଭୂମିରେ ସେ ପ୍ରଥମରୁ ବାଗ ଛାଡ଼ିଦେଇ ବସିଲେ। ତାହାହିଁ ବୋଧହୁଏ ଇଂରେଜ ସରକାରଙ୍କ 'ଚାଣକ୍ୟ-ନୀତି'। କେତେ କାଳ ବାଗ ଛାଡ଼ିଦେଇ ଜଗିବା ହୁଏତ ତାଙ୍କ କାମ। ଏହାଫଳରେ ଲମ୍ବା ବାଟ ପାଇ କୌଣସି ଖାଲ ପାଖେ ଯାଇ ପହଞ୍ଚିଲେ ଘାଉଁକିନା ମାଡ଼ିବସନ୍ତି।

ମୁଁ ଅସହଯୋଗ ଦୀକ୍ଷା ଅବଶ୍ୟ ଗ୍ରହଣକଲି; କିନ୍ତୁ ଜାତୀୟ ବିଦ୍ୟାଳୟ ଚଳାଇବା ଓ କେବଳ ଚକ୍ରଧରପୁରରେ ସଭାସମିତି କରିବା ଛଡ଼ା ଆଉ କିଛି କଲିନାହିଁ। ସ୍କୁଲ ପାଣ୍ଠିରୁ କଂଗ୍ରେସ ପ୍ରଚାର ହୋଇପାରିଲାନାହିଁ। ତାହା ଦେଖି ଚକ୍ରଧରପୁରର ମୁସଲମାନ ପୁଲିସ ଦାରୋଗା ମୋତେ ପଚିଶଟି ଟଙ୍କା ଆଣି ଦେଇ କହିଲେ, "ଚାରିଆଡ଼େ ବୁଲି ସଭାସମିତି କରନ୍ତୁ, ଖବରକାଗଜରେ ବାହାରୁ। ଆମକୁ ରିପୋର୍ଟ କରିବାକୁ ସୁବିଧା ମିଳୁ।" ତାପରେ ଇଂରେଜ ସରକାରଙ୍କୁ ନିଜ ଭାର୍ଯ୍ୟାର ଭାଇ ଆଖ୍ୟାରେ ବର୍ଣ୍ଣନା କରି ପୁଣି କହିଲେ, "ଏମାନେ ଦେଶଟାକୁ ଖାଲି ଲୁଟିଲାଗିଛନ୍ତି, ଯାଆନ୍ତୁ, ଗଲେ ରକ୍ଷା। ଗାନ୍ଧିକି ନମସ୍କାର, ଆପଣଙ୍କୁ ନମସ୍କାର।" ମୁଁ ଦେଖିଛି ସିଂହଭୂମିର ପୁଲିସ କର୍ମଚାରୀମାନେ ମୋତେ ଖୁବ୍ ସାହାଯ୍ୟ କରୁଥିଲେ। ସଭାରେ 'ତିଳକ ସ୍ୱରାଜ୍ୟ ପାଣ୍ଠି' ପାଇଁ ଚାନ୍ଦା ମାଗିଲେ, କୌଣସି ହାତ ପ୍ରଥମେ ଉଠେ ନାହିଁ; ଅଥଚ ଅଣ୍ଟାରେ ଟଙ୍କା ଥାଏ। ପ୍ରଥମ ଟଙ୍କା ପଡ଼େ ବକ୍ତୃତା ଟିପିବାକୁ ଯେଉଁ ପୁଲିସ ଯାଇଥାନ୍ତି ତାଙ୍କରି ହାତରୁ, ତା'ପରେ ଟଣ୍‌ଟାଣ୍ ହୋଇ ଚାରିଆଡୁ ଟଙ୍କା ପଇସା ଖସେ।

ପୁଲିସ କର୍ମଚାରୀମାନେ କେବଳ ଯେ ଚାନ୍ଦା ଆଦାୟ କରିବାରେ ଏହିପରି ସହାୟତା କରୁଥିଲେ, ତା ନୁହେଁ, ସେତେବେଳେ ସେ ଜିଲାରେ ପ୍ରାୟ ବଙ୍ଗାଳୀ ପୁଲିସ କର୍ମଚାରୀ ଥିଲେ। ମୁଁ ସେମାନଙ୍କ ସଙ୍ଗେ ଖେଳ ଯେ ନଖେଳେ ତା' ନୁହେଁ। ଗୋଟାଏ ସ୍ଥାନରେ ସଭା ହେବ ବୋଲି ପ୍ରଚାରକରି ବେଳେବେଳେ ଆଉ ଏକ ସ୍ଥାନରେ କରେ। ସେମାନେ ଦଳଦଳ ହୋଇ ଯାଇ ଭାଣ୍ଡିଆ ହୁଅନ୍ତି। କିନ୍ତୁ ମୁଁ ଦେଖିଛି, ସେମାନେ ତାହା ମନକୁ ନନେଇ ହସକଉତୁକରେ ଉଡ଼ାଇଦିଅନ୍ତି। ଥରେ ଥରେ ସନ୍ଧାନ ରଖି ଆମ ଅପ୍ରକାଶିତ ସଭାକୁ ମଧ୍ୟ ଚାଲିଯାନ୍ତି। ସେତେବେଳେ ହସି ହସି କହନ୍ତି, "ଆଜି କିଏ ଜିଣିଲା ? ଦେଖନ୍ତୁ, ଆଜି ୱାରେଣ୍ଟ କରାଇ ଦେଉଛୁ।" କିନ୍ତୁ ୱାରେଣ୍ଟ ହୁଏ ନାହିଁ। ୧ ୯ ୨ ୧ ମସିହାଟାଯାକ ବିନା ୱାରେଣ୍ଟରେ ଚାଲିଗଲା। ପ୍ରଚାରକ ଅନନ୍ତ ମିଶ୍ରେ ଧରାହୋଇ ବର୍ଷେ ଜେଲ ଭୋଗିଲେ। ପ୍ରଥମ ଶ୍ରେଣୀ ବନ୍ଦୀ ହେବାରୁ ତାଙ୍କୁ ଖାଇବାକୁ ଯଥେଷ୍ଟ ମିଳିଲା।

ତାର କିଛିଦିନ ପୂର୍ବରୁ ଡେପୁଟି କମିସନର୍ ତାଙ୍କ ସଙ୍ଗେ ଦେଖାକରିବାକୁ ମୋତେ ଖଣ୍ଡିଏ ଚିଠି ଲେଖି ପଠାଇଲେ। ସେଥିରେ ଲେଖିଲେ, "ଆପଣ ଯଦି ଦଳବଳରେ ଆସିବେ କଚେରିରେ ମୋ ସହିତ ଦେଖାକରନ୍ତୁ, ଏକା ଆସିଲେ ମୋ କୋଠିକି ଆସନ୍ତୁ।" ଏକା ତାଙ୍କ କୋଠିକି ଯିବାକୁ ବନ୍ଧୁମାନେ ମୋତେ ମନାକଲେ। ସେମାନେ କହିଲେ, "ଆପଣ ସଙ୍ଗରେ ପାଞ୍ଚ ହଜାର ଲୋକ ଧରି କଚେରିକୁ ଚାଲନ୍ତୁ। ସେଇଠି ଦେଖାଇଦେବେ ସିଂହଭୂମିର ମାଲିକ କିଏ- ଗୋଦାବରୀଶ ମିଶ୍ର ନା

'ଲେଉଇସ୍' ସାହେବ। ଅନେକ ଯୁକ୍ତିତର୍କ ପରେ ଠିକ୍‌ହେଲା ଯେ, ମୁଁ ଲେଉଇସ୍ ସାହେବଙ୍କ ସଙ୍ଗେ ତାଙ୍କ କୋଠିରେ ଯାଇ ଏକା ଦେଖାକରିବି। ମୁଁ ଯିବାବେଳେ କେହି କେହି ସନ୍ଦେହ କଲେ ଯେ, ମୁଁ ଆଉ ଫେରିବି ନାହିଁ, ସେଠାରୁ ସିଧା 'ମାମୁଘର'କୁ ଯିବି।

ଲେଉଇସ୍ ସାହେବଙ୍କ ସଙ୍ଗେ ଦେଖାହେଲା। ମୋ ବକ୍ତୃତାର ତାଡ଼ାଏ ଟିପା ରିପୋର୍ଟ ତାଙ୍କ ଆଗରେ ଥୁଆହୋଇଥିଲା। ସେ ମୋତେ ସେଥିରୁ ଛଅଖଣ୍ଡ ବାଛି ପଢ଼ିବାକୁ ଦେଲେ। ମୁଁ ପଢ଼ିସାରିବା ପରେ କହିଲେ, "ଆପଣ ଜଣେ ବିଜ୍ଞ ଲୋକ। ଇଂରେଜ ସରକାରଙ୍କୁ ଏପରି ଗାଳିଦେବା ଆପଣଙ୍କୁ କଣ ସୁନ୍ଦର ଦିଶୁଛି ? ଆପଣ ଏତିକିରେ କ୍ଷାନ୍ତ ହୁଅନ୍ତୁ।" କିନ୍ତୁ ମୁଁ ଦେଖିଲି ଯେ, ମୁଁ ସଭାରେ ଯାହାସବୁ କହେ, ରିପୋର୍ଟରେ ତାହାଠାରୁ ଊଣା ଥାଏ। ବକ୍ତୃତାର ବେଶି ଆପତ୍ତିଜନକ ଅଂଶଗୁଡ଼ାକ ରିପୋର୍ଟ ଟିପିବା ଲୋକ କାଟିଦିଅନ୍ତି। ସେଦିନ ଅନେକ କଥାବାର୍ତ୍ତା ପଡ଼ିଲା। ଲେଉଇସ୍ ସାହେବ ତାଙ୍କ କଲେଜ ପଢ଼ାବେଳର ଅନୁଭୂତିସବୁ କହିଲେ। ଭାରତରେ ଯୁବକମାନେ କିପରି ପଥଭ୍ରଷ୍ଟ ହେଉଛନ୍ତି ବୁଝାଇଲେ। ଶେଷରେ ମୋତେ କହିଲେ, "ଆପଣ ଆଉ କଡ଼ା ବକ୍ତୃତା କରିବେ ନାହିଁ।" ସେଦିନର ସେଇ ଦେଖାସାକ୍ଷାତ୍ ବିଷୟରେ, କୋଡ଼ିଏ ବର୍ଷ ପରେ, ଅଢ଼େଇବର୍ଷ ଭିତରେ, ତାଙ୍କ ସଙ୍ଗେ କେତେ ଥର କଥାବାର୍ତ୍ତା ପଡ଼ିଛି, ହସକଉତୁକ ହୋଇଛି।

■

ଅନୁରୋଧ ଓ ବକ୍ତୃତା

ସେଦିନ ଚାଇଁବସାରେ ତିନିଶ ପର୍ଯ୍ୟନ୍ତ ବନ୍ଧୁ ଉଦ୍‌ବିଗ୍ନ ହୋଇ ଅପେକ୍ଷା କରି ରହିଥିଲେ। ମୋର ଫେରିବାକୁ ଯେତେ ଡେରିହେଉଥିଲା, ତାଙ୍କ ଉଦ୍‌ବେଗ ସେତିକି ବଢୁଥିଲା। ମୁଁ ଫେରିଆସିବା ଦେଖି ଅନେକ କହିଲେ, "ଆପଣଙ୍କ ଭାଗ୍ୟକୁ ଆଜି ସ୍କଟ୍ ସାହେବ ନାହାନ୍ତି। ଏ ସାହେବ ଭାରି ନରମା ଲୋକ।" ଆଉ କେହି କେହି କହିଲେ, "ନ ରେ ନାଁ, ଲଙ୍କାରୁ ଯେତେକ ବାହାର ସମସ୍ତେ ଅସୁର ଆକାର। ନରମା ଲୋକ ନା ଚାଲାକ ଲୋକ! ଆଜି ଗୋଦାବରୀଶ ମିଶ୍ରଙ୍କୁ କୋଠିକି ଡକାଇନେଇ ଗିରଫ କରିଥିଲେ କଣ ହୋଇଥାନ୍ତା, ସେକଥା କଣ ଗୋରାବଚ୍ଚା ବୁଝିନାହିଁ? ସବୁ ନରମାପଣ ସେଇଠି। ବଣିଆଜାତି, ଏତିକି ଅକଲ ନଥିଲେ ସାତ ସମୁଦ୍ର ପାର ହୋଇ ଆସି ଏଠି ବାଘ-ବକରି ଏକାଠି ବାନ୍ଧି ରଖିପାରିଥାନ୍ତେ?"

ସେଦିନ ଚାଇଁବସାରେ ସଭା ହେଲା। ଡେପୁଟି କମିସନର୍ ସହିତ ମୋର ଯାହାସବୁ କଥାବାର୍ତ୍ତା ହୋଇଥିଲା; ତାର ସାରାଂଶ ମୁଁ ଜଣାଇଦେଲି। ସେଇ ବକ୍ତୃତା ପରେ ଅନେକ ବନ୍ଧୁ ମୋତେ କହିଲେ ଯେ, ମୁଁ ଆଉ ରହିପାରିବି ନାହିଁ, ଗିରଫ ହୋଇଯିବି। ତେଣୁ ମୁଁ ଗିରଫ ହେବା ଅପେକ୍ଷାରେ ରହିଲି। ସେଦିନ ସଭା ପରେ ଜଣେ ବଙ୍ଗାଳୀ କଣ୍ଟ୍ରାକ୍ଟର ଆସି ମୋ ଆଗରେ ସୁରେନ୍ଦ୍ରନାଥ ବାନାର୍ଜିଙ୍କୁ ଗୋଲାମ, ଦେଶଦ୍ରୋହୀ, ଅଇଁଠାଖିଆ ଇତ୍ୟାଦି କହି ବହୁତ ଗାଳିଦେଲେ। ସେ କିଛି ଟୋକାଟାକଳିଆ ଲୋକ ନୁହନ୍ତି, ବୟସ ପଚାଶ ଖଣ୍ଡେ ହୋଇଥିବ, ମୋଠାରୁ ଦଶ ପନ୍ଦର ବର୍ଷ ବଡ଼ ହୋଇଥିବେ। ତାଙ୍କ ରାଗର କାରଣ- ବଙ୍ଗ ଭାରତର ସର୍ବଶ୍ରେଷ୍ଠ ପ୍ରଦେଶ ହୋଇଥିଲା; ସୁରେନ୍ଦ୍ରନାଥ ବାନାର୍ଜି ମନ୍ତ୍ରୀ ପଦ ଗ୍ରହଣ କରି ତା ନାଁ ବୁଡ଼ାଇଦେଲେ। ମୋ ସଙ୍ଗେ ତାଙ୍କର ଅନେକ ସମୟ କଥାବାର୍ତ୍ତା ହେଲା। ବଙ୍ଗ ଭାରତର ଯେ ସର୍ବଶ୍ରେଷ୍ଠ ପ୍ରଦେଶ ହୋଇପାରିଥିଲା, ସୁରେନ୍ଦ୍ରନାଥ ବାନାର୍ଜିଙ୍କ ଛଡ଼ା

ତାହା ସେତେଦୂର ହୋଇପାରିନଥାନ୍ତା ବୋଲି ସେ ସ୍ୱୀକାର କଲେ। ଶେଷରେ ସେ ହାତ ଯୋଡ଼ି ସୁରେନ୍ଦ୍ରନାଥ ବାନାର୍ଜିଙ୍କୁ ନମସ୍କାର କଲେ। ମୋତେ କହିଲେ, "ମୁଁ କଥାଟାକୁ ଏପରିଭାବରେ ବୁଝିନଥିଲି। ଆଜି ଆପଣ ମୋ ଆଖି ଫିଟାଇଦେଲେ।"

ସେ ଘଟଣାର କେତେକ ଦିନ ପରେ ମୁଁ ବିହାରର ଶ୍ରେଷ୍ଠ କଂଗ୍ରେସ ନେତା ମଜହରୁଲ୍ ହକଙ୍କଠାରୁ ଚିଠି ପାଇଲି ଯେ, ସେ ସିଂହଭୂମି ଆସୁଛନ୍ତି। ମୁଁ ସିଂହଭୂମି ଆସିବାକୁ ତାଙ୍କୁ ପାଟଣାରେ ନିମନ୍ତ୍ରଣ କରି ଆସିଥିଲି। ମଜହରୁଲ୍ ହକ୍ ଅମିରରୁ ଫକିର ହୋଇଥିଲେ। ସେ ଜଣେ ବଡ଼ ବାରିଷ୍ଟର। ମାସିକ ଦଶହଜାର ଖଣ୍ଡେ ଟଙ୍କା ରୋଜଗାର କରୁଥିଲେ। ମୁଁ ଶୁଣିଥିଲି, ତାଙ୍କ ଲୁଗାପଟା ଫ୍ରାନ୍‌ସରୁ ଧୋବ ହୋଇ ଆସୁଥିଲା। ସେ କଥା ତାଙ୍କୁ ମୁଁ କୌଣସି ଘଟଣାରେ ଥରେ ପଚାରିଦେଲି। ସେ 'ହଁ' କି 'ନା' କିଛି ନ କହି କଥାଟାକୁ ହସରେ ଉଡ଼ାଇଦେଲେ। 'ସଦାକତ୍ ଆଶ୍ରମ' ଏବେ ମଧ୍ୟ ପାଟଣାରୁ କିଛି ଦୂରରେ ରହିଛି। ମଜହରୁଲ ହକ୍ ତାର ପ୍ରତିଷ୍ଠାତା। ସେ ନିଜେ ସେଠାରେ ସର୍ବସ୍ୱ ତ୍ୟାଗକରି ସାଧୁସନ୍ନ୍ୟାସୀଙ୍କ ପରି ରହୁଥିଲେ। ମୋଟା ବଗଡ଼ା ଖାଉଥିଲେ। ମୁଁ ତାଙ୍କ ସଙ୍ଗେ ସେଠାରେ କେତେ ଥର ରହିଛି। ପରେ ବିହାରରେ ଯେଉଁ ଡାକ୍ତର ମାହମୁଦ୍ ମନ୍ତ୍ରୀ ହେଲେ, ସେ ଏହି ମଜହରୁଲ୍ ହକ୍‌ଙ୍କ ଜୋଇଁ।

ମଜହରୁଲ ହକ୍‌ଙ୍କ ଆସିବା ଖବରରେ ଚକ୍ରଧରପୁରରେ ଖୁବ୍ ଚହଲ ପଡ଼ିଗଲା। ସେଠାରେ ଦୁଇଜଣ ପଇସାବାଲା ମୁସଲମାନ ବ୍ୟବସାୟୀ ଥିଲେ। ସେମାନେ ନିଜ ନିଜ ଘରେ ମଜହରୁଲ୍ ହକ୍‌ଙ୍କୁ ରଖିବାପାଇଁ ବ୍ୟବସ୍ଥା କଲେ। ମୁଁ ନିଶ୍ଚିନ୍ତ ହେଲି। ମଜହରୁଲ ହକ୍ ରେଳରୁ ଓହ୍ଲାଇବାରେ ସେ ଯାହାଙ୍କ ଅତିଥି ହେବା କଥା ମୁଁ ତାଙ୍କୁ ଚିହ୍ନାଇଦେଲି। ସେ ମୁଣ୍ଡ ହଲାଇ କହିଲେ, "ନା, ଫକିର ଫକିରର ଅତିଥି ହେବ।" ମୁଁ ପ୍ରଥମେ ବୁଝିପାରିଲି ନାହିଁ। ପରେ ବୁଝି ତାଙ୍କୁ କୁଡ଼ିଆକୁ ନେଲି। ସେ ମାଛ ମାଂସ ଛାଡ଼ିଦେଇଥିଲେ। ୧୯୨୧ ମସିହାରେ 'ଅସହଯୋଗ ଆନ୍ଦୋଳନ'ର ପ୍ରଭାବ ଦେଶର କେତେ ଧନକୁବେର ଓ କର୍ମବୀରଙ୍କ ଉପରେ ଯେପରି ଭାବରେ ପଡ଼ିଥିଲା, ତାପରେ ବୋଧହୁଏ ଆଉ ସେପରି ହୋଇନାହିଁ, ଅନ୍ତତଃ ମୁଁ ଦେଖିନାହିଁ। ମଜହରୁଲ୍ ହକ୍ ଆମ ରୋଷେଇରେ ରନ୍ଧା ଭାତ ଡାଲି ଖାଇଲେ, ତାଙ୍କ ଅଇଁଠା ବାସନ ଚାକରଙ୍କୁ ନଦେଇ ମୋର ଜଣେ ସହକର୍ମୀ ଧୋଇଲେ। ତାଙ୍କ ପାଇଖାନା ସଫା କଲି ମୁଁ ନିଜ ହାତରେ, ମେହେନ୍ତର ଜିମା ଛାଡ଼ିଦେଲେ କାଳେ ଭଲ ସଫା ନ ହେବ ଏହି ଆଶଙ୍କାରେ।

ସିଂହଭୂମି ଜିଲା ତମାମ ଚାରିଆଡ଼େ କି ଖରା ବର୍ଷା ସବୁ ସହି ଆମେମାନେ କଂଗ୍ରେସ-ବାର୍ତ୍ତା ଗ୍ରାମେ ଗ୍ରାମେ ପ୍ରଚାର କରିବାକୁ ଲାଗିଲୁ। ମୋର ସହକର୍ମୀ ଏବଂ ଜାତୀୟ ବିଦ୍ୟାଳୟର ଛାତ୍ରମାନଙ୍କୁ ପାଇନଥିଲେ ସେ କାର୍ଯ୍ୟ ସେତେଦୂର ହୋଇପାରି

ନଥାନ୍ତା । ଥରେ ସନ୍ଧ୍ୟାରେ 'ଚାକୁଳିଆ'ରେ ସଭା ହୋଇଗଲା । ତା' ପରଦିନ ଉପରଓଳି ନରସିଂହଗଡ଼ରେ ସଭା ହେବା କଥା । ସକାଳେ ରେଳରେ ନଗଲେ ସଭାବେଳକୁ ପହଞ୍ଚି ହେବ ନାହିଁ । କିନ୍ତୁ 'ଚାକୁଳିଆ' ବନ୍ଧୁମାନେ ପୁଣି ଥରେ ସକାଳୁ ବକ୍ତୃତା ଶୁଣିବାକୁ ଜିଦ୍ କଲେ । ବକ୍ତୃତା ପରେ ଏଗାରଟାବେଳେ ମୋତେ ମିଶାଇ ଚାରିଜଣ ସାଇକେଲରେ ଯିବା କଥା ହେଲା । ସେ ଦିନର ଦୁଃଖ ଗାଆଣୀ ଗାଇବ ନାହିଁ । ମେ ମାସ ଖରାକୁ ସିଂହଭୂମି ଜିଲା, ଛାଇରେ ମଧ୍ୟେ ଶହେ ପନ୍ଦର ଡିଗ୍ରୀ ଉତ୍ତାପ । ଆମେମାନେ ସାଇକେଲରେ ଦେଢ଼ମାଇଲ ଗଲା ପରେ ଦେଖିଲୁ, ସଡ଼କ ସେହିଠାରେ ସରିଛି ଓ ତେଣିକି ଖାଲି ବିଲ । ସେ ବିଲସବୁ ଚାଷ ହୋଇ ମାଟି ଟେଳା ବାହାରି ରହିଛି । ସେ ଖରାରେ ନିଜେ ଚାଲିବା ଅସମ୍ଭବ; ସେଥିରେ ପୁଣି ସାଇକେଲ ଟେକି ନେବାକୁ ପଡ଼ିଲା । ବାଟରେ ପାଣି ଟୋପାଏ ସୁଦ୍ଧା ପିଇବାକୁ ମିଳିଲା ନାହିଁ, କେବଳ ୮ାଏ ସାନ୍ତାଳଘରୁ ପାଣି ଅଣାଇ ପିଇଲୁ । ଷୋହଳ ମାଇଲ ବାଟ ଏହିପରି ପଡ଼ିଉଠି ଆମେମାନେ ଚାରିଟା ବେଳେ ନରସିଂହଗଡ଼ରେ ଯାଇ ପହଞ୍ଚିଲୁ । ବନ୍ଧୁମାନେ ଆମକୁ ଦେଖି ଚିହ୍ନିପାରିଲେ ନାହିଁ । କିନ୍ତୁ ଲୋକ ଜମିଥିଲେ, ସଭା ହେଲା ।

ଆଉଥରେ 'କୋହ୍ଲାନ' ଜଗନ୍ନାଥପୁରରେ ସଭା କରିବାର ବିଜ୍ଞାପନ ଦିଆଯାଇଥିଲା । ଜଗନ୍ନାଥପୁର ଚକ୍ରଧରପୁରକୁ ଛତିଶ ମାଇଲ ବାଟ । ମୋର ସକାଳୁ ସାଇକେଲରେ ଯିବା କଥା । 'କୋହ୍ଲାନ' ନିୟମ ଖୁବ୍ କଡ଼ା । ସେଠାରୁ ଚବିଶ ଘଣ୍ଟା ମଧ୍ୟରେ ଲୋକଙ୍କୁ ବାହାର କରିଦେବା କ୍ଷମତା ଡେପୁଟି କମିସନରଙ୍କର ସେତେବେଳେ ଥିଲା, ଏବେ ବି ହୁଏତ ଥିବ । କୋହ୍ଲାନ ମଫସଲରେ ସେଟା ଆମର ପ୍ରଥମ ସଭା । ପୋଲିସ ଫଉଜ, ସରକାରୀ କର୍ମଚାରୀ ପ୍ରଭୃତି ଯାଇ ସେଠାରେ ଜମାହୋଇଥିଲେ । ସଭାର ବିଜ୍ଞାପନ ଦେଇ ସେପରି ସ୍ଥାନକୁ ନ ଗଲେ ଆଉ ସହଜରେ କୋହ୍ଲାନରେ ପଶିପାରିନଥାନ୍ତୁ । ପୂର୍ବଦିନ ରାତିରୁ ମୋତେ ସାମାନ୍ୟ ଜର ହୋଇଥିଲା । ତାପରେ ପୁଣି ସକାଳୁ ମେଘ ଦେଖାଗଲା । ଚକ୍ରଧରପୁରର ବନ୍ଧୁମାନେ ମୋତେ ଯିବାକୁ ମନାକଲେ । ମନାକଲେ ନାହିଁ କେବଳ ଜଣେ- ମୋର ସୁଖଦୁଃଖର ସହଚର ଗତିକୃଷ୍ଣ ।

ଗତିକୃଷ୍ଣଙ୍କ ସହ ମୁଁ ବାହାରିଲି । ଷୋହଳ ମାଇଲ ଗଲା ପରେ ଚାଇଁବସାରେ ପହଞ୍ଚିଲା ବେଳକୁ ମେଘ ଢୁ-ଢୁ ବରଷୁଥିଲା । ଡାକ୍ତର ମୋ ଦେହର ଉତ୍ତାପ ଦେଖିଲେ ଶହେଦୁଇ ଡିଗ୍ରୀ । ମୁଁ ପାନକେ ଦଶଗ୍ରେନ୍ କୁଇନାଇନ୍ ଚଢ଼ାଇଦେଇ ଓ ସଙ୍ଗରେ ଓଷଦ ଶିଶି ଧରି କାହାରି ମନା ନ ମାନି ଚାଲିଲି । ଚାଇଁବସାରୁ ଜଗନ୍ନାଥପୁରକୁ ସଡ଼କଟା ଉଠାଣି । ଗତିକୃଷ୍ଣ ଆଗେ ଆଗେ ଚାଲିଥାନ୍ତି, ମୁଁ ପଛରେ କୌଣସିମତେ ପ୍ରାଣ ପ୍ରାୟଶ୍ଚିତ୍ତ କରି ଗୋଡ଼ାଇ ଥାଏ । ଯାଉ ଯାଉ ବାଟରେ ସାଇକେଲ ସହିତ

ଗୋଟିଏ ଜାଗାରେ ପଡ଼ିଗଲି। ଗତିକୃଷ୍ଣ ମୋତେ ଉଠାଇଲେ। ମୋ ଆପାଦମସ୍ତକ ଥରୁଥାଏ। ବର୍ଷାରେ ଦେହ କୋଲ ମାରି ଯାଇଥିଲା। ନିକଟରେ 'ଗମ୍ଭାରିଆ' ଡାକବଙ୍ଗଳା। ଆମ ଲୁଗାପଟାସବୁ କର୍ମୀମାନଙ୍କ ହାତେ ଜଗନ୍ନାଥପୁର ଚାଲିଯାଇଥିଲା।

ଆମେ 'ଗମ୍ଭାରିଆ' ଡାକବଙ୍ଗଳାରେ ପହଞ୍ଚିବା ସଙ୍ଗେ ସଙ୍ଗେ ମୁଁ ଓଦାସରସର ମୋଟା ଖଦଡ଼ ଲୁଗା ଖଣ୍ଡିକ ଚିପୁଡ଼ି ପିନ୍ଧିପକାଇ ଖାଲି ଖଟରେ ପଡ଼ିଗଲି। ଉତ୍ତାପ ସଙ୍ଗେ ସଙ୍ଗେ ମାଡ଼ିଆସିଲା। ଗତିକୃଷ୍ଣ ହାତରେ ଦେଖି କହିଲେ- ଶହେ ପାଞ୍ଚ ଡିଗ୍ରୀ ପର୍ଯ୍ୟନ୍ତ ହୋଇଥିବ। ମୁଁ ସଂଜ୍ଞା ହରାଇ ଶୋଇପଡ଼ିଲି। ସେ ସେହି ବର୍ଷାରେ ଜଗନ୍ନାଥପୁରକୁ ଖବର ପଠାଇଲେ। ପ୍ରାୟ ରାତି ବାରଟା ବେଳେ ଗତିକୃଷ୍ଣ ମୋତେ ଉଠାଇବାରୁ ମୁଁ ଦେହ ଉପରୁ ଡାକବଙ୍ଗଳା ଚଟାଣରେ ପଡ଼ିଥିବା ସତରଞ୍ଜି କାଢ଼ି ଉଠିଲି। ମୋ ଦେହରୁ ପ୍ରଚୁର ଝାଳ ବୋହିଯାଉଥିଲା। ଗତିକୃଷ୍ଣ ମୋ ପାଇଁ ପଥି ରାନ୍ଧିଥିଲେ ଭାତ ଓ ହରଡ଼ ଡାଲି। ଭାତଗୁଡ଼ାକ ଚାଉଳିଆ ହୋଇଥିଲା, ଡାଲି ପୋଡ଼ିଯାଇଥିଲା। ମୁଁ ଗ୍ରାସେ ଫକୁଆଣି ପାଣି ପିଇ ସାତ ଦିନର ମଲୁ ପରି ପୁଣି ଶୋଇପଡ଼ିଲି।

ପରଦିନ ସକାଳେ ସୂର୍ଯ୍ୟଦେବତା ପୂର୍ବ ଆକାଶ ତଳୁ ସଲଜ୍ଜ ମୁହଁ ଦେଖାଇ ଗୋଟିଏ ଚବିଶ ଘଣ୍ଟାର ଅପରାଧୀ ପରି ବାହାରିଲେ। ଚତୁର୍ଦ୍ଦିଗର ବନପର୍ବତ ଉପରୁ କଳାମେଘର ଆବରଣ ଯାଇ ଏକ ବିଶାଳ ସୁନା ଢାଙ୍କୁଣୀ ଆସି ପଡ଼ିଗଲା। ମୁଁ ଝାଡ଼ିଝୁଡ଼ି ହୋଇ ଉଠିଲି। କର୍ମୀମାନେ ଜଗନ୍ନାଥପୁରରୁ ଆସି ପହଞ୍ଚିଗଲେ। ମୁଁ ଶୁଖିଲା ଲୁଗା, ଶୁଖିଲା କୁରୁତା ପିନ୍ଧି ପାଞ୍ଚ ମାଇଲ ଯାଇ ଜଗନ୍ନାଥପୁରରେ ପହଞ୍ଚିଲି। ପୂର୍ବ ରାତିର ପଞ୍ଚଦୋଳ ମେଲଣପରି ସଭା ସକାଳଓଳି ହେଲା। ପ୍ରାୟ ଦେଢ଼ହଜାର ଲୋକ ରୁଣ୍ଡ ହୋଇଥିଲେ। ଜଗନ୍ନାଥପୁର ଅଞ୍ଚଳଟା 'କୋହ୍ଲାନ' ଓଡ଼ିଆ ଅଞ୍ଚଳ। ତାହା ତାର ନାମରୁ ଜଣାଯାଉଛି। ଏ ନାମ 'ଚାଇଁବସା', 'କେନ୍ଦ୍‌ପୋଷି', 'ଭାଲପତ୍ରା', 'ଚେଲାବେଢ଼ା', 'ଯୁକୁଯୁକା' ପ୍ରଭୃତି ନାମଠାରୁ ସମ୍ପୂର୍ଣ୍ଣ ଭିନ୍ନ। ଏହି ସବୁ କୋହ୍ଲ ଗ୍ରାମମାନଙ୍କରେ ଯେ ଓଡ଼ିଆ ନାହାନ୍ତି, ତାହା ନୁହେଁ। 'କୋହ୍ଲଗାଁ' ଯେତେ ଛୋଟ ହେଉ ପଛକେ ସେଥିରେ ଅନ୍ତତଃ ଘରେ ଘରେ କମାର, କୁମ୍ଭାର, ତେଲୀ, ତନ୍ତୀ ଓ ବଢ଼େଇ ଥିବା ନିଶ୍ଚୟ। ଏମାନେ ସବୁ ଓଡ଼ିଆ। ପୂର୍ବେ ଏହିମାନେହିଁ କୋହ୍ଲ ଗ୍ରାମମାନଙ୍କରେ ଆର୍ଯ୍ୟ ସଭ୍ୟତା ନେଇ ପୂରାଇଥିଲେ।

କଂଗ୍ରେସ ପ୍ରଚାରରେ ସାରା ସିଂହଭୂମି ଜିଲାର କୌଣସି ସ୍ଥାନ ବାକି ପଡ଼ିଲା ନାହିଁ। ବେଳେବେଳେ ଗୋପବନ୍ଧୁବାବୁ ଯାଇ ପହଞ୍ଚନ୍ତି। ତାଙ୍କ ବକ୍ତୃତା ଶୁଣିବାକୁ ଲୋକେ ସୁଅପ୍ରମାଣେ ମାଡ଼ିଆସନ୍ତି। ଦିନେ ଜଣେ ସିଂହଭୂମିର ଓକିଲ ବନ୍ଧୁ ମୋ

ପାଖେ ପହଞ୍ଚି କେବଳ କାନ୍ଦିବାକୁ ଲାଗିଲେ। ମୁଁ ତାଙ୍କ ନାମ ପ୍ରକାଶ କରିବି ନାହିଁ। ଘଣ୍ଟାଏଖଣ୍ଡେ କାନ୍ଦିଲା ପରେ ସେ କହିଲେ, "ଆପଣ ତ ଦେଶଲାଗି ପ୍ରାଣବଳି ଦେଇଛନ୍ତି। ଜେଲ ଯିବା ଆପଣଙ୍କ ପକ୍ଷେ ବଡ଼ କଥା ନୁହେଁ। ଆପଣ ଟିକିଏ ଜେଲ ଗଲେ ମୋର ଗୋଟାଏ ବଡ଼ ଉପକାର ହେବ। ଆପଣଙ୍କ ବିରୁଦ୍ଧରେ ଦରଖାସ୍ତ ଲେଖିଦେବାକୁ ମୋତେ ଡେପୁଟି କମିସନର୍ ସାହେବ କହୁଥିଲେ। ଆପଣଙ୍କୁ ନ ପଚାରି ଲେଖିଦେଲେ ବିଶ୍ୱାସଘାତକତା ହୁଅନ୍ତା; ତେଣୁ ମୁଁ ଲେଖିନାହିଁ। ଆପଣଙ୍କଠାରୁ ଅନୁମତି ପାଇଲେ ଯାଇ ଲେଖିଦେବି ବୋଲି କହି ଆସିଛି। ଦେଖନ୍ତୁ, ଆପଣଙ୍କ ନାମରେ ତିନିଥର ଉଆରେଣ୍ଟ ବାହାରି ଫେରସ୍ତ ଗଲାଣି; ଆପଣଙ୍କୁ ଧରିପାରୁନାହାନ୍ତି। ଧରାହୋଇଥିଲେ ତ ଆପଣ ଆଜି ପ୍ରଚାରକ ଅନନ୍ତ ମିଶ୍ରଙ୍କ ପରି ଜେଲଖାନାରେ ରହିଥାନ୍ତେ। ଶୁଣୁଛି, ସେ କହୁଛନ୍ତି, ଗୋଦାବରୀଶବାବୁ ଆଉ କାହିଁକି ବାହାରେ ଅଛନ୍ତି ? ସେ ଜେଲକୁ ଚାଲିଆସିଲେ ସିଂହଭୂମିରେ ସ୍ୱରାଜ ହୋଇଯିବ। ଆପଣ ଯାଆନ୍ତୁ ନା, ଆପଣଙ୍କର ସ୍ୱରାଜ ହେବ, ମୋର ମଧ୍ୟ ମୁନ୍‌ସଫ ଚାକିରିଟା ହୋଇଯିବ।"

କଥା ହେଉଛି, ସେହି ଓକିଲ ବନ୍ଧୁ 'ସିଂହଭୂମି ଉତ୍କଳସଭା'ର ସମ୍ପାଦକ ଥିଲେ। ସଭାର ଅଫିସ ଥିଲା ଚକ୍ରଧରପୁରରେ। ସେ ଚାଇଁବସାରେ ରହୁଥିଲେ। ଉତ୍କଳ ସଭାର ଚିଠିପତ୍ରରେ ତାଙ୍କ ନାମ ଦସ୍ତଖତ କରି ପଠାଇବାକୁ ସେ ମୋର ସହକର୍ମୀ 'ସୁଦର୍ଶନ'ଙ୍କୁ ମୌଖିକ କହିଯାଇଥିଲେ। 'ସିଂହଭୂମି ଉତ୍କଳ ସଭା' କଂଗ୍ରେସ ନୀତି ଗ୍ରହଣ କରିଥିବା ଚିଠି- ସୁଦର୍ଶନଙ୍କ ହାତଲେଖା- ଡେପୁଟି କମିସନରଙ୍କ ନିକଟକୁ ସେହି ବନ୍ଧୁଙ୍କ ନାମରେ ଯାଇଥିଲା। ମୋର ଆସେସର୍ ହେବାବେଳର ଚିଠିପତ୍ରଯାକ ମଧ୍ୟ ସେହି ସୁଦର୍ଶନ ଲେଖିଥିଲା। ତା'ପରେ ପୁଣି ସୁଦର୍ଶନ ମୋ ହସ୍ତାକ୍ଷର ଅନୁକରଣ କରିଥିଲେ। ସିଂହଭୂମି ଉତ୍କଳ ସଭା ଚିଠିରେ ସେହି ଓକିଲ ବନ୍ଧୁଙ୍କର ଯେଉଁ ଦସ୍ତଖତ ଥିଲା, ତାହା ମୋ ଦ୍ୱାରା ହୋଇଛି, ଏ ଅନୁମାନ ପାଇଁ ଯଥେଷ୍ଟ କାରଣ ରହିଥିଲା।

ସେହି ଓକିଲ ବନ୍ଧୁଟି ମୁନ୍‌ସଫ୍ ହେବା ନିମନ୍ତେ ଡେପୁଟି କମିସନର୍ ସାହେବଙ୍କ ପାଖକୁ ଯାଇଥିଲେ। ଡେପୁଟି କମିସନର୍ କହିଲେ, "ତୁମେ ତ ଏ ଘର ମାଉସୀ ସେ ଘର ପିଉସୀ ହେବା ଲୋକ। ସେ ଆଡ଼େ କଂଗ୍ରେସରେ ପଶିବ, ରାଜଦ୍ରୋହ କରିବ; ଏଆଡ଼େ କହିବ କଣ ନା ସରକାରୀ ଚାକିରି କରିବି!" ଓକିଲ ବନ୍ଧୁ କଂଗ୍ରେସରେ ଯୋଗଦେଇଥିବା କଥା ନାସ୍ତି କଲେ। ସେତେବେଳେ ଡେପୁଟି କମିସନର୍ ସାହେବ ସିଂହଭୂମି ଉତ୍କଳସଭା ଚିଠିଖଣ୍ଡି ତାଙ୍କୁ ଦେଖାଇଲେ। ସେ ତାହା ତାଙ୍କ ଲେଖା ନୁହେଁ ବୋଲି କହିଲେ। ଡେପୁଟି କମିସନର୍ ତାଙ୍କୁ ସେ ଚିଠି ନିଜ ସାମନାରେ ନକଲ କରାଇଲେ, ଦୁଇଟାର ହସ୍ତାକ୍ଷର ମିଳିଲା ନାହିଁ। ତହୁଁ ସେ ମୋର ପୁରୁଣା ଚିଠିପତ୍ରଗୁଡ଼ାକ

ଆଣି ତାଙ୍କୁ ଦେଖାଇ କହିଲେ, "ତୁମ ଦସ୍ତଖତ ତାହାହେଲେ ଗୋଦାବରୀଶ ମିଶ୍ର 'ଜାଲ' କରିଛି। ତୁମେ ସେହି ମର୍ମରେ ମୋତେ ଲେଖିଦିଅ। ତାହାହେଲେ ମୁନ୍‌ସଫ୍ ଚାକିରି ତୁମର ଥୁଆ।" ଓକିଲ ବନ୍ଧୁ ହଠାତ୍ ଲେଖି ନ ଦେଇ ଅନୁମତି ନେବାକୁ ଆସିଲେ। ମୁଁ ଅନୁମତି ଦେଲି; କିନ୍ତୁ ସେ ତାହା ବ୍ୟବହାର କଲେନାହିଁ। ସେଥିପାଇଁ ତାଙ୍କୁ ପରେ ଅନେକ ଦୁଃଖକଷ୍ଟ ସହିବାକୁ ପଡ଼ିଲା। ଏବେ ମୋର ସିଂହଭୂମି ବନ୍ଧୁମାନଙ୍କ ଭିତରେ ସେ ଜଣେ ବଡ଼ ବନ୍ଧୁ।

କିନ୍ତୁ ପଡ଼ିଲା ପାଣି ଆଉ ଫେରିଯାଏନାହିଁ; ଗୋଟାଏ ବାଟ ରୋଧିଲେ ଆଉ ଗୋଟାଏ ବାଟ ଫିଟେଇ ଚାଲେ। ଡେପୁଟି କମିସନର୍ ସେ ଉପାୟରେ ମୋତେ ଧରିନପାରି ମୋର ବକ୍ତୃତା ଲାଗି ଗିରଫ କରିବା ନିମନ୍ତେ ୱାରେଣ୍ଟ ଜାରିକଲେ। ମୁଁ ଖବର ପାଇଲି ଯେ, ସେଥର ୱାରେଣ୍ଟ ମୋର ପୂର୍ବଥରମାନଙ୍କ ପରି ଆଉ ଫେରିଯିବାର ସମ୍ଭାବନା ନାହିଁ। ସେତେବେଳକୁ ମୋର ବୋଲି ମୋ ହାତରେ ପଇସାଟିଏ ନଥାଏ। ସ୍କୁଲ ଆଉ ଭତ୍ତା ବନ୍ଦ ହୋଇଯାଇଥାଏ। ଜାତୀୟ ବିଦ୍ୟାଳୟ ପାଇଁ ରେଳ ଷ୍ଟେସନରୁ ଯାତ୍ରୀଙ୍କଠାରୁ ଯାହା ମଗାହୋଇ ଆସେ ସେଥିରେ ଆମ ସମସ୍ତଙ୍କର ଓଳିଏ ଓଳିଏ ଚଳେ।

'ବନମାଳୀ' ଏହିପରି ମାଗୁଥିଲା। ସେ ପୁରୀ ଜିଲାରୁ ଯାଇ ସେଠାରେ କାମ କରୁଥିବା ଜଣେ ନିରକ୍ଷର ପିଲା। ସେ ଥରେ ଦୁଇଖଣ୍ଡି ଦଶଟଙ୍କିଆ ନୋଟ୍ ଆଣି ଦେଇ କହିଲା, "ଜଣେ ଗଡ଼ଜାତ ରଜା ଆପଣଙ୍କ ନାଆଁ ଶୁଣିଦେଲେ। ଆପଣଙ୍କୁ ନମସ୍କାର ଜଣାଇଛନ୍ତି। କିନ୍ତୁ ମୁଁ ଯେତେ ପଚାରିଲି ତାଙ୍କ ନିଜ ପରିଚୟ ଦେଲେ ନାହିଁ।" ତା ବାଦେ ଚାନ୍ଦା ସଂଗ୍ରହ ବାକ୍‌ସରୁ ଆହୁରି ଟଙ୍କେ ଦେଢ଼ଟଙ୍କାର ପଇସା ବାହାରିଲା।

ସେହି ୱାରେଣ୍ଟ ବାହାରିଥିବା ସମୟରେ ମୋର ଖଣ୍ଡିଏ ଇଂରେଜୀ ପ୍ରବନ୍ଧ ବହିର ପାଣ୍ଡୁଲିପି 'ଅଢ଼େଇଶ' ଟଙ୍କାରେ ବିକ୍ରି ହୋଇଗଲା। କଲିକତାର ଜଣେ ପୁସ୍ତକପ୍ରକାଶକ ତାହା ଛପାଇ ଖଣ୍ଡକୁ ପାଞ୍ଚସିକା ମୂଲ୍ୟରେ ପନ୍ଦର ବର୍ଷ ମଧ୍ୟରେ ଦୁଇଲକ୍ଷ ଖଣ୍ଡ ଉପରେ ବିକ୍ରିକରିଥିବେ। ଏବେ ଦଶବର୍ଷ ହେଲା ସେ ବହିର ଆଉ ସେପରି କାଟତି ନାହିଁ। ଟଙ୍କା ପାଇ ମୁଁ ଘରକୁ ପଠାଇଦେଇ ୱାରେଣ୍ଟ ଅପେକ୍ଷାରେ ରହିଲି। ତେଣେ ମହାତ୍ମା ଗାନ୍ଧି ଗିରଫ ହୋଇ ଜେଲ ଚାଲିଗଲେ। ମହାବଳ ବାଘକୁ ପାଇଲା ପରେ ବୋଧହୁଏ ସାନ ସାନ ହେଟା, ସିନ୍ଧୁଆ ଆଡ଼କୁ ଆଉ ଦୃଷ୍ଟି ପଡ଼ିଲା ନାହିଁ। କଂଗ୍ରେସ କାର୍ଯ୍ୟ ମଧ୍ୟ ଶିଥିଳ ହୋଇଗଲା। ଲୋକଙ୍କଠାରୁ ପୂର୍ବ ଉତ୍ସାହ ମିଳିଲା ନାହିଁ। ମୋ କାର୍ଯ୍ୟରେ ଆହୁରି ଅନେକ ବିଭ୍ରାଟ ଘଟିଗଲା- ତାହା ମୁଁ କ୍ରମେ କହୁଛି।

ସିଂହଭୂମର ଜାଗରଣ

ମୋ କାର୍ଯ୍ୟରେ ଯେ ବିଭ୍ରାଟ ଘଟିଲା ବୋଲି କହିଗଲି, ତାହା ଟିକିଏ ବୁଝାଇବାକୁ ଚେଷ୍ଟା କରିବି। ମୁଁ ସିଂହଭୂମକୁ ଉଚ୍ଚବିଦ୍ୟାଳୟ ସ୍ଥାପନ କରିବାକୁ କିମ୍ବା କଂଗ୍ରେସ ପ୍ରଚାର ଲାଗି ଯାଇନଥିଲି। ସେଠାରେ ପଣ୍ଡିତ ଗୋପବନ୍ଧୁ ଦାସଙ୍କର ସାହଚର୍ଯ୍ୟରେ ଯେଉଁ ଓଡ଼ିଆ ଜାଗରଣ ଜନ୍ମିଥିଲା, ତାହାକୁହିଁ ବଢ଼ାଇବା ଲାଗି ସିଂହଭୂମର ବନ୍ଧୁମାନେ ମୋତେ ଲୋଡ଼ିନେଇଥିଲେ। ସେଠାରେ ମୁଁ ମୋର ଜୀବନର ଉତ୍କୃଷ୍ଟ ସମୟ ଚାରିବର୍ଷ କଟାଇଛି। ସେ ଜିଲାର ଅନ୍ନଜଳରେ ମୁଁ ବଢ଼ିଛି। ସେଠାର ବାୟୁ ଗ୍ରହଣ କରି ମୁଁ ବଞ୍ଚିଛି। ସେହି ପରିବେଷ୍ଟନୀ ମଧ୍ୟରେ ମୁଁ ପୁଷ୍ଟ ହୋଇଛି। ତେଣୁ ମୁଁ ନିଜକୁ ସିଂହଭୂମିର ବୋଲି ମନେକରେ। ସିଂହଭୂମବାସୀଙ୍କର ବୋଧହୁଏ ସେହି ଧାରଣା ରହିଛି। ସେଥିପାଇଁ ନାନା ବିପର୍ଯ୍ୟୟ ଘଟିଯାଇଥିଲେ ସୁଦ୍ଧା ଏପର୍ଯ୍ୟନ୍ତ ମୋତେ ସେମାନେ ସ୍ନେହରୁ ବଞ୍ଚିତ କରିନାହାନ୍ତି। ଏବେ ମଧ୍ୟ ମୁଁ ଗଲେ ଚିହ୍ନୁଛନ୍ତି, ମୁଠିଏ ଖାଇବାକୁ ଦେଉଛନ୍ତି, ହସି କଥା କହୁଛନ୍ତି।

ସିଂହଭୂମରେ ସେ ସମୟରେ ମୁଷ୍ଟିମେୟ ବିହାରୀ ଥିଲେ; କିନ୍ତୁ ଚକ୍ରଧରପୁରେ ଯେଉଁମାନେ ରହୁଥିଲେ ସେମାନେ ଖୁବ୍ ଦୁର୍ଦ୍ଧର୍ଷ। ମୁଁ ପ୍ରଥମେ ଯିବାବେଳେ ସେମାନେ ମୋତେ ଯେପରି ମହାତ୍ମା ବୋଲି ଡାକୁଥିଲେ, ପରେ ପଛରେ ସେତିକି ଦୁରାତ୍ମା ବୋଲି କହିଲେ। କ୍ରମେ ସେ ଜିଲାରେ ମୋର ପ୍ରତିପତ୍ତି ବଢ଼ିବାରେ ସେମାନେ ବିପଦ ଗଣିବାକୁ ଆରମ୍ଭ କଲେ। ସେତେବେଳକୁ କଂଗ୍ରେସ ଭାଷାସୂତ୍ରରେ ପ୍ରଦେଶ ଗଠନ ନୀତି ଗ୍ରହଣ କରିସାରିଥିଲା। ବିହାରୀମାନେ କହିଲେ ଯେ, କଂଗ୍ରେସ ବିଭାଗ ଅନୁସାରେ ସିଂହଭୂମ ବିହାରରେ ରହିବା ଦରକାର; କିନ୍ତୁ ଓଡ଼ିଆମାନେ ତାହା ଗ୍ରହଣ କଲେ ନାହିଁ। ଫଳରେ ବିହାରୀ ଓ ଓଡ଼ିଆଙ୍କ ମଧ୍ୟରେ ଏହି ବିଷୟରେ ମତଭେଦ ହେବାକୁ ଲାଗିଲା। ସେଥିରୁ ମୁଁ ଅବଶ୍ୟ ଆପାତଲାଭ ଉଠାଇଲି। କଂଗ୍ରେସକାର୍ଯ୍ୟ

ପାଇଁ ମୋ ହାତକୁ କିଛି ଅର୍ଥ ଆସିଗଲା। ସ୍ଥାନୀୟ ବିହାରୀ ନେତାମାନେ ନିଜ ହାତରୁ ପଇସା ଖର୍ଚ୍ଚ କରି କେତେକ ଚାରିଅଣିଆ କଂଗ୍ରେସ ମେମ୍ବର କରିପକାଇଲେ।

କିନ୍ତୁ ଅର୍ଥ ଯେତିକି ଆସିଲା, ଅନର୍ଥ ତାର ଶହେଗୁଣ ବଢ଼ିଲା। ବିହାରୀ ଓ ଓଡ଼ିଆ ବିବାଦ ଦିନକୁଦିନ ବଡ଼ ଆକାର ଧାରଣକଲା। ମୁଁ ଘଟଣାଗୁଡ଼ାକ ଏଣେ ଓଡ଼ିଶାରେ ଗୋପବନ୍ଧୁବାବୁଙ୍କୁ ଓ ତେଣେ ବିହାରରେ ଶ୍ରୀଯୁକ୍ତ ରାଜେନ୍ଦ୍ର ପ୍ରସାଦଙ୍କୁ ଜଣାଇଲି। ସ୍ଥିର ହେଲା ଯେ, ଗୋଟିଏ ତଦନ୍ତ କମିଟି ବସାଇ ବିବାଦଟା ନିଷ୍ପତ୍ତି କରିନେବାକୁ ହେବ। କମିଟିରେ ଓଡ଼ିଶାରୁ ରହିଲେ ପଣ୍ଡିତ ଗୋପବନ୍ଧୁ ଦାସ ଓ ଶ୍ରୀଯୁକ୍ତ ଗୋପବନ୍ଧୁ ଚୌଧୁରୀ। ବିହାରରୁ ଭାଗଲପୁରର ନେତା ଶ୍ରୀଯୁକ୍ତ ଦୀପ୍‌ନାରାୟଣ ଓ ମୌଲବୀ ସାଫି ରହିଲେ। ଦୀପ୍‌ନାରାୟଣ ସ୍ପଷ୍ଟବାଦୀ ଓ ନ୍ୟାୟପରାୟଣ ବ୍ୟକ୍ତି। ସେ ଜଣେ ଜମିଦାର ଥିଲେ; ଗୋରା ମେମ୍ ବିଭାହୋଇଥିଲେ, ବିଲାତରେ କିଛି କାଳ କଟାଇଥିଲେ। କିନ୍ତୁ ତାଙ୍କର ବିହାରୀ ସହକର୍ମୀଙ୍କ ବିଷୟରେ ସିଂହଭୂମ ଲୋକେ ବେଳେବେଳେ କହୁଥିଲେ, ଏ 'ସାଫି' ନୁହନ୍ତି 'ମଇଲା', କାରଣ ସେ ସବୁବେଳେ ସବୁକଥାରେ ବରାବର ବିହାର ଆଡ଼କୁ ଟାଣୁଥିଲେ। କମିଟିରେ ଓଡ଼ିଶା ପକ୍ଷରୁ ଯେଉଁ ଦୁଇଜଣ ଥିଲେ, ତାଙ୍କ ପରିଚୟ ଏଠାରେ ଦେବା ଦରକାର ନାହିଁ, ସେମାନେ ଓଡ଼ିଶାରେ ସୁପରିଚିତ।

କମିଟିର ବୈଠକ ବସି ସ୍ଥିର ହେଲା ଯେ, ସମଗ୍ର ସିଂହଭୂମ ଜିଲାରେ ଯେତେଜଣ କଂଗ୍ରେସ ମେମ୍ବର ହୋଇଥିଲେ, ସିଂହଭୂମ ବିହାର ବା ଓଡ଼ିଶା କେଉଁ ପ୍ରଦେଶରେ ରହିବ ତାହା ସେମାନଙ୍କ ମତଦ୍ୱାରା ନିଷ୍ପତ୍ତି ହେବ। ସଂଖ୍ୟାଗୁଡ଼ାକ ମୋର ଠିକ୍ ମନେନାହିଁ, ମୋଟାମୋଟି ଯାହା ମନେଅଛି, ସେଥିରୁ କହିପାରେ ଯେ ସେ ବର୍ଷ ସେ ଜିଲାରେ ପାଞ୍ଚହଜାର ଦୁଇଶହ ପର୍ଯ୍ୟନ୍ତ କଂଗ୍ରେସ ମେମ୍ବର ହୋଇଥିଲେ। ଉପଯୁକ୍ତ ପ୍ରକାରେ ମତ ଜଣାଇବା ପାଇଁ ସେ ସମସ୍ତଙ୍କ ନିକଟକୁ ରିପ୍ଲାଇ ପୋଷ୍ଟକାର୍ଡ ପଠାଗଲା। ପ୍ରାୟ ହଜାରେ ଲୋକଙ୍କଠାରୁ କୌଣସି ଉତ୍ତର ଆସିଲା ନାହିଁ। ବାକି ତିନିହଜାର ନଅଶ ଓଡ଼ିଶା ସପକ୍ଷରେ ଏବଂ ଦୁଇଶହଅଶୀ ପର୍ଯ୍ୟନ୍ତ ବିହାର ସପକ୍ଷରେ ମତ ଦେଲେ। ମତ ନେବାର ସେହି ଫଳାଫଳ ବିଚାର କରି କମିଟିର ସଦସ୍ୟମାନେ ସ୍ଥିର କରିଦେଲେ ଯେ, ସିଂହଭୂମ ଜିଲା କଂଗ୍ରେସ କମିଟି ଉତ୍କଳ ପ୍ରାଦେଶିକ କଂଗ୍ରେସ କମିଟି ସହିତ ସଂଲଗ୍ନ ହେବ।

ସେ ନିଷ୍ପତ୍ତି ପକ୍କା କରିନେବା ପାଇଁ ମୁଁ ଓଡ଼ିଶାରୁ ପଣ୍ଡିତ ଗୋପବନ୍ଧୁ ଦାସଙ୍କୁ ଓ ବିହାରରୁ ଶ୍ରୀଯୁକ୍ତ ରାଜେନ୍ଦ୍ର ପ୍ରସାଦଙ୍କୁ ସିଂହଭୂମିକୁ ଡକାଇଲି। ଉଭୟେ ମୋ ଅନୁରୋଧରେ ଅନୁଗ୍ରହ କରି ଆସିଲେ। ଉଭୟେ ମିଶି ସମଗ୍ର ଜିଲାରେ ବୁଲି କଂଗ୍ରେସ

ବାର୍ତ୍ତା ପ୍ରଚାର କରିବା ପାଇଁ ପାଞ୍ଚ ଛଅଦିନ ଲାଗିବା ଭଳି କାର୍ଯ୍ୟକ୍ରମ ସ୍ଥିର ହେଲା। ଶ୍ରୀଯୁକ୍ତ ରାଜେନ୍ଦ୍ର ପ୍ରସାଦ ସଭାମାନଙ୍କରେ ବୁଝାଇ କହିଲେ, "ଆପଣମାନେ ନିଜ ନିଷ୍ପତ୍ତିଦ୍ୱାରା ଦେଖାଇ ଦେଇଛନ୍ତି ଯେ, ଏ ଅଞ୍ଚଳ ଉତ୍କଳ ପ୍ରାଦେଶିକ କଂଗ୍ରେସ କମିଟି ଅଧୀନରେ ରହିବା ଦରକାର। ବହୁମତରେ ଏହାହିଁ ସ୍ଥିରହୋଇଛି। ବର୍ତ୍ତମାନ ଲୋକମତର ଯୁଗ। ବ୍ୟକ୍ତିଗତ ଭାବରେ ଆପଣମାନଙ୍କ ମଧ୍ୟରୁ କେହି କେହି ମୋତେ ଏ ଜିଲାକୁ ବିହାର ଆଡ଼କୁ ଟାଣିବା ପାଇଁ ଅବଶ୍ୟ କହୁଛନ୍ତି; କିନ୍ତୁ ସେପରି ଚେଷ୍ଟା କରିବା ଲାଗି ଆପଣମାନେ ଆଉ ମୋ ମୁହଁ ରଖିନାହାନ୍ତି। ଆଉ ଗୋଳମାଳ, ମତଭେଦ ଆଦି ନକରି, ବିହାରୀ, ବଙ୍ଗାଳୀ, ଓଡ଼ିଆ ସମସ୍ତେ ଏକଜୁଟ ହୋଇ ଜାତୀୟ କାର୍ଯ୍ୟରେ ଲାଗିଯାଆନ୍ତୁ।"

ପଣ୍ଡିତ ଗୋପବନ୍ଧୁ ଦାସ ଓ ଶ୍ରୀଯୁକ୍ତ ରାଜେନ୍ଦ୍ର ପ୍ରସାଦଙ୍କ ଗସ୍ତ-ନିର୍ଘଣ୍ଟ ଶେଷ ହେବା ପରେ ସେମାନେ ଯେ ଯାହା ସ୍ଥାନକୁ ଫେରିଗଲେ। କିନ୍ତୁ ତାର କେତେକ ଦିନ ଭିତରେ ଚାଇଁବସାର ବିହାରୀ ବେପାରୀ ଶ୍ରୀଯୁକ୍ତ ରାମଲଗନ୍ ରାମଙ୍କଠାରୁ ଖଣ୍ଡିଏ ହିନ୍ଦୀଲେଖା ଚିଠି ମିଳିଲା। ସେଥିରେ ଲେଖାଥିଲା- "ସଭାରେ ମୁଁ ଯେଉଁ ମତ ବ୍ୟକ୍ତ କଲି, ତାହା ନକରିବା ପାଇଁ ଆପଣମାନେ କଣ ବାଟ ରଖିଲେ? ମୁଁ ଦେଖୁଛି ଯେ, ଆପଣମାନେ ସବୁ ଓଡ଼ିଆମାନଙ୍କ ପରି ଖୁବ୍ କାମିକା ଲୋକ ନୁହନ୍ତି। ମୁଁ ଏଠାରୁ କାହାକୁ ପଠାଇପାରୁ ନାହିଁ। ମୁଁ ଯାହା ପ୍ରକାଶ୍ୟରେ କହିଲି ତାହା ଯେ ମୋର ଆନ୍ତରିକ ମତ ନୁହେଁ, ଆପଣମାନେ ସେକଥା ଜାଣନ୍ତି। ବର୍ତ୍ତମାନ ଏକମାତ୍ର ଉପାୟ ହେଉଛି, ଆପଣମାନଙ୍କର କାମରେ ଲାଗିବା। ଗୋଳମାଳ ଲଗାଇରଖନ୍ତୁ, ଦବନ୍ତୁ ନାହିଁ। ତାହାହେଲେ ନିଶ୍ଚୟ ଫଳ ଲାଭ ହେବ।" ଏ ଚିଠିର ଲେଖକ ଶ୍ରୀଯୁକ୍ତ ରାଜେନ୍ଦ୍ର ପ୍ରସାଦ। ସିଂହଭୂମ ଗସ୍ତରୁ ଫେରି ସେ ଏହା ଲେଖିଥିଲେ। ରାମଲଗନ ରାମ କଂଗ୍ରେସ କାର୍ଯ୍ୟରେ ବାଧାଦେବାରୁ ମୋର ବନ୍ଧୁମାନେ ଯେତେବେଳେ ତାଙ୍କୁ ଗାଳିଦେଲେ, ସେ ନିଜ ପକ୍ଷ ସମର୍ଥନ କରିବା ଲାଗି ଚିଠିଖଣ୍ଡି କାଢ଼ି ଦେଖାଇଲେ। ମୋର ବନ୍ଧୁମାନେ କୌଶଳରେ ତାହା ତାଙ୍କଠାରୁ ଘେନିଗଲେ। ଗତିକୃଷ୍ଣ ଷଡ଼ଙ୍ଗୀ ଓ ଈଶ୍ୱରୀଚରଣ ଷଡ଼ଙ୍ଗୀ ସେ ଚିଠି ନେଇ ୧୯୨୧ ମସିହା ଡିସେମ୍ବର ମାସରେ ଅହମଦାବାଦରେ କଂଗ୍ରେସ ଅଧିବେଶନ ହେଉଥିବାବେଳେ ଶ୍ରୀଯୁକ୍ତ ରାଜେନ୍ଦ୍ର ପ୍ରସାଦଙ୍କୁ ଦେଖାଇଲେ। ସେମାନେ ଫେରିଆସି ମୋତେ କହିଲେ, "ରାଜେନ୍ଦ୍ର ପ୍ରସାଦ ତାଙ୍କୁ କୁଆଡ଼େ ପଚାରିଲେ, 'ତୁମେ କଣ ଭାବୁଛ ଯେ ମୁଁ ଗୋଟାଏ ଖରାପ ଲୋକ?' ସେମାନେ ଉତ୍ତର ଦେଲେ- 'ହଁ'।"

ଅହମଦାବାଦରେ ସେ ଚିଠି ନେଇ ଶ୍ରୀଯୁକ୍ତ ରାଜେନ୍ଦ୍ର ପ୍ରସାଦଙ୍କୁ ଦେଖାଇବାର ଗୋଟାଏ କାରଣ ଥିଲା। ବହୁ ଲୋକଙ୍କ ମତରେ ତ ସ୍ଥିର ହେଲା ଯେ ସିଂହଭୂମ ଜିଲା

କଂଗ୍ରେସ କମିଟି ବିହାର ପ୍ରାଦେଶିକ କଂଗ୍ରେସ କମିଟି ସହିତ ନରହି ଉତ୍କଳ ପ୍ରାଦେଶିକ କଂଗ୍ରେସ କମିଟି ଅଧୀନରେ ରହିବ, ଅତଏବ ଅହମଦାବାଦ କଂଗ୍ରେସ ବୈଠକକୁ ସିଂହଭୂମି ଜିଲା ଉତ୍କଳ ପ୍ରାଦେଶିକ କଂଗ୍ରେସ କମିଟି ବାଟେ ନିଜ ପ୍ରତିନିଧି ପଠାଇବା କଥା। ସେତେବେଳେ ପଣ୍ଡିତ ମୋତିଲାଲ ନେହରୁ ନିଖିଳ ଭାରତ କଂଗ୍ରେସ କମିଟିର ସମ୍ପାଦକ ଥିଲେ। ସେ ମୋ ପାଖକୁ ଚିଠି ଲେଖିଲେ ଯେ, ସିଂହଭୂମ ପ୍ରତିନିଧିମାନେ ବିହାର ପ୍ରାଦେଶିକ କଂଗ୍ରେସ କମିଟି ବାଟେ କଂଗ୍ରେସ ବୈଠକକୁ ଯିବା ଦରକାର। ସେହି ବିଷୟ ଘେନି ତାଙ୍କ ମୋ ମଧ୍ୟରେ ଚିଠିପତ୍ର, ବାଦାନୁବାଦ, ଟଣାଓଟରା ଅନେକ ଦିନ ଲାଗିଲା। ସେ ଲେଖିଲେ ଯେ, ସିଂହଭୂମ ଜିଲା ବିହାର ପ୍ରାଦେଶିକ କଂଗ୍ରେସ କମିଟି ଅଧୀନରେ ରହିବା ଶ୍ରୀଯୁକ୍ତ ରାଜେନ୍ଦ୍ର ପ୍ରସାଦଙ୍କ ମତ। ମୁଁ ତାଙ୍କୁ ପୂର୍ବର ଘଟଣାସବୁ ଯେତେ ବୁଝାଇ ଲେଖିଲି, ସେ କାହିଁରେ କର୍ଣ୍ଣପାତ କଲେନାହିଁ।

ଇଂରେଜୀରେ କଥା ଅଛି – 'ଡାକ୍ତର କହୁଛି ତୁ ମଲୁଣି, ତୁ କହୁଛୁ କଣ ନା ମୁଁ ଜିଇଛି। ତୁ କଣ ଡାକ୍ତରଠୁ ଭାରି ଜାଣିଲାବାଲା ?' ଶେଷରେ ମୋର ପଣ୍ଡିତ ମୋତିଲାଲଙ୍କ ପାଖକୁ ଏହି କଥା ଲେଖିବା ପର୍ଯ୍ୟନ୍ତ ମାମଲତ ଗଲା। ପଣ୍ଡିତ ମୋତିଲାଲ ଜଣେ ମତିମାନ୍ ବ୍ୟକ୍ତି। ସେ ଯାହା ଥରେ ବୁଝନ୍ତି ସେଥିରୁ ଯେ ବିଚଳିତ ହୁଅନ୍ତି ନାହିଁ, ତାହା ମୁଁ ବୁଝିପାରିଲି। ଇଂରେଜ ସରକାର ପରି ପ୍ରବଳ ଶତ୍ରୁ ବିରୁଦ୍ଧରେ ଲଢ଼ିବାକୁ ହେଲେ ଏହିପରି ଯେ ଅଟଳ, ଅଦମ୍ୟ ଓ ଅପ୍ରତିହତ ଉପାଦାନ ଦରକାର, ସେଥିରେ ସନ୍ଦେହ ନାହିଁ। ଯାହାହେଉ, ଅନେକ ଚିଠିପତ୍ର ପରେ ପଣ୍ଡିତ ମୋତିଲାଲ ମୋତେ ଲେଖିଲେ, "ବିହାର ବାଟେ ଆସିବ ତ ଆସ, ନହେଲେ ତୁମ ଜିଲା କଂଗ୍ରେସ ବୈଠକରେ ସ୍ଥାନ ପାଇବ ନାହିଁ।"

ଆମେ ସିଂହଭୂମ ପ୍ରତିନିଧିମାନେ ତଥାପି ଅହମଦାବାଦରେ ଯାଇ ପହଞ୍ଚିଲୁ। ସେତିକିବେଳେ ଗତିକୃଷ୍ଣ ଓ ଈଶ୍ୱରୀଚରଣ ରାମଲଗନ ରାମଙ୍କ ପାଖକୁ ଲେଖାଯାଇଥିବା ଚିଠି ନେଇ ଶ୍ରୀଯୁକ୍ତ ରାଜେନ୍ଦ୍ର ପ୍ରସାଦଙ୍କୁ ଦେଖାଇଲେ। ସେଥିରେ ଗୋଟାଏ କିନାରା ଅବଶ୍ୟ ଲାଗିଲା। ଆପୋସରେ ନିଷ୍ପତ୍ତି ହେଲା ଯେ, ସିଂହଭୂମର ପ୍ରତିନିଧିମାନେ ଉତ୍କଳ ବା ବିହାର ଉଭୟ ପ୍ରାଦେଶିକ କଂଗ୍ରେସ କମିଟି ମଧ୍ୟରୁ ଯେ କୌଣସି ବାଟେ ଯାଇ କଂଗ୍ରେସ ବୈଠକରେ ଯୋଗଦେଇପାରନ୍ତି। ସେ ନିଷ୍ପତ୍ତି ଅନୁସାରେ ନଅ ଜଣ ଉତ୍କଳ ପ୍ରାଦେଶିକ କଂଗ୍ରେସ କମିଟି ବାଟେ ଓ ଦୁଇଜଣ ବିହାର ପ୍ରାଦେଶିକ କଂଗ୍ରେସ କମିଟି ବାଟେ ଗଲେ।

ଅହମଦାବାଦ କଂଗ୍ରେସ ବୈଠକ ଭାଜିଲା। ମହାତ୍ମା ଗାନ୍ଧି କହିଥିଲେ ଯେ, ୧୯୨୧ ମସିହା ଭିତରେ ସ୍ୱରାଜ୍ୟ ଲାଭ ହେବ। ୧୯୨୧ ମସିହା ଚାଲିଗଲା;

ସ୍ୱରାଜ୍ୟ ମିଳିଲା ନାହିଁ। ବହୁ ଲୋକ ନିରାଶ ହେଲେ; କିନ୍ତୁ ତାହା ଲୋକଙ୍କର ମୂର୍ଖତା ଛଡ଼ା ଆଉ କିଛି ନୁହେଁ। ମହାତ୍ମା ଗାନ୍ଧି ଜ୍ୟୋତିଷ ନୁହନ୍ତି ଯେ ଭାରତର ଭାଗ୍ୟ ଗଣନା କରି କଥାଟା କହିଥିଲେ କିମ୍ବା ସେ ଖ୍ରୀଷ୍ଟିୟାନ୍-ଧର୍ମଗ୍ରନ୍ଥ-କଳ୍ପିତ ଈଶ୍ୱର ନୁହନ୍ତି ଯେ ଭାରତ ସ୍ୱାଧୀନ ହେଉ କହିବାମାତ୍ରକେ ସ୍ୱାଧୀନତା ମିଳିଯାନ୍ତା। ତାଙ୍କ କଥା ଭିତରେ ଗୋଟାଏ ମସ୍ତବଡ଼ 'ଯଦ୍ୟପି' ରହିଥିଲା। ସେ କହିଥିଲେ, ଯଦି ଭାରତର ଲୋକେ ପୂର୍ଣ୍ଣମାତ୍ରାରେ ଅସହଯୋଗ ନୀତି ପାଳନ କରିପାରନ୍ତି, ତେବେ ଏହି ୧୯୨୧ ମସିହା ଭିତରେ ସ୍ୱରାଜ୍ୟ ଲାଭ ହେବା ଅବଶ୍ୟମ୍ଭାବୀ। ଲୋକେ ଏ ଉକ୍ତିର 'ଯଦ୍ୟପି' ଖଣ୍ଡ ଛାଡ଼ିଦେଇ ସ୍ୱରାଜ୍ୟ ଉପରେ ସମସ୍ତ ଦୃଷ୍ଟି ନେଇ ଢାଳିଲେ, ମହାତ୍ମା ଗାନ୍ଧି ଜୋର୍ ଦେଲେ 'ଯଦ୍ୟପି' ଉପରେ।

ଫଳରେ ୧୯୨୨ ମସିହାରେ ମଧ୍ୟ ପୁଣି ପ୍ରଚାର କାର୍ଯ୍ୟ ଚାଲିଲା। ମୋର ସିଂହଭୂମର କତିପୟ ସହକର୍ମୀ ବର୍ଷକ ପାଇଁ ବାହାରିଥିଲେ। କେତେ ଜଣଙ୍କୁ ଛାଡ଼ିଦେଲେ ଅନ୍ୟମାନେ ଆଡ଼େଇ ହୋଇ ରହିଲେ। ବିହାରୀ କଂଗ୍ରେସ କର୍ମୀମାନେ ସମସ୍ତେ ବ୍ୟବସାୟୀ ଥିଲେ। କଂଗ୍ରେସ କାର୍ଯ୍ୟଦ୍ୱାରା ସେମାନଙ୍କ ବେପାରରେ ବାଧାପଡୁଥିଲା, ତଥାପି ୧୯୨୧ ମସିହା ଭିତରେ ସ୍ୱରାଜ୍ୟ ମିଳିଯିବା ଆଶାରେ ସେମାନେ ଦଶଦ୍ୱାର ରୁନ୍ଧି କୌଣସି ପ୍ରକାରେ ଲାଗିଥିଲେ। ୧୯୨୨ ମସିହାକୁ ବ୍ୟବସାୟ କ୍ଷେତ୍ରରେ ଆହୁରି ଗୋଟାଏ କେଁ ଆସି ପହଞ୍ଚିଲା। ଇଂରେଜ ଭାରି ଛକାଛକିରେ ଚାଲିବା ଜନ୍ତୁ। ମହାତ୍ମା ଗାନ୍ଧିଙ୍କର ୧୯୨୧ରେ ସ୍ୱରାଜ୍ୟ ମିଳିଯିବା ଧମକରେ ସେମାନେ ଡରିଯାଇଥିଲେ। ଅନେକ ବଡ଼ ବଡ଼ ଗୋରା ହାକିମଙ୍କୁ ରାତିରେ ନିଦ ହେଉ ନଥିଲା। କେହି କେହି ଶୋଇଥିବାବେଳେ ମହାତ୍ମା ଗାନ୍ଧିଙ୍କ ନାମ ଧରି ବିଲିବିଲେଇ ଚମକି ଉଠୁଥିଲେ। ୧୯୨୧ ମସିହା ଭିତରେ ଇଂରେଜ ଶାସନ ବିଶେଷ ନ ଦୋହଲିବା ଫଳରେ ୧୯୨୨କୁ ସେମାନେ କଠୋର ନୀତି ଅବଲମ୍ବନ କଲେ।

ସୁତରାଂ ବିହାରୀ ବେପାରୀମାନେ କାର୍ଯ୍ୟରୁ ଆଡ଼େଇ ହୋଇ ରହିଲେ; ପାଟଣା ଆଡୁ ମଧ୍ୟ କେହି ଆସିଲେ ନାହିଁ। ଅତଏବ ଆନ୍ଦୋଳନ ଚଳାଇବା ଭାର କେବଳ ଓଡ଼ିଆଙ୍କ ଉପରେ ପଡ଼ିଲା। ଏକେ ଚତୁର୍ଦ୍ଦିଗବ୍ୟାପୀ ନୈରାଶ୍ୟ, ତହିଁରେ ପୁଣି ଅର୍ଥ ଓ କର୍ମୀ ଉଭୟର ଅଭାବ। ଅବସ୍ଥା ସୁଧାରିବା ଲାଗି ମୁଁ ପଣ୍ଡିତ ଗୋପବନ୍ଧୁ ଦାସଙ୍କୁ ନେଇ ଜିଲାଯାକ ଥରେ ବୁଲାଇବା ପାଇଁ ସ୍ଥିର କଲି। ଶୀତ ଟିକିଏ ଛାଡ଼ିଆସିଲାବେଳକୁ ସେ ଯାଇ ପହଞ୍ଚିଲେ। ତାଙ୍କ ଲାଗି ସପ୍ତାହକର ଗୋଟିଏ ଗସ୍ତ-ନିର୍ଘଣ୍ଟ ସ୍ଥିର କରାଗଲା। ଯିବା-ଆସିବା ପାଇଁ ମୋଟର ଖଣ୍ଡିଏ ମଧ୍ୟ ଯୋଗାଡ଼ ହୋଇଗଲା। 'ପୋଡ଼ାହାଟ'ରେ ଦୁଇ ତିନିଟା ସଭା ପରେ ଆମେମାନେ 'କୋହ୍ଲାନ' ବାହାରିଲୁ।

ଚାଇଁବସାରେ ପହଞ୍ଚି ଦେଖିଲୁ ଯେ, ସେଠାର ସବ୍‌ଡିଭିଜନାଲ୍ ଅଫିସର୍ ଗୋପବନ୍ଧୁ ବାବୁଙ୍କୁ ଡକାଇଛନ୍ତି। ପୂର୍ବେ କେବେ ସେ ପୁରୀରେ ଡେପୁଟି କଲେକ୍ଟର ଥିଲେ। ସେତେବେଳେ ଗୋପବନ୍ଧୁବାବୁଙ୍କ ସଙ୍ଗେ ତାଙ୍କର ସୌହାର୍ଦ୍ଦ୍ୟ ଥିଲା। ସେହି ସୌହାର୍ଦ୍ଦ୍ୟ ନିବନ୍ଧନରେ ଗୋପବନ୍ଧୁବାବୁ ଯିବାକୁ ବସିଲେ, ତା ପୁଣି କଚେରିରେ ତାଙ୍କ ମିସଲ ଉପରକୁ। ମୁଁ ଆଖିଆଗରେ ଶହେଚଉରାଳିଶ ଧାରା ନୋଟିସ୍ ଜଳଜଳ ଦେଖିପାରିଲି। ମୋ କଥା ଶୁଣି ଗୋପବନ୍ଧୁବାବୁ କହିଲେ, "ଯାଅ, ତୁମେ ଭାରି ସନ୍ଦେହୀ ହୋଇଗଲଣି। ପୁରୁଣା ସାଙ୍ଗଟା ମୋ ଆସିବା ଖବର ପାଇ ଡକାଇଛି, କଣ ୧୪୪ ଧାରା ନୋଟିସ୍ ଦେବାକୁ? ନା, ମୁଁ ତୁମ କଥା ଶୁଣିବି ନାହିଁ।" ମୁଁ ଉତ୍ତରରେ କହିଲି, "ଆଜ୍ଞା, ଏମାନେ ପରା ସବୁ ଇଂରେଜର ଗୋଲାମ - ଦରକାର ପଡ଼ିଲେ ମଧୁଶଯ୍ୟାବେଳେ ମାଇପ ଛାତିରେ ଛୁରି ବସାଇଦେବେ।"

ଗୋପବନ୍ଧୁବାବୁ ଶୁଣିଲେ ନାହିଁ। ମୋତେ ଡକରା ନଥିଲେ ମଧ ମୁଁ ଗତିକୃଷ୍ଣଙ୍କୁ ଧରି ତାଙ୍କ ସଙ୍ଗେ ସଙ୍ଗେ ଗଲି। ହାକିମ ଗୋପବନ୍ଧୁବାବୁଙ୍କୁ ଅଭିବାଦନ କରି ବସିବାକୁ କହିଲେ। ସେ ପୁରୀରେ ଥିଲାବେଳେ ମୋତେ ମଧ ଚିହ୍ନିଥିଲେ। ସେ ମୋତେ ବସିବାକୁ ନ କହିଲେ ସୁଦ୍ଧା ମୁଁ ବସିଲି। ଆଉ ଚଉକି ନଥିବାରୁ ଗତିକୃଷ୍ଣ ଠିଆହୋଇ ରହିଲେ। ତେଣେ ହାକିମ ନିଶ୍ୱାସ ରୁନ୍ଧି କାଗଜ କଲମ ଧରି ଚରଚର କରି ଲେଖାରେ ଲାଗିଲେ; ରାମ-କୃଷ୍ଣ ପଦେ କଥା କହିଲେ ନାହିଁ। ସେ ଲେଖୁଥାନ୍ତି, କାଟୁଥାନ୍ତି- ପୁଣି ଲେଖନ୍ତି, କାଟନ୍ତି। ମୋ ଆଖିଟା ତାଙ୍କ ଗୋଡ଼ ଆଡ଼କୁ ଚାଲିଗଲା; କିନ୍ତୁ ପର ମୁହୂର୍ତ୍ତରେ ମୁଁ ସ୍ଥିର କରିନେଲି ଯେ, ଗୋଦରା ନ ହୋଇ ମଧ ଲୋକ ଯେତିକି କୋଡ଼େ, ସେତିକି ହାତରେ ପୁଣି ମାଡ଼ିଯାଏ।

ମୁଁ ଘଣ୍ଟା ଧରି ବସିଲି। ୪୦ ମିନିଟ୍ ଚାଲିଗଲା। ତଥାପି ତାଙ୍କର ଦଶ ଧାଡ଼ି କାନ୍ତର ଲେଖା ସରିଲା ନାହିଁ। ଖାଲି ଲେଖିଥାନ୍ତି, କାଟୁଥାନ୍ତି। କାଗଜ ଉପରେ ମୟୂରପକ୍ଷୀ କଲମ ଚରଚର ଚାଲୁଥାଏ। ଦେହରୁ ଗମ୍‌ଗମ୍ ଝାଳ ବୋହିଯାଉଥାଏ। ପଞ୍ଚାବନ ମିନିଟ୍ ବସିବା ପରେ ମୁଁ ଗୋପବନ୍ଧୁବାବୁଙ୍କୁ କହିଲି, "ଆଜ୍ଞା, ଏଟା ୧୪୪ ଧାରା ନୋଟିସ୍ ଲେଖୁଛି! ନୋହିଲେ ଚଉଷଠି ଶିର ଦୁହାଁଇ କାମରେ ଲାଗିଥାନ୍ତା ନା?" ଉତ୍ତରରେ ଗୋପବନ୍ଧୁ ବାବୁ କହିଲେ, "ସତେ ମ, କଣ କରିବା?" ମୁଁ କହିଲି, "ଚାଲନ୍ତୁ, ପଳାଇବା।" ସେ ଉତ୍ତର ଦେଲେ, "ଉଁହୁଁ ପଳାଇବା! ଡାକିଆଣି ବସାଇଛି, ଅଭଦ୍ରତା ହେବ।" ତା'ପରେ ସେ ଓ ମୁଁ ଦୁହେଁ ଦୁଇ ଚାରି ମିନିଟ୍ ଚୁପ୍‌ଚାପ୍ ହେଲୁ। ଶେଷରେ ଗୋପବନ୍ଧୁବାବୁ ବଙ୍ଗଳାରେ କହିଲେ, "ଆପଣ ତ କାମରେ ଲାଗିଛନ୍ତି, ଫୁରୁସତ୍ ନାହିଁ। ମୁଁ ଏବେ ଯାଏ, ପରେ ଦେଖାହେବ।" ହାକିମ ଉତ୍ତରରେ କହିଲେ,

"ନାଇଁ ସରିଲାଣି, ସରିଲାଣି, ଆଉ ମିନିଟିଏ ବସନ୍ତୁ।" ଗୋପବନ୍ଧୁବାବୁ ବସିବାକୁ ଯାଉଥିଲେ, ତା'ଦେଖି ମୁଁ କହିଲି, "ଆମର ବଡ଼ ଜରୋରୀ କାମ ଅଛି, ଆମେ ଯାଉଛୁ। ଆପଣ ପରେ ପଠାଇଦେବେ।"

ଆମେ ହାକିମଙ୍କ ମିସଲ ଛାଡ଼ି ସଙ୍ଗେ ସଙ୍ଗେ ଯାଇ ମୋଟରରେ ବସିଲୁ। ସଭା କୋହ୍ଲାନ ଜଗନ୍ନାଥପୁରରେ ହେଲା। ଗୋପବନ୍ଧୁ ବାବୁଙ୍କ କଥାରେ କଣ ଥାଏ କେଜାଣି ଶ୍ରୋତା ଯେପରି ହସନ୍ତି, କାନ୍ଦନ୍ତି, ସେହିପରି ଉତ୍ସାହରେ ମାତିଉଠନ୍ତି। ସେଦିନ ସଭାରେ କୋହ୍ଲାନବାସୀଙ୍କ ଭିତରେ ଏତେ ଉତ୍ସାହ ଖେଳିଗଲା ଯେ, ଚାଇଁବସା ମହକୁମାର ସବ୍‌ଡିଭିଜନାଲ ଅଫିସର୍ ଯଦି ସନ୍ଦେହରେ ସେଠାକୁ ଆସିଯାଇଥାନ୍ତେ, ମୁଣ୍ଡ ଘେନି ପୁଣି ଫେରିଥାନ୍ତେ କି ନା ସନ୍ଦେହ, ଗୋପବନ୍ଧୁବାବୁଙ୍କର ସବୁ ଅହିଂସା ମନ୍ତ୍ର ତିଳେ କାମ ଦେଖାଇ ନଥାନ୍ତା। ମୋର ସବୁବେଳେ ମତ ଯେ, ଅହିଂସା ନୀତିର ସ୍ଥାନ ବୈଷ୍ଣବ ଧର୍ମରେ ଚତୁର୍ଥାଶ୍ରମୀ ସନ୍ନ୍ୟାସୀ ନିକଟରେ ଥାଇପାରେ; କିନ୍ତୁ ରାଜନୀତିରେ ନାହିଁ।

ସେଦିନ ଜଗନ୍ନାଥପୁର ସଭାରୁ ଆମେମାନେ ଫେରି ମୋଟରରେ ଖୁବ୍ ବେଗରେ ଛୁଟିଲୁ। ମୁଁ ଡ୍ରାଇଭରକୁ କହିଲି, "ଦେଖ, ବାଟରେ କେହି ହାତ ଦେଖାଇଲେ ରହିବ ନାହିଁ।" ଶୁଣି ଗୋପବନ୍ଧୁବାବୁ କହିଲେ, "ତୁମକୁ ଖାଲି ୧୪୪ ଧାରା ନୋଟିସ୍ ଭେଳିକି ଗୋଡ଼େଇଛି। କାହାରି କଣ ବିପଦ-ଆପଦ ହେଲେ ବାଟରେ ସେ ସାହାଯ୍ୟ ପାଇଁ ମଟର ଅଟକାଇ ନପାରେ?" ମୁଁ ଉତ୍ତରଦେଲି, "ସେପରି ବିପନ୍ନ ବାଟୋଇର ସାହାଯ୍ୟର ଯଥାର୍ଥ ଉପାୟ ହେଉଛି, ମୋଟର ନ ଅଟକାଇ ତା ଉପରେ ସିଧା ନେଇ ମଡ଼ାଇଦେବା। ତାହେଲେ କେବଳ ତାରି କ'ଣ ତା ନିଜର ଓ ଇଂରେଜ ସରକାରଙ୍କର ଚଉଦପୁରୁଷ ସିଧାସଳଖ ସ୍ୱର୍ଗକୁ ଚାଲିଯିବେ।"

ଏହିପରି ସବୁ କଥାବାର୍ତ୍ତା, ହସକଉତୁକ ହୋଇ ଆମେମାନେ ଯାଉଛୁ, ହଠାତ୍ ଜଣେ ଲୋକ ବାଟରେ ସାଇକେଲରୁ ଓହ୍ଲାଇ ମୋଟର ଅଟକାଇବାକୁ ହାତ ଦେଖାଇଲା। ଗୋପବନ୍ଧୁବାବୁ କହିଲେ- ରହିବା; ମୁଁ ନାହିଁକଲି। ଗତିକୃଷ୍ଣକୁ ମୁଁ ମଧ୍ୟସ୍ଥ ମାନିଲି। ସେ ମୋ ସହିତ ଏକମତ ହେବାରୁ ମୋଟର ନ ରହି ଚାଲିଲା। କିନ୍ତୁ କିଛି ବାଟ ଗଲା ପରେ ଦେଖିଲୁ ଯେ, ଆଉ ଦୁଇଜଣ ଲୋକ ରାସ୍ତା ଉପରେ ସାଇକେଲ ଶୁଆଇଦେଇ ନିଜେ ବସିରହିଛନ୍ତି। ବାଟ ତ ବନ୍ଦହୋଇଗଲା, ସୁତରାଂ ରହିବାକୁ ପଡ଼ିଲା। ସଙ୍ଗେ ସଙ୍ଗେ ସେ ଲୋକମାନେ ଆସି ଗୋପବନ୍ଧୁବାବୁଙ୍କ ହାତେ ଖଣ୍ଡିଏ କାଗଜ ଧରାଇଦେଲେ। ତାହା ତାଙ୍କର ପୁରାତନ ବନ୍ଧୁ ସବ୍‌ଡିଭିଜନାଲ୍ ଅଫିସରଙ୍କ ସ୍ନେହର ସମ୍ଭାଷଣପତ୍ର, କେବଳ ସରକାରୀ କାଗଜରେ ଫୌଜଦାରୀ କାର୍ଯ୍ୟବିଧି ଆଇନର ୧୪୪ ଧାରା ଅନୁସାରେ ଲିଖିତ।

ତା’ ପରଦିନ ଗୋପବନ୍ଧୁ ବାବୁଙ୍କର ‘ସୋଣୁଆ’ରେ ବକ୍ତୃତା ଦେବା କଥା। ଆମେମାନେ ସକାଳେ ଯାଇ ସେଠାରେ ପହଞ୍ଚିଲୁ। ଦଶହଜାର ପର୍ଯ୍ୟନ୍ତ ଶ୍ରୋତା ସେଠାରେ ରୁଣ୍ଡ ହୋଇଥିଲେ। ଗୋପବନ୍ଧୁବାବୁ ନିଜର ବକ୍ତବ୍ୟ ଡାକିଯାଇଥିଲେ ଓ ମୁଁ ଲେଖିପକାଇଥିଲି। ୧୪୪ ଧାରା ନୋଟିସ୍ ଅମାନ୍ୟ କରିବାର ସମୟ ଆଜି ନଥିଲା; ନ ହେଲେ ଗୋପବନ୍ଧୁବାବୁ ସେଦିନ ସଭାରେ ବକ୍ତୃତା କରି ଧରା ହୋଇ ଯାଇଥାନ୍ତେ। ସେଥିପାଇଁ ପୁଲିସ ଫଉଜ ମଧ୍ୟ ମହଜୁଦ ଥିଲେ। ମୁଁ ଗୋପବନ୍ଧୁବାବୁଙ୍କ ବକ୍ତବ୍ୟ ଗ୍ରାମଫୋନ ରେକର୍ଡ ପରି ପଢ଼ିଚାଲିଲି। ଦଶହଜାର ଲୋକ କାନ ପାରି ବସି ଶୁଣିବାରେ ଲାଗିଲେ। ନିଜେ ଗୋପବନ୍ଧୁବାବୁ ମଧ୍ୟ ବସି ଶୁଣିଲେ। ସଭା ଶେଷରେ ପୁଲିସ କର୍ମଚାରୀ କହିଲେ, “ଖୁବ୍ ତ ପାନେ ଆଜି ଦେଲେ! ଆମରି ଶରରେ ଆମକୁ ବାନ୍ଧିପକାଇଲେ।” ବରାବର ଦେଖାଯାଏ ଯେ ବୁଦ୍ଧିବଳରେ ଇଂରେଜ ସରକାର ଏ ଦେଶଟାକୁ ଭୋଗ କରୁଛନ୍ତି ସତ, କିନ୍ତୁ ବେଳେବେଳେ ନିତାନ୍ତ ବୋକାମିର ପରିଚୟ ଦିଅନ୍ତି। ବୋଧହୁଏ ବିଧାତା ଯେଡ଼ିକି ବାଉଁଶକୁ ସେଡ଼ିକି ପୋଲ ଖଞ୍ଜିଛି।

■

ପୁନର୍ମୂଷିକ

ଥରେ କୁଆ ଥଣ୍ଟରେ ଗୋଟାଏ ମୂଷା ନେଉ ନେଉ ମୂଷାଟି ବାବାଜିଙ୍କ ଆଶ୍ରମରେ ଖସିପଡ଼ିଲା। ବାବାଜି ତାକୁ ହେପାଜତ କରି ଜିଆଇଲେ; କିନ୍ତୁ ଆଶ୍ରମର ବିରାଡ଼ି ତାକୁ ମାରିବା ପାଇଁ ସବୁବେଳେ ଛକି ରହିଲା। ତହୁଁ ବାବାଜି ତାକୁ ମନ୍ତ୍ରବଳରେ ବିରାଡ଼ି କରିଦେଲେ। ବିରାଡ଼ିକି କୁକୁର ଗୋଡ଼ାଇଲା। ସେତେବେଳେ ପୁଣି ମନ୍ତ୍ର ବଳରେ ବାବାଜି ତାକୁ କୁକୁର ପାଲଟେଇଦେଲେ। କୁକୁର ଆଶ୍ରମ ବାହାରକୁ ଯାଇ ଥରେ ଅଧେ ବାଘ ହାବୁଡ଼େ ପଡ଼ିଲା। ସେଥିପାଇଁ ବାବାଜି ତାକୁ ବାଘ କରିଦେଲେ। ସେ ବାଘ ହୋଇ ଆଖି ତରାଟି, ଲାଙ୍ଗୁଡ଼ ପିଟି, ଦାନ୍ତ ରଗଡ଼ି ବାବାଜିଙ୍କୁ ଗୋଡ଼ାଇଲା। ସେତେବଳେ ବାବାଜି ମନକୁ ମନ କହିଲେ, "ଆରେ କି ବିପଦ !" ଏବଂ ସଙ୍ଗେ ସଙ୍ଗେ ଓଲଟ ମନ୍ତ୍ର ପଢ଼ି କହିଲେ, "ପୁନର୍ମୂଷିକୋଭବ।" ବାଘଟା ଚାହୁଁ ଚାହୁଁ ମୂଷା ପାଲଟି ଗାତ ଖୋଜିବୁଲିଲା।

ଏଟା ଗୋଟାଏ ବିଲ୍‌କୁଲ୍ ଗଳ୍ପର କଥା। କିନ୍ତୁ ଏହି ଗଳ୍ପ କଥାଟା କାହାରି କାହାରି ଜୀବନରେ ଘଟୁଥିବ- ମୋ ଜୀବନରେ ଅନ୍ତତଃ ଘଟିଗଲା। ହାଇସ୍କୁଲ ଲାଗି ଯେଉଁ ଉତ୍ସାହ ଥିଲା, ତାହା ସହଜରେ ଅସହଯୋଗ ଆନ୍ଦୋଳନ ଆଡ଼କୁ ବାଟେଇଗଲା। ଅସହଯୋଗ ଆନ୍ଦୋଳନ ଯେପରି ଚାଲିବା କଥା, ସେପରି ଚାଲିଲା। ଆଶା, ଆବେଗ, ଆଗ୍ରହ, ଉତ୍ସାହ, ଉନ୍ମାଦନା, ଅନୁପ୍ରାଣନା ଖୁବ୍ ଉପରକୁ ଉଠିଲା; କିନ୍ତୁ ୧୯୨୨କୁ ସବୁ ଏକାବେଳକେ ତଳକୁ ପଡ଼ିଗଲା। ସରକାର ଦମନ ନୀତି ଆସ୍ଥକଲେ। ମହାତ୍ମା ଗାନ୍ଧୀ ବନ୍ଦୀ ହେଲେ। ଦେଶସାରା ଉତ୍ତାପ ହଠାତ୍ ତଳକୁ ଓହ୍ଲାଇଗଲା। ଲୋକେ ପାଦ ଯେ ଆଗକୁ ବଢ଼ାଇଥିଲେ, ଫେରାଇନେଲେ।

ଚକ୍ରଧରପୁରରେ ଆମମାନଙ୍କୁ ଆଉ ପୂର୍ବର ଅନୁକୂଳ ପରିସ୍ଥିତି ମିଳିଲା ନାହିଁ। ବିହାରର ବେପାରୀମାନେ ଆମ କାର୍ଯ୍ୟରେ ଯେ ଅର୍ଥ ସାହାଯ୍ୟ କରୁଥିଲେ, ତାହା ତାଙ୍କ ନିଜ ପଇସା ନୁହେଁ, ସେମାନେ ସ୍ଥାନୀୟ ଲୋକଙ୍କଠାରୁ ବୃତ୍ତି ଅସୁଲ କରି

ଆମକୁ ଦେଉଥିଲେ। 'ବୃତ୍ତି' ଶବ୍ଦର କେତେ ପ୍ରକାର ଅର୍ଥ ଅଛି; କିନ୍ତୁ ବ୍ୟାବସାୟିକ ପରିଭାଷାରେ ତାର ଅର୍ଥ ହେଉଛି 'ମାସୁଲ', ସେ ମାସୁଲ ପୁଣି କୌଣସି ସତ୍‌କାର୍ଯ୍ୟ ଉଦ୍ଦେଶ୍ୟରେ। ବେପାରୀମାନେ ଯେ ଆମକୁ ଅର୍ଥ ସାହାଯ୍ୟ ଦେବା ବନ୍ଦକରିଦେଲେ, ତାର ଦୁଇଟା କାରଣ ଥିଲା। ତା ମଧ୍ୟରୁ ଗୋଟିଏ ହେଉଛି, ସରକାରୀ ହାକିମମାନଙ୍କପ୍ରତି ଭୟ; ଦ୍ୱିତୀୟ କାରଣ ବିହାରପ୍ରତି ମମତାର ପ୍ରଭାବ। ସେମାନେ ଆମକୁ ଅବଶ୍ୟ ଆଉ ଟଙ୍କାପଇସା ଦେଲେ ନାହିଁ; କିନ୍ତୁ ଆମ ବାବଦରେ ଯେଉଁ ବୃତ୍ତି ଧାର୍ଯ୍ୟ ହୋଇଥିଲା, ତାହା ସେହିପରି ରହିଗଲା। ଏବେ ଚଉଠା ଶତାବ୍ଦୀ ପରେ ମଧ୍ୟ ଅବାଧରେ ଚାଲିଥିବ।

ସେତେବେଳକୁ ଆମ ଅନୁଷ୍ଠାନର ନାମ 'ଆଶ୍ରମ' ହୋଇଥିଲା। ଆଶ୍ରମରେ ସଞ୍ଜ ସକାଳ ମିଶି ଖାଇବାକୁ ଚଉଦ ପେଟ। ଆମେମାନେ ଦିନରେ ତିନିଥର ଖାଉଥିଲୁ। ତାକୁ ଯେତେବେଳେ ଦୁଇ ଥରକୁ ଖସାଇଲୁ, ସେତେବେଳେ ପ୍ରଭେଦଟା ଅବଶ୍ୟ ବୁଝାଗଲା; କିନ୍ତୁ ବିଶେଷ ଅସୁବିଧା କଲା ନାହିଁ। ଟେକା ପଡ଼ିଲା ବେଳେ ଏକାବେଳକେ ତଳକୁ ଖସିପଡ଼େ; ଅଧାବାଟରେ ଅଟକି ଶୂନ୍ୟରେ ଝୁଲି ରହେ ନାହିଁ। ଯାହା ତିନିରୁ ଖସି ଦୁଇକୁ ଆସେ, ତାହାର ଗତି ସେହିଠାରେ ବନ୍ଦ ନରହି ପୁଣି ଏକ ଆଡ଼କୁ ମୁହଁ କରି ଚାଲେ। ସୃଷ୍ଟିର ସେ ନିୟମରେ ଆମେମାନେ ଦିନକୁ ବକତେ ଖାଇବା ଆରମ୍ଭ କଲୁ। ସେ ବକତକ ଲାଗି ପୁଣି ଗାଈ, ବାଛୁରୀ, ଟେବୁଲ, ଚଉକି ଓ ଶେଷକୁ କେତେକ ନିତାନ୍ତ ଦରକାର ନଥିବା ଭଳି ଲୁଗାପଟା ଓ ଶୀତଦିନେ ଘୋଡ଼ାଇହେବା କମ୍ବଳ ବିକ୍ରି ହୋଇଗଲା। ରେଳ ଷ୍ଟେସନରେ ଓଜନକଳ ଆମ ପାଦତଳେ କ୍ରମଶଃ କମ୍ ଦବିଲା। ମୁଁ ମୋର ସ୍ତ୍ରୀ ଓ ସନ୍ତାନମାନଙ୍କୁ ମୋର ଜନ୍ମସ୍ଥାନ ବାଣପୁରକୁ ପଠାଇଦେଇ ସହକର୍ମୀମାନଙ୍କ ସହିତ ଠୁଙ୍କା ହୋଇ ରହିଲି।

ଆମମାନଙ୍କ ପ୍ରଚାର କାର୍ଯ୍ୟ କ୍ରମେ ମାନ୍ଦା ହୋଇଆସିଲା। ସେତେବେଳକୁ ଏଣେ ଓଡ଼ିଶାର ଗୋପବନ୍ଧୁବାବୁଙ୍କର ପୂର୍ବର ଠାଣି ନାହିଁ। ଜେଲଖାନାକୁ ଯିବା ପାଇଁ ସେ ପ୍ରସ୍ତୁତ ହୋଇ ରହିଥାନ୍ତି। ସିଂହଭୂମ ଅବସ୍ଥା ଜଣାଇ ମୁଁ ତାଙ୍କୁ ଆଉ ବ୍ୟସ୍ତ କରିବାକୁ ଇଚ୍ଛା କଲିନାହିଁ, ଅଥଚ କିଛି ଅର୍ଥ ସାହାଯ୍ୟ କେଉଁଆଡୁ ନ ମିଳିଲେ ନ ଚଳେ। ସେଥିପାଇଁ ମୁଁ ମଧୁବାବୁ, କନିକାରାଜା ଓ ବ୍ରଜସୁନ୍ଦରବାବୁଙ୍କୁ ଚିଠି ଲେଖିଲି। ମଧୁବାବୁ ସେତେବେଳକୁ ବିହାର-ଓଡ଼ିଶା ସରକାରଙ୍କ ମନ୍ତ୍ରୀ; ମାତ୍ର ମନ୍ତ୍ରୀତ୍ୱ ଛାଡ଼ିବେ ଛାଡ଼ିବେ ହେଉଥାନ୍ତି। ସେମାନଙ୍କ ଛଡ଼ା ମୁଁ ଅନ୍ୟ କେତେକ ବନ୍ଧୁଙ୍କ ନିକଟକୁ ମଧ୍ୟ ଚିଠିପତ୍ର ଲେଖିଲି; କିନ୍ତୁ ଜଣେଅଧେ ନିତାନ୍ତ ଆତ୍ମୀୟଜନଙ୍କ ବ୍ୟତୀତ ଆଉ କାହାରିଠାରୁ ବିଶେଷ ଉତ୍ତର ପାଇଲି ନାହିଁ।

କ୍ରମେ ସିଂହଭୂମରେ ରହି କାର୍ଯ୍ୟ ଚଳାଇବା ମୋତେ ଦୁଃସାଧ୍ୟ ବୋଧହେଲା। ସେତେବେଳେ ଇଂରେଜ କବି ଗୋଲ୍‌ଡସ୍ମିଥ୍‌ଙ୍କର ଏକ ଲେଖା ମୋ ମନରେ ଆସି

ପଢ଼ିବାକୁ ଲାଗିଲା। କବି ସେଥିରେ ଉପମା ଛଳରେ ଲେଖିଥିଲେ, "ମିରିଗଛୁଆ ବନଦେଶରେ ଅବାଧରେ ବୁଲି ଚରୁଥାଏ; କିନ୍ତୁ ହଠାତ୍ ଶରବିଦ୍ଧ ହେଲେ ଆଉ କେଉଁଆଡ଼େ ନ ଯାଇ ସିଧା ସିଧା ନିଜ କୋରଡ଼କୁ ଧାଏଁ। ଶର ଆଘାତରେ ଯଦି ମରେ, ସେହି କୋରଡ଼ରେ ମରେ।" ବାବାଜିଙ୍କ ଆଶ୍ରମର ମୂଷା ପରି ହେଉ କିମ୍ବା କବିଙ୍କ କଳ୍ପିତ ହରିଣ ପରି ହେଉ, ମୁଁ ମୋର ସିଂହଭୂମ କାର୍ଯ୍ୟକ୍ଷେତ୍ର ଛାଡ଼ି ସାକ୍ଷିଗୋପାଳକୁ ନ ଫେରି ବାଣପୁରରେ ଯାଇ ପହଞ୍ଚିଲି। ରେଳ ଷ୍ଟେସନରେ ଓହ୍ଲାଇବା ଦିନ ମୋତେ ପାଛୋଟି ନେବାକୁ ଆସିଥିଲେ ହଳେ ବଳଦ ଓ ଜଣେ ମୂଲିଆ। ମୁଁ ଶଗଡ଼ରେ ବସି, ଯେଉଁ କୁଡ଼ିଆରେ ମାତୃଗର୍ଭରୁ ଜନ୍ମ ହୋଇଥଲି, ବହୁକାଳ ପ୍ରବାସ ପରେ ପୁଣି ସେହିଠାରେ ପାଦ ପକାଇଲି। ସେ କୁଡ଼ିଆ ସେହିପରି ରହିଥିଲା, ବେମରାମତି ଯୋଗେ ଯାହା ଭାଙ୍ଗିରୁଜି ଯାଇଥିଲା ମାତ୍ର; କିନ୍ତୁ ନଥିଲେ ମୁଁ ସେ କୁଡ଼ିଆରେ ଯାହାଙ୍କ କୋଳରେ ବଢ଼ିଥିଲି, ସେହିମାନେ।

ମୁଁ ବାଣପୁରରେ ପହଞ୍ଚିଲା ବେଳକୁ ମୋ ହାତରେ ଗଢ଼ା ମାଇନର ସ୍କୁଲ ଜାତୀୟ ବିଦ୍ୟାଳୟରେ ପରିଣତ ହୋଇସାରିଥିଲା। ମାଇନର ସ୍କୁଲର ପ୍ରଧାନଶିକ୍ଷକ ଥିଲେ ମୋର ବାଲ୍ୟବନ୍ଧୁ ରଘୁନାଥ ମହାପାତ୍ର। ସେ ଅତି ପିଲାଦିନରୁ ଜାତୀୟଭାବରେ ଅନୁପ୍ରାଣିତ, ତେଣୁ ଜାତୀୟ ବିଦ୍ୟାଳୟରେ ଯାଇ ଖୁବ୍ ଖାପଖାଇଗଲେ। ତେଣେ ଖାଲି ପଡ଼ିଥିବା ମାଇନର ସ୍କୁଲ ଘରେ ଆଉ ଏକ ମାଇନର ସ୍କୁଲ ଗଢ଼ାହୋଇଗଲା। ଜାତୀୟ ବିଦ୍ୟାଳୟ ଓ ମାଇନର ସ୍କୁଲ ଭିତରେ ପ୍ରତିଯୋଗିତା ମଧ୍ୟ ରହିଲା। ଜାତୀୟ ବିଦ୍ୟାଳୟ ଛାତ୍ରମାନେ ମାଇନର ସ୍କୁଲ ଛାତ୍ରମାନଙ୍କୁ 'ଗୋଲାମପିଲା' ବୋଲି ଡାକିବାକୁ ଆରମ୍ଭ କଲେ। ପ୍ରତ୍ୟୁତ୍ତରରେ ମାଇନର ସ୍କୁଲ ଛାତ୍ରମାନେ ଜାତୀୟ ବିଦ୍ୟାଳୟ ଛାତ୍ରମାନଙ୍କୁ 'ମାଗିଖିଆପିଲା' ଆଖ୍ୟା ଦେଲେ। ଜାତୀୟ ବିଦ୍ୟାଳୟ ଛାତ୍ରମାନେ ମୁଠି-ଚାଉଳ ଆଦାୟ କରନ୍ତି ଓ ତାହା ହୁଏତ ଦିଅନ୍ତି ସେହି ଗୋଲାମପିଲାଙ୍କ ବାପାମାଆମାନେ।

ସ୍ୱର୍ଗରେ ଆମ ମର୍ତ୍ତ୍ୟପୁର ପରି ଦେବତାମାନେ ଢିଙ୍କିକୁଟା ଚାଉଳ କି କଳ ଚାଉଳ ଖାଉଛନ୍ତି କେଜାଣି, କିନ୍ତୁ କଥାରେ କହନ୍ତି- "ଢିଙ୍କି ସ୍ୱର୍ଗକୁ ଗଲେ ଧାନ କୁଟିବ।" ମୁଁ ଚକ୍ରଧରପୁର ଛାଡ଼ି ବାଣପୁରକୁ ଆସିଲି ଯେ ପ୍ରକୃତରେ ଗୋଟାଏ ଢିଙ୍କି ହୋଇ ଫେରିଲି; କିନ୍ତୁ କୁଟିଲି ଧାନ ପରିବର୍ତ୍ତେ ଚଷ୍ମୁ। ବାଣପୁର ଖାସମାହାଲ, ଇଂରେଜ ସରକାର ତାର ଶାସନକର୍ତ୍ତା ଓ ଜମିଦାର ଉଭୟ। ସେଥିପାଇଁ ଖୋରଧା ସବ୍‌ଡିଭିଜନାଲ୍ ଅଫିସରଙ୍କୁ ପ୍ରଜାମାନେ ଏକାଧାରରେ ମାଆ ବାପ ବୋଲି କହନ୍ତି। ବୋଧହୁଏ, ଅନ୍ୟାନ୍ୟ ଇଲାକାର ଇଂରେଜ ଶାସନକର୍ତ୍ତାମାନେ ବାପ ହେଲେ, ଜମିଦାର ପ୍ରଜାଙ୍କ ମାଆ ହେଉଥିବେ। ଉଭୟ ପକ୍ଷ ମଧ୍ୟରୁ କାହାରି ଏ ସମ୍ପର୍କରେ ଆପତ୍ତି ଥିଲେ ସେମାନେ

ନିଜ ନିଜ ମଧ୍ୟରେ ବୁଝାବୁଝି ହୋଇପାରନ୍ତି- ମୋର ସେଥିରେ କୌଣସି ଆପତ୍ତି ନାହିଁ, କାରଣ ସେ ପରଘର କଥା। ମୋ ନିଜ ଇଲାକାରେ ବାପା ଏବଂ ମାଆ ଉଭୟ ଜଣେ- ଯଥା ଉଦ୍ଭିଦ ରାଜ୍ୟରେ 'ଅମୃତଭଣ୍ଡା' ଗଛ, କିମ୍ବା ପ୍ରାଣୀ ସମାଜରେ 'ଜିଆନାଡ଼'।

ସେ ଯାହାହେଉ, ଶାସନକର୍ତ୍ତା ଓ ଜମିଦାର ଉଭୟ ଯେଉଁଠାରେ ଜଣେ, ସେଠାରେ ପ୍ରଜାମାନେ ସହଜରେ ଉଧେଇପାରନ୍ତି ନାହିଁ। ଜମିଦାରୀ ଇଲାକାରେ ଜମିଦାରଙ୍କ ଆଡୁ ମାଡ଼ ହେଲେ ପ୍ରଜାମାନେ ସରକାରୀ ହକିମଙ୍କ ପାଖେ ହାରିଗୁହାରି ଜଣାନ୍ତି। ସେହିପରି ସରକାରୀ ହାକିମଙ୍କ ଆଡୁ ଅତ୍ୟାଚାର ହେଲେ ତେଣେ ମାଆକୋଳ ପରି ଜମିଦାରଙ୍କ କୋଳକୁ ପଳାଇଯାଆନ୍ତି। ପୃଥିବୀରେ ଆବହମାନ କାଳରୁ ଦ୍ୱୈତବାଦ ଓ ଅଦ୍ୱୈତବାଦ ମଧ୍ୟରେ ଗୋଟାଏ ଘୋର ବିବାଦ ଚାଲିଆସିଛି। ସେ ବିବାଦରେ କେତେ କେତେ ଦାର୍ଶନିକ ପଣ୍ଡିତଙ୍କ ମୁଣ୍ଡ ଛତୁହୋଇଯାଇଛି; ତଥାପି ବିବାଦ ସେହିପରି ରହିଛି। ଜମିଦାରୀ ଇଲାକା ପ୍ରଜାମାନେ କହନ୍ତି, ଖାସମାହାଲର ଅଦ୍ୱୈତଶାସନ ଭଲ। ଖାସମାହାଲ ପ୍ରଜାମାନେ ଜମିଦାରୀ ଅଞ୍ଚଳର ଦ୍ୱୈତଶାସନକୁ ପସନ୍ଦ କରନ୍ତି। ମୁଁ ୧୯୨୭ ମସିହାରେ ମହାତ୍ମା ଗାନ୍ଧିଙ୍କୁ ଏକଥା ପଚାରିଥିଲି। ସେ ବାଣପୁରରେ ଖାସମାହାଲର ଅଦ୍ୱୈତଶାସନ ସପକ୍ଷରେ ମତ ବ୍ୟକ୍ତ କଲେ; କିନ୍ତୁ ମୁଁ ପରେ ଶୁଣିଲି, ସେ ବାଣପୁରରୁ ବୋଲଗଡ଼ ଗଲା ଉତ୍ତାରେ 'ଦ୍ୱୈତଶାସନ ସ୍ପୃହଣୀୟ' ବୋଲି କୁଆଡ଼େ କହିଲେ।

କିନ୍ତୁ ପ୍ରକୃତରେ କଣ ଭଲ ନୁହେଁ, ନିର୍ଧାର୍ଯ୍ୟ ଭାବରେ କଦାପି କହି ହେବ ନାହିଁ। ଆଜି ଯାହା ଭଲ, କାଲିକି ମନ୍ଦ ହୋଇଯାଇପାରେ। ପୁରୀରେ ଯାହା ଭଲ, କଟକକୁ ଗଲେ ତାହା ଖରାପ ପଡ଼ିପାରେ। ଆଜିର ଦୁଧ କାଲିକି ଗନ୍ଧେଇଯାଉଛି। ସମ୍ବଲପୁରର 'ଛେନା'କୁ କଟକ ଗନ୍ଧିଆ ଗୋବର 'ଘଷି' ବୋଲି ଫିଙ୍ଗିଦେଉଛି। ପୁରୀର 'କ୍ଷୀର' କେନ୍ଦୁଝରରେ 'ନଳାପାଣି'। ୧୯୧୪ ମସିହାର ପୃଥିବୀବ୍ୟାପୀ ଯୁଦ୍ଧରେ ମୋହନଦାସ କରମଚାନ୍ଦ ଗାନ୍ଧି ଇଂରେଜ ସରକାରଙ୍କ ପକ୍ଷରୁ ଯୁଦ୍ଧକ୍ଷେତ୍ରକୁ ଯିବା ଲାଗି ଭାରତବର୍ଷରୁ କୁଲି ସଂଗ୍ରହ କରୁଥିଲେ। ତାର ପଚିଶ ବର୍ଷ ପରେ ପୁଣି ଯେଉଁ ପୃଥିବୀବ୍ୟାପୀ ଦ୍ୱିତୀୟ ଯୁଦ୍ଧ ହେଲା, ସେତେବେଳେ ମହାତ୍ମା ଗାନ୍ଧି କହିଲେ, "ଧନ-ଜନ-ମନରେ ଏ ଯୁଦ୍ଧରେ ଇଂରେଜ ସରକାରଙ୍କୁ ସାହାଯ୍ୟ କରିବା ଘୋର ପାପର କଥା।"

ଦେଖାଯାଉଛି ପୃଥିବୀରେ ଶାଶ୍ୱତ, ଚିରନ୍ତନ, ଅପରିବର୍ତ୍ତନୀୟ ନିଷ୍ପତ୍ତି ନାହିଁ। ଅତଏବ ଦ୍ୱୈତ ଓ ଅଦ୍ୱୈତ ଶାସନ ମଧ୍ୟରେ ଯେଉଁ ବିବାଦ ଚାଲିଆସିଛି, ତାହା ବ୍ରାଇସନ୍ ସାହେବ ଓ ଖଲିକୋଟରାଜା ଏବଂ ଓର୍ ସାହେବ ଓ କନିକାରାଜା ନିଜ

ନିଜ ମଧ୍ୟରେ ବସି ଆପୋସରେ ନିଷ୍ପତ୍ତି ନ କଲା ପର୍ଯ୍ୟନ୍ତ ସେହିପରି ଚାଲିଥିବ। କିନ୍ତୁ ଖୋରଧା ଖାସମାହାଲରେ ଯେ ୧୯୨୧ ମସିହାରେ ଜନଜାଗରଣ ମୁଣ୍ଡ ଟେକି ପାରିନଥିଲା ତାହା ଅସ୍ୱୀକାର କରି ହେବ ନାହିଁ। ଫଳରେ ୧୯୨୨କୁ ମୋତେ ବାଣପୁରରେ ଧାନ ପରିବର୍ତ୍ତେ ଚଷ୍ମୁ କୁଟିବାକୁ ପଡ଼ିଲା। ତା'ପରେ ପୁଣି ମୋ ପାହୁରାଣିଟା ଖାଲି କାଠରେ ତିଆରି, ଲୁହାସମାଶୂନ୍ୟ। ତେଣୁ ସହଜରେ ଛେଚଡ଼ା ହୋଇଯାଉଥାଏ। ପରିଶ୍ରମ ବେଶି ହେଲା, ଝାଳ ଖୁବ୍ ବୋହିଲା, ଧଇଁସଇଁ ହୋଇଯିବାକୁ ପଡ଼ିଲା, ଅଥଚ କାମ ହେଲା କମ୍।

ମୁଁ ମନେକଲି ଯେ, ଘରେ ରହିଲେ କାମ କରିବା ସୁବିଧାଜନକ ହେବ ନାହିଁ, ସେଥିପାଇଁ ଆଶ୍ରମ ଖୋଜିଲି। ଦେଖିଲି ଯେ ଶାଳିଆ ନଦୀ କୂଳରେ, ଘଣ୍ଟଶିଳା ତଳେ, 'ଗଛ ବାଲୁକେଶ୍ୱର' ମନ୍ଦିର ନିକଟରେ ଗୋଟିଏ ଛୋଟିଆ କୁଡ଼ିଆ ଘର ରହିଛି। ତାର ଆଶ୍ରମ ଲକ୍ଷଣ ବିଲକ୍ଷଣ ରହିଥିଲା। ତା' ଚାରିପଟେ ଆମ୍ବତୋଟା, ଉପରେ ଛାଇ, ତଳେ ସନ୍ତସନ୍ତିଆ ମାଟି। ଗୋଟାଏ ପାଖରେ ଶ୍ମଶାନ ଲାଗି ରହିଥିଲା। ଦିବସରେ ବିଲୁଆ ଓ ରାତିରେ ବାଘ ଭାଲୁ ସେଠାକୁ ଆସନ୍ତି। ଦିନେ ଦିନେ ଦିବସରେ ମଧ୍ୟ ଭାଲୁମାନେ କିଆବଣ ଭିତରେ ବାସ୍ତକା ରହିଯାଆନ୍ତି। ମୁଁ ସେହି ଆଶ୍ରମରେ ଯାଇ ରହିଲି। କେବେ କେବେ ସେଠାରେ ଏକା ରହେ। ସଙ୍ଗୀ ମିଳିଲା ଦିନ ମିଳନ୍ତି ମୋର ସହକର୍ମୀ 'ସୁଦର୍ଶନ'। ସେ ଥିଲା ଦିନ ମୋତେ ତାଙ୍କ କଥାବାର୍ତ୍ତା ଶୁଣିବାକୁ ମିଳେ। ସେ ନଥିଲା ଦିନ ମୁଁ ରାତିସାରା ଭାଲୁକଥା ଶୁଣି ବିଜନତା ଦୂରକରେ।

ଆଶ୍ରମ ତ ମିଳିଲା; କିନ୍ତୁ ପୁରୀର ଜଟିଆବାବା ଆଶ୍ରମ କିମ୍ବା ଭୁବନେଶ୍ୱରର ରାମକୃଷ୍ଣ ଆଶ୍ରମଠାରୁ ତାର ତଫାତ୍ ବହୁତ। ଏପରି କି ସ୍ୱାମୀ ବିଚିତ୍ରାନନ୍ଦଙ୍କ କଟକ ଅନାଥାଶ୍ରମ ସହିତ ମଧ୍ୟ ତୁଳନୀୟ ହେବାକୁ ତାହାର ଅଧିକାର ନଥିଲା। ସେଠାରେ ଅନେକ ସମୟରେ ମୋତେ ପେଟରେ ଓଦାକନା ପକାଇ ରହିବାକୁ ହେଉଥିଲା। କିନ୍ତୁ ଗୋଟାଏ ସାନ୍ତ୍ୱନା ମିଳୁଥିଲା ଯେ କନା ଓଦା କରିବା ଲାଗି ଶାଳିଆ ନଦୀ ଅକାତରରେ ପାଣି ଯୋଗାଇ ଦେଉଥିଲା। ଦିନେ ଶାଳିରେ ଅକାତକାତ ବଢ଼ି ଆସିଲା। ସୁଦର୍ଶନ ଓ ମୁଁ ସେଦିନ ବୁଝିନେଲୁ ଯେ ତା ପରଦିନଯାକ ପେଟରେ ଓଦାକନା ପକାଇ ରହିବାକୁ ଦୁହିଁଙ୍କୁ ଯଥେଷ୍ଟ ପାଣି ମିଳିବ। ପାଣି ଓ ପଇସାର ଅନ୍ୟ କେଉଁଠାରେ କି ସମ୍ପର୍କ ଥାଇପାରେ; କିନ୍ତୁ ଆମ ଆଶ୍ରମରେ ଥିଲା ଅହି-ନକୁଳ ସମ୍ପର୍କ। ପାଣି ଯେଉଁଦିନ ଯେତେ ବେଶି ହୁଏ, ନଈ ନାଳ ପୂରିଯାଏ, ପଇସା ସେଦିନ ସେତିକି ହାତକୁ କମ୍ ଆସେ।

ଶାଳିଆରେ ଥରେ ବଡ଼ ବଢ଼ି ହେଲେ ଦୁଇ ଦିନ ଖଣ୍ଡେ ରହେ। ସେଥର ବଢ଼ିର ଦ୍ୱିତୀୟ ଦିନ ସଂକ୍ରାନ୍ତି ପଡ଼ିଲା। ସେଟା ବୋଧହୁଏ କର୍କଟ ସଂକ୍ରାନ୍ତି। କୌଣସି

କୌଣସି ପୁଣ୍ୟବାନ୍ ଲୋକ ସଂକ୍ରାନ୍ତି ଦିନ ଉପବାସ କରନ୍ତି। ଆମେ କେବଳ କ୍ରମଟା ଓଲଟାଇ ଦେଲୁ। ପୁଣ୍ୟ ଅର୍ଜିବା ଲାଗି ଉପବାସ କରିଛୁ ବୋଲି ଭାବିନେଲୁ। ସ୍ୱର୍ଗରୁ ରମ୍ଭା, ମେନକା ଯାଇ ଋଷିମାନଙ୍କ ତପସ୍ୟା ଭାଙ୍ଗି ପୁଣ୍ୟ ସଞ୍ଚୟରେ ବାଧା ଦିଅନ୍ତି। ସେଦିନ ଉପରଓଳି ଆମେ ଫଳ ପାଇବାକୁ ଅଧାବାଟ ଯାଇସାରିବା ସମୟରେ ଆମ ତପସ୍ୟା ଆସି ଭାଙ୍ଗିଲେ ନୀଳକଣ୍ଠ ମହାପାତ୍ର। ତାଙ୍କର ପ୍ରତି ସଂକ୍ରାନ୍ତି ଦିନ ଉତ୍ତରାୟଣୀ ଦେବୀଙ୍କ ପାଖେ 'ଜନ୍ତାଳ' ହୁଏ। ଉତ୍ତରାୟଣୀଙ୍କ ଦେଉଳ ଆମ ଆଶ୍ରମ ପାଖେ; କିନ୍ତୁ ନଦୀର ଆର କୂଳରେ। ନଦୀ ପାରହୋଇ ଯାଇନପାରି ମହାପାତ୍ରେ ଆମରି ଆଶ୍ରମରେ ଜନ୍ତାଳର ଆୟୋଜନ କଲେ ଓ ସେଥିରେ ଯୋଗ ଦେବାଲାଗି ଆମ ଦୁହିଁଙ୍କୁ ଲୋଡ଼ିଲେ। ସେତେବେଳେ ଆଶ୍ରମ ଭିତରେ ଅନେକ ଲୋକ ଥିଲେ। ତା ମଧ୍ୟରେ ଚାରୋଟି ଆନନ୍ଦ-ବିସ୍ଫାରିତ ନେତ୍ରର ମିଳନ ହେଲା- ଯୋଡ଼ିଏ ଆଶ୍ରମ ଋଷିଙ୍କର ଓ ଆର ଦିଓଟି ତାର ଏକମାତ୍ର ଅନ୍ତେବାସୀଙ୍କର।

ଆମମାନଙ୍କୁ ୧୯୨୨ ମସିହା ବର୍ଷାକାଳଟା ବାଲୁକେଶ୍ୱର ଆଶ୍ରମରେ ଅଭାବରେ କଟାଇବାକୁ ହେଲା; କିନ୍ତୁ ପ୍ରକୃତି ଯେ ମାଆ ନଥିବା ଲୋକର ଆଉ ଏକ ମାଆ ପରି, ଆମକୁ ବୁଝିବାକୁ ବେଶି ସମୟ ଲାଗିଲା ନାହିଁ। ଆଶ୍ରମର ଚାରିପାଖେ ତାଳ ଗଛ। ପାଚିଲା ତାଳ ଝଡ଼ିବାକୁ ଲାଗିଲା। ଆଶ୍ରମର ହୋମାଗ୍ନିରେ ଆମେ ଦିନକେ ଦଶ ଆଠଟା ଫଳ ସିଦ୍ଧ କରି ପ୍ରସାଦ ପାଉ। ଏହିପରି ସମୟରେ ଦିନେ ମୋର ସହକର୍ମୀ ବ୍ରହ୍ମପୁର ଗଲେ। ସେ ରାତି ରେଳଗାଡ଼ିରେ ଫେରି ଆଶ୍ରମରେ ଆସି ପହଞ୍ଚିବା କଥା। ମୁଁ ଆଶ୍ରମଦ୍ୱାର ଭିତରୁ ବନ୍ଦକରି ଆଲୁଅ ଜାଳି ଲେଖାପଢ଼ି କରୁଥିଲି। କବାଟରେ ଗୋଟିଏ ଧକ୍‌କା ଶବ୍ଦ ଶୁଭିଲା। 'ହଁ ଫିଟାଉଛି' କହି ମୁଁ ଉଠିଯାଇ କବାଟ ଫିଟାଇଦେଲି। ଦେଖିଲି ସୁଦର୍ଶନ ଭିତରକୁ ପାଦ ପକାଇବା ପରିବର୍ତ୍ତେ ପଛକୁ ମୁହଁ ବୁଲାଇ ଏକାକୀ ଫେରିଯାଉଛି ସେ ରାତିର ନିରାଶ ଅତିଥି କଲରାପତରିଆ ବାଘ। ମୋ ଗୋଡ଼ହାତରୁ ଜିଅ ଛାଡ଼ିଆସିଲା।

ସେଦିନ ରାତିରେ କିମ୍ବା ତା'ପରେ ଦୁଇ ତିନି ଦିନ ଭିତରେ ସୁଦର୍ଶନ ଫେରିଲେ ନାହିଁ। କିନ୍ତୁ ତା ପରଦିନ ଆସିଲା ଗୋଟାଏ ଦଶ ଟଙ୍କାର ମନିଅର୍ଡ଼ର। ସେଥିରେ ଲେଖାଥିଲା- "ଆଉ ତାଳ ପୋଡ଼ି ଖାଆନ୍ତୁ ନାହିଁ। ଏ ଟଙ୍କାରେ ଚାଉଳ କିଣି ଭାତ ରାନ୍ଧି ଖାଇ, ରେଳଭଡ଼ା ଦେଇ ବ୍ରହ୍ମପୁର ଆସନ୍ତୁ। ଏଠାରେ ମୁଁ କିଛି ଟଙ୍କାର ବ୍ୟବସ୍ଥା କରିଛି।" ମୁଁ ଯଥାସମୟରେ ବ୍ରହ୍ମପୁର ଯାଇ ଶଶିଭୂଷଣ ରଥଙ୍କ ପାଖରେ ପହଞ୍ଚିଲି। ମନିଅର୍ଡର ତାଙ୍କରିଠାରୁ ଆସିଥିଲା। ମୁଁ ବହି ଲେଖି ପାଣ୍ଡୁଲିପି ଦେଲେ ସେଠାରେ ଗଞ୍ଜାମ ଷ୍ଟୋର୍ ପ୍ରକାଶକ ଭାବରେ ପାଣ୍ଡୁଲିପି କିଣିନେବାର ବ୍ୟବସ୍ଥା ସେ କରିଥିଲେ।

ପୃଷ୍ଠାକୁ ଅଢ଼େଇଟଙ୍କା ହିସାବରେ ମୁଁ ତାଙ୍କଠାରୁ ହଜାରେ ଖଣ୍ଡେ ଟଙ୍କା ପାଇଥିବି। ସେଥିରେ ମୋର ଦୈନିକ ଆୟ କୋଡ଼ିଏ ପଚିଶ ଟଙ୍କା ପଡ଼ିଥିବ।

କିନ୍ତୁ ସଙ୍ଗେ ସଙ୍ଗେ ସେ ଅଭାବ ଦୂରହୋଇଗଲା ତା ନୁହେଁ। ଉପସ୍ଥିତ ଅଭାବ ଏଡ଼ିବା ଖୁବ୍ କଷ୍ଟକର ହୋଇଉଠିଲା। ହାତଉଧାରି ଋଣ କରଜ ବହୁତ ବଢ଼ିଗଲା। ମୋର ଖଣ୍ଡିଏ ଛାପା ବହି ପୂର୍ବରୁ ବିଦ୍ୟାଳୟର ପାଠ୍ୟ ହୋଇଥିଲା। ସେଥିରେ ମୋର ଜଣେ ପୂର୍ବ ସହକର୍ମୀଙ୍କର ଆଂଶିକ ସ୍ୱତ୍ୱ ରହିଥିଲା। ସେଥିରୁ କିଛି ଟଙ୍କା ପାଇ ଅଭାବ ମୋଚନ କରିବାକୁ ଯେତେବେଳେ ଅପେକ୍ଷା କରି ରହିଥିଲି, ସେତେବେଳେ ମୋର ସେହି ସହକର୍ମୀଙ୍କଠାରୁ ଚିଠି ପାଇଲି, "ଆମର ଅମୁକ ବହିରୁ ବର୍ତ୍ତମାନ ଯେଉଁ ଟଙ୍କା ମିଳୁଛି, ସେଥିରୁ ଆପଣଙ୍କ ଭାଗଟା ଯଦି ବର୍ତ୍ତମାନ ଓ ଭବିଷ୍ୟତ ପାଇଁ ଛାଡ଼ିଦିଅନ୍ତେ, ମୁଁ ବଡ଼ ଉପକୃତ ହୁଅନ୍ତି। ମୋର ଖର୍ଚ୍ଚକୁ ଆୟ ବଡ଼ ନିଅଣ୍ଟ ହେଉଛି। ଆପଣ ଦିନ ପନ୍ଦରଟା ବସିଲେ ଆଉ ଖଣ୍ଡେ ସେହିପରି ବହି ଲେଖିଦେବେ...." ଇତ୍ୟାଦି। ମୁଁ ତାଙ୍କ ଉତ୍ତରରେ ଲେଖିଲି, "ମୁଁ ତୁମ ସହିତ ଏକମତ। ଲେଖକ ଭାବରେ ମୋର ନାମଟା ବହିରୁ ଉଠାଇଦେବ ଓ କେବଳ ତୁମରି ନାମରେ ପ୍ରକାଶ କରିବ। ମୋର ନାମ ରହିଲେ ମୋ ଉତ୍ତରାଧିକାରୀମାନେ ପରେ ତୁମଠାରୁ ଦାବି କରିପାରନ୍ତି। ମୁଁ କେତେ ଦିନ ବଞ୍ଚିଛି କେଜାଣି ?"

ମୋର ଆଉ ଜଣେ ବନ୍ଧୁ ଠିକ୍ ସେହି ସମୟରେ ଭାରି ଅଭାବରେ ପଡ଼ି ବାଟ ପାଉ ନଥିଲେ। ମୁଁ ତାଙ୍କର ଲେଖାଲେଖି ପରିପାଟୀ ଦେଖିଲି। ମୋର ପାଣ୍ଡୁଲିପି ତାଙ୍କୁ ଦେଇ ମୁଁ କହିଲି, "ଏ ବହି ଦୁଇଖଣ୍ଡି ତୁମ ନାମରେ ଛପାଇ କିଛି ଅର୍ଥ ଉପାର୍ଜନର ବ୍ୟବସ୍ଥା କର।" ସେ ଦୁଇଖଣ୍ଡି ବୋଧହୁଏ ତାଙ୍କର ଦ୍ୱିତୀୟ ଓ ତୃତୀୟ ଛପା ବହି। ତା'ପୂର୍ବରୁ ତାଙ୍କର ନିଜ ଲେଖା ଖଣ୍ଡିଏ ଭଲ ପଦ୍ୟ ବହି ପ୍ରକାଶ ପାଇଥିଲା। ସେଥିପାଇଁ ବୋଧହୁଏ ସେ ବ୍ରଜସୁନ୍ଦରବାବୁଙ୍କଠାରୁ କିଛି ପୁରସ୍କାର ପାଇଥିଲେ। ମୋର ସେ ଯୁବକବନ୍ଧୁ ଏବେ ଓଡ଼ିଶାରେ ଜଣେ ଲବ୍ଧପ୍ରତିଷ୍ଠ ଲେଖକ ହୋଇଛନ୍ତି। ବୋଧହୁଏ ତାଙ୍କର ପଚାଶ ଖଣ୍ଡ ସରିକି ବହି ଛପାହେଲାଣି। ସେ ବାବଦରେ ତାଙ୍କର ଯଥାର୍ଥ ଅର୍ଥ ଲାଭ ହୋଇଛି କି ନାହିଁ ସନ୍ଦେହ। ସେ କଟକରେ କୌଣସି ଦୋମହଲା କୋଠାଘର ଦେଖାଇ କହନ୍ତି, "ଆପଣ ଜାଣନ୍ତି କି, ଏ ଘରର ଅନ୍ତତଃ ଗୋଟାଏ ମହଲା ମୋରି ଦି'ତିନିଖଣ୍ଡ ବହି ତିଆରି କରିଛି।" ଏ କଥାଟାର ଅର୍ଥ ଜାପାନରେ ହୁଏତ ଭିନ୍ନ ପ୍ରକାର ହୁଅନ୍ତା; କିନ୍ତୁ ଆମ ଦେଶରେ ତ କାଗଜଘର ତିଆରି ହୁଏ ନାହିଁ, ହୁଏ ଇଟା, ଚୂନ ଆଦି ସରଞ୍ଜାମରେ; ବିଶେଷରେ ଦୋମହଲା ଘରଗୁଡ଼ାକ ବେଶି ଖର୍ଚ୍ଚରେ ମଜବୁତ୍ ହୋଇ ତିଆରି ହୋଇଥାଏ।

ଅସହଯୋଗରୁ ସହଯୋଗ

ମୁଁ ବାଣପୁରରେ ଅଭାବ-ଅସୁବିଧାରେ ରହିଥିବା ଖବର ସାକ୍ଷିଗୋପାଳରେ ପହଞ୍ଚିବାକୁ ବିଳମ୍ବ ହେଲା ନାହିଁ। ସତ୍ୟବାଦୀ ସ୍କୁଲ ଜାତୀୟ ବିଦ୍ୟାଳୟରେ ପରିଣତ ହୋଇଥିଲା। ଗୋପବନ୍ଧୁବାବୁ ବୋଧହୁଏ ବୋମ୍ବାଇରୁ କିଛି ଟଙ୍କା ଆଣି ବିଦ୍ୟାଳୟ ପାଣ୍ଠିରେ ରଖିଥିଲେ। ସେତେବେଳକୁ କୃପାସିନ୍ଧୁ ସେଠାରେ ପ୍ରଧାନ ଅଧ୍ୟକ୍ଷ। ସେ ସବୁ କଥା ଜଣାଇ ମୋତେ ସାକ୍ଷିଗୋପାଳ ଯିବାକୁ ଚିଠି ଲେଖିଲେ। ତାଙ୍କର ଲେଖିବାର କଥା, ଆମେମାନେ ସମସ୍ତେ ଗୋଟାଏ ସଂଘର ସହକର୍ମୀ। ମୁଁ ଉତ୍ତର ଦେଲି, "ବିଦ୍ୟାଳୟର ବର୍ତ୍ତମାନ ଆକାରରେ ମୋ ଲାଗି କୌଣସି କାର୍ଯ୍ୟ ଥିଲା ପରି ଜଣାଯାଉନାହିଁ। ମୁଁ ଗଲେ ଦୁଇବର୍ଷ ଯିବାକୁ ଥିବା ପାଣ୍ଠି ଦେଢ଼ ବର୍ଷରେ ଉଡ଼ିଯିବାରେ ସିନା ସାହାଯ୍ୟ କରିବି ? ଲୋକସେବା କରିବା କଥା ତ- ମୁଁ ଏହିଠାରେ ରହି କରେ। ତୁମେ ମୋ ଲାଗି ବର୍ତ୍ତମାନ ଭାବିହୁଅନାହିଁ।" ସେ ଚିଠି ପାଇ କୃପାସିନ୍ଧୁ ତୁନି ହୋଇ ରହିଲେ ନାହିଁ। ମୁଁ ବାଣପୁରରେ ରହି କାର୍ଯ୍ୟ କରିବାରେ କିଛି ଆପତ୍ତି କଲେ ନାହିଁ। କିନ୍ତୁ ସେମାନେ ପାଉଥିବା ମାସିକ ଚାଳିଶ ଟଙ୍କା ମୋ ପାଖକୁ ପଠାଇବେ ବୋଲି କହିଲେ। ମୁଁ ନାହିଁ କରିବାରୁ ତାହା ବନ୍ଦ ରହିଲା।

ମୋର ବାଣପୁର କାର୍ଯ୍ୟର ଗୋଟାଏ ଯୋଜନା କ୍ରମେ ତିଆରିହେଲା। ରବୀନ୍ଦ୍ରନାଥ ମଜୁମଦାର ଆମର ନୂଆ ସହକର୍ମୀ ହେଲେ। ସେ ଜଣେ ବଙ୍ଗ ସ୍ୱଦେଶୀ ଆନ୍ଦୋଳନର ଯୁବକ କର୍ମୀ। ଭାରି ତେଜୀୟାନ୍, ସ୍ୱାଧୀନଚେତା ଓ ଜାତୀୟତାବାଦୀ। ଘଟଣାଚକ୍ରରେ ପଡ଼ି ସରକାରୀ ଚାକିରି କରୁଥିଲେ। ବାଣପୁରରେ ଜଙ୍ଗଲ ବିଭାଗ ପରିଚାଳନା ବିଷୟରେ ବିହାର-ଓଡ଼ିଶା ବ୍ୟବସ୍ଥାସଭାରେ ପ୍ରଶ୍ନ ପଚାରିବା ନିମନ୍ତେ ଗୋପବନ୍ଧୁବାବୁଙ୍କୁ ଖବରଅନ୍ତର ଯୋଗାଇବା ଯୋଗେ ସେ ବିଭାଗୀୟ କର୍ତ୍ତୃପକ୍ଷଙ୍କ କୋପଦୃଷ୍ଟିରେ ପଡ଼ିଥିଲେ। ଚାକିରି ତାଙ୍କୁ ଆଉ ସୁହାଉନଥିଲା। କଙ୍କଡ଼ାକୁ ଗୋଳିପାଣି

ପରି ତାଙ୍କ ସୌଭାଗ୍ୟକୁ ଅସହଯୋଗ ଆନ୍ଦୋଳନ ମାଡ଼ିଆସିଲା। ସେ ଚାକିରି ଛାଡ଼ି ବାଣପୁରରେ ରହି କାଠ ବ୍ୟବସାୟରେ ଲାଗିଲେ। ତାଙ୍କର କଳ୍ପନା ହେଲା ଯେ, ବ୍ୟବସାୟର ଲାଭରେ ସେ ନିଜେ ଚଳିବା ବାଦେ, ଲୋକସେବା ନିମନ୍ତେ ବାକି ସବୁ ଦାନକରିଦେବେ।

ମୋତେ ବାଣପୁରରେ ରଖିବାର ବଡ଼ ଆକର୍ଷଣ ହେଲେ ସେହି ମଜୁମଦାର। ସେ ଆଧୁନିକ ଯୁବକ। ବିଶ୍ୱବିଦ୍ୟାଳୟର ଯୋଗ୍ୟତା ଖୁବ୍ ବେଶି ହାସଲ କରି ନଥିଲେ ସୁଦ୍ଧା ପଢ଼ାଶୁଣାଦ୍ୱାରା ନାନା ଦିଗରେ ବହୁତ ଜ୍ଞାନ ଅର୍ଜିଥିଲେ। ବଙ୍ଗାଳୀ ହେଲେ ସୁଦ୍ଧା ଓଡ଼ିଆ ସାହିତ୍ୟରେ ତାଙ୍କର ବେଶ୍ ପ୍ରବେଶ ଥିଲା। ମୁଁ ଦେଖିଛି, ପ୍ରବେଶ ଆସେ ସହାନୁଭୂତିରୁ। ତାଙ୍କର ବଙ୍ଗାଳୀ ଭେଦ ଥିବାର ମୁଁ କେବେ ଦେଖିନାହିଁ। ସାହିତ୍ୟ ବିଷୟରେ ତାଙ୍କ ସହିତ ଆଲୋଚନା କରି ମୁଁ ବରାବର ଆନନ୍ଦ ଉପଭୋଗକରେ। ସେ ଜଣେ ସ୍ୱପ୍ନବାଦୀ। କଥାବାର୍ତ୍ତାରେ ମନୁଷ୍ୟକୁ ସ୍ୱର୍ଗରାଜ୍ୟକୁ ଉଠାଇ ବ୍ୟୋମର ଅନନ୍ତ ପଥରେ ବୁଲାଇପାରନ୍ତି। କ୍ରମେ ମୁଁ ତାଙ୍କ ଘରେ ଦିନେ ଦିନେ ରହିବାକୁ ଆରମ୍ଭକଲି। ସେ ମଧ୍ୟ ମୋ ଛୋଟିଆ ଆଶ୍ରମଟିକୁ ଆସି ବେଳେବେଳେ ଆଶ୍ରୟ ନେବାକୁ କୁଣ୍ଠିତ ହୁଅନ୍ତି ନାହିଁ।

ଥରେ ମୋର ଅଭାବ କଥା ବୁଝିପାରି ସେ ମୋ ଚଳାଚଳ ନିମନ୍ତେ ମୋତେ ତାଙ୍କର ଚାରିଶ ଟଙ୍କାର ସରକାରୀ କାଗଜ ପଠାଇଦେଲେ। ସେତେବେଳକୁ ସରକାରୀ କାଗଜର ଦର ଶତକଡ଼ା ଷାଠିଏରୁ ପଞ୍ଚଷଠି ଭିତରେ ପଡୁଥାଏ, ଉଠୁଥାଏ; କିନ୍ତୁ ତାର କାହିଁକି ଅପ୍ରତ୍ୟାଶିତ ଭାବରେ ହଠାତ୍ ବଢ଼ିଗଲା। ମୁଁ ତାହା ବ୍ରହ୍ମପୁରରେ ଭଙ୍ଗାଇ ତିନିଶ ଛୟାନବେ ଟଙ୍କା ପାଇଲି। ଲୋକସେବା କରିବା ଲାଗି ମୋ ଜୀବନରେ କଳ୍ପନା ଜଳ୍ପନା ବହୁତ କରିଛି; କିନ୍ତୁ ପଦେ ପଦେ ଅର୍ଥାଭାବ ମୋତେ ଟାଣିପକାଇଛି। ସବୁବେଳେ ସଂସ୍କୃତର ଗୋଟାଏ ଶ୍ଳୋକ ମୋର ମନେପଡ଼େ ଓ ସଙ୍ଗେ ସଙ୍ଗେ ଅନ୍ତରରୁ ଗୋଟାଏ ଦୀର୍ଘନିଶ୍ୱାସ ବାହାରିଆସେ। ଶ୍ଳୋକଟି ହେଉଛି- 'ଉତ୍ଥାୟ ହୃଦିଲୀୟନ୍ତେ ଦରିଦ୍ରାଣାଂ ମନୋରଥାଃ।'

ଯୌବନସୁଲଭ କଳ୍ପନା-ଜଳ୍ପନାରୁ ଉତ୍ସାହ ଜନ୍ମେ; କିନ୍ତୁ ଆର୍ଥିକ ପରିସ୍ଥିତି ଆଡ଼କୁ ଦୃଷ୍ଟି ଗଲାମାତ୍ରେ ସେ ଉତ୍ସାହ ଲିଭିଆସେ। ସେତେବେଳେ ହାତରେ କେଉଁଆଡୁ ଚାରିପଇସା ଆସି ପଡ଼ିଲେ ଉତ୍ସାହ-ଅଗ୍ନି ଆହୁତି ପାଇ ପୁଣି ଶିଖା ଟେକି ଜଳିଉଠେ।

ପ୍ରକୃତରେ ଅର୍ଥ ହେଉଛି ସାକ୍ଷାତ୍ ସ୍ୱର୍ଣ୍ଣଘଟିତ ମକରଧ୍ୱଜ, ସନ୍ନିପାତ ରୋଗୀ ଦେହରେ ମଧ୍ୟ ପ୍ରାଣ ସଞ୍ଚାର କରିପାରେ। ମଜୁମଦାରଙ୍କ ଟଙ୍କାତକ ପାଇ ମୋ ମ୍ରିୟମାଣ ପିଣ୍ଡରେ ପ୍ରାଣ ପଶିଲା। ଆମେମାନେ ନାନା ଆଲୋଚନା ପରେ ସ୍ଥିର କଲୁ ଯେ,

ରୁଷୀୟ ଦାର୍ଶନିକ ଟଲଷ୍ଟୟଙ୍କ ମତାନୁସରଣରେ ଗୋଟିଏ କର୍ମୀସଙ୍ଘ ଗଢ଼ିବୁ। ସେଥିରେ ଯେଉଁ କର୍ମୀମାନେ ରହିବେ ନିଜର ବ୍ୟୟ ନିଜେ ଚଳାଇବେ। ସେଥିପାଇଁ ସମବାୟସୂତ୍ରରେ ପ୍ରତ୍ୟେକ କର୍ମୀକୁ ଦଶ ଏକର ଜମି ଦିଆଯିବ। ଏକତ୍ର ଶହେ ଏକର ଜମି ନିଆହୋଇ ସେଥିରେ ଦଶଜଣ କର୍ମୀଙ୍କ ଲାଗି ବ୍ୟବସ୍ଥା କରାଯିବା ସ୍ଥିରହେଲା। ତାହା ସହିତ ସୂତା କାଟିବା, ଲୁଗା ବୁଣିବା ଆଦି ଆନୁଷଙ୍ଗିକ ଶିଳ୍ପର ସଂଯୋଗ ରହିଲା। ଅନୁଷ୍ଠାନର ନାମ ଦିଆଗଲା 'ଜାତୀୟ ଶିଳ୍ପ ସଦନ'। ସେଥିର ସଭାପତି ହେଲେ ଶ୍ରୀଯୁକ୍ତ ଭୁବନାନନ୍ଦ ଦାସ। ସ୍ୱାମୀ ବିଚିତ୍ରାନନ୍ଦ ସଦସ୍ୟ ରହିଲେ। ମୋର ବର୍ତ୍ତମାନ ଠିକ୍ ମନେନାହିଁ, ମୁଁ ବୋଧହୁଏ ସହକାରୀ ସଭାପତି ହେଲି, ମଜୁମଦାର ହେଲେ ସଂପାଦକ।

ଅନୁଷ୍ଠାନ ଗଢ଼ା ଅବଶ୍ୟ ହେଲା, କିନ୍ତୁ କେବଳ ନାମରେ ରହିଲା। କାଶିଆ କପିଳାର ଭେଟ ହେଲା ନାହିଁ। ଆକାଶ-କଇଁଆ ଚିଲିକା-ମାଛ ମିଶିପାରିଲେ ନାହିଁ। ଭୁବନାନନ୍ଦ ଦାସ, ସ୍ୱାମୀ ବିଚିତ୍ରାନନ୍ଦ ରହିଲେ କଟକରେ; ଆମେ ରହିଲୁ ପଞ୍ଚସ୍ତରି ମାଇଲ ଦୂରରେ ବାଣପୁରରେ। ଅତଏବ କାର୍ଯ୍ୟ ବିଶେଷ ଅଗ୍ରସର ହେଲା ନାହିଁ। ଆମର ସମସ୍ତ ଯୋଜନା ଲକ୍ଷେ ଟଙ୍କା ମୂଳଧନର ପରିକଳ୍ପନା। କାର୍ଯ୍ୟ ଆରମ୍ଭ କରିବା ପାଇଁ ହଠାତ୍ ଦଶହଜାର ଟଙ୍କା ଦରକାର ହେଉଥିଲା। ସେତେବେଳେ ସରକାରୀ ସମୟବାୟ ବିଭାଗର କର୍ମଚାରୀମାନେ ଆମକୁ ସାହାଯ୍ୟ କରିବାକୁ ବାହାରିଲେ। କୃଷକ ସମବାୟ ନାମରେ ଆମେମାନେ ଗୋଟିଏ ସମବାୟ ସମିତି ଦଶଜଣ ସଦସ୍ୟଙ୍କୁ ଧରି ଗଢ଼ିଲୁ। ସଙ୍ଗେ ସଙ୍ଗେ ଗୋଟାଏ 'ବୟନ ସମିତି' ମଧ୍ୟ ହେଲା। ସୂତାକଟା, ଲୁଗାବୁଣା ଚାଲିଲା। ତନ୍ତ ପଡ଼ିଲା। 'ଜାତୀୟ ଶିଳ୍ପ ସଦନ' ଲାଗି ତିଆରିହୋଇଥବା ଘର ଅରଟର ଘର୍ ଘର୍ ଶବ୍ଦ ଓ ତନ୍ତର ଠକ୍ ଠକ୍ ନାଦରେ ପୂରିଉଠିଲା। ଜାତୀୟ ବିଦ୍ୟାଳୟର ଶିକ୍ଷକ ଓ ଛାତ୍ରମାନେ ଆସି ସେଥିରେ ନିଜକୁ ମିଶାଇଦେଲେ। କୃଷକ ସମବାୟ ଲାଗି ଏକଶ ଛଅସ୍ତରି ଏକର ଜମି ଏକତ୍ର ନିଆଯିବାର ବ୍ୟବସ୍ଥା ହେଲା।

ସମବାୟ ବିଭାଗର ସହକାରୀ ରେଜିଷ୍ଟ୍ରାର ହରିଦାସ ରାୟ; ଡେପୁଟି କଲେକ୍ଟର ହେଲେ ମଧ୍ୟ ହାକିମ ମିଜାଜ୍‌କୁ ବହୁ ପରିମାଣରେ ବିଦାୟ ଦେଇଥିଲେ। କ୍ରମେ ତାଙ୍କର ଆମ ସହିତ ଘନିଷ୍ଠତା ବଢ଼ିଲା। ସେ ଆମ ସଙ୍ଗେ ଆଶ୍ରମରେ ଯାଇ ରହନ୍ତି ଓ ଆମ ପରି ସରଳ ଭାବରେ ଚଳନ୍ତି; କିନ୍ତୁ ସେହି ଆମେ କିଏ ? ତାହା ମୋଟାମୋଟି ତିନିଗୋଟି ଉପାଦାନର ସମଷ୍ଟି। ତା ମଧ୍ୟରୁ ଗୋଟିଏ ମଜୁମଦାର, ଯେ କି ସରକାରୀ ଜଙ୍ଗଲ ବିଭାଗର ବିଶେଷ କୋପଦୃଷ୍ଟିରେ ପଡ଼ିଥିଲେ। ଆଉ ଗୋଟିଏ ଜାତୀୟ ବିଦ୍ୟାଳୟ, ଯାହା ବିରୁଦ୍ଧରେ ସ୍ଥାନୀୟ ପୁଲିସ ପ୍ରତିଦିନ ଉପରକୁ କିଛି ନା କିଛି

ରିପୋର୍ଟ ପଠାଉଥିଲେ। ତୃତୀୟ ଉପାଦାନ ମୁଁ। ପୁରୀ ଜିଲ୍ଲା ପୁଲିସ ସୁପରିଣ୍ଟେଣ୍ଡେଣ୍ଟ ଗାଇସ୍ ସାହେବ ମୋ ବିରୁଦ୍ଧରେ ଭୀଷଣ ଭାବରେ ରହିଥିଲେ। ଦେବକୀ ପ୍ରସାଦ ସିଂହ ବିହାର-ଓଡ଼ିଶା ବ୍ୟବସ୍ଥା ପରିଷଦରେ ପ୍ରଶ୍ନ ପଚାରି ସରକାରଙ୍କଠାରୁ ଉତ୍ତର ପାଇଲେ, 'ଗୋଦାବରୀଶ ମିଶ୍ର ଖୋରଧା ଖାସମାହାଲର ଜଣେ ଅବାଞ୍ଛନୀୟ ପ୍ରଜା'। ସେଥିପାଇଁ ମୋର ସବୁ କାର୍ଯ୍ୟ ଭଣ୍ଡୁର କରିବାକୁ ସେ ବଦ୍ଧପରିକର ହୋଇଥିଲେ। ବାଣପୁରରେ ଆମ କାର୍ଯ୍ୟକୁ ସରକାରୀ ହାକିମମାନେ ସନ୍ଦେହ ଦୃଷ୍ଟିରେ ଦେଖିବା କିଛି ବିଚିତ୍ର କଥା ନୁହେଁ।

ସେହି ହରିଦାସ ରାୟ ଆମ ସହିତ ଖୁବ୍ ମିଳାମିଶା ଆରମ୍ଭ କରିଦେଲେ। ଆମେ ନିଜର କାର୍ଯ୍ୟ ସାଧନ ଲାଗି ଦୁଇଗୋଟି ସମବାୟ ସମିତି ଗଢ଼ିବା ସଙ୍ଗେ ସଙ୍ଗେ ସେ ଆମ ଲାଗି ଖୋରଧା ସମବାୟ କେନ୍ଦ୍ର ବ୍ୟାଙ୍କ ସଂଲଗ୍ନରେ ବାଣପୁରରେ ଗୋଟିଏ ଶଖା ବ୍ୟାଙ୍କ ବସାଇଦେଲେ। ବ୍ୟାଙ୍କ ଓ ସମବାୟ ସମିତି ମିଶି ତିନୋଟିଯାକ ଅନୁଷ୍ଠାନରେ କର୍ମକର୍ତ୍ତା ରହିଲୁ ଆମେ ତିନିଜଣ। ମୁଁ ସଭାପତି, ମଜୁମଦାର ସମ୍ପାଦକ ଓ ସୁଦର୍ଶନ କୋଷାଧ୍ୟକ୍ଷ। ସବୁ ଖାଲି ଖଡ଼ା ବଡ଼ି ଥୋଡ଼-ବଡ଼ି ଥୋଡ଼ ଖଡ଼ା କିମ୍ବା ଥୋଡ଼ ବଡ଼ି ଖଡ଼ା ହେଲାନାହିଁ। ସବୁଥିରେ ସେହି ସଭାପତି, ଜଣେ ସମ୍ପାଦକ, ଜଣେ କୋଷାଧ୍ୟକ୍ଷ।

କିଛି ଦିନ ସବୁ ସୁରୁଖୁରୁରେ ଚାଲିଲା; କିନ୍ତୁ ହରିଦାସ ରାୟ ନିଜେ ତିଷ୍ଠିପାରିଲେ ନାହିଁ। ମୋର ମନେହେଉଛି, ଆମମାନଙ୍କ ପରି ଇଂରେଜ ସରକାରଙ୍କଦ୍ୱାରା ସଂତାଡ଼ିତ ଲୋକଙ୍କ ସହିତ ମିଳାମିଶା କରିବା ଫଳରେ ତାଙ୍କର ଏ ଦଶା ଘଟିଥିବ।

ହରିଦାସ ରାୟ ଯିବା ପରେ ତାଙ୍କ ସ୍ଥାନରେ ଆସିଲେ 'ଅବଦୁସ୍ ସମଦ୍ ଖାଁ'। ମୁଁ କଲେଜରେ ପଢ଼ିଲାବେଳେ ସେ ମୋ ତଳ ଶ୍ରେଣୀରେ ପଢୁଥିଲେ। ହରିଦାସ ରାୟ ବଙ୍ଗାଳୀ, ସମଦ୍ ଖାଁ ଓଡ଼ିଆ। ଶୁଣାଯାଏ, ତାଙ୍କ ପୂର୍ବପୁରୁଷ ଅଳ୍ପ କେତେକ ବର୍ଷ ତଳେ ହିନ୍ଦୁରୁ ମୁସଲମାନ ହୋଇଥିଲେ। ତାଙ୍କର ହିନ୍ଦୁ ଅମଳର 'ଭୂୟାଁ' ଉପାଧି ସେପର୍ଯ୍ୟନ୍ତ ରହିଥିଲା, ଏବେ ମଧ୍ୟ ହୁଏତ ଥିବ। ସେ କାର୍ଯ୍ୟରେ ଯୋଗଦେବାର କିଛି ଦିନ ପରଠାରୁ ଆମ ସଙ୍ଗେ ଖଟ୍ ଖଟ୍ ଲଗାଇବା ଆରମ୍ଭ କଲେ। ଆମେ ପାଣିରୁ ବାହାରି ବାଲିହା ମାଛ ଶୁଖିଲା ମାଟିରେ ଆସି ପଡ଼ିଲା ପରି ହେଲୁ। ମାଛର ସେ ଅବସ୍ଥାଟା ଖାଣ୍ଟି ଖେଳବାଡ଼ ବନଶିବାଲାଙ୍କ ପକ୍ଷେ ଖୁବ୍ ସ୍ପୃହଣୀୟ ନୁହେଁ; କିନ୍ତୁ 'ସମଦ୍ ଖାଁ'ଙ୍କୁ ସୁହାଇଲା। ହରିଦାସ ରାୟ ଚିଲିକା ମାଛ, ବାଣପୁର ମୁଗ ହୁଏତ ନେଉଥିବେ; କିନ୍ତୁ ମୋ କାନକୁ କେବେ ଆସିନାହିଁ। ସମଦ୍ ଖାଁ ଏସବୁ ଜିନିଷର ବରାଦ ମୋରିଠାକୁ

ପଠାନ୍ତି ଏବଂ ଥରେ ବରାଦ ଅନୁସାରେ କାର୍ଯ୍ୟ ନ ହେଲେ ସୁଦ୍ଧା ପର ଥରକୁ ପଛାନ୍ତି ନାହିଁ। ଏହିପରି ପୁରୁଷମାନଙ୍କ ବିଷୟରେ ବୋଧହୁଏ ଶାସ୍ତ୍ରକାର ଲେଖିଛନ୍ତି-

"ପ୍ରାରଭ୍ୟତେ ନ ଖଲୁ ବିଘ୍ନ ଭୟେନ ନୀଚୈଃ
ପ୍ରାରଭ୍ୟ ବିଘ୍ନନିହତା ବିରମନ୍ତି ମଧ୍ୟାଃ,
ବିଘ୍ନୈଃ ପୁନଃପୁନରପି ପ୍ରତିହନ୍ୟମାନାଃ
ପ୍ରାରବ୍ଧମୁତ୍ତମଗୁଣାଃ ନ ପରିତ୍ୟଜନ୍ତି।"

ସମଦ୍ ଖାଁ ବାଣପୁର ଗସ୍ତରେ ଗଲେ ବାଲୁଗାଁ ଷ୍ଟେସନରେ ଓହ୍ଲାଇବା ମାତ୍ରେ ତାଙ୍କୁ ପାଛୋଟି ଆଣିବାକୁ ଯାଇଥିବା ଲୋକଙ୍କୁ ପଚାରନ୍ତି, 'ଗୋଦାବରୀଶ ବାବୁ ଆସିନାହାନ୍ତି ?' 'ନାହିଁ' ଶୁଣିବା ପରେ ପୁଣି ପଚାରନ୍ତି, 'ଆଚ୍ଛା, ରବୀନ୍ଦ୍ର ?' ସେଥିରେ ବି ଯେତେବେଳେ 'ନାହିଁ' ଶୁଣନ୍ତି, ମୁହଁଟା ଶୁଖାଇଦେଇ ପୁଣି ପରିଦର୍ଶନ କର୍ମଚାରୀ ବିଦ୍ୟାଳୟରେ ଛାତ୍ରକୁ ପଚାରିଲା ପରି ପଚାରନ୍ତି 'ସୁଦର୍ଶନ' ? ତାଙ୍କ ତୁଣ୍ଡର ୧୯୨୨ର ଗୋଦାବରୀଶବାବୁ ୧୯୨୩ରେ ଘନିଷ୍ଠତା ବଢ଼ିବା ଅନୁସାରେ କେବଳ 'ଗୋଦାବରୀଶ'କୁ ଚାଲିଆସିଥିଲା। ମୋର ସୌଭାଗ୍ୟ ଯେ, ଆମମାନଙ୍କ ସହଯୋଗ ଜୀବନରେ ୧୯୨୩ ମସିହା ୧୯୨୪ ଦେଖିଲା ନାହିଁ। ଦେଖିଥିଲେ ବୋଧହୁଏ 'ଭାଷା-ବିଜ୍ଞାନ' ସମଦ୍ ଖାଁଙ୍କ ପାଖେ ପରାସ୍ତ ହୋଇଥାନ୍ତା। ପ୍ରକୃତପକ୍ଷେ ସମଦ୍ ଖାଁ ଟିକିଏ ବେଶି ରକମ ହାକିମ ମେଜାଜିବାଲା ଥିଲା। ସମବାୟ ବିଭାଗ ତାଙ୍କ ପରି ହାକିମ ଲୋଡୁନଥିଲା। ତାହା ବୋଧହୁଏ ବିଭାଗୀୟ ବ୍ୟବସ୍ଥାରେ କ୍ରମେ ପ୍ରକାଶପାଇଲା।

ଏଣେ ଆମେ ସହକର୍ମୀମାନେ ଏକତ୍ର ବସିଲାବେଳେ ସମଦ୍ ଖାଁଙ୍କ ଚାଲିଚଳନର ଆଲୋଚନା ଖୁବ୍ ପଡ଼େ। ମଜୁମଦାର ବେଳେବେଳେ ସମଦ୍ ଖାଁ ସାଜି ଅଭିନୟ କରନ୍ତି। ସମବାୟ ବିଭାଗର ଯେଉଁ କିରାନି ଆମ ପାଖେ କାର୍ଯ୍ୟ କରୁଥାନ୍ତି, ସେ ଆମ ଆଗରେ ଯେତେ ଗୋଡ଼ ଭାଙ୍ଗି, ହାତ ଯୋଡ଼ି ଠିଆହେଲେ ସୁଦ୍ଧା ସମଦ୍ ଖାଁଙ୍କ ବିଷୟରେ ଆମର ଥଟ୍ଟା କୌତୁକ କଥାସବୁ ତାଙ୍କୁ ବେଳେବେଳେ ଚିଠି ଲେଖି ଜଣାଉଥାନ୍ତି। କ୍ରମେ ସମଦ୍ ଖାଁଙ୍କ ସହିତ ଆମ ସମ୍ପର୍କ ତିକ୍ତହୋଇଆସିଲା। ଉଭୟଙ୍କ ଭିତରେ କଡ଼ାକଡ଼ା ଚିଠିପତ୍ର ଚାଲିଲା। କଥାଟା ଉପରକୁ ଗଲା। ମୁଁ ବିହାର-ଓଡ଼ିଶା ବ୍ୟବସ୍ଥାସଭାର ସଦସ୍ୟ ହୋଇଗଲା ପରେ ହାକିମହୁକୁମାଙ୍କ ବିଚାର ମୋ ବିପକ୍ଷରେ ଯାଇପାରିଲା ନାହିଁ। ଫଳରେ ସମଦ୍ ଖାଁଙ୍କୁ ମୋ ପାଖରେ କ୍ଷମାପ୍ରାର୍ଥନା କରିବାକୁ ପଡ଼ିଲା। କ୍ଷମାପ୍ରାର୍ଥନା କରି ସେ ମୋତେ ଯେଉଁ ଚିଠି ଲେଖିଲେ, ସେ ଚିଠିଖଣ୍ଡ ଦରକାର ବେଳେ ଖୋଜି ପାଇଥିଲେ ଗୋଟାଏ କାମ ଦେଖାଇଥାନ୍ତା। ମାତ୍ର

ମୋପରି ମୋ କାଗଜପତ୍ରଗୁଡ଼ା ମଧ୍ୟ ପଛବୁଦ୍ଧିଆ; ଦରକାରବେଳେ ନବାହାରି ସମୟ ଗଡ଼ିଗଲା ପରେ ଆସି ମୁହଁ ଦେଖାନ୍ତି।

ଅସହଯୋଗରୁ ଆସି ହଠାତ୍ ସହଯୋଗରେ ପଶିବା କେଡ଼େ ବିଡ଼ମ୍ବନାର କାର୍ଯ୍ୟ, ହରିଦାସ ରାୟ ଥିବା ପର୍ଯ୍ୟନ୍ତ ଆମେ ବୁଝିପାରିନଥିଲୁ! ହରିଦାସ ରାୟଙ୍କ ଯୋଗେ ଆମେ ସହଯୋଗ ଅନୁଷ୍ଠାନ ଭିତରେ ପଶିବାକୁ ଗଲୁ। ଆମକୁ ପୂରାଇଦେଲା ପରେ ତାଙ୍କ ନିଜ ପାଇଁ ସମବାୟ ବିଭାଗରେ ଆଉ ସ୍ଥାନ ରହିଲା ନାହିଁ। ତାଙ୍କୁ ସେ ବିଭାଗ ଲାଗି ଅନୁପଯୁକ୍ତ ମନେକରାଗଲା ଓ ଡେପୁଟି କଲେକ୍ଟର ପାହ୍ୟାକୁ ଘୁଞ୍ଚାଇନିଆହେଲା, ତା ମଧ୍ୟ ଓଡ଼ିଶା ଭିତରେ ନୁହେଁ, ସେ ପାଟଣାକୁ ବଦଳି ହୋଇ ଚାଲିଗଲେ। କିନ୍ତୁ ମୁଁ ଜାଣେ, ତାଙ୍କ ଅଧୀନରେ କାର୍ଯ୍ୟ କରିଥିବା ସମବାୟ ବିଭାଗ କର୍ମଚାରୀମାନେ ଏପର୍ଯ୍ୟନ୍ତ ତାଙ୍କୁ ଝୁରିହେଉଛନ୍ତି। ସମବାୟ ଅନୁଷ୍ଠାନରେ ପଶି ଆମର କି ସୁବିଧା ଅସୁବିଧା ହେଲା ସେ କଥା ମୁଁ ପରେ କହିବି।

■

BLACK EAGLE BOOKS

www.blackeaglebooks.org
info@blackeaglebooks.org

Black Eagle Books, an independent publisher, was founded as a nonprofit organization in April, 2019. It is our mission to connect and engage the Indian diaspora and the world at large with the best of works of world literature published on a collaborative platform, with special emphasis on foregrounding Contemporary Classics and New Writing.

www.ingramcontent.com/pod-product-compliance
Lightning Source LLC
Chambersburg PA
CBHW020527080526
44583CB00013B/772
* 9 7 8 1 6 4 5 6 0 4 1 2 9 *